教育部人文社会科学重点研究基地基金资助项目

厦门大学宏观经济研究丛书

XIAMEN DAXUE HONGGUAN JINGJI YANJIU CONGSHU

转变发展方式与经济稳定增长

——2009年全国博士生宏观经济论坛论文选

ZHUANBIAN FAZHAN FANGSHI YU JINGJI WENDING ZENGZHANG

李文溥/主　编

龚　敏　林致远　陈贵富/副主编

经济科学出版社

Economic Science Press

开篇心语

——写在“厦门大学宏观经济研究丛书”出版之际

● 李文溥 ●

“厦门大学宏观经济研究丛书”是体现教育部人文社会科学重点研究基地——厦门大学宏观经济研究中心研究成果的系列丛书。因此，说丛书，还要先谈厦门大学宏观经济研究中心。

众所周知，长期以来——而且至今仍然——我国宏观经济理论与政策的研究中心在北京，其中道理不言自明。可是，教育部却将其唯一一个命名为宏观经济研究的重点基地布点于地处天涯海角，置身政治经济旋涡之外的厦门大学①，似乎有一点不合情理。

当然，这首先是申请者的意愿：厦门大学经济学院五系一所：经济系、财政系、金融系、统计系、国际经济与贸易系、经济研究所，内含四个国家级重点学科：财政学、统计学、金融学和政治经济学。这些系所及其重点学科，研究的重点领域是政府经济管理实践及相关的经济学理论。在此基础上，申请建立一个研究政府宏观经济管理实践与理论的研究中心，就其本身而言，是一个合理的选择。尽管正如识者所言：政府的宏观经济管理与规范意义上的宏观经济学还有些差别，但是，在既有基础之上，通过组建这个中心，集中一支队伍，研究宏观经济理论及其在中国的政策实践，带动一个有85年悠久历史的学院向适应中国特色社会主义市场经济需要的现代经济学教育和研究体系的转轨，却是申请者的决心和期望。因此，尽管知道还有差距，需要付出的努力多多，仍然义无反顾地做出了这一选择。

现在需要谈另一个方面。对于教育部而言，将宏观经济研究中心设立在哪所大学，显然有着诸多选择的可能，然而，最终选择了看似未必具有地利人和的厦门大学。此刻，愚钝的我只能找出两点理由：

1. 申请者的虔诚之心感动了上帝。自古就有民心即天心之说，作为自始参

① 根据教育部人文社会科学重点研究基地的设立规则，尽管在全国各大学设立了百余家文科重点研究基地，但是任何一个重点研究基地的名称都是唯一的。

与这个中心的组建和教育部人文社科重点研究基地申报工作的我认为：厦门大学宏观经济研究中心的申报过程及结果可以作为此说的例证之一。

2. 审时度势，反弹琵琶。显然，在北京等政治经济中心设立宏观经济研究中心，可谓顺风顺水，研究者得以享受诸多便利，研究中心成功的概率自然也大，但是，在中国目前的政府主导型市场经济体制下，身处政治经济中心的研究机构不免受磁场中心的引力影响，也是不争的事实。在这种情况下，外地的研究机构或许因此在人所习见的劣势中显出了一点另类优势。网络时代，各种研究所需要的资讯在通都大邑和偏远小城大体都能同样获得，信息差距不断缩小，因此，尽管劣势还存在，要弥补，还要付出艰苦的努力，但是，在非政治经济中心，研究宏观经济理论与实践的条件，还是基本具备了。而且，远离磁力场，从学术逻辑角度阐发其观点的欲望可能更强，有可能因此形成不同的见解。这对于中国的宏观经济理论发展，以及政策实践而言，未始不是一件好事——这大概是教育部下此决心的依据之一吧。

说了这么多，还都是假说和愿望，到底实绩如何呢？一句老话：实践检验。我们的计划是：这套丛书分文集、专著、研究报告三类出版，以期能够比较全面地反映研究中心的学术活动及其成果。其中，文集与学术活动相联系，主要反映研究中心近期在宏观经济理论与应用方面的探索；专著是研究中心课题研究成果的系统体现；研究报告是在研究中心为社会经济重要决策提供咨询研究的成果中，选择部分兼具出版价值的刊行。我们的设想，得到经济科学出版社的大力支持，慨然提供了舞台，使构想转化为现实，在此先行谢过。

但是，我们最关注的还是真正的上帝——读者。众位读者既是看官又是判官。我们希望你们能关心这套丛书，并给予严格的指正。希望在你们的关心和帮助之下，厦门大学宏观经济研究中心能不负期望，为中国的宏观经济理论的形成与发展，为改善中国特色社会主义市场经济下的宏观经济政策调控略尽绵薄之力。

市场经济是买方市场，酒香不怕巷子深是过去时代的事了。如今的图书市场也是供大于求。开篇伊始，倾吐心语，以期引起注意，虽系未能免俗之举，也是人之常情流露。书有序，大体本意如此。然吾何能，敢为丛书作序！然而，要吸引读者，仅有心愿还是不成的，关键还要做好文章。至于文章是否精彩，就敬请列位指点了。

2006年6月写于厦门大学白城

前　言

青年是未来的希望。在任何地方，青年总是最生机勃勃，思想活跃的群体。在学术领域尤其如此。多年来，研究生，尤其是博士生，作为学界的新人，不仅是学习既有知识的学生，而且是新知的重要创造者。在经济学领域，这一特点似乎体现得尤为明显。拉姆塞在20几岁时——也即相当今天硕、博士生的年龄——撰写的三篇论文不仅堪称经典，而且百年后的今天仍然是相关教科书的内容。获得诺贝尔经济学奖的阿罗，其不可能性定理来自他博士论文的研究成果，至于莫干山会议对中国经济体制改革的推动作用，更是国人众所周知的历史了。

青年人思想活跃，容易打破既有的思维定势，形成新知新见。但是，新知新见的形成以至逐步完善，还需要各种机会和相关条件。其中之一，是各种各样的学术讨论。课堂上师生之间的彼此辩驳是一种，院系里的各种研讨会（Saminar）、学术报告等也十分重要。但是，一个学校之内，相近研究方向的研究者毕竟较少，博士生阶段尤其如此，不同思维冲撞从而迸发思想火花的概率要低一些。因此，参加各种类型的地区性、全国性以至国际学术会议就成为相关研究领域学者彼此切磋、交流研究心得、相互启发的重要方式。学术会议对青年学者成长所起的作用，我相信任何一个过来人都是非常清楚的。

然而，遗憾的是，不得不承认马太效应在任何领域都不同程度地存在，学术会议也是如此。各种各样的会议邀请函，如雪片般飞向已经成名的学者，吃住行统包，而且常常外加不菲的出场费。过多的会议，让大大小小的“大家”、“名家”们成了空中飞人，到处赶场。会议过多甚至在一定程度上影响了他们的身心健康，妨碍了他们的学术研究。与此同时，嗷嗷待哺的年轻学子却鲜有机会。或许正是注意到这个现象，同时有感于培养青年学者是有关部门义不容辞的责任，教育部、国务院学位办特地拨出专款，由各个大学申请承办不同专题的全国博士生论坛。厦门大学宏观经济研究中心有幸获得教育部学位管理与研究生教育司、国务院学位委员会办公室批准，承办2009年宏观经济学方面的全国博士生论坛。会议面向全球征稿，共收到应征论文124篇，经国内外该领域学者组成的论文评审委员会经过两轮评审决定录用51篇。在三天的会议里，来自北京大学、复旦大学、中国人民大学、浙江大学、厦门大学及香港科技大学等24所高校的近百名博士生围绕会议主题，从“全球金融危机的起源与影响”、“全球经济危机与中国经济稳定增长”、“宏观调控与宏观稳定增长”以及“经济增长方式转变与宏观稳定增长”四个方面深入探讨中国经济面对金融危机如何保持长期稳定持续增长的问题。会议收到的论文及会议讨论的情况说明，博士生确实是现代宏观经济学研究领域的重要力量。他们的研究是前沿的，是值得这个领域的学界同仁们关注的。有感于此，我们在与会论文中遴选了28篇编辑出版，报告青年学者的研究成绩，希望能引起学界同行的注意。

下面对选入本文集的论文略作导读。

张晓欢、鲍曙明（Shuming Bao）侧重从技术层次、产业层次和制度层次对金融危机产生的原因进行剖析，认为此次金融危机既有偶然性也有必然性。笔者认为未来的中国，随着技术进步和经济全球化的发展，各种要素的流动性必然会增加，金融市场也必然会不断开放，目前西方国家出现的一些问题，最终也可能在中国发生。中国应该认真分析美国金融危机的本质原因，既要从次贷危机的视角以及美国经济增长方式、社会制度与文化等方面来考察，还应该从当代国际环境的大背景下来审视，并结合未来中国与全球发展的趋势，及早采取防范措施，建立起中国特色的多元化发展模式，从而保证和促进中国体制改革和经济运行的健康发展，并为世界经济改革与发展做出贡献。

王兴运假定人们在非有效市场中，以有限理性采取交易行动导致泡沫的形成，资产价格增长率出发来宽泛地考察泡沫。重新定义易于操作的泡沫的衡量方法，即当资产的近期增长率大于自然增长率时，则定义为存在泡沫。并且在此基础上通过对美国次贷危机的分析得出泡沫破裂条件。

黄飞鸣构建引入贷款准备金的货币政策操作模型，并用该模型来分析货币政策对资产价格泡沫的调控效应；笔者还进一步拓展该模型用于解决货币区“三元悖论”下货币政策独立性的问题。

车维汉、王茜分析了国内外冲击与东亚9个国家（地区）经济波动的关联性。研究结论表明，国内的供给冲击、汇率冲击，外部需求冲击和利率冲击都会对东亚的经济波动有较大的影响。相对而言，在开放经济环境下，外部需求冲击更容易诱发各国（地区）的经济波动，而利率冲击更易通过影响汇率而间接地作用于经济波动。同时各国也应注意国内的结构性因素对物价水平带来的负面影响，预防经济的大幅度波动。

陈华采取了“二区制”的周期划分思想，将世界经济周期划分为“经济衰退”和“经济增长”两个阶段，由此建立带马尔科夫域变的VECM模型，从而在多国经济框架下有效地识别和分析了从1991～2008年世界经济周期的演变及其相应的周期特征，最后利用相关性和脉冲响应函数分析方法对中国与世界经济波动在世界经济周期的不同阶段中的关联性进行了实证研究。

于海东、田启华、吴昌林、唐文惠考察了金融中介引领金融创新的微观动机，并分析了投资者异质性对其的影响。通过引入交通成本差异来测度投资者异质性，发现交通成本的分布和变化情况会影响金融创新的均衡结果。当引领创新的金融中介判断新的博弈均衡结果对其有利时，他们会开始金融创新；当他们判断跟风创新会产生时，他们会将引领创新持续下去，直至新的且有利的博弈均衡形成。在此基础上，进一步将金融中介引领金融创新的微观动机置入政府监管的宏观环境中去，通过提出有效激励成本的概念来刻画金融监管强度，并且基于博弈论设计出无限次重复博弈模型，对金融监管强度进行测度及均衡分析，并显示金融创新微观动机和政府监管的匹配机制。该研究结论有助于为金融监管机制设计提供决策依据。

刘凯检验了中国加入 WTO 和 GATS 前后中国国际资本流动情况。笔者发现中国履行各项承诺后各资本分量的波动性并不相同，可以看出证券组合投资资本流动和其他投资流动的波动性相对于 FDI 较强；金融服务贸易开放的程度是影响资本流动的主要因素，国内宏观经济的稳定（低通货膨胀率和低财政赤字）及资本管制的有效性和弱资本流动波动性呈正相关关系；同时通过格兰杰因果检验发现证券流动波动是通货膨胀的原因。

王燕武通过构建一个动态一般均衡模型，比较三种不同筹资方式下政府支出冲击对居民消费的作用区别，然后利用中国的 1978～2008 年宏观经济数据，进行数值模拟分析。笔者发现：第一，在一次性总量税和发行长期融资债券的筹资方式下，政府支出的增加会提高居民消费的效用水平，引起居民消费的上涨；而在所得税的筹资方式下，政府支出增加不仅不能够带动居民消费的上涨，反而会使得居民消费下降。原因主要在于所得税税率的增加对居民行为产生较大的影响，既降低了居民的劳动积极性，引起就业减少，又导致居民可支配收入下降，直接造成居民消费下滑。第二，总体上，我国政府支出会挤入居民消费，二者之间是互补关系。而在就业方面，我国政府支出短期内会带动就业增加，但长远看，反而会导致就业水平下降。

范子英、张军首先构建一个简单的理论模型，指出财政分权导致了地区之间的市场分割，不过当中央政府给予落后地区一定量的转移支付，使得落后地区所获得的转移支付能够补偿其融入分工的损失时，落后地区将放弃进行市场分割的努力，融入到全国的分工体系。进而笔者利用中国 1995～2005 年的省级面板数据，检验这种区域性的政策是否真的促进了市场的整合。因而该文不仅仅是一项关于中国国内市场整合的研究，更是对区域性政策的经济效果的一项评估。

叶蓁认为，之前的这些研究并没有提供一个完整的关于出口增长的分析框架，多数分析更注重外部全球化带来的价值链分解或FDI，而没有将研究重点放在国内市场环境上。实际上，一旦一国出口商品结构被确定后，出口量则取决于国外的市场需求和国内市场供给两个方面（遵循“短边规则”）。结合我国的实际情况，笔者构建了一个包括市场需求、供给以及政府调控等因素的整体框架，以考察我国出口扩张的成因及其经济绩效。基本结论有两点：第一，市场需求、供给以及政府出口政策是支撑一国出口的重要因素，政府政策通过扩大供给的影响而使得出口迅速扩张；第二，基于“政策扭曲—过度进入—出口扩张”模式下的出口行为只能通过技术升级而非技术效率实现全要素生产率的提升。

邓淇中、叶苹使用1991~2007年中国省级区域面板数据对反映中国金融发展的三大要素——金融规模、金融结构、金融效率与中国经济增长的空间差异的联系进行了实证检验。在研究过程中，考虑到解释变量潜在的内生性，笔者通过使用动态面板数据的计量方法解决了内生性问题，从而得到更可靠的研究结果。利用基于动态面板的格兰杰因果检验，再一次证实中国金融发展与经济增长之间存在因果关系，但金融发展的各要素与经济增长关系表现出明显的区域差异性。

杨治国、宋小宁结合新开放宏观经济学的分析框架，分析了经济结构、实际汇率、经常账户余额之间的影响关系。研究结论发现，长期来看，实际汇率主要取决于本国贸易部门与非贸易部门的生产率状况，以及贸易部门或非贸易部门的份额；名义汇率对实际汇率的影响仅限于实际名义汇率与预期名义汇率的差异所引致的小幅波动，并无显著的长期影响。长期来看，实际汇率为影响本国经常账户余额的关键因素，名义汇率对其同样无显著影响。就长期贸易顺差而言，实际汇率为影响本国经常账户余额的关键因素，名义汇率的持续升值并非改变本国经常账户盈余的实际有效手段。

吴剑飞利用贝叶斯向量自回归模型实证检验实际产出波动和价格水平波动之间的关系，得出的结论是实际产出波动和货币供应量是我国价格水平波动的格兰杰原因。

胡凯、屠卫建立了一个世代交叠模型来分析货币政策与经济增长之间的关系，并试图解释为什么中央银行不会执行弗里德曼规则。笔者还利用麦卡勒姆（McCallum）规则和扩展的泰勒（Taylor）规则对中国的货币政策进行了实证检验。理论和实证也都揭示，假设货币政策完全有效是不现实的，中央银行也不能完全控制现实中货币流通的数量。货币政策最有效的用途反而在于作为一种稳定工具，而不是成为调节经济远离衰退和过度通货膨胀的油门。也许，中央银行更应该扮演的角色是一个宏观风险管理者。

张帅、徐长生根据1996~2009年我国宏观经济季度数据，运用基于VAR的广义脉冲反应函数方法，避免了传统脉冲反应函数估计所带来的主观性问题，构建包含利率、汇率和货币供给量的我国广义货币状况指数，并考察了货币状况指数是否可以作为我国货币政策的信息指示器变量。该研究为评价我国货币政策执行效果、分析影响货币政策松紧的主要因素提供了一个新的视角，从而可为我国货币政策实施提供参考；同时该研究发现，货币状况指数可以提供货币政策最终目标未来发展的动态信息，这也将为货币政策进一步调整提供参考意见。

李晓峰、钱利珍透过“汇率变动影响就业”这个现象研究“通过什么渠道影响”这个本质，首先对基本的劳动需求模型进行扩展，构建可以测算汇率影响就业的三个渠道的模型，再选取1995～2007年中国各省的面板数据进行实证分析，发现人民币汇率变动会通过出口需求、资源配置和效率渠道对就业产生影响：汇率变动通过三个渠道对就业的总影响为－0.242（即实际有效汇率升值1%，通过三种渠道导致就业降低0.242%），其中通过出口需求渠道的影响为－0.216，通过效率渠道的影响为－0.067，而通过资源配置渠道的影响为0.041。可以看出，出口需求渠道的影响在三者中最强，而效率渠道影响次之，资源配置渠道影响最弱。从经济意义上来看，汇率升值1%通过“需求效应”导致就业降低0.216%；而从效率来看，汇率升值1%，不利于效率（开放度）的提高，进而导致就业下降0.067%。从资源配置来看，汇率升值1%，导致资本流入的“资本带动劳动效应”大于“资本替代劳动效应”，进而促进就业增长0.041%。

薛鹤翔、许志伟、罗大庆从中国的“固定资产投资数据”中识别并提取出了表征投资流动性的变量——投资自有资金与总资金的比值。通过计量分析，笔者发现该比值很大程度上受外生冲击的影响，因此笔者把它定义为投资流动性冲击。同时，数据显示该冲击具有需求冲击的性质，它会引起产出与通货膨胀同向变动。为了解释这一特征，该文随后构建了一个较为符合中国经济的新凯恩斯主义随机动态一般均衡模型。为了将投资流动性冲击引入模型，笔者扩展了传统的货币先行约束，即一定比例的投资也受到现金约束。模型的脉冲反应显示，该冲击会引起产出和通胀的同向运动，即当投资资金约束收紧时，产出和通胀都将下降。这点很好地解释了数据中的实证发现。此外，通过比较文献中不同的货币政策，笔者发现相对于没有货币政策，以利率为调控工具的泰勒规则和以控制货币供给为手段的政策都有稳定经济的效果，政策的反周期性越强，越能起到稳定经济的作用。而且，投资流动性冲击越持久，货币政策的效力就越明显。

林斌从信号效应和资产调整效应出发设计央行干预的目标汇率，然后通过最优干预行为分析，构建内含央行汇率政策目标的人民币汇率决定模型。接着通过实证估计来探寻央行干预的信号效应和资产调整效应的表现，最后利用可变参数模型对汇改三年多来央行干预效应进行了动态分析。该文研究显示：第一，央行干预产生的信号效应使得预期汇率的弹性下降，而产生的资产调整效应影响了国内利率水平，进而减弱了汇率方程中国内外利率差指标的弹性，这些都反映出央行干预行为降低了汇率波动，即实现合理的人民币汇率水平这个目标。第二，预期汇率与国内外利率差弹性动态分析表明央行干预的信号效应与资产调整效应呈现相反变动的趋势。一方面，在汇率形成机制不断完善的情况下，预期汇率的弹性缓慢下降，央行干预的信号效应正在不断增强；另一方面，随着资本管制效力减弱和资本流动性的提高，央行干预的资产调整效应逐渐弱化。

李运达在扩展的一般均衡的框架内讨论了信贷风险评估与资本金约束对货币政策效应的影响机理，在此基础上，探讨了扩展的理论模型对于我国货币政策效应分析的启示。笔者认为：第一，信贷风险与资本充足率构成了对商业银行信贷决策的双重约束，货币政策有效性不仅取决于中央银行的政策意图，还受制于商业银行对信贷风险的评估及其所面临的资本充足率监管，并且这两重约束对货币政策有效性的制约力度因资本金约束松紧而异。第二，资本金松约束时，资本金充足率的监管不影响商业银行信贷的扩张或收缩，商业银行对总体信贷风险的因应制约着货币政策的有效性。在经济周期性波动过程中，信贷与产出之间以信贷风险为媒介存在具有金融加速器性质的反馈机制，它可以放大货币政策效应，但需以货币政策有效扭转这一反馈机制为前提。第三，资本金紧约束时，资本充足率监管会造成货币政策效应的不对称，扩张性货币政策的有效性被削弱，而紧缩性货币政策效应被增强。第四，1997 年以来我国的货币政策实践中，商业银行对信贷风险和资本金压力因应的变迁，是经济周期中货币政策效应不对称的主要根源，也是形成两轮金融危机下扩张性货币政策有效性反差的重要原因。

张庆昌通过对 1952 ~ 2007 年数据分析，发现工资和全要素生产率的关系与他国存在不一致的结论。笔者从劳动力市场发育程度和出口两个方面，对“这种不一致”做了较为有说服力的解释，并得到经验实证证实。具体结论为：1952 ~ 1978 年，工资与全要素生产率的关系不明显，主要是由于计划经济体制下企业不是以利润最大化为目的。改革开放后，工资水平的增长脱离全要素生产率的增长，主要是由于劳动力市场发育不完善和出口的迅速增加导致。此外，出口本身明显阻碍了我国的技术进步。

黄菁根据迪维西亚（Divisia）的因素分解思想，推导了污染排放的对数平均迪维西亚指数（Divisia，略写 LMDI）方法。通过将该方法运用于我国工业行业的污染效应分解，笔者得到以下几个结论：首先，对比国外同类文献的研究结果，该文的分析也得到了类似的结论，即规模效应的影响是工业污染增加的主要原因，技术效应是减少污染的最重要力量。其次，结构效应在一定程度上增加了我国的工业污染。最后，一些工业行业的生产对污染排放的变化有重要的影响，如电力、煤气及水的供应业，非金属矿物制造业和黑色金属冶炼及压延工业等。

张莉、李捷瑜、徐现祥构建了资本相对分配份额的决定方程，得出经济全球化通过影响技术进步偏向，从而影响要素分配份额的结论。并且基于跨国面板数据，得出经济全球化对发达国家和发展中国家的技术进步偏向和要素分配份额会产生不同的影响，主要有以下结论：首先，近30年来资本的收入份额在全球范围内呈现上升趋势，这种趋势在发展中国家尤为明显。其次，进出口对发达国家和发展中国家的影响均有所不同。最后，外商直接投资促进技术进步偏向资本，显著提高资本相对分配份额的作用机制，主要在发展中国家实现，对于发达国家这种影响机制的效果不明显。

蔡伟毅结合理论分析和数理模型分析，沿用经济学家格罗斯曼（Grossman）和赫尔普曼（Helpman）关于技术创新与经济增长的理论模型，建立了单一要素和两种部门的生产模型，将此模型运用于对发达国家和发展中国家技术创新竞争的分析，依据研发活动的自由进入条件、资本市场的无套利条件和熟练劳动力市场的出清条件来求解均衡状态。先分析在封闭经济条件下各个国家的创新增长率如何决定，然后分析在开放经济条件下两个国家创新增长率的相互影响，从理论分析和模型分析两个方面深入研究全球化条件下知识溢出与技术进步的关系，得出过强的知识产权保护不利于技术进步和经济发展的观点。该文的模型分析证明，在存在知识溢出的情况下，技术进步存在自我加强的机制，但是在不存在知识溢出的情形下，这种机制就变成了自我缩减。不管是在封闭经济条件下，还是在开放经济条件下，知识溢出都将加快企业的技术创新，知识溢出对技术进步存在正反馈效应。

习明明构建了一个基本模型，这个模型主要来自于对MRW模型的一个修改，但与MRW模型不同的是，笔者考虑到了人力资本投资的外部性，单个企业将这种外部性视为外生给定的；笔者对该模型进行回归分析，其使用数据主要来自于赫斯顿、萨默斯和阿托恩（Heston，Summers and Aten，2006）宾州世界表和巴罗和李（Barro and Lee，2000）的人力资本与教育数据，笔者选取了98个国家1960~2000年关于实际人均产出、投资率、人口增长率以及15岁以上中学人口入学率等方面数据；笔者还分析了贫困陷阱模型的一个微观机制，这个模型很好地解释了落后国家或地区人力资本投资水平低的原因。结论表明：人力资本后发优势确实是客观存在的，但它同时也是潜在的。与富国相比，穷国面临信贷约束以及各种导致贫困的自我强化机制，一旦穷国陷入贫困陷阱，这种后发优势就很难有效发挥。那么如何跳出贫困陷阱，发挥出穷国因落后而具有的这种潜在的后发优势呢？笔者认为，国家或政府必须对经济实行干预，使穷国快速跳出贫困陷阱，从低水平的均衡向高水平均衡过渡。在一定程度上，这首先要求穷国要有一个“不够民主”的威权政府。经济的发展之所以需要一些“不够民主”的政府来推动，主要是因为这些国家是从一个很低的基础上起飞，需要快速而大规模地动用各种资源，而一个“民主”的政府是很难做到这一点的。

曾世宏构建了一个简单的人力资本回报与产业升级的理论模型；并实证检验中国人力资本回报与产业升级的动态演化关系。数理分析论证了决定人力资本回报形成机制的影响因素以及人力资本回报与产业结构演化升级的关系。笔者运用1978～2008年中国统计年鉴的原始数据实证检验了中国人力资本回报与产业结构升级的动态演化关系。

于同奎、曹国华、李红刚提出了一个简单的信贷市场不完美情况下的宏观经济模型。模型中企业家在异质的产业类型中选择投资项目，产业的异质性体现在投资项目的生产效率、投资规模和信用担保程度。信贷市场不完美决定一个产业类型投资项目的信贷担保额度只能是其净值的一定比例。当期资本量决定了当期的产出和经济主体储蓄的社会财富，经济主体的社会财富又决定了不同产业类型的信贷评价得分，从而决定经济中从事哪些产业类型，这就决定了下一期的资本量和总产出。模型解释了各种产业转型升级和经济增长的模式，如从事高效产业的先进经济、从事低效产业的落后经济、从事多种产业的混合经济以及产业转型升级陷阱和经济增长困境等。模型分析对我国促进产业转型升级保持经济持续增长具有启示意义。模型分析告诉我们，增加临时资本量如引进外来资本、增加储蓄率或信贷支持等是促进经济增长的重要途径，但该方法并不总是有效的。当系统存在处于从事不同效率产业类型项目的多个均衡状态时，可以通过增加一定力度的资本量使其跨过临界点，使经济由低效产业状态转型为高效产业状态，促进经济大幅增长。但当经济陷入产业转型升级陷阱时，这种增加资本量的措施就会失效，即使增加再多的资本量，经济仍会回到低效产业状态。这时希望通过简单的产业转型已经无法获得高速的经济增长，而只有从产业自身入手，通过提高项目的生产效率、改善项目信贷担保程度和降低项目投资规模才能走出陷阱。该文可以解释刘伟、张辉（2008）的实证研究结论，经济发展启动之初，产业结构变迁对经济增长贡献显著，而随着经济不断发展，产业结构变迁对经济增长的贡献不断降低，更持续的经济增长需要技术进步。

许冰、章上峰利用非参数局部多项式估计方法，测度中国经济增长与收入分配不平等的倒“U”曲线函数性态。研究发现：中国的收入分配不平等曲线表现为“过山车”模式，具有三个拐点，目前处于倒“U”的左半部分；随着进一步经济增长，我国收入分配不平等还有进一步上升的趋势，但上升速度减慢；按照国家“十一五”发展规划，预期到2009～2010年，我国收入分配不平等将趋于稳定；预期到2014～2015年，收入分配不平等将趋于缓和。

于蔚、钱彦敏研究资源配置体制改革和企业微观基础重构背景下的中国上市公司资本结构问题。特别是转型经济中的宏观外生冲击怎样影响企业的融资选择以及资本结构的动态调整？在一个更为一般化的资本结构动态调整模型的框架下，该文对1994～2006年我国1 174家上市公司的非平衡面板数据所做的实证研究表明：第一，资源配置体系改革和企业微观基础的重构确实有利于企业理性的形成和资本结构优化调整的激励机制的形成，企业会动态调整其财务杠杆，使之趋向于最优目标值。第二，宏观经济环境是决定我国企业融资选择的重要因素，宏观经济面、政策面的变动对企业资本结构的动态调整有着重要的影响。与以往的研究相比，该文为宏观政策和金融市场供给条件如何影响企业资本结构的动态调整提供了更为丰富的经验证据。经济危机下，宏观环境正经历前所未有的剧烈变动，该研究不仅对我国企业在宏观波动中如何选择最优的融资方式和资本结构具有借鉴意义，也对政府制定相应经济和货币政策具有参考价值。

目录

Contents

第1部分　全球金融危机的起因及其对中国经济的影响

第2部分　全球金融危机下的中国经济波动与增长

第3部分　全球金融危机与中国宏观经济政策

第4部分　经济结构调整与增长方式转变

第1部分

全球金融危机的起因及其对中国经济的影响

美国金融危机对中国市场改革与经济发展的启示

■张晓欢　鲍曙明*

美国金融危机已演绎成为国际性金融危机，对全球经济造成了巨大冲击，中国经济增长也因此而放缓。中国如何应对这次金融危机已经成为一个备受关注的问题。许多学者已经进行了深入的研究，本文侧重从技术层次、产业层次和制度层次对金融危机产生的原因进行剖析，此次金融危机既有偶然性也有必然性。我们认为未来的中国，随着技术进步和经济全球化的发展，各种要素的流动性必然会增加，金融市场也必然会不断放开，目前西方国家出现的一些问题，最终也可能在中国发生。中国应该认真分析美国金融危机的本质原因，既要从次贷危机的视角，也要从美国经济增长方式、社会制度与文化等方面来考察，还应该从当代国际环境的大背景下来审视，并结合未来中国与全球的发展的趋势，及早采取防范措施，建立起中国特色的多元化发展模式，从而保证和促进中国体制改革和经济运行的健康发展，并为世界经济改革与发展做出贡献。

一、美国金融危机发生的背景分析

从危机爆发过程看，美国房价下跌引发次贷危机，次贷危机引发金融危机，并迅速波及全球。所以，对于本次金融危机的原因，大多围绕次贷危机爆发过程中各个环节的问题展开探讨，即更多地分析次贷危机的来龙去脉，比如房地产泡

* 张晓欢，美国密歇根大学访问学生，电子邮箱：xiaohuzh@ umich. edu；鲍曙明，美国密歇根大学，电子邮箱：sbao@ umich. edu

沫的破裂、次级贷款和股市泡沫的膨胀、金融创新过度而监管滞后、金融自由化和不当的货币政策、不合理的国际货币体系、美国低储蓄高消费模式难以为继、会计准则和华尔街职业经理人激励模式的缺陷等，还有比如负债、通货膨胀、全球房地产市场降温、经济下行周期、信息传递失真等其他原因假说，这大都是基于次级贷款危机或次级债危机视角。

而事实上，是次贷危机与其他危机一起促成了这次金融危机，次贷只是这次金融危机的一个触发点，而不是原因的全部（吴敬琏，2009）。对于这次金融危机，既要从当代国际环境的大背景下来审视，也要从美国经济增长方式和社会制度、文化等方面来考察。因为“疯狂、惊恐和崩溃，是一种经济环境的结果，这种环境滋生着贪婪、诡计和掠夺，而不是对金科玉律的虔诚信仰”（查尔斯·P·金德尔伯格，2007）[1]。所以，对于本次金融危机，既要关注其爆发过程，也要关注其爆发的深刻背景。关于本次金融危机爆发的背景和本质，笔者认为可以从三个层次加以剖析，分别是技术层次（技术创新）、产业层次（产业全球化）和制度层次（社会制度与文化）。

1. 技术层次

在金融全球化过程中，现代信息技术对金融交易的方式和速度产生了革命性影响，全球政治、经济信息可以同步出现在每一个金融交易所的显示器上，数目巨大的金融交易可以在瞬间完成，全球外汇市场和黄金市场更是可以24小时不间断交易。新信息通讯技术推动了全球金融市场网络化，大大增加了各种资本要素的流动性，也推动了各种金融衍生产品在全世界范围内迅速增长。据统计，互联网广泛应用前后，国际资本市场规模增速差距相当悬殊。国际债券市场的融资规模在1973年为622亿美元，在1979年达到1 450亿美元，年均增幅15%；而从1990年的4 276亿美元增加到1996年的15 139亿美元时，在基数不断增大的同时，年均增幅仍高达23.5%。在国际证券市场上，发达国家证券资本的年平均流出入总额，1976～1980年为476亿美元，而在1991～1994年已增加到6 311亿美元。美国1970年的共同基金数为400个，资产总额约为448亿美元，到1994年则相应增加到5 300个和21 000亿美元。而据美国投资公司协会调查显示，截至2006年11月底，美国共同基金管理的资产达10.281万亿美元，在全球基金市场占据了53%的比重，相当于美国2005年国内生产总值的83%。

相比之下，制度改革总是跟不上信息技术和金融业的发展速度，金融管理和金融监管制度相对滞后，从而难以对风险进行全面控制，使金融风险不断增大。首先，现代化的国际化发展较快，而原有的监管体制已经不能适应金融业的发展，存在严重漏洞，管理失衡加剧。其次，目前国际金融体系仍然采用了多年前的美元“纸本位”制，与当今多元化的金融和经济格局已经不能协调。再次，随着全球化的推进，金融风险和危机迅速全球化了，而国际上尚没有形成有效的国际协调机制。金融危机会影响经济发展，但不是必然导致经济危机，而这次金融危机的一个特点是金融危机诱发了全球性的经济危机。由一个国家的金融危机通过金融业诱发全球性经济危机，这就反映了目前金融、经济发展的错综复杂，也暴露了目前管理体系中的众多薄弱之处。

2. 产业层次

第一，传统产业的流失。随着经济全球化的发展，全球产业面临着重新布局，国际产业转移加快，迫于原材料、劳动力成本不断上升等压力，美国面临着产业转移和升级换代，信息产业和新技术产业发展迅速，但美国传统制造业逐渐流失，尤其是“9·11”以后，美国产业升级、替代和传统产业流失加快，工作机会随之也大量流失，居民收入和消费失衡，从而为金融危机埋下伏笔。如图1所示，制造业产值占GDP比重和制造业就业人员比例几乎同时下滑，说明相对于其他产业，制造业处于萎缩过程中，而就业人员比例下降的速度近年来似乎更快，一定程度上说明20世纪90年代以后美国传统制造业的流失速度也在加快。制造业就业人数的急剧减少，会对制造业工人的收入产生巨大影响，一定程度上可能会加剧社会收入差距的扩大，而收入差距的扩大必然会对消费和次级贷款等带来压力。

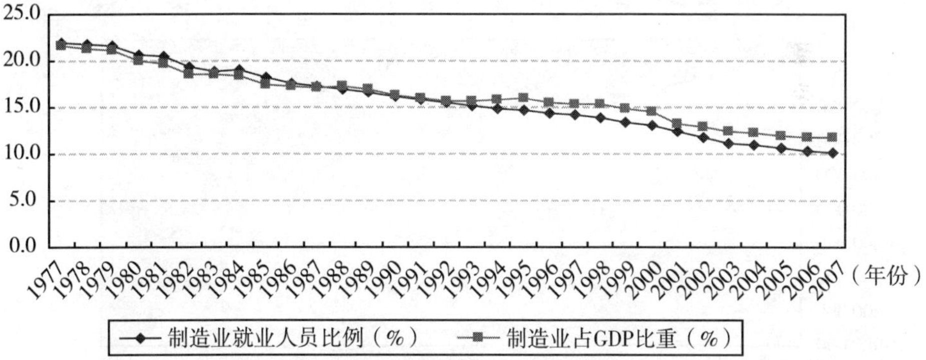

图1　1977～2007年美国制造业占GDP比重和就业人数比重

资料来源：《2008美国总统经济报告》，http：//www.gpoaccess.gov/eop/download.html。

第二，传统实体产业流失后，资金开始流向IT产业和金融市场，IT产业开始兴旺并产生巨大泡沫，互联网泡沫破裂后，房地产市场和金融市场开始膨胀，并产生了更大的泡沫（见图2，一定程度上显示了房地产市场的泡沫程度），虚拟经济和实体经济越来越严重背离。虚拟经济不断膨胀而实体经济相对萎缩，甚至在某种程度上使金融危机诱导经济危机成为必然。同时，作为经济支柱的传统制造业日益衰落，使美国经济从根本上受到削弱，加上严格的出口管制（Gao，2005）[2]和“双赤字”政策，国际收支和全球货币体系失衡不断加剧（见图3和表1），这也为金融危机埋下伏笔。

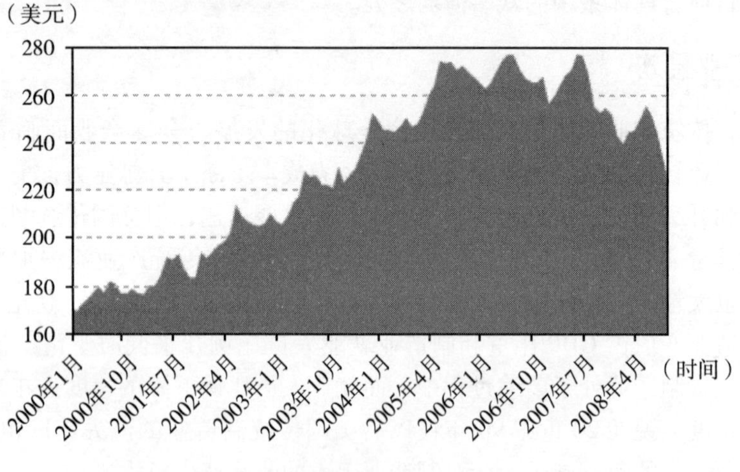

图2　2000～2008年美国平均房屋出售价格

资料来源：National Association of Realtors（www. prudentbear. com）。

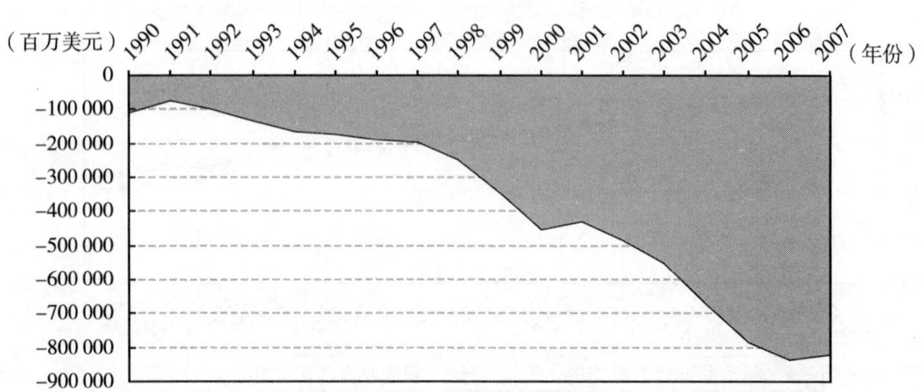

图3　1990～2007年美国国家收支平衡状况（贸易逆差）

资料来源：《美国总统经济报告（2008）》（http：//www. gpoaccess. gov/eop/download. html）。

表 1　　　　　　　　美国总债务占 GDP 比重及

外债占联邦公债比重变化

单位:%

年份	联邦债务占 GDP 比重	年份	联邦债务占 GDP 比重	外债占联邦公债比重
1980	33. 3	1994	66. 7	13. 9
1981	32. 6	1995	67. 2	16. 7
1982	35. 2	1996	67. 3	20. 7
1983	39. 9	1997	65. 6	22. 6
1984	40. 7	1998	63. 5	22. 8
1985	43. 9	1999	61. 4	22. 0
1986	48. 1	2000	58. 0	18. 3
1987	50. 5	2001	57. 4	17. 7
1988	51. 9	2002	59. 7	19. 5
1989	53. 1	2003	62. 5	21. 9
1990	55. 9	2004	64. 0	24. 4
1991	60. 6	2005	64. 6	24. 9
1992	64. 1	2006	64. 9	24. 3
1993	66. 2	2007	65. 5	25. 5

资料来源：《美国总统经济报告（2008）》，表 B89，http：//www. gpoaccess. gov/eop/download. html。

第三，美国尽管拥有雄厚的经济和科技实力，但新产业尚未成为有力的经济支撑点（比如新能源产业、医疗生物工程、生命科学等都还在探索阶段），这就使投资、出口和消费失衡程度不断加大。当投资和出口都不能成为有效拉动经济时，消费便成为唯一的选择。如表 2 所示，美国消费占 GDP 比重一直居高不下，1980 ~2001 年这一比例一直在 65% ~70% 之间，至 2002 年突破 70%，并继续保持增长势头，在金融危机爆发前的 2007 年已达到 71. 6%；相反投资占 GDP 比重在维持低位的情况下还有进一步下降的趋势，可以看出美国在储蓄率基本为零的情况下消费和投资严重失衡。

3. 制度层次

制度层次原因，即观念和体制上的问题，是美国金融危机更深层次原因。主要表现在提倡市场主导经济、鼓励信贷消费及传统劳工保护和工会制度等，在这些方面，美国政府短时间内难以做出真正改变，这也是美国未来发展面临的根本性挑战。

表2　1990～2007年美国个人消费支出占GDP比重变化　单位：%

年份	消费占GDP比重	投资占GDP比重	年份	消费占GDP比重	投资占GDP比重
1980	65.4	12.5	1994	67.5	14.0
1981	64.7	13.3	1995	67.7	14.1
1982	66.9	11.7	1996	67.5	14.8
1983	67.6	12.2	1997	67.0	15.9
1984	66.5	14.8	1998	67.6	16.8
1985	67.1	14.0	1999	68.0	17.3
1986	67.5	13.5	2000	68.7	17.7
1987	67.5	13.4	2001	69.9	16.2
1988	67.4	13.2	2002	70.6	15.5
1989	67.0	13.3	2003	70.8	15.7
1990	67.1	12.6	2004	70.8	16.6
1991	67.3	11.6	2005	70.9	17.0
1992	67.3	12.1	2006	71.1	16.9
1993	67.7	12.9	2007	71.6	15.7

资料来源：《美国总统经济报告（2008）》，表79，http：//www.gpoaccess.gov/eop/download.html。

（1）金融自由化经济。

西方长期以来提倡市场主导经济，提倡金融自由化经济，导致宏观调控能力下降，为金融危机带来隐患。首先，放松监管的法律环境为金融危机带来了隐患。从20世纪80年代开始，美国极力推动放松金融管制，先后通过了储蓄银行和商业银行混业经营、鼓励信贷等一系列法案（《1980年存款机构解除管制与货币控制法案》，取消了对第一留置权按揭贷款的利率上限；《1982年可选择按揭贷款交易平价法案》，允许对按揭贷款采用可变动利率（ARM）；《1986年税收改革法案》，取消了消费贷款的利息扣除规定，但保留按揭贷款的利息扣除规定），至1999年《格雷姆－里奇－布利雷法案》（金融服务现代化法案）颁布，彻底结束了银行、证券、保险分业经营与分业监管的局面，使越来越多的商业银行加入到金融衍生品业务中，导致金融创新泛滥，金融衍生品激增，从而使房地产市场和金融市场泡沫急剧膨胀，金融危机一触即发。其次，触发点便是长期的低利率政策和不当的加息政策引发的次贷危机[3]。网经济泡沫破灭后，为刺激美国经济的增长，美联储从 2001 年 1 月开始连续 13 次降息，至 2003 年 6 月美国一年期利率由 6.5% 降低到 1% 的超低水平，并在这个低水平持续了近一年之久，低利率和充裕的银行信贷导致房地产和其他资产价格大幅上涨，次级贷款蓬勃发展，进一步膨胀了房地产泡沫（Papadimitriou et al.，2006）[4]。为了抑制日益上升的通货膨胀，从 2004 年 6 月至 2006 年 6 月美联储共加息 17 次，利率由 1% 升至 5.25%，不断上升的利率水平导致房地产市场降温，房地产价格下跌，交易量急剧萎缩，次贷危机便顺理成章。所以，从某种程度上可以说制度和政策的自由化是美国金融衍生品过度创新的直接导因，而金融过度创新和监管的不匹配则催引了次贷危机，次贷危机引发了金融危机。而以美国为首的发达国家，积极鼓吹自由主义经济学，竭力促使国际金融快速实现自由化，使国际金融危机在深度和广度上不断加剧与扩散。

（2）信贷消费。

西方鼓励信贷消费和超前消费，致使债务不断高企（见图 4），从而隐藏了金融危机的可能性。作为本轮金融危机发源地的美国，低储蓄、先消费后还贷的信贷消费方式深入人心，并且全球化背景下的消费信贷模式已经成为美国经济模式的一个显著特征，消费增长是其经济增长的主要驱动力，其对 GDP 的拉动已

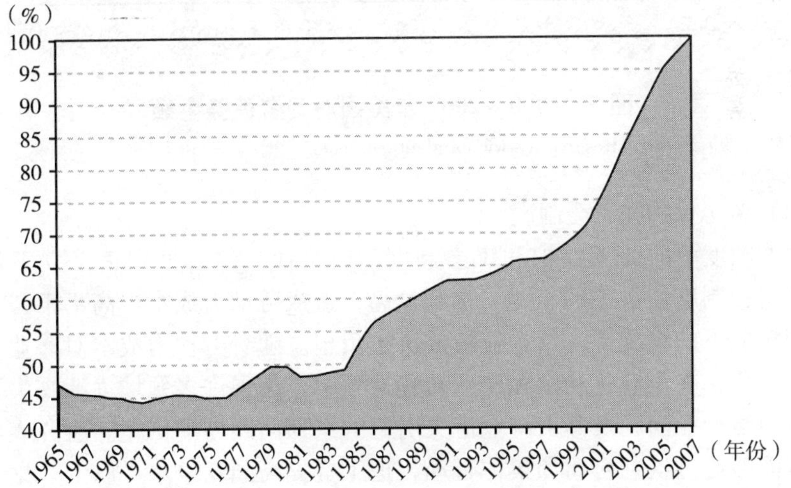

图 4　1965～2007 年美国家庭债务在 GDP 中所占的比例

资料来源：Federal Reserve Z-1. Bureau of Economic Analysis（www.prudentbear.com）。

达70%左右。美国储蓄率1984年为10.08%，1995年为4.6%，2004年为1.8%，2005年为-0.4%，2006年为-1%，2007年为-1.7%，创下1933年大萧条时代以来的历史最低纪录。2007年，美国金融部门的债务激增到GDP的114%，非金融部门的债务达到国内生产总值的226%，信用卡、车贷、房贷的规模也节节攀高（见图5）。2007年年底，家庭部门负债率增至美国个人可支配收入的133%，较10年前的90%上升40多个百分点。债务危机和储蓄与投资之间的严重失衡达到一定程度，必然导致金融危机的爆发（Michael Mah-Hui Lim，2008）[5][6]。

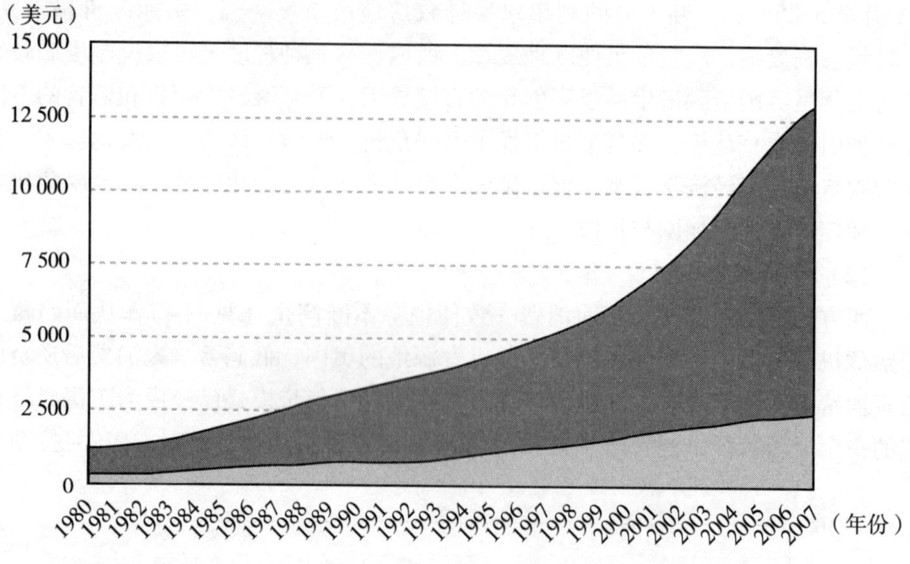

图5　1980～2007年美国消费者债务余额

资料来源：Federal Reserve（www.prudentbear.com）。

（3）劳工保护和工会制度。

西方制度中的劳工保护和工会制度，曾给社会的公平和正义立下汗马功劳，但这种制度使员工的工资、福利过高，造成劳动力成本居高不下，在劳动效率相对低下的情况下，给企业造成沉重负担。随着劳动力成本对产业竞争力影响的变化，在全球化和国际产业转移进程中，美国许多领域逐渐丧失了竞争力，从而给产业问题及其由产业流失引起的系列问题埋下伏笔。研究表明，工会经常能够通过谈判协商和集体行动，把工资提高到竞争水平以上。据刘易斯（Lewis，1986）[7]估计，在个人和工厂特征相似的情况下，工会与非工会工人的工资差距在12%～20%之间。还有学者推算，1970～2001年，美国工会与非工会工人的平均工资差距为17.1%。根据弗里曼和梅多夫（Freeman and

Medoff）的研究，1974～1977年，美国整个私营非农业部门和制造业所属部门，有工会企业的劳动成本中，福利部分的比例明显更高，并根据1970～1980年902个私营企业的数据分析表明，工会大致降低了16%的价格成本利润和19%的资本准租回报[8]。据巴德（Budd，2004）的研究，工会会员也更可能获得养老金和健康保险。所以，在美国劳资关系模式下，工会明显提高了工会会员的工资和福利，非工会成员也在一定程度上搭工会组织所挣工资和福利的便车，雇主就面临劳动成本提高、利润下降、罢工威胁以及罢工损失（于桂兰，2008）[9]。另外，相关研究表明，通用汽车破产的其中一个重要原因就是其员工工资和福利太高，而员工工资和福利过高的一个重要原因就是工会势力过大。总之，美国的劳工保护和工会制度使企业劳动力成本居高不下，给美国产业尤其是传统产业的竞争力构成了很大威胁，进而为产业流失及产业流失的负效应推波助澜。

二、金融危机对中国经济的影响分析

国际金融危机使全球经济付出沉重代价。由于中国金融市场还不够开放，资本经常项目受到管制，中国遭受金融危机的直接影响相对较小，但由于对外需的高度依赖性，使中国经济遭受了较大的间接冲击。对中国经济的影响主要表现在以下四个方面。

1. 对中国金融的影响

首先，金融危机会造成资本市场心理上的恐慌和悲观，投资信心和消费信心受挫。雷曼申请破产保护次日，中国A股市场暴跌，上证指数、香港股市、内地房地产股等无一幸免。据统计，从2007年10月到2008年11月，上证指数最高6 124.04，最低1 664.93，涨跌额达－4 083.61，涨跌幅达－68.58%。同期，深圳成指最高19 600.03，最低5 577.23，涨跌额达－12 872.64，涨跌幅达－65.91%；其次，金融危机对中国金融的实质性影响主要体现在资产缩水。如巨额外汇储备（近2万亿美元）、持有的美国国债（达5020亿美元）和公司债券等大幅缩水，以及中国股市暴跌等。以中国外汇储备的现值与成本之比为例，据中国人民大学出版的《中国经济发展报告2009》显示，这一数值从2005年开始总体上呈持续下滑趋势，到2007年年初外汇储备资产的现值与历史成本基本持平，至2008年3月，按即期汇率计算的累计净亏损达到360亿美元。另外，据统计我国在这次危机中资产缩水达21万亿～24万亿元人民币，龙永图（2008）则估计中国银行直接损失将近100亿美元。不过庆幸的是，资本账户仍处于管制状态，金融改革也取得了一定成效，风险依然在可控范围之内，中国应不会发生美国式的金融危机[10]。

2. 对中国外贸及出口型企业的影响

金融危机对中国对外贸易造成强烈冲击：一是，金融危机不仅导致美国外需减少，也使欧盟、日本及其他新兴经济体的外需减少，中国出口的不景气还将产生连锁反应，反过来影响中国。金融危机下，美国、欧元区、日本及其他亚洲国家和地区，作为中国的重要出口需求对象，经济总体下降趋势非常明显。据世界货币基金组织预测，2009 年美国 GDP 增长率仅为 0.1%，欧盟为 0.2%，日本为 0.5%，亚洲新兴经济体为 3.2%。并且美国救市计划成效并没有达到预期效果，失业率已经超过 10%，并有进一步攀高的趋势；二是，金融危机有可能导致人民币在一定时期内相对升值。金融危机后，美元兑人民币贬值，人民币兑欧元、日元等不同程度升值，如果这样的趋势继续下去，将对中国出口雪上加霜[11]；三是，金融危机可能会导致国际贸易保护主义抬头，目前在一定程度上已经显现，并将可能在美国带动下愈演愈烈，而中国将成为面临贸易保护主义威胁最大的国家（张燕生，2009）[12]。而外贸的减少必然对出口导向型的中小企业构成强烈冲击，订单的减少，产品价格下行，人民币升值压力不减，劳动力成本和部分能源价格上升等均将使不少企业面临严峻的生存问题。如图 6 所示，根据国家统计局和中国物流和采购联合会合作发布的最新数据，反映制造业经济扩张与衰退

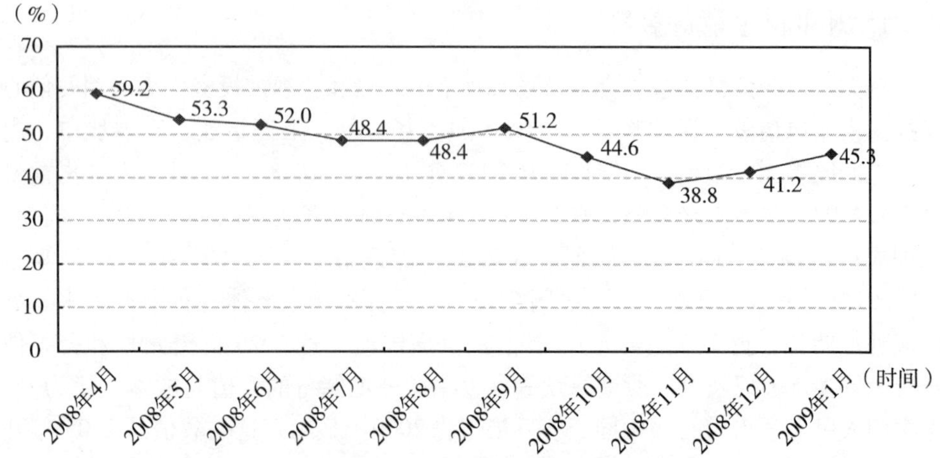

图 6　中国制造业经理人采购指数（PMI）

资料来源：http：//www. idsgroup. com/profile/pdf/pmi_reports/PMI_november08. pdf；http：//www. lifunggroup. com/research/pdf/。

的经理人采购指数屡创新低，2008 年 4 月是 59.2%，到 2008 年 7 月已降到 48.4%，说明制造业经济已经出现总体衰退，除了 2008 年 9 月这一指数突破 50%外，一直到 2009 年 1 月这一指数均在 50%以下，其中 2008 年 11 月仅为 38.8%，说明金融危机后受外需减少的影响，中国制造业经济迅速走向总体衰退并持续处于低迷阶段。

3. 对中国投资及房地产市场的影响

金融危机会对中国投资产生重要影响。第一，表现在投资信心受挫，投资信心降低必然对投资额产生重要影响。第二，表现在资金流动层面。金融危机必然会使发达国家本国资金供应变得紧张，可能会使一部分资金从中国回流。同时，在金融危机下，中国也可能成为海外资金的避风港，成为特殊时期的投机场所。如果出现突发性的集中流出或流入，将对中国资产价格产生较大影响。如果没有有效、及时的监管和宏观调控措施，将会对中国外汇市场、股票债券市场、房地产市场和实体经济产生重大影响。尤其是房地产市场，首先是心理方面的冲击，其次是房地产资金供应将出现紧张，海外投行撤出中国房地产市场，银行的房地产贷款在减少，上市融资的方式也随着股市下跌而破灭。最后是房地产泡沫被部分挤出，房地产市场整体低迷，开发商经营状况不容乐观，也使商业银行房地产贷款所面临的风险增加。但是，由于金融危机的出现，为了保证中国经济的持续增长，使得国家投资计划提前进行，国家宣布投资 4 万亿元应对金融危机冲击，从而在投资总量上使金融危机对投资的影响大为减弱，但不断靠政府投资推动经济增长又为经济失衡埋下隐患。

4. 对人民币汇率的影响

首先，国际资金的流动性会对人民币汇率产生重要影响。美国下调联邦基金利率，一方面短期撤回的资本可能重新回到中国，推动国内资本品价格上升，产生更大的投机泡沫；另一方面给中国的货币政策运用、宏观调控带来很大困难，进退两难的货币政策会进一步加深人民币升值。而日元逃离资金撤出美国可能导致日元升值，中国巨额外汇储备面临大幅缩水风险，这也都会影响人民币有效汇率的稳定。其次，美元的走势会对人民币造成多方面压力。美国有可能进一步促使美元走软，人民币升值压力将再现。同时美国长期利率趋降，我国外汇储备面临着汇兑损失和投资收益下降的双重打击。但目前来看，人民币未来走势基本稳定，这说明中国政府及时准确的应对措施起到了良好效果，但不能说明金融危机对人民币汇率冲击较小。

三、未来中国与全球经济发展的趋势分析

随着技术进步和经济全球化加快，全球经济格局及国际产业竞争力也在发生急剧变化。但比照上述金融危机产生的原因，我们可以发现，部分金融危机诱因已经在中国发展起来。这些趋势也可能是技术和经济发展的必然趋势，但未必真正服从人类整体和长期利益。当然，也就可能对中国的经济与改革的健康发展构成威胁。

1. 市场依赖度变化

随着改革开放的逐步深入，中国市场经济体系不断完善，尤其是加入 WTO 之后，中国市场经济建设速度明显加快，中国经济发展对市场调节的依赖程度大大提高。

首先，民营经济占国民经济的比重整体上呈不断攀升趋势。如图 7 所示，民营经济占国内生产总值的比重由 1989 年的 3.86% 提升到 2006 年的 20.20%，民营经济在全社会消费品零售总额中的比重由 1989 年的 14.58% 提高到 2006 年的 43.88%，非国有经济占全社会固定资产投资的比重则由 1995 年的 45.56% 提高到 2006 年的 70.03%。

其次，据《2003 年中国市场经济发展报告》测定，2001 年我国市场经济发展程度为 69%，已经超过市场经济标准的临界水平 60%。说明我国市场经济基本已经确立（截至 2006 年，世界上已经有 66 个国家承认中国完全市场经济地位）。

最后，改革开放以来，我国对外开放度和市场依赖度不断增加。改革开放之初，中国的出口额居世界第 32 位，对世界经济增长的贡献率仅为 1.6%，中国已经成为世界第三大经济体，第二大出口国和第一大外商直接投资（FDI）输入国，中国对世界经济增长的贡献则达到 6%，也居世界首位，目前 FDI 和对外贸易额已占 GDP 的 60% 左右。所以，可以预见的是，中国的改革开放将会更加深入，市场对资源配置的基础性作用将不断增强，我国经济调控对市场的依赖度将不断提高，市场经济所带来的风险也就将不断增大。

2. 经济结构的四大失衡

（1）国际收支失衡。

国际收支失衡是指顺差或逆差过大的情况。我国国际收支失衡有两个主要特征：一是“双顺差”不断加强；二是货物贸易顺差不断快速增加。这种顺差的

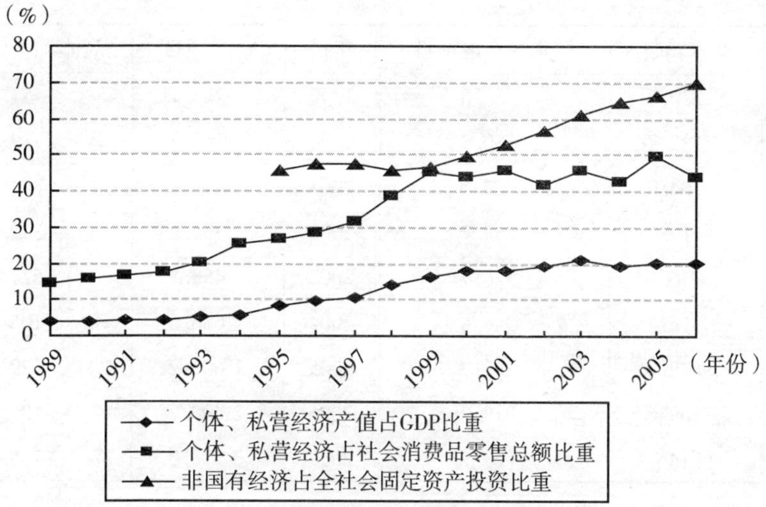

图7　1989～2006年民营经济占国民经济的比重

资料来源：周立群、谢思泉主编，《中国经济改革30年/民营经济卷》，重庆：重庆大学出版社2008年版，第72～77页，根据数据整理绘制。

国际收支失衡局面，使我国经济对外需依赖度过大，隐藏着巨大的经济波动风险。如表3所示，从1994年开始，我国“双顺差”局面形成并持续强化，至2007年我国经常项目顺差达到3 718.3亿美元，资本和金融项目达735.1亿美元，分别是1994年对应顺差额度的48.5倍和2.3倍，两个顺差均有波动但总体强化的趋势十分明显。金融危机前（如表3所示），在“三驾马车”中，出口额占GDP的比重由1996年的17.7持续上升达到2006年的36.8%。而在三大需求中，贸易和服务净出口对国内生产总值贡献率由2003年的1%迅速蹿升到19.5%。本次金融危机中，正是由于贸易顺差过大使我国经济遭受强烈冲击，金融危机导致外需减少时，我国出现大量中小企业倒闭破产，失业人数显著上升，经济出现下滑趋势。

表3　　中国国际收支项目情况（1982～2007年）　　单位：亿美元

年份	经常项目	资本和金融项目	年份	经常项目	资本和金融项目
1982	56.7	3.4	1986	-70.3	59.4
1983	42.4	-2.3	1987	3.0	60.0
1984	20.3	-10.0	1988	-38.0	71.3
1985	-114.2	89.7	1989	-43.2	37.2

续表

年份	经常项目	资本和金融项目	年份	经常项目	资本和金融项目
1990	120.0	32.6	1999	211.1	51.8
1991	132.7	80.3	2000	205.2	19.2
1992	64.0	-2.5	2001	174.1	347.8
1993	-119.0	234.7	2002	354.2	322.9
1994	76.6	326.4	2003	458.8	527.3
1995	16.2	386.8	2004	686.6	1 106.6
1996	72.4	399.7	2005	1 608.2	629.6
1997	369.6	210.2	2006	2 498.7	100.4
1998	314.7	-63.2	2007	3 718.3	735.1

资料来源：历年国际收支平衡表，国家外汇管理局。

（2）投资消费失衡。

投资消费失衡是指投资比例过大而消费比例过小。如表4所示，在三大需求中，2006年资本形成总额和最终消费支出对国内生产总值的贡献率分别41.3%和39.2%，但出口总额和固定资产投资总额所占GDP的比重则分别高达52.2%和36.8%，这说明我国经济主要靠投资和外需拉动，最终消费支出比重过少。这种经济增长方式，使我国经济发展中暗藏生产过剩危机，容易使流动资本向房地产和股市、债券市场流动，虚拟经济膨胀风险就会增大，抗击外部风险的能力也会减弱。最新数据显示，我国房地产开发投资占资本形成总额的比例已经由1990年的3.75%持续攀升到22.93%，并且还有继续增大的趋势。

表4　投资、出口和消费占GDP的比重及三大需求的贡献率　单位:%

年份	投资、出口和消费占GDP的比重			三大需求对GDP的贡献率		
	社会固定资产投资	出口总额比重	社会零售商品总额	最终消费支出	资本形成总额	货物和服务净出口
1996	32.2	17.7	39.8	60.1	34.3	5.6
1997	31.6	19.2	39.6	37.0	18.6	44.4
1998	33.7	18.0	39.5	57.1	26.4	16.5
1999	33.3	18.0	39.8	74.7	23.7	1.6
2000	33.2	20.8	39.4	65.1	22.4	12.5
2001	33.9	20.1	39.3	50.0	50.1	-0.1

续表

年份	投资、出口和消费占 GDP 的比重			三大需求对 GDP 的贡献率		
	社会固定资产投资	出口总额比重	社会零售商品总额	最终消费支出	资本形成总额	货物和服务净出口
2002	36.1	22.4	40.0	43.6	48.8	7.6
2003	40.9	26.7	38.7	35.3	63.7	1.0
2004	44.1	30.7	37.2	38.7	55.3	6.0
2005	48.3	34.1	36.5	38.2	37.7	24.1
2006	52.2	36.8	36.2	39.2	41.3	19.5

资料来源：《中国统计年鉴（2008）》。

如表 5 所示，从投资率和消费率的变化看，也能说明我国投资消费的失衡。1978～2007 年，我国的投资率呈现出上升的趋势，而消费率总体上处于下降趋势。1978 年的投资率是 38.2%，到了 2007 年升到 42.1%，上升幅度不大但趋势明显。1978 年的消费率是 62.1%，到了 2007 年已经为 49.0%，不仅下降幅度比投资率大而且趋势也更加明显。

表 5　　中国投资率和消费率之比（1978～2007 年）

年份	投资率（%）	消费率（%）	投资率/消费率
1978	38.2	62.1	0.62
1980	34.8	65.6	0.53
1985	38.1	66.0	0.58
1990	35.2	62.0	0.57
1995	40.3	58.1	0.69
1998	36.2	59.6	0.61
2000	35.3	62.3	0.57
2001	36.5	61.4	0.59
2002	37.9	59.6	0.64
2003	41.0	56.8	0.72
2004	43.2	54.3	0.80
2005	42.7	51.8	0.82
2006	42.7	49.9	0.86
2007	42.1	49.0	0.86

资料来源：笔者依据《中国统计年鉴（2008）》数据计算绘制。

（3）产业结构失衡。

我国产业结构失衡主要表现为两方面：首先，是第二产业比重过高，而第三产业比重偏低；其次，是产业内部失衡和运行效率较低。据世界银行数据库相关数据显示，2006 年中等收入国家的三次产业增加值结构是 8.4∶37.3∶54.3，而对应的我国第一、第二、第三产业增加值结构是 11.3∶48.7∶40.0，说明我国第二产业增加值比重明显偏高，而第三产业增加值比重明显偏低，三次产业结构失衡严重。同时，从表 6 也能看出我国三次产业结构存在严重失衡，第一产业偏离度为正，而第二产业和第三产业的偏离度均为负，并且三次产业的偏离度绝对值均较大，说明第一产业就业人员比重严重偏高，而第二产业和第三产业对农村剩余劳动力的吸纳严重不足。

表 6　　三次产业的结构偏离度（就业人员比重与产业增加值之差）

单位：%

年份	第一产业	第二产业	第三产业
1978	42.3	-30.3	-12.0
1980	38.5	-30.0	-8.5
1985	34.0	-22.1	-11.9
1990	33.0	-19.9	-13.1
1995	32.3	-24.2	-8.1
2000	34.9	-23.4	-11.5
2001	35.7	-22.9	-12.8
2002	36.3	-23.4	-12.9
2003	36.3	-24.4	-11.9
2004	33.5	-23.7	-9.8
2005	32.6	-23.9	-8.7
2006	31.3	-23.5	-7.8
2007	29.5	-21.8	-7.7

资料来源：笔者依据《中国统计年鉴（2008）》数据计算绘制。

产业内部失衡主要表现在轻重工业比例不合理。如表 7 所示，改革开放以来，在相当长一段时间内轻工业和重工业的比例较为稳定，在 1978～1999 年之间，轻工业和重工业的比例分别稳定在高于 40% 和 50% 的水平，在 2000～2003

年之间分别维持在接近40%和60%的水平，但可以看出重工业的比重有增加的趋势。2003年以来，重工业比重增加趋势逐渐明显，轻工业比重下降速度相应也逐渐加快，到2007年轻工业比重已经由2002年的39.1%降到了29.5%，重工业比重相应从2002年的60.9%增加到了2007年的70.5%。至此，我国重工业化的趋势逐渐明朗，轻重工业比例的逐渐失调必然会加大经济运行的风险。

表7　　中国轻重工业比例变化情况（1978~2007年）　　单位:%

年份	轻工业	重工业	年份	轻工业	重工业
1978	43.1	56.9	2000	39.8	60.2
1980	47.2	52.8	2001	39.4	60.6
1985	47.4	52.6	2002	39.1	60.9
1990	47.0	53.0	2003	35.5	64.5
1995	42.8	57.2	2004	31.6	68.4
1996	43.0	57.0	2005	31.1	68.9
1997	42.7	57.3	2006	30.0	70.0
1998	42.9	57.1	2007	29.5	70.5
1999	42.0	58.0			

资料来源：依据历年《中国统计年鉴》绘制。

（4）区域经济失衡。

区域经济结构的失衡主要表现为区域经济差异的扩大。区域经济差异的扩大又主要体现在四大地带之间的差异及城乡之间的差异。

首先看地带间的差异。如图8所示，图中是对不同地区人均GDP与全国平均人均GDP之比的比较，从左到右按东部、东北、中部和西部顺序排列，并且不同地带按人均GDP大小降序排列。可以看出，我国不同地区的人均GDP差异较大，其中东部较高，东北、中部和西部相对较低，东部各地区人均GDP除海南省外均高于全国平均水平，东北部和全国平均水平持平，而中西部除内蒙古外其他各地区的人均GDP均低于全国平均水平，最高的上海人均GDP是最低的甘肃人均GDP的8.75倍。同时，各个地带内部的省际差异也十分明显，东部地区最高的上海人均GDP是最低的海南的4.34倍，东北最高的辽宁分别是黑龙江和吉林的1.4倍，中部最高的山西是最低安徽的1.5倍，西部最高的内蒙古是最低甘肃的3.2倍。

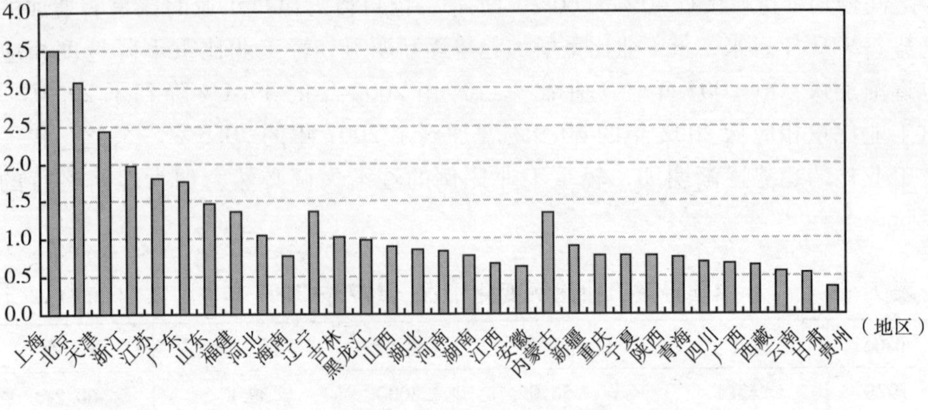

图 8　2007 年中国不同地区人均 GDP 与全国平均人均 GDP 之比

资料来源：依据《中国统计年鉴（2008）》相关数据计算绘制。

其次来看城镇和农村居民间的经济差异。如表 8 所示，1990 ~ 2007 年，我国城镇居民和农村居民的人均收入总体上不断扩大，城乡人均收入比已经从 1990 年的 2. 2 上升到 3. 3，仅在 1995 ~ 1998 年略有下降，在 2001 年便已经返回到 1994 年的水平，并继续增大。我国城乡居民人均收入增长率总体上也表现出城镇居民快于农村居民的特征，1990 ~ 2007 年，仅有 1994 ~ 1995 年农村居民人均收入增长率超过城镇，在城镇居民收入水平本来就高的情况下，增长率的此般情况只能使城乡收入差距不断加大。从度量居民生活水平的恩格尔系数来看，城乡居民也表现明显的差异。在 1990 年城乡恩格尔系数差距不大，城镇和农村分别是 54. 2 和 58. 2，到了 2007 年这一数据变为 36. 3 和 43. 1，城镇和农村居民的恩格尔系数差距拉大，如果说 50 ~ 59 为温饱，40 ~ 50 为小康，30 ~ 40 为富裕，那么 1996 年城镇居民已经达到小康，农村居民则在 2000 年才达到小康，而 2000 年城镇居民刚好已经达到富裕的水平，所以可以说城镇居民和农村居民的生活处在两个有显著差别的水平之上。

表 8　　　　中国城乡居民人均收入比

年　份	城镇居民恩格尔系数		人均收入环比增长率		城乡人均收入比
	城镇	农村	城镇	农村	
1990	54. 2	58. 8	12. 6	3. 2	2. 2
1991	53. 8	57. 6	19. 2	10. 6	2. 4
1992	53. 0	57. 6	27. 2	17. 6	2. 6
1993	50. 3	58. 1	35. 6	32. 5	2. 8

续表

年　份	城镇居民恩格尔系数		人均收入环比增长率		城乡人均收入比
	城镇	农村	城镇	农村	
1994	50.0	58.9	22.5	29.2	2.9
1995	50.1	58.6	13.0	22.1	2.7
1996	48.8	56.3	6.6	8.5	2.5
1997	46.6	55.1	5.1	3.4	2.5
1998	44.7	53.4	7.9	2.2	2.5
1999	42.1	52.6	7.3	1.9	2.6
2000	39.4	49.1	9.2	5.0	2.8
2001	38.2	47.7	12.3	4.6	2.9
2002	37.7	46.2	10.0	5.9	3.1
2003	37.1	45.6	11.2	12.0	3.2
2004	37.7	47.2	11.4	10.8	3.2
2005	36.7	45.5	12.1	10.2	3.2
2006	35.8	43.0	17.2	15.4	3.3
2007	36.3	43.1			3.3

资料来源：《中国统计年鉴（2008）》。

3. 产业层面

（1）劳动力成本上升。

近年来，沿海地区部分产业出现了向中西部转移的趋势，一些本来可以投资中国的资本流向东盟等国家，投资中国的资本也出现外逃现象，促使这些情况发生的一个重要原因就是部分地区劳动力低成本优势逐渐丧失。而随着经济的发展，劳动力成本的上升将成为一个必然的趋势。

如图 9 所示，1978～2006 年的工资变化情况可以看出，我国劳动力成本是逐年上升的，并且在 20 世纪 90 年代上升速度较快，2006 年的职工平均工资比 1978 年增长了 33 倍多，每年增长幅度也较大。从 21 世纪初到现在，平均工资额持续增大，增幅也基本维持在 14% 左右，总体上稍大于国内生产总值增幅（见图 10）。日本野村综合研究所的经济专家认为，当劳动力成本增长幅度高于经济增长幅度时，在一定时间内会对一国竞争力产生较大影响。那么如果劳动力成本增长幅度大于国内生产总值的增长幅度，就可以认为劳动力成本增长过快。

虽然劳动力成本的提高，也许并不能代表产业竞争力的丧失，但是加上原材料价格的上涨和人民币的升值，必将加重企业的成本压力，对产品的价格优势形

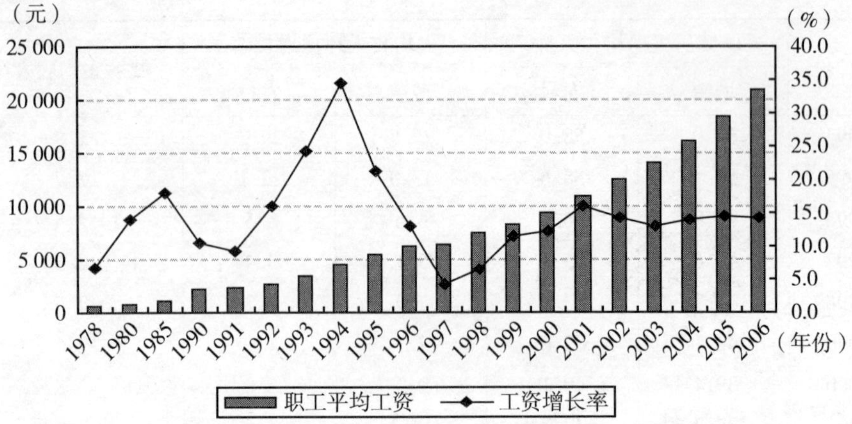

图 9　中国劳动力成本及其增长率变化趋势

资料来源：《中国统计年鉴（2007）》。

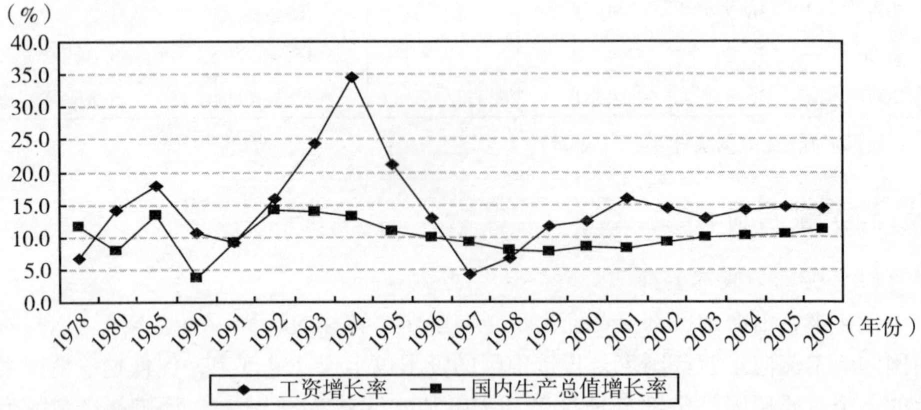

图 10　中国职工平均工资增长率与国内生产总值增长率的比较

资料来源：《中国统计年鉴（2007）》。

成冲击，从而对产业竞争优势产生影响，2000 年以后我国工业制成品贸易竞争力和工业制成品显性比较优势也正逐渐下降[13]。目前，部分沿海地区靠加工出口贸易拉动经济的地区，已经出现了严重困难，并且越南、印度及巴基斯坦等国的劳动力成本优势已经对我国形成了不小的冲击。据统计，我国平均工资的年增长率也普遍高于马来西亚、泰国、越南、印度尼西亚和菲律宾等国，我国与其他亚洲国家的劳动力成本也正逐步缩小或丧失。如何因势利导，做好不同地区的产业转移和升级工作已经成为我国经济发展中的重点课题。而不符合国民经济比较优势的产业调整又必然会对投资收益率产生不利影响，不仅会影响经济效益也会影响产业竞争力，从而使经济发展陷入困境。

（2）能源短缺日趋严重。

随着我国经济的发展，将支撑我国产业发展的相关能源日益短缺。我国是能源严重短缺的国家，石油、天然气的剩余可开采量均仅占世界的7%左右，按目前探明储量和开采能力测算，我国煤炭、石油、天然气的可开采年限仅为80年、15年和30年，而世界平均水平分别是230年、45年和61年。但与之相对的是我国经济发展的高能耗。我国已经是世界最大能源消耗国。如表9所示，在所列的六个国家中，我国单位GDP能耗虽有下降的趋势，但始终排在最高位置，如果说韩国、美国和日本的单位GDP能耗低是由于他们是发达国家的原因，但印度和巴西是发展中国家却也比我们低，说明单位GDP能耗高不仅是经济发展水平低的原因，更重要的是我国走的是能源利用率低下的粗放型发展道路。总之，在能源日趋紧张和单位GDP能耗一直处于高位的情况下，必然会对我国产业发展的资源支撑带来很大问题，随着国际市场竞争的激烈必然会损害我国的产业国际竞争力，那么我国出口导向型的经济必然会遭受重创。

表9　　中国与部分国家单位GDP能耗对比

单位：吨标准煤/万美元

年份	中国	印度	韩国	巴西	美国	日本
1993	26.86	11.61	4.24	2.97	4.20	1.36
1994	22.62	10.70	3.97	2.52	4.23	1.30
1995	18.73	10.14	3.58	2.07	3.98	1.21
1996	17.02	10.40	3.61	2.01	3.84	1.40
1997	15.34	9.86	4.08	1.98	3.60	1.53
1998	13.79	10.13	5.43	2.10	3.46	1.68
1999	13.50	9.43	4.65	3.07	3.35	1.49
2000	12.82	9.88	4.33	2.95	3.24	1.43
2001	12.18	9.57	4.72	3.55	3.08	1.63
2002	11.94	9.39	4.36	3.97	3.04	1.71
2003	12.35	8.24	4.01	3.56	2.86	1.55
2004	9.32	7.49	3.26	3.19	2.51	1.38

资料来源：依据历年《国际统计年鉴》相关数据绘制。

4. 制度层面

（1）信贷消费规模增长。

中国人一向量入为出，主张勤俭节约，与西方的信贷消费观念有着巨大反差。但随着改革开放和经济的发展，中国信贷消费规模出现了极速增长局面。衡量消费信贷规模，信用卡的发放数量是一个标志（见图11）。从1985年第一张信用卡诞生，截至2007年年底，全国信用卡累计发卡量达9 976万张，较2006年增长69.95%。其中，工商银行占据23.44%的市场份额，2007年信用卡发卡量增加1 291万张，增长率为123.3%；招商银行排名第二，2007年信用卡发卡量为1 034万张，两家银行的同比增长率均超过100%。截至2008年3月底，信用卡发卡量10 472.96万张，占银行卡发卡量的6.6%，同比增长92.9%。截至2008年第三季度，我国信用卡发卡突破1.2亿张。截至2008年6月底，信用卡发卡量为1.3亿张，同比增长83.6%；信用卡信贷总额6 931.73亿元，同比增长68.4%。

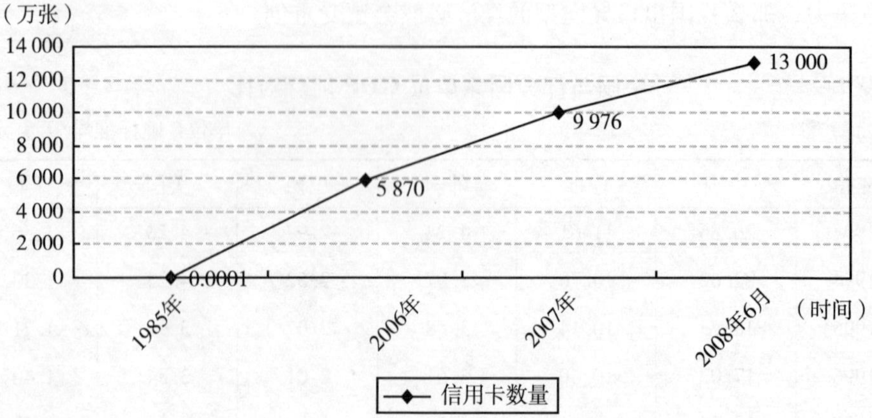

图11　中国信用卡发放累计数量变化

资料来源：《2008～2009年中国信用卡发展研究报告》，中国市场监测中心制。

信贷消费迅速增长的同时，由于对收入预期高估及对金融市场风险意识偏弱等原因，一些大城市居民已经悄然成为高负债一族，北京的家庭债务比例高达122%、上海家庭债务比例高达155%，已经超过了2003年美国的家庭债务比例115%。青岛、杭州、深圳、宁波等城市家庭债务比例分别达到95%、91%、85%、79%，天津最低为44%（刘建昌，2007）。这将对个人和金融机构均带来巨大债务风险。

（2）金融国际化进程加快。

随着经济的发展，中国金融国际化的进程已经不可逆转，且必将进一步加快。金融国际化主要包括金融市场国际化、金融交易国际化、金融机构国际化和金融监管国际化。我国从 20 世纪 70 年代末开始了一系列金融体制改革，金融国际化进程不断加快。从金融市场和交易的国际化进程来看，随着我国外汇储备的不断增多及人民币地位的上升，我国必将在更广阔的范围内从事更多种类的金融业务，同时深圳、上海等城市也必将对打造国际金融中心而努力。从金融资产总量来看，我国金融资产增长十分迅速，2007 年我国金融资产总量已达 84.0 万亿元，是 1985 年的 6 230.1 亿元的 134.8 倍。从金融机构国际化方面来说，数量和种类均在迅速扩展，截至 2007 年年底，我国累计设立了 12 家全国性股份商业银行和 3 家政策性银行，组建了 124 家城市商业银行、113 家农村合作银行和 17 家农村商业银行。同时，我国还形成了 4 家金融资产管理公司、54 家信托投资公司、73 家财务公司、10 家金融租赁公司、9 家汽车金融公司及 2 家经纪公司、106 家证券公司、59 家基金管理公司、346 只证券投资基金、177 家期货公司、8 家保险集团公司、102 家保险公司及 9 家保险资产管理公司。此外，还有 29 家外资银行其在国内营业的机构达 440 家[20]。从金融监管的国际化来说，随着本次金融危机的冲击，以及中国经济的持续增长，我国必将在金融监管的国际化中扮演越来越重要的角色。但是，我国的金融外部环境及相关制度还存在较大的障碍，距离真正融入国际金融体系还存在不小的差距，比如我国金融高级人才极度缺乏，对国际金融规则和惯例还不十分熟悉，对金融创新管理也过于严格，渐进的金融国际化策略又致使我国的金融国际化进程显得不够协调。所以，在金融国际化进程加快的情况下，我国的金融体制改革必然面临日益巨大的挑战。

5. 全球经济失衡的调整

我们知道，本次金融危机的一个重要深层次原因就是全球经济失衡，其主要特征是以美国和欧洲新兴经济体为代表的中心国家存在货物贸易的巨大逆差，以中国、印度及亚洲新兴经济体等为代表国家和地区存在巨大的货物贸易顺差，而国际资本却由于货币体系等原因逆势而上流向资本充裕的国家。金融危机后，全球开放国家均遭受重创，虽然短期内不会改变国际分工体系，但世界经济体系必然要面临新一轮的调整，全球经济失衡的调整必将给世界各国经济带来较大冲击。对于中国来说，在全球经济失衡调整中主要面临以下几方面冲击：一是，当前逆差国进口能力迅速下降，作为靠投资和出口拉动的中国，就需要迅速拉动内需或扩大投资，内需拉动需要时间，所以快捷的办法就是扩大投资，而这样做的结果必然使中国的投资消费失衡现象进一步恶化；二是，金融危机下，大宗商品的价格有了短时间的下滑，但长期看随着大宗商品的刚性增长及金融市场上的投机行为必将大大减小我国外汇资产的购买力；三是，美元贬值和人民币升值压力的预期，除了会使我国外汇资产缩水外，还会使我国对外贸易条件恶化；四是，在金融危机下，由于中国经济运行被持续看好及人民币升值预期，国际资本冲击中国的可能性大大增加，加上中国宽松的货币政策及积极的财政政策，尤其是诸如 4 万亿元投资计划等实实在在的措施，通货膨胀的风险将大大增加。

四、关于中国市场改革与经济发展的几点思考

笔者认为，未来的中国，随着技术进步和经济全球化，西方国家出现的一些问题，最终也可能在中国发生。中国应从这场金融风暴中吸收经验教训，积极采取措施，防患于未然。首先，要谨慎推进市场制度改革，加强风险防范，注意效率与风险的平衡，争取建立具有全局意识的金融与经济风险防范体制；其次，要提倡经济多元化、制度多元化、产业多元化以及文化多元化，建立多元化发展模式，为世界经济改革与发展做出贡献。

1. 市场与金融体制改革启示

(1) 积极审慎推进金融国际化。

某种程度上，正是由于我国金融国际化程度还较低，才使金融危机对我国冲击相对较小。虽不能因为这个原因停止金融国际化的步伐，并且某种程度上还要适当加快我国金融国际化进程，但一定要审慎进行，确保我国金融体系的稳定和健康发展。不能在宏观政策、经济结构、金融机构和相关配套措施等均存在很大问题的情况下，对外汇管制、利率控制和市场准入管制等方面轻易放松或放开。其中，推行稳定和审慎的货币政策至关重要，因为金融危机的发生一般都与不合理的货币政策有关。尤其是在需要刺激经济时，一般都会采用扩张性的宏观经济政策，即低利率或积极的财政政策或两者都有。而扩张性的经济政策之下，容易使市场增长投机情绪，这种投机情绪不仅在实体部门蔓延还会在虚拟经济部门蔓延，这种投机往往会促使房地产市场和股市出现泡沫，银行部门也会跟着追加放贷。而当经济泡沫膨胀到一定程度，一次偶然的事件都有可能使泡沫破裂，随之而来的便是对房地产和股票的竞相抛售，价格随之暴跌，相应的呆账、坏账便随之产生，金融危机就有可能尾随其后。另外，加强金融监管不等于过分严厉监管，稳步推进金融创新和国际化不等于放慢或拒绝金融创新和国际化。过于严厉的金融监管往往阻碍金融创新影响金融发展的速度，目前的中国正是这种情况，所以加强金融监管是说要尽可能使金融监管的方面和手段与时俱进，减少金融企

业的违规和投机行为，减少金融企业的经营风险。

（2）控制房地产和股市泡沫。

在经济高速发展期，房地产市场和股票、债券市场极易形成泡沫，从而使虚拟经济和实体经济严重背离，为金融危机埋下隐患。在中国金融体系还比较脆弱的情况下，在利用房地产和金融市场服务经济发展的同时，要密切关注其泡沫的产生，做好监管和防范。但维护房地产和股市的平稳健康发展，不能通过政府直接介入的方式来实现，直接介入的方式某种程度上只能起到扬汤止沸的作用，并且会埋下破坏市场机制和再次需要强力介入的种子。如果政府为了所谓的稳定，直接介入救市，房地产市场和股票市场极易进入泡沫膨胀、市场动荡、政府救市，然后更多泡沫（市场扭曲）、更大动荡和更多需要救市的循环，某种程度上就会助长市场投机行为。因此，政府救市应通过宏观经济政策影响不同行业的投资收益率，改善投资者的经济预期，并监管银行对房地产和股票投资的放宽比例，从而使经济快速发展时期的经济泡沫尽量减少到最小。同时，政府还应关注不同区域投资收益率差距。经济快速发展时往往会使个别地区的投资收益率明显提高，这就容易使房地产泡沫在个别地区飞速膨胀，而房地产泡沫和股市泡沫往往具有较强的联动性。解决这个问题，主要应通过宏观经济政策，改善区域投资环境，改善中小企业在不同地区的投资收益能力，促进区域产业分工优化和产业区的合理布局。

2. 产业结构调整与产业转移启示

（1）平衡国内外贸易。

本次金融危机对中国冲击最大的就是外需减少，导致出口下滑，进而迫使我国经济增长放缓。因此，中国需要平衡国际收支，减少对外经济依赖，但不是人为地放缓对外贸易，而是要在保证对外贸易平稳发展的前提下，不断扩大内需，促使消费对经济拉动比重的提高。提高内需主要有两个途径：短期看主要是加大投资促进内部需求，目前主要包括加大对公共产品的投资，比如加大铁路、公路、电网等的建设，对农村民生工程和基础设施的建设，对教育和医疗卫生事业的投资，对服务业配套设施的支持，尤其是加快对生产性服务业配套设施的投资等。诸如此类的投资能部分地扩大内需的规模并带动就业增长，从而缓解经济增长对外需依赖的压力。提高内需的另一主要途径就是提高私人消费能力，相对来说这是一项长期任务，能从根本上解决内需不足问题。目前来看，首先，要关注就业，应重点支持劳动密集型产业的发展，为中小企业的融资和税收提供优惠的政策措施，使经济增长更好地带动就业增长，从而增加居民消费能力。其次，要加快我国的社会保障体系和公共服务体系建设，加大政府提供社会公共产品的力度，切实解决城乡居民医疗卫生、文化教育、住房、养老等方面的经济负担，从而使更多的居民有更多的信心和能力去进行消费。

（2）地区经济结构平衡。

关于地区间经济结构的平衡，目前重点是促进地区间产业结构协调。产业结构的不协调表现主要有两个方面：首先，三次产业结构的不协调。从地区间三次产业结构看，2007 年东部第一、第二、第三产业的结构是 7.1∶51.8∶41.1，东北地区是 12.4∶51.4∶36.2，中部是 15.1∶49.7∶35.2，西部是 16.5∶45.9∶37.6，东部地区第一产业比重明显低于其他各地，而第二、第三产业明显高于各地，而东部以外的其他地区三次产业结构差别不是太大，并且四大地带均表现出第二产业比重较大而第三产业比重还不高的情况。产业结构不协调的第二个方面是区域间产业分割严重，产业重复建设大量存在，产业关联不是十分紧密，地区比较优势也没有充分发挥。

面对这种状况，可以考虑从以下几个方面来进行调整：一是，深化市场体制改革，为企业建立全国统一的市场进入和退出机制，为劳动力建立便于跨区迁移的户口制度、就业保障、卫生服务和社会保障等制度，为增强地区之间经济合作的可能性提供制度保障；二是，加快地区公共服务均等化建设，主要包括交通运输、通信、水电等基础设施建设以及医疗卫生服务、教育培训等方面的建设，尤其是交通基础设施建设要加强区域间合作，以便于形成顺畅的全国交通网，为增强地区间产业协作提供基础保障；三是，培育城市群和产业群，为产业的集聚与扩散带来良好的区位环境，但不能因此而衍生出变相的地区歧视政策；四是，不同地带间的产业政策要有所区别，东部鼓励发展第三产业，中西部则应多鼓励发展第二产业，甚至还要鼓励发展第一产业，不能一味地追求所谓的产业高级化，区域产业政策不仅要看产业发展阶段还要看发挥区域比较优势的可能性。

（3）东西部发展平衡。

关于东西部发展平衡，最重要的是合理推进产业结构升级和产业转移。金融危机下我国劳动密集型产业又遭受重创，加上我国产业大都处于国际产业链的低端，以及随着中国经济的发展和劳动力成本的逐渐提升，不少人认为中国的劳动力成本红利即将消失，要想提高中国产业国际竞争力必须加快产业结构升级，加大资本密集型产业和技术密集型产业的投入，并加快国内区际产业转移的步伐，甚至要尽快将一些劳动密集型产业赶出国门——“腾笼换鸟”。

但我们认为，这些提法均有待商榷。首先，美国传统制造业的流失削弱了美国的经济基础，造成低技能劳动力失业，财富集中于少数人手中，造成今天的局面是个教训；其次，劳动密集型产业是我国的比较优势产业，也是市场竞争中国际产业分工的结果，如果不顾国内经济水平发展的具体情况，盲目提升产业结构，加大对技术密集型产业和资本密集型产业的投入，等于是丢掉自己的优势产业来竞争自己的弱势产业，结果往往是与提高劳动生产率和经济效益的目标背道而驰，正确的做法应该是积极参与到国际分工中，根据实际情况逐步提升本国在国际产业价值链中的地位；再次，中国是一个劳动力大国，劳动力就业在相当长的时间内都将是一个严峻的问题，劳动密集型产业对解决中国的就业问题就显得更加难能可贵，金融危机下如果不是有中国农村这一巨大的缓冲池，造成的失业恐怕会带来很大的问题；最后，如果发生劳动密集型产业大量向国外转移无疑会对我国经济造成重创，而国内区际产业转移的条件也仍不成熟，在中西部地区区域交通网络和产业网络等具有和东部地区相竞争的优势之前，期待东部地区产业向中西部地区产业大面积转移在某种程度上是不太现实的一种想法，而人为地"腾笼换鸟"必将降低资源配置效率，必将对产业投资的收益率产生不利影响。总之，应根据国内经济发展的实际情况，逐步推进产业升级和区际产业分工的重组，不能盲目进行产业结构升级和国际或区际产业转移。

（4）城乡经济平衡。

消费需求是拉动经济增长的重要力量，但收入差距的扩大不利于消费需求的增长。贫富差距的扩大，容易使少数人掌握绝大部分财富，使大部分人的购买力减弱，由于需求收入弹性等原因，会使整个社会的需求减少。改革开放30多年来，我国居民收入在绝对量提高的同时，相对收入差距也在不断扩大，这在一定程度上抑制了我国消费需求的增长，加剧了我国经济的内部失衡。所以，必须对我国收入差距的扩大有足够的重视，应深化分配制度改革，缩小收入差距，以有效增加消费需求。在缩小城乡收入差距方面，不是通过降低城市居民收入的办法来达到目的，而是要通过提高农村居民的收入来完成。主要的手段有增加农村民生工程和基础设施建设，增加农民补贴，加快农村工业化进程及促进农村剩余劳动力向城市的合理流动。在加快落后地区的发展时应具体地考虑本区域的区位条件，选择适宜的发展产业，并进行必要的劳动力转移和城市及地区间的产业合并，使经济活动中心更多地向经济集聚中心转移；在发挥经济集聚作用的同时使落后地区的劳动力通过转移来享受经济发展的效益，也就是说要使各个区域在劳动力转移、经济集聚和城市化进程中实现经济最优化的发展，从而缓慢缩小区域间的经济差距。

3. 制度启示

（1）推进市场机制和宏观调控改革。

建立社会主义市场经济，必须协调好宏观调控和市场机制的关系。美国金融危机告诉我们，市场机制的自发调节作用是具有很高的效率，但其本身也存在缺陷，也存在失灵的时候。计划经济证明是低效率的，但如果转而信奉完全的自由主义市场经济，将会为金融危机埋下隐患。必须适当发挥宏观调控作用，才能促进市场经济持续健康发展。尤其是当前，在外需急剧减少和内需拉动不足的情况下，加大宏观调控政策的力度是缓解经济增长压力的有效途径，并且某种程度上来说是不可或缺的。但加强宏观调控绝不是停滞市场化改革，也不是刻意抑制市场机制的作用。必须看到，目前的宏观政策在更多的方面仍属于应急措施，并在一定程度上兼顾了长期利益，但这些宏观政策只是市场机制的补充和救急，并且宏观政策归根结底是要通过市场机制来发挥作用的。另外，从投资环境的角度来看，宏观政策和各种基础设施建设及服务型政府建设一样，更多的是起到改善微观主体的投资环境，为微观投资主体创造更好的投资条件和收益预期。所以，要在坚定不移地推进市场化改革发挥市场机制作用的同时，运用好宏观调控政策有效发挥宏观调控的作用，使市场机制和宏观调控相辅相成，互为补充。

（2）金融制度改革。

随着我国经济的发展，我国金融市场化改革明显滞后，阻碍了金融国际化的进程及运营效率的提升，因此加快市场化改革的要求十分迫切。但必须看到在我国相关制度还不健全的情况下，如果贸然加快金融业的市场化改革必然会带来巨大的风险。所以，在进行金融制度改革时必须要注意效率和风险防范的平衡。

为此，有以下几点需要注意：一是，要注意金融法律制度的完善，比如我国现行的金融法律制度对跨行业、跨市场的金融业务尤其是新业务缺乏严格的界定，监管也就没有明确对应的部门及手段。二是，要认真研究新的金融衍生工具，积极推动金融创新，发展债券市场，不断改变我国债券资产规模偏小的局面，同时还应拓展其他有益的金融工具，以建立协调的多元化的金融市场结构。三是，要慎重推进汇率机制的市场化，人民币汇率的波动对我国出口及资本市场的影响很大，绝不能轻易将汇率机制完全市场化。四是，金融机构改革要与实体经济发展的要求结合起来。金融业发展是为实体经济服务的，并且只有当金融业和实体经济发展相协调时才能确保经济的平稳运行，所以金融制度的改革要考虑实体经济发展的需要。五是，审慎推进商业银行上市并向海外发展，不能为追求国际化而盲目扩张。商业银行上市和向海外扩张目的是盈利，如果在对相应国际惯例及规则还不熟悉的情况下贸然扩张，必将承受较大的风险。六是，要重视农村金融制度改革，对农村金融制度的改革要有强制性，也要注意研究农村金融出现的非正式制度，使农村的金融制度改革能更好地促进农村金融的发展，进而促进实体经济的发展。

（3）信贷消费监控。

随着中国经济与改革的飞速发展，信贷消费的规模也在迅速扩大。对于中国而言，既要看到信贷消费对内需的拉动，也要看到其隐藏的风险。金融危机告诉我们，如果个人对于信贷消费没有节制，极易背上沉重的债务负担，再加上监管的缺失，极易形成债务的普遍性高企，从而为金融危机埋下隐患。对于目前的中国来说，由于银行争夺市场等原因，信贷消费飞速增长，我们必须要认识到其暗藏的风险。

信贷消费的迅速增长，一方面会加大消费者的负债风险。信贷消费容易使人产生钱来得容易的错觉，并高估未来的还款能力，低估信贷利息的增长及未来经济生活中可能存在的破坏还款能力的风险，从而加大消费者的负债风险。另一方面会加大银行不良债务的风险。在经济预期较好的情况下，银行为了拓展消费信贷的业务，往往放宽消费信贷的申请标准，并放宽对消费信贷其他方面的限制，这极易造成不具还款能力的人提前消费，从而使消费者个人背负债务的同时导致银行不良贷款额度的增加。

所以，消费信贷要发展，但要在相应制度立法等方面及时跟上。眼下相关部门必须加快消费信贷领域的专门立法进程，不断改造和完善我国信贷消费的相关制度和法律环境，明确和加强对利用消费信贷套取银行信用、损害消费者合法经济利益行为的惩处力度，要不断建立和健全信贷消费的债权让与制度、个人破产制度和格式合同监管制度等。

参考文献：

[1] 查尔斯·P·金德尔伯格：《疯狂、惊恐和崩溃——金融危机史》（第四版），中国金融出版社2007年版，第1页。

[2] 雷达、孙中栋：《次债背景下不确定的世界经济——基于全球经济失衡角度的理解》，2008年。

[3] 于桂兰：《美国劳资关系模式下工会制度的微观成本与收益分析》，载于《广州大学学报》（社会科学版），2008年3月。

[4] 庄健：《华尔街“病毒”与中国“抗体”——美国金融危机对中国经济的影响与启示》，载于《人民论坛》，2008年第10期B（总第236期）。

[5] 郭田勇：《美国金融危机爆发的原因、影响和对策》，载于《党政干部学刊》，2008年第12期。

[6] 张燕生等：《次贷危机以来世界经济形势及对我国经济的影响》，载于《宏观经济研究》，2008年第3期。

[7] 蒋和平：《中国对外贸易竞争力提升研究》，2008年5月，硕士论文。

[8] 纪宝成主编：《中国经济发展研究报告》，中国人民大学出版社2009年版。

[9] 项俊波著：《结构经济学——从结构视角看中国经济》，中国人民大学出版社2009年版。

［10］《2008 美国总统经济报告》，http：//www. gpoaccess. gov/eop/download. html。

［11］ 周立群、谢思泉主编：《中国经济改革 30 年/民营经济卷》，重庆大学出版社 2008 年版，第 72 ~ 77 页。

［12］《2008 ~ 2009 年中国信用卡发展研究报告》，中国市场监测中心制。

［13］ 商务部综合司、研究院：《中国对外贸易形势报告》（2007 年春季）。

［14］ 美国人口普查局网站（http：//www. census. gov/hhes/www/income/histinc/h04. html）。

［15］ 美国劳工统计局网站（http：//www. bls. gov）。

［16］ GAO，Defense Trade Arms Export Control Systemin the Post 9/11 Environment，February 2005，P. 18. http：//www. longone. com. cn/upload/images/dhyj20080617013. pdf.

［17］ Papadimitriou et al.，2006. Are Housing Prices，Household Debt，and Growth Sustainable? ［A］. N. Y.：The Levy Economics Institute of Bard College，Strategic Analysis Achive，No. sa_jan_06，Jan. http：//www. levy. org/pubs/sa_jan_06. pdf.

［18］ Michael Mah-Hui Lim. ? 2008. Old Wine in a New Bottle：Subprime Mortgage Crisis—Causes and Consequences ［A］. The Levy Economics Institute of Bard College，Working Paper No. 532.

［19］ Carmen M. Reinhart，Kenneth S. Rogoff. 2008. Is The 2007 U. S. Sub-Prime Financial Crisis So Different? An International Historical Comparison ［A］. NBER Working Paper No. 13761.

［20］ Alison L. Booth. *The Economics of The Trade Union* ［M］. Cambridge University Press，1995.

“庞氏骗局”、资产泡沫与次贷危机

■王兴运*

一、引　言

2009 年 6 月 29 日，制造世界金融历史上最大的“庞氏骗局”案①的主犯纳斯达克前主席伯纳德·麦道夫（Bernard Madoff）被法院判处 150 年监禁。历史上类似的骗局发生过无数次②。庞氏骗局得名于查尔斯·庞氏（Charles Ponzi）在 20 世纪 20 年代实施的一桩著名的金融诈骗案。同麦道夫的欺诈手法类似，庞氏向投资者许诺一个高收益率吸引大量投资者持续不断的加入骗局，但实际上只不过是将后来投资者的资金充作投资收益支付给先期投资人，当投资者和资金加入骗局的速度减缓时，骗局被揭穿。历次金融危机中所生成的资产泡沫与庞氏骗局极其相似。资产价格在投机过程③中快速上涨而偏离其理论价格，这种上涨所带来的高于市场的收益率进一步吸引更多的投机者购买资产，不断增加的购买需求继续刺激资产价格上涨，形成了资产泡沫。许多经济学家认为资产泡沫和在资产泡沫基础上的投机性攻击（Speculative Attacks）行为是最近几次金融危机的根源。以次贷危机为例，尽管学者关于危机产生的原因有很多不同观点，但是都基本认同宽松的货币政策与房地产泡沫在次贷危机中起着关键性作用。如何预防下一次危机的爆发需要回答如下几个问题：资产泡沫是理性的吗？如何衡量资产泡沫？资产泡沫破裂的条件是什么？本文通过分析得出的结论是：资产泡沫是在非

* 王兴运：辽宁大学经济学院，电子信箱：luckyli2005@ sina. com。

① 麦道夫旗下客户账户的基金总额高达 648 亿美元，这远远高于他自己早先承认的 500 亿美元的诈骗金额。

② 参见罗伯特·J·希勒的《非理性繁荣》（中译本，2004）。

③ 也可以是个随机过程触发上涨。

理性预期基础上形成的。本文重新定义泡沫的衡量方法，在此基础上通过对美国次贷危机的分析得出存在资产泡沫不一定就会破裂，并给出资产泡沫破裂的具体条件。

二、是否存在理性泡沫

关于资产泡沫研究的分歧首先在于是否完全理性的假设。一些学者假定代表性主体（Representative Agent）是理性的，泡沫的产生也是代表性主体基于有效市场与理性预期下的理性行为。与此相反，另外一些学者则认为信息不完全、市场非有效，人们的行为遵循某种“动物精神”（Animal Spirits）[①]，这种动物精神导致行为的不确定与非理性。基于这两种完全相反的假设，形成了两种截然相反的关于泡沫的理论分析。

一是理性泡沫。布兰查德和沃森（Blanchard and Watson，1982）认为在经济动态无效条件下，理性预期和投机泡沫可以共存，资产价格可以理性地偏离于基础价格。这意味着即使在不确定的经济体系里市场本质上也是有效的，对于资产的投机也是代表性主体的理性行为。尽管金融市场总是有效的，但是当“噪声交易者”（Noise Traders）根据错误信息做投资，并且有其他人跟随时，市场仍然会产生泡沫（Stiglitz，1989）。理性泡沫框架可以解释为什么存在多种多样的资产均衡价格。

二是非理性泡沫。由于不完全信息以及有限理性的原因，人们认为其他人有更多的信息（凯恩斯，1936），投资要考虑到其他人对于资产的估值以及基于此的投资行为，并相应调整自己对于资产价格的预期（Topol，1991）。投资行为中的“羊群效应”极大地影响着资产价格，当这种集体行为在市场中占据主导时，便形成了投资泡沫。明斯基（Minsky，1982）强调内生的货币供给伴随着经济波动，提出经济中存在“偏离—放大—互补”（Deviation-Amplifying-Complementarities）效应。戴维森（Davidson，2001）在Minsky模型的基础上，解释了“膨胀—破裂—危机”过程链。如果在不确定的金融市场中存在牛市情绪，人们倾向于过量投资于各种各样的资产，即泡沫的膨胀阶段。当关于市场坏消息的外部冲击出现时，人们开始怀疑他们已经投资的资产的收益能否实现，牛市情绪转为熊市情绪，最终泡沫破裂，接着爆发实体经济的危机。卡尼曼和特韦尔斯基（Kahne-

---

① George A. Akerlof与Robert J. Shiller在新著Animal Spirits：How Human Psychology Drives the Economy，and Why It Matters for Global Capitalism（2009）中扩展说明凯恩斯的“动物精神”时，列举了“信心”、“公平”、“货币幻觉”、“腐败”诱惑和易听信“传闻”，并认为这些都是“动物精神”的表现。

man and Tversky，1979）则从过度自信、自我归因心理偏差和正反馈交易投资行为出发提出展望理论，投资者决策买卖的关键是展望价值的大小，而展望价值的大小是正反馈交易者的过度自信系数、自我归因偏差心理的均衡价格的函数，这种本质上区别于传统金融学的行为金融理论，开阔了金融学的全新领域，也彻底否定了完全市场，以及总是在理性预期下达到均衡的假设。

持非理性预期观点的学者对于理性泡沫的一个切中要害的批评是为什么噪声交易者会持续不断，并将泡沫越吹越大直到破裂（Davidson，1998）。理性预期并不能解释经济中频繁的泡沫和恐慌。如果噪声交易者可以主导泡沫膨胀与破裂的过程，那么完全理性的假定从本质上就是无意义的。更进一步的，如果理性的投资者危机前可以清楚知道“坏的均衡”（Bad Equilibrium）发生的概率，就可以采取合适的策略避免，投机者还可以发现套利机会，这些行为都会挤出泡沫，危机就不会发生。基于以上分析，显然有限理性假定更符合这个真实的世界。总之，资产泡沫的存在都是非理性的。

三、如何衡量泡沫

《新帕尔格雷夫经济学大辞典》对泡沫所做的定义是，“一种或一系列资产在一个连续过程中陡然涨价，开始价格上升会使人们产生还要涨价的预期，于是又吸引新买主……随着涨价常常是预期逆转，接着是价格暴跌，最后以金融危机告终。”大多数学者多从资产的实际价格偏离真实价格的差值入手衡量泡沫，因此如何通过计算资产的理论价格代替真实价格是考察泡沫的关键。

迪巴和格罗斯曼（Diba and Grossman，1988）在考察股票价格泡沫时，认为当期股票的理论价格等于下期价格与现金股利的贴现值，并用这个理论价格当做真实价格：

$$P_t^* = \frac{E_t(P_{t+1}^*/I_t) + E_t(d_{t+1}/I_t)}{1+r}$$

其中：P_t^* 表示资产在 t 时期的理论价格；d_{t+1} 表示 $t+1$ 期的股利；r 表示无风险利率；模型中 E_t（P_{t+1}^*/I_t）表示在 t 时期时掌握 I_t 信息集合条件下对资产价格的预期值。

那么实际价格 P_t 就可以表示为：$P_t = P_t^* + b_t$，b_t 称为泡沫。

对应于房地产资产，当期理论价格应为下期价格与租金的贴现值。显然这种理论价格的计算方法要求准确预测下期价格与租金，要求完全信息条件下的理性预期。前面已经论述过，理性预期假设并不符合现实，对于 P_t^* 的预期值很难是一个准确、唯一的理论值，也就是说不能区分资产价格中的理论价格和泡沫的成分。因此，基于此公式来判断是否存在泡沫是非常困难的。

本文借鉴泡沫与“庞氏骗局”的相似性以及文献对于“庞氏骗局”的应用研究①，从资产价格增长率出发来宽泛地考察泡沫。当资产的近期增长率大于自然增长率②时，则定义为存在泡沫。这种定义泡沫方法有两个好处：一是，避免了对于资产理论价格的计算，即避免了在不完全信息与非有效市场的实际条件下，对于有限理性的投资者做出理性预期的错误假定。二是，以历史真实数据做依据，计算长期增长率为自然增长率，计算最近的短期增长率作为非理性预期的下期增长率，比较差值大小作为泡沫大小的标准；方法简单而且争议少，政府制定调控泡沫的政策目标清楚明确。

四、资产泡沫模型——以次贷为例

这部分的分析以阿茨鲁尼（Artzrouni，2009）的模型为基础，引入非理性预期作为次级贷款购房者的决策假定，重新定义泡沫衡量标准，解释了资产泡沫破裂的具体条件。

（一）模型假定

假定1 本研究首先假定次级住房抵押贷款购房者（后面简称次贷者）除了生活消费以外，只有住房投资，即收入只在此两项上分配。次贷者当期收入恰好满足当期消费，而不能同时满足消费与还贷③。

假定2 在短期的景气经济条件下，次贷者非理性地预期房地产投资收益以大小为 r_e 的利率水平增长，而实际上受经济增长的约束，住房长期平均增长速度为 r_n。显然，当 $r_n \geqslant r_e$ 时，不存在泡沫；当 $r_n < r_e$ 时，存在泡沫。

假定3 次贷者的初始资本禀赋为 $K \geqslant 0$，时间起始点为 $t=0$，在 $t=0$ 时刻，

---

① 戴蒙德（Diamond，1965）研究了在确定性经济条件下两期世代交叠模型（Overlapping Generations Model），用以指出当利率低于经济增长率时，债务产出率会不断降低，这意味着政府可以在不增加税收的条件下持续发行债务，即“庞氏骗局”可以持续。梯若尔（Tirole，1985）进一步指出在戴蒙德稳定状态下，相对于黄金率水平资本过量积累，戴蒙德稳定状态是动态无效的，可以存在理性“庞氏骗局”。许多文献在分析理性“庞氏骗局”时大多用来考量国债是否可持续问题（梯若尔，1985；陈建奇，2006）。

② 近期增长率可以用最近几期的复合增长率计算，自然增长率可以从更长的时间段考察，也可以用经济增长率作为参照，为了不引起不必要的争议，这里不给具体期数。

③ 由于考虑到申请次级贷款的美国购房者收入水平都很低，以及美国的低储蓄习惯，此项假定符合实际。

次贷者将初始资本 K 作为首付款购买住房，此后的当期收入部分用于支付住房贷款，部分用于当期消费，不足部分通过房屋净值贷款（Home Equity Line of Credit）① 来补充消费，用于消费的房屋净值贷款率为常数 r_r，次贷者以净资产②作为房屋净值贷款担保③。

次贷者期望初始资本 K 的累积资本为 $K_e^{(r_e-r_r)t}$，则在 t 时刻，用于消费的房屋净值贷款金额为 $r_rK_e^{(r_e-r_r)t}$。当 $r_e \geqslant r_r$ 时，用于消费的房屋净值贷款金额可以不断的提高；当 $r_e \leqslant r_r$ 时，用于消费的房屋净值贷款金额不断的减少，甚至侵蚀掉初始资本 K。

假定 4 次贷者的新增投资以投资率 r_i 不断增加，在 t 时刻，增加的投资为

$$i(t) = i_0 e^{r_i t} \tag{1}$$

其中：i_0 为初始新增投资；$i(t)$ 可以理解为 t 时刻的还款额；i_0 可以理解为第一次还款额。次贷者预期新增投资同初始资本 K 一样以 r_e 速度增值，同样要扣除房屋净值贷款率 r_r。

在 $0\sim t$ 之间的时刻 u 的新增投资 $i(u)$，距 t 时刻还有 $u-t$ 的时间，到 t 时刻期望累积的新增投资将为 $i(u)e^{(r_e-r_r)(t-u)}$，用于消费的房屋净值贷款金额为 $r_ri(u)e^{(r_e-r_r)(t-u)}$，从 $0\sim t$ 之间累积的新增投资用于消费的房屋净值贷款总金额为 $r_r\int_0^t i(u)e^{(r_e-r_r)(t-u)}\mathrm{d}u$。

包含累积初始资本中用于消费的房屋净值贷款，以及从 $0\sim t$ 之间的累积新增投资中用于消费的房屋净值贷款总金额之和可以定义为：

$$R(t) = r_r\left(K_e^{(r_e-r_r)t} + \int_0^t i(u)e^{(r_e-r_r)(t-u)}\mathrm{d}u\right) \tag{2}$$

结合方程（1）求解得：

$$R(t) = r_r e^{(r_e-r_r)t}\left(K + i_0\frac{e^{(r_r+r_i-r_e)t}-1}{r_r+r_i-r_e}\right) \tag{3}$$
④

① 房屋净值贷款通常利率是浮动的，借贷人可以随时借贷，也可以随时归还，通常每个月只需要归还利息。

② 后面会有函数解释。

③ 次级贷款购房者原有收入只够满足消费，假定由于还贷导致消费缺口来源于房屋净值贷款是合理的，如果从资产增值的财富效应也可以解释这种信用消费的增加，现实情况是在美国次贷购房者中房屋净值贷款是一种普遍现象。

④ 当 $r_r+r_i-r=0$ 时，由洛毕达（L'Hospital）法则可知 $\frac{e^{(r_r+r_i-r_e)t}-1}{r_r+r_i-r}=t$。

（二）净资产函数

定义 $A(t)$ 为次贷者在 t 时刻的净资产，则对于短时间变化的净资产函数 $A(t+\mathrm{d}t)$ 可以表示为：

$$A(t+\mathrm{d}t)=A(t)+\mathrm{d}t[r_nA(t)+i(t)+R(t)] \tag{4}$$

当 $\mathrm{d}_t\to 0$ 时，$A(t)$ 的函数表达式可以通过求解下面的一阶线性微分方程得出：

$$\frac{\mathrm{d}A(t)}{\mathrm{d}t}=r_nA(t)+i_t+R(t) \tag{5}$$

这里用 $C=A(0)$ 表示次贷者的初始资本禀赋条件，C 可以等于 K，代表次贷者的首付款为个人初始资本禀赋，也可以 $C=K+K_0$，$K_0>0$，表示政府等机构对于次贷者的资金支持。

结合方程（3），求解方程（5）得到：

$$A(t)=\left(\frac{r_r[i_0-(r_i-r_e+r_r)K]}{(r_e-r_n-r_r)(r_i-r_e+r_r)}\right)e^{(r_e-r_r)t}+\frac{i_0(r_i-r_e)}{(r_i-r_n)(r_i-r_e+r_r)}e^{r_it}$$
$$+\left[C-\frac{i_0(r_n-r_e)+Kr_r(r_i-r_n)}{(r_i-r_n)(r_n-r_e+r_r)}\right]e^{r_nt}$$

定义 $g(t,a,b,c,d,\alpha)=ae^{bt}+ce^{dt}+\alpha$ （6）

其中 $a=\dfrac{r_r[i_0-(r_i-r_e+r_r)K]}{(r_e-r_n-r_r)(r_i-r_e+r_r)}$ （7）

$b=r_e-r_n-r_r$ （8）

$c=\dfrac{i_0(r_i-r_e)}{(r_i-r_n)(r_i-r_e+r_r)}$ （9）

$d=r_i-r_n$ （10）

$\alpha=C-\dfrac{i_0(r_n-r_e)+Kr_r(r_i-r_n)}{(r_i-r_n)(r_n-r_e+r_r)}$ （11）

则 $A(t)=g(t,a,b,c,d,\alpha)e^{r_nt}$ （12）

净资产函数 $A(t)$ 是次贷者从初始 0 时刻到 t 时刻的所有投资累积到 t 时刻并扣除用于消费的房屋净值贷款信用后的净资产剩余。当 $A(t)$ 出现负值时，即代表个人处于破产状态，次贷者的住房资产价值小于其所欠债务总额。在破产状态下，次贷者的住房被收回，并且无法再进行用于消费的房屋净值贷款，市场信用紧缩，即次贷危机发生。

净资产函数 $A(t)$ 在什么时间和什么条件下会变为负值，以及随着时间的变化 $A(t)$ 的变化情况是需要重点考察的。从函数角度考虑，若函数 $A(t)$ 与横轴正方向没有交点，即函数没有正零点值①（Positive Zeros），则净资产函数 $A(t)$ 会持续增加，不会爆发次贷危机。若函数 $A(t)$ 与横轴正方向有一个交点，即函数有一个正零点值，则净资产函数 $A(t)$ 会出现由正到负的过程，次贷危机发生。若函数 $A(t)$ 与横轴正方向有两个交点，即函数有两个正零点值，则净资产函数 $A(t)$ 会出现由正到负，再由负到正的过程。理论上讲，政府可以在必要时候通过信用支持来挽救次贷危机。

由于 $e^{r_n t}>0$ 总成立，净资产函数 $A(t)$ 的正负就取决于函数 $g(t, a, b, c, d, \alpha)$ 的正负情况，因此以下所做的分析只需考察函数 $g(t, a, b, c, d, \alpha)$ 的正负即可。

令 $g'(t, a, b, c, d, \alpha)=abe^{bt}+cde^{dt}=0$

得到：$$t_c=\frac{\ln\left(\frac{-cd}{ab}\right)}{b-d} \tag{13}$$

$t>0$ 的条件为 $\frac{cd}{ab}<0$ 并且 $\frac{1+cd/ab}{b-d}<0$

命题1 对于函数 $g(t, a, b, c, d, \alpha)=ae^{bt}+ce^{dt}+\alpha$ 有意义的情形下（$a, b, c, d\neq0$ 并且 $b\neq d$），考虑如下两个条件：

$$U=\frac{cd}{ab}<0 \quad V=\frac{1+cd/ab}{b-d}<0 \tag{14}$$

在 $t_c=\frac{\ln\left(\frac{-cd}{ab}\right)}{b-d}$ 时刻，函数 $g(t, a, b, c, d, \alpha)$ 有极值点：

$$m=a\left(\frac{-cd}{ab}\right)^{\frac{b}{b-d}}+c\left(\frac{-cd}{ab}\right)^{\frac{d}{b-d}}+\alpha \tag{15}$$

命题2 由于 $A(0)\geqslant0$，并且 $e^{r_n t}>0$ 总成立，可以合理假定 $g(0, a, b, c, d, \alpha)\geqslant0$ 得到 $g(t, a, b, c, d, \alpha)=ae^{bt}+ce^{dt}+\alpha$ 关于正零点值（Positive Zeros）数量的四个结论。

A_1：在条件（14）成立且 $ab+cd<0$ 情况下：

当 $m>0$ 时，则函数 $g(t, a, b, c, d, \alpha)$ 没有正零点值，即 $g(t, a, b, c, d, \alpha)$ 将始终为正值。当 $m<0$ 且 $b, d, \alpha<0$ 时，在小于 t_c 的某个时刻函数

① 有正零点代表存在 $t>0$ 时，使得函数 $g(t, a, b, c, d, \alpha)=0$。

g（t，a，b，c，d，α）只有一个正零点值。当 $m<0$ 的其他情况时，函数 g（t，a，b，c，d，α）在 t_c 两侧各有一个正零点值。

A_2：在条件（14）成立且 $ab+cd>0$ 情况下：

当 b，$d<0$，$\alpha>0$ 时，函数 g（t，a，b，c，d，α）没有正零点值。

其他情况下，在大于 t_c 的某个时刻函数 g（t，a，b，c，d，α）只有一个正零点值。

A_3：在条件（14）不成立且 $ab+cd<0$ 情况下：

当 b，$d<0$，$\alpha>0$ 时，函数 g（t，a，b，c，d，α）没有正零点值。

当其他情况下，在大于 t_c 的某个时刻函数 g（t，a，b，c，d，α）只有一个正零点值。

A_4：在条件（14）不成立且 $ab+cd>0$ 情况下，函数 g（t，a，b，c，d，α）没有正零点值。

（三）主要结果

为了便于将命题应用到（7）式～（11）式中具体讨论，做出如下定义：

$$C_1(K)=\frac{i_0(r_n-r_e)+Kr_r(r_i-r_n)}{(r_i-r_n)(r_n-r_e+r_r)} \tag{16}$$

$$D(K)=\frac{K(r_r+r-r_e)/i_0-1}{(r_i-r_e)/r_r} \tag{17}$$

在（17）式中当且仅当 $K=i_0/r_r$ 时，$D(K)=1$。

通过如上定义，（13）式和（15）式变为：

$$t_c=\frac{\ln(D(K))}{r_r+r_i-r_e} \tag{18}$$

$$m=i_0\frac{(r_i-r_e)D(K)^{\frac{r_n-r_i}{r_e-r_i-r_r}}}{(r_i-r_n)(r_n-r_e+r_r)}+C-C_1(K) \tag{19}$$

接着定义函数 $C_2(K)$ 如下：

$$C_2(K)=C_1(K)+i_0\frac{(r_e-r_i)D(K)^{\frac{r_n-r_i}{r_e-r_i-r_r}}}{(r_i-r_n)(r_n-r_e+r_r)}\quad \text{当 } K\geqslant i_0/r_r \text{ 时} \tag{20}$$

$$C_2(K)=0\quad \text{当 } K<i_0/r_r \text{ 时} \tag{21}$$

显然当 $C>C_2$（K）时，$m>0$

定理 已知先前假定 t，r_e，r_i，r_n，r_r，K，C 均为正值，结合命题，得出 $A(t)=g(t, a, b, c, d, \alpha)\ e^{r_n t}$①的正零点个数。

B_1：$r_i > r_e$，

$B_{1,1}$：当 $K < i_0/r_r$ 时，$A(t)$ 没有正零点值。

$B_{1,2}$：当 $K > i_0/r_r$ 时，考虑 r_e，r_i，r_n 的大小关系：

若 $r_n > r_i$，在 $C > C_2(K)$（包括 $C = K$ 的情况）时，$A(t)$ 没有正零点值。在 $C_1(K) < C < C_2(K)$ 时，$A(t)$ 在 t_c 两侧各有一个正零点值。在 $C < C_1(K)$ 时，$A(t)$ 有一个正零点值。

若 $r_p < r_n < r_i$，在 $C < C_2(K)$ 时，$A(t)$ 有一个正零点值。在 $C > C_2(K)$（包括 $C = K$ 的情况）时，$A(t)$ 没有正零点值。

若 $r_n < r_p$，在 $C < C_2(K)$（包括 $C = K$ 中 K 大于 $K^* = C_2(K^*)$ 部分）时，$A(t)$有一个正零点值。在 $C > C_2(K)$（包括 $C = K$ 中 K 小于 $K^* = C_2(K^*)$ 部分）时，$A(t)$ 没有正零点值。

B_2：$r_i < r_e$，

$B_{2,1}$：当 $r_w < r_e - r_n$ 或者 $r_n < r_i$ 时，$A(t)$ 有一个正零点值。

$B_{2,2}$：当 $r_w > r_e - r_n$ 并且 $r_n > r_i$ 时，若 $C > C_1(K)$（如果 $r_n > r_e$ 则包括 $C = K$ 的情况）时，$A(t)$ 没有正零点值。若 $C < C_1(K)$（如果 $r_n < r_e$ 则包括 $C = K$ 的情况）时，$A(t)$ 有一个正零点值（见图1）。

（四）模型的解释

定理从新增投资率 r_i 与预期增长率 r_e 的大小关系入手，将结果分为两种基本情况讨论。

B_1：$r_i > r_e$ 时，

$B_{1,1}$：当 $K < i_0/r_r$ 时，次贷市场具有较大投资基数，并且新增投资以高于市场预期的价格增长速度增长，则不会爆发危机。

$B_{1,2}$：当 $K > i_0/r_r$ 时，需要考虑 r_e，r_i，r_n 的大小关系：

若 $r_n > r_i$，房产市场处于非泡沫阶段。在 $C > C_2(K)$（包括 $C = K$ 的情况）时，不会爆发危机。如果 C 值较小，在 $C_1(K) < C < C_2(K)$ 时，危机爆发，但是如果不收回住房，并仍然允许次贷者融资消费，危机会自行恢复。如果 C 值太小，在 $C < C_1(K)$ 时，爆发危机。

由于 $C = A(0) = K + K_0$，可以理解为次贷者首付款较多时，不容易爆发危

---

① $g(t,a,b,c,d,\alpha)$与$A(t)=g(t,a,b,c,d,\alpha)e^{r_n t}$具有相同的正零点个数，因此结论对应于命题。

$B_1: r_i > r_e$，

$B_{1,1}$: 当$K < i_0/r_r$时，$A(t)$没有正零点值

$B_{1,2}$: 当$K > i_0/r_r$时，考虑r_e, r_i, r_n的大小关系：

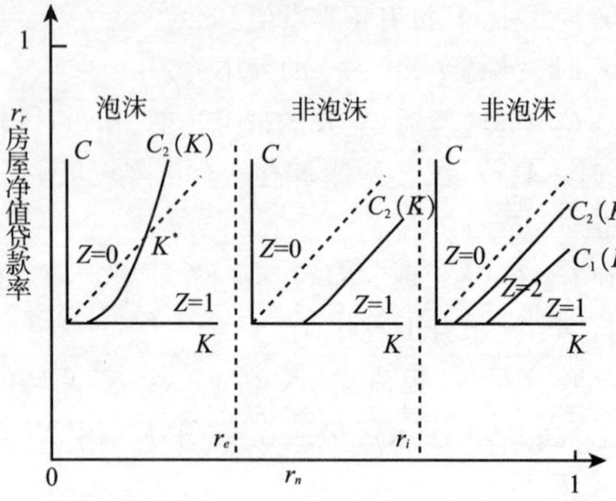

$B_2: r_i < r_e$

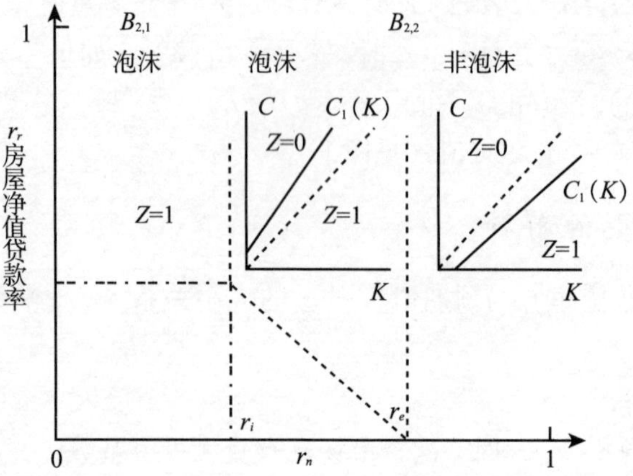

图1　z 代表 $A(t)$ 正零点值的个数

机。另外，当危机爆发时，政府适当注入资本 K_0，可以挽救次贷者的信用，避免危机持续恶化。

若 $r_p < r_n < r_i$，房产市场处于非泡沫阶段。在 $C > C_2(K)$（包括 $C = K$ 的情况）时，不会爆发危机。在 $C < C_2(K)$ 时，由于较低的首付款，爆发危机。若 $r_n < r_p$，房产市场处于泡沫阶段。在 $C > C_2(K)$（包括 $C = K$ 中 K 小于 $K^* = C_2(K^*)$ 部分）时，由于较高的首付款，不会爆发危机。在 $C < C_2(K)$（包括 $C = K$ 中 K 大于 $K^* = C_2(K^*)$ 部分）时，由于较低的首付款，爆发危机。

B_2：$r_i < r_e$，

$B_{2,1}$：当 $r_w < r_e - r_n$ 或者 $r_n < r_i$ 时，房产市场处于泡沫阶段，并且较低的新增投资率导致爆发危机。

$B_{2,2}$：当 $r_w > r_e - r_n$ 并且 $r_n > r_i$ 时，若 $C > C_1(K)$（如果$r_n > r_e$ 则包括 $C = K$ 的情况）时，具有较高的首付款，不会爆发危机。若 $C < C_1(K)$（如果 $r_n < r_e$ 则包括 $C = K$ 的情况）时，由于较低的首付款，爆发危机。在 $B_{2,2}$ 中 $r_n < r_e$ 条件下，若 $C > C_1(K)$ 可知，$C > K$，即 $C = A(0) > K$，在此条件下购房者得到了政府或金融机构的福利①K_0，正是由于这个福利投入使得尽管是泡沫条件，次贷购房者仍然不会破产。

五、结论与政策建议

本文假定人们在非有效市场中，以有限理性采取交易行动导致泡沫的形成。本文借鉴泡沫与“庞氏骗局”的相似性以及文献对于“庞氏骗局”的应用研究，从资产价格增长率出发来宽泛地考察泡沫。重新定义易于操作的泡沫的衡量方法，即当资产的近期增长率大于自然增长率时，则定义为存在泡沫。并且在此基础上通过对美国次贷危机的分析得出泡沫破裂条件。

1. 次贷危机爆发的一个重要条件是资产泡沫的产生，即资产价格增长速度高于其应有的自然增长率，宽松的货币政策会导致过量供给的货币促进资产价格快速增长，因此货币当局要防止出现长期持续的流动性过剩。

2. 政府有必要把资产价格增长速度作为宏观调控范围，在泡沫出现初期就运用适宜的货币政策和财政政策控制或者挤出泡沫。

3. 市场出现泡沫到最终破裂是个长期自我调整的过程，这种调整伴随着破产以及信用萎缩。因此政府在泡沫初期需要警示投资者，而不是以市场自我调整机制为由，纵容泡沫膨胀。

4. 尽管不是所有泡沫都会破裂，较高的初始投资是必要的。美国次贷购房者的初始投资几乎是零，这种高杠杆率增加了金融市场的脆弱性，突然的外部冲击容易导致危机的爆发。

5. 政府应通过产业政策引导和支持，促进资本有效配置，实现资本市场与实体经济的协调发展。

---

① 福利意味着这笔投入不追求回报，甚至不要求本金偿还。

参考文献：

[1] 陈建奇：《庞氏骗局、动态效率与国债可持续性》，载于《世界经济》，2006 年第 12 期。

[2] 罗伯特·J·希勒：《非理性繁荣》，廖理、范文仲、夏乐译，中国人民大学出版社 2004 年版。

[3] 约翰·梅纳德·凯恩斯：《就业利息和货币通论》，高鸿业译，商务印书馆 1999 年版。

[4] Artzrouni, M., 2009, "The Mathematics of Ponzi Schemes", Mathematical Social Sciences.

[5] Blanchard, O. J. and Watson, M. W., 1982, "Bubbles, Rational Expecitons and Financial Markets", in *Crises in the Economic and Financial Structure*, ed. by P. Wachtel, Lexington press.

[6] Davidson, Paul, 1998, "Volatile Financial Markets and the Speculator", *Economic Issues*, September.

[7] Davidson, Paul, 2001, "If Markes are Efficient, Why Have There Been So Many International Finaacial Markets Crises Since the 1970s", in *What Global Economic Crisis*? ed. by Philip Aretis, M. Baddeley and John Mccombie, Palgrave Publishers.

[8] Diamond, P., 1965, "National Debt in a Neoclassical Growth Model", *American Economic Review*, Vol. 55, pp. 1126 – 1150.

[9] Diba, B. T., Grossman, H. I., 1988, "The Theory of Rational Bubbles in Stock Prices", *Economic Journal*, Vol. 98, pp. 746 – 754.

[10] George A. Akerlof and Robert J. Shiller, 2009, "*Animal Spirits: How Human sychology Drives the Economy, and Why It Matters for Global Capitalism*", Princeton University Press.

[11] Kindleberger, C. P., 1996, *Manias, Panics and Crashes: A History of Financial Crises*, John Wiley and Sons.

[12] Kahneman, D. and Tversky, A., 1979, "Prospect Theory: An Analysis of Decision under Risk", *Econometrica*, Vol. 47, No. 2, pp. 263 – 292.

[13] Minsky, H., P., 1982, Inflation, Recession and Economic Policy, Brighton, Wheatsheaf.

[14] Stiglitz, J. E., 1989, "Using Tax Policy to Curb Speculative Short-Term Trading", *Journal of Financial Service* 3, pp. 101 – 115.

[15] Topol R., 1991, "Bubbles and Volatility of Stock Prices: Effect of Mimetic Contagion", *Economic Journal*, Vol. 101.

[16] Tirole, J., 1985, "Asset Bubbles and Overlapping Generations Economy", *Econometrica*, Vol. 53, pp. 1071 – 1100.

全球金融危机与货币政策调控：一个新的理论框架

——兼论货币区的“三元悖论”之解[*]

黄飞鸣[**]

一、问题的提出和相关文献回顾

2007年爆发的美国次贷危机已演化为全球金融危机和经济危机。历次危机表明，金融危机源于危机前经济金融状况良好时的过度信贷扩张和风险承担(risk-taking)，这是内生于金融体系的所有金融危机的共性。在金融市场上表现为信贷和资产价格的“繁荣—萧条周期”（Boom - bust Cycles）(Bordo and Jeanne，2002)。在经济景气时段，这种过度状况往往被强劲有力的经济增长所掩饰。当经济运行到难以承受这种过度时，其对金融、经济的巨大杀伤力就充分呈现出来，导致显著地偏离长期均衡的金融失衡、经济恶化、衰退，随后以金融动荡、灾难的方式释放金融失衡，从而导致金融过度的繁荣和萧条。这种金融过度所导致的金融失衡及其释放被定义为金融系统的“过度亲周期性”（Excessive Pro-cyclicality）。德姆言科和赫默特（Demyanyk & Hemert，2007）根据美国2001年

* 本文系教育部人文社科专项项目“资产替代的宏观经济效应与货币政策对策”（批准号07JD790007）和国家社科重大项目“扩大国内需求的宏观经济政策研究”（批准号08&ZD034）的阶段性成果。

** 黄飞鸣，厦门大学经济学院金融系。研究领域：货币金融理论与宏观调控。电子邮箱：feimhuang@gmail. com。

以来的次贷市场数据实证检验证明了美国次贷危机的爆发就是金融系统过度亲周期性的表现。他们发现：次贷市场的演变与传统的信贷繁荣—萧条周期极为相似，次贷市场的爆炸性的、不可持续的增长导致了其自身的崩溃和危机。莱因哈特和罗格夫（Reinhart & Rogeff，2008）将次贷危机发生前几年的经济、金融数据与历史上各国的重大危机进行比较，结果表明具有很多相似性，如资金流入、资产价格攀升、债务积累等。这说明源于美国的这场金融危机有其内生的信贷繁荣—萧条周期性的一面，但这种信贷繁荣—萧条周期的内生性是与货币政策的周期非对称性效应紧密联系的。博里奥和洛（Borio and Lowe，2002）在对历次金融经济危机的分析，认为在工业和新兴市场的金融危机爆发之前，普遍都出现了信贷和资产价格的增长趋势，都表现出资产市场泡沫的出现、膨胀和最终的破灭。究其根源毫无例外都与不当的货币政策有紧密关系。杰罗米哈洛斯等（Geromichalos et al.，2007）在拉戈斯和赖特（Lagos and Wright，2005）研究的基础上，构建模型证明了资产价格与货币政策之间存在紧密的联系。2007 年春美国房地产泡沫破灭引发的次贷危机与美联储近几年的政策操作难脱干系。在 2001 ~2003 年短短两年多时间里美国联邦基准利率经过 13 次调整，由 6.5% 下降 1%，且 1% 的低利率政策持续了一年多，实际利率长期为负，致使货币供应远超出实体经济的需要，银行信贷过度投放，市场过剩的流动性涌向房地产市场，从而刺激了美国房地产市场的过度繁荣和泡沫积累，为次贷危机的滋生提供了温床。而在 2004 年 6 月至 2006 年 6 月期间，美联储连续十多次小幅微调加息，不但没有对房地产价格泡沫起到遏制作用，反而进一步加剧了泡沫的膨胀。美联储采用这种不合理的频繁调控利率的政策操作，不但使利率失去了本身具有的调节作用，反而恶化了经济态势，最终引发了金融危机。正如大卫·李嘉图所说："货币政策就如同路灯，只有在出问题时人们才明白其重要性。"

信贷扩张、资产价格膨胀使风险积累过度呈现出金融失衡，其体现的是一种经济失衡，是虚拟的金融经济与实体经济发展的一种非均衡。历次金融经济危机的产生都与在对待资产价格泡沫的不当的货币政策操作有紧密关系。货币政策操作失误体现在资产价格泡沫伴随着银行信贷的大幅扩张。根据伯南克和格特勒（Bernanke and Gertler，1989，1995）的金融加速器原理（Financial Accelerator），企业的信贷需求和银行的信贷供给都存在放大经济波动亲周期现象。伯南克、格特勒和吉尔克里斯特（Bernanke，Gertle and Gilchrist，1999）指出以房地产和股票作为抵押品放贷，会产生资产价格泡沫的不对称性效应，金融加速因子会在经济活动中进一步放大这种效应，金融的过度亲周期性是高度非线性的，这是当前金融系统的内在的潜在特性（Borio et al.，2001；Goodhart，2004）。金融的过度亲周期性主要在于金融系统内和金融系统与实体经济之间存在很强的自增强反馈机制（Illing，2007）。在虚拟的金融业，资金供给增加达到某一点后，融资条件会降低、资产定价偏低，推动资产价格上涨，相应地投资者的融资能力增强，进而导致对资金的需求进一步增加，资金供给的越多最终产生的对资金的需求也越多；反之亦然。

自基德兰德和普雷斯科特（Kydland & Prescott，1977）揭示了凯恩斯主义的相机抉择的“最优政策具有时间不一致性，因此是不可信任的”、并提出了“规则优于相机抉择”的命题之后。巴罗和戈登（Barro and Gorden，1983）引入信誉机制、罗格夫（Rogoff，1985）、沃尔什（Walsh，1995）等人先后通过把通货膨胀率引入了政策制定者的损失函数中，引入信誉机制、保守的中央银行行长安排、最优合约方法等进一步发展了他们的“规则优于相机抉择”的思想，把实现相应的通货膨胀目标作为货币政策的最终目标。至此，新古典综合学派为世界主要经济体的货币政策建立了一个良好的框架，其最大特征是以显性的或隐性的通货膨胀目标为最终目标，以利率为操作规则，通过改变真实利率控制总需求曲线以稳定价格。① 在现行货币政策框架操作过程中，在政策工具与最终目标之间设置了一系列政策指示器，以识别哪些是影响长期目标、长期经济活动的因素，哪些是影响短期目标、短期经济活动的因素。美国格林斯潘时代以卓著的通货膨胀治理标榜，而这一切皆归因于通货膨胀目标制的货币政策操作框架。在泰勒规则下，货币政策随通货膨胀而动，通货膨胀走高，则实行紧缩性的货币政策，即提高名义利率；通货紧缩时则采取扩张性货币政策，降低名义利率。

针对信贷、资产价格的“繁荣萧条周期”、虚拟经济与实体经济的一种非均衡发展——金融失衡，货币政策进行的宏观调控应是实现总量平衡与结构调整相结合的复合调控，应该在整个经济周期中，以更为对称的方式实施，即在经济景气阶段应能抑制信贷的扩张及其所带来的不期结果，而在经济不景气时避免来自信贷紧缩的冲击。但是在现行货币政策框架下却很难做到这一点。各国货币当局在政策实践中，几乎一致采用调整基准利率进行操作。但是，弗里德曼和施瓦茨（Friedman and Schwartz，1963）研究认为，以利率作为中介指标会给市场参与者发出一种不利于货币政策实施的信号，有悖于政策制定的初衷，因而他们坚决反对以利率作为实施货币政策的媒介。伯南克（Bernanke，2002）也承认，即使（美联储）识别（资产价格）泡沫，在抑制泡沫上，调节利率的货币政策不是一

① 20世纪90年代以来，新西兰、加拿大、英国、瑞典、澳大利亚、捷克、波兰、巴西、西班牙、芬兰、智利、以色列、南非、韩国和泰国等都相继采用了通货膨胀目标制；德国和瑞典则实行了一种仍然监控货币供应量指标，但又宣布通货膨胀目标的混合的通货膨胀目标制（Bernanke and Mishkin，1997）；虽然美国没有宣布一个明确的通货膨胀目标，但 Bernanke 和 Mishikin（1997）等人认为美国实际上实行的是一种隐含的通货膨胀目标制。

种有效的（Blunt）工具。轻微的利率调整通常不能抑制资产价格上涨，而严厉的货币政策虽然有助于刺破泡沫，但同时也会给宏观经济造成沉重打击。大幅度提高利率，其对投资、产出等实体经济带来的负面冲击影响将可能远远大于资产市场资产价格治理的收益（Tobias and Shin，2008）。“一刀切效应”（Blunderbuss Effects）的利率工具同时作用于虚拟经济与实体经济，不但不能控制资产价格，还会适得其反，进一步刺激资产价格泡沫膨胀，加重金融经济失衡。如美国次贷危机爆发前微调的利率政策同时作用于房地产经济与实体经济，在与实体经济相比高预期收益的房地产业会把本来紧缺资金的实体经济的资金吸引过来，刺激房地产价格泡沫更大，加重经济的进一步失衡，到最后房地产泡沫被刺破，次贷危机爆发。所以，在实践上会出现，中央银行对股价的趋势预测总体上是不成功的，很有可能使中央银行看上去很愚蠢（Mishkin，2001）。这也是伯南克等人反对货币政策对资产价格做出反应的主要借口。但是沃斯（Voth，2000）在研究 20 世纪 20 年代的美国和德国、80 年代末至 90 年代初的日本、瑞典和英国等五个泡沫的一个共同教训时指出，在通货膨胀率处于较低水平的前提下，中央银行没有及时对产出缺口的扩大做出反应，而导致了资产价格泡沫的滋生。怀特（White，2006）指出，针对信贷、资产价格和投资的“繁荣萧条周期”所带来的金融失衡的日益严重，必须考虑使用货币政策。但是，在现行货币政策框架下以调整利率的货币政策操作并不是解决信贷扩张、资产价格泡沫的有效手段。面对这种挑战，需要对现行货币政策框架进行必要的调整，理想的货币政策框架除了在发生金融动荡时能减缓对经济的冲击外，还应该能在金融动荡发生前制约风险的积累和泡沫的聚积。

本研究结构安排如下，在第二节是对现行货币政策框架改革的主张与贷款准备金政策的提出；第三节是构建引入贷款准备金的货币政策操作模型，并用该模型来分析货币政策对资产价格泡沫的调控效应；第四节是进一步拓展该模型用于解决货币区“三元悖论”下货币政策独立性的问题；最后是总结和进一步的思考。

二、面对资产价格的货币政策操作主张与贷款准备金政策的提出

在美国次贷危机爆发前，主流观点认为货币当局不必对资产价格泡沫做出反应。但美国次贷危机的爆发及其给金融领域和实体经济所带来的深刻影响，彻底地终止了货币当局是否应干预资产价格泡沫的争论，干预十分必要。就主张干预而言，多数学者是在既有货币政策框架下思谋对策，尝试把资产价格纳入货币政

策的通货膨胀目标体系之中，认为货币政策目标除了考虑通货膨胀因素外，还应适当考虑资产价格等因素。在对传统物价指数的拓展方面主要的贡献有：阿尔奇安和克莱茵（Alchian and Klein，1973）构造的包括消费者预期终生消费的当前价格指数，“跨期生活成本指数”（Intertemporal Cost of Living Index）是真正系统研究资产价格与通货膨胀测量的开始。之后，波拉克（Pollack，1975）对跨期生活成本指数的具体形式进行了扩展；涩谷（Shibuya，1992）在他们的基础上构建了一个纳入资产价格膨胀因子的动态均衡价格指数（Dynamic Equilibrium Price Index）；布赖恩、斯蒂芬和切凯蒂（Bryan，Stephen and Cecchetti，1993）构建了一个包括资产价格的核心通货膨胀（Core Inflation）指数；古德哈特（Goodhart，1995）提出货币政策的目标应当是包括房地产价格和股票价格在内的广义通货膨胀指标（Broad Price Index）的主张。受资产价格是未来通货膨胀的先行指标（Leading Indicator）观点的驱动，布赖恩、切凯蒂和奥沙利文（Bryan，Cecchetti and O'Sullivan，2002）利用现代统计技术提出了包括股票价格、债券价格和房屋价格三种资产价格在内的总体价格水平——动态因子指数（Dynamic Factor Index）和商品偏离概念，并用来考查资产价格对总体价格水平的变化产生的影响。古德哈特和霍夫曼（Goodhart and Hofmann，2001）通过加权平均实际利率、有效实际汇率、房地产价格和股票价格指数而构建了一个金融条件指数（Financial Condition Index），等等。

这些尝试和主张从理论上看或许可行。因为，在消费经济中，资产的最终价值在于提供未来的消费，资产价格包含未来通货膨胀水平的信息内涵，使其在通货膨胀测量中发挥重要作用。因此，资产价格预示着未来消费价格的走势，以资产价格对通货膨胀统计进行修正是具有一定的理论基础。问题的关键是，即使可以对通货膨胀统计口径进行修正，规则性货币政策对这种修正后的通货膨胀指数做出反应能否同时有效地调控两个市场的价格波动还存在变数。但是在现有货币政策工具框架下，要用于实际政策操作则相当困难。由于实体经济与虚拟经济在组成、结构等方面存在着巨大的差异，以单一的利率中介目标对两者进行同时调整，其效果值得怀疑；另外，根据丁伯根原则（Tinbergen's Rule）：为达到一个经济目标，政府至少要运用一种有效的政策；为达到 N 个经济目标，政府至少要运用 N 个独立、有效的经济政策（Tinbergen，1952）。这种只通过通货膨胀统计口径的调整，而没有实质的政策工具变革的设想，也难以达到有效的政策调控目标。即使把资产价格完美地纳入了货币政策的目标框架，但是货币政策的运作必须从央行可以直接操作的政策工具开始是个不争的事实。泰勒规则的盛行，各国货币当局在政策实践中，几乎一致采用调整基准利率等传统政策工具进行操作。对货币政策是否应该直接对资产价格的变化做出反应，比较一致的共识是，货币政策不应该以任何直接的方式将资产价格纳入目标体系，而是应该致力于物价的稳定，并保证金融体系足以应付资产价格的波动（瞿强，2007）。

此外，在通货膨胀目标制下，从货币政策工具到通货膨胀最终目标之间的政策传导存在较长的时滞效应。依据经验，目标期限越长，达到目标的可能性越大。为此，斯文森（Svensson，1997）在泰勒利率规则基础上构建最优的“通货膨胀预期目标规则”（Optimal Inflation-forecast-targeting Rules），他提出使用目标变量的预期，即一个2年的条件通货膨胀预期作为货币政策的中介目标，就可以简化货币政策的执行和监测，增强货币政策的透明度，实现货币政策的最终目标。他用通货膨胀预期目标规则所构建的货币政策反应方程不仅包含当前通货膨胀、产出缺口，还包含外生变量，而外生变量反映了未来通货膨胀的所有信息。但是，在货币政策的具体操作中，中央银行都存在为了短期抵消经济活动扰动，而采取初始（认为是最优的）偏离、最终背弃长期目标的行为，即怀特（White，2006）所揭示的新的货币政策“时间不一致性”。[①]

在现行的货币政策框架下，以利率规则调整方式来应对资产价格泡沫、金融失衡及其释放，中央银行或许可以减缓金融失衡的释放，但难以约束金融机构以渐进方式承担更高风险的金融失衡，最终将酿成更加剧烈的金融动荡。美国次贷危机即是如此。

并且，从货币政策实践来看，以利率政策来应对金融失衡、危机，具有明显的非对称效应，其紧缩效应明显好于扩张效应，并且在经济下滑时降低利率的幅度大于经济好转时的上升幅度，这种利率政策操作很有可能被推向零名义利率的极限，导致货币政策无效，并很有可能使经济走向紧缩（White，2006），如20世纪90年代后日本的利率政策和2008年年底至今美国的利率政策。并且，现行的《巴塞尔协议》银行资本监管规则具有亲周期效应，并会冲击到货币政策的有效性（Wang，2005）。因为在衰退期测度的信用风险比较高，银行不能通过大量增加贷款来对扩张性货币政策做出反应。银行资本的亲周期变化也会使货币政策效果表现出非对称性，造成经济周期的不同阶段货币政策的效果不同（孙天琦和张观华，2008）。沙米和科西马诺（Chami and Cosimano，2001）认为由于银行资本渠道（Bank Capital Channel，BCC）的存在，银行资本监管会造成货币政策效果的非对称性，这种非对称性除了来自“金融加速器效应”外，还来自“银行资本加速器效应”（Bank Capital Financial Accelerator），但后一效应只在紧

① 怀特（White，2006）认为这是货币政策在成功稳定经济时不希望看到的一个副作用。大意是说，货币政策的扩张就意味着当前的失衡在加强约束的过程中未被解决。确切地说，每一个扩张的新阶段要么扩大了初始失衡（即外贸失衡或者内部债务失衡），要么成为一些新的金融市场上资产价格（首先是股票，其次是债券，然后是收益率差，接着是住房等）上涨的起点。

缩性货币政策时才发挥作用，从而强化了货币政策在经济周期不同阶段的非对称性效应：紧缩性货币政策比扩张性货币政策更加有效。怀特（White，2006）指出，针对金融失衡的日益严重，必须考虑使用货币政策。他提议建立一个强调政策对称和部门合作的新宏观金融稳定框架来抵御系统性金融失衡。但是这个框架是什么、如何运作他并没有给出说明。

因此，应当跳出原有的以利率政策为主的货币政策操作框架，从总量与结构两方面入手对信贷和资产价格的"繁荣萧条周期"进行调控。黄飞鸣（2008，2009）提出的贷款准备金政策（Loan Reserve Requirements）兼具总量与结构复合调控的特征，不失为一个好的操作工具①。所谓贷款准备金政策是指中央银行对发放贷款的商业银行和其他金融机构的信贷资产征收的资产项法定准备金。②

对贷款准备金政策的研究由来已久，自布雷纳德（Brainard）在1964年指出存款准备金制在货币控制上有效性模棱两可以来，对存款准备金制度的反思与改革探讨的研究日益增多。基于商业银行资产项实行贷款准备金制度的思想于20世纪70年代由美联储的安德鲁·布里默和舍曼·梅塞尔（Andrew Brimmer and Sherman Maisel）就提出用贷款准备金政策作为向资金匮乏的社区调控贷款投放的工具；此后麻省理工学院的莱斯特·瑟罗（Lester Thurow，1972）教授把贷款准备金政策的思想引入学术界；1971年法国货币当局认为只用存款准备金政策不足以对付流动性过剩的局面，继而又补充采取了贷款资产项准备金政策而成为到目前为止唯一一个实行过贷款准备金制度的国家③（Bruno Gehrig，1976）。芬克尔斯坦（Finkelstein，1980）通过构建一个包括公众（包括家庭和企业）、银行和政府（央行）三部门，现金、存款、债券、实物资本和贷款五种资产的模型，研究了贷款准备金对宏观经济的影响。他的模型进一步说明了法定存款准备金比率对有效的货币控制的作用是模棱两可的，并认为贷款准备金率政策可以作为货币当局的工具箱的一部分，充当经济的一种自动稳定器（Automatic Stabilizer）力量，因为只对贷款"征税"的贷款准备金政策只选择性地作用贷款资产而不是其他全部资产。此后对贷款准备金率政策的研究一度沉寂。到20世纪90

---

① 最早明确提出贷款准备金政策的是Finkelstein（1980），他构建模型，研究了贷款准备金对宏观经济的影响。说明了法定存款准备金比率对有效的货币控制的作用是模棱两可的，而法定贷款准备金率政策可以充当经济的一种自动稳定器（Automatic Stabilizer）。

② 得注意的是，随着金融创新的发展，金融机构全能化，为了体现竞争的公平性和金融安全、金融稳定的需要，强化金融监管，中央银行的贷款准备金政策可以扩展到对包括商业银行、投资银行、保险公司、共同基金等所有金融机构的资产项征缴法定准备金。

③ 20世纪70年代初，德意志联邦银行曾向政府提出扩展使用贷款准备金政策的草案，但该草案未曾公开，只是提交给了联邦财政部，经财政部两次修改以后于1973年9月25日公开，但没有真正推行。1986年法国央行不再实行这一准备金制度。

年代初，麻州大学的罗伯特·波林（Robert Pollin，1993）教授重引这一理念并把它作为一种潜在的经济稳定工具（Economic Stabilization Tool）。亚洲金融危机后，经济学家简·德阿里斯塔（Jane D'Arista）建议对银行使用该政策工具，因为东南亚货币危机在本质上可归于过多的国际短期借贷（Eichengreen，1999）；20世纪90年代末，经济学家托马斯·帕利（Thomas Palley，2000，2004）从电子货币、金融创新、资产价格泡沫等不同视角对贷款准备金制度作了纵深研究，并把它的目标主体扩展到不仅是对商业银行还包括对保险业、共同基金等所有的金融机构，操作对象也从银行贷款扩展到全部的资产项目的资产项（Asset-based）准备金政策。上述关于贷款准备金的研究，除了芬克尔斯坦和帕利（Finkelstein and Palley）的研究较为深刻外，其他文献仅是提到这种政策工具的功用，做概要的定性描述，并没有从理论上深化、系统地阐述。

三、贷款准备金政策的操作框架

这里从商业银行的最优化问题入手构建模型来进行分析。

选择一家代表性银行，其业务仅限于吸收存款、发放贷款，资金头寸可以通过同业拆借市场调配，满足规模报酬不变和客户提款的非随机性等条件，则其利润函数 Π 可表示为：

$$\Pi = r_L L - p_L L - r_D D - r_M M$$

其中：L 为贷款余额；D 为吸收的存款量；M 为银行在货币市场同业拆借，$M>0$ 为借入，$M<0$ 为借出；p_L 表示单位贷款预期损失率，r_D、r_L、r_M 分别表示存款利率、贷款利率和货币市场利率，其中 r_M 是可以由货币当局通过公开市场操作控制的外生变量①，它是存、贷款利率的基础。

在完全竞争的市场结构下，为简化模型，假定边际成本恒定不变，这就忽略了银行规模大小对成本的影响，信息充分，不考虑银行固定资产的影响，也不考虑对存、贷款的管理费用。存、贷款准备金是法律强制商业银行存在中央银行的资产，准备金制度适用范围、准备金率水平以及是否对准备金存款支付利息，会影响金融机构的经营成本。假定银行向中央银行缴纳的准备金存款没有利息收入。这里架构模型来分析实行法定贷款准备金政策会产生的利率效应。

① 目前，大量研究表明（Blinder，1998；Goodhart，1989；Friedman，2000），中央银行事实上是以短期利率为目标，听任货币供应量内生调整。国际经验表明，同业市场拆借利率，一直被认为是信贷资金或丰裕或短缺的风向标，是发达国家中央银行货币政策最重要的操作工具。

若实行法定贷款准备金政策，以 k_L 表示法定贷款准备金率，且 $-1 \leqslant k_L$①，代表性银行的利润最优化问题可由下式表示：

$$\underset{L,D,F}{\mathrm{Max}} \Pi = r_L L - p_L L - r_D D - r_M M \tag{1}$$

$$\text{s.t.} \quad (1 + k_L) L = D + M \tag{2}$$

则该银行利润对变量 D、L、M 的一阶条件分别为：

$$r_L = (1 + k_L) r_M + p_L \tag{3}$$

$$r_D = r_M \tag{4}$$

而在现有货币政策框架下，中央银行通过调整存款准备金率、再贴现率、公开市场业务等政策工具来调整货币供应量间接影响市场利率或直接调整基准利率来影响市场利率，进而实现政策目标。这里以调整法定存款准备金率来分析。设法定存款准备金率为 k_D，且 $1 \geqslant k_D \geqslant 0$②，则代表性银行的利润最大化问题可由下式给出：

$$\underset{L,D,F}{\mathrm{Max}} \Pi = r_L L - p_L L - r_D D - r_M M \tag{5}$$

$$\text{s.t.} \quad L = (1 - k_D) D + M \tag{6}$$

该银行收益对变量 D、L、M 的一阶条件分别为：

$$r_L = r_M + p_L \tag{7}$$

$$r_D = (1 - k_D) r_M \tag{8}$$

比较两种情况可看出，外生的货币市场利率 r_M 是存、贷款利率 r_D、r_L 的基础。在法定存款准备金制下，存款准备金率 k_D 的变动会影响存款利率 r_D 的高低而对贷款利率 r_L 没有影响③；而在法定贷款准备金政策下，存款利率 r_D 与货币市场利率 r_M 相等，贷款利率 r_L 除了受货币市场利率 r_M 和其预期损失率 p_L 的影响外，还受法定贷款准备金率 k_L 高低的影响，法定贷款准备金率 k_L 越高，相应的贷款利率 r_L 越高，贷款的成本越高。这就是说实行法定贷款准备金政策产生的利率效应与现行货币政策框架下的利率效应不同。就调整准备金率调控信贷而言，实行贷款准备金政策比实行法定存款准备金政策更具有针对性，也比存款准

① 考虑到中央银行的最后贷款人职能，k_L 可以小于零，但不能小于 -1。其模型是以 $k_L > 0$ 的情况建立的。当 $k_L < 0$ 时，相当于中央银行直接对代表性银行融资，代表性银行的预算约束变为：$L = D + M + k_L L$ 或 $(1 - k_L) L = D + M$，相应地，$r_L = (1 - k_L) r_M + p_L$。

② 理论上 k_D 可以等于 1，即 100% 准备金。k_D 不可为负，否则就是失去了存款准备金的意义。

③ 法定存款准备金率越高，银行支付相应的存款利率就越低。提高法定存款准备金率会降低存款者的收益率，从而导致存款意愿降低，甚至是不愿存款，所以才会出现 NOW 等存款类的金融创新产品。

备金政策通过影响商业银行可贷资金的数量来控制信贷规模更为直接。因为，提高法定存款准备金率会减少商业银行的可贷资金，从而制约其信贷扩张，其操作变量与目标函数是间接挂钩的。而实行贷款准备金政策是要求商业银行在发放贷款的同时，按比例同步向央行缴纳准备金，用增加银行贷款负担的方式制约其信贷扩张，就信贷控制来说，央行的操作变量与目标函数是直接挂钩的。

既然实行法定贷款准备金政策可以影响贷款利率的高低，那么从信贷结构考虑，法定贷款准备金政策还具有信贷的经济结构调整效应。如果代表性银行发放 L_1 和 L_2 两类贷款，中央银行分别对这两类贷款征收 k_{L_1} 和 k_{L_2} 不同比例的贷款准备金，则该代表性银行的利润最大化问题可归结为：

$$\underset{L_1,L_2,D,F}{\mathrm{Max}}\ \Pi = r_{L_1}L_1 + r_{L_2}L_2 - p_{L_1}L_1 - p_{L_2}L_2 - r_D D - r_M M \tag{9}$$

$$\text{s. t.}\quad (1 + k_{L_1})L_1 + (1 + k_{L_2})L_2 = D + M \tag{10}$$

易得，

$$r_{L_1} = (1 + k_{L_1})r_M + p_{L_1} \tag{11}$$

$$r_{L_2} = (1 + k_{L_2})r_M + p_{L_2} \tag{12}$$

由此可见，就信贷结构控制来说，中央银行对商业银行不同类别的贷款实行不同的贷款准备金率，较高的贷款准备金率会使相应贷款的利率提高、借款人的成本增加，这样中央银行就可以有选择性地控制商业银行信贷的流向，调整信贷结构。据此，可以分析贷款准备金政策对资产价格泡沫的调控效应。

四、贷款准备金政策对资产价格的调控

为便于讨论，这里假设资产投资资金全部来源银行贷款，不存在自有资金（如果存在自有资金，考虑单位自有资金的机会成本为单位贷款收益即可）。如果 L_R 和 L_S 分别表示代表性银行对风险资产投资和一般工商业贷款，对应的利率分别为 r_{L_R}、r_{L_S}，央行征收的贷款准备金率分别 k_{L_R}、k_{L_S}，p_{L_R}、p_{L_S} 为他们的单位贷款预期损失率。由上述分析易知，

$$r_{L_R} = (1 + k_{L_R})r_M + p_{L_R} \tag{11'}$$

$$r_{L_S} = (1 + k_{L_S})r_M + p_{L_S} \tag{12'}$$

设 q 是单位风险资产的收益资本化价格，即资产价格应等于该资产未来现金收益流的贴现值之和。假定单位风险资产有一个持续稳定的现金收益流 D，其预期收益率是 r_q，则单位风险资产的价格

$$q = \frac{D}{r_q} \tag{13}$$

如果单位风险资产未来现金收益流 D 有一个固定比例 g 的增长，则单位风险资产的价格

$$q = \frac{D}{r_q - g} \tag{13'}$$

在完全竞争市场结构下，风险资产的预期收益率可表示为贷款利率加上一定的风险溢价，即

$$r_q = r_{L_R} + z \tag{14}$$

这里 z 是资产溢价，将（11′）式代入，则有

$$r_q = (1 + k_{L_R}) r_M + p_{L_R} + z \tag{15}$$

代入（13）式、（13′）式得

$$q = \frac{D}{(1 + k_{L_R}) r_M + p_{L_R} + z} \text{或} q = \frac{D}{(1 + k_{L_R}) r_M + p_{L_R} + z - g} \tag{16}$$

由此可见，在法定贷款准备金政策框架下，中央银行提高对风险资产贷款的贷款准备金率 k_{L_R}，将使风险资产的贷款利率提高，投资的预期收益率提高，相应地风险资产的价格 q 下降。在对一般工商业发放的贷款准备金率 k_{L_S} 不变的情况下，将不会影响该类贷款的成本和贷款的投放，因此避免了中央银行采取传统的存款准备金政策和利率政策"一刀切"的困境。

与不动产信用控制、证券信用控制等选择性政策工具比较，法定贷款准备金政策的作用对象是银行等发放贷款的金融机构，而前者的作用对象是银行的客户，政策传导链条较长，政策效果不确定性较大；法定贷款准备金政策作为一种一般性政策工具既具有存款准备金政策威力大的特点，又具有可以进行结构性调整的选择性政策工具灵活性特征。

但是要注意的是，在风险资产的贷款收益率明显高于一般商业贷款的情况下，中央银行实行贷款准备金政策，对风险资产的贷款征收较高的法定贷款准备金率，这个比率的设定一定要考虑，代表性银行的反应——依据收益最大化对贷款结构的调整，可以在保证贷款准备金总额既定的前提下，通过增加高收益类风险资产贷款的比重、减少低收益一般贷款的比重的调整来获取更高的利润。因为两种贷款给它带来的边际收益与边际成本是不一样的，这种银行信贷结构调整所带来的准备金转换将持续到两类贷款的边际收益与边际成本之比达到相等时为止。因此，为了保证法定贷款准备金政策的分配效应，中央银行在实施法定贷款

准备金政策时，提高一类贷款的准备金率必须使该类贷款的成本上升到与其收益率之比与其他种类的贷款的边际收益与边际成本之比相等。

五、贷款准备金政策与货币区的“三元悖论”之解

2007 年夏肇始于美国的次贷危机已全面恶化升级为全球金融危机，这轮危机和历次危机最大的不同在于它是一场金融系统内生的亲周期性导致的“金融失衡”的“累积性危机”①，凸显出以美国为核心的“金融资本主义模式”和以美元为核心的国际货币金融体系的制度性缺陷，即美元本位制缺乏相应的“锚”来约束，浮动汇率制度客观上会造成美元等国际货币的供应量无限量增加，以及美国与其他各国货币政策的不对称。美国的“金融资本主义模式”的核心机制是缺乏相应约束“锚”的美元本位制和高杠杆经验的影子银行系统（Shadow Banking System，SBS），该系统及其“发起—分销”（Origination-and-Distribution，O&D）的经营模式和结构性信贷衍生产品（Credit Derivatives）在次贷危机形成中扮演了重要的角色。处于影子银行系统中心的华尔街投资银行的 O&D 经营模式是华尔街的核心，在次贷危机中，这种模式扮演了极其重要的角色，是高度证券化的抵押贷款市场的基础（Frankel，2006）。结构化信贷衍生产品的过滥发行是美国次贷危机爆发并最终演化为一场全球性金融经济危机的重要原因（Fender et al.，2008）。

随着美国监管体制的变革和华尔街五大投资银行的灭失或转型，美国的“金融资本主义模式”的核心机制的第二部分的功能将风光不再。但其缺乏相应约束“锚”的美元本位制核心机制还在发挥作用，还在进行着对其他国家，尤其是高储备的亚洲新兴国家的财富大肆掠夺。因此，改革现行以美元为核心国际货币金融体系势在必行。在理论上，“特里芬困境”和“三元悖论”决定了任何以主权货币本位的国际货币体系改革都必然会失败。从布雷顿森林体系解体后金融危机屡屡发生且愈演愈烈来看，全世界为现行货币体系付出的代价可能会超出从其中的收益（周小川，2009）。超主权储备货币的提出，或许是今后改革的一个方向，更为现实的发展方向是亚元、欧元、美元等货币区的建立。但是在现行政策框架下，建立货币区不可避免要面对资本自由流动、货币政策独立性和汇率稳定的“三元悖论”问题，资本自由流动和汇率稳定是货币区或区域货币体系

---

① Demyanyk 和 Hemert（2007）根据美国 2001 年以来的次贷市场数据实证检验证明了美国次贷危机的爆发就是金融系统过度亲周期性的表现。他们发现：次贷市场的演变与传统的信贷繁荣—萧条周期极为相似，次贷市场的爆炸性的、不可持续的增长导致了其自身的崩溃和危机。

的最基本的内在要求，相应地，货币政策独立性常常被放弃。对此困境，本文提出的贷款准备金政策框架可以为货币当局提供解决思路。

下面通过凯恩斯主义的主要分析工具 IS－LM 模型来分析说明法定贷款准备金政策的宏观经济稳定效应。在开放条件下，四部门的产出恒等式为：

$$y = C + I + G + NX \tag{17}$$

其中：y 为产出；消费函数 C 为信用，可以通过贷款消费；r_{LC} 为消费贷款的利率；I 为投资支出；r_{LI} 为投资贷款利率；G 为外生给定；NX 为净出口；e 为直接标价法下的汇率，t 为收入税税率。消费、投资和净出口的函数表达式为：

$$C = C[r_{LC}, r_D, (1-t)y] \tag{18}$$

$$I = I(r_{LI}) \tag{19}$$

$$NX = NX(e, y, y^*) \tag{20}$$

并设国内外产出同比例增长，净出口的变化仅取决于货币汇率 e 的变动，一般地汇率 e 的函数表达为：

$$e = e[y, y^*, P, P^*, r_M, r_M^*, E(e)] \tag{21}$$

为了考察汇率变动的利率效应①，这里设定汇率函数为：

$$e = e(r_M, r_M^*) \tag{21'}$$

（17）式至（21′）式构成 IS 曲线方程。

货币市场均衡 LM 曲线可由下面（22）式至（23）式表示为：

$$M_s = M_d \tag{22}$$

其中：M_s 为货币供给；M_d 为货币需求；M_d 可表示为

$$M_d = M_d(y, r) = M_d(y, r_{LC}, r_{LI}) \tag{23}$$

在不考虑现金漏出的情况，货币供给 M_s 取决于：

$$k_{LC}L_C + k_{LI}L_I = B \tag{24}$$

其中：B 为基础货币；k_{LC} 和 k_{LI} 分别为对贷款 L_C 和 L_I 征收的法定准备金率。（24）式表示基础货币等于相应的贷款准备金。调整贷款准备金率 k_{LC} 和 k_{LI} 既改变基础货币 B 的大小，又改变相应货币乘数的大小，它们共同决定货币供给。

---

① 根据利率平价理论有：$r = r^* + f$，r 与 r^* 分别为国内外市场利率，f 为预期的汇率离差。在国际宏观经济学的重要分析工具——Mundell-Fleming 模型中，货币政策的代表变量也是利率，中央银行通过货币供应量的调整来改变利率，进而达到实现内外均衡的效果。

根据前述（9）式至（12）式易得：

$$r_{LC} = (1 + k_{LC})r_M + p_{LC} \tag{25}$$

$$r_{LI} = (1 + k_{LI})r_M + p_{LI} \tag{26}$$

将（4）式和（25）式代入（18）式、（26）式代入（19）式，（21′）式代入（20）式，再将所得（3）式代入（17）式，得：

$$y = C[(1 + k_{LC})r_M + p_{LC}, r_M, (1 - t)y] + I[(1 + k_{LI})r_M + p_{LI}] + G + NX(e(r_M, r_M^*), y, y^*) \tag{27}$$

这里 y，NX 和 e 是内生变量，政策控制变量是 t，G，r_M 和 k_D，从政策调控的目标变量是产出 y 和净出口 NX。

在法定贷款准备金政策框架下，货币当局如果希望调节总需求中的消费需求，可以采取改变消费贷款准备金率 k_{LC} 的方式来改变消费贷款的成本 r_{LC}，从而增减消费支出 C。在此政策操作过程中，由于没有调整市场利率 r_M，因此，决定投资支出 I 的贷款 L_I 的利率 r_{LI} 不变而不会直接影响投资支出。并且，由于没有调整市场利率 r_M，因此对汇率 e 也不会带来影响，进而也不会影响净出口的变化。这就是说，贷款准备金政策可以稳定汇率。反之，用改变投资贷款准备金率 k_{LI} 的方式来改变投资贷款的成本 r_{LI}，从而增减投资支出 I 也是如此。

利用现行的存款准备金政策调节货币供应量致使银行体系可贷资金减少，导致市场利率上升，或者是中央银行通过利率政策调整或直接改变外生的货币市场利率 r_M，都会造成汇率的变动，进而影响净出口。在以美元为核心的现行国际货币体系下，美元过度发行所导致的流动性过剩，会带来诸如国内利率提高、货币汇率升值压力，还会吸引外资快速流入，外汇占款增加，冲销了央行利用存款准备金政策的效果等问题。

贷款准备金政策则可以避免这个问题。当央行提高贷款准备金率时，市场利率保持不变，因而可以保持汇率稳定。因此，对欲改变现行国际货币体系的缺陷，就要面对资本自由流动、货币政策独立性和汇率稳定的“三元悖论”问题的“货币区”建设来说，贷款准备金制度可以在保证其内在要求的资本自由流动和汇率稳定的基本前提下，保持货币区内各个成员货币政策的独立性。

即便不建立货币区，对一些需要一个相对稳定的汇率来促进国际经贸活动的开展的新兴市场国家来说，对当前需要防止国外投机资金大规模流入投机、人民币存在升值压力的我国来说，实行贷款准备金政策优于现行货币政策框架下的存款准备金政策和利率政策。

六、结论与进一步的思考

信贷和资产价格的繁荣萧条周期问题，尤其是资产价格泡沫积累及金融失衡问题是近年困扰货币当局的主要问题之一。资产价格泡沫、金融失衡的形成在很大程度上被认为与对利率的频繁调整、较长期地维持低利率等不合理的货币政策操作有关。在现行货币政策框架下，资产价格难以纳入政策目标体系和遵循利率规则进行“一刀切”的政策操作，会进一步加重金融经济的失衡，甚至催生危机。

金融失衡在本质上体现的虚拟的金融经济与实体经济发展的非均衡发展，需要货币当局采取实现总量平衡与结构调整相结合的复合宏观调控。本文提出的贷款准备金政策就具备这种复合调控特征。中央银行对商业银行持有的信贷资产征收准备金可以控制信贷规模，有针对性地对风险资产投资类贷款征收一定比例的法定贷款准备金，就可以减少商业银行在房地产、股票市场上的贷款投放，从而控制艾伦和盖尔（Allen and Gale，2000）所揭示的信贷扩张引起的资产价格泡沫及金融失衡。

美国次贷危机引发这轮全球性金融危机凸显了以美国为核心的“金融资本主义模式”和以美元为核心的国际货币金融体系的制度性缺陷，改革现行以美元为核心的国际货币金融体系势在必行。而建立货币区是较为现实的选择，贷款准备金政策能够解决货币区在保证其内在要求的资本自由流动和汇率稳定基本前提下区内各个成员保持货币政策的独立性问题。

在贷款准备金政策的实施操作上，可以比照着现行的法定存款准备金政策来实施。在过渡阶段，与法定存款准备金政策的实行并行不悖。黄飞鸣（2009）提出一种贷款增量准备金政策操作，即以某一时点的信贷总量为基数，商业银行此后所有新增贷款都向中央银行缴纳一定比例的准备金。缴纳比例可以根据经济形势灵活调整，基数也可以调整。实行这种政策的效应很有针对性，对那些超规模进行信贷扩张的商业银行有“惩罚”作用，没有进行信贷扩张的银行就不会受到贷款准备金政策的“连累”。如果所有商业银行都因此而不进行大规模信贷扩张，那么中央银行所规划的总体信贷规模目标更容易实现。如果对商业银行不同类别的贷款分别征收不同的贷款准备金率，进而影响贷款利率的高低来调控信贷分配（Credit Allocation），中央银行就可以选择性地控制商业银行信贷的流向，中央银行对不同行业、不同地区发放的贷款分别征收不同的贷款准备金率，就具有调整产业结构和区域经济结构的功效，解决困扰政策制定者和学者们多年的货币政策的区域经济效应问题。

目前，统一的存款准备金政策，甚至是区域差别存款准备金政策，是在商业银行实行一级法人制度下，总行统一调度内部资金，中央银行针对经济落后、信贷投资环境较差的准备金率优惠并不一定能落实到相应的地区，仍然存在区域经济发展中的“马太效应”。但是，由于贷款投放有指定用途，因此，与贷款直接挂钩的区域贷款准备金政策优惠就能够切实落实，比通过存款余额与贷款间接挂钩的存款准备金制度优越得多。并且贷款准备金政策与现存的利率、存款准备金、公开市场业务等政策工具不存在冲突，是丰富了货币当局的政策工具箱。

由于银行贷款亲经济周期（Procyclicity）效应的存在，银行贷款在经济扩张时投放较多而经济衰退时投放较少。《巴塞尔新资本协议》对银行监管资本的要求进一步加剧了这种亲周期性和经济的波动性，阻碍了政策当局反周期政策的有效性。而实行法定贷款准备金政策，在经济处于上升周期、信贷扩张时，征缴增量贷款准备金会多于经济处于下降周期、信贷紧缩时期。贷款准备金政策的这种逆周期性（Counter-cyclicity）调节可以达到熨平信贷和经济的周期波动。芬克尔斯坦（Finkelstein，1980）的模型也认为法定贷款准备金政策可以充当经济的一种自动稳定器。

面对危机、经济衰退、信贷紧缩，采取降息、超低利率甚至零利率政策难以实行，货币政策无效已成为一种共识。这次全球金融危机出现时，货币政策先是降息、敞口贷款，然后是注资、收购“有毒资产”等定量宽松措施，旨在激活信贷市场，希望银行能重新开始对企业和个人放贷，让市场上的流动性充裕起来，但都没有发挥作用；于是需要财政政策出来支撑。即便发挥作用，这些政策不仅会造成未来的通货膨胀压力和资产价格泡沫，也会给金融机构“道德风险”的再次出现埋下隐患。但是，实行贷款准备金政策工具则可以避免这些问题，货币当局只要对放贷的银行实行负的贷款准备金率即可，① 前提是银行是向正在从事实体经济经营的、具有良好还款能力的个人或企业放贷。负贷款准备金率会使贷款的利率低于市场基准利率，拓宽了银行的利润空间；从性质上来看，它既相当于再贷款，又相当于中央银行对放贷银行的注资，关键是只有符合货币当局意图的放贷银行才能得到这种注资。

参考文献：

[1] 黄飞鸣：《流动性过剩与货币政策工具的贷款准备金制度》，第八届中国经济学年会入选论文。

[2] 黄飞鸣：《金融控制与贷款准备金政策工具的选择》，载于《广东金融学院学报》，

① 见本篇第三部分脚注。

2009 年第 2 期。

［3］瞿强：《资产价格波动与宏观经济政策困境》，载于《管理世界》，2007 年第 10 期。

［4］孙天琦、张观华：《银行资本、经济周期和货币政策文献综述》，载于《金融研究》，2008 年第 1 期。

［5］周小川：《关于改革国际货币体系的思考》，中国人民银行网站：http：//www. pbc. gov. cn/detail. asp？ col = 4200&ID = 279，2009 年。

［6］Allen，Franklin And Douglas Gale. 2000. Bubbles and Crises. *the Economic Journal*，110，236 – 255.

［7］Alchain A. and B. Klein. 1973. On a Correct Measure of Inflation. *Journal of Money*，Credit and Banking，5（1）：173 – 191.

［8］Barro，R. J. & D. B. Gordon. 1983. Rules，Discretion and Reputation in a Model of Monetary Policy. *Journal of Monetary Economics*，12（1），pp. 101 – 121.

［9］Bernanke，Ben. 2002. Asset Price Bubbles and Monetary Policy. Remarks before the New York Chapter of the National Association for Business Economics，New York，October 15.

［10］Bernanke，Ben & Gertler，Mark. 1989. Agency Costs，Net Worth，and Business Fluctuations. *American Economic Review*，Vol. 79（1），pp. 14 – 31.

［11］Bernanke B.，M. Gertler. 1995. Inside the Black Box：The Credit Channel of Monetary Policy Transmission［J］. *The Journal of Economic Perspective*，9（4）：27 – 48.

［12］Bernanke，Ben and Mark Gertler. Should Central Banks Respond to Movements in Asset Prices？［J］. *American Economic Review*，2001，91（2），pp. 253 – 257.

［13］Bernanke，B.，Gertler，M.，and Gilchrist，S. 1999. The Financial Accelerator in A Quantitative Business Cycle Framework. In Taylor，J. B. and Woodford，M.，editors，*Handbook of Macroeconomics*，Vol. 1C，pp. 1341 – 1393. Elsevier.

［14］Bordo，Michael D. and Olivier Jeanne. 2002. Boom-busts in Asset Prices，Economic Instability，and Monetary Policy. NBER Working Paper No. 8966.

［15］Borio，C. E. V. and P. L.，owe. 2002. Asset Prices，Financial and Monetary Stability，Exploring the Mexus. BIS Working Papers，No. 114.

1980~2006年东亚宏观经济波动的原因

——基于面板VAR的分析

车维汉　王　茜[*]

一、引　言

20世纪80年代以来，东亚经济以年均6%的高增长率为全世界所瞩目。然而，在这一过程中，东亚地区也经历了一定程度的周期性波动，当然这种波动已不同于产出绝对量扩张与收缩的古典经济波动，属于经济增长率高低变化的现代经济波动，也可以称为增长率周期。以经济增长率的变化来测算，1980~2006年间，东亚大部分经济体都出现了6次以上的短期波动①。与此同时，东亚各国（地区）在某些时期的经济波动存在明显的同步性，即经济上升和下降的时间基本相同或非常接近，经济波动的进程基本一致，存在着区域性的经济波动（薛敬孝和张兵，2001）。

关于经济波动的原因，近年来国外学者多是从国内和国外两个角度来分析的。霍夫迈斯特和罗尔多斯（Hoffmaister and Roldos，1997）利用面板数据分析了亚洲和拉美发展中国家面对国内外冲击时经济波动的异同，认为国内冲击是造

---

* 车维汉，上海财经大学国际工商管理学院常务副院长，教授，博士生导师，研究方向：日本经济、宏观经济；电子信箱：sjjjcwh@ hotmail. com。王茜，上海财经大学国际工商管理学院博士生；研究方向：宏观经济、国际金融；电子信箱：qianwang_07@ hotmail. com。

① 以经济增长率的变化计算，出现一次经济波动谷底即为一轮波动。

成这些国家经济波动的主要原因，而拉美国家对世界利率和国内需求的冲击更敏感。沿着霍夫迈斯特和罗尔多斯（1997）的思路，艾哈迈德（Ahmed，2003）和克劳迪奥·拉达茨（Claudio Raddatz，2007）分别利用面板数据分析了国内外冲击对拉美国家和低收入国家经济波动的影响。还有一些研究将所选样本国家面对的国内外冲击进行了区别分析（Fackler and Rogers，1995；Reinhart，1995；Edwards and Vegh，1997；Montiel，1997），但这些研究只以一两个国家的数据为样本，或是仅分析了造成波动的某几种冲击源。长期以来，对东亚问题的研究，学术界多集中于分析东亚经济整体增长的原因，有的文献曾对东亚经济波动的协同性及其决定因素进行过探讨（Selover，D. D.，2004；Choe J.，2001；Kumakura，M.，2006；Shin and Wang，2003，2004；Shin and Sohn，2006），但对整个东亚经济波动成因进行系统分析的文献并不多见。国内学者李晓洁（2004）运用VAR模型从国别的角度分析了9个东亚国家与地区总需求冲击和总供给冲击的对称性，来判断东亚实现区域货币联盟的可行性；孙立坚和孙立行（2005）运用EGARCH-VAR模型检验了对外开放和中国宏观经济波动的关联性；罗斐等（2005）分析了东亚经济体双边贸易强度对宏观经济波动同步性的影响。

20世纪80年代以来，东亚地区的区域一体化进程逐步加快：以“雁行形态”为主导的区域内部分工体系建立，经济体的贸易互补性逐渐增强，区域内发展中经济体的贸易互补指数由1985年的51.2上升到2001年的67.3（李淑娟，2006）；以贸易和投资为纽带的区域内部依赖程度日益加深，1980~2003年间，ASEAN10+3区域内贸易占区域总贸易的比重由34.6%上升至54.6%（Rana，2007），超过一半的国际贸易是在区域内进行的，这一增长速度比北美自由贸易区和欧盟都要快。除贸易外，区域内投资的增长也很迅速，1990~2004年东亚区域内国际直接投资增速是世界平均水平的两倍多（吴丹等，2006）；经济出现了高速增长的态势，各经济体GDP差距迅速收敛，各国的经济波动和经济结构等方面也表现出一定的协同性（张兵，2006；程传海，2006）。在这种区域经济一体化的背景下，本文依据东亚9个国家和地区①1980~2006年的数据，采用面板VAR的方法，拟从整体上分析国内外6种冲击对东亚地区经济波动的影响，探讨经济波动的冲击源及其作用机理，这对于在区域内加强国际经济协调，实现东亚地区新一轮的经济增长，无疑具有重要的意义。

① 样本国家为东盟5国（印度尼西亚、马来西亚、菲律宾、新加坡和泰国）+3国（中国、日本和韩国）+中国香港地区，共9个经济体。鉴于数据的可得性，这里只包括了ASEAN的5个国家。在联合国的统计中，中国台湾的数据包含在中国范围之内，故样本中没有列入中国台湾。

二、东亚国家（地区）经济波动及其面对的冲击

（一）东亚国家（地区）的经济波动

图1显示，东亚各国（地区）1980～2006年间存在明显的经济波动①，大部分经济体都经历了6次以上的经济波动，个别国家的经济波动甚至达到8次。同时，东亚各国（地区）经济波动具有明显的协同性，经济增长的谷底有四次明显重合：前两次是在1982年和1985年，受第二次石油危机的影响，欧美等发达国家陷入长期经济衰退，由于外部需求萎缩，分别有5～6个经济体出现经济萧条；第三次是在1998年，在东南亚金融危机的影响下，几乎所有国家都陷入经济增长谷底；第四次是在2001年，由于欧美经济增长放缓、全球网络经济泡沫的破裂和持续走高的油价压力，所有经济体都出现了不同程度的收缩。

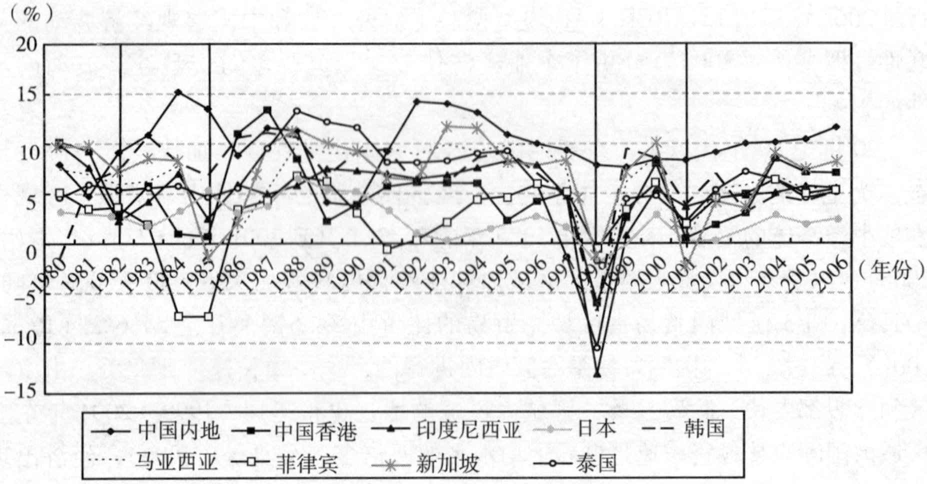

图1　东亚各国（地区）的经济波动

资料来源：由各国（地区）经济增长率数据整理而得。

（二）国内外冲击造成经济波动的途径

20世纪80年代以来，随着经济增长的加快以及对外开放程度的提高，东亚

① 严格地说，经济波动包括产出、收入和就业三方面的波动，我们这里仅分析产出增长的波动，即现代经济波动。

经济体受到了国内外的各种冲击，东亚经济的波动与这些冲击直接相关。这些冲击对经济波动的作用途径可分为以下三个方面：

1. 国内供给和需求

第一，国内产出增长率的波动是供给冲击的主要方面，这种冲击既包括实际产出组成部分（如消费、投资、政府购买、净出口）的变化，也包括各部分相对权重的变化；

第二，物价上升引发的通胀冲击直接影响国内的需求变化。除中国香港和菲律宾外，样本中的经济体都经历了一定程度的通货膨胀；最为严重的是印度尼西亚和菲律宾，物价水平的年平均增长率高达11.26和10.19，近乎是美国的4倍；物价增长的标准差也达到了10.06和10.187，具有很强的波动性。物价水平的波动一方面造成国内投资成本变化，另一方面也会造成居民消费需求不稳定，这都会导致国内经济的波动。

2. 国际贸易

国际贸易的发展会影响到国内资源配置和产业结构调整，引起国内资源价格的变化（小国的价格效应），进而影响经济增长及波动。

第一，东亚经济体的特点是出口导向型经济，随着贸易自由化的深入，东亚经济体对出口市场的依赖程度也在逐步增强。2006年各经济体的出口收入占其GDP的比重约在30%～60%之间，马来西亚的比例高达68%，因而主要出口市场需求的变化会对东亚各国（地区）的经济波动产生重大影响。

第二，通过出口价格指数与进口价格指数的对比，我们发现多数东亚经济体的贸易条件在恶化，且具有高度波动性，这是由于东亚各经济体的出口商品中主要集中于初级产品[①]，随着技术的变迁、市场容量以及需求和收入弹性等条件的变化，国际市场上初级产品的价格相对于工业制成品的价格存在着长期下降的趋势，这种现象也是与普雷维什和辛格提出的“贸易条件恶化论”相吻合的。一般而言，贸易条件的恶化会阻碍一国经济的增长。

第三，汇率水平的波动会直接影响一国出口商品的国际竞争力，还会引起进口成本的变化，造成国内进出口相关行业的产出波动。

3. 资本流动

第一，由于建设资金短缺，加之国内的资本市场不发达，东亚大多数经济体

---

① 日本有所不同，其每年出口的资本品和运输设备约占其总出口比重的66%左右。

在发展过程中严重依赖于外国投资和短期借款，因而国际资本市场利率水平的变化会影响东亚国家（地区）的经济稳定。外国利率的上升一方面会使外国资本的流入量减少并吸引国内资本外逃，另一方面会使借贷国的偿债压力增大。

第二，东亚经济体大多实施的是盯住美元的汇率安排，容易遭受投机性攻击，一旦汇率发生大幅贬值，引发“羊群效应”，短期外国资本流入发生逆转，会导致产出剧烈下降，造成经济的大幅度波动。

三、模型、方法和数据

（一）模型

在前面分析的基础上，我们构建面板 VAR 模型来估计国内外各种冲击对样本国家经济波动的影响，对每个样本国家 i 我们的模型如下：

$$A_0 x_{i,t} = f_i + \sum_{j=1}^{q} A_j x_{i,t-j} + d_{i,t} + u_{i,t} \tag{1}$$

其中：$x_{i,t} = (z'_{i,t},\ y'_{i,t})'$，$z'_{i,t} = (\Delta FD_{i,t},\ \Delta TOT_{i,t},\ R_t)$ 是外生变量向量，包括外部需求的增长 ΔFD，贸易条件的增长 ΔTOT，世界利率 R①；$y'_{i,t} = (\Delta ER_{i,t},\ \Delta GDP_{i,t},\ \Delta CPI_{i,t})$ 是内生变量向量，包括一国的汇率增长率 ΔER，产出增长率 ΔGDP 和通胀水平 ΔCPI；向量 $u_{i,t} = (\varepsilon_{i,t},\ \eta_{i,t})'$，$\varepsilon_{i,t}$代表外生冲击，$\eta_{i,t}$代表内生冲击。$A_0$ 是反映各变量间同期关系的方阵，A_j 为体现变量滞后效应的方阵，j 为滞后阶数。模型中引入国家层面的固定效应 f_i 来体现个体异质性，引入国家特定的时间虚拟变量 $d_{i,t}$来体现每一时期国家的特定冲击，进而规避横截面样本中可能存在的结构差异。考虑到可能与世界利率存在共线性，我们这里没有包括时间的虚拟变量。

本模型包括 6 个变量，我们采用 3 组 36 个条件来识别基本方程：

（1）结构冲击的正交假设：与所有的 VAR 模型一样，我们假设冲击扰动项是彼此正交的，并且有单位方差，即 $Var(V_t) = \Omega$，这包括 $(n(n+1)/2) = 21$ 个假设；

（2）小国开放经济假设：各经济体只是世界价格、利率的接收者，而国内经济不能对世界经济造成影响，即任何滞后阶数下，外生向量 z 不受内生向量 y 的影响，这相当于对所有的矩阵 A 施加约束条件：$a_{14} = a_{15} = a_{16} = a_{24} = a_{25} = a_{26} = a_{34} = a_{35} = a_{36} = 0$；

---

① 这里面采用的是美国利率，没有加注下标 i，因为它对于各国而言都一样。

(3) 变量间同期交互关系的因果排序（即对矩阵 A_0 施加约束条件）。

外部变量：美国的货币政策（利率）受外国产出（包括美国产出）和国际商品价格的影响，但货币政策对这些变量无当期影响，$a_{13}=a_{23}=0$。艾哈迈德（Ahmed，2003）指出，在利用月度或季度数据研究美国货币政策时这是一个标准的假设，我们这里使用的是年度数据，所以更合理；此外，假设外国需求的变化会影响同期的商品价格，但商品价格对这些国家的产出只存在滞后的影响，$a_{12}=0$，在研究美国货币政策时常采用这一假设（见 Christiano et al.，1998）。

内部变量：汇率和国内产出之间的因果关系实际上是双向的，但产出对汇率的影响在长期更明显，当期效果不大，所以在同期因果排序时我们将汇率排在产出前面，并假设 $a_{45}=0$；此外，假设国内通胀水平对汇率水平和国内产出只有滞后影响，$a_{46}=a_{56}=0$。这 36 个条件在一起，刚好可以识别上述等式，变量间同期关系的因果排序使矩阵 A_0 写成了如下的形式

$$A_0=\begin{bmatrix} 1 & 0 & 0 & 0 & 0 & 0 \\ a_{21} & 1 & 0 & 0 & 0 & 0 \\ a_{31} & a_{32} & 1 & 0 & 0 & 0 \\ a_{41} & a_{42} & a_{43} & 1 & 0 & 0 \\ a_{51} & a_{52} & a_{53} & a_{54} & 1 & 0 \\ a_{61} & a_{62} & a_{63} & a_{64} & a_{65} & 1 \end{bmatrix}$$

（二）估计方法

上述假设条件使模型得以识别，在估计面板数据时通常需要先消除样本中的固定效应，但 VAR 的模型结构使得自变量与固定效应相关，因而通常使用的均值差分方法可能会导致偏误，这里我们使用“向前均值差分”，也被称作是“赫尔默特（Helmert）过程”（见 Arellano and Bover，1995）。这一方法通过消除每个个体向前的均值，即每一时期未来观测值的均值，保证了滞后变量与转换后的变量正交，进而与误差项无关，因而我们可以使用滞后变量作为其工具变量，采用 GMM 的方法进行估计。面板 VAR 的分析方法综合了面板分析和 VAR 模型的优点，既能够控制不可观测的个体异质性（包括国家的个体效应和时间效应），同时也可以分析面对冲击时经济的动态反应，模型中各变量既可以对一国的经济波动产生影响，同时产出的波动也会对其他的国内变量产生冲击，这种动态的调整过程能够更好地刻画各种冲击的传导机制。

本文用面板 VAR 的模型进行分析，这意味着假定各国横截面样本的动态性，即矩阵 A 所体现的关系是相同的。在文献分析中，这是一个标准的假设（见

Ahmed，2003），由于数据的时间维度有限，我们无法估计单个国家的动态特征（自由度太少），除非我们降低外生冲击的个数或滞后的阶数，因而文献中常使用这一假设。但如果各国经济的动态性不同，这一假设会导致低估（高估）外生冲击的短期（长期）影响。20 世纪 80 年代以来，东亚经济一体化程度逐渐加强，经济体的动态趋同性日益明显，样本中的 9 个经济体在经济结构、经济波动和面对的区域经济环境方面都有很大的相似之处，同时我们在模型中加入了体现特定异质效应的虚拟变量，因而参数的异质性问题很小，文中的假定是合理的。

（三）数据及其来源

对于每一个经济体，外部需求用该经济体最大的 5 个出口国（地区）的真实 GDP 加权（用 2006 年的权重）① 来度量；用出口价格指数与进口价格指数的比率来表示贸易条件；用美元半年期 LIBOR 利率来代表世界利率水平；汇率是各主要通货当地外汇市场或纽约外汇市场银行间即期交易的收盘汇率，使用的是间接表示法，即上升代表本币贬值；用 GDP 的年增长率来衡量一国的经济波动变化；用消费者价格指数 CPI 每年的百分比变化来表示国内的通胀水平。贸易条件的数据来源于世界银行（World Bank），各国汇率的数据来源于国际货币基金组织（International Monetary Fund），贸易权重的数据来自于联合国（UN Comtrade Database），其他数据均来源于世界经济展望数据库（World Economic Outlook Database）2008 年更新版。

四、经验分析结果

在进行 VAR 分析时要求所有的变量都是平稳的，如果存在非平稳变量，会导致伪回归的出现②，为此我们首先检验各变量的平稳性问题。由于样本中的数据多为面板数据，而普通的 ADF 检验在检验面板数据时是低效的，因而我们采用两种面板单位根的检验方法来检验面板数据，用 ADF 检验方法来检验世界利率，结果如表 1 所示。

---

① 中国内地的 5 个主要出口市场依次为美国、中国香港特区、日本、韩国和德国；中国香港特区：中国内地、美国、日本、英国和德国；印度尼西亚：日本、美国、新加坡、中国内地和韩国；日本：美国、中国、韩国、中国香港特区和泰国；韩国：中国内地、美国、日本、中国香港特区和德国；马来西亚：美国、新加坡、日本、中国内地和泰国；菲律宾：美国、日本、荷兰、中国内地和中国香港特区；新加坡：马来西亚、美国、中国香港特区、中国内地和印度尼西亚；泰国：美国、日本、中国内地、新加坡和中国香港特区。

② 伪回归是指统计结果出现很高的 R^2，t 统计量也很显著，但没有任何经济意义。

表 1　　　　　　　　　　单位根检验结果

A. 面板数据(H_0:所有的变量都是非平稳的)						
检验方法	统计量/临界值	ΔFD	ΔTOT	ΔGDP	ΔER	ΔCPI
Levin-Lin-Chu test	t-value(统计量)	-8.924	-12.098	-9.793	-11.042	-9.434
	t-star(临界值)	-4.144	-5.77	-5.58	-6.156	-4.472
Im-Pesaran-Shin test	W[t-bar](统计量)	-4.216	-7.665	-5.431	-6.570	-5.655
	t-bar(临界值)	-2.800	-3.848	-3.169	-3.516	-3.237

B. 时间序列数据——ADF 检验的结果					
变量	Z(t)	1% critical value	P-value	检验形式	检验结果
Log interest rate	-5.142	-4.380	0.0001	(C,T,1)	趋势平稳

注：我们用面板单位根检验方法（Levin-Lin-Chu Test & Im-Pesaran-Shin Test）来检验外部需求增长率、贸易条件增长率、经济增长率、汇率增长率以及物价水平的平稳性，检验形式均为（C，N，1）；用标准的 ADF 检验来检验对数利率的平稳性。

面板数据单位根的两种检验方法一致拒绝了变量非平稳的假设，由此我们可以认为模型中的变量均是平稳的；对利率的检验结果也拒绝了单位根的假设，利率是趋势平稳的。

关于滞后阶数的选取，我们用 AIC 和 SIC 来判断（见表2），一般是根据 AIC、SIC 信息量取值最小的准则确定模型的阶数，两种信息量的结果一致表明滞后阶数应选取为1，即式（1）中 j 等于1。我们用 GMM 对模型进行估计，表3中汇报了主要的回归结果，我们用蒙特卡罗模拟得出脉冲反应函数和方差分解的结果。

表 2　　　　　　　　面板 VAR 滞后阶数检验结果

	PVAR（1）	PVAR（2）	PVAR（3）	PVAR（4）
赤池信息准则（AIC）	-1.42527	-1.06735	-0.67441	-0.46852
施瓦茨信息准则（SIC）	-0.83147	0.124053	1.152407	2.03569

注：当滞后阶数大于4时，样本容量小于参数个数，无法准确估计参数。

表 3　　　　　　　面板 VAR 模型的主要估计结果

被解释变量	解释变量					
	FD(t-1)	TOT(t-1)	R(t-1)	ER(t-1)	GDP(t-1)	CPI(t-1)
ER(t)	-0.526(0.35)	-0.075(0.1)	0.045(0.016)***	0.19(0.15)	0.007(0.003)***	-0.002(0.002)
GDP(t)	18.91(7.63)***	0.35(2.61)	0.028(0.47)	-2.75(3.31)	0.33(0.09)***	-0.013(0.07)
CPI(t)	-1.98(15.56)	3.73(3.21)	0.49(0.64)	12.19(6.08)***	0.47(0.15)***	0.3(0.104)***

注：采用 GMM 估计方法，括号中为标准差，*** 表示在1%的水平上显著，估计之前已剔除了国家特定效应。

（一）国内外冲击对经济运行的影响

从表 4 方差分解的第一部分中我们可以看出国内外各种冲击对经济波动的解释力：第一，在所有的内部冲击中，来源于其自身的供给冲击是经济波动的主要根源，无论是短期还是长期，其解释力均在一半以上；第二，汇率冲击的作用也很明显，能够解释近 1/5 以上的经济波动；第三，外部冲击对经济波动的解释力在长期约为 1/5，即使短期也在 14% 左右，这里我们的结果要大于霍夫迈斯特和罗尔多斯（Hoffmaister and Roldos，1997）中 10% 的结果，这是因为我们的模型中包括了外部需求的因素，其长期的解释力近乎 20%，可见这一变量的作用不能忽视。第四，世界利率冲击和贸易条件冲击的解释作用很小。

表 4　　各内生变量预测误差的方差分解　　单位：%

时间（年）	外部冲击			内部冲击			所有外部冲击	所有内部冲击
	外部需求	贸易条件	世界利率	汇率	经济增长	国内通胀		
经济增长的方差分解								
1	**12.63**	**1.65**	**0.28**	20.57	64.87	0	14.56	**85.44**
5	**19.69**	**1.74**	**0.23**	21.38	56.93	0.02	21.66	**78.34**
10	**19.7**	**1.74**	**0.23**	21.38	56.92	0.02	21.67	**78.33**
汇率变动的方差分解								
1	**2.31**	**3.94**	**1.25**	92.5	0	0	7.5	**92.5**
5	**3.49**	**3.8**	**3.52**	85.3	3.14	0.75	10.81	**89.19**
10	**4.08**	**3.75**	**3.98**	84.33	3.11	0.75	11.81	**88.19**
通货膨胀增长的方差分解								
1	**0.48**	**1.33**	**2.06**	33.92	0.48	61.72	3.87	**96.13**
5	**3.06**	**1.02**	**3.79**	32.51	8.99	50.63	7.87	**92.13**
10	**3.86**	**1.01**	**4.15**	32.11	8.88	49.98	9.02	**90.98**

注：由于小数点误差所有冲击的贡献度之和可能不等于 100。

面对冲击时经济增长的动态反应（见图 2）和表 3 中回归分析的结果也印证了各种冲击的相对重要性：

第一，供给冲击给经济增长带来的扩张程度最大，一单位标准差的供给冲击会使经济增长在第一期提高 2.9 个单位，回归分析中的系数也很显著，但这种上

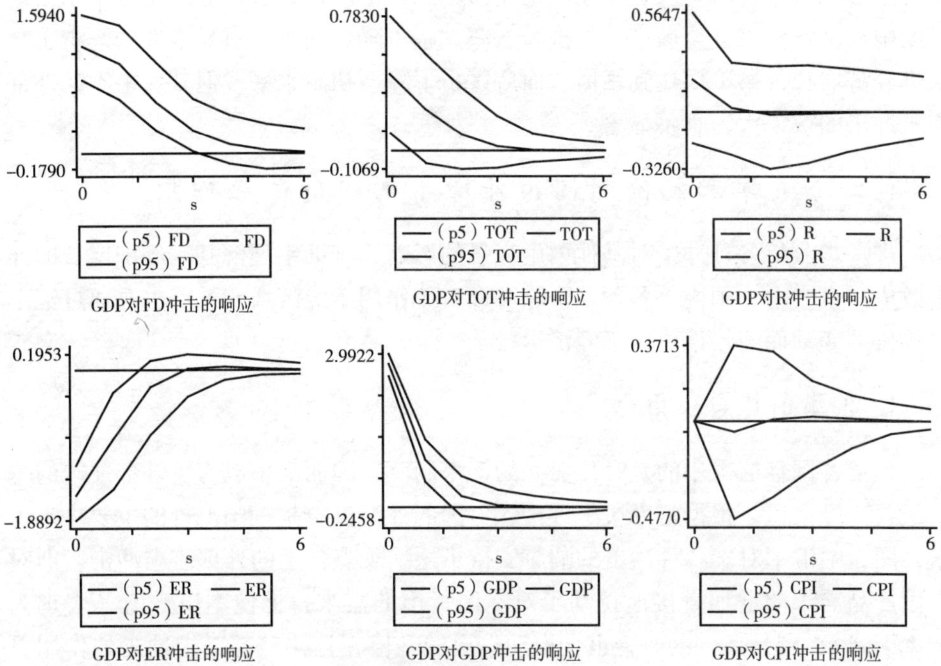

图2　经济增长对各种冲击的累积响应

注：横轴表示冲击的滞后期数（单位：年度），中间的曲线为脉冲响应函数曲线，两侧的为95%的置信区间。

升并不能维持，第2期后就下降到原来的水平，这也表明不改变经济的基本结构，单靠暂时性的高投入（如消费、投资、政府支出等）并不能拉动经济的持续增长；而国内通胀的上升导致经济建设成本加大，居民消费下降，因而阻碍经济增长，但模型中通货膨胀对产出的作用并不显著。

第二，汇率的上升（贬值）会导致经济下滑，这一结果与艾哈迈德（Ahmed，2003）的相一致，即并不支持所谓的“贬值效应”。传统的经济学理论认为，汇率的贬值会降低出口商品的价格，有可能刺激出口和出口品的生产，带动一国经济的增长。但如果出口品需求不能得到有效的提高，价格下降的幅度大于产量增加的幅度，反而不利于经济增长。东亚地区经济体的出口商品多集中于劳动密集型的初级产品，需求弹性较低，价格下降并不能有效地刺激需求的上升，因而“贬值效应”在样本中未得到支持。

第三，外部需求的冲击会导致经济持续扩张，且效果显著，回归系数高达18.91，在整个预测期内呈现正响应，这也印证了我们前面分析的东亚经济体高度依赖于出口贸易的事实；相应地，外部需求的萎缩也会导致经济下滑，2008

年的金融危机爆发后，发达国家的商品需求急剧下降，这直接导致了很多东亚地区的中小企业停工甚至破产，经济增长率大幅下降。同时，贸易条件的改善也会促进经济增长，第1期达到峰值，而后逐步下降至初始水平，但其效果不如外部需求冲击的效果大，且不显著。

（二）汇率和物价对国内外冲击形成的传导作用

进一步分析各种冲击对其他内生变量的影响，有助于理解其对经济增长的冲击效应。事实上，国内外各种冲击除可以直接作用于经济增长外，也会通过汇率和物价的变动而间接地作用于经济运行。

1. 汇率的传导作用

东亚各国普遍采用的是盯住美元的汇率制度，因而汇率成为了外部冲击的一个重要传导渠道。根据汇率决定理论，一国的外汇供求是一国汇价的主要决定因素，图3中汇率对于各种冲击的响应支持了这一观点：正的外部需求冲击，即对本国产品需求的增加直接地拉动了对本国货币的需求，促使本币升值（表现为汇率下降）；贸易条件的改善也会推动本币的升值，且比外部需求冲击的作用更

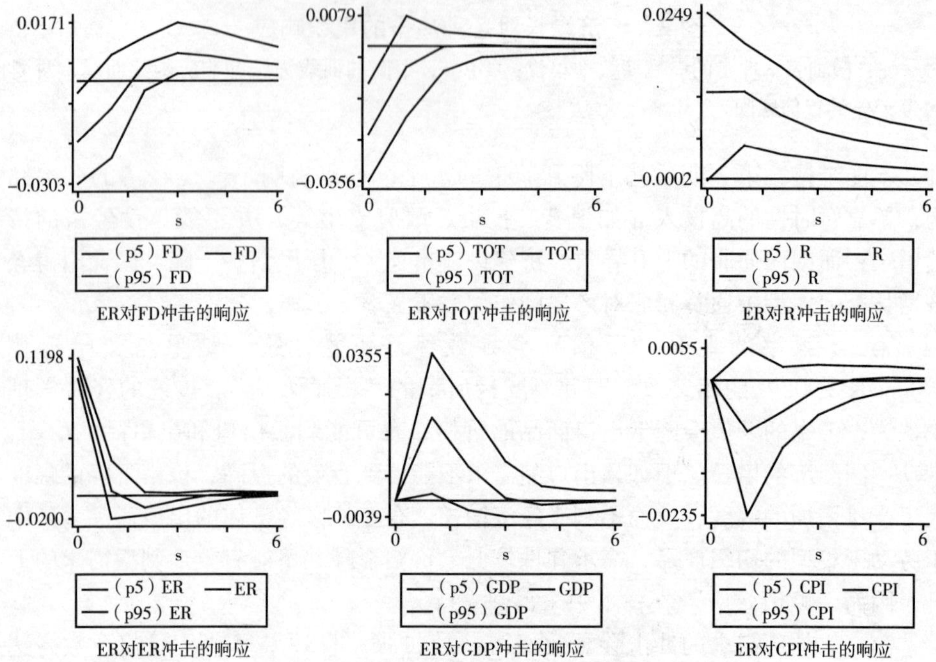

图3　汇率对各种冲击的累积响应

大，但其效果不能持续。根据前面分析的汇率对产出冲击的方向，本币升值提高了出口品价格，由于出口商品的需求弹性较低，价格增加的幅度大于需求下降的幅度，因而会促进经济增长；而美国从紧的货币政策提高了世界市场的利率，受高利率的吸引，国内资本外逃，造成本币贬值（汇率上升），进而导致经济增长率下降，样本中这一效果很显著。尤其要注意的是，由于这种不对称的汇率安排和对外贸易中的美元定价，使得东亚经济体实际上在为美国的经济买单，美国平衡国内经济的各种宏观政策都会直接地影响到东亚国家（地区）的经济稳定。

东亚的多数新兴经济体在发展过程中大量地借入了短期外债，在盯住美元的固定汇率安排下，一旦发生大幅度货币贬值将会引发本币的信任危机，带动汇率持续性地贬值，数据结果中表现为贬值冲击会引发新一轮的货币贬值（汇率上升），最终导致货币体系崩溃（如东南亚国家1997年的情形），经济陷入衰退。

2. 物价的传导作用

从表4中我们可以看出，国内物价水平的波动中国内因素的作用较大，无论是长期还是短期内部冲击都解释了90%以上的物价波动，并且各种冲击的回归效果都很显著（见表3）。

相比之下，三种外部冲击对物价水平波动的解释作用较小，且不显著，因而物价的作用主要体现在对国内冲击的传导上。

从物价水平对各种冲击的响应函数中我们可以看出（见图4），汇率的正面冲击（贬值）会显著地增加通胀率，汇率贬值使进口商品的本币成本上升，导致国内同类商品和相关商品的价格上升，进而推高国内总体的物价水平。根据前面的分析这会使国内的生产下降，导致产出增长的下降。国内经济的发展也有增加通货膨胀的趋势，在短期内，一个经济体的潜在产出规模是既定的，实际产出规模与潜在产出之间的对比决定了价格总水平变化的方向与幅度。当实际产出规模达到或高于潜在产出时，扩大的社会总需求会带动价格上涨，当出现了严重的通货膨胀时，一国就要利用紧缩性政策来压制通胀，这时候经济增长就会减缓甚至出现负增长。尤其要注意的是，通货膨胀具有自我加强的趋势，表现为通货膨胀自身的冲击即使在长期解释了将近50%以上的通胀波动，且短期效果更强。这种情况在“工资成本推动型”的通胀中尤为明显，此外，若价格上涨在各产业间交替进行，也会出现通货膨胀自我实现的问题。

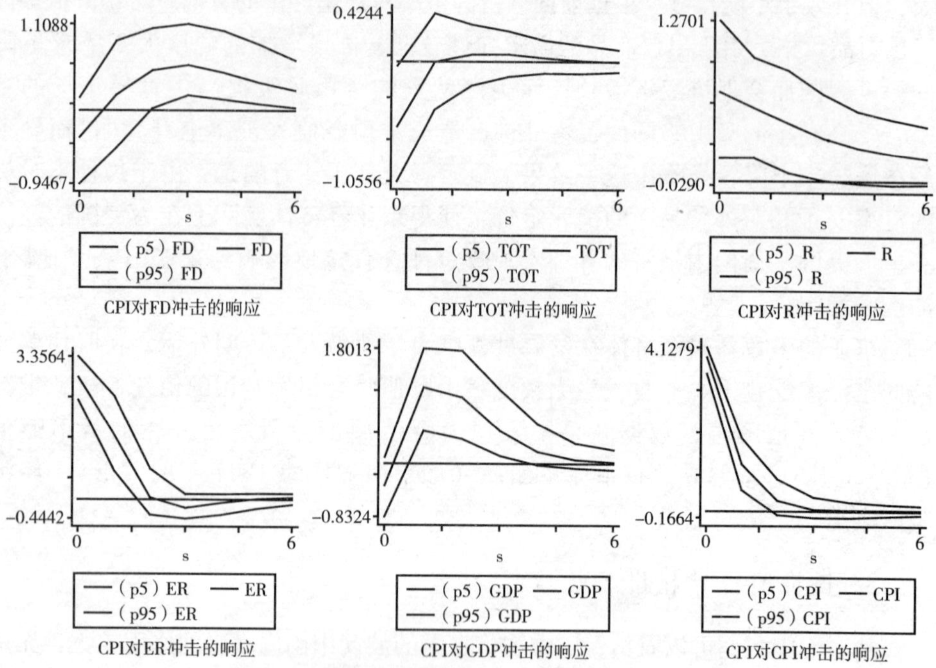

图4　物价水平对各种冲击的累积响应

五、稳健性检验

在上面的分析中为识别模型，我们对各变量的因果排序进行了一系列假定，从而使得上述分析结果有可能是模型变量特殊顺序的产物，因此需要检验上述结果对于其他可能排序方式的稳健性。通过考察各种冲击的相关关系，我们可以检验各种排序的稳健性：若两种冲击的相关性很低，则其排序方式的调换不会对结果产生太大的影响。

表5给出了模型残差的相关矩阵，从中我们发现各种冲击的相关性都较低。首先，三种外部冲击之间的相关度最低，最高水平只有0.15；其次，三种外部冲击与三种内部冲击间的相关性中，最大的是国内产出和外部需求的相关性，两者呈正相关关系，系数达到0.35，这是因为我们这里在度量外部需求时考虑的是各国最大的五个出口市场的产出水平，其中大部分国家的主要出口市场都是在亚洲内部，很多国家都是互为主要出口市场的缘故，而其他的相关性都较低；再次，三种内部冲击中，国内通胀与汇率水平的相关度较高，为0.61，其他两对略低。我们可以考虑以此作为一种替代的排序方式，即调换汇率和物价的顺序来

检验上述结果的稳健性。

限于文章篇幅，这里省略了具体的检验过程，新的结果与原来的相似，只是在方差分解的结果中有些不同：经济增长波动中，汇率冲击的贡献程度在长期内由21.38下降至11.02，而供给冲击和物价冲击的贡献度分别由原来的56.92和0.02增加至66.9和0.39；汇率波动中，供给冲击和物价冲击的贡献度长期内分别上升至9.38和30.6，汇率自身的贡献度降至48.2；通胀波动中，物价冲击贡献度长期内上升至80.44，相应地汇率冲击和供给冲击的贡献度分别降至3.53和7.01。总的来说，由于排序的改变，物价冲击对各变量波动的解释能力都有明显增加，而汇率冲击的解释能力相应地下降，在脉冲响应中物价对产出增长的冲击作用也更显著，但基本的作用方向未发生变化。

表5　　简约型VAR残差的相关矩阵

	FD	TOT	R	ER	GDP	CPI
FD	1.0000					
TOT	-0.0638(0.3510)	1.0000				
R	0.1538(0.0237)	-0.041(0.5453)	1.0000			
ER	-0.1532(0.0243)	-0.1901(0.0050)	0.0951(0.1636)	1.0000		
GDP	0.3548(0.0000)	0.1050(0.1239)	0.1036(0.1291)	-0.5107(0.000)	1.0000	
CPI	-0.0703(0.3038)	-0.1118(0.1012)	0.1359(0.0461)	0.6095(0.0000)	-0.3526(0.000)	1.0000

注：括号中的数值为结果的标准差。

六、主要结论及政策含义

经济增长与波动的负相关关系已得到了学术界的普遍认同，因此，宏观经济的稳定一直是各国政府所追求的目标。本文分析了国内外冲击与东亚9个国家（地区）经济波动的关联性，研究得出以下结论：

第一，关于东亚各经济体的经济波动，实证结果表明国内的供给冲击解释了经济增长波动的大部分。短期投入增加所产生的供给冲击会使经济扩张，但其效应不会持续，要推动经济长期持续增长，必须改善经济结构和增长方式；汇率冲击解释了1/5以上的经济增长波动，但应注意的是，实证结果并不支持所谓的“贬值效应”，原因在于东亚这种高度依赖于初级产品出口的地区，汇率贬值并非刺激经济的有效方法。应注意的是，外部需求冲击对经济增长波动有很大影响，解释力度接近1/5，外部需求的增加会持久性地促进经济发展。东亚各经济体中1/3以上的出口贸易都是在区域内进行的，因而积极推进区域经济一体化进程，通过区域内部贸易，可以进一步释放最终产品需求潜力，促进各国的经济增长。同时也应看到，东亚各国长期实行的出口导向型发展战略导致了对外部市场的严重依赖，内需严重不足。2008 年金融危机爆发以后，来自发达国家的需求大幅度减小，很多东亚国家的外向型企业陷入停工、停产、破产、倒闭的境地，工人大量失业，加剧了经济波动，因而未来的发展应注重由依靠外需向扩大内需的方向转变。

第二，汇率波动是外部冲击的一种重要传导渠道，本文的实证结果支持了基本的经济理论：外部需求的增加会促使本币升值，而外国高利率的吸引会导致本国资本外逃，币值下降，进而引起经济增长的波动。多数的东亚经济体实行的是盯住美元的货币政策，对外贸易中也普遍采用美元定价，这种汇率安排和美元储备制度使各经济体对美国经济波动和货币政策的冲击异常敏感。应注意的是，这种汇率制度使得各经济体在面对美元的不对称冲击时无法采取有效的应对措施，近来爆发于美国而波及全世界的金融危机就是实例，面对美元的贬值，各国没有有效的隔离机制，导致债权价值大幅缩水。对于外贸依存度高的小型经济体而言，在汇率制度的选择上应与一些主要贸易伙伴国的货币挂钩，盯住一揽子货币，以保持贸易余额的相对稳定，优化储备资产结构，分散汇率风险，这已逐渐成为各国改革的一个取向①。

第三，通货膨胀是内部冲击的一种重要传导渠道。汇率贬值会使进口商品价格上升，国内生产成本增加，阻碍经济增长；自我增强的趋势是物价波动的主要根源，这种情况在“工资成本推动型”的通胀中尤为明显。此外，若价格上涨在各产业间交替进行，也会出现通货膨胀自我实现的问题；东亚这些经济体要注意保持合理的经济结构，将通货膨胀控制在合理区间，避免经济的大起大落。

研究结论表明，国内的供给冲击、汇率冲击，外部需求冲击和利率冲击都会对东亚的经济波动产生较大影响。相对而言，在开放经济环境下，外部需求冲击更容易诱发各国（地区）的经济波动，而利率冲击更易通过影响汇率而间接地作用于经济波动。同时各国也应注意国内的结构性因素对物价水平带来的负面影响，预防经济的大幅度波动。经济波动是多种因素共同作用的结果，本文的研究仅是初步的，有待于进一步深化和扩展，特别是随着东亚一体化进程的推进，金融和资本市场不断开放，可以在模型中加入新的相关变量，以便更准确地把握造成宏观经济波动的各种冲击，为东亚各国（地区）制定平滑经济波动的政策提

① 2005 年 7 月 21 日，中国进行汇率改革，开始实行以市场供求为基础、参考一揽子货币进行调节、有管理的浮动汇率制度。近来，中央银行行长周小川又提出要创造一种与主权国家脱钩、并能保持币值长期稳定的国际储备货币，以解决金融危机暴露出的现行国际货币体系的一系列问题。

供理论依据。

参考文献：

［1］程传海：《东亚经济趋同的实证研究》，载于《亚太经济》，2006 年第 5 期，第 2 ~ 6 页。

［2］李淑娟：《东亚区域内贸易发展的特点及其成因》，载于《当代亚太》，2006 年第 1 期，第 36 ~ 42 页。

［3］李晓洁：《亚洲货币联盟可行性研究——东亚实际产出波动的冲击分析》，载于《财经研究》，2004 年第 6 期，第 44 ~ 56 页。

［4］罗斐、庄起善：《贸易强度对东亚国家和地区经济波动同步性的影响》，载于《世界经济研究》，2005 年第 2 期，第 20 ~ 25 页。

［5］孙立坚、孙立行：《对外开放和经济波动的关联性检验——中国和东亚新兴市场国家的案例》，载于《经济研究》，2005 年第 6 期，第 69 ~ 81 页。

［6］吴丹，邹颖娟：《国际直接投资与东亚国家间贸易的互补性关系分析》，载于《工业技术经济》，2006 年第 7 期，第 146 ~ 148 页。

［7］薛敬孝、张兵：《论东亚地区经济波动的同期性与非同期性》，载于《南开经济研究》，2001 年第 4 期，第 3 ~ 10 页。

［8］张兵：《区域内贸易在中国与东盟经济波动同步波动中的作用分析》，载于《亚太经济》，2006 年第 1 期，第 40 ~ 43 页。

［9］Ahmed，S. Sources of Economic Fluctuations in Latin America and Implications for Choice of Exchange Rate Regimes［J］. *Journal of Development Economics*，2003，72：181 – 202.

［10］Arellano，M. and Bover，O. Another Look at the Instrumental Variable Estimation of Error Component Models［J］. *Journal of Econometrics*，1995，68：29 – 51.

［11］Baxter and Kouparitsas. Determinants of Business Cycle Comovement：A Robust Analysis［J］. Federal Reserve Bank of Chicago Working Paper，2004，14.

［12］Bayoumi，T. and Mauro，P. The Suitability of ASEAN for a Regional Currency Arrangement［J］. *The World Economy*，2001，24：933 – 954.

［13］Choe，J. – I. An impact of Economic Integration through Trade：On Business Cycles for 10 East Asian Countries［J］. *Journal of Asian Economics*，2001，12，569 – 586.

［14］Christiano，L.，Eichenbaum，M. and Evans，C. Monetary Policy Shocks：What Have We Learned and to What End?［J］. NBER Working Papers，1998，6400.

中国与世界经济波动的关联性：基于马尔科夫区制转换 VECM 模型的实证研究[*]

■陈　华[**]

一、引　言

当前，由美国次贷危机引发的全球性金融危机仍在持续蔓延之中，金融危机对实体经济的负面影响正逐步地扩大与深入。在全球金融市场恐慌动荡的背景下，世界经济蒙上了衰退的阴影，1929～1933 年间噩梦般的经济大萧条似乎将要再次重演。为此，各国政府纷纷出台各种救市措施和经济刺激计划，但是依然无法阻挡全球经济衰退之势。各国公布的 2008 年宏观经济数据昭示了长达五年的全球经济繁荣时期已经不可挽回，全球经济正处于世界经济周期的调整时期。而对于中国而言，经济的对外开放已经使得中国经济与世界经济之间的联系极为紧密，当世界经济周期步入调整时，中国经济将不可避免地受到外部经济冲击的影响。另一方面，作为世界第二大经济体，中国经济在世界经济体系的地位举足轻重，尤其是当前，世人正纷纷寄希望于中国经济来挽救世界经济的衰退之势。因此，基于当前的全球经济背景下，全面而深入地研究中国与世界经济波动的关联性具有重要的现实意义。

* 本文得到国家自然科学基金项目（项目编号：70873098）的资助。
** 陈华，厦门大学金融系博士生；电子信箱：waltchan2006@yahoo.com.cn。

二、文献回顾

自从米切尔（Mitchell，1927）与摩根斯顿（Morgenstern，1959）的开创性研究以来，众多学者们在世界经济周期、多国经济之间的关联性或协同性以及世界经济冲击的来源和类型等方面进行了广泛而深入的理论和实证研究。

比如，坎托和马克（Cantor and Mark，1988）、格拉克（Gerlach，1988）、巴克斯特和斯托克曼（Baxter and Stockman，1989）、巴克斯和基欧（Backus and Kehoe，1992）、卡诺瓦和德拉斯（Canova and Dellas，1993）、卡诺瓦和马里南（Canova and Marrinan，1998）、巴苏和泰勒（Basu and Taylor，1999）、莫辛克（Morsink，2000）、卡马乔、奎罗斯、加布里埃尔和萨斯（Camacho、Quiros、Gabriel and Saizs，2006）等学者们在多国模型框架下利用相关性分析、谱分析、计量模型或者数理建模与模拟等方法研究了多国经济之间关联性，发现多国之间的宏观经济变量如产出、投资、消费、就业、经济增长率等具有很强的相关性，各国经济波动经常趋于一致。另外，克鲁兹（Krolzig，2001a）、森西尔和阿尔蒂斯等（Sensier and Artis et al.，2004）分别利用不同的计量方法识别和分析了欧元区国家的多国经济周期。

多国经济之间的关联性或协同性是世界经济冲击在各国传递的结果。在现有关于世界经济冲击的来源与类型的研究中，主要有以下三种假说：一是，最初的“牵引型冲击”假说（Locomotive Hypothesis）。该假说认为，世界经济冲击来源于经济规模比较大的，在全球具有经济“牵引”能力的国家（如美国），传播的主要途径是通过商品服务贸易或资本流动等渠道向各经济实力较弱的国家传递，比如布鲁诺（Bruno，1997）从国际资本流动等角度研究了“牵引型冲击”假说。二是，“共同冲击”假说（Common Shock Hypothesis），德拉斯（Dellas，1986）和格拉克（Gerlach，1988）的实证研究发现，即便国与国之间的经济波动传递是相对微弱的，但是依然存在着共同的世界经济周期，于是他们认为，“牵引型冲击”假说不能成立，世界经济周期的背后是由共同的世界经济冲击因素如油价、技术进步等而推动变化的；进一步地，塞洛弗（Selover，1999）却认为，固然油价或技术等因素能够部分解释世界经济周期，但是无法完全充分地解释国家间经济波动的协同性，而且即使不存在共同的世界经济冲击因素，世界经济周期依然存在，如 1790～1925 年的世界经济周期（Mitchell，1927）。为此，塞洛弗和詹森（Selover and Jensen，1999）提出了第三种假说，即“锁模”假说（Model-Locking Hypothesis）：具体而言，作为独立的噪声振荡子（Noisy Osillator）的世界各国，即使相互之间在资本流动或国际贸易的联结关系非常微弱，但是当各国在振荡过程中的联结程度超过某一界限时，各国的振荡频率（经济波动）将发生质的变化而逐渐趋于一致，从而形成了世界经济周期①。除了上述的三种假说外，诺尔宾和施拉克恩豪夫（Norrbin and Schlagenhauf，1996）从另外一个角度把世界经济冲击划分为：影响所有国家的所有产业的“共同性经济冲击”、影响特定国家所有产业的“特定国家冲击”、影响所有国家特定产业的“特定产业冲击”和影响特定国家特定产业的特定冲击（Idiosyncratic Shocks）。还有，不少学者具体地研究了世界经济周期背后的决定因素，比如偏好冲击（Stockman and Tesar，1992）、财政政策（Andersen and Spange，2005）、货币变量（Schlagenhauf and Wrase，1995；Grilli and Roubini，1996）、劳动力市场（Hairault，2002）、运输成本（Ravn and Mazzenga，2004）、贸易关系（Inklaara、Pina and Haan，2008）、产业结构（Baxter and Kouparitsas，2003）、金融市场（Canova and Ubide，1998；Boileau and Normandin，2008）、制度因素（Gerlach，1988；Baxter and Stockman，1989；Kouparitsas，1998）、地理因素（Clark and Wincoop，2001）等。

目前，国内关于中国经济周期的研究还主要是局限于单个国家的框架下，比如刘金全和范剑青（2001）、徐大丰等（2005）、陈浪南、刘宏伟（2007）等研究了中国经济周期波动的非对称性，刘金全和刘志刚（2005）研究了中国经济周期波动中实际产出波动的动态模式和成因，郭庆旺和贾俊雪（2004）从投资冲击和全要素生产率冲击角度解释了中国经济周期的成因，而在多国经济的框架下，对于中国与世界经济波动的关联性的研究文献较少，仅有贾俊雪和郭庆旺（2007）研究了开放经济条件下中国经济周期波动的特征。

由此，本文试图建立一个能够有效地识别世界经济周期（1991～2008 年）演化的多国经济模型，进而，在此合理的多国经济框架下对中国与世界经济波动的关联性进行深入而细致的实证研究，从而回答以下问题：中国对世界经济周期的变化（从经济增长到经济衰退或者从经济衰退到经济增长的变化）是做出如何反应的？面对来自世界不同国家的经济冲击，中国经济的反应程度如何？持续性如何？在不同经济阶段的反应是否不一样（即反应是否具有不对称性）？来源于中国的经济冲击对世界经济的影响程度如何？以及相应的不对称性和持续性如何？

本文以下的结构安排是：第三部分，介绍本文研究多国经济周期的实证模型；第四部分，建立合理的 MSIH-VECM 模型识别和分析世界经济周期（1991～

① Selover 和 Jensen（1999）对美国、日本和欧洲国家（1980～1995 年）的实证研究证实了“锁模”的存在。

2008 年）的演化及其周期特征；第五部分，基于所建立的合理实证模型，利用相关性和脉冲响应函数分析法研究中国与世界经济波动的关联性；第六部分，总结与说明进一步的研究方向。

三、多国经济周期的实证模型：MSIH-VECM

经济周期的一个典型特征是，在经济增长阶段所表现的行为与在经济衰退阶段的情况不一样，即存在着经济周期的不对称性。而在多国经济的框架下，经济周期的不对称性不仅表现在单国经济的波动上，而且还体现为各国经济在不同的经济阶段对经济冲击的反应可能不尽相同。克鲁兹（Krolzig，1997）在汉密尔顿（Hamilton，1989）的研究基础上所提出的 MS-VAR（或 MS-VECM）族模型刚好契合了上述特征①。MS-VAR 模型是引入了马尔科夫链（Markov Chain）（Hamilton，1989）的特殊 VAR 模型。在此模型中，模型的参数（条件均值、变量系数或误差项的方差）被假定为随着经济系统的区制转换而变化的形式，符合经济的现实特征。尤其是，从 MS-VAR 模型中，可以推导出多国经济周期在不同经济阶段间的转换概率以及处于各经济阶段的持续性，从而能够识别和分析多国经济周期的演化及其相应的周期特征。最后，利用不同区制下的脉冲响应函数，可以进一步地分析各国经济在不同的经济阶段对他国经济冲击的反应。

于是，为了研究中国与世界经济波动的关联性，同时考虑到各国经济之间可能存在长期均衡修正机制，本文参照克鲁兹（1997）对 OECD 国家经济周期研究的思路，采用 MSIH（m）-VECM（p）模型作为本文研究的实证模型。

假设存在一组具有协整关系的经济变量 $y_t = (y_{1t}, y_{2t}, \cdots, y_{nt})'$，$t = 1, \cdots, T$，可以构成以下形式的 VECM（p）模型：

$$\Delta y_t = v + A_1 \Delta y_{t-1} + A_2 \Delta y_{t-2} + \cdots + A_p \Delta y_{t-p} + \Pi y_{t-1} + u_t \qquad (1)$$

其中：v_t 是截距向量，u_t 是误差向量，且 $u_t \sim NID(0, \sum)$，A_i（$i = 1, \cdots, p$）为系数向量，p 为滞后阶数。如果 Johansen 检验的结果显示 y_t 存在协整关系，那么存在矩阵 B 和 C 使得：

$$\Pi = BC' \qquad (2)$$

（2）式中 C 的各列为经济系统 y_t 的协整向量，B 为相应的误差修正系数，

① MS-VAR 模型已经开始被国内学者应用到中国经济周期的相关研究，比如郭明星等（2005）利用 MS-VECM 模型研究了中国经济产出与货币供给之间的关系。

于是（1）式可以进一步表示为（3）式：

$$\Delta y_t = v + A_1\Delta y_{t-1} + A_2\Delta y_{t-2} + \cdots + A_p\Delta y_{t-p} + B(C'y_{t-1}) + u_t \tag{3}$$

克鲁兹（1997）在以上的 VECM（p）模型中引入了马尔科夫链（Markov Chain）（Hamilton，1989），即假定在模型中存在着不可观测的 m 种区制 S_t（$t=1,\cdots,T$），S_t 是一组服从马尔科夫链的离散随机变量，主要特征是，S_t 等于某个值 j 的概率受过去的影响仅与最近的 S_{t-1} 值有关；经济系统由上期的区制 i 向下期各区制的转换概率之和等于 1：

$$P\{S_t = j \mid S_{t-1} = i, S_{t-2} = k, \cdots\} = P\{S_t = j \mid S_{t-1} = i\} = P_{ij} \tag{4}$$

且

$$p_{i1} + p_{i2} + \cdots + p_{im} = 1 \tag{5}$$

或者表示为转换概率矩阵 P：

$$\begin{pmatrix} p_{11} & \cdots & p_{1m} \\ \vdots & \ddots & \vdots \\ p_{m1} & \cdots & p_{mm} \end{pmatrix}, \sum_{j=1}^{m} p_{ij} = 1, \forall i,j \in \{1,\cdots,m\} \tag{6}$$

引入马尔科夫链后，原来的 VECM 模型将随着对（3）式的截距向量 v_t、系数向量 A_1、…、A_p、B、误差向量 u_t 的方差 Σ 等是否具有区制转换特征的不同设定而演变为不同的 MS-VECM 模型。本文采用的实证模型 MSIH（m）-VECM（p）即为 v_t 与 u_t 的方差 Σ 具有区制转换特征的 MS-VECM 模型，具体见以下形式：

$$\Delta y_t = v(S_t) + A_1\Delta y_{t-1} + A_2\Delta y_{t-2} + \cdots + A_p\Delta y_{t-p} + B(C'y_{t-1}) + u_t \tag{7}$$

$$u_t \sim NID(0, \Sigma(S_t)) \tag{8}$$

$$\forall i = 1,\cdots,m, \text{当 } S_t = i \text{ 时}, v(S_t) = v_i = (v_{i1},\cdots,v_{in})', \Sigma(S_t) = \Sigma_i \tag{9}$$

本文采取（7）~（9）式的设定来研究中国与世界各国经济波动之间的关联性，背后的经济假定是各国在不同的经济增长阶段有着不同的经济增长率水平（截距向量 v）和不同的经济合成冲击（误差向量 u_t）。

现简单给出 MS 模型的参数估计思路。在 t 期，可知的信息集为经济变量滞后值 $\Delta Y_{t-1} = (\Delta y'_{t-1}, \Delta y'_{t-2}, \cdots, \Delta y'_1, \Delta y'_0, \cdots, \Delta y'_{1-p})'$，由（7）式可知，此时 Δy_t 的分布取决于 ΔY_{t-1}、截距向量 $v(S_t)$ 与方差矩阵 $\Sigma(S_t)$。如果经济系统处于某一区制 $S_t = i$，那么 Δy_t 的条件分布函数为：

$$p(\Delta y_t \mid S_t = i, \Delta Y_{t-1}) = \ln(2\pi)^{-\frac{1}{2}}\ln|\Sigma|^{-\frac{1}{2}}\exp\{(\Delta y_t - \Delta\tilde{y}_{it})'\Sigma_i^{-1}(\Delta y_t - \Delta\tilde{y}_{it})\} \tag{10}$$

其中 $\Delta\tilde{y}_{it} = E(\Delta y_t | S_t = i,\ \Delta Y_{t-1})$，而仅仅基于 $t-1$ 期的信息集，Δy_t 的条件分布函数为：

$$p(\Delta y_t | \Delta Y_{t-1}) = \sum_{j=1}^{m} p(\Delta y_t | S_{t-1} = j, \Delta Y_{t-1}) = \sum_{j=1}^{m} \sum_{i=1}^{m} p(\Delta y_t, S_t = i | S_{t-1} = j, \Delta Y_{t-1})$$

$$= \sum_{j=1}^{m} \sum_{i=1}^{m} p(\Delta y_t | S_t = i, S_{t-1} = j, \Delta Y_{t-1}) p(S_t = i | S_{t-1} = j, \Delta Y_{t-1})$$

$$= \sum_{j=1}^{m} \sum_{i=1}^{m} p(\Delta y_t | S_t = i, S_{t-1} = j, \Delta Y_{t-1}) p(S_{t-1} = j | \Delta Y_{t-1}) p_{ji} \qquad (11)$$

上式中，

$$p(S_{t-1} = j | \Delta Y_{t-1}) = \frac{\sum_{k=1}^{m} p(\Delta y_{t-1} | S_{t-1} = j, S_{t-2} = k, \Delta Y_{t-2}) p(S_{t-2} = k | \Delta Y_{t-2}) p_{kj}}{p(\Delta y_{t-1} | \Delta Y_{t-2})} \qquad (12)$$

衡量了经济系统在 $t-1$ 时期处于区制 j 的概率，我们称为平滑概率（Smoothed Probablity）。（11）式和（12）式表明 t 时期 Δy_t 的条件分布函数可由 $t-1$ 时期 Δy_{t-1} 的条件分布函数和 $t-2$ 时期的平滑概率推导而出，因此给定前样本的信息集 ΔY_0 与初始时期经济系统所处区制的平滑概率 p_0，我们可以通过（11）式和（12）式的迭代得出各期 Δy_t 的条件分布函数：$p(\Delta y_t | \Delta Y_{t-1})$、$p(\Delta y_{t-1} | \Delta Y_{t-2})$，…，进而得到样本 $\{\Delta y_1, \cdots, \Delta y_T\}$ 的无条件分布函数：

$$p(\Delta y_1, \cdots, \Delta y_T) = \prod_{t=1}^{T} p(\Delta y_t | \Delta y_{t-1}) \qquad (13)$$

$$= f(v_1, \cdots, v_m, \Sigma_1, \cdots, \Sigma_m, A_1, \cdots, A_p, B, p_{11}, \cdots, p_{ij}, \cdots, p_{mm}, p_0) \qquad (14)$$

最后利用 EM 算法（Hamilton，1989；Krolizg，1997）对（13）式的极大似然函数进行估计，得到（14）式中未知参数的值，以及相应的各期各区制的平滑概率，依此我们可以识别经济周期的演化和分析各不同经济阶段的性质。

四、世界经济周期的识别及其特征：1991～2008 年

1. 模型的设定、估计与检验

（1）模型的设定。

本文选取的数据样本区间为 1991 年第 4 季度至 2008 年第 4 季度，共有 68 个季度数据。样本对象为 2008 年世界经济总量排名前六位的国家：美国、日本、

中国、德国、法国、英国。各国的支出法名义 GDP 数据来源于中经网统计数据库，均利用 Census-X12 方法进行了季节性调整，然后利用由国际货币基金组织提供的以 1991 年为基期的各国 GDP 平减指数（GDP Implicit Price Deflators）剔除相应各国的名义价格影响，得到各国实际 GDP 数据的对数序列 y 和相应的一阶差分序列 Δy①。

首先，对所得到的数据序列进行平稳性和协整检验。结果显示（见表 1 和表 2），一阶差分序列 Δy 的各变量为零阶平稳，且原对数序列 y 中的各变量之间具有一个协整关系。若赋予 lnusa 标准化权重（系数为单位 1），则可以得到以下协整方程：

$$e_t = -0.061 + \ln usa - 0.2569\ln jap + 0.613\ln chn - 0.7\ln ger + 0.527fra + 0.0015\ln uk - 0.02t \qquad (15)$$

表 1　　平稳性检验结果

变量	ADF 检验		PP 检验		阶数
	NT	T	NT	T	
lnusa	-0.17	0.41	3.04	0.19	I(1)
Dlnusa (gusa)	-1.36	-6.04***	-3.2**	-6.05***	I(0)
lnjap	0.89	-2.18	1.09	-2.27	I(1)
Dlnjap (gjap)	-6.21***	-6.49***	-6.34***	-6.54***	I(0)
lnchn	1.43	-2.50	-0.66	-2.60	I(1)
Dlnchn (gchn)	-0.95	-3.10	-3.21**	-8.44***	I(0)
lnger	2.86	-2.12	2.08	-2.57	I(1)
Dlnger (gger)	-5.78***	-6.57***	-6.11***	-6.80***	I(0)
lnfra	1.57	-2.34	2.62	-1.96	I(1)
Dlnfra (gfra)	-3.59***	-4.56***	-3.50***	-4.62***	I(0)
lnuk	2.30	0.19	2.87	-0.36	I(1)
Dlnuk (guk)	-1.78*	-6.63***	-4.21***	-6.58***	I(0)

注：*、**、*** 分别代表 10%、5%、1% 的显著性水平；NT 代表无趋势项的单位根检验；T 代表含有趋势项的单位根检验；计量软件为 Eviews 5.0。

① y =（lnusa、lnjap、lnchn、lnger、lnfra、lnuk)′；Δy =（gusa、gjap、gchn、gger、gfra、guk)′.

表 2　　　　　　　　　　　协整检验结果

λ_{trace}检验			λ_{Max}检验		
零假设	备择假设	λ_{trace}值	零假设	备择假设	λ_{Max}值
r = 0	r > 0	152.69***	r = 0	r = 1	72.43***
r≤1	r > 1	80.26	r = 1	r = 2	34.86
r≤2	r > 2	45.4	r = 2	r = 3	18.53
r≤3	r > 3	26.87	r = 3	r = 4	12.18
r≤4	r > 4	14.69	r = 4	r = 5	9.23
r≤5	r > 5	5.46	r = 5	r = 6	5.46

注：**、*** 分别代表 5%、1% 的显著性水平；计量软件为 Eviews 5.0。

进而，确定 MS 模型的区制数量。在既有的研究文献中，对经济周期的区制划分，通常存在两种方式：二区制划分，即把经济周期划分为“经济衰退”与“经济增长”两个区制，如汉密尔顿（Hamilton，1989）与克鲁兹（Krolzig，1997）；或者三区制划分，将经济周期划分为“经济衰退”、“经济适速增长”和“经济快速增长”（陈浪南，2007）。考虑到各国经济周期特征之间所存在的差异性，以及避免模型估计的过度参数化，本文采用普遍的二区制划分思想，将经济周期划分为“经济衰退”和“经济增长”两个区制。同时，根据 AIC 和 HQ 准则选择最优滞后阶数为 1。于是结合约翰森（Johansan）协整关系检验所得到的协整方程（15），最终建立以下形式的 MSIH（2）-VECM（1）模型：

$$\Delta y_t = v(S_t) + A_1 \Delta y_{t-1} + Be_t + u_t \tag{16}$$

$$u_t \sim NID(0, \Sigma(S_t)) \tag{17}$$

$$\forall i = 1,2, \text{当 } S_t = i \text{ 时}, v(S_t) = v_i = (v_{i1}, v_{i2}, v_{i3}, v_{i4}, v_{i5}, v_{i6})', \Sigma(S_t) = \Sigma_i \tag{18}$$

（2）模型的估计与检验。

对上述实证模型进行极大似然估计，运行软件为 OX-Metrics，估计过程中采用了克鲁兹（Krolzig，1997）所编制的 OX-MSVAR 模块，得到的估计结果见表 3。

表 3 第二栏给出了模型的非线性检验结果。结果显示，我们可以在 1% 的显著性水平上拒绝原假设：经济系统服从线性 VECM 模型，这意味着本文采用 MSIH-VECM 模型对世界经济进行建模是合适的，有效地捕捉了各国经济增长的非线性行为。另外，在 1% 的显著性水平上，似然比检验统计量显著地拒

绝了转换概率参数为零的原假设，也就是说，模型中经济系统的区制转换性质显著，可见模型合理地刻画了世界经济在不同经济阶段之间转换的周期特征。同时，后面的利用平滑概率对世界经济周期的识别，也印证了模型的解释效力。因此本文认为，MSIH-VECM 模型在描述世界多国经济的增长行为方面是有效的。

表3　　基于 MSIH（2）-VECM（1）模型的实证结果

第一栏　参数估计值

$$v_1=\begin{pmatrix}0.0041\\-0.0008\\0.029\\-0.0009\\-0.002\\0.0043\end{pmatrix} v_2=\begin{pmatrix}0.0083\\0.0088\\0.0310\\0.0048\\0.0019\\0.0113\end{pmatrix} \sigma_1=\begin{pmatrix}0.0068\\0.0099\\0.0199\\0.0056\\0.0049\\0.0072\end{pmatrix} \sigma_2=\begin{pmatrix}0.0040\\0.0045\\0.0123\\0.0052\\0.0036\\0.0047\end{pmatrix} B=\begin{pmatrix}-0.0676\\0.0093\\-0.1459\\-0.0128\\0.01658\\-0.0371\end{pmatrix}$$

$$P=\begin{pmatrix}0.662 & 0.338\\0.159 & 0.841\end{pmatrix} A_1=\begin{pmatrix}-0.0061 & 0.0404 & -0.2380 & -0.2406 & 0.1556 & -0.0983\\0.1268 & 0.0646 & 0.0989 & 0.0898 & -0.0251 & -0.0065\\0.0122 & -0.1196 & 0.0309 & -0.0221 & -0.023 & -0.0697\\0.0139 & -0.0216 & -0.0454 & -0.1785 & 0.061 & 0.0805\\0.2724 & -0.1235 & 0.2293 & 0.3108 & 0.155 & 0.3001\\0.1841 & -0.104 & 0.2787 & 0.2775 & 0.2354 & -0.0394\end{pmatrix}$$

AIC = -42.29；HQ = -41.01；SC = -39.07；Likelihood = 1514.7859

第二栏　似然比检验（LR 检验）

（1）模型的非线性检验

H_0：经济系统服从线性 VECM 模型；H_1：经济系统服从非线性的 MIH-VECM 模型

LR 统计量χ^2（27）= 83.13　[0.000]***；

（2）参数的显著性检验

转换概率：

H_0：$p_{12}=0$，$p_{21}=0$；H_1：$p_{12}\neq0$，$p_{21}\neq0$；LR 统计量$\chi^2(2)=16.16$[0.0003]***；

误差修正系数 B：

H_0：$B_1=B_2=B_3=B_4=B_5=B_6=0$；

H_1：$B_1\neq B_2\neq B_3\neq B_4\neq B_5\neq B_6\neq0$；LR 统计量$\chi^2(6)=36.15$[0.000]***

注：区制 1：“经济衰退”；区制 2：“经济增长”；H_0 为原假设，H_1 为备择假设；[ ] 为显著性水平；*、**、*** 分别代表 10%、5%、1% 的显著性水平。

表4　　经济周期的时段划分

区制1（经济衰退）		区制2（经济增长）	
时间段	概率	时间段	概率
1992：2～1993：2	[0.9981]	1993：3～1994：4	[0.9927]
1995：1～1995：1	[0.9957]	1995：2～1997：4	[0.9933]
1998：1～1998：2	[0.9999]	1998：3～1998：4	[0.8763]
1999：1－1999：1	[1.0000]	1999：2～2001：1	[0.9975]
2001：2～2001：4	[0.9943]	2002：1～2002：1	[0.9220]
2002：2～2002：2	[0.9750]	2002：3～2002：3	[0.9927]
2002：4～2003：2	[0.8976]	2003：3～2007：3	[0.9945]
2007：4～2008：4	[0.9994]		

2. 世界经济周期的识别及其特征

(1) 世界经济周期的识别。

进一步地，我们根据（10）、（11）、（12）式，从MSIH（2）－VECM（1）模型计算出了各区制的平滑概率，即世界经济周期处于经济增长阶段和经济衰退阶段的概率，从而识别出世界经济周期的演化。见表5和图1。

表5　　区制的性质

	样本数	频率	持续期
区制1	21.4	0.32	2.96
区制2	45.6	0.68	6.28

图1显示，从1992年第2季度到1993年第2季度，世界经济处于“经济衰退”，历时一年时间，在此阶段，美国和日本主要是延续了80年代末的经济萧条①，同时，英国、法国、德国等欧洲国家受海湾战争以及1992年欧洲货币危机的影响，经济增长放慢，出现衰退；而在此阶段，中国经济开始高速增长的缘由是，1992年邓小平的“南方讲话”与党的十四大的召开推动了改革开放进程，经济秩序得到调整。到了1993年年底，西方发达国家普遍步入经济复苏的阶段，

① 从1987年的股市大暴跌开始，美国经济逐渐不景气，到1990年则正式步入经济衰退；随着20世纪80年代房地产泡沫的破裂，日本也于1991年开始陷入了长时期经济萧条的泥淖。

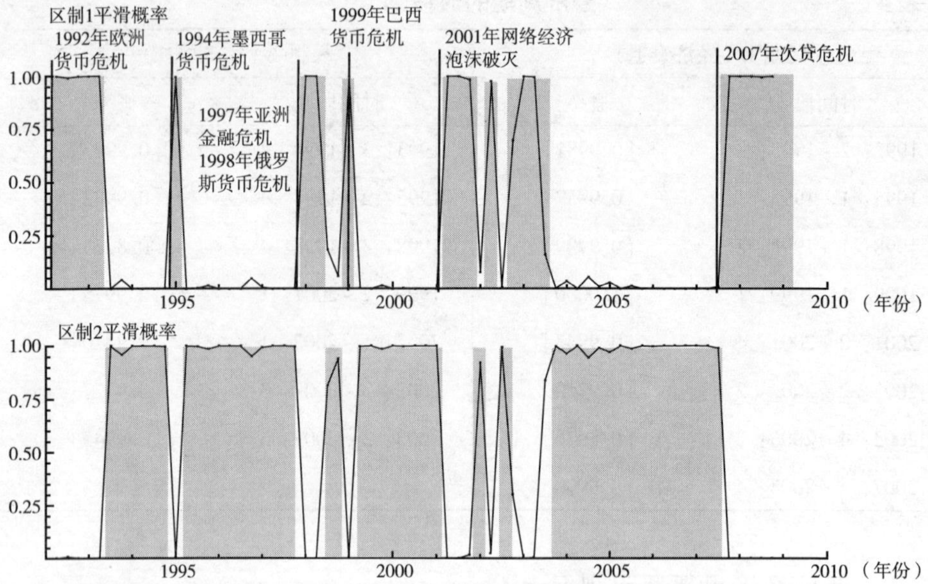

图1　区制平滑概率

注：区制1：“经济衰退”；区制2：“经济增长”；描绘软件为 Oxmetric。

主要原因是西方发达国家的公共投资计划刺激了经济增长，以及较低的通货膨胀率、平稳的石油价格和 WTO 规则的建立为各国提供了宽松的经济环境。但是随后，1994 年爆发了墨西哥货币危机，全球金融市场剧烈动荡，美元汇率的暴跌引起欧洲国家出口锐减，从而导致了一个季度的暂时性“经济衰退”。接着，到了 1996 年，由于日元与美元利差的不断扩大，日元汇率不断贬值，日本经济逐渐有所复苏，全球进入约为两年的“经济增长”期；而中国方面，为了治理 1991 年以来经济快速增长所带来的严重通胀，政府从 1993 开始实行“软着陆”经济政策，到了 1995 年经济政策开始发挥效果，中国经济出现暂时性衰退以及紧随两年的适度增长。进而，从图 1 中可以发现，在 1997 年、1998 年的亚洲金融危机和俄罗斯卢布危机以及 1999 年的巴西货币危机的冲击下，世界经济分别于 1998 年和 1999 年出现了持续期约为一个季度到半年的暂时性“经济衰退”。不过货币危机对世界经济的整体影响有限，美欧经济实体并未出现恶化，又时逢信息产业和网络经济方兴未艾，于是在新经济引擎的带动下，美国经济从 1999 年开始保持良好的增长势头，也带动了欧洲国家经济的好转。同时，日本经济开始走出低谷，受到亚洲金融危机影响的中国经济则在 1998 年积极财政政策的刺激下也开始好转。然而，到了 2001 年，网络经济泡沫突然破灭，由此带来了全球经济的整体同步性衰退，并且经济衰退程度严重，有些国家的经济增长率出现了自70年代以来最大的跌幅，此阶段持续时间长达两年（其间于2002年第1季度和第3季度出现了短暂性的回暖）。从2003下半年开始，世界经济逐步走出经济衰退阴影，呈现出强劲的复苏态势。在全球通胀压力低、各国货币政策宽松以及美国“双赤字”下，世界贸易蓬勃发展的经济背景下，世界经济持续保持了近五年的经济增长。最后，2007年8月美国次贷危机的爆发结束了世界经济的五年繁荣时期，当前，世界经济正处于“经济衰退”阶段。

（2）世界经济周期的特征。

表3中第一栏给出了各模型参数的估计值。截距向量 v 的经济含义是各国在各区制的平均经济增长率。从表中 v 的估计值可以看出，在“经济衰退”的区制1，各国经济增长率都低于“经济增长”阶段时的水平，其中日本、德国和法国在“经济衰退”阶段的经济增长率为负。若比较各国在两个不同经济阶段的增长率水平，可以发现中国的平均增长率水平要远高于其他国家。从经济合成冲击（方差 σ）来看，各国在“经济衰退”阶段面临的经济合成冲击要普遍大于“经济衰退”阶段，说明了世界经济存在着经济合成冲击的非对称性，各国在“经济衰退”阶段要面临更大规模的经济冲击。

另外，表3中第二栏给出了本文对误差修正系数B的显著性进行似然比检验的结果。结果显示，在1%的显著性水平下，我们都可以显著拒绝误差修正系数为零的原假设，这意味着各国的经济增长率对世界经济的长期均衡偏离都会做出显著的反应，其中美国、中国、德国、英国做出负向的修正，修正系数分别为 -0.07、-0.15、-0.01和-0.04，而日本和法国做出正向的修正，修正系数分别为0.01和0.02，可见世界经济存在着内在的调整机制，使得世界各国的经济不断修正，从而趋于长期均衡关系，其中中国经济的修正程度最深，美国次之。

同时，表3中关于区制转换的概率矩阵P的估计结果显示，当世界经济处于“经济衰退”阶段时，继续维持“经济衰退”状态的概率为0.66，而向“经济增长”阶段转换的概率为0.34，但是当处于“经济增长”阶段时，向“经济衰退”转换的概率为0.16，继续“经济增长”的概率则为0.84，这反映了世界经济周期在不同经济阶段的区制“自我”持续性与转换的可能性，而且比较来看，世界经济在“经济增长”阶段的区制“自我”持续性要强于“经济衰退”阶段。

最后，从图1可以看出，在1992年第1季度至2008年第4季度期间，全球经济在“经济衰退”和“经济增长”两个阶段间更替交叠。结果显示（见表5），在样本期内，世界经济大概有32%的时间处于“经济衰退”阶段，平均持续期约为三个季度，而有68%的时间处于“经济增长”阶段，平均持续期约为六个季度多，也就是说，世界经济在样本期间内处于“经济增长”阶段的时间以及持续期都要明显长于“经济衰退”阶段。

五、中国与世界经济波动的关联性

由以上分析可知，本文所采用的 MSIH（2）-VECM（1）模型有效地识别和刻画了世界经济周期在 1991～2008 年期间的演化，因此基于以上可信的实证模型，本文进一步地利用相关性分析法和脉冲响应函数方法对中国与世界经济波动之间的关联性进行研究。

1. 相关性分析

表 6 和表 7 分别给出了各国经济增长率在“经济衰退”和“经济增长”阶段的相关系数。比较表 6 和表 7 的相关系数值，我们可以发现世界各国经济之间在“经济衰退”阶段的相关性水平普遍高于在“经济增长”阶段时的情况。也就是说，当世界经济处于“经济衰退”阶段时，各国经济之间的相互影响要比“经济增长”阶段时来得更加紧密。

表 6　“经济衰退”阶段各国经济增长率的相关系数

	Gusa	Gjap	gchn	gger	gfra	guk
gusa	1.0000	−0.1893	0.3224	0.5481	0.7625	0.5880
gjap	−0.1893	1.0000	−0.0282	−0.4344	−0.4187	0.0877
gchn	**0.3224**	**−0.0282**	**1.0000**	**−0.2965**	**0.1210**	**−0.1864**
gger	0.5481	−0.4344	−0.2965	1.0000	0.3800	−0.0141
gfra	0.7625	−0.4187	0.1210	0.3800	1.0000	0.3888
guk	0.5880	0.0877	−0.1864	−0.0141	0.3888	1.0000

表 7　“经济增长”阶段各国经济增长率的相关系数

	Gusa	Gjap	gchn	gger	gfra	guk
gusa	1.0000	−0.228	0.5591	−0.1850	0.1889	−0.0212
gjap	−0.2228	1.0000	−0.2197	0.2854	−0.1353	−0.3308
gchn	**0.5591**	**0.2197**	**1.0000**	**0.0284**	**0.0310**	**0.0144**
gger	−0.1850	0.2854	0.0284	1.0000	0.0127	0.1546
gfra	0.1889	−0.1353	0.0310	0.0127	1.0000	0.2898
guk	−0.0212	−0.3308	0.0144	0.1546	0.2898	1.0000

对此，本文的解释是：根据图1可以发现，自20世纪90年代以来，历次“经济衰退”的前奏基本上都是金融危机，或者说，“经济衰退”的发生往往是伴随着不稳定的金融因素，那么根据已有研究的发现，随着全球金融市场逐渐趋于一体化，金融市场波动溢出的途径已成为一国经济波动向其他国家传导的重要方式，当金融市场发生动荡时，世界各国的经济波动在国际间的传递将变得更加直接和快速①。尤其是，金融危机的爆发，将会使得经济个体的情绪或期望发生猛烈的变动，由此使得经济冲击短暂却又剧烈地通过经济个体的信心渠道向他国传递②。因此，较之于金融稳定的“经济增长”时期，世界各国经济之间在“经济衰退”时期的相互联系要来得更加紧密。另外，本文的实证显示，世界经济存在着经济合成冲击的非对称性，即在“经济衰退”阶段经济冲击程度要高于“经济增长”阶段，这也可能是其中一个重要的因素。

进而，我们主要关注中国经济与其他国家在不同经济阶段的相关系数（见表6和表7中的黑体部分）。首先，我们可以发现，在任何经济阶段，中国经济与美国经济之间的相关系数都为正，且程度最高，这表明了中美经济之间存在着较高的相互依存性，不过比较来看，中美经济之间在“经济增长”阶段的相关性要明显地比“经济衰退”阶段的情况强，这与德国、法国和英国等欧洲国家的情形存在着明显的差异。本文认为，这可能是因为中国的金融市场还未充分融入全球金融体系，中国与美国之间的经济波动传导更多依靠的是贸易渠道，当世界经济陷入“经济衰退”时，国际贸易萎缩，中美经济之间的联系减少，从而使得中美经济增长之间的相关性减弱；而当世界经济处于繁荣时期，则刚好相反，贸易上的联系使得两国经济之间的相关性增强。其次，我们还可以发现，当世界经济处于“经济衰退”时，中国经济与美国和法国存在着正相关性，与日本、德国、英国等国家存在着负相关性；而在“经济增长”阶段，中国经济与其他各国的相关性都为正，这意味着中国与世界经济之间可能存在着经济繁荣的“溢出效应”，而在“经济衰退”时期则存在着一定程度的背离。

2. 脉冲响应函数分析

本文利用脉冲响应函数从以下三个方面来具体地分析中国与世界经济波动的关联性：第一，当世界经济由“经济衰退”进入“经济增长”或者由“经济增

---

① Froot和Stein（1991）、Pigott（1994）、Canova和De Nicolo（1995）、Ross和Russell（1996）分别从外商直接投资、实际利率、证券市场收益率等角度研究了经济波动通过金融市场的传递。

② IMF（2001）、Dornbusch（2000）、Pericoli和Sbracia（2003）、Anderton等（2004）的研究结果显示，经济个体的情绪或者期望是引起实体经济冲击在国际间传导的重要因素，尤其是对于转型国家或者是正面临金融危机压力的国家。

长”进入“经济衰退”（区制1与2之间的转换）时，各国尤其是中国的经济增长率所做出的反应；第二，在不同的经济阶段，中国经济增长率对来自世界各国经济冲击的响应；第三，在不同的经济阶段，中国的经济冲击对世界各国经济增长率的影响。为了得到脉冲响应函数，我们必须将（16）式的经济合成冲击（误差向量 u）正交化为各国的经济冲击，对此本文利用了 Choleski 分解方法。表8的格兰杰因果分析结果显示美国的外生性最强，英国和中国次之，德国和日本最弱，于是本文采取的基本分解次序为美国、英国、中国、法国、德国和日本。图2、图3、图4分别给出了按基本分解次序进行 Choleski 分解得到的各类脉冲响应函数。由于脉冲响应函数可能会受到分解次序的影响，于是本文在备择分解次序（以各国经济规模的排名为顺序）下对实证结果做了相应的稳健性检验。

表8　　　　格兰杰因果检验结果

解释变量 A	被解释变量 B					
	gusa	gjap	gger	gchn	guk	gfra
gusa	——	Y	Y	Y	Y	Y
gjap	N	——	N	N	N	N
gger	Y	N	——	N	N	N
gchn	N	Y	Y	——	N	N
guk	N	Y	Y	N	——	Y
gfra	Y	N	Y	N	N	——

注：原假设为 H0：解释变量 A 不是被解释变量 B 的格兰杰原因；Y 代表拒绝原假设；N 代表不能拒绝原假设。

（1）各国经济对世界经济周期转换的反应。

图2给出了各国经济增长率对区制转换的脉冲响应函数。从图中可以看出，面对世界经济周期的转换冲击，各国经济增长率所做出的反应普遍要持续八个季度之久。从反应程度来看，对世界经济周期转换最为敏感的国家是日本，而最为不敏感的国家则是中国，这可能是因为日本的“外向型”经济历史最久，程度最深，而对于中国经济而言，虽然自从中国加入 WTO 以后，中国经济的对外依存度不断提高，直至今日达到了69%，已经超过了日本、印度、巴西等贸易大国，但是从整个研究样本期间来看，中国对世界经济的平均依存度水平在一定程度上还是要低于日本，因此，对世界经济周期转换的敏感度要弱于日本。

另外，比较中国和日本两国的经济制度以及宏观经济政策的效力，我们可以发现，对于中国而言，国外经济冲击的影响更容易被国内的制度因素或者反向的

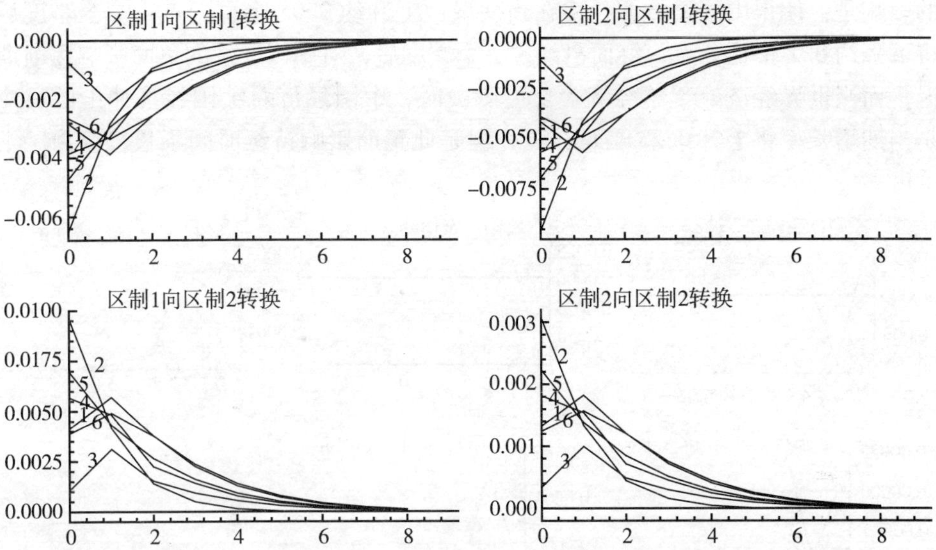

图2　各国经济增长率对区制转换的脉冲响应函数

注：1. 美国；2. 日本；3. 中国；4. 德国；5. 英国；6. 法国。

宏观经济政策所“吞没”①，比如中国长期以来实行的油价管制隔离了世界原油价格飙升带来的经济冲击；1998 年中国实施的以固定资产投资为主的扩张性财政政策有效地抵消了亚洲金融危机带来的负面经济冲击，这也可能是其中一个因素。

接着，重点关注中国经济对世界经济周期转换的脉冲响应函数，我们可以发现，世界经济周期的转换一般是在一个季度以后，对中国经济的影响程度最深，进而经过七个季度后影响逐渐消失；在周期转换的当期，如果世界经济是由“经济增长”向“经济衰退”阶段转换时，那么中国经济增长率将下降 0.1 个百分点；反之，如果世界经济是由“经济衰退”向“经济增长”阶段转换时，那么中国经济增长率将上升 0.1 个百分点。而如果世界经济不发生转换，延续原来的“经济衰退”周期，那么中国经济增长率将在当期下降 0.08 个百分点；反之，如果原来的经济阶段为“经济增长”，那么中国经济的反应则是经济增长率上升 0.04 个百分点。

（2）中国经济对世界经济冲击的反应。

图 3 给出了中国经济对各国经济冲击的脉冲响应函数。从图中我们可以看出：一是，在“经济衰退”阶段，来源于美国的一个正向经济冲击对中国经济

① Hickman 和 Filatov（1983）的研究认为，大国的经济冲击往往被其他国家自身相反方向的经济冲击所“吞没”（Swamp）。

的影响是：使得中国经济增长率在当期微微上升约0.05个百分点，一个季度后将下降约0.1个百分点，继而再经过一个季度后，对中国经济的负面影响逐渐消退；而当世界经济处于“经济增长”阶段时，中国经济对美国经济冲击的反应是当期增长率将上升0.25个百分点，但是此正面影响持续时间不长，仅为一个季度；

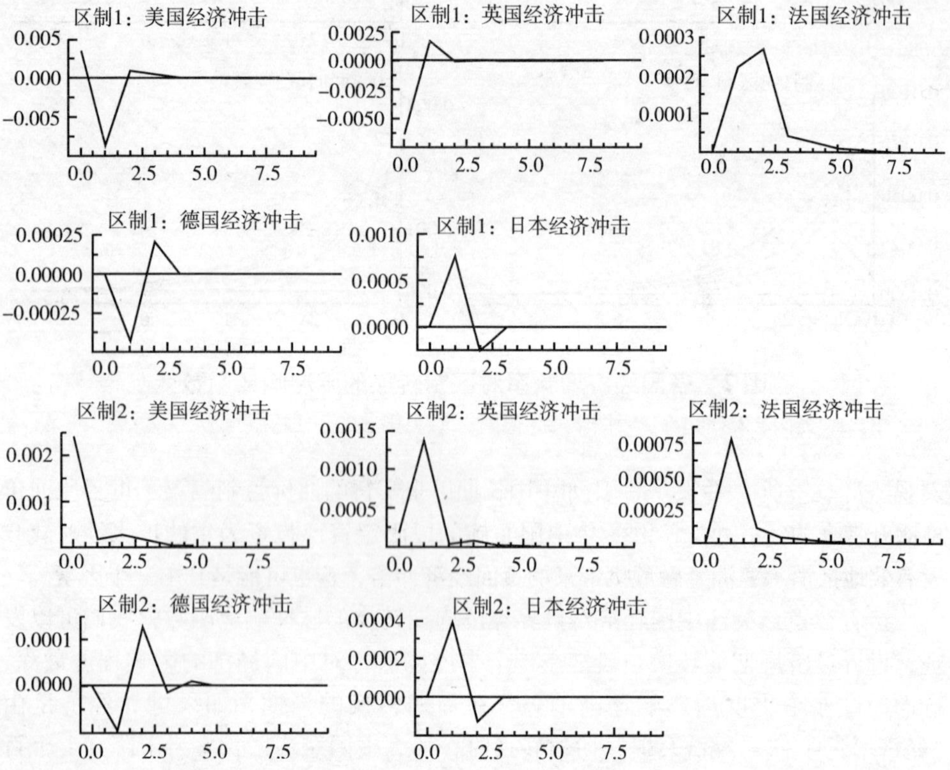

图3　中国经济增长率对各国经济冲击的脉冲响应函数

二是，对于英国的一个正向经济冲击，如果世界经济正处于“经济衰退”阶段，那么中国经济增长率所做出的反应是：在当期下降约0.6个百分点，进而，在一个季度后此负面影响逐渐消失；然而，如果世界经济处于“经济增长”阶段，那么经济冲击对当期中国经济增长率的影响是微乎其微，只有在一个季度之后才产生影响（使得中国的经济增长率上升0.15个百分点）；

三是，面对来自于法国的一个正向经济冲击，无论是世界经济处于哪个经济阶段，中国的经济增长率都将上升，而且正向反应的持续期都为两个季度左右，只不过在不同的经济阶段，上升程度有所不同。具体表现为：在“经济衰退”阶段的反应程度较低（在持续期内最高影响程度为0.025个百分点），而在“经济增长”阶段的反应程度较高（在持续期内最高影响程度为 0.075 个百分点）；

四是，面对来自德国的一个正向经济冲击，在任何经济阶段，中国经济增长率的反应都是“先下降，后上升”，但是反应的程度因经济阶段的不同而不同。比较而言，在“经济增长”阶段反应程度较高；

五是，面对来自日本的一个正向经济冲击，中国经济增长率的反应却是“先上升，后下降”，与德国经济冲击的情形不同。同时比较来看，日本经济冲击在“经济衰退”阶段时对中国经济的影响程度明显比“经济增长”阶段时来得高。

总而言之，任何经济阶段，中国经济受到来自美国和英国经济冲击的影响最深，而德国、法国和日本的经济冲击对中国经济的影响程度则比较低；同时，各国于某时刻的一个正向经济冲击对中国经济的影响一般不超过两个半季度；尤其是，我们可以发现，中国经济对各国经济冲击的反应普遍存在着非对称性，即对来自不同国家的经济冲击将体现出不同的反应程度和（或）反应曲线：对于美国和英国的经济冲击而言，表现为在反应曲线和程度上的非对称性，而对于德国、法国和日本的经济冲击则表现为反应程度上的非对称性。

（3）世界经济对中国经济冲击的反应。

图 4 给出了各国经济增长率对中国经济冲击的脉冲响应函数。首先，可以看

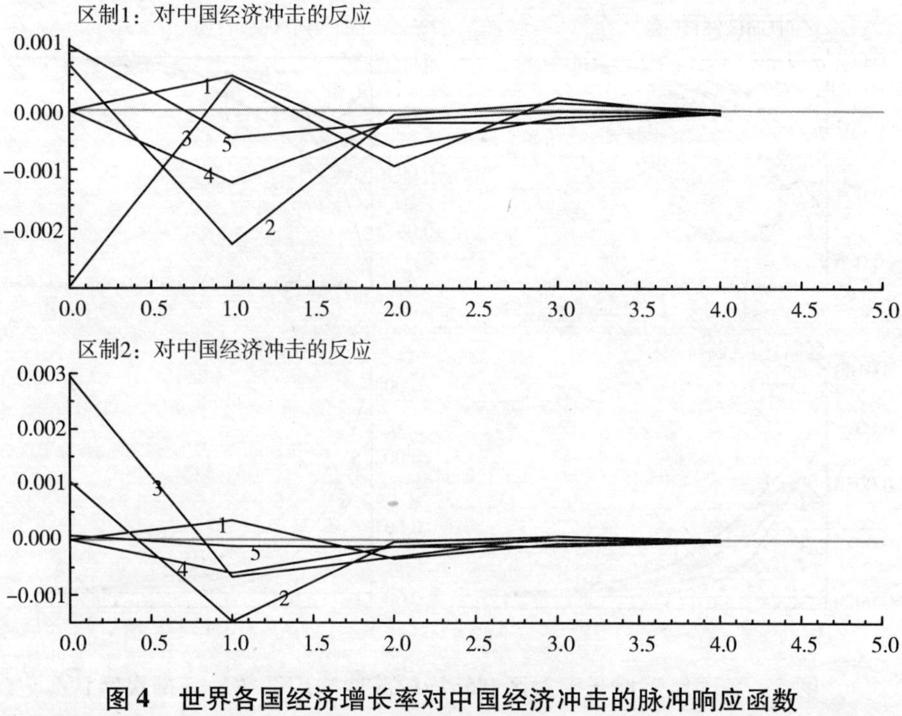

图 4　世界各国经济增长率对中国经济冲击的脉冲响应函数

注：1. 美国；2. 日本；3. 德国；4. 英国；5. 法国。

出，在世界经济周期的任何阶段，中国经济冲击对美国和英国经济增长率的影响程度都并不是很高，不超过0.1个百分点。可见从影响力来看，中国经济更多是从属于美国经济和英国经济；其次，比较来看，中国经济对德国的影响程度最深，图中显示，在“经济衰退”阶段，一个正向的中国经济冲击将使得当期德国的经济增长率下降0.3个百分点，而在“经济增长”阶段，面对一个正向的中国经济冲击，德国经济的反应是当期的经济增长率上升0.3个百分点；影响次之的是日本经济，具体而言，当世界经济周期为“经济衰退”时，中国经济冲击将使得当期的日本经济增长率上升0.08个百分点，经过一个季度后，日本经济增长率将下降0.2个百分点，而在“经济增长”阶段时，当期的日本经济增长率将上升0.1个百分点，历时一个季度后将下降0.15个百分点。若结合中国经济对德国和日本经济冲击的反应，我们可以认为，论影响力，中国经济要强于德国和日本经济；进一步地，从图中可以看出，在世界经济处于“经济衰退”时，一个正向的中国经济冲击对法国经济具有一定的影响，而在“经济增长”阶段，则影响甚微。

（4）稳健性检验。

由于Choleski分解的结果对变量的次序敏感，需要对以上按基本分解次序进

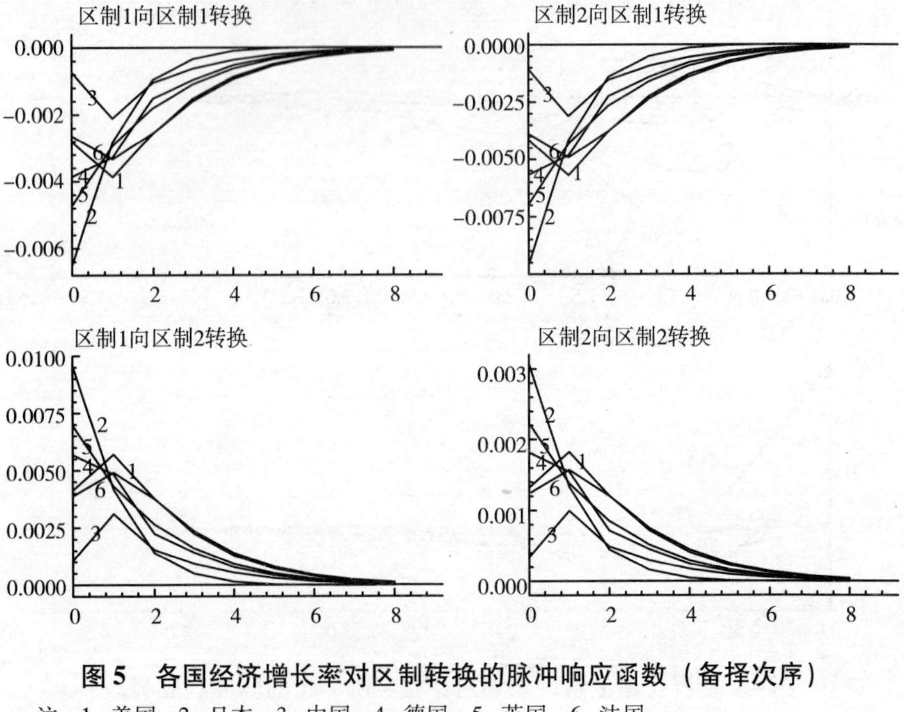

图5　各国经济增长率对区制转换的脉冲响应函数（备择次序）

注：1. 美国；2. 日本；3. 中国；4. 德国；5. 英国；6. 法国。

行 Choleski 分解所得到的结果进行稳健性检验，因此本文将各国经济总量排名顺序即美国、日本、中国、德国、英国和法国作为备择分解次序进行了同样的 Choleski 分解，得到各类脉冲响应函数，见图 6、图 7。

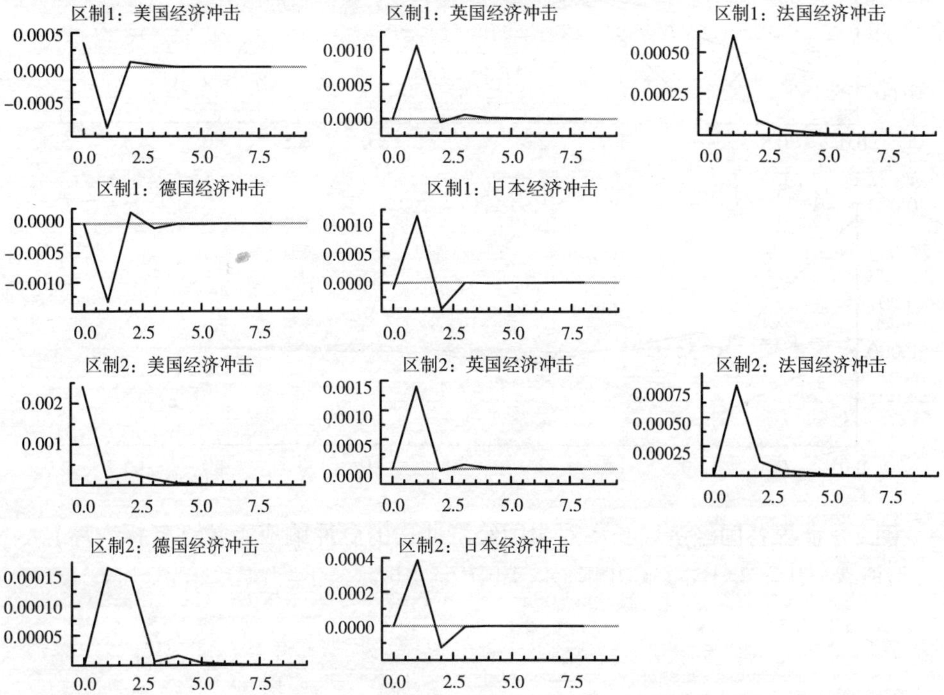

图 6　中国经济增长率对各国经济冲击的脉冲响应函数（备择次序）

若比较图 3 与图 6，可以发现，大体上，两种分解次序下的各类脉冲响应函数变化不大，然而还是有些差异，主要在于英国和德国的情形。但是容易发现，图 6 中备择分解次序下中国经济对英国和德国经济冲击的反应曲线其实是图 3 中基本分解次序下相应的滞后一个季度的反应曲线，因此按照基本分解次序进行 Choleski 分解所得到的结果基本上是稳健的。

不过值得一提的是，若根据图 3 的结果，我们将会认为在“经济衰退”时，英国经济冲击对中国经济的负面影响最大（当期的中国经济增长率下降约 0.6 个百分点），超过了美国经济冲击对中国经济的影响，而图 6 的结果则显示上述情况并不成立，对此，本文在各种可能分解次序下进行了多次的检验，发现与图 6 情形一致的结果最多；同时结合中国经济与美国经济联系最为紧密的事实，本文认为在“经济衰退”时中国经济对英国经济冲击的脉冲响应函数应该如图 6 所示，在此情况下，美国经济冲击对中国经济的负面影响最大。

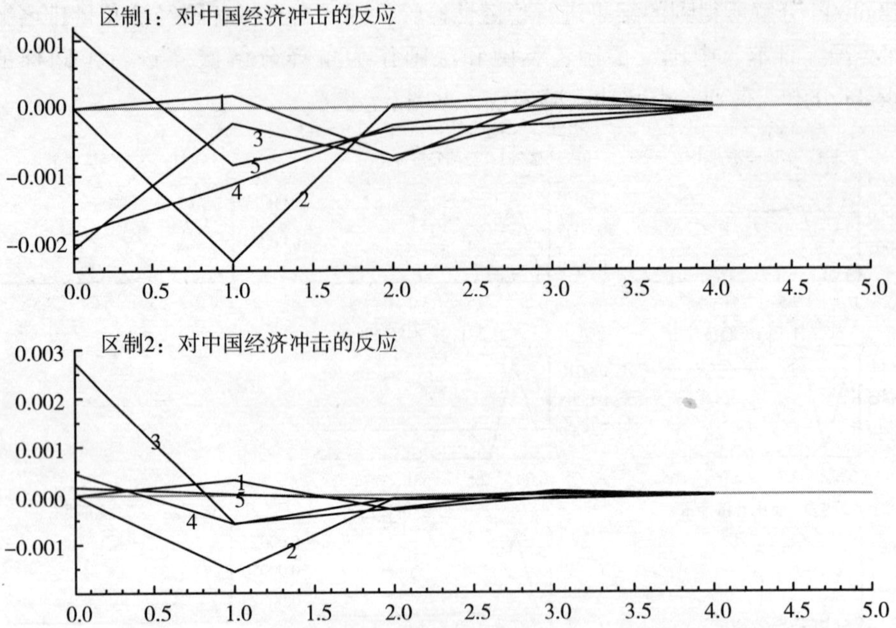

图7　世界各国经济增长率对中国经济冲击的脉冲响应函数（备择次序）

注：1. 美国；2. 日本；3. 中国；4. 英国；5. 法国。

六、结　　论

本文采取了“二区制”的周期划分思想，将世界经济周期划分为“经济衰退”和“经济增长”两个阶段，由此建立带马尔科夫域变的 VECM 模型，从而在多国经济框架下有效地识别和分析了从 1991～2008 年世界经济周期的演变及其相应的周期特征，最后利用相关性和脉冲响应函数分析方法对中国与世界经济波动在世界经济周期的不同阶段中的关联性进行了实证研究，得到以下主要研究结论：

（1）关于世界经济周期的转换及其特征：本文基于 MSIH（2）-VECM（1）模型的实证研究发现，从 1991～2008 年，世界经济大概有 32% 的时间处于“经济衰退”阶段，平均持续期约为三个季度，而有 68% 的时间处于“经济增长”阶段，平均持续期约为六个季度。当世界经济处于“经济衰退”阶段时，继续维持“经济衰退”状态的概率为 0.66，而向“经济增长”阶段转换的概率为 0.34，但是当处于“经济增长”阶段时，向“经济衰退”转换的概率为 0.16，继续“经济增长”的概率则为 0.84，这反映了世界经济周期在不同经济阶段的区制“自我”持续性与转换的可能性。比较来看，世界经济在“经济增长”阶段的“自我”持续性要强于“经济衰退”阶段。同时还发现，世界经济存在着内在的调整机制，使得世界各国的经济不断修正，从而趋于长期均衡关系，其中中国经济的修正程度最深，美国次之。

（2）关于中国与世界经济的相关性：首先，本文发现世界各国经济之间在“经济衰退”阶段的相关性程度普遍高于在“经济增长”阶段时的情况，也就是说，当世界经济处于“经济衰退”阶段时，各国经济之间的相互影响要比“经济增长”阶段时来得更加紧密；其次，在任何的经济阶段，中国经济与美国经济之间的相关系数都为正，且程度最高，这表明了中美经济之间存在着较高的相互依存性；最后，比较来看，当世界经济处于“经济衰退”时，中国经济与美国和法国存在着正的相关性，与日本、德国、英国等国家存在着负的相关性，而在“经济增长”阶段，中国经济与其他各国的相关性都为正，这意味着中国与世界经济之间可能存在着经济繁荣的“溢出效应”，而在“经济衰退”时期则存在着一定程度的背离。

（3）关于世界经济冲击对中国经济的影响：本文发现，任何经济阶段，中国经济受到来自美国和英国经济冲击的影响最深，而德国、法国和日本的经济冲击对中国经济的影响程度则比较低。同时，各国于某时刻的一个正向经济冲击对中国经济的影响一般不超过两个半季度，尤其是，实证结果显示，中国经济对各国经济冲击的反应普遍存在着非对称性，即在不同的世界经济周期体现出不同的反应程度和（或）反应曲线。具体来说，对于美国和英国的经济冲击而言，表现为在反应曲线和程度上的非对称性，而对于德国、法国和日本的经济冲击则表现为反应程度上的非对称性。

（4）关于中国经济冲击对世界经济的影响：本文发现，在世界经济周期的任何阶段，中国经济冲击对美国和英国经济增长率的影响程度都并不是很高，中国经济更多是从属于美国经济和英国经济。比较来看，中国经济对德国的影响程度最深，日本经济次之。综合德国和日本经济冲击对中国经济的影响，我们认为中国经济的影响力要强于德国和日本经济。对于法国经济而言，在世界经济处于“经济衰退”时，一个正向的中国经济冲击对法国经济具有一定的影响，而在“经济增长”阶段，则影响甚微，综合来看，中国经济与法国经济之间的相互影响比较微弱。

本文研究的主要关注点在于中国经济增长率与世界经济的关联性，仅限于产出上的关系，尚未涉及其他宏观经济变量如投资、消费、就业等；同时，对于中国与美国等世界主要发达国家之间经济冲击的性质、传导渠道以及影响机理，也还未作详细深入的研究，这些将是本文今后进一步研究的方向。

参考文献：

［1］陈浪南、刘宏伟：《我国经济周期波动的非对称性研究》，载于《经济研究》，2007年第4期。

［2］郭庆旺、贾俊雪：《中国经济波动的解释——投资冲击与全要素生产率研究》，载于《管理世界》，2004年第7期。

［3］郭明星、刘金全、刘志刚：《我国货币供给增长率与国内产出增长率之间的影响关系检验——来自MS-VECM模型的新证据》，载于《数量经济技术研究》，2005年第5期。

［4］贾俊雪、郭庆旺：《开放经济条件下的中国经济波动特征》，载于《经济理论与经济管理》，2007年第7期。

［5］刘金全、刘志刚：《我国经济周期波动中实际产出波动性的动态模式与成因分析》，载于《经济研究》，2005年第3期。

［6］刘金全、范剑青：《中国经济周期的非对称性和相关性研究》，载于《经济研究》，2001年第5期。

［7］徐大丰、朱平芳、刘弘：《中国经济周期的非对称性研究》，载于《财经研究》，2005年第4期。

［8］Anderton，R.，di Mauro，F. and Moneta，F，2004，Understanding the Impact of the Impact of the External Dimension of the Euro Area：Trade，Capital Flows and Other International Macroeconomic Linkages［J］. ECB Occasional paper，12.

［9］Backus，David. and Kehoe，Patrick，1992，International Evidence of the Historical Properties of Business Cycles［J］. *American Economic Review*，82（4），pp. 864－888.

［10］Basu，Susanto and Alan，Taylor，1999，Business Cycles in International Historical Perspective［J］. Working Paper，National Bureau of Economic Research，No 7090.

［11］Baxter，Marianne and Stockman，Alan C，1989，Business Cycle and the Exchange Rate Regime：Some International Evidence［J］. *Journal of Money Economics*，23，pp. 377－400.

［12］Baxter，Marianne and Michael，Kouparitsas，2003，Trade Structure，Industrial Structure，and International Business Cycles［J］. *American Economic Review*，93（2），pp. 51－56.

［13］Canova，Fabio and Angel，J. Ubide，1998，International Business Cycles，Financial markets and Household Production［J］. *Journal of Economic Dynamics and Control*，22（4），pp. 545－572.

［14］Canova，Fabio. and De Nicolo，G，1995，Stock Returns and Business Cycles：a Structural Approach［J］. *European Economic Review*，39，pp. 981－1016.

［15］Canova，Fabio and Marrinan，Jane，1998，Sources and Propagation of International Output Cycles：Common Shocks or Transmission?［J］. *Journal of International Economics*，46（1），pp. 133－166.

金融创新微观动机和监管的匹配机制

■于海东　田启华　吴昌林　唐文惠*

一、引　言

经济学家范·霍恩（Van Horne）曾经指出："金融系统的根基之一就是金融创新，如果把一个高效和灵敏的资本市场比作一个蓬勃健康的生命，那么金融创新就是她的血液"。金融创新既包括产品的创新，也包括市场交易方式、中介、制度和监管等方面的创新，但在大多数情况下，是由前者引导着后者，因此本文将前者作为研究对象。金融创新可以产生诸如提高投资回报率、降低融资成本和市场风险、合理避税等经济效益，从而改善了金融市场参与人的效用水平。但是，随着次贷危机的爆发及其日益深远的影响，促使学界开始关注金融创新微观动机和监管之间的匹配机制。

早期的研究形成了金融创新理论的基本框架，它包括创新动因、过程、定价和采纳扩散。西尔伯（Silber）通过考察公司内部和外部的财务约束成本，认为金融创新可以使公司的效用目标函数最大化。米勒（Miller）等人进一步分类细化了财务约束成本，包括：监管、税收、竞争、全球化、市场风险（例如汇率和利率）。早期的此类文献没有明确地区分金融中介和投资者，只是笼统地解释了作为金融创新产品需求者的这些公司的存在，才促进了金融创新的产生。莫利

* 于海东、田启华、吴昌林，博士生，研究方向：金融创新、机制设计。通讯地址：华中科技大学系统工程研究所，邮编：430074，电子信箱：hustyhd@163.com；唐文惠，研究馆员，研究方向：情报学。三峡大学图书馆金融情报研究所。

纽克斯和沙姆洛克（Molyneux and Shamroukh）通过整理产业经济学文献，探讨了递归动态情形下金融创新的时机选择问题。其中，他们引用了 R&D 投资强度模型，求解出 R&D 成本开支最优比例，并认为非合作博弈中关于创新的竞争性进入的金融中介数会大于社会最优数。莫利纽克斯和沙姆洛克还分别借鉴赖因加纳姆（Reinganum）的创新采纳的理性—效率模型和曼斯菲尔德（Mansfield）的创新采纳的攀比理论，论证了金融中介的事前（Ex ante）和事后（Ex post）的异质性是创新采纳的外在和内在因素，并导致其扩散，马哈詹（Mahajan）等学者则通过建立和发展 NUI 和 NUIR 等计量经济模型，进一步从经验证据上支持了上述论证。另外，一些学者以一般均衡理论来考察金融创新的动机，陈志武（Chen）等认为金融创新可以降低投资者交易成本，尤其是解释了“冗余证券”和金融创新的关系，即金融创新有助于市场不完全趋于完全。尽管如此，已有文献还存在如下问题：（1）关于创新动因，文献多数只考虑金融中介的异质性，而忽略了投资者的异质性和其行为对金融中介引领金融创新的微观动机的影响；（2）关于宏观环境，文献多数只强调监管的负效应，而忽略了政府和金融中介之间可能存在的互动双赢关系，事实上，它们之间的相互促进和相互制约可以推动金融创新的良性演化[1-9]。

本文研究目的在于：（1）基于改进的两期 Hotelling 模型并且引入投资者交通成本差异以测度投资者异质性，解释了投资者异质性和其行为对金融中介引领金融创新策略的影响，较好地表达了金融创新的微观动机。（2）基于无限次重复博弈模型，考察了金融创新中政府和金融中介之间的相互作用以及各自的行为特征，给出金融创新动力测度及均衡分析。上述两点，有助于金融创新微观动机与监管的匹配机制设计。

二、模型与分析

（一）微观动机

金融创新的微观动机表达了金融中介引领金融创新的个体动机及行为。本文认为：金融市场是一个高度发达的经济系统，金融中介关于金融创新的微观动机起源于市场需求；作为需求主体的投资者在面对各类金融产品时，如同一般市场上的消费者一样，最关注的是产品的差异[10][11]；产品差异导致金融中介期望收益的变化决定了金融创新微观动机的强弱。Hotelling 静态模型是博弈论里研究产品差异的一个经典模型。定义一个长度为 1 的线段，两类金融中介（发行人 1、2）坐落在线段的两个端点，发行人 1 的位置记为 0，发行人 2 的位置记为 1；其

间均匀分布 N 个投资者，投资者只购买某一类发行人的产品，并且购买量或者为 0 或者为 1；对于线段内位于两个端点外的任何一个消费者，两类发行人的产品都不是最理想的产品，为了与 Hotelling 模型中的定义保持一致，本文定义投资者具有交通成本 θ，该交通成本可以理解为由于产品不完全匹配所带来的效用损失。坐标轴上坐标为 x 的投资者从发行人 1 购买一个单位的金融产品 1，则其效用损失是 θx；如果他从发行人 2 购买一个单位的金融产品 2，则其效用损失则为 $\theta(1-x)$。定义发行人 1 和发行人 2 的产品价格分别为 f_1 和 f_2，考虑效用损失后两类产品对于该投资者的总价格分别为 $f_1+\theta x$ 和 $f_2+\theta(1-x)$。

基本假设如下：

（1）金融市场存在两类异质的投资者，他们的交通成本存在差异，这种差异体现为对金融产品的风险偏好和认知能力，亦即与其完美偏好的偏离程度系数存在差异。投资者 1 具有相对高的交通成本 $\bar{\theta}$，投资者 2 具有相对低的交通成本 $\underline{\theta}$，$\bar{\theta}>\underline{\theta}$；两类投资者的交通成本关于效用函数可测，且效用函数拟凹。

（2）存在两类金融中介：发行人 1 和发行人 2，分别发行金融产品 1 和 2；他们创新能力无差异，而在创新时间上存在差异；其中，发行人 1 是潜在的金融创新引领者，发行人 2 是潜在的跟风者。

（3）投资者知道其交通成本真实类型，而发行人不知道这个信息，但发行人有关于投资者交通成本类型分布的先验认识，并且能够从投资产品需求的波动中获得该分布的后验认识，交通成本类型分布的不确定性越大，就越可能存在定价差异。

随机变量 p 表示投资者是低交通成本类型的概率，两类投资者交通成本的数学期望为：

$$E(\theta)=p\underline{\theta}+(1-p)\bar{\theta} \tag{1}$$

金融产品发行初期，发行人 1、2 收集的市场信息相同，发行人 1、2 对于 p 的分布有相同的先验认识，p 服从参数为 (α,β) 的 *Beta* 分布，概率密度函数是：

$$\phi(p)=\frac{\Gamma(\alpha+\beta)}{\Gamma(\alpha)\Gamma(\beta)}p^{(\alpha-1)}(1-p)^{(\beta-1)},0<p<1 \tag{2}$$

p 的期望估计为：

$$E(p)=\frac{\alpha}{\alpha+\beta} \tag{3}$$

将（3）式代入（1）式，有：

$$\theta^*=E(\theta)=\bar{\theta}+\frac{\alpha}{\alpha+\beta}(\underline{\theta}-\bar{\theta}) \tag{4}$$

金融产品 1 和金融产品 2 的价格为 f_1、f_2，则市场上金融产品投资者 1 和 2 的需求函数分别为：

$$D_1(f_1,f_2) = \frac{1}{2}\left(1 - \frac{f_1 - f_2}{\theta^*}\right) \tag{5}$$

$$D_2(f_1,f_2) = \frac{1}{2}\left(1 - \frac{f_2 - f_1}{\theta^*}\right) \tag{6}$$

模型均衡解亦是唯一满足纳什（Nash）均衡的价格是：

$$f_{1,2}^* = c + \theta^* \tag{7}$$

为表述方便，可将 Hotelling 模型中线段内投资者总数 N 规范化为 1，则发行人 1、2 的期望收益均为：

$$E_{f_{1,2}} = \frac{\theta^*}{2} \tag{8}$$

定义 1 金融中介（发行人 1、2）的策略：原博弈是一个动态博弈，且

（1）发行人 1 的博弈策略集 S_1 = {不创新，引领创新}，发行人 2 的策略集 S_2 = {不创新，跟风创新}。

（2）该博弈的博弈扩展形如图 1 所示。

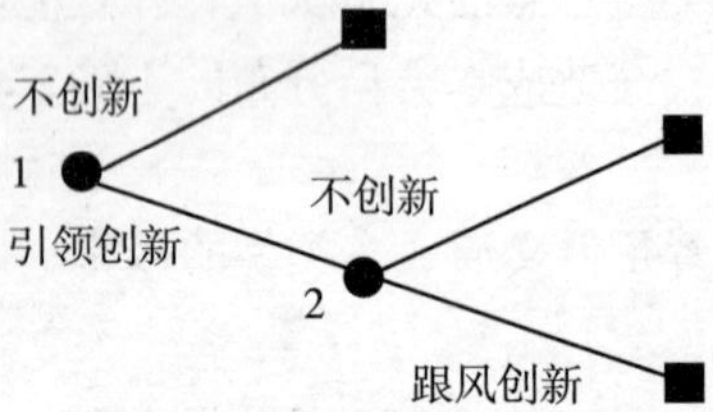

图 1　博弈扩展形

发行人 1 的定价策略为：在 t 时刻以金融产品 1 为标的引领金融创新，希望减少投资者的效用损失并能获利。发行人关于产品 1 的价格进行摄动，即向上或者向下偏离 ε。发行人 1 将价格向上偏离 ε 的原因在于改善了投资者效用水平，应该提高价格；而向下偏离 ε 的原因在于金融创新一开始并不能得到投资者认知，为了推广创新后的金融产品 1，发行人 1 有必要通过降低价格来诱导需求。产品 1 价格摄动后，则其在 t 时刻价格 $f_1(t)$ 为 $f_{1,2}^*(t) + \varepsilon$，$\varepsilon \in (-\infty, +\infty)$，其中 $f_{1,2}^*(t)$ 为 t 时刻 Hotelling 模型的纳什均衡价格。假设发行人 2 对金融创新的反应存在时滞，所以金融产品 2 在 t 时刻价格 $f_2(t)$ 仍然是 $f_{1,2}^*(t)$。

定义 2 摄动窗口，是因为发行人 1 采取金融创新，而引起的价格偏离导致

需求量变化的最大范围。摄动窗口内的投资者在判断自己的交通成本后，决定是选择购买产品 2 还是创新后的产品 1。

发行人 1 在 t 时刻进行价格摄动将产生一个摄动窗口，通过观察可以得到 p 的后验期望估计，从而判断 $t+1$ 时刻均衡结果是否有利。摄动窗口值是：

$$\begin{aligned} W &= \left[\frac{1}{2} - \frac{1}{2\bar{\theta}}\left|f_1(t) - f_{1,2}^*(t)\right|\right] - \left[\frac{1}{2} - \frac{1}{2\underline{\theta}}\left|f_1(t) - f_{1,2}^*(t)\right|\right] \\ &= \frac{1}{2}\left(\frac{1}{\underline{\theta}} - \frac{1}{\bar{\theta}}\right)\left|f_1(t) - f_{1,2}^*(t)\right| \\ &= \frac{1}{2}\left(\frac{1}{\underline{\theta}} - \frac{1}{\bar{\theta}}\right)\varepsilon \end{aligned} \tag{9}$$

假设金融中介在 t 时刻对随机变量 p 有共同的先验认识 p_t，其后验认识随时间变化而改变，这种改变源于摄动窗口内金融产品 1、2 的需求量变化。发行人 1、2 均可以观察到两类产品需求量变化，于是她们对 p 的后验认识为：

$$p_{t+1} = \frac{\alpha + Wp_t}{\alpha + \beta + W} \tag{10}$$

发行人 1 的策略：在 t 时刻可以选择不创新，也可以选择引领创新；

发行人 2 的策略：在 t 时刻观察到发行人 1 的创新，可以选择不创新，也可以选择跟风创新。其中，当发行人 2 跟风创新时，经过 1 个创新周期后，即 $t+1$ 时刻，金融市场将形成新的纳什均衡，此时价格变成：

$$\begin{aligned} f_{1,2}^*(t+1) &= c + \theta^*(t+1) \\ &= c + \left[\underline{\theta} + \frac{\alpha + Wp_t}{\alpha + \beta + W}(\bar{\theta} - \underline{\theta})\right] \end{aligned} \tag{11}$$

则发行人 1 的利润为：

$$E_{f_1}(t+1) = \underline{\theta} + \frac{\alpha + Wp_t}{\alpha + \beta + W}(\bar{\theta} - \underline{\theta}) \tag{12}$$

其利润变化为：

$$\Delta E_{f_1} = \frac{\bar{\theta} - \underline{\theta}}{2}\left\{\frac{\alpha + Wp_t}{\alpha + \beta + W} - \frac{\alpha}{\alpha + \beta}\right\} \tag{13}$$

根据（13）式，可以得到：

命题 1　当 $p_t > \dfrac{\alpha}{\alpha + \beta}$ 时，有 $\Delta E_{f_1} > 0$，发行人 1 在 t 时刻定价策略是通过摄动

制造价格偏离，诱导新的且有利的纳什均衡形成。

由于影响 ΔE_{f_1} 值的因素还来自 $\underline{\theta}$、$\overline{\theta}$ 和 ε，因此发行人 1 在推出金融创新前，既要考虑价格的摄动幅度，也要考虑市场上两类异质投资者的交通成本差异，这三个因素被综合体现于摄动窗口 W 的大小，W 对发行人 1 的金融创新期望收益（利润）有着决定性的影响；在推出金融创新后，发行人 1 应密切观察摄动窗口 W 的变化，适时调整价格偏离水平，促使新的且有利的纳什均衡形成。

金融创新初期总会遭遇一些困难：因为它是新的金融产品，较为复杂，不为投资者熟悉，所以往往会经过一段时间后才能得到市场普及。在这一段时间里，金融创新产品的流动性会较低。金融创新产品也有生命周期，首先发现某种市场不完全因素的引领创新的金融中介会利用它发行金融创新产品。当金融创新所产生的正的期望收益逐渐被其他金融中介所认识时，就会产生跟风创新（模仿），Hotelling 定价动态博弈则可以进行下去，金融创新产品的市场交易量亦会逐渐扩大，直至形成新的市场均衡。

（二）监管匹配

由于金融创新可能带来潜在的金融风险甚至经济动荡，一般情况下，政府对金融创新都有着较为严格的监管。但是，盲目的甚至苛刻的监管往往会扼杀金融创新，桎梏金融体系的活力，影响本国经济发展。本节将进一步考虑当对金融创新的监管存在时，通过设计与金融创新微观动机相匹配的监管机制，营造政府和金融机构之间的互动双赢关系，从而推动金融创新的良性演化。

首先，政府为鼓励金融创新，向金融中介支付必要的激励成本，为其创造良好的外部创新环境。如采取税收优惠、法律支持、放宽监管和市场培育等措施。当然，政府也会制订相应的准入门槛，只为符合条件的金融中介支付激励成本。例如目前中国证监会所开展的金融创新试点工作，就是将证券公司分为创新、规范和整顿三类，对创新类证券公司给予创新政策的支持。然后，金融中介根据激励成本高低并结合自身运营情况决策是否接受激励成本。较高的激励成本意味着金融中介有较好的创新机会，金融创新容易得到采纳和扩散。

定义 3 金融创新动力测度指标 c_g^*，政府提供好的金融创新外部环境，通过支付激励成本 c_g 来体现。如果金融中介接受 c_g 且引领创新，则称满足此条件的 c_g 为“有效激励成本”（Efficient Stimulation Cost，ESC），用 c_g^* 表示。原博弈是一个动态博弈，描述如下：

（1）政府提供或不提供 c_g^*。

（2）金融中介如果接受 c_g^* 且引领创新时，金融创新给金融中介 1 所带来的

期望收益是 $E_{f_1}(t+1)$，$E_{f_1}(t+1)$ 不包含其因为引领创新而支付的负效用为 e。

（3）金融中介得益：金融中介选择拒绝或接受 c_g^*。如果拒绝，得益 r_0，且 $r_0 < E_{f_1}(t+1)$。r_0 是金融中介延续原有运营模式的得益，$r_0 = E_{f_{1,2}}(t)$。如果接受 c_g^* 且引领创新，得益为 $c_g^* + E_{f_1}(t+1) - e$，且 $c_g^* + E_{f_1}(t+1) - e > r_0$；也可以跟风，采纳引领创新的金融中介的创新成果，此时得益为 $c_g^* + E_{f_1}(t+1)$，显然有 $c_g^* + E_{f_1}(t+1) > 0$。

（4）政府得益：金融中介1拒绝 c_g^*，政府得益为0。金融中介1接受，政府对金融创新的期望收益 E_g 有高低两种情况，为简单起见，用 $E_g > 0$ 和 $E_g = 0$ 来区分，这不会影响分析结论的推广。金融中介都引领创新时，一定有：$E_g > 0$，政府得益为 $E_g - c_g^*$，且满足 $E_g - c_g^* > 0$；但存在跟风创新时，却不一定是：$E_g = 0$。其中：$E_g > 0$ 的概率为 q，$E_g = 0$ 的概率为 $1-q$，且满足：$qE_g - c_g^* < 0$，此时政府得益隶属于集合 A，$A = \{E_g - c_g^*, -c_g^*\}$。

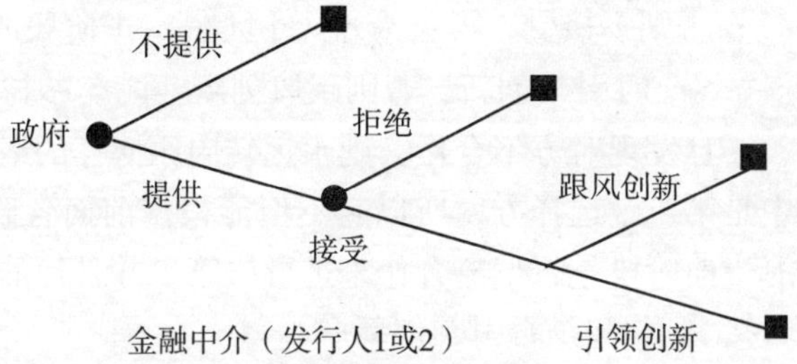

图2　原博弈的博弈树

如果是一次性扩展博弈，则结果是劣的。因为相当于政府临时性地提供 c_g^* 给金融中介，{接受，跟风} 将会是金融中介的最优策略。政府判断出金融中介的这种策略，就不会“冒险”去激励一个肯定不会引领创新的金融中介，所以政府的优势策略是 {不提供 c_g^*}，博弈双方的得益是（0，r_0）。而根据假设：$E_g - c_g^* > 0$ 和 $c_g^* + E_{f_1}(t+1) - e > r_0$，可见这是共输局面，一次性扩展博弈成为“金融创新的陷阱”。

无限次重复博弈是动态博弈的特殊形式[12]，它可能存在多个均衡点。通过选择触发策略，寻找子博弈精炼纳什均衡，并得到有效激励成本 c_g^* 的解集。

定义4　令 $G = <N, H, P, (\succcurlyeq_i^*)>$ 是一完全信息的无限次重复博弈，其中：**a.** N 是参与人集合；**b.** $H = \{\phi\} \cup (\cup_{t=1}^{\infty} A^t) \cup A^{\infty}$，这里 ϕ 是初始历史，A^{∞} 是 G 中无穷策略组合序列 $(a^t)_{t=1}^{\infty}$ 的集合；**c.** 参与人函数 $P(h) = N$，对于每个非终点历史 $h \in H$。**d.** $\succcurlyeq_i^*$ 是 A^{∞} 上的偏好关系，满足弱可分性条件[13]。

定义5 触发策略：a. 开始选择合作；b. 选择合作一直到有一方选择了不合作，然后永远选择不合作[12]。

定义6 如果：a. 无限次重复博弈的策略组合 $s^* = (s_1^*, s_2^*, \cdots, s_i^*, \cdots, s_n^*)$ 是原无限次重复博弈的纳什均衡；b. 它在每一个子博弈上给出纳什均衡，则该策略组合是一个子博弈精炼纳什均衡[13]。

引理1 一个策略组合是 G 的用 δ 贴现的无限次重复博弈的一个子博弈精炼均衡，当且仅当没有参与人在任一段历史之后的单个时期内通过偏离能有所得[12]。

在无限次重复博弈中，金融创新被体现为长期而非临时性的，而非一次性扩展博弈。

根据定义5，政府的触发策略是：政府在1阶段提供 c_g^*，在第 t 阶段，如果 $t-1$ 阶段的期望收益 E_g 都满足 $E_g > 0$，则 t 阶段继续提供 c_g^*；否则永远不提供 c_g^*。金融中介的触发策略是：如果 $c_g^* + E_{f_1}(t+1) - e > r_0$（显然也有 $c_g^* + E_{f_1}(t+1) > r_0$）则接受 c_g^*；否则不接受，得益为 r_0；并且在 $t-1$ 阶段的结果都是 $E_g > 0$ 和 $c_g^* + E_{f_1}(t+1) - e > r_0$ 时引领创新，否则跟风创新。博弈参与人均采取触发策略，先试图合作，一旦发现对方不合作，则永远转向原博弈的纳什均衡。因为金融中介是原博弈中是第二个选择方，所以它不但能根据前面各阶段的结果选择，而且还能根据政府当前阶段是否偏离合作来进行决策，并且他的选择还有两个不同的层次，即是否接受 c_g^* 和是否引领创新。

根据假设2，金融中介引领创新时，一定有：$E_g > 0$。因此当 $E_g > 0$，t 阶段时政府将仍会提供 c_g^*，金融中介在 t 阶段面临是否引领创新的选择。如果引领创新是金融中介的最优策略，用 V_e 记金融中介引领创新时无限次重复博弈得益的贴现值，则：

$$V_e = [c_g^* + E_{f_1}(t+1) - e] + \delta V_e \tag{14}$$

或

$$V_e = \frac{c_g^* + E_{f_1}(t+1) - e}{1 - \delta} \tag{15}$$

其中：δ 是按未来得益折算成当前得益的贴现系数。

金融中介跟风创新，当 $E_g > 0$ 时，政府仍会提供 c_g^*，金融中介得益是 $c_g^* + E_{f_1}(t+1)$；当 $E_g = 0$ 时，政府不再提供 c_g^*，金融中介得益是 r_0。用 V_s 记金融中介选择跟风创新时无限次重复博弈得益的贴现值，则：

$$V_s = c_g^* + E_{f_1}(t+1) + \delta\left[qV_s + (1-q)\frac{r_0}{1-\delta}\right] \tag{16}$$

或

$$V_s = \frac{(1-\delta)[c_g^* + E_{f_1}(t+1)] + \delta(1-q)r_0}{(1-\delta q)(1-\delta)} \tag{17}$$

因此，当 $V_e > V_s$ 即：

$$\begin{aligned} c_g^* &> r_0 - E_{f_1}(t+1) + [\frac{1-q\delta}{\delta(1-q)}]e \\ &= r_0 - E_{f_1}(t+1) + [1 + \frac{1-\delta}{\delta(1-q)}]e \\ &= r_0 - E_{f_1}(t+1) + e + \frac{e(1-\delta)}{\delta(1-q)} \end{aligned} \tag{18}$$

时，引领创新是金融中介的最优策略。

由此可见，c_g^* 测度了金融创新动力强弱。它不仅包括 $r_0 - E_{f_1}(t+1) + e$，还必须在此基础上升水$\frac{e\ (1-\delta)}{\delta\ (1-q)}$。升水幅度取决于引领创新的负效用 e、贴现系数 δ 和跟风时 $E_g>0$ 的概率 q。e 越大则 c_g^* 也越大，则政府需要提供更强的金融创新动力；δ 越小则说明未来得益越不重要，金融中介更关心当期得益，所以当期 c_g^* 也必须较高。q 越高则金融中介失去 c_g^* 的风险也就越小，除非 c_g^* 更高，否则还是跟风。当跟风很难被政府发现（$q \to 1$）时，要让金融中介引领创新所需的 c_g^* 非常高，显然这是不切实际的。值得注意的是，当某项金融创新的 $E_{f_1}(t+1)$ 较大时，即金融中介引领金融创新的微观动机很强时，政府所需提供的 c_g^* 就会较小，甚至可能 $c_g^* \leqslant 0$。当 $c_g^* \leqslant 0$ 时，则意味着政府对某项金融创新还处于考察阶段，金融中介面临较强管制，但金融中介却因为较高的期望收益而有着较强的金融创新微观动机，当然此时要求金融中介的产品研发能力和运作经验均较强。

命题 2　当 $c_g^* = r_0 - E_{f_1}(t+1) + e + \frac{e(1-\delta)}{\delta(1-q)}$时，政府支付的有效激励成本 c_g^* 是最优的，处于临界位置。当 c_g^* 满足（18）式要求，政府威胁一旦 $E_g=0$ 就不再提供 c_g^*，则政府各阶段得益为 $E_g - c_g^*$，无限次重复博弈得益的贴现值为 $\frac{(E_g - c_g^*)}{(1-\delta)}$，当 $E_g > c_g^*$，政府选择的触发策略就是对金融中介触发策略的最优反应，亦即此时金融创新的微观动机与政府监管互相匹配。

命题 3　在满足（18）式的条件下，双方采用的触发策略是该重复博弈的子博弈精炼纳什均衡。

证明：ⅰ. 从两次重复博弈之间开始的子博弈，也即从政府开始决策提供或

不提供 c_g^* 的子博弈来看，因为它们是与原无限次重复博弈完全相似的无限次重复博弈，因此当双方的触发策略在原无限次重复博弈中是纳什均衡，在该子博弈中必然也是纳什均衡。

ⅱ. 从金融中介开始决策的子博弈中，如果 $t-1$ 阶段都是纳什均衡，而 t 阶段政府的决策还是提供 c_g^*，则金融中介的最优策略是引领创新；如果 t 阶段 $E_g>0$，则政府 $t+1$ 阶段的决策还是提供 c_g^* 并坚持触发策略。因此，在该子博弈中，双方的触发策略也是纳什均衡。证毕。

三、结　　论

本文考察了金融中介引领金融创新的微观动机，并分析了投资者异质性对其的影响。通过引入交通成本差异来测度投资者异质性，发现交通成本的分布和变化情况会影响金融创新的均衡结果。当引领创新的金融中介判断新的博弈均衡结果对其有利时，他们会开始金融创新；当他们判断跟风创新会产生时，他们会将引领创新持续下去，直至新的且有利的博弈均衡形成。在此基础上，进一步将金融中介引领金融创新的微观动机置入政府监管的宏观环境中去，通过提出有效激励成本的概念来刻画金融监管强度，并且基于博弈论设计出无限次重复博弈模型，对金融监管强度进行测度及均衡分析，并显示金融创新微观动机和政府监管的匹配机制。本文研究结论有助于为金融监管机制设计提供决策依据。

当然，本文模型在理论上进行了抽象，与现实问题还有一定距离。将本模型应用到现实中，可以进一步考虑影响金融中介和政府行为的其他可能。例如：在不完全市场中，囿于无可替代的情形，政府可能不会因为其对金融创新的期望收益一次不理想而永远取消对某个金融机构的激励政策。此外，全球化时代使得对金融市场的选择更加灵活，各个国家和地区的金融创新激励政策均不相同，参与人的多样性增加了博弈分析的复杂度，这也即是全球金融监管的协调问题。

参考文献：

[1] 默顿·米勒：《金融创新与市场的波动性》，王中华，杨林译，北京：首都经济贸易大学出版社2002年版。

[2] 马君潞、于红鑫、魏凤春：《财务约束、银行家行为与金融创新研究》，载于《国际金融研究》，2007年第23期，第45~52页。

[3] 菲利普·莫利纽克斯，尼达尔．沙姆洛克：《金融创新》，冯健等译，北京：中国人民大学出版社2003年版。

[4] 谢识予：《经济博弈论》，上海：复旦大学出版社2002年版。

[5] 马丁·J·奥斯本，艾里尔·鲁宾斯坦：《博弈论教程》，魏玉根译，高峰校．北京：中国社会科学出版社2000年版。

[6] Van Horne. J, Of Financial Innovations and Excess [J]. *Journal of Finance*, 1985, 40: 621-636.

[7] Silber. S, The Process of Financial Innovation [J]. *The American Economic Review*, 1983, 36: 89-95.

[8] Bhattacharyya. S, Nanda. V, Client Discretion, Switching Costs, and Financial Innovation [J]. *Review of Financial Studies*, 2000, 13: 1101-1127.

[9] Scott Frame. W, Lawrence White. J, Empirical Studies of Financial Innovation: Lots of Talk, Little Action [J]. *Journal of Economic Literature*, 2004, 42: 116-144.

[10] Akhavein. J, Frame. W. S, White. L. J, The Diffusion of Financial Innovations: An Examination of the Adoption of Small Business Credit Scoring by Large Banking Organizations [J]. *Journal of Business*, 2005, 78: 577-596.

[11] Chen. Z. W, Financial Innovation and Arbitrage Pricing in Frictional Economies [J]. *Journal of Economic Theory*, 1995, 65: 117-135.

[12] Li. M. Z, Quality Uncertainty and Information Exchange on the Electronic Commerce Markets [D]. Austin: The University of Texas of Austin, 1999.

[13] Philippe. A, Maria. P. E, Bruno. J, Dynamic Duopoly with Learning through Market Experimentation [J]. *Journal of Economic Theory*, 1993, 63: 517-539.

金融服务贸易自由化条件下的中国金融安全问题研究

——基于资本流动易变性视角

■刘　凯*

自1997年亚洲经济危机到2007年中国承诺的金融服务业的全面开放，加之现今由美国次贷危机引发的全球性金融“海啸”，使得关于金融服务贸易自由化所带来的国际资本流动以及这种资本流动是否有利于东道国的金融稳定这一敏感问题的争论越来越多。但这些争论存在着两个误区：一是没有把资本账户开放与可能产生资本流动的金融服务贸易自由化较好地区分开来；二是没有正确认识：不同的金融服务贸易提供方式对国际资本流动易变性的影响，进而对金融稳定的影响程度是有区别的。因此，金融服务贸易自由化对国际资本流动和通过资本流动对金融稳定影响的分析出现较大争议的现象在所难免。本研究旨在探讨在服务贸易总协定（GATS）下，金融服务贸易自由化与国际资本流动易变性的关系，并分析资本流动对一国金融稳定的影响及未来的研究方向。

一、研究现状

关于金融自由化对金融稳定的影响在理论上出现了不同的解释，归纳起来主要形成了两种观点：一方面，金融服务贸易自由化可以促进金融稳定；另一方

* 刘凯，中南财经政法大学工商管理学院国际贸易研究室，研究方向：跨国经营理论战略。电子邮箱：jxmylk24@yahoo.com.cn。

面，金融服务贸易自由化加剧了资本的流动和波动性，从而导致金融系统脆弱。国外学者相对于国内学者研究更加广泛和深入。

马萨米齐和卢德格尔·舒克内希特（Masamichi Kono and Ludger Schuknecht，1998）选取1991～1997年之间27个新兴市场国家的面板数据进行研究，认为金融服务贸易自由化是资本流动和金融稳定的决定因素，但是常常被忽略，他们提出了金融服务贸易自由化对金融工具使用以及外国金融机构和实践业务的宽松的管制最终会减少资本流动的扭曲和波动，同时完善金融制度，但是对于发育不完全的市场不主张立即开放，而是循序渐进有选择地开放。刘利刚（Liu ligang，2005）运用引力模型对面板数据分析金融服务贸易自由化对中国的影响得出，一国国内经济质量、经济规模以及机构质量和信息不对称对国内金融自由化有显著的影响，金融服务贸易自由化促进了国内贸易自由化和金融市场效率的提高。但是尼科·法尔克斯（Nico Valckx，2002）在IMF工作报告中提出金融服务贸易自由化中跨境提供方式容易引起货币危机，因为这种提供方式和资本流动联系紧密。因此，开放的金融服务贸易自由化在短期内容易引发银行和货币危机，需予以限制；但是在长期过程中，通过政府引导，金融服务贸易自由化可以提高市场效率和优化资源配置。

相对于国外学者，国内学者对于金融服务贸易自由化对国内金融市场的影响仍然处在摸索阶段，大部分学者通过定性的研究来说明金融服务贸易自由化对资本流动和金融稳定确实存在一定程度的影响。韩龙，戚红梅（2004）定性地分析了金融贸易政策和金融质量对国内金融稳定的影响，提出应该对跨境提供的贸易服务方式进行管制，经济质量的好坏决定了一国是否可以吸收金融服务贸易自由化带来的好处。姚战琪（2007）通过对我国外债的结构分析得出我国在银行借贷方面存在依赖，对于我国金融稳定存在隐患，应该加强监管，确保资本流动的结构和期限平衡。

本文对我国加入GATS时所做的承诺进行量化，实证分析了金融服务贸易开放程度对各个资本分量（FDI、证券投资组合和其他投资）流动的影响，对金融服务贸易自由化、资本流动和金融稳定领域的研究做出了一定的贡献。

二、金融服务贸易自由化与国际资本流动的关系

GATS对于金融服务贸易自由化的要求仅仅是有限的资本流动自由化。GATS第十一条就关于国际支付与划拨做出了重要规定。该条第一款即明确表示，除第十二条（即为保障国际收支而采取的限制）规定的情况外，一成员方不得对与其具体承诺有关的经常性交易实施国际支付与划拨方面的限制。该条第二款进一

步规定，GATS的任何规定不影响国际货币基金组织（IMF）的成员在《基金组织协定》（The Articles of Agreement of the Fund）项下的权利和义务，前提是该成员方不得对任何资本交易实施与该交易的具体承诺不一致的限制，除非该限制系依第十二条规定或应IMF的要求。但GATS第十六条的有关解释似乎缩小了成员方承担资本交易义务的范围。该注释指出，如果一成员方做出了与跨境交付（Cross-border Supply）有关的市场准入承诺，如果跨境资本流动构成该服务的必要部分，该成员方有义务允许有关资本的流入和流出的自由化；而对于商业存在（Commercial Presence），要求对与提供有关的资本流入实行自由化，但对与服务提供有关的资本流出不承担义务。虽然该解释没有具体指明与服务提供有关的资本注入仅仅是指建立金融机构所需要的资本和设备，还是包括与服务提供有关的资本流入，也没有对跨境交付模式下“构成服务的必需部分”进行进一步解释。但仅此可以看出，成员方仅承担了与跨境交付有关的资本流入和流出义务和与商业存在有关的资本流入的义务，而对于与商业存在有关的资本流出则不承担任何义务。

GATS规定了包含金融部门的12种部门的服务贸易，并界定了服务贸易提供的四种方式：跨境交付（Cross-border Supply）、境外消费（Consumption Abroad）、商业存在（Commercial Presence）和自然人流动（Movement of Natural Persons）。但就金融服务贸易而言其主要以跨境交付和商业存在这两种形式开展的。值得我们注意的是，金融服务贸易与国际资本流动并不一定同时发生，不同服务方式以及不同服务的提供者与消费者都会产生不同的结果。以银行借贷为例说明（见表1）。借贷服务的提供者可以是国内金融机构如银行，也可以是设在国外的金融机构（跨境交付），而服务的消费者也可以是国内自然人或法人。如果国内银行向国内客户提供贷款（即表中情况Ⅰa），则该服务既不属于国际金融服务贸易，也没有引起国际资本的流动；如果是国外的银行利用国内资本对国内的客户进行放贷（即表中情况Ⅱa），则仅产生国际金融服务贸易，资本流动尚未发生；相反，如果是国内银行使用国际资本向国内贷款者提供服务（即表中情况Ⅲa），则产生的是国际资本的流动，而这时国际金融服务贸易没有发生；只有当设在国外的银行利用国际资本提供的贷款（即表中情况Ⅳa），才会同时产生金融服务贸易和资本流动。通过上述分析，我们发现四种情形中，有两种情况会产生金融服务贸易，而仅有一种是伴随着国际资本的流动即情况Ⅳa。如果我们贸易政策的层面分析，在一个包括服务提供以及资本流动都完全封闭的金融体系下，只有情况Ⅰa产生；如果实行金融服务贸易自由化，则会将交易方式延伸至情况Ⅱa；同理，只实行资本自由流动而无金融服务贸易自由化，则将交易方式限制在了情况Ⅲa下；只有同时开放资本流动管制与金融服务贸易自由化，才有可能产生全部四种交易情况。

表1　　国内和国外银行提供放贷服务与资本流动和金融服务贸易的关系

	国内银行提供的贷款	外国银行提供的贷款
使用国内资本从事的借贷	Ⅰa 既没有金融服务贸易也没有资本流动	Ⅱa 金融服务贸易
使用国际资本从事的借贷	Ⅲa 仅有资本流动	Ⅳa 金融服务贸易加国际资本流动

与上一种服务提供方式即跨境交付不同的是，商业存在则为外国金融服务提供者通过其在东道国设立的分公司或子公司，向国内客户提供贷款，其中必然会产生为设立分支机构而必需的外国直接投资（FDI）的流入（见表2）。因此，外国直接投资自由化就成了商业存在方式下一国实行金融服务贸易自由化的前提条件。而事实也表明，很多发展中国家常常选择商业存在这种方式来履行GATS的承诺，而不用承担与跨境交付所必需的资本流出的义务。

表2　　国内和在东道国外国分行提供放贷服务与资本流动与金融服务贸易的关系

	国内银行提供的贷款	设在东道国的外国分行提供的贷款
使用国内资本从事的借贷	Ⅰb 既没有金融服务贸易也没有资本流动	Ⅱb 金融服务贸易加FDI
使用国际资本从事的借贷	Ⅲb 仅有资本流动	Ⅳb 金融服务贸易加FDI和资本流动

通过上述分析，我们可以看到以前研究的误区所在：第一，金融服务贸易自由化与资本账户自由化息息相关，但并非完全等同。因为在GATS框架下，即便一国完全实行金融服务贸易自由化，也不一定要承担资本账户完全开放的义务。仍以以上两表为例，完全的金融服务贸易自由化和有管制的资本账户体系下，一国仍可以实现表中Ⅱa/Ⅱb和部分Ⅳa/Ⅳb的交易，因此，金融服务贸易自由化与有管制的资本账户并存是一致的。第二，不同的服务提供模式对资本流动的影响是不同的，从而对国内的金融稳定的影响也有所不同。由于在跨境交付方式下

资本流动如构成该服务的必要部分，则该国就有义务允许有关资本的流入和流出的自由化，而商业存在仅要求对与提供有关的资本流入实行自由化，但对与服务提供无关的资本流出不承担义务，所以不同的服务提供方式对资本流动的影响是不同的，从而为加入 GATS 的发展中国家提供了有利的选择余地。

三、金融服务贸易自由化对中国资本流动波动性的影响分析

（一）中国金融服务贸易自由化程度测度的实际考察

由于国际资本流动具有极强的易变性，因此通过金融服务贸易自由化而导致的资本流动会对中国的经济稳定产生影响。本文创新性地从金融服务贸易及资本流动的角度对中国金融开放程度进行量化，并从贸易政策、宏观经济环境及资本管制等方面加以实证分析。对中国加入 GATS 金融服务贸易开放的承诺（包括准入限制、国民待遇和其他承诺）的程度进行量化（Valckx，2002）。中国在成为 WTO 和 GATS 成员以后，及时确切地保证了承诺的履行，同时加快了未承诺范围开放的脚步，如中国在 2002 年已经开始了 QFII 试点制度。加入 WTO 前中国金融开放的努力也是显而易见的，因此本文选取 1997 ~ 2007 年作为研究对象的时间范围（见表 3）。

表 3　　GATS 下中国金融服务贸易承诺评估

年份	承诺水平 i		服务提供方式偏向指标 ii	偏向银行贷款服务指标 iii	外国机构在华建立的实践限制				外资银行业务的总体指标 iv	联合指标
	跨境交付*	商业存在	（1）	（2）	国内投资	零售业务	股权业务限制	许可限制	（3）	（1）+（2）+（3）
1997	0	-0.05	-0.05	3	1	1	1	1	4	7.95
1998	0	-0.05	-0.05	4	1	1	1	1	4	7.95
1999	0	-0.3	-0.3	4	1	0.75	0.75	0.75	3.25	7.2
2000	0	-0.3	-0.3	4	1	0.75	0.75	0.75	3.25	7.2
2001	0.05	-0.35	-0.3	4	1	0.75	1	0.5	3.25	6.2
2002	0.1	-0.35	-0.25	3	1	0.5	1	0.5	3	6.9
2003	0.3	-0.4	-0.1	3	0.5	0.5	0.5	0.5	2	4.9
2004	0.35	-0.5	-0.15	3	0.5	0.5	0.5	0.5	2	3.85

续表

年份	承诺水平 i		服务提供方式偏向指标ⅱ	偏向银行贷款服务指标ⅲ	外国机构在华建立的实践限制				外资银行业务的总体指标 iv	联合指标
	跨境交付*	商业存在	(1)	(2)	国内投资	零售业务	股权业务限制	许可限制	(3)	(1)+(2)+(3)
2005	0.4	-0.75	-0.35	3	0.5	0.25	0.5	0.5	1.75	3.4
2006	0.5	-1	-0.5	4	0.75	0	0.75	0	1.5	3
2007	0.5	-1	-0.5	2	0.75	0	0.75	0	1.5	3

注：*1997~2000年中国为非成员国，故跨境交付为0。

ⅰ0代表无义务或非成员方；-1代表承诺完全自由化，根据 Valckx（2002）对各项承诺标准进行计算而得。

ⅱ与前两列指标只是名义上的区别。它的范围从-1至1；-1代表承诺第三种服务提供方式完全自由化以及在第一种服务提供方式下无义务或非成员方；1代表承诺第一种服务提供方式完全自由化以及在第三种服务提供方式下无义务或非成员方。

ⅲ0意味着在贷款和其他证券业务上具有平等的承诺或者在证券业务上更加自由化；1到4意味着支持贷款业务由弱到强的偏向程度，以中国外债中接受国际金融机构或其他机构贷款比例所得。

iv 指标范围从0到4；0意味着四种形式的商业实践准入都没有限制，4意味着四种形式都有很强的限制。在之前的四列中分数越低代表进入限制越弱，分数越高代表限制越强。

表3中跨境交付方式以及政策偏向贷款服务指标根据中国对五项银行和证券核心业务（外汇业务、证券交易、贷款业务、存款业务、证券承销业务）的准入限制承诺加权评分而得。外国金融机构在华的业务范围和金融工作多样化同样受承诺限制。

（二）资本流动敏感性和稳定性的测度指标

1992年外资流入总额从1991年的195.83亿美元陡增为694.39亿美元，除去1998年亚洲金融危机的影响，1992年后外资流入规模一直稳步增长，到2004年流入中国的外资总额已达到1 565.88亿美元，2002年之后中国取代美国成为全球第一大FDI输入国（以上数据均来自《中国统计年鉴》）①。由此带来的信贷风险、汇率风险值得我们注意。同时资本的短期大量流出对中国的经济冲击也是很大的，尤其是目前中国FDI投资收益的流出对中国的经济稳定和收支平衡影响突出。本文选取测量连续时间段各资本分量敏感和稳定性的资本易变性系数作

① 数据均来自《中国统计年鉴》（2007）。

为因变量，分析金融服务贸易的两种提供方式（跨境交付和商业存在），以及国内偏向借贷的政策和外国金融机构在华业务范围分别对各资本分量流动的影响。

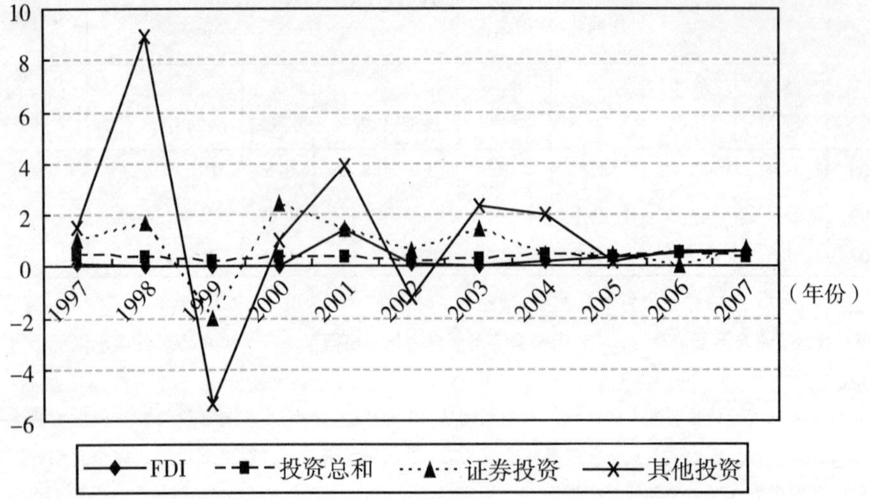

图1　1997～2007 年中国各资本分量流动波动程度

注：图中各资本分量的波动性通过定义 $vt = 2\,|ct - ct - 1|/(ct + ct - 1)$ 来生成一系列资本波动性系数，进而对各连续时点时刻的资本易变性进行测度。其中 vt 表示 t 时刻的资本易变指数，ct 和 $ct - 1$ 分别表示 t 期和 $t - 1$ 期的资本流动数量。

资料来源：根据《中国外汇管理局国际收支平衡表》计算。

如图 1 所示，各资本分量在连续时间中波动程度差异很大，其他投资再研究时间内的波动程度最大，其次是证券投资，波动最小的是 FDI，因为 FDI 和证券投资通常致力于长期投资，从而波动较小，国际资本总投资的波动不明显。因此，本文用各资本分量代替国际资本总投资作为研究因变量具有十分重要的意义。表 4 为各资本分量占 GDP 的比重以及各资本分量波动程度。

表 4　　1997～2007 年各资本分量占 GDP 的比重及波动程度

年份	资本流动占 GDP 百分比			资本流动波动程度		
	净外商直接投资	净外商证券投资组合	净其他投资	净外商直接投资	净外商证券投资组合	净其他投资
1997	0.465	0.082	0.13	0.097	1.05	1.48
1998	0.429	0.000	−0.08	0.016	1.69	8.95
1999	0.358	−0.006	0.04	0.036	−2	−5.32

续表

年份	资本流动占 GDP 百分比			资本流动波动程度		
	净外商直接投资	净外商证券投资组合	净其他投资	净外商直接投资	净外商证券投资组合	净其他投资
2000	0.319	0.060	0.10	0.01	2.42	1.04
2001	0.334	0.009	0.03	1.43	1.44	3.86
2002	0.340	0.012	0.006	0.107	0.6	-1.18
2003	0.287	0.051	0.07	0.05	1.43	2.36
2004	0.284	0.068	0.19	0.153	0.44	2
2005	0.354	0.095	0.20	0.361	0.46	0.224
2006	0.428	0.065	0.25	0.545	0.009	0.58
2007	0.216	0.119	0.13	0.557	0.68	0.58

资料来源：根据《中国外汇管理局国际收支平衡表》计算。

在下面将进行的实证检验中，我们希望资本流动的波动性和跨境交付方式可以出现正向相关关系，与外国金融机构限制指标成正向相关关系。

（三）其他影响净资本流动的因素指标

1. 宏观经济质量

资本会追求良好的投资环境，一国宏观经济稳定，那么金融机构一定会将长期投资作为自己首要的市场计划。政治的稳定、合理的税收，信息对称的信贷市场和投资市场会充分吸收金融市场自由化所带来的好处，促进国内金融监管和金融市场的完善。莱因哈特和罗格夫（Reinhart and Rogoff，2004）他们认为发达国家和发展中国家的国际资本流入结构也从一个侧面说明了该问题，所有的OECD 成员方的国际资本流动是以证券投资和银行贷款等其他投资为主，而发展中国家则以外国直接投资和银行贷款为主要方式。造成这种国际资本结构区别的原因在于，发展中国家的信贷市场风险大，而 FDI 相对其他形式的国际资本比较容易避免这种风险。本文选择 1997 ~ 2007 年中国通货膨胀率作为衡量经济质量的标准，测度通货膨胀率与资本流动之间的关系。通常情况下，高的通货膨胀率都伴随着资本流动量的下降和波动性上升，以及不稳定的经济环境。

2. 资本管制

资本管制作为金融开放程度的另一个指标对资本流动有着极其重要的影响。一般而言，如果东道国因为国内投资不足、储蓄不足、经济基础较差而制定了严格的资本管制策略，或是受内向型发展战略或其他政治因素的影响，在很长一段时间内资本市场不对外开放或采取较严格的监管，就会严重制约资本向该国流动。但是这并不代表该国金融稳定，一旦该国稍微放松管制，国内资本积蓄的流动将一触即发，从而对经济稳定造成冲击。中国对资本项目一直实行管制，但是随着金融服务贸易的开放，中国的资本账户实行的是一种“名紧而实松”的管制，即尽管在名义上对资本账户中的许多子项目仍然保持较为严格的管制，但在实践中，资本账户下的大部分子项目已有相当程度的开放。由于目前国内研究对资本管制变量的测算都是通过短期资本流入和流出总量占 GDP 的比例来测算定量指标的，与本文的研究目标矛盾，因此本文模型中舍弃资本变量作为自变量。

（四）模型和计量结果分析

根据上述文献分析，本文采用如下模型进行 OLS 回归分析，测算在控制其他变量的情况下，金融服务贸易开放程度对中国资本流动波动性的影响：

CF = f（Financial Services Trade Variable，Macroeconomic Variable）

Financial Services Trade Variable 包括金融服务贸易方式跨境交付和商业存在，偏向贷款的指标值以及业务范围指标值；经济质量包括 1997 ~ 2007 年每年的通货膨胀率。

由表 5 的检验结果可知：对以商业存在的形式提供金融服务较少的管制和证券流动成正相关关系，原因可能在于国内金融机构的商业存在可以提供充分的信息从而避免证券投资因信息风险或政治风险等造成的失败。其次以跨境交付金融服务程度的提高对于证券流动存在正相关，国内的经济质量（低的通货膨胀率）有利于证券投资和其他投资在 GDP 中比例的提高，并不能解释 FDI 的水平，可能是因为影响 FDI 的主要因素在于实际利率，而本文并无涉及。同时中国国际融资以贷款为主的方式解释了 FDI 和其他投资为什么在 GDP 中比例下降。

通货膨胀率对证券投资以及其他投资流动波动性程度是一个好的解释指标，但是对于 FDI 的流动并没有多大的影响。对外国金融机构在中国业务实践的限制对证券投资和其他投资的波动性影响显著，单一的金融工具容易在金融服务贸易开放的初期对资本流动波动造成很大的影响。在进行回归检验的过程中发现，金融服务贸易政策对资本波动的影响最大（对比回归结果中的 $Adj.\ R^2$，见表 6）。

表 5　金融服务贸易政策和经济质量对资本流动量影响的回归结果

自变量	因变量：资本流动水平（占 GDP 比重）		
	外商直接投资（1）	证券投资（2）	其他投资（3）
金融服务贸易政策			
服务贸易提供方式	0.52 (1.51)	-0.04 (-1.01)	
贷款服务偏向指标	-0.11 (-1.91)**		-0.08 (-2.47)
宏观经济质量			
通货膨胀率（1997~2007）	-0.03 (-0.12)	1.76 (5.03)***	1.35 (2.43)**
资本管制			
F-statistic	1.35	14.80	6.11
Adj. R^2	0.47	0.73	0.40

注：**、*** 分别表示在 5%、1% 水平下显著。

表 6　金融服务贸易政策和经济质量对资本流动波动程度影响的回归结果

自变量	因变量：资本流动波动性		
	外商直接投资（1）	证券投资（2）	其他投资（3）
金融服务贸易政策			
服务贸易提供方式	0.44 (2.35)**		9.76 (2.51)
外国机构在华业务实践限制		1.13 (2.72)**	
宏观经济质量			
通货膨胀率（1997~2007）	2.24 (0.32)	0.76 (2.21)*	0.13 (0.52)
资本管制			
Adj. R^2	0.22	0.54	0.23
Adj. R^2（除金融服务贸易政策）	0.04	0.44	0.04

另外，对证券投资和通货膨胀率进行格兰杰因果检验时发现（见表7），证券投资有可能引起通货膨胀，检验的滞后期为3。由于本文的样本数据较少，因此可以预测证券投资的强烈波动性会引起通货膨胀。对于其他两种形式的投资进行检验没有发现因果关系的存在。

表7　证券组合投资波动程度与通货膨胀率的格兰杰因果检验结果*

Null Hypothesis:	Obs	F – Statistic	Probability
ZQTZYB does not Granger Cause INFLATION	8	2417.88	0.01495
INFLATION does not Granger Cause ZQTZYB		3.39550	0.37493

注：*ZQTZYB 指证券组合投资波动；INFLATION 指通货膨胀。

四、结　论

根据中国的实际情况，本文检验了中国加入 WTO 和 GATS 前后中国国际资本流动情况。中国履行各项承诺后各资本分量的波动性并不相同，可以看出证券组合投资资本流动和其他投资流动的波动性相对于 FDI 较强；金融服务贸易开放的程度是影响资本流动的主要因素，国内宏观经济的稳定（低通货膨胀率和低财政赤字）及资本管制的有效性和弱资本流动波动性成正相关关系；同时通过格兰杰因果检验发现，证券流动波动是通货膨胀的原因。因此，针对以上实证研究结果本文提出以下建议：

首先，由于其他投资波动性最强，而其他投资主要以债权的形式存在（主要是直接借贷），从而有可能造成我国外债大幅度攀升，外债结构失衡引发经济危机。因此，鼓励外资以证券及 FDI 等长期获益方式进行投资，以降低经济危机发生的同时促进经济发展，也是各国利用外资的发展趋势。

其次，相当于商业存在方式提供的金融服务，跨境提供（主要以银行贷款形式存在）更易引起短期的资本流动，与各资本分量流动波动成显著正相关，加强对跨境提供方式的监管显得十分必要；同时商业存在方式提供的金融服务和国内金融机构形成激烈的竞争，从而有可能造成银行业本身的危机，提高国内金融机构的竞争力和适当有序地进行金融服务贸易开放也是当时我国金融行业的首要问题。

最后，证券组合投资造成的资本波动是导致通货膨胀的格兰杰原因，也是20世纪90年代亚洲经济危机爆发的原因。由此可见，健全信贷市场机制和证券监管法律体系对于发展中国家监管和控制证券资金流向十分重要，中国如何消化和利用加入金融服务贸易后带来的好处，这是以后研究的方向。

在中国金融服务业全面开放的今天，国际资本的大量流入与流出在所难免。但由于金融服务贸易的自由化并不等同与资本账户的全面开放，因此GATS成员国仍有机会在开放金融业的同时，对国际资本的流动进行有效监管，尽可能消化并减少游资对国家金融稳定带来的冲击。但我们也必需看到，资本账户开放进程也会随着市场经济体制的日益完善与金融服务贸易自由化程度的不断提高而越来越快，所以中国必需增强金融稳定意识，加强对自由化金融政策的科学管理，以维护中国的金融稳定。

参考文献：

[1] 韩龙、戚红梅：《WTO框架下的金融服务贸易与资本流动和金融稳定》，载于《时代法学》，2004年第4期。

[2] 李国安：《中国的金融服务市场准入承诺透视》，载于《厦门大学学报（哲学社会科学版）》，2003年第2期。

[3] 姚战琪：《金融服务贸易的国际资本流动效应及监管政策研究》，载于《南京审计学院学报》，2007年5月，第2期。

[4] Financial Liberalization and Financial Fragility [R]. The World Bank Development Research Group and International Monetary Fund 1998.

[5] International Monetary Fund World Economic Outlook: Prospects and Policy Issues [J]. Washington D. C., May, 1998.

[6] Liu Ligang, The Impact of Financial Services Trade Liberalization on China [C]. RIETI Discussion Paper Series 05 - E - 024, 2005.

[7] Masamichi Kono and Ludger Schuknecht, Financial Services Trade, Capital Flows, and Financial Stability [R]. Staff Working Paper ERAD-98-12 November, 1998.

[8] Nico Valckx. WTO Financial Services Commitments: Determinants and Impact on Financial Stability [R]. IMF Working Paper 2002.

[9] Reinhart and Rogoff. Serials Default and the Paradox of Rich-to-Poor Capital Flow [J]. *American Economic Review*, May, 2004.

第2部分

全球金融危机下的中国经济波动与增长

不同筹资方式下的政府支出冲击对居民消费的效应分析

■王燕武*

一、引　言

为了应对国内外诸多不利因素的挑战，保持经济平稳较快发展，2008 年 11 月国务院常务会议决定对财政政策做出重大调整，把稳健的财政政策调整为积极的财政政策，充分发挥财政政策在扩大内需、保持经济增长，促进结构调整、转变发展方式和改善保障民生、促进和谐社会建设方面的作用。这是我国继 1998 年为应对亚洲金融危机实施积极财政政策之后，再一次实施的积极的财政政策。与上一轮积极财政政策主要通过扩大固定资产投资来带动经济增长不同的是，本轮积极的财政政策明确提出要通过扩大内需来拉动国民经济增长。然而，从现有理论和经验研究的结果上看，以发债融资、增加政府支出为主要特征的积极财政政策能否拉动我国内需增长，特别是能否带动居民消费增加，还值得商榷。

传统凯恩斯理论认为，如果政府支出的资金是通过公债筹得，则政府支出的增加，将提高消费者的可支配收入，进而增加居民消费。而与之相反的是，李嘉图等价定理却认为政府无论选用一次性总量税，还是发行公债，来为政府支出筹措资金，均不会影响私人消费和投资。罗伯特·J·巴罗（Robert J. Barro，1974）坚持和发展了李嘉图的等价定理。他认为在一个具有完善资本市场的经济中，如果理性的、具有前瞻性、无限期界消费者在进行效用最大化的过程中能够完全准

* 王燕武，厦门大学宏观经济研究中心 2007 级博士生。

确地认识到当前债务融资对未来税收的影响，则政府为支出筹措资金采取何种方式是无关紧要的。实际经济周期理论进一步证明了政府支出对居民消费的作用与所采取的筹措资金方式无关。不过，该理论认为政府支出的增加将使得私人家庭税后净收入下降，从而造成私人消费减少。

与理论上的针锋相对相一致的是，早期经验研究的结论也是各执一词、难分高下。贝利（Bailey，1971）通过构造了一个有效消费函数，对政府支出与私人消费之间可能存在的关系进行了分析，认为它们之间存在互补关系。费尔德斯坦（Feldstein，1982）将政府支出引入消费函数中，认为政府支出对居民消费支出没有影响。克尔门迪（Kormendi，1983）则利用传统永久收入及生命周期模型，证实居民消费与政府支出存在替代关系。巴克斯特和金（Baxter and King，1993）使用单部门新古典增长模型，在规模报酬不变和可变劳动力供给的假设前提下，考察了政府支出冲击的影响，发现政府支出的增加必定导致私人消费的下降。卡拉斯（Karras，1994）考察了30个国家私人消费对政府支出增加的反应，发现政府消费的增加会提高私人消费的边际效用，从而在整体上公共消费与私人消费之间更多地表现为一种互补关系而不是替代关系。何（Ho，2001）利用面板数据对OECD国家的政府支出与居民消费之间的关系进行了研究，发现在单一国家中政府支出与居民消费之间并不存在规律性的结果，但对多国数据进行协整分析的结果表明政府支出对居民消费存在明显的替代关系。

不过，近年来，越来越多的经验研究文献证实政府支出与居民消费之间存在正向相关关系。布兰查德和佩罗蒂（Blanchard and Perotti，2002）利用美国战后政府支出和税收的数据，使用结构向量自回归方法进行了实证分析，发现公共支出对私人消费具有明显和持久的正向影响。大久保（Okubo，2003）使用日本的数据，证实政府消费的增加会提高私人消费的边际效用，进而使得私人消费增加。沙克拉克（Shclarek，2004）的研究表明，政府消费对工业化国家和发展中国家的居民消费都有凯恩斯主义的扩张效应，但没有证据支持政府支出对居民消费存在挤出效应。此外，范陶思和米霍夫（Fatas and Mihov，2004）、佩罗蒂（Perotti，2004）、施米特·格罗赫和乌里韦（Schmitt-Ghroe and Uribe，2007）的研究结果均表明政府支出与居民消费之间存在互补关系。

国内方面，夏兴园、洪正华（2002）从理论上总结了财政政策的消费传导机制，认为政府支出的增加将导致消费的扩张。胡书东（2002）的研究同样表明政府支出与居民消费存在正相关。谢建国、陈漓高（2002）利用1978～1999年的数据，指出我国政府支出在短期内会增加居民消费需求，但在长期均衡时，将完全挤占居民消费支出。马栓友（2003）则认为财政支出与社会总需求存在正相关关系，实施积极财政政策对促进消费增长有重要作用。石柱鲜等（2005）

将政府支出划分为政府消费支出和投资支出，认为无论是在长期还是短期上，政府消费支出均会对居民消费产生挤出效应，而政府投资支出则会产生引致效应。此外，从政府支出的功能性质划分来看，经济建设支出对居民消费是挤出的，而教育文化支出、行政管理支出则是挤入的。黄赜琳（2005）在实际经济周期模型中引入政府支出变量来判断政府支出与居民消费之间的效应关系。实证检验的结果表明改革开放以来，我国政府支出的增加会导致居民消费的减少，二者存在一定的替代关系。李广众（2005）在消费者最优消费选择欧拉方程基础上推出用以分析政府支出与居民消费之间关系的模型，并对全国、城镇以及农村样本进行估计，结果表明：改革开放以来，政府支出与居民消费之间表现为互补关系。李永友、丛树梅（2006）在基于居民最优决策行为的基础上，构建了中国加总社会消费函数对改革开放以来中国居民的消费行为进行了经验研究，认为改革开放以来财政政策不仅没有对私人部门的消费产生挤出效应，反而对私人部门的消费产生了引致效应。刘宛晨等（2006）对我国财政支出的消费传导效应进行了分析，认为我国财政支出对居民消费总体上存在引致效应，对农村居民消费的引致效应更明显。

张治觉、吴定玉（2007）利用可变参数模型就政府支出及政府支出结构对农村居民消费和城镇居民消费的效应进行了动态分析，得出的结论是：总体上，1982～2004年间，大多数年份的政府支出对居民消费具有引致效应。其中，政府转移性支出在大多数年份对居民消费产生引致效应，而政府投资性支出则对居民消费产生挤出效应，且二者对城镇居民消费的效应都要大于对农村居民消费的效应。而从1998年开始，政府消费性支出对居民消费产生引致效应，且同样对城镇居民消费的引致效应要大于对农村居民消费的引致效应。申琳、马丹（2007）指出政府支出主要通过两个渠道来影响居民消费：消费倾斜渠道与资源撤出渠道，其中消费倾斜渠道会刺激居民消费，而资源撤出渠道则会抑制居民消费。最终，利用1978～2005年的数据，她们认为我国人均政府支出对人均居民消费存在长期替代关系。总体上，对于我国政府支出能否带动居民消费增长，目前经验研究的结论还存在争议，未能定论。

关于政府支出与居民消费的关系研究，动态一般均衡模型已逐渐成为越来越多研究者的首选分析框架，如罗西（Rossi，2007）、林内曼（Linnemann，2006）、加利，洛佩斯·萨利多和维拉斯（Gali，Lopez-Salido and Valles，2005）、柯南和斯特劳布（Coenen and Straub，2005）等。相比较于传统的凯恩斯框架，动态一般均衡模型不仅有着相对明确的微观经济基础，能够完整地描述政府支出冲击对居民消费及其他宏观经济变量的影响过程。有鉴于此，本文将尝试构建动态一般均衡模型①，来考察我国政府支出与居民消费之间的关系。其目的在于：(1) 分析不同筹资方式下政府支出对居民消费的作用区别；(2) 利用中国的宏观经济数据，模拟这种作用区别，并讨论我国政府支出对居民消费的作用方向。本文的其他安排如下：第二部分是模型构建；第三部分是数值模拟分析；第四部分是结论与政策含义。

二、模型构建

(一) 居民效用函数

假定经济系统中存在一个代表性居民，其目的是追求各期效用水平折现总和的最大化。根据金（King，1988）、林内曼（Linnernann，2006）的设定，将代表性居民的即期效用函数写成如下形式：

$$u(c_t, l_t) = \frac{1}{1-\sigma} c_t^{1-\sigma}(1-l_t)^{1+\vartheta} \qquad \sigma > 1, \vartheta > 0 \tag{1}$$

其中：c_t 表示消费变量；l_t 表示休闲时间变量；σ 表示相对风险规避系数；其倒数为消费的跨期替代弹性；ϑ 表示消费与劳动之间的偏好参数。将代表性居民的时间资源简化为 1，假定 n_t 代表工作时间变量，则时间资源的约束如下：$l_t + n_t = 1$。由式 (1)，求偏导可得：$u_{cl} = -(1+\eta)c_t^{-\sigma}(1-l_t)^{\eta} < 0$，说明休闲与消费之间存在效用替代关系，即休闲的减少将引起消费效用的增加。

代表性居民的预算约束如下：

$$(1-\tau_t^d)(w_t n_t + r_t^k k_t + r_t b_t) \geqslant c_t + i_t + \tau_t + b_{t+1} \tag{2}$$

其中：w_t 表示实际工资率；τ_t^d 表示所得税税率；r_t^k 表示资本 k_t 的实际使用成本；r_t 表示政府发行长期债券 b_t 的实际利率；i_t 表示投资；τ_t 则表示一次性总量税。假定代表性居民同时拥有资本，并且在每一期将资本贷给厂商使用，收取一定的资本所得。资本累积方程如下：

$$k_{t+1} = (1-\delta)k_t + i_t \tag{3}$$

其中：δ 表示资本的实际折旧率，$0 < \delta < 1$，k_0，b_0 已知。

① 黄赜琳（2005）已首次使用动态一般均衡模型来判断政府支出与居民消费之间的关系，但他更倾向于分析模型对中国经济周期波动的解释，并没有过多地解释为什么我国财政支出对居民消费是挤出的，也没有对影响因素进行探讨。

综上，代表性居民的期望效用最优化问题为：

$$E_0\left[\sum_{t=0}^{\infty}\beta^t \frac{1}{1-\sigma}c_t^{1-\sigma}(1-l_t)^{1+\vartheta}\right]$$

$$s.t.\ (1-\tau_t^d)(w_t n_t + r_t^k k_t + r_t b_t) \geqslant c_t + k_{t+1} - (1-\delta)k_t + \tau_t + b_{t+1}$$

其中：E_0 为期望因子；β 为主观贴现因子；$0<\beta<1$。

利用拉格朗日法，求解该最优化问题，其一阶条件如下：

$$c_t^{-\sigma}(1-l_t)^{1+\vartheta} - \beta\lambda_{t+1} = 0 \tag{4}$$

$$\frac{1}{1-\sigma}c_t^{1-\sigma}(1+\vartheta)(1-l_t)^{\vartheta} + \beta\lambda_{t+1}w_t(1-\tau_t^d) = 0 \tag{5}$$

$$\beta E[\lambda_{t+1}(r_t^k(1-\tau_t^d)+1-\delta)] = \lambda_t \tag{6}$$

$$\beta E[\lambda_{t+1}(r_t(1-\tau_t^d)+1)] = \lambda_t \tag{7}$$

其中：λ_t 为拉格朗日乘数因子。横截条件为：$\lim_{t\to\infty}\lambda_t H_{t+1}=0$，$H=\{k, b\}$。

（二）厂商生产函数

假设经济中存在许多行为一致的竞争性厂商，每一家厂商的生产函数服从 $C-D$函数形式。为简便起见，本文不考虑技术冲击，生产要素只有资本和劳动力。将厂商数目正规化为1，其生产函数如下：

$$y_t = n_t^{\alpha}k_t^{1-\alpha} \tag{8}$$

其中：k_t 表示资本存量；n_t 表示劳动力工作时间，实际工资率 w_t 和实际资本使用成本 r_t^k 分别为 $w_t=\alpha n_t^{\alpha-1}k_t^{1-\alpha}$ 和 $r_t^k=(1-\alpha)n_t^{\alpha}k_t^{-\alpha}$。

（三）政府部门行为

为考察不同资金来源方式下的政府支出对居民消费的作用区别，本文将考虑三种不同的政府部门均衡关系，分别定义如下：

情形一：假定政府支出是以一次性总量税的形式获取，长期债券 $b_{t+1}=b_t=0$，所得税税率 $\tau_t^d=0$，不考虑转移支付，政府部门的均衡关系如下：

$$g_t = \tau_t \tag{9a}$$

情形二：假定政府支出是以所得税形式获取，长期债券仍然为 $b_{t+1}=b_t=0$，不考虑转移支付，政府部门的均衡关系如下：

$$g_t = (w_t n_t + r_t^k k_t)\tau_t^d = y_t\tau_t^d \tag{9b}$$

情形三：假定政府支出全部来自长期债券融资，所得税税率 $\tau_t^d=0$，不考虑转移支付，政府部门的均衡关系如下：

$$g_t = b_{t+1} - r_t b_t \tag{9c}$$

另外，假设在所有的情况下，政府支出都是服从一阶自回归随机过程，式子如下：

$$g_{t+1} = (1-\rho)g + \rho g_t + \varepsilon_t \tag{10}$$

其中：g 为 g_t 的稳态值，外生给定，$\varepsilon_{gt} \sim i.i.dN(0, \sigma_g^2)$　$\rho \in (0, 1)$。

（四）均衡分析

由于考虑了政府部门，总需求约束如下：

$$y_t = c_t + i_t + g_t \tag{11}$$

1. 基于情形一的模型均衡结果分析

利用（4）~（8）式，（9a）式，实际工资率 w_t，实际资本使用成本 r_t^k 以及总需求约束方程式（11），情形一的模型最优化均衡结果可以由下列非线性方程组描述：

$$\frac{1+\vartheta}{\sigma-1}c_t = n_t w_t \tag{12}$$

$$\beta(r_{t+1}^k + 1 - \delta)c_{t+1}^{-\sigma}n_{t+1}^{1+\vartheta} = c_t^{-\sigma}n_t^{1+\vartheta} \tag{13}$$

$$w_t = \alpha(k_t/n_t)^{1-\alpha} \tag{14}$$

$$r_t^k = (1-\alpha)(k_t/n_t)^{-\alpha} \tag{15}$$

$$k_{t+1} = (1-\delta)k_t + i_t \tag{16}$$

$$y_t = n_t^\alpha k_t^{1-\alpha} = c_t + i_t + g_t \tag{17}$$

（12）式、（13）式分别表示居民消费和劳动供给最优规划的欧拉方程。由于方程组是非线性的，因此，一般而言，该差分方程组是不存在解析解。为此，常用的处理方法是先求出各变量的均衡状态值，然后围绕均衡状态对各方程进行对数线性化转换，最后通过参数校准，求解出线性方程组的数值解。

在均衡状态下，变量保持不变。本文用小写字母来代表各变量的稳态值。结合（12）~（17）式，可得各变量的均衡状态式子如下：

$$\frac{1+\vartheta}{\sigma-1}c = \alpha n^\alpha k^{1-\alpha} \tag{18}$$

$$(1-\alpha)(k/n)^{-\alpha} + 1 - \delta = \frac{1}{\beta} \tag{19}$$

$$y = n^\alpha k^{1-\alpha} = c + \delta k + g \tag{20}$$

接着，采用金、普洛瑟和雷贝洛（King、Plosser and Rebelo，1987）的一阶泰勒级数展开法，在稳态点附近对非线性方程组（12）~（17）式进行对数线性化转换。对数线性转换公式如下：$x_t = xe^{\hat{x}_t} \approx x(1+\hat{x}_t)$，或是 $\log x_t = \log x + \hat{x}_t$，$\hat{x}_t$ 表示各变量对其稳态值的偏离程度。

将（12）式、（14）式、（17）式对数线性化后，整理可得：

$$\hat{n}_t = -\frac{1-\alpha}{\alpha}\hat{k}_t + \frac{\delta k}{\alpha(y-c)}\hat{i}_t + \frac{g}{\alpha(y-c)}\hat{g}_t \tag{21}$$

$$\hat{c}_t = \alpha\hat{n}_t + (1-\alpha)\hat{k}_t \tag{22}$$

由（21）式可知，当期的就业波动将受到当期资本波动、投资波动及政府支出波动的影响。由于稳定状态下，$\frac{g}{\alpha(y-c)} > 0$，则当期政府支出波动能够对就业波动产生正向冲击作用，即政府支出的增加可以带动就业的增加。式（22）则显示：当期的就业波动将对当期消费波动产生正向效应。由于休闲与消费、休闲与就业之间都存在替代性，即就业的增加会使得休闲减少，而休闲的减少又会带动消费的增加，这就意味着消费与就业之间存在互补关系。式（22）正是这种互补关系在数理公式上的体现。结合起来看，（21）式、（22）式表明：政府支出的正向波动会引起就业的正向波动，而就业的正向波动又会引起消费的正向波动。因此，在即期偏离均衡路径的波动方面，通过就业增加，政府支出的增加将引起消费的相应增加。

（13）式、（15）式、（16）式对数线性化后，整理可得：

$$\hat{k}_{t+1} = (1-\delta)\hat{k}_t + \frac{y-c}{k}\hat{c}_t - \frac{g}{k}\hat{g}_t \tag{23}$$

$$\left[\left(\frac{1+\vartheta}{\alpha} - \sigma\right) + \beta r^k\right]E\hat{c}_{t+1} - \left(\frac{1+\vartheta}{\alpha} - \sigma\right)\hat{c}_t = \left[\beta r^k + \frac{(1+\vartheta)(1-\alpha)}{\alpha}\right]\hat{k}_{t+1} - \frac{(1+\vartheta)(1-\alpha)}{\alpha}\hat{k}_t \tag{24}$$

由（23）式、（24）式可知：假定当期资本不变，当期的政府支出增加将导致下一期的资本下降。由于 $\beta r^k = 1-\beta(1-\delta)$ 趋于0①，则下一期资本的下降将引起下一期居民消费的减少。因此，动态看，居民消费在即期增加之后，将逐渐下降，直至回到稳定状态。经济含义解释上，居民消费的这种动态下降过程恰恰

---

① 数值校准中，折现因子 β 一般要大于0.9，折旧率 δ 要小于0.1，因此，$\beta r^k = 1-\beta(1-\delta)$ 的数值会比较小，趋于0。在这一条件下，（24）式的左边可以简化为 $\left(\frac{1+\vartheta}{\alpha} - \sigma\right)(E\hat{c}_{t+1} - \hat{c}_t)$，假定初期消费的波动率为0，即 $\hat{c}_t = 0$，则下一期资本变动率 $\hat{k}_{t+1}$ 的下降将引起 $E\hat{c}_{t+1}$ 的下降。注意此时要求 $\sigma < \frac{1+\vartheta}{\alpha}$。

是政府支出负财富效应的反映。其一，政府支出增加会使资本下降，由于模型假定资本归居民所有，这意味居民的资本所得可能下降；其二，模型假定政府支出全部来自于总量税，这也会间接减少居民的收入。收入或所得的下降都将迫使居民减少消费，直到达到新的均衡。

结合上述解释，我们将得到以下推论：

推论一：当政府支出来源于一次性总量税时，政府支出的增加会刺激就业增长、休闲减少，通过休闲与消费的替代关系，政府支出的增加会提高居民消费的效用水平，引起居民消费的即时上涨。

推论二：政府支出的增加会引起资本积累下降，导致居民的资本所得减少，可支配收入下降。这种负财富效应会造成居民消费逐渐下降，最终回到新的均衡状态。政府支出增加之于居民消费的最终效应要取决于二者的相对大小。

2. 基于情形二的模型均衡结果分析

同样的，结合（4）~（8）式，（9b）式，实际工资率 w_t，实际资本使用成本 r_t^k 以及总需求约束（11）式，情形二的模型最优化均衡结果可以由下列非线性方程组描述：

$$\frac{1+\vartheta}{\sigma-1}c_t = n_t w_t(1-\tau_t^d) \tag{25}$$

$$\beta(r_{t+1}^k(1-\tau_{t+1}^d)+1-\delta)c_{t+1}^{-\sigma}n_{t+1}^{1+\vartheta} = c_t^{-\sigma}n_t^{1+\vartheta} \tag{26}$$

$$w_t = \alpha(k_t/n_t)^{1-\alpha} \tag{27}$$

$$r_t^k = (1-\alpha)(k_t/n_t)^{-\alpha} \tag{28}$$

$$k_{t+1} = (1-\delta)k_t + i_t \tag{29}$$

$$y_t = n_t^{\alpha}k_t^{1-\alpha} = c_t + i_t + g_t \tag{30}$$

$$g_t = (w_t n_t + r_t^k k_t)\tau_t^d = y_t\tau_t^d \tag{31}$$

由（25)式~(31）式可得各变量的均衡状态式子如下：

$$\frac{1+\vartheta}{\sigma-1}c = \alpha y(1-\tau^d) \tag{32}$$

$$(1-\alpha)\frac{y}{k}(1-\tau^d)+1-\delta = \frac{1}{\beta} \tag{33}$$

$$y = c + \delta k + g \tag{34}$$

$$g = \tau^d y \tag{35}$$

（25）式、（27）式、（30）式和（31）式对数线性化后，整理可得：

$$\hat{n}_t = -\frac{1-\alpha}{\alpha}\hat{k}_t + \frac{(1-\tau^d)\delta k}{\alpha(y-c-g)}\hat{i}_t + \frac{g-y-c\tau^d}{\alpha(y-c-g)}\hat{g}_t \tag{36}$$

$$\hat{c}_t = \alpha\hat{n}_t + (1-\alpha)\hat{k}_t - \frac{\tau^d}{1-\tau^d}\hat{\tau}_t^d \tag{37}$$

根据（36）式，由于均衡状态下$\frac{g-y-c\tau^d}{\alpha(y-c-g)}<0$，因此，政府支出的增长，非但不能促使就业增加，反而会使得就业水平出现即时下降。原因在于我们假设政府支出的资金来源是所得税，在总需求短期内未发生改变的情况下，政府支出的增加将导致所得税税率的提高。而所得税税率的提高，又会降低居民的劳动积极性，抵消政府支出增加对就业的促进作用。（37）式则显示，所得税税率的提高不仅会通过降低就业，来减少居民消费，而且它本身也将直接降低居民消费①。所以，当政府支出是通过所得税来筹集资金时，政府支出对居民消费的正向传导渠道将不再成立，反而会由于所得税税率的增加，导致就业、消费双双出现下降。

（26）式、（28）式、（29）式对数线性化后，整理可得：

$$\hat{k}_{t+1} = (1-\delta)\hat{k}_t + \frac{y-c-g}{k}\hat{c}_t \tag{38}$$

$$\left[\left(\frac{1+\vartheta}{\alpha}-\sigma\right)+\beta r^k(1-\tau^d)\right]E\hat{c}_{t+1} - \left(\frac{1+\vartheta}{\alpha}-\sigma\right)\hat{c}_t =$$
$$\left[\frac{(1+\vartheta)(1-\alpha)}{\alpha}+\beta r^k(1-\tau^d)\right]\hat{k}_{t+1} - \frac{(1+\vartheta)(1-\alpha)}{\alpha}\hat{k}_t -$$
$$\left(\beta r^k + \frac{1+\vartheta}{\alpha}\right)\left(\frac{\tau^d}{1-\tau^d}\right)\hat{\tau}_{t+1}^d + \left(\frac{1+\vartheta}{\alpha}\right)\left(\frac{\tau^d}{1-\tau^d}\right)\hat{\tau}_t^d \tag{39}$$

由（38）式、（39）式可知，政府支出冲击不再对资本波动、居民消费波动直接产生作用，但由政府支出增加带来的所得税税率变动将取代政府支出冲击，成为影响资本及居民消费波动的关键因素。动态来看，政府支出的增加将使得所得税税率出现即时增长，随后开始逐步下降，回到均衡状态。保持$\beta r^k \Rightarrow 0$的假定，根据（39）式，所得税税率的逐期下滑，将使得居民消费在即期下降之后，渐趋上升，直至回到均衡状态。而随着居民消费的回升，资本也将逐渐增加，最终稳定在新的均衡状态。

---

① 均衡状态下$0<\tau^d<1$，因此，（37）式中，$\hat{\tau}^d$的系数$-\frac{\tau^d}{1-\tau^d}<0$，这样$\hat{\tau}_t^d$的增长将使得$\hat{c}_t$减少。

综上，本文得到推论三：

当政府支出资金来源全部来自居民所得税时，政府支出增加不仅不能够带动居民消费的上涨，反而会使得居民消费下降。原因主要在于所得税税率的增加对居民行为产生较大的影响，既降低了居民的劳动积极性，引起就业减少，又导致居民可支配收入下降，直接造成居民消费也出现下滑。

3. 基于情形三的模型均衡结果分析

利用（4）~（8）式，（9c）式，实际工资率 w_t，实际资本使用成本 r_t^k 以及总需求约束方程式（11），情形三的模型最优化均衡结果可以由下列非线性方程组描述：

$$\frac{1+\vartheta}{\sigma-1}c_t = n_t w_t \tag{40}$$

$$\beta(r_{t+1}^k + 1 - \delta)c_{t+1}^{-\sigma}n_{t+1}^{1+\vartheta} = c_t^{-\sigma}n_t^{1+\vartheta} \tag{41}$$

$$\beta(r_{t+1} + 1)c_{t+1}^{-\sigma}n_{t+1}^{1+\vartheta} = c_t^{-\sigma}n_t^{1+\vartheta} \tag{42}$$

$$w_t = \alpha(k_t/n_t)^{1-\alpha} \tag{43}$$

$$r_t^k = (1-\alpha)(k_t/n_t)^{-\alpha} \tag{44}$$

$$k_{t+1} = (1-\delta)k_t + i_t \tag{45}$$

$$y_t = n_t^\alpha k_t^{1-\alpha} = c_t + i_t + g_t \tag{46}$$

$$g_t = b_{t+1} - r_t b_t \tag{47}$$

由（40）~（47）式，可得各变量的均衡状态式子如下：

$$\frac{1+\vartheta}{\sigma-1}c = \alpha y \tag{48}$$

$$(1-\alpha)\frac{y}{k} - \delta = r \tag{49}$$

$$(1-\alpha)\frac{y}{k} + 1 - \delta = \frac{1}{\beta} \tag{50}$$

$$y = c + \delta k + g \tag{51}$$

$$g = (1-r)b \tag{52}$$

将（40）~（47）式对数线性化后，整理可得：

$$\hat{n}_t = \left[1 - \frac{y-c}{\alpha(y-c+br^k)}\right]\hat{k}_t + \frac{\delta k}{\alpha(y-c+br^k)}\hat{i}_t + \frac{b}{\alpha(y-c+br^k)}(\hat{b}_{t+1} - r\hat{b}_t) \tag{53}$$

$$\hat{c}_t = \alpha\hat{n}_t + (1-\alpha)\hat{k}_t \tag{54}$$

$$[(\frac{1+\vartheta}{\alpha}-\sigma)+\beta r^k]E\hat{c}_{t+1}-(\frac{1+\vartheta}{\alpha}-\sigma)\hat{c}_t=$$

$$[\frac{(1+\vartheta)(1-\alpha)}{\alpha}+\beta r^k]\hat{k}_{t+1}-\frac{(1+\vartheta)(1-\alpha)}{\alpha}\hat{k}_t \tag{55}$$

$$\hat{k}_{t+1}=(1-\delta)\hat{k}_t+\frac{y-c}{k}\hat{c}_t-\frac{b}{k}\hat{b}_{t+1}+\frac{rb}{k}(\hat{r}_t+\hat{b}_t) \tag{56}$$

根据（53）式，由于稳定状态下，$\frac{b}{\alpha(y-c+br^k)}>0$，则长期融资债券 $\hat{b}_{t+1}$ 的增加，即当期政府支出 $\hat{g}_t$ 的增长①，将使得就业增加。再由（54）式可得，就业增加又会使得同期的居民消费增加。因此，当政府支出的资金来源全部来自长期债券融资时，增加政府支出，会使得就业增加、休闲减少，而休闲的减少会提高居民消费的效用水平，进而带动居民消费的增加。同样的，由（55）式、（56）式可知，长期融资债券 $\hat{b}_{t+1}$ 的增加，会导致 $t+1$ 期的资本下降，资本下降又会使得 $t+1$ 期的居民消费下滑，因此，动态看，居民消费在即期增加之后，将逐渐下降，直至回到稳定状态。

对比情形一和情形三，可以得到推论四：

在一次性总量税和发行长期融资债券的筹资方式下，政府支出冲击对就业、居民消费及其他宏观经济变量的作用方向基本一致。

三、数值模拟分析

以上部分通过构建一个动态一般均衡模型，讨论了不同筹资方式下的政府支出冲击对居民消费的不同影响，并得到了四个推论。本文将根据中国 1978 ~ 2008 年的部分宏观经济数据的特征，运用参数校准法，对模型的四个推论进行数值模拟检验。

（一）参数校准

根据上述构建的模型，共有 σ，ϑ，δ，α，β，ρ，g，c，n，k，b，r，r^d 等 13 个未知参数，但在不同的情形下，未知参数与等式约束个数之间存在一定的关系。在情形一的均衡分析中，共有 10 个未知参数，而等式约束有 3 个，（20）式、（21）式和（22）式，二者相差为 7；在情形二的均衡分析中，共有 11 个未

① 注意，这里假定政府部门的均衡关系为 $g_t=b_{t+1}-r_tb_t$，因此，t 期政府支出的增加将对应 $t+1$ 的长期融资债券增加。

知参数，而等式约束为4个，即（32）式、（33）式、（34）式和（35）式，二者相差为7；同样的，在情形三的均衡分析中，共有12个未知参数，而等式约束为5个，即（48）式、（49）式、（50）式、（51）式和（52）式，二者相差也为7。因此，为统一起见，本文的参数校准将针对三种情形下都包含的7个参数进行。具体见表1。

表1　　　　模型的参数校准结果

变量	n	β	α	ρ
参数值	0.395	0.979	0.497	0.697
变量	c/y	g/y	σ	
参数值	0.473	0.185	3.17	

表1中，折现率β和就业的稳态值n是参考赵敏和徐敏钟（Min Zhao and Minchung Hsu，2008）的设定，分别设为$\beta=0.979$，$n=0.395$；劳动的产出贡献份额α是参考黄赜琳（2005）的设定，设为$\alpha=0.497$；稳定状态下政府支出占产出的比例g/y，则依据1978～2008年我国政府支出占GDP的比重均值，设为$g/y=0.185$；稳定状态下居民消费占产出的比例c/y，也是根据1978～2008年间居民消费占GDP的比重均值，设为$c/y=0.473$；政府支出冲击的一阶自回归系数ρ，则是采用如下方法取得：（1）先将政府支出转化为以1978年为不变价的可比价序列，然后取对数；（2）利用H-P滤波法消除趋势，并分离出周期序列；（3）对周期序列进行一阶移动平均自回归处理后，得：$\rho=0.697$；最后，根据顾六宝、肖红叶（2004）的研究，将相对风险规避系数设为$\sigma=3.17$。

调校完结构参数后，利用Matlab程序，容易求出各情形下的线性差分方程组的数值解，并得到不同情形下的控制变量$\hat{c}_t$、$\hat{n}_t$、状态变量$\hat{k}_t$及其他宏观经济变量在受到政府支出冲击后的变化路径。

（二）冲击分析

假定在初期，各变量均处于稳定状态，没有发生偏离。现假设由于受到外部冲击，政府支出将增加1个百分点，根据上述模型的设定及参数校准的情况，各变量对政府支出冲击的脉冲反应如下：

1. 一次性总量税下的政府冲击分析

见图1，在冲击发生的当期，居民消费将上涨0.18%，随后开始下降，逐渐回到稳定状态；长期看，居民消费的累积增长约为1.07%。换句话说，政府支出对居民消费的短期乘数约为0.16，长期乘数则约为1.07，政府支出与居民消费之间存在互补性。这与近期文献研究的结论基本一致。

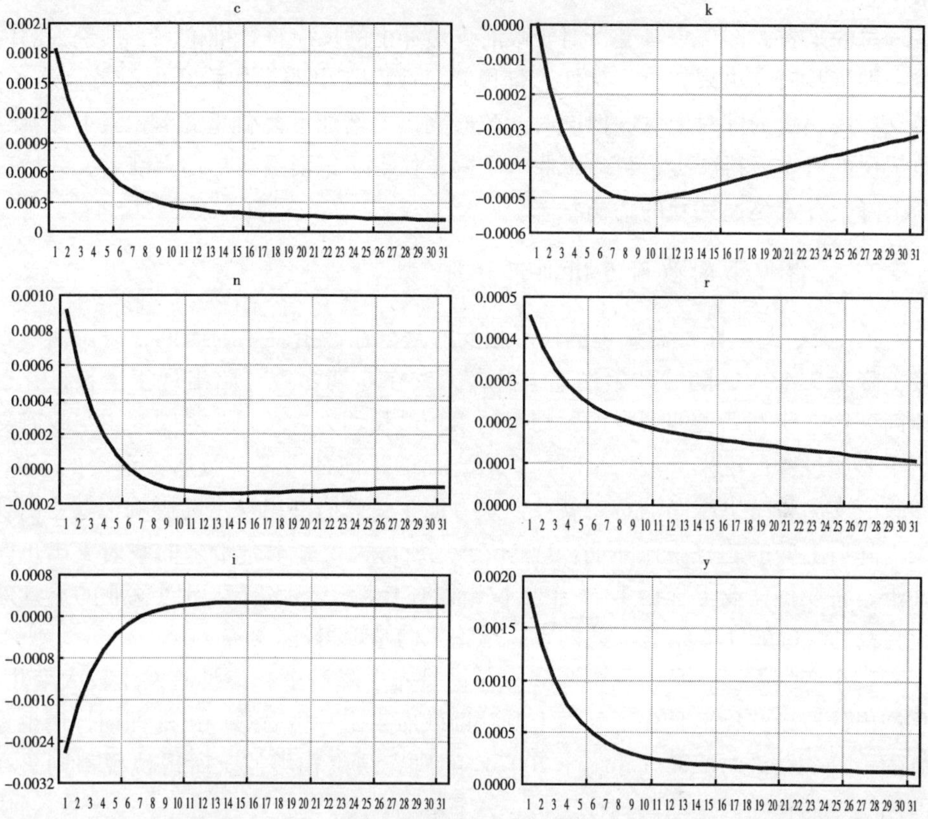

图1　一次性总量税条件下，政府支出增加1%时，各宏观经济变量的变化情况

私人投资方面，在即期，私人投资将下降0.26%，随后开始逐步上升至稳定水平。原因在于政府支出增加会使得实际利率上升，造成资本融资成本的上涨，从而导致私人投资的下降。从图1中实际利率波动的小图可以看出，实际利率 $\hat{r}_t^k$ 在冲击发生的当期出现上涨，幅度约为0.04%，随后开始逐步回归于0。

就业方面，受政府支出正向冲击的影响，在当期就业增长约0.09%，随后由于私人投资及资本积累的下降，就业开始下滑，约在5期之后，出现负增长，但很快就重新开始上涨，并回归稳定状态。长期看，政府支出对就业的累积效应约为-0.08%，即政府支出将导致就业减少。可见，试图通过加大政府支出来促进就业增长的做法，只能在短期内产生作用，长远看，其对就业的影响反而是不利的。其余变量方面，受私人投资先下降后上升的影响，资本存量也是先出现下滑，再逐步上升至均衡状态；总产出的变化则是先上涨，然后再逐渐下滑至稳态水平。

总的来看，图1中各变量对于政府支出冲击的反应符合推论一、推论二的内容，即当政府支出来源自一次性总量税时，政府支出的增加将会促进就业增长，带动居民消费的即时上涨。但同时，政府支出的增加也会引起资本积累下降，导致居民的资本所得减少，可支配收入下降，使得居民消费在初期上涨后，开始逐渐下降，并最终回到新的均衡状态。

2. 所得税下的政府支出冲击分析

见图2，与一次性总量税的情形相反的是，在冲击发生的当期，居民消费直接下降近2.43%，随后开始迅速上升，大约在6期之后开始出现正增长，并逐渐回到稳定状态。长期中，居民消费的累积增长约为-3.35%。因此，当政府支出主要通过所得税来筹集资金时，政府支出的正向冲击将导致居民消费的下降，即政府支出将挤出居民消费。就业变量方面，受政府支出冲击的影响，就业出现先下降后上升的趋势。在即期，1单位通过所得税税率上升带来的政府支出正向冲击，将使得就业下降近1.71个单位，而在长期中，政府支出对就业的累计效应将高达-6.62%。结合上述两点，推论三的结论得证。

其余变量方面，私人投资和资本存量是先下降后上升，没有发生较大变化；总产出的波动路径也是先下降后上升，即政府支出冲击对总产出的即期作用也是负的，这一结论与罗西（Rossi，2007）的研究结论相类似。所得税税率则是在即期为正的，随后逐渐回到稳定状态，下滑为0。

3. 发行长期融资债券下的政府支出冲击分析

见图3，可以发现：各变量对政府支出冲击的反应与一次性总量税条件下的冲击图基本上相同。其中，居民消费、就业、总产出及实际利率对政府支出正向冲击的反应为正的，私人投资为负的，资本积累则呈现出先下滑后上升的趋势。冲击力度方面，政府支出增加一个百分点，同样会使得即期就业增加0.09个百分点，即期居民消费上涨0.18个百分点。因此，无论是采用一次性总量税的筹资方式，或是采用发行长期融资债券的筹资方式，都不会影响政府支出之于居民消费或者其他宏观经济变量的作用。

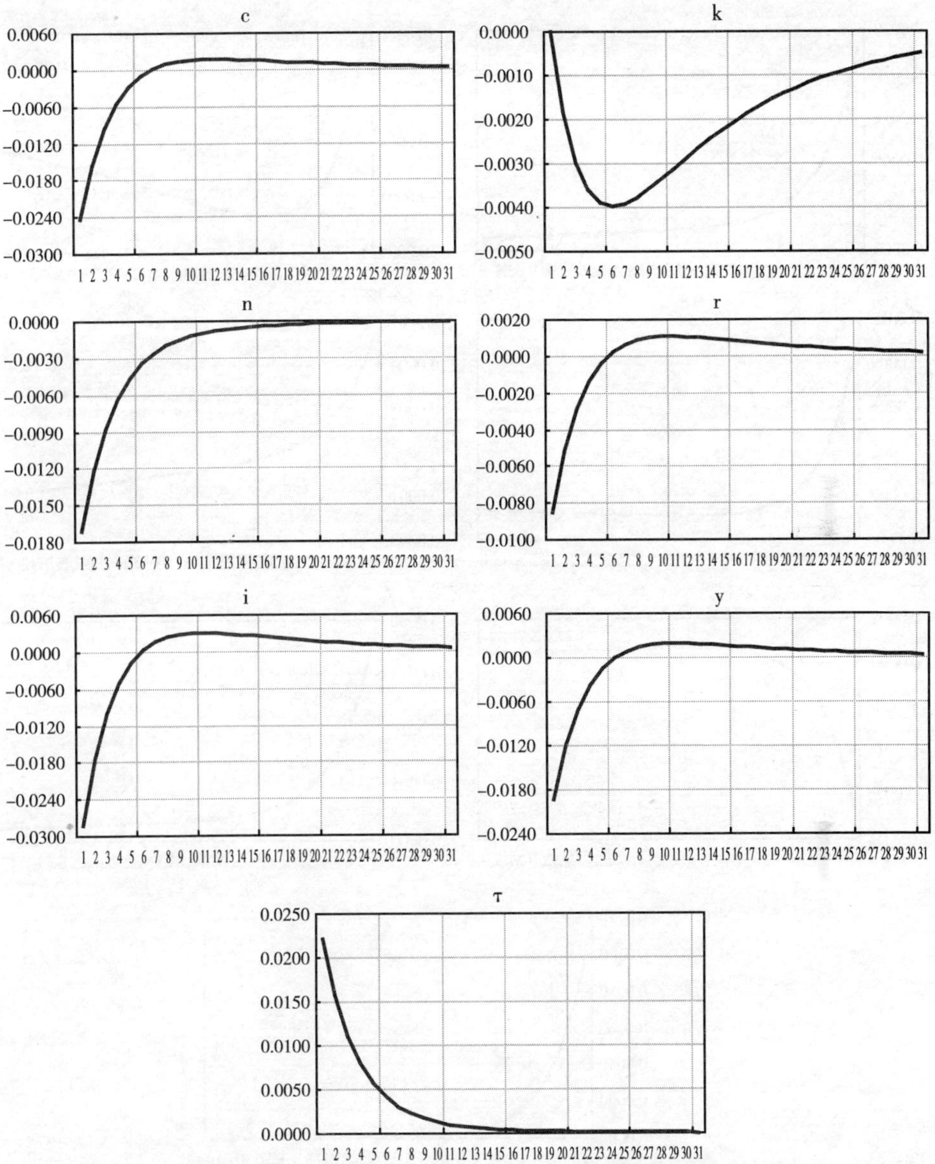

图 2　所得税条件下，政府支出增加 1%时，各宏观经济变量的变化情况

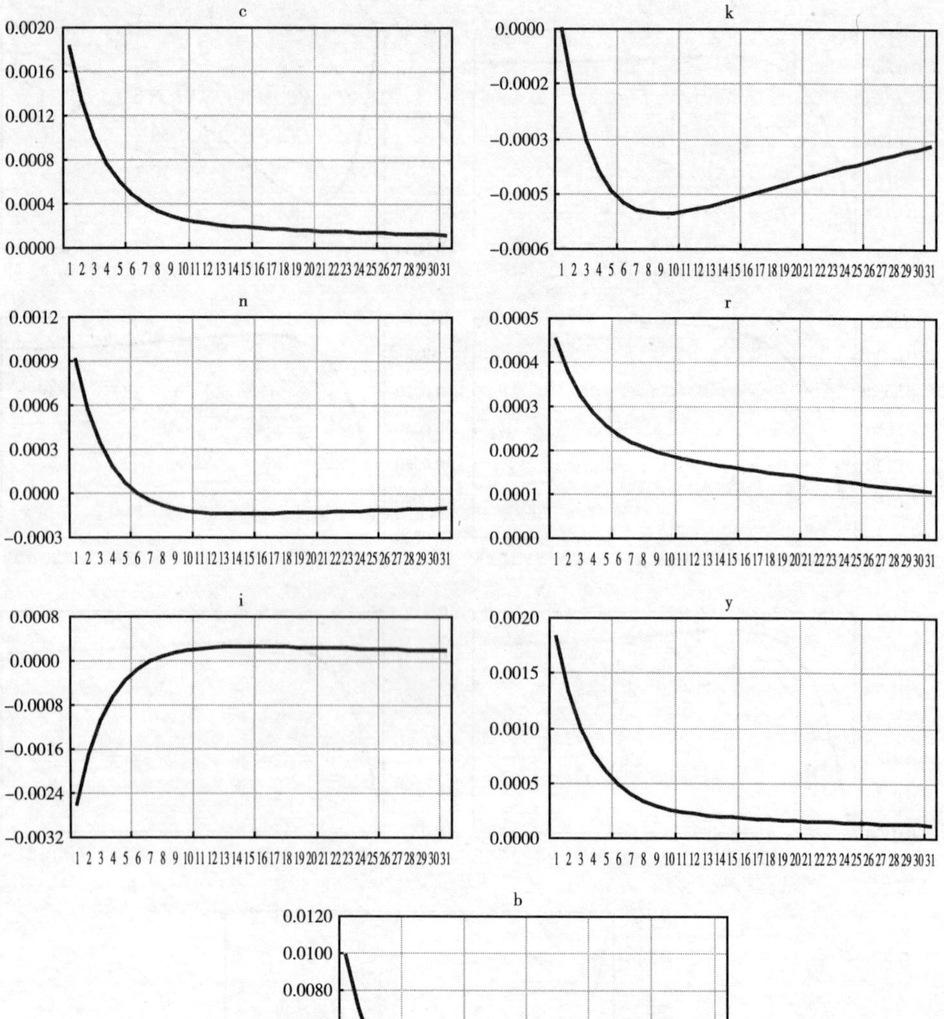

图 3　发行长期融资债券条件下，政府支出增加 1%时，各宏观经济变量的变化情况

四、结　论

国内消费需求不足问题一直以来都是我国经济发展过程中所面临的严重问题。本文先通过构建一个动态一般均衡模型，比较三种不同筹资方式下政府支出冲击对居民消费的作用区别，然后利用中国 1978～2008 年的宏观经济数据进行数值模拟分析，研究结论发现：

第一，在一次性总量税和发行长期融资债券的筹资方式下，政府支出的增加会提高居民消费的效用水平，引起居民消费的上涨；而在所得税的筹资方式下，政府支出增加不仅不能够带动居民消费的上涨，反而会使得居民消费下降。原因主要在于所得税税率的增加对居民行为产生较大的影响，既降低了居民的劳动积极性，引起就业减少，又导致居民可支配收入下降，直接造成居民消费也出现下滑。

第二，总体上看，我国政府支出会挤入居民消费，二者之间是互补关系。而在就业方面，我国政府支出短期内会带动就业增加，但长远看，反而会导致就业水平下降。

参考文献：

[1] 胡书东：《中国财政支出和民间消费需求之间的关系》，载于《中国社会科学》，2002 年第 6 期。

[2] 温桂芳、马栓友，赵萍，于立新：《积极财政政策与经济增长效应分析》，载于《人文杂志》，2003 年第 3 期。

[3] 李广众：《政府支出与居民消费：替代还是互补》，载于《世界经济》，2005 年第 5 期。

[4] 李永友、丛树海：《居民消费与中国财政政策的有效性：基于居民最优消费决策行为的经验分析》，载于《世界经济》，2006 年第 5 期。

[5] 刘宛晨、袁闯：《我国财政支出的消费传导效应分析》，载于《消费经济》，2006 年第 4 期。

[6] 谢建国、陈漓高：《政府支出与居民消费——一个基于跨期替代模型的中国经验分析》，载于《经济科学》，2002 年第 6 期。

[7] 王延军：《政府支出与居民消费：替代或互补——基于非线性有效消费函数的实证》，载于《经济经纬》，2007 年第 1 期。

[8] 石柱鲜：《我国政府支出对居民消费的挤出效应分析》，载于《学习与探索》，2005 年第 6 期。

[9] 张治觉、吴定玉：《我国政府支出对居民消费产生引致还是挤出效应——基于可变

参数模型的分析》，载于《数量经济技术经济研究》，2007年第5期。

［10］申琳、马丹：《政府支出与居民消费：消费倾斜渠道与资源撤出渠道》，载于《世界经济》，2007年第11期。

［11］黄赜琳：《中国经济周期特征与财政政策效应——一个基于三部门RBC模型的实证分析》，载于《经济研究》，2005年第6期。

［12］顾六宝、肖红叶：《中国消费跨期替代弹性的两种统计估算方法》，载于《统计研究》，2004年第9期。

［13］Ludvigson，Sydney（1996），The Macroeconomic Effects of Government Debt in A Stochastic Growth Model，*Journal of Monetary Economics*，38，25－45.

［14］Gali，Understanding the Effects of Government Spending on Consumption. Working Paper.

［15］Coenen，G.，and R. Straub，（2005），Does Government Spending Crowd in Private Consumption? Theory and Empirical Evidence for the Euro Area，*International Finance*，8（3），435－470，2005.

［16］Linnemann Ludger（2005），"*The Effects of Government Spending on Private Consumption*：*a Puzzle*?" University of Bonn，2005.

［17］King，Robert G.，Charles I. Plosser，and Sergio T. Rebelo（1988），Production，Growth，and Business Cycles，I. The Basic Neoclassical Model，*Journal of Monetary Economics*，21，195－232.

政府间转移支付与国内市场整合

■范子英　张　军*

一、引　言

中国式的分权制度成为中国和俄罗斯经济表现差异的主要因素，向下级政府的分权给予地方政府发展经济的激励，地方政府在转轨和发展的过程中扮演了“援助之手”，为增长而相互竞争（Shleifer and Vishny，1998；张军和周黎安，2008）。然而，财政分权在带来经济增长的同时，也产生了一些负面作用，并且随着时间的推移逐渐开始对经济增长和社会稳定产生影响。近年来的研究也开始关注在经济增长过程中分权所带来的结构性变化，比如区域的不协调发展和城乡分割等（王永钦等，2007；范子英和张军，2009）。

在这些负面作用中，区域的市场分割最受关注。这起源于杨（Young）在2000年的一项关于中国国内市场整合的研究，他采用生产法得出中国国内市场是“零碎分割的区域市场”，后来出现了一系列与此相关的研究，分别采用“贸易法”、“专业化指数法”、“经济周期法”、“价格法”、“数据包络法”等（Naughton，1999；Young，2000；Parsley and Wei，2001；Xu，2002；Poncet，2003b；郑毓胜和李崇高，2003；白重恩等，2004；陈敏等，2007；刘小勇和李真，2008）。由于所使用的方法和数据不尽相同，这些研究得出的结论各异，但基本上都认为中国国内的市场分割非常严重，省份之间的“边界效应”甚至大于欧盟内部国界的作用；然而在趋势的演变上并没有定论，一些研究认为中国的市场分割日趋严重，另一些则持相反的观点。

---

* 范子英，复旦大学中国社会主义市场经济研究中心；张军，复旦大学中国社会主义市场经济研究中心。

市场分割导致重复建设和“诸侯经济”，市场范围缩小，分工相对滞后，因而整体的经济缺乏应有的效率（Young，1928）。然而地方政府之所以采取分割的政策，很大程度上是出于财政收入的考虑，限制本地资源流出和外地产品流入都是为了要扶持本地经济，进而在当期或未来获得更多的税收。从这个角度来看，地方政府进行市场分割是一个理性的选择，部分落后地区甚至还可能因此而逆转比较优势，在未来获得更快的经济增长（Redding，1999；陆铭等，2004）。并且随着全球化的深化，地方政府确实更加倾向于利用国际贸易替代国内贸易，而放弃在国内市场上的规模效应（黄玖立和李坤望，2006；陆铭和陈钊，2009）。

所以当存在一个相对强大的中央政府时，通过财政的转移支付从理论上来说是可以降低落后地区进行分割的激励，使得他们较快融入整个分工体系，这于先进地区和落后地区都是一个双赢的过程，先进地区可以发挥比较优势，获得更快的经济增长，而落后地区亦能分享这一增长的好处。中国 1994 年的分税制使得中央政府有充足的财政实力来促进区域市场整合，政策层面上也逐渐偏向于平衡的发展战略，特别是 1999 年之后，中央加大了对中西部地区的转移支付力度，西部省份的转移支付占全国转移支付的比重，从 1995 年的 32.9% 上升到 2001 年的 41.6%。而国内市场分割也恰好于 20 世纪 90 年代中期之后开始趋于缓和（陈敏等，2007），政府间的转移支付与国内市场整合在时间上一致。

我们在本文中将首先构建一个简单的理论模型，指出财政分权导致了地区之间的市场分割，不过当中央政府给予落后地区一定量的转移支付，使得落后地区所获得的转移支付能够补偿其融入分工的损失时，落后地区将放弃进行市场分割的努力，融入全国的分工体系。进而我们将利用中国 1995～2005 年的省级面板数据，检验这种区域性的政策是否真的促进了市场的整合。因而本文不仅仅是一项关于中国国内市场整合的研究，更是对区域性政策的经济效果的一项评估。

本文接下来的安排如下：第二部分是理论模型，阐述转移支付如何促进了分工；第三部分是市场分割与转移支付的演变；第四部分是模型与计算的结果；最后是本文的结论和政策建议。

二、财政分权、转移支付与分工

我们参考陆铭等（2004，2007）的做法，考虑一个两期两部门模型，其中一个部门的技术水平要求较高，为 h，另一个较低为 l，高技能部门存在“干中学”效应，而低技能部门则不存在技术进步。假设有两个省份，其效用函数相同，为 $U=C^h \cdot C^l$，其中一个省份在产品 l 上有比较优势，而另一个在 h 产品上有比较优势。财政分权意味着两个省份都可以独立选择其在两种产品上的投资，暂且假定生产中只有一种要素投入即劳动力资源，并且标准化为1。为了简化，这里仅考虑产品市场的整合，而要素市场假定是完全分割的，劳动力在不同地区不可以流动，所以各地的劳动力禀赋即最终投入到生产中的量。发达省份在 h 产品上的相对初始技术和技术进步速度为 A 和 ϕ，两者在 l 产品上不存在技术进步，并且初始技术为1。

我们首先考虑不进行分工的收益，假定不存在时间偏好，两个省份都同时要最大化两期的效用和：

$$\operatorname*{Max}_{t_1,t_2} U = C_1^h \cdot C_1^l + C_2^h \cdot C_2^l \tag{1}$$

其中：t_1 和 t_2 是两期中分配到 h 部门的劳动力。为了简化，我们假定 l 产品的生产不存在规模报酬，产出是时间的线性函数，同时消费量等于产出量，为了区别于发达地区，我们用小写字母表示落后地区的效用和产出等，落后地区在 h 产品上的初始技术和技术进步率都为1，则其在两阶段中的产出为：

$$\begin{aligned} y^l &= y_z^l + y_2^l = (1 - t_1) + (1 - t_2) = (2 - t_1 - t_2) \\ y^h &= y_1^h + y_2^h = t_1 + t_1 \cdot t_2 \end{aligned} \tag{2}$$

通过简单的线性规划，我们得知落后地区在不分工时的资源分配和效用为：

$$t_1 = \frac{5}{8} \qquad t_2 = \frac{1}{2} \qquad u = \frac{25}{64} \tag{3}$$

同理，发达地区在两部门中的产出分别为：

$$\begin{aligned} Y^l &= Y_z^l + Y_2^l = (1 - t_1) + (1 - t_2) = (2 - t_1 - t_2) \\ Y^h &= Y_1^h + Y_2^h = A \cdot t_1 + \phi \cdot Y_1^h \cdot t_2 = A \cdot t_1 + \phi A \cdot t_1 \cdot t_2 \end{aligned} \tag{4}$$

则其两期中的资源分配和效用为：

$$T_1 = \frac{1}{2} + \frac{1}{8}\phi \qquad T_2 = \frac{1}{2} \qquad U = A \cdot \left(\frac{1}{2} + \frac{1}{8}\phi\right)^2 \tag{5}$$

我们这里用不分工的状态来代表极端的市场分割，此时两地的生产量即为消费量，商品市场是完全分割的。如果这是落后地区的理性选择，当中央政府从发达地区转移一定量的资源 $\tilde{U}$，该转移支付能使得落后地区参与分工，则意味着此时的效用要大于上述不分工时的效用。为了简化，我们假定市场整合即使完全的分工，而完全分工也意味着落后地区将资源全部分配 l 产品的生产，每期所生产的低技术产品的量都为1，而发达地区负责 h 产品的生产，第一期产量为 A，第

二期产量为 ϕA。产品市场的整合也意味着产品 l 和产品 h 在市场上可以自由交换，假定 l 产品的价格为1，h 产品的价格为 p（$p>1$），此时落后地区的效用为：

$$\begin{aligned} &\operatorname*{Max}_{c_1^h, c_2^h} u = c_1^h \cdot c_1^l + c_2^h \cdot c_2^l \\ &s.t \quad c_1^l + pc_1^h = 1 \\ &\qquad c_2^l + pc_2^h = 1 \end{aligned} \tag{6}$$

落后地区的效用为：

$$u = c_1^h = c_2^h = \frac{1}{2p} \tag{7}$$

同理，发达地区的消费和效用为：

$$C_1^h = \frac{A}{2} \qquad C_2^h = \frac{\phi A}{2} \qquad U = \frac{A^2 p}{4}(1 + \phi^2) \tag{8}$$

静态分工的条件下，落后地区的效用会受损，则以下条件要得到满足

$$\frac{1}{2p} \leqslant \frac{25}{64}, \text{即 } p \geqslant 1.28 \tag{9}$$

比较（3）式、（5）式、（7）式和（8）式得知，在分工和完全自由交易的情况下，落后地区的效用实际上是下降的，所以实行分割的政策是落后地区的理性选择，而发达地区则获得了分工产生的“干中学”效应所带来的全部收益，并且如果 h 产品的相对价格越高、初始技术水平越高、技术进步越快的话，发达地区在分工中所获得的收益也越多，这也说明分工的演化有利于发达地区生产新兴的高技术产品。而转移支付要使得两个地区都愿意融入到分工体系，则两者分工后的效用至少要大于各自的威胁点，即下式要满足：

$$\frac{25}{64} - \frac{1}{2p} \leqslant \tilde{U} \leqslant \frac{A^2 p}{4}(1 + \phi^2) - A\left(\frac{1}{2} + \frac{1}{8}\phi\right)^2 \tag{10}$$

上式说明当分权和自由市场同时存在的情况下，落后地区会理性地选择不分工，采取市场分割的战略以获取更多的收益。但是如果中央政府采用转移支付的政策，将一部分收益从发达地区转移到落后地区，则可以弥补落后地区在分工中的损失，使其融入到全国的分工体系中。并且由于相对价格、初始技术水平、技术进步率都大于1，上式也意味着地区间的技术差距越大，发达地区的技术进步越快，产品相对价格越高，要使得落后地区融入分工体系，进行转移支付的空间也会越来越大。这说明随着经济的发展，区域间平衡发展的目标将越来越容易达到，平衡的发展模式也必然会实现。不过上式右边意味着，转移支付的量不能超过发达地区的承受能力，否则这些地区会退回到没有分工的状态，反而会主动选择市场分割的策略。

三、市场分割与转移支付的演变

虽然关于中国国内市场整合的研究很多，不过不同研究得出的结论相差甚远，并且就方法本身来说也各有缺陷，生产法得出的结论很可能就是经济转轨的成功之处，而贸易法由于无法控制某些因素导致计算产生偏误，并且大部分的研究旨在讨论分割的严重性及趋势，并没有计算出一个一致性的指标（Naughton，1999；Xu，2002；桂琦寒，2006）。我们基于以下的理由采用“价格法”来度量市场分割程度：首先，该方法根据“冰山成本”理论计算出相对价格的波动，波动的变化则反映了市场分割的变化，该方法在一定程度上克服了其他方法的弱点；其次，价格法能够给出一个一致的估计，同时反映了商品市场和要素市场的整合程度；最后，该方法计算的指数是目前唯一可获得的面板数据。

不过为了稳健性考虑，在随后的计算中，我们将同时采用桂琦寒等（2006）和刘小勇等（2008）基于价格法所得出的指数值，这两个指数虽然采用同样的方法，同时考虑九大类商品的价格变化①，但数据跨度和计算覆盖的范围有差异，前者仅考虑了相邻省份的作用，即所谓的“以邻为壑”，而后者则考虑到整个国内市场，既符合“政治锦标赛”的假设②，也与庞塞特（Poncet，2003b）的结论相对一致，因而我们以后者为主。从图1可以看出，两者都显示了同样的趋势，在20世纪90年代中期之前，市场分割并无明显的缩小或者扩大迹象，不同年份之间波动巨大，然而自1994年以来，国内市场呈现明显的整合趋势，除了1997年由于外部金融危机导致分割行为的短暂加剧外，市场分割在其他年份都保持在一个较低的水平，特别是在1999年降到了历史的最低点。这说明20世纪90年代中期的某些政策使得地方政府放弃了各自为政的动机，更快地融入了全球和国内的市场分工。

不同经济发展水平的地区其分割程度也不一样，那些禀赋、地理条件类似的地区更加可能采取分割的策略，以期在“政治锦标赛”过程中获得更多的经济增长。我们在图2将全国分为沿海和内陆③省份分开考虑，以两地1985年的水平为基准进行标准化，这样做的目的是剔除掉各自初始条件的影响。我们发现两

---

① 这九类商品分别是：粮食、鲜菜、饮料烟酒、服装、鞋帽、中西药品、书报杂志、文化体育用品、日用品以及燃料。

② “政治锦标赛”意味着地方政府之间在获得晋升可能性时，上级政府考核的是相对指标，因而政府官员不仅仅是与相邻地区竞争，而是与全国同级政府竞争（周黎安，2004）。

③ 沿海地区为除广西外的其他沿海省份，内陆则是剩下的省份。

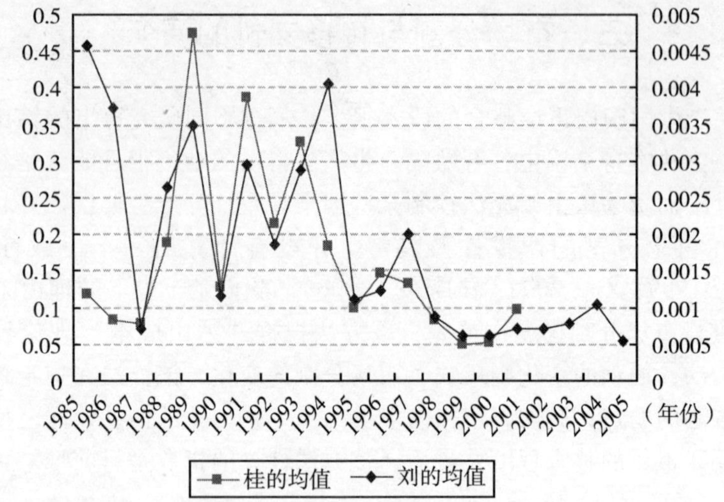

图 1　中国市场分割的变化趋势

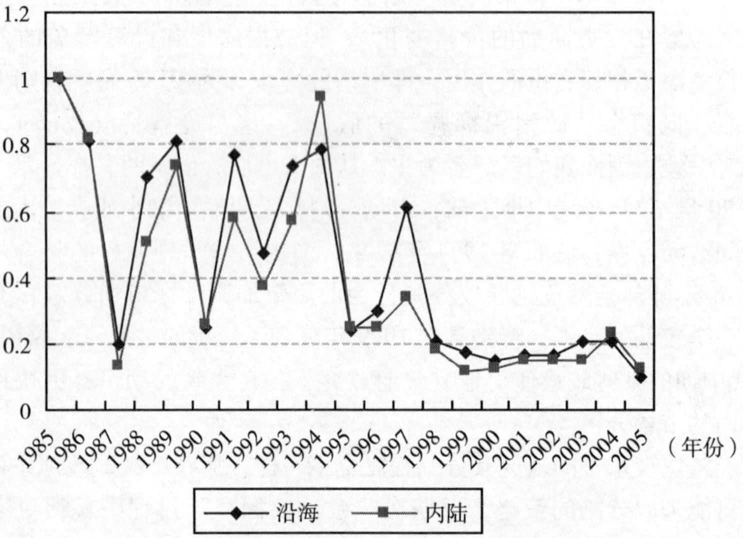

图 2　沿海和内陆地区的市场分割变化

者整体的趋势基本相同，都同时受外部经济环境的影响。然而自 1995 年开始，内陆的市场整合程度相对更高，仅为 1985 年的 1/4，1999 年更是降低到历史的最低水平，2003 年东部的市场分割程度相对前一年有较大幅度的上升，这可能与所得税的改革相关。2002 年的所得税分享改革对沿海地区的冲击更大，降低了地方政府从经济发展中可获得的好处①。

调整中央与地方政府关系的一个主要手段就是财政体制改革，财政体制改革则直接改变地方政府的行为，使其采取策略性分工或者相反的政策。而始于1994年的分税制改革使得“两个比重”——财政收入占GDP和中央财政收入占总财政收入的比重——得到提高，分别从1993年的11.2%和22%上升到2006年的18.5%和52.8%。中央政府有足够的能力来进行转移支付，从图3可以看出，以中央补助地方支出度量的转移支付在1994年之前非常少，1994年出现一个大的跳跃，这是由于分税制改革中的两税返还造成的，不过一直到1998年都增长缓慢。因而，我们也观察到虽然转移支付的总量在增长，不过其占地方政府财政支出的比重一直在下降，中央政府对地方政府的影响也随之下降。1999年出现第二个跳跃点，此后一直保持高速的增长（王绍光，2004），同时转移支付占地方政府支出的比重也随之上升，说明中央政府开始通过转移支付来影响各地的经济发展。大量的财政转移支付也是后来一系列改革有效推行的前提条件（王绍光，2004），如金融体系和国有企业的改革等都是在20世纪90年代中后期得以完成的。

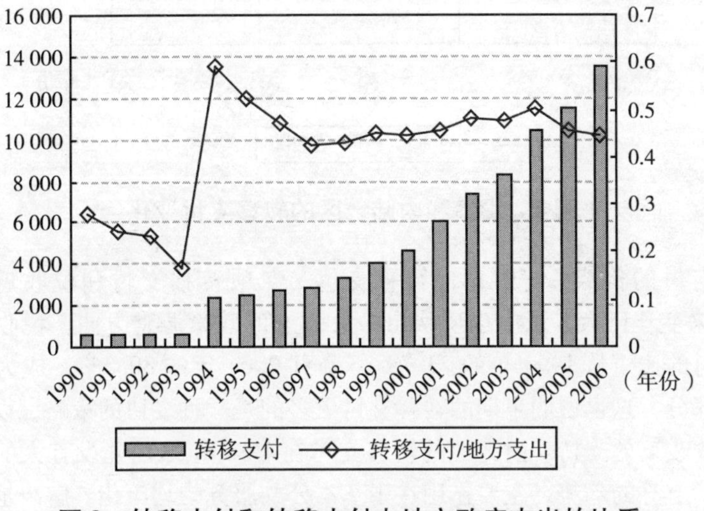

图3　转移支付和转移支付占地方政府支出的比重

在转移支付增加的同时，地区之间的差异也随之增加，内陆地区获得了更多的转移支付。我们在图4中分地区按照1995年的水平进行标准化，至2006年内

① 在所得税的改革方案中，曾明确提出中央增加的收入将主要用于中西部地区的转移支付，因而对中西部的影响相对较小。见《国务院关于印发所得税收入分享改革方案的通知》。

陆地区的转移支付增长了6.8倍，而同期沿海地区仅增长了3.6倍。并且两者之间的变化呈现阶段性特征，1999年之前两者几乎保持了同样的增速，说明当时的政策并没有区域性差异。而另一个转折点是2003年，2003年之后内陆地区所获得的转移支付以更快的速度增长，两者相对于基年的差距从2003年的1倍增长到2006年的3倍。这些变化与中央的区域性政策是相关的，1999年的“西部大开发”、2003年的“振兴东北老工业基地”和2004年的“中部崛起”，都伴随着对内陆省份的财政转移而力度加大。

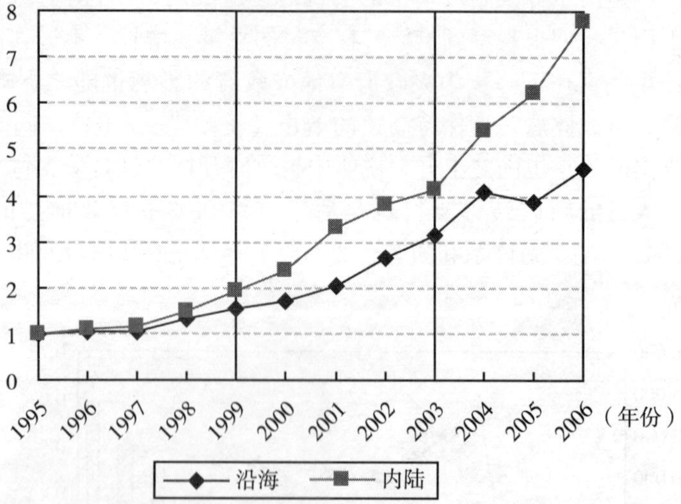

图4　沿海和内陆地区的转移支付变化

转移支付的构成——财力性转移支付、专项转移支付和税收返还——自1994年以来变化巨大，从中也反映出中央政府的政策调整方向，税收返还占全部转移支付的比重从1995年的73.7%下降到2004年的30.5%，成为三者中影响最低的部分，这也说明早期的转移支付更多的是一种妥协的策略，以争取地方政府对财政改革的支持。财力性的转移支付在1999年之前并没有大的变化，之后则保持了上升的趋势，主要作用在于基本公共服务的均等化，解决地方政府财政收支的缺口，并且财力性的转移支付有一套相对严格的计算制度，因而不会出现大的波动。专项转移支付的变化更加明显，自1995年以来一直在增长，目前已成为三者中最重要的部分，并且这部分转移支付更具政策导向性，因而可以对地方政府的行为产生更直接的影响。结合图4则说明，中央对不同地区的转移支付的增减，是通过不同的转移支付来实现的，通过减少税收返还降低对沿海地区的转移支付，而增加财力性转移支付和专项转移支付，对内陆地区进行财政上的扶持。

转移支付在时间和空间上的变化，与市场分割的变化较一致，然而到目前为止，我们并不知道转移支付是否真正导致了市场分割程度的下降，以及通过何种机制使得地方政府采取策略性分工的战略。

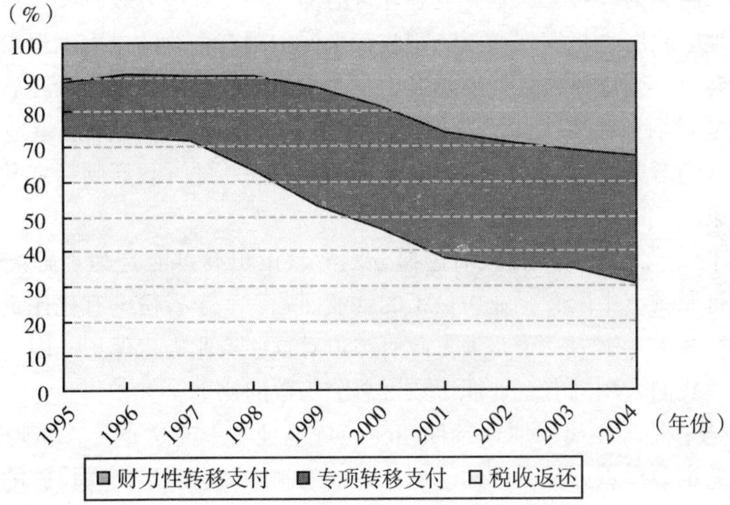

图 5　转移支付各组成成分的变化

四、模型与结果

基于以上的分析，我们采用如下的模型，其中 i 和 t 分别代表省份和年份：

$$Seg_{it} = \alpha_0 + \alpha_i + \sum \beta_k X_{it}^k + \gamma Tran_{it} + \varepsilon_{it}$$

其中：*Seg* 是市场分割指数，数值越大表明分割越严重，这里采用的是价格法计算的指数值。*Tran* 是中央对地方的转移支付，不过考虑税收返还的特殊性，我们除了采用中央补助占地方财政支出的比重来度量转移支付力度外，还将采用剔除掉税收返还之后中央补助占地方支出的比重，该比重考虑到各地方政府规模的大小，反映的是地方政府依赖于中央转移支付的程度。α_0 是常数项，α_1 是地区固定效应，用以控制诸如地理、初始条件等不随时间变化的因素。X 是控制变量，主要包括：

Techgap：技术差距。地区之间的技术差距是地方政府选择分割政策的主要约束，发达地区初始的技术水平越高，技术进步越快，落后地区逆转比较优势的收益则更大，因而更有激励采取不分工的策略，以期在未来获得更多的收益。由

于我们采用的两种指数的覆盖面有差异，因而本文分别采用两种方法来度量技术差距，一种是本省的人均 GDP 与全国人均 GDP 的比重，另外一种是本省人均 GDP 与周围各省人均 GDP 均值的比重。

Open：开放度。对外开放意味着融入全球的分工体系，地方政府将面对一个竞争性越来越强的环境，民营企业和外资的涌入将要求地方政府减少对经济的干预，同时地方政府也将发现通过分割政策来保护国有企业的成本也越来越高，因而经济越开放，则市场整合程度越高，本文采用外贸依存度来度量开放程度。

Govsp：政府财政支出扣除转移支付后占 GDP 的比重，用来衡量地方政府出于财政收入的考虑而实行分割的策略，该比重越高，地方政府则越有激励来实行分割的政策。

Soe：国有化比重。地方政府选择分割的政策也有可能是为了解决当地的就业，特别是原城市中国有企业中员工的就业问题，一个省份国有化比重越大，其产品也往往缺乏竞争力，于是地方政府被迫对这些行业进行保护，因而市场分割程度提高，我们采用国有企业职工数占总职工数的比重。

Distance：地理距离。地理条件在新经济地理学中非常重要，相距较远的两个地区必然也会严重分割，然而地理条件的限制往往会通过交通设施的改善得以缓解，所以我们采用骆许蓓（2004）计算的调整距离①来反映两地之间的交通成本。

Pgdp：人均 GDP。经济发展水平的阶段性会要求政府采取不同的政策，经济越发达，越需要一个自由竞争的市场，因而经济水平越高的地方，分割程度越低。

Fd：财政分权。已有的分权理论都指出分权会带来地方保护主义，因而分权的程度直接与市场分割正相关，我们这里按照常规的做法，利用地方政府预算内人均财政支出占全国预算内人均财政总支出的比重来表示分权的程度。

本文所使用的市场分割指数分别来自于桂琦寒等（2006）和刘小勇等（2008），税收返还、财力性转移支付和专项转移支付的数据来自于财政部预算司《地方财政分析资料（2004）》，其他数据分别来自于各年度的《中国统计年鉴》和《中国财政年鉴》。由于分省的财政转移支付的数据在 1995 年之后才可获得，同时市场分割指数到 2005 年截止，因而大部分的数据年限都是 1995 ~

---

① 调整距离具体来说分四步计算，首先计算地区 i 在年份 t 的公路网密度和铁路网密度，分别记为 DR_{it} 和 DF_{it}，定义该省份在年份 t 的交通网络密度 $D_{it} = a_{1t}DR_{it} + a_{2t}DF_{it}$；接着假设将产品从省份 i 运送到省份 j 需要途经 n 省份，定义省份 i 和省份 j 之间运输便利程度 $D_{ij,t} = \sum D_{it}/n$；接下来定义地区 i 和 j 之间运输距离 $Dist_{ij,t}$ 为其公路距离和铁路距离的加权平均值 $Dist_{ij,t} = a_{1t}DistR_{ij,t} + a_{2t}DistF_{ij,t}$；最后定义地区 i 和 j 之间调整距离 $Distance_{ij,t} = Dist_{ij,t}/D_{ij,t}$。

2005 年，但是细分的转移支付数据仅到 2004 年。样本中共有 28 个省、自治区和直辖市，其中重庆、海南和西藏三个地区由于数据不全而没有包含在内。我们在随后的估计中采用面板数据的方法，通过豪斯曼（Hausman）检验对固定效应和随机效应进行选取，仅报告选取之后的结果。

表 1 的描述性统计可以给我们一些直观的看法。市场分割不管是在 1999 年之前还是之后，东部地区都略高于内陆省份，这可能是因为东部地区的地理和资源禀赋条件更加接近，因而产业同构现象比较严重。转移支付表明地方政府的支出严重依赖于中央政府，平均来说，地方政府有超过一半的支出是来自于中央政府，并且转移支付呈现地域性和阶段性特征。1999 年之前，内陆和沿海所获得的转移支付差别不大，然而 1999 年之后绝大部分的转移支付增量给予了内陆省份，这实际上也间接说明地方政府所获得的转移支付时相对外生于自身的行为。税收返还的初衷是为了补偿发达地区的财政损失，因而沿海地区较内陆地区更多，但是专项转移支付和财力性转移支付则更多照顾了内陆地区，因而转移支付的地域特征是通过不同的转移支付项目实现的。技术差距可以看出沿海地区要远远高于内陆地区，开放度也同样如此。政府支出占 *GDP* 的比重平均为 6%，其中在 1999 年之前内陆地区较沿海地区更加依赖于当地的经济发展，而在 1999 年之后则相反，沿海地区的政府支出更依赖于当地的经济。内陆地区国有化的比重更高，当地政府负担了更多的就业压力，交通条件在内陆地区更差，沿海地区的经济发展水平和财政分权都相对更高。

表 1　　　　描述性统计指标

变量	全国	1999 年之前		1999 年之后	
		沿海	内陆	沿海	内陆
市场分割	0.093 (0.079)	0.155 (0.173)	0.116 (0.045)	0.076 (0.044)	0.069 (0.037)
转移支付	0.502 (0.142)	0.447 (0.119)	0.494 (0.090)	0.352 (0.097)	0.608 (0.102)
税收返还	0.225 (0.103)	0.363 (0.093)	0.285 (0.077)	0.201 (0.056)	0.148 (0.055)
专项转移支付	0.158 (0.101)	0.058 (0.024)	0.135 (0.050)	0.079 (0.060)	0.256 (0.074)
财力性转移支付	0.110 (0.101)	0.035 (0.032)	0.080 (0.093)	0.043 (0.042)	0.196 (0.084)
技术差距	1.133 (0.817)	1.826 (0.850)	0.687 (0.170)	1.978 (0.975)	0.697 (0.176)

续表

变量	全国	1999年之前		1999年之后	
		沿海	内陆	沿海	内陆
开放度	0.304 (0.415)	0.622 (0.517)	0.082 (0.028)	0.733 (0.483)	0.091 (0.037)
政府支出	0.060 (0.020)	0.047 (0.017)	0.055 (0.014)	0.071 (0.026)	0.061 (0.016)
国有化	0.703 (0.112)	0.667 (0.063)	0.797 (0.054)	0.566 (0.106)	0.737 (0.069)
距离	18461 (34635)	9551 (13233)	31296 (53058)	5938 (5510)	20912 (32582)
人均GDP	9784 (8203)	11027 (5390)	4146 (1144)	19853 (10879)	7018 (2614)
财政分权	0.906 (0.670)	1.381 (0.093)	0.659 (0.224)	1.315 (0.919)	0.668 (0.240)

注：括号中为标准差。

为了系数不至于太小，我们将所有的市场分割指数都乘以100。同时出于稳健性的考虑，我们分别采用四种方法来计算转移支付，Tran1－4分别为中央补助/地方财政支出、（中央补助－税收返还）/地方财政支出、中央补助/地方财政收入、（地方财政支出－地方财政收入）/地方财政支出。不同的度量方法得出了较一致的结果，在其他条件相同的情况下，转移支付力度的增大会带来市场分割程度的降低，这也说明中央对地方的转移支付间接促进了国内的市场整合。第四个回归采用传统的转移支付的度量方法（乔宝云等，2006），转移支付的系数也在5%的显著性水平下通过了检验。第五个回归中，我们采用桂琦寒等（2006）的指数，虽然转移支付没有通过显著性检验，但其P值也接近10%，并且符号依然为负，由于该指数只计算到2001年，自由度大大降低可能直接导致了变量不显著。

五个回归中其他变量的估计也基本一致，我们仅报告了通过Hausman检验的固定效应模型或随机效应模型。对外开放没有带来市场的整合，可能是因为一方面开放约束了政府行为，进而降低市场分割；另一方面对外开放又挤出了国内贸易（Poncet，2003b；黄玖立和李坤望，2006；陆铭和陈钊，2009），加剧了地区间的分割。政府支出占GDP的比重与市场分割指数显著负相关，可能是因为市场分割使得当期的经济增长受损（Poncet，2003a），进而减少了地方政府当期的收入，这与第二部分的结论一致，说明地方政府的市场分割行为更可能是为了未来的财政收入。技术差距与市场分割负相关，说明相对技术水平越低的省份越有激励实行分割的政策，以期在未来获得更多的财政收入。国有企业比重越高的省份，其市场分割也越严重，政府出于就业的考虑需要给当地没有竞争力的企业予以保护，加剧了市场分割。财政分权程度与市场分割显著正相关，符合已有关于分权的研究，财政分权给予地方政府经济激励来实行分割的政策。

表 2　　　　模型的基本计算结果

变量	因变量：刘的指数 1995 ~ 2005 年				桂的指数 1995 ~ 2001 年
	(1) FE	(2) FE	(3) RE	(4) RE	FE
Tran1	-0.187*** (0.068)				-16.300 (10.742)
Tran2		-0.142*** (0.048)			
Tran3			-0.036*** (0.010)		
Tran4				-0.139** (0.056)	
Open	0.022 (0.045)	0.003 (0.050)	0.049*** (0.018)	0.042** (0.020)	-5.259 (8.489)
Govsp	-1.600*** (0.481)	-0.978** (0.450)	-1.021*** (0.336)	-0.9573* (0.306)	-247.081** (-107.073)
Techgap	-0.162** (0.065)	-0.380*** (0.106)	-0.066** (0.030)	-0.039 (0.030)	-57.168*** (17.107)
Soe	0.326** (0.153)	0.537*** (0.177)	0.120* (0.073)	0.154** (0.073)	69.811** (31.262)
Fd	0.082* (0.043)	0.093** (0.046)	0.111*** (0.028)	0.077*** (0.025)	17.515** (7.035)
Pgdp	0.000 (0.000)	0.000*** (0.000)	0.000 (0.000)	0.000 (0.000)	0.002*** (0.000)
Distance	-0.000 (0.000)	-0.000 (0.000)	-0.000 (0.000)	-0.000 (0.000)	0.000 (0.000)
Hausman P	0.054	0.037	0.318	0.166	0.000
组内 R^2	0.176	0.174	0.157	0.139	0.208
obs	308	280	308	308	196

注：括号中为标准误，*、** 和 *** 分别表示 10%、5% 和 1% 的显著性水平。

由于转移支付呈现阶段性和区域性特征，东部地区的转移支付越来越少，而内陆则逐渐增加，同时其他变量在不同地区的表现也不同，这种区域性特征可能使得上述的简单估计掩盖了其他信息，因而我们在表3中进行分地区的计算。我们发现转移支付在东部并没有带来市场整合，并且开放度越高地区越是实行市场分割，这一结论与陆铭和陈钊（2009）的结论一致，说明沿海地区确实在利用开放带来的国际贸易替代国内贸易，并且牺牲当期的政府支出，以换取未来更多的财政收入。而内陆地区的转移支付与市场整合的关系符合前面的假说，给予落后地区更多的转移支付可以有效地使得这些地区融入分工体系，这意味着增加内陆地区转移支付1个百分点，可以使得其市场分割程度从目前的水平下降5%①；内陆地区的技术差距的作用与其他地区相反，技术水平越先进的地区反而主动分割市场。直辖市与其他地区往往在政策上有很大的差异，因而我们在第三个回归中剔除直辖市的样本，发现其结果与第二个回归基本类似，不过转移支付的系数变小了，而技术差距的效应则更强。另外，1999年开始实行的地区性发展战略，此后大量的转移支付开始倾斜于内陆地区，因而转移支付1999年前后的作用也会发生变化，我们在第四个回归中加入了分税制与转移支付的交互项，发现转移支付本身并不显著，而交互项此时却非常显著，这也说明转移支付对市场整合的作用与分税制密切相关，转移支付仅仅是在分税制之后才有效地缓解了地区间的分割行为。

表3　　　　分地区的计算结果

变量	(1) 沿海 RE	(2) 内陆 FE	(3) 非直辖市 FE	(4) 全国 FE
Tran1	-0.179 (0.174)	-0.402*** (0.073)	-0.274*** (0.050)	-0.071 (0.104)
D95 * Tran1				-0.066** (0.028)
Open	0.078** (0.038)	0.282 (0.174)	0.046 (0.057)	0.011 (0.050)
Govsp	2.442* (1.352)	-1.885*** (0.499)	-2.291*** (0.409)	-1.149* (0.658)

① 每增加一个百分点的转移支付，则市场分割指数下降0.402，占内陆地区平均水平0.86的5%。

续表

变量	(1) 沿海 RE	(2) 内陆 FE	(3) 非直辖市 FE	(4) 全国 FE
Techgap	-0.122	0.523***	-0.418***	-0.394***
	(0.079)	(0.149)	(0.100)	(0.108)
Soe	0.228	0.171	0.122	0.454**
	(0.180)	(0.147)	(0.120)	(0.179)
Fd	0.138**	0.118**	0.154***	0.080*
	(0.065)	(0.059)	(0.046)	(0.048)
Pgdp	0.000	0.000***	0.000***	0.000***
	(0.000)	(0.000)	(0.000)	(0.000)
Distance	0.000	-0.000	-0.000	-0.000
	(0.000)	(0.000)	(0.000)	(0.000)
Hausman P	0.473	0.000	0.000	0.004
组内 R^2	0.144	0.262	0.240	0.194
obs	110	198	275	308

注：括号中为标准误，*、** 和 *** 分别表示 10%、5% 和 1% 的显著性水平。

转移支付与市场整合的关系在分税制前后呈现阶段性特征，这可能与转移支付细分项目的不同时间趋势有关。在分税制实施初期，为了改革能够顺利推行，中央政府给予各地大量的税收返还，以保证这些地方的财政收入不低于改革之前的水平，不过税收返还在转移支付中的比重逐年下降。而另外两项转移支付——财力性转移支付和专项转移支付——的拨付机制也不相同，前者有一套相对严格的制度，因而地方政府可以预期。由于各项转移支付的制度相差较大，其对市场整合的作用也会有差异，两税返还和财力性转移支付属于无条件的转移支付，相当于直接增加地方政府的财力，而专项转移支付则要求地方采取一些行动以配合中央的政策。表 1 的统计性描述也证实，在 1999 年之前沿海地区相对于内陆有更多的税收返还，不过两者的差距在 1999 年之后开始缩小，而内陆地区所获得的另外两种转移支付却越来越多。接下来我们分别对不同的转移支付项目的作用进行计算。

从表 4 可以看出，所有的回归都支持固定效应模型，财力性的转移支付对市场分割的作用不明显，这可能是因为地方政府将这部分转移支付视同本级财政收入，并且可以完美预期，所以其行为并没有因此而改变。专项转移支付能够显著降低市场分割程度，这在是否控制其他转移支付的情况下都成立，表明专项转移支付能够带来市场整合，在第四个回归中可以看出，专项转移支付的作用最显著也最大。在不控制其他类别的转移支付时，税收返还会直接加剧市场分割，这可能是因为税收返还占地方支出的比重下降较快的地区，往往是经济发展较快的东部沿海地区，而这些地区的市场分割程度较低，因而从统计上税收返还与市场分割指数呈正比关系；而在控制财力性和专项转移支付时，更多的税收返还则会降低市场分割程度。

我们在第五和第六个回归中分别仅对内陆省份和非直辖市的地区进行回归。我们发现专项转移支付在内陆省份的作用最大，每增加一个百分点的专项转移支付，可以使得市场分割下降7%，同时我们还发现财力性转移支付和税收返还在内陆地区都能显著降低市场分割。剔除直辖市的回归则仅发现专项转移支付具有显著作用，与第四个回归相比，说明转移支付对直辖市的作用主要通过税收返还。表4的其他变量的估计结果与表2基本一致，这也间接表明我们的估计是较稳健的。

对比上述的回归发现，中央对地方的转移支付随着时间而变化，通过逐渐增加自主性的财力性转移支付和专项转移支付，同时减少税收返还，以加大对内陆地区的财力支持，这些政策使得落后地区采取合作的策略，显著降低了各自的市场分割，20世纪90年代中后期以来内陆地区的市场整合也主要缘于专项转移支付的增加。而在所有的回归中，财政分权都显著加剧了市场分割，说明过度的分权并不利于区域的市场整合。

表4　　转移支付细分项目的计算结果

变量	(1) FE	(2) FE	(3) FE	(4) FE	(5) 内陆省	(6) 非直辖市
Trangene (财力性转移支付)	-0.118 (0.083)			-0.116 (0.115)	-0.363*** (0.108)	-0.101 (0.070)
Transpeci (专项转移支付)		-0.306*** (0.082)		-0.516*** (0.127)	-0.629*** (0.120)	-0.431*** (0.085)
Tranrew (税收返还)			0.156* (0.093)	-0.371** (0.174)	-0.535** (0.214)	-0.162 (0.129)
Open	0.013 (0.050)	0.004 (0.049)	0.009 (0.051)	0.013 (0.049)	0.176 (0.191)	-0.019 (0.057)

续表

变量	(1) FE	(2) FE	(3) FE	(4) FE	(5) 内陆省	(6) 非直辖市
Govsp	-0.927**	-0.959**	-0.564	-2.193***	-2.493***	-2.061***
	(0.457)	(0.445)	(0.559)	(0.719)	(0.658)	(0.539)
Techgap	-0.328***	-0.365***	-0.327***	-0.391***	-0.593***	-0.424***
	(0.107)	(0.102)	(0.104)	(0.105)	(0.144)	(0.097)
Soe	0.582***	0.574***	0.564***	0.573***	0.235*	0.188*
	(0.181)	(0.172)	(0.180)	(0.177)	(0.138)	(0.114)
Fd	0.087*	0.097**	0.087*	0.111**	0.172***	0.180***
	(0.047)	(0.046)	(0.047)	(0.046)	(0.060)	(0.046)
Pgdp	0.000***	0.000***	0.000***	0.000**	0.000**	0.000***
	(0.000)	(0.000)	(0.000)	(0.000)	(0.000)	(0.000)
Distance	-0.000	-0.000	-0.000	-0.000*	-0.000	-0.000
	(0.000)	(0.000)	(0.000)	(0.000)	(0.000)	(0.000)
Hausman P	0.018	0.027	0.036	0.011	0.035	0.020
组内 R^2	0.151	0.191	0.153	0.202	0.220	0.193
obs	280	280	280	280	180	250

注：括号中为标准误，*、** 和 *** 分别表示 10%、5% 和 1% 的显著性水平。

由于各变量的标注差不同，意味着不同政策可供操作的空间也有差异，因而上述回归的系数并不能用来评价不同政策的取舍，我们依据表 2 的第一个回归和表 4 的第四个回归为标准，计算了各变量的 β 系数，该值是经过标准化的变量重新回归之后的系数值，剔除了各变量在标准差上的差异。表 5 的结果表明，每增加一个标准差的转移支付力度，能够使得市场分割降低 0.337 个标注差，而如果可以限制地方政府干预经济的能力，每降低一个标注差的分权，能够使得市场分割下降 0.697 个标注差，即改变分权所带来的政策效应要远大于纯粹的转移支付。即使是细分了转移支付的结构，这一结论依然成立，专项转移支付的作用最大，每增加一个标准差的专项转移支付能够使得市场分割下降 0.58 个标准差，但远低于改变分权程度的效应。

表5 各指标的β系数值

变量	(1)	(2)
Tran1	-0.337***	
Trangene		-0.095
Transpeci		0.580***
Tranrew		0.379*
Open	0.114	0.018
Govsp	-0.403***	0.393***
Techgap	-1.676**	-3.65***
Soe	0.466**	0.818***
Fd	0.697*	0.851**
Pgdp	0.258	0.774**
Distance	-0.19	-0.300*

注：*、**和***分别表示10%、5%和1%的显著性水平。

五、结论及政策建议

斯密定理说明随着市场的扩大，分工会得到发展，进而促进经济的发展，李嘉图的比较优势理论在此基础上进一步发展，遵循比较优势是各国和地区最优的选择，然而现实中不参与分工的例子比比皆是。从动态的角度来看，不参与分工的动机可能是为了在未来逆转不利的比较优势，获得“动态比较优势”，即使最终失败了，也能获得更大的谈判能力，分享到更大的好处。因而如果存在一个强大的中央政府，通过财政体系将一部分好处从发达地区转移给落后地区，则会降低落后地区进行市场分割的动力，使之融入整体的分工体系，从长期看更是一个双赢的过程。

始于20世纪80年代初期的财政分权对中国的经济增长有不可磨灭的贡献，中央政府将事权和财权下放到地方政府，地方政府有足够的经济激励来发展本地经济，然而同时也不可避免地采取了地方保护主义政策，重复建设和市场分割严重，同时区域和城乡差距也随之扩大。1994年的分税制开始将财权集中，两个比重也随之提高，中央政府有足够的能力来进行宏观调控和推行市场化建设，出于平衡区域经济的考虑，1999年开始实行“西部大开发”战略，其中一个具体的措施就是通过财政转移支付来实行区域的平衡发展。这一措施虽然并没有带来地区经济的收敛，也没有显著促进中西部地区经济的快速增长（马栓友和于红霞，2003；张军和范子英，2009），但间接使得这些地区放弃地方保护主义策略，分工得以在全国水平上演进，提高了经济整体的效率。

而细分转移支付项目时，财力性的转移支付并没有带来市场分割的改善，可能缘于其可以被地方政府预见，地方政府将这一转移支付与财政收入等同看待，因而也不会改变地方政府的行为。专项转移支付往往要求地方政府进行配套的行为，那些依赖于专项转移支付的地区，其市场分割程度也较低，相比于其他转移支付，专项转移支付的作用最显著也最大。税收返还的作用比较模糊，同时其在转移支付中的比重也会越来越小。这些说明，条件性的转移支付除了直接带来地方政府财力的增加外，还会加大地方政府的合作意愿，显著降低其市场分割的动机。而分权与市场分割的正向作用则说明，在无法大量增加转移支付的条件下，需要适当降低地方的财政分权，减少其干预经济和分割市场的激励和空间，促进经济在区域内和区域间合理发展。并且，我们的计算结果也表明分权改革的效应优于转移支付的增加。

参考文献：

［1］陈敏、桂琦寒、陆铭、陈钊：《中国的经济增长如何持续发挥规模效应？——经济开放与国内商品市场分割的实证研究》，载于《经济学（季刊）》，2007 年第 7 卷第 1 期。

［2］白重恩、杜颖娟、陶志刚、仝月婷：《地方保护主义及产业地区集中度的决定因素和变动趋势》，载于《经济研究》，2004 年第 4 期。

［3］范子英、张军：《财政分权与中国经济增长的效率》，载于《管理世界》，2009 年第 7 期。

［4］桂琦寒、陈敏、陆铭、陈钊：《中国国内商品市场趋于分割还是整合？——基于相对价格法的分析》，载于《世界经济》，2006 年第 2 期。

［5］黄玖立、李坤望：《出口开放、地区市场规模和经济增长》，载于《经济研究》，2006 年第 6 期。

［6］刘小勇、李真：《财政分权与地区市场分割实证研究》，载于《财经研究》，2008 年第 2 期。

［7］陆铭、陈钊：《分割市场的经济增长——为什么经济开放可能加剧地方保护?》，载于《经济研究》，2009 年第 3 期。

［8］陆铭、陈钊、严冀：《收益递增、发展战略与区域经济的分割》，载于《经济研究》，2004 年第 1 期。

［9］陆铭、陈钊、杨真真：《平等与增长携手并进》，载于《经济学（季刊）》，2007 年第 6 卷第 2 期。

［10］骆许蓓：《基础设施投资分布与西部地区经济发展——论交通运输枢纽的作用》，载于《世界经济文汇》，2004 年第 2 期。

［11］马栓友、于红霞：《转移支付与地区经济收敛》，载于《经济研究》，2003 年第 3 期。

［12］乔宝云、范剑勇、彭骥鸣：《政府间转移支付与地方财政努力》，载于《管理世界》，2006 年第 3 期。

［13］王绍光：《顺应民心的变化：从财政资金流向看中国政府政策调整》，载于《战略与管理》，2004 年第 2 期。

［14］王永钦、张晏、章元、陈钊、陆铭：《中国的大国发展道路——论分权式改革的得失》，载于《经济研究》，2007 年第 1 期。

［15］张军、周黎安：《为增长而竞争：中国增长的政治经济学》，上海人民出版社 2008 年版。

［16］张军、范子英：《中国如何在平衡中牺牲了效率：转移支付的视角》，复旦大学中国社会主义市场经济研究中心工作论文，2009 年。

［17］郑毓胜、李崇高：《中国地方分割的效率损失》，载于《中国社会科学》，2003 年第 1 期。

［18］周黎安：《晋升博弈中政府官员的激励与合作——兼论我国地方保护主义和重复建设问题长期存在的原因》，载于《经济研究》，2004 年第 6 期。

［19］Naughton，Barry，1999，“How Much Can Regional Integration Do to Unify China's Markets?” paper presented for the Conference for Research on Economic Development and Policy Research，Stanford University.

［20］Parsley，David C. and Shang-Jin Wei，2001，“Limiting Currency Volatility to Stimulate Goods Market Integration：A Price Based Approach，” NBER Working Paper 8468.

［21］Poncet，Sandra，2003a，“Domestic Market Fragmentation and Economic Growth in China”，mimeo.

［22］Poncet，Sandra，2003b，“Measuring Chinese Domestic and International Integration”，*China Economic Review*，Vol. 14（1），pp. 1－21.

［23］Redding，S.，1999，“Dynamic Comparative Advantage and the Welfare Effects of Trade”，Oxford Economic Papers，Vol. 51，pp. 15－39.

政策扭曲与过度竞争：中国出口扩张的决定因素及其绩效分析

■叶　蓁*

一、引　言

本文旨在探讨决定我国出口贸易扩张的经济因素，并对出口贸易扩张的经济绩效进行计量考察。自改革开放以来，我国经济三十多年的经济发展的一个重要渠道就是通过以出口导向的贸易政策而带动工业化和城市化的提升，这种发展模式具有的一个重要特点：用强劲的出口需求替代萎靡的内需以支撑快速的经济增长①。但这种发展模式的可持续性受到了很多学者的质疑，在实际经济发展中也遇到了很多问题：从出口产品升级来看，无论是出口产品的技术知识含量，还是产品附加价值增值，都没有得到迅速的提升，反而有恶化的趋势。中国出口国际竞争力强的产业附加价值因国际竞争激烈，一直在不断地下降，增加值率从1981年的0.48下降到2003年的0.3384[1]（如初级资源、鞋类、服装、玩具、家具、消费类电子等传统的劳动密集型产业）。从环境污染看，有关FDI对我国污染的研究都表明了“污染天堂”假说在我国的成立，环境管制标准对外商直接投资的失效被认为是贸易冲击环境质量的重要原因[2]。从流动性过剩来看，大量的出口为我国带来了巨额的外汇储备，到2006年我国的外汇储备以跃居世界首位，这种外汇储备增长会让货币当局为国内经济带来增发，从而存在流动性

* 叶蓁，南京大学经济学院博士生，研究方向：产业理论、国际贸易与公司金融。

① 这种出口导向政策以政府对国内市场保护和低估本币的汇率实现对出口的推动，也被新经济理论称为“新重商主义”。

过剩和潜在通胀压力的风险[3]。从目前的实际经济情况看，这种扩张出口的风险更加一览无遗：自 2007 年以来，国际油价和原材料价格上涨、国内《新劳动法》带来的劳动力成本上升、人民币升值带来出口利润骤减，以及国际金融市场恶化带来的外需减速和信用风险等问题都使得我国出口行业面临着一个前所未有的“寒冬”季节。

因此，笔者认为十分有必要对我国出口贸易扩张的形成及其影响进行深入的分析，为我国经济增长方式由出口拉动型向内需拉动型转变提供政策依据。笔者提出出口扩张蕴含的经济风险问题，并不是要指责这种以出口推动发展的战略选择，而是就我国如何从贸易大国向贸易强国转变进行思考。而这涉及两个方面的问题：第一，我国现有的贸易扩张机制是如何形成的？第二，这种贸易扩张态势下的经济绩效如何？带着这两个问题，本文首先对已有文献进行了梳理，并给出了新的理论解释，在此基础上进行了经验验证，最后给出了结论和政策建议。

二、文献综述

本研究的研究问题涉及国际贸易理论中最重要的三个问题之一，即“交易多少”的问题。目前的文献多从宏观的角度，利用传统的国际贸易理论来解释我国的贸易现象。对我国贸易扩张问题的研究主要有两大主线：一是，林毅夫等人所强调的比较优势理论。他们认为，中国是初级要素特别是劳动资源丰富而资本要素稀缺的国家，因此，开放战略应该把自己定位于专业化生产初级要素的产品，利用比较优势使其出口具有国际竞争力[4]。另外一个视角就是将我国的贸易增长置于全球化的背景中考察。在全球化背景下，激烈的产业内竞争使跨国公司以两种形式进行对全球价值链的分解：一是由跨国企业通过外商直接投资来实现跨越国界的分离；二是，通过原始装备制造、原始设计制造等方式进行外包来实现。而正是这两种全球价值链分工方式在我国的衍生，带来了我国贸易的扩张[5]。

其他的已有研究角度不一，并没有形成一个整体框架。如江小涓（2002）认为，中国出口的快速扩张是与 FDI 的大量涌入密切相关，外商投资企业是推动中国出口扩张，影响中国对外经济行为与绩效的重要力量[6]。贺灿飞和魏后凯（2004）的结论也支持这类观点，其分析认为外资企业和产业在空间上的集中促进了外商制造企业的出口，尤其是亚洲投资者和采用劳动密集型生产工序的企业更倾向于出口[7]。朱希伟和金祥荣（2005）从国内市场分割的角度解释我国出口扩张。分析认为，中国出口企业行为之所以不同于经典国际贸易理论模型，是由于中国国内市场存在严重的地方保护主义，这种市场分割现象直接导致国外市场进入成本低于本国外地市场进入成本，使得本土企业既无法依托国内市场发挥规模经济，同时又面临高昂的地区市场进入成本，从而出现了中国本土企业“宁出口不内销”的反常现象。[8]廖涵（2005）则将中国贸易量增长归结为跨国公司的推动，即跨国公司出于经营一体化和防止技术优势扩散之考虑，往往更多地从公司内部或母国采购中间品，同时由于我国国内企业缺乏适当的激励机制和畅通的融资渠道生产中间产品，国产中间品规格和质量不稳定达不到出口品的生产要求。加上我国现行的加工贸易政策偏向鼓励加工贸易中间品进口而不利于从本地采购等原因，使得我国加工贸易发展迅速，在外贸中所占比重大[9]。谢建国（2005）从FDI和外汇汇率的角度研究了我国贸易增长问题[10]；钟昌标（2007）在纳入行业因素之后，考察了各种影响因素对电子行业出口的影响，其研究表明来自港澳台的FDI和规模经济对出口有正向作用，国有资本份额与出口负向相关，而资本密集度、研发和人力资本并不是影响中国电子行业出口的重要因素[11]。江小娟（2007）从出口商品结构的问题出发，讨论了诸如市场竞争、产能扩张、市场需求等因素的影响[12]。杨汝岱（2008）则考察了诸如技术升级、所有制结构、贸易方式、行业发展前景、行业盈利能力和国际贸易形势等因素对出口增长的影响[13]。张杰、刘志彪和张少军（2008）则认为国内信用制度缺失是我国本土企业出口扩张的重要原因，相比国外市场的预付货款、付款及时、设备供应、批量大且稳定等优势，国内市场的信用制度缺失致使我国本土企业“舍近求远”，从而放弃国内市场反而供货国外[14]。

笔者认为，之前的这些研究并没有提供一个完整的关于出口增长的分析框架，多数分析更注重外部全球化带来的价值链分解或FDI，而没有将研究重点放在国内市场环境上。实际上，一旦一国出口商品结构被确定后，出口量则取决于国外的市场需求和国内市场供给两个方面（遵循“短边规则”），结合我国的实际情况，笔者拟构建一个包括市场需求、供给以及政府调控等因素的整体框架，以考察我国出口扩张的成因及其经济绩效。

三、决定中国出口扩张的经济因素分析

企业出口决策及其实现一定是受到经典的供给、需求、动态演化和外部环境四方面的影响，因此笔者在控制行业、地区因素后，主要考察市场需求、供给以及政府政策影响三类因素对出口扩展的影响。具体分析如下：

静态价格竞争。江小娟（2007）认为，激烈的市场竞争会通过压缩超额利润率，迫使行业内企业倾向于寻求国外市场[12]。实际上市场竞争对出口促进还有另一渠道，经典的微观经济理论分析认为，完全竞争的市场结构下其行业产出规模一定是最优的，而这从另一个侧面为出口扩张提供支撑。从我国的实际情况

来看，出口行业的激烈竞争正是以低价格、高产量为核心的，在国际市场上令对手恐慌的“中国价格”和令买家欣喜的“中国制造”正是我国出口行业处于低端竞争的表现。

静态产量竞争。无论是从国外还是从国内对出口行业的观测来看，出口行业都表现出强大的生产能力和规模效应，安特拉（Antràs，2003）对美国出口企业的观察发现出口企业的平均规模是非出口企业的4.8倍[15]，国内的江小娟（2007）也认为出口比例确定时，产业规模对出口会产生正向作用，并认为在产业和技术成熟时，规模经济会持续对出口竞争力产生影响[12]。自告别短缺经济以来，我国任何有关经济过热的表现几乎都是来自于狂热的投资行为，同时在城乡二元结构条件下我国拥有几乎无限大的劳动力供给，当资本和劳动力天然地结合到一起，尤其对于处于全球化国际制造业重心转移的趋势下的我国出口行业而言，其产能扩张必然是成就出口扩张的重要影响因素。

市场需求容量。在面临大容量的市场需求时，供给可以完全被容纳。我国出口扩张路径的一个重要特点就是用出口需求替代萎靡的内需来支撑快速扩张。这与克鲁格曼（Krugman）提出的“母市场效应”（HME）理论完全相悖。该理论认为一国出口的应是本国具有较大国内市场效应的产品，出口企业不仅在本国市场有销售行为，而且占领本国市场使企业发挥规模经济。朱希伟等（2005）认为，由于国内市场的分割导致国内市场需求不足，才使得HME效应没有在我国出现[8]，实际上不应简单地将问题归结于此。首先，国内市场需求不足不仅因为存在市场分割，如由于国内居民对医疗、房价和教育的高支出、预防性储蓄以及中间品需求不足①；其次，相比国内需求不足，强劲的国外需求对出口的影响更为重要。

从我国政府对外开放的政策来看，其“出口导向政策”主要体现为：鼓励外资和私营经济的发展、出口退税和降低行业中的国有资本比重[16]，所有政策最后形成的合力就是鼓励企业进入出口市场。以出口退税为例。自“汇改”以来，大幅度地扩大出口退税范围和提高退税率使得企业利润空间延伸，这种退税政策是“新重商主义”的重要特征。这种政策的支撑带来了大幅度的贸易扩张，但同时也使得出口模式自身成为一种扭曲行为。从过去日本和中国台湾的经验来看，由于未能及时调整汇率和贸易形成机制的市场化进程从而导致了1997年的东亚危机的爆发，这种政策“支持”带来的过度进入局面是不可避免的。对李玉红（2008）2000~2005年间企业进入退出的研究结果，笔者发现企业净流入

① 处于价值链高端的跨国公司拥有对中间投入品的高额需求，而我国国内企业多属于价值链低端，只是从事低附加值产品的生产，并未产生过多的中间品需求。

数量最高的三个行业——纺织业、普通设备制造业和化学原料制造业（分别高达11 832家、10 018家和7 279家，占据制造业比重分别达到了9.4%、8%和7.1%）恰恰是出口重点行业[17]。

笔者将这些决定因素进行归纳，并按照能有效表达各因素的内涵和数据可以获得的原则，笔者选择出若干代表性指标，结果如表1所示。

表1　　我国出口的决定因素和代表性指标

市场因素	$X1$	价格竞争	行业利润率
	$X2$	产能竞争	固定资产净值增速
	$X3$	市场需求	行业销售产值增速
政府主导因素	$X4$	行政壁垒	实收资本中国家资本比重
	$X5$	鼓励外资	总产值中外资企业比重
	$X6$	鼓励私营	总产值中私营企业比重
	$X7$	出口退税	出口退税总额占利润比重
控制变量	$X8$	地区因素	总产值中东部地区比重
	$X9$	行业因素	行业人均资本存量

表中地区因素和行业因素为控制变量，无论是地区因素还是行业因素对我国出口均产生了重要的作用。从地区因素来看，2001年上海、江苏、广东和福建的出口总值占到全国的62.31%，整个东部地区则占到91.7%，这种集聚效应对出口的强化效应是明显的。从空间经济学的研究成果来看，集聚与出口的关系并非简单的因果关系，它们之间存在着互动机制。出口行为会引发企业在区位选址上的一致性，同时通过信息共享、知识外溢等渠道，集聚效应也会强化企业的出口行为。从行业因素来看，林毅夫所强调的比较优势也是我国出口贸易扩张的一个重要因素；江小娟（2007）的研究也证实了人均固定资产净值越低即劳动密集程度愈高，该产品的出口增长率就愈高[12]。但由于文章并不打算对这两类因素进行详细考察，故将其作为控制变量纳入最后的回归方程。

四、实证分析

（一）数据来源

文中数据来源于历年《中国经济统计年鉴》、《中国工业统计年鉴》、世界贸易组织网站、中国商务部网站和国研网网站。其中，出口退税总额先按商品计算，按商品分类计算得到退税比例，再计算对应行业的退税比重①，年份跨度为1999~2006年，采取行业分组（剔除了统计口径不同的木材及竹材采运业、其他采矿业、工艺品及其他制造业和废弃资源—废旧材料回收加工业，保留了17个出口重点制造行业）②。所有统计量描述见附录。

（二）模型设定

本文的研究集中于工业行业的出口扩张，利用17个行业在1999~2006年间的数据进行面板数据分析，笔者构建如下基本计量模型：

$$y_{it} = \beta x_{it} + \varepsilon_{it} \tag{1}$$

其中：下标 i 表示行业，t 表示年份；y_{it} 表示第 i 个行业在 t 年份的出口增速，x_{it} 表示影响出口扩张的因素，ε_{it} 表示为随机误差项。从计量方法的角度来看，考虑面板数据中的自相关和异方差问题，我们采取面板校正标准误差（Panel Corrected Standard Errors，PCSE）方法进行估计。

（三）估计结果及其分析

模型Ⅰ、Ⅱ和Ⅲ没有考虑政府政策变量（X7），考虑到变量X4、X5和X6之间的共线性，我们分别采取三次估计考察；模型Ⅳ、Ⅴ和Ⅵ则包含了变量X7。笔者将模型最终的估计结果总结如表2所示。

表2　模型估计结果

	Ⅰ	Ⅱ	Ⅲ	Ⅳ	Ⅴ	Ⅵ
X1	-8.961 (-1.56)	-21.131*** (-4.96)	-13.642* (-4.37)	-24.323*** (-5.11)	-30.587*** (-7.22)	-24.867*** (-7.24)
X2	0.539*** (11.38)	0.626*** (14.51)	0.864*** (24.89)	0.217*** (3.78)	0.35*** (5.77)	0.459*** (5.7)

① 食品加工和食品制造业2004年之前为5%，之后调整为13%；纺织业1999年为15%，2001~2004年为17%，之后为13%；服装、纺织服装、鞋、帽制造业2004年之前为17%，之后为13%；文教体育用品制造业、化学原料及化学制品制造业和塑料制品业一直为11%；金属类行业2004年之前为13%，之后为8%；机电行业2004年之前为17%，之后为13%。

② 选择的标准是出口量占行业产出比重较大、相关时期内出口数量变化明显、数据齐全可靠。17个行业分别是：食品加工业、食品制造业、纺织业、服装及其他纤维制品制造业、皮革、毛皮、羽绒及其制品业、文教体育用品制造业、化学原料及化学制品制造业、塑料制品业、非金属矿物制品业、黑色金属冶炼及压延加工业、有色金属冶炼及压延加工业、金属制品业、普通机械制造业、专用设备制造业、交通运输设备制造业、电气机械及器材制造业、电子及通信设备制造业。

续表

	Ⅰ	Ⅱ	Ⅲ	Ⅳ	Ⅴ	Ⅵ
*X*3	3.683*** (4.25)	2.801*** (4.69)	2.52*** (3.93)	3.302*** (5.09)	2.697*** (5.41)	2.211*** (4.38)
*X*4		−3.38*** (−8.38)			−2.618*** (−5.87)	
*X*5			3.78*** (11.31)			2.438*** (6.35)
*X*6			2.975*** (4.86)			3.003*** (6.24)
*X*7				0.02*** (8.39)	0.016*** (6.02)	0.014*** (5.59)
*X*8	5.374*** (17.18)	3.64*** (14.02)	2.048*** (10.54)	3.419*** (12.12)	2.477*** (11.02)	1.896*** (10.91)
*X*9	0.005 (0.03)	0.279*** (2.67)	−0.243 (−1.72)	−0.482*** (−3.98)	−0.169 (−1.46)	−0.315 (−2.38)
Const	−5.487*** (−5.57)	−3.37*** (−5.75)	−7.349*** (−9.05)	0.255 (0.27)	0.713 (1.05)	−0.775*** (−1.03)
样本数	136	136	136	136	136	136
R^2	0.6749	0.7985	0.8275	0.8068	0.8753	0.8776
Wald Chi-2	1173.09	2826.61	4086.96	1617.97	3913.87	1363.04

注：*、**、*** 分别表示10%、5%和1%水平显著。

所有六个模型的拟合优度均达到了67%以上，Wald统计量也十分显著。笔者将估计结果总结如下：

（1）静态市场因素分析：利润率指标变量（*X*1）、产能扩张指标变量（*X*2）和市场需求指标变量（*X*3）的估计结果和江小娟（2007）、杨汝岱（2008）的研究结论基本一致。*X*1与出口的显著负向关系（模型Ⅰ除外）、*X*2和*X*3与出口之间的显著正向关系，都表明激烈的国内市场竞争、大规模的产能和大容量的市场需求均是支撑我国出口扩张的重要因素。

（2）动态市场因素分析：无论是加入行政壁垒指标变量（*X*4）、还是其他指标*X*5、*X*6或*X*7，我们发现*X*1和*X*2的系数变得越来越显著了，而*X*3的显著性却下降了（如模型Ⅰ、Ⅱ和Ⅲ中的*X*2系数*T*值分别为11.38、14.51和24.89）。这表明，政府的干预政策结果使得市场供给对出口行为的影响加大，而市场需求的影响在减弱。笔者认为，这与政府的政策导向有关，政府的退税、吸引外资和培养私营经济都使得企业在出口行业内产生“过度进入”现象，通过激烈的竞争带来出口的扩张。

（3）政府因素分析：降低行业行政壁垒、扩大外资和私营经济比重对我国出口扩张起到了促进作用。从退出行政壁垒指标变量（$X4$）、外资比重指标变量（$X5$）和私营经济比重指标变量（$X6$）的系数符号分别为负、正和正，并且在所有模型中均显著。这表明，鼓励国有资本退出竞争性行业、鼓励外资和私营经济及其出口是我国出口行业的一个重要决定因素。出口退税指标变量（$X7$）从静态上看，表现出对出口显著的正向作用，这也符合我国和其他发展中国家的实际情况。从动态上看，它则对市场供给和需求因素影响的显著性要强于其他三类指标（模型Ⅳ、Ⅴ和Ⅵ中对 $X1$、$X2$ 和 $X3$ 的影响变化幅度更大）。

综上分析，笔者得出一个关于我国出口扩张形成路径的重要结论：政府政策通过强化市场供给、弱化市场需求对出口的影响而实现对我国出口促进的支撑。其现实中的路径更依赖于“政策扭曲—过度进入—出口扩张”来实现。

五、对经济绩效的再考察

此节将考察在“政策扭曲—过度进入—出口扩张”路径下，出口扩张的经济绩效问题。对出口导向型经济发展模式的争论由来已久，在“是否促进经济增长问题”上学者们取得了较为一致的观点，但在“出口是否带来技术进步或全要素生产率提升”问题上则观点不一。持否定观点的典型代表就是克鲁格曼（Krugman，1994）认为，东亚经济的发展过度依赖高储蓄率支撑的投资而非全要素生产率增长，据此克鲁格曼预言这种出口导向的经济发展模式是不可持续的[18]；但近些年来很多学者的研究对克鲁格曼的观点进行批评，其争论的核心在于全要素生产率和技术进步的核算。而实际上，出口和 TFP 之间的关系并非简单的因果关系，目前所有关于出口和生产率的研究仍有一些问题颇有争议：究竟是出口行为带来了生产率的提升，还是由于生产率提升引致出口行为的出现？从已有的研究成果看，出口行为和生产率之间存在两种互动路径：一是，自选择效应（Self-Selection Effect），由于出口存在“冰山成本”（运输成本、销售成本、关税等），因此只有生产率高的企业才能承担这些成本并获得利润，所以出口企业必然比非出口企业具有更高的生产率；二是，出口中学效应（Learning-by-Exporting），即出口企业为了提高自身产品在国际市场的竞争力会努力提高生产率。从已有的实证分析看，发达国家和发展中国家中出口与生产率之间的这两类影响效应渠道不一。一般认为，发达国家出口企业中“自选择效应”强于“出口中学效应”，而发展中国家的“出口中学效应”强于“自选择效应”[19]。

对于全要素生产率的核算研究表明，TFP 可以分解为物化的技术进步和非物化的技术效率变化[20]。笔者将考察我国目前出口模式下的 TFP 绩效问题，即这种出口模式是否带来了 TFP 增长？是通过技术进步还是技术效率？具体是哪些因素对技术进步或技术效率产生积极的作用？

（一）出口与生产率的格兰杰检验

笔者依据马姆奎斯特（Malmquist）指数计算 17 个制造业在 1999 ~ 2006 年间的 TFP 变化率（TFPch）及其分解技术进步（TECHch）和技术效率变化率（TEch）①。然后将考察 TFP、劳动生产率与出口之间的因果关系检验。

考虑到变量可能是非平稳的，在估计参数之前需要检验各变量的面板数据单位根，结果显示在 1% 显著水平下（Fisher，Combine Johansen 统计量检验）拒绝了 *TFPch*、*Tech*、*TECHch*、*LPch* 和 ln（*EXP*）均是平稳的原假设，但是，接受至少在一阶水平上存在协整关系的假设，这意味着出口和各类绩效之间的确存在格兰杰因果关系（检验结果见附录）。以 *TFPch* 与出口之间格兰杰关系为例，检验模型如下：

$$TFPch_i = c + \sum_{i=1}^{p} \alpha_i \Delta EXP_{t-i} + \sum_{i=1}^{p} \beta_i TFPch_{t-i} \tag{2}$$

$$\Delta EXP_i = c + \sum_{i=1}^{p} \gamma_i \Delta TFPch_{t-i} + \sum_{i=1}^{p} \lambda_i \Delta EXP_{t-i} \tag{3}$$

笔者将所有结果整理如表 3 所示。

表 3　　出口和各类绩效之间的格兰杰因果关系

	样本数	F 值	概率
出口不是 TFP 变化的原因	85	12. 2273	0. 07560
TFP 不是出口变化的原因		0. 25507	0. 79677
出口不是技术变化的原因	85	3. 35514	0. 22961
技术不是出口变化的原因		0. 11965	0. 89314
出口不是技术效率变化的原因	85	0. 49949	0. 66689
技术效率不是出口变化的原因		2. 10280	0. 32229
出口不是劳动生产率变化的原因	85	0. 81038	0. 55237
劳动生产率不是出口变化的原因		1. 72338	0. 36719

① 基于文章篇幅限制，具体模型可参见郑京海（2005），计算结果参见附录。

（二）模型结果分析

通过检验发现：出口不是TFP变化的原因、出口不是技术水平变化的原因、技术效率变化不是出口的原因，以及劳动生产率变化不是出口的原因这五个假设被拒绝。这证实了我国出口行为对生产率的影响同时存在“自选择效应”和“出口中学效应”，但是针对不同生产率而言的，可以得到以下基本结论：

（1）我国的出口导向政策对制造业的全要素生产率的拉动是通过提高物化的技术进步来实现的。从通用的生产技术来看，我国各行业的物化生产技术通过内部企业的出口行为获得了与发达国家差距缩小的机会，笔者将其中的影响机制总结为三类：一是，更多的出口企业面临更加激烈的国际市场竞争而努力提升生产技术；二是，更多的出口企业是为了满足国外消费者迅速提高的近乎苛刻的技术、质量、安全与环保标准要求，促使出口企业提高创新能力的正面促进作用；三是，外资企业为出口而进入我国生产必然会带来某种程度上的技术溢出效应。

（2）出口并没有从逻辑上带来柔性的非物化技术升级，即技术效率的提升。出口企业在行业内部的激烈竞争更多的是通过技术、市场和人力资源来实现，而关于高效率的管理、丰富的生产经验、对员工劳动技能培训等非物化技术而言，出口企业并没有表现出高质量的提升。

（3）出口与劳动产率中的“自选择效应”。笔者认为，无论是从事一般贸易还是加工贸易的本土企业，在进入出口市场之前为了承担可能的未来出口“冰山成本”，必然会努力提升其要素生产率。在一般贸易类型中以劳动密集型产品为主的企业会选择努力提升其劳动生产率，这些企业都一致选择提升其要素生产率而不是通过技术进步或其他全要素生产率的改善来降低成本以承担出口成本，是因为作为技术落后的发展中国家企业在只面对国内市场时并没有好的渠道提升其技术水平，只有在进行出口而进入国际市场之后，这些企业才开始放弃过去的升级路径，转而通过更为有效的升级渠道，即模仿和引进其他国家的先进技术提升自身产品在国际市场的竞争力。

六、结论及政策建议

本研究的基本结论有两点：第一，市场需求、供给以及政府出口政策是支撑一国出口的重要因素，政府政策通过扩大供给的影响而使得出口迅速扩张；第二，基于“政策扭曲—过度进入—出口扩张”模式下的出口行为只能通过技术升级而非技术效率实现全要素生产率的提升。

政府政策的扭曲在于大量企业涌入之后，使得我国出口商品在目前国际市场上表现出来的低价和大容量贸易特点，但这种贸易大国的特征并没有在逻辑上带来贸易强国的转变，出口行业利薄、附加值低、技术水平和效率提升动力不足使得我国的出口发展面临陷入“贫困化增长陷阱”的危险。

从长期的角度来判断，这种模式只能将我国的出口生产模式压制在全球价值链的低端，虽然可以通过技术升级来实现全要素生产率的提升，但是这些技术仍然是处于在跨国公司或发达国家的控制之中；另外，出口企业不能有效地通过提升技术效率（如管理经验、品牌优势以及人力资本等）扩大市场需求，“短边”市场供给支撑的出口扩张并不能让我国实现从贸易大国向贸易强国的转变。

基于以上的分析，笔者给出如下几条政策建议：

首先，针对国内出口市场的过度竞争局面，地方政府应鼓励企业间的兼并活动，以促进大规模企业的形成，这样不仅可以避免市场内的恶性竞争，还有利于我国出口产品的品牌建设，而不至于被国际跨国公司的外包业务俘获而处于产业链的低端，只能通过引进装备技术而提升效率。

其次，从整体上调整退税的水平和范围，实际上，以“新重商主义”手段促进出口的政策从本质上来说还是基于政府“父爱主义”和经济“民族主义”的延伸。这从短期来看，虽然会为我国的出口行业带来不利局面，但从长期来看，这对出口企业竞争力的培养是有好处的。一个不用依赖出口退税而还能跻身于世界品牌或以低价格闻名世界市场的出口企业，一定是通过不断的提升效率或降低成本以获取竞争优势的。

最后，笔者建议，应尽快转变贸易模式，推进对外贸易和汇率机制的市场化，真正做到让市场在资源配置中起关键作用。在“开放倒逼改革”的压力下，如不及时推进出口部门的市场化机制改革，10 年前的东亚危机正是今天危机的前车之鉴。

参考文献：

［1］沈利生、王恒：《增加值率下降意味着什么?》，载于《经济研究》，2006 年第 3 期。

［2］杨海生、贾佳、周永章等：《贸易、外商直接投资、经济增长与环境污染》，载于《中国人口·资源与环境》，2005 年第 3 期。

［3］李扬：《2007 年中国金融发展报告》，社会科学文献出版社 2007 年版。

［4］林毅夫：《比较优势与发展战略——对“东亚奇迹”的再解释》，载于《中国社会科学》，1999 年第 5 期。

［5］刘志彪：《中国贸易量增长与本土产业的升级》，载于《学术月刊》，2008 年第 2 期。

［6］江小娟：《中国的外贸经济》，中国人民大学 2002 年版。

［7］贺灿飞、魏后凯：《新贸易理论与外商在华制造企业的出口决定》，载于《管理世界》，2004 年第 1 期。

［8］朱希伟、金祥荣、罗德明：《国内市场分割与中国的出口贸易扩张》，载于《经济研究》，2005 年第 12 期。

［9］廖涵：《论我国加工贸易的中间品进口替代》，载于《管理世界》，2003 年第 1 期。

［10］谢建国：《外商直接投资、实际有效汇率与中国的贸易盈余》，载于《管理世界》，2005 年第 9 期。

［11］钟昌标：《影响中国电子行业出口决定因素的经验分析》，载于《经济研究》，2007 年第 9 期。

［12］江小娟：《我国出口商品结构的决定因素和变化趋势》，载于《经济研究》，2007 年第 5 期。

［13］杨汝岱：《中国工业制成品出口增长的影响因素研究——基于省际 1994 ~ 2005 年分行业面板数据》，载于《世界经济》，2008 年第 8 期。

［14］张杰、刘志彪、张少军：《制度扭曲与中国本土企业的出口扩张》，载于《世界经济》，2008 年第 10 期。

［15］戚聿东、张航燕：《改革开放以来我国国有经济总量和结构的演变》，载于《当代财经》，2009 年第 2 期。

［16］李玉红、王皓、郑玉歆：《企业演化：中国工业生产率增长的重要途径》，载于《经济研究》，2008 年第 6 期。

［17］李小平：《中国制造业劳动生产率增长的源泉及其特征——基于“结构红利假说”的实证检验》，载于《当代财经》，2008 年第 3 期。

［18］Antràs, P. Firms, Contracts, and Trade Structure［J］. *Quarterly Journal of Economics*, 2003, Vol. 118, pp. 1375 – 1418.

［19］Krugman, P. The Myth of Asia's Miracle［J］. *Foreign Affairs*, 1994, November/December.

［20］Bernard, Andrew B. and J. Bradford Jensen. Exceptional Exporter Performance: Cause, Effect, or Both?［J］. *Journal of International Economics*, 1999, Vol. 47, pp. 1 – 25.

中国金融发展规模、结构、效率与经济增长关系的动态分析

■邓淇中　叶　華*

一、引　言

改革开放30多年以来，中国的经济发展迅猛。然而，令人费解的是，中国金融发展却远远落后于世界水平。《破解中国经济之谜》一书中提到，中国金融工具的增长（金融相关比率的上升）主要是靠 M_2 与L的不断增加来支撑，中国较高的金融增长，实际上是由于国有企业更多地依赖于从银行借入资金所导致的，这实质上并不是真正意义上的金融发展，在很大程度上只是政府对金融控制关系扭曲的结果，必然导致社会资金配置效率下降，低效资金占用增加，进而导致金融体系不良资产增加。中国金融发展表现为货币化和金融相关比率的提高，但这种提高对经济增长的支持效能却被金融效率的不断下降所抵消，大量货币“迷失”了，成为“超额的货币”，而大量金融工具成为呆滞的、悬浮于实质经济之上的面纱，对实质经济增长并不能产生应有的影响。

金融的发展是否如上所述对中国经济增长没有任何贡献？如果金融发展对经济增长产生了作用，那么这些作用又是如何发挥的？另外，在中国，经济发展不平衡和金融发展失衡的情况同时存在，地区间的金融差异甚至超过了经济发展的差距。我们不禁要问，在不同的经济环境、金融发展条件下，金融规模（量性）和金融效率、金融结构（质性）在金融发展中的贡献程度是怎样的？它们与经

* 邓淇中，武汉大学经济与管理学院博士生，研究方向：金融计量经济学。电子邮箱：dqzdesertsea@163. com。

济增长是否也存在一致的相关和因果关系？这些问题正是本文致力验证的。我们认为，跨地区的金融发展与经济增长关系间的差异能让我们更清楚认识两者的关系，找到金融发展影响经济增长最为有力的证据，从而认识金融改革的本质和重要性。

本文借鉴帕加诺（Pagano，1993）扩展的AK模型，通过使用动态面板数据的方法消除计量研究中的内生性问题，对金融发展规模、结构、效率和经济增长之间的相互关系和因果关系重新进行了检验。本文余下的内容安排如下：第二部分对已有的金融发展与经济增长关系的文献进行回顾和评价；第三部分通过金融发展的三个要素指标，对中国金融发展与经济增长的关系作出经验分析；第四部分提供本项研究的结论与启示。

二、文献综述

自20世纪60年代以来，西方经济学家就已经开始探讨金融发展与经济增长的关系。在理论上，帕特里克（Patrick，1966）提出了著名的帕特里克假说：发展中国家的金融发展是供给导向型的，金融发展推动了经济增长；发达国家的金融发展是需求跟随型的，金融发展伴随着经济增长。郑（Jung，1986）利用格兰杰因果检验法，检验了56个国家（包括19个发达国家和37个欠发达国家）1951～1980年金融发展与经济增长的因果关系，检验结果在一定程度上支持了这一假说。戈德斯密斯（Goldsmith，1969）在随后的研究中对帕特里克观点进行了扩展：虽然不能确认到底是金融因素促进了经济的发展，抑或是金融发展是由其他因素引起的经济增长的一种反映。但他也强调了金融发展对经济增长积极、主动的作用且两者关系密切。麦金农（McKinnon，1973）、肖（Shaw，1973）等也相继在理论上认为金融发展对于经济增长有着重要的作用，它们之间存在一定的因果关系。

除了从理论上探讨金融发展与经济增长之间的关系外，众多的学者也从实证的角度出发来研究二者的关系。然而在实证过程中，对于金融发展与经济增长之间的关系并未取得一致的结论，这也表明金融发展同经济增长之间的关系并不能简单地一概而论。由于各国拥有不同的宏观制度背景、金融体制结构，金融发展同经济增长之间的关系也是错综复杂的。同样，一个经济体内的各个区域也会存在着不同的关系。

国外学者通过采用不同的实证方法研究了不同国家以及不同时期金融发展与经济增长的关系。莱文·罗斯（Levine Ross，1996）通过控制其他影响经济增长的因素来检验金融发展对经济增长的作用，得出金融深化和经济增长之间存在着强的、正向相关关系的结论。穆赫辛（Mohsin，2000）考虑到最小二乘法估计的结构无偏性，采用二阶段最小二乘法来估计金融发展和经济增长之间的相关关系，结果表明两者之间有正的相关关系。诺曼（Norman，2002）在研究中采用了面板数据，建立动态计量经济模型对74个国家1960～1995年的金融发展和经济增长之间的关系进行研究，得出结论：在金融危机爆发的国家里，金融发展对经济增长的促进作用小于没有金融危机的国家；金融中介发展与经济增长在短期是负向关系，而长期却是正向关系。

国内学者也分别从整体和区域两个层次上来讨论我国不同区域金融发展与经济增长之间的关系。以整体目标的研究，主要采用时间序列的方法，得出两者存在一定的因果关系。如王志强和孙刚（2003）分析我国金融发展与经济增长的关系，采用向量误差修正模型和格兰杰因果检验法对1981～2002年的季度数据进行分析，检验发现金融发展与经济增长之间存在着双向因果关系，认为中国金融发展促进了经济增长，同时经济增长又推动了金融的发展。王景武（2005）也采用同样的方法得出两者存在因果关系。庞晓波、赵玉龙（2003）采取同样方法但不同的样本区间却得出我国的金融发展与经济增长是一种弱相关关系的结论，即金融发展对经济增长的促进作用不显著。

在区域研究上，学者采用了时间序列的方法和面板数据的分析方法来探讨金融发展与经济增长的关系。周好文、钟永红（2004）运用多变量向量自回归方法对区域金融中介发展与经济增长的相关关系及因果关系进行分析，研究表明：金融规模和效率与经济增长在各地区间的因果关系不一致，这与地区间经济发展水平的差异有直接关系；东部地区金融中介发展与经济增长之间的互动关系是良性的。孙立军（2008）则通过区分不同时期来对中国29个省市的金融发展与经济增长的因果关系进行实证检验，结果显示：从短期来看，经济增长带动了金融发展，而金融发展对经济增长的影响并不明显；从长期来看，金融发展是经济增长的原因，金融发展通过合理配置资金、提高资本积累和技术水平，促进了长期经济增长。周立、王子明（2002）通过对中国各地区1978～2000年金融发展与经济增长关系的实证研究，得出中国各地区金融发展与经济增长密切相关，且较快的经济增长是与更快的金融发展相联系的。中国各地区的金融发展不仅像戈德斯密斯所言的，与经济增长存在平行关系，而且还可能是经济增长的推动因素。金融发展差距可以部分解释中国各地区经济增长差距，一个金融发展初始条件差的地区，金融发展对其长期的经济发展不利，然而由于文章所采用的模型较简单，实证结论的稳健性不强。艾洪德、徐明圣、郭凯（2004）采用同样的方法得出金融发展与经济增长之间存在因果关系；东部和全国的金融发展与经济增长之间存在正相关的关系，而中、西部二者之间则几乎是负相关的关系；从而说明过度开放金融竞争和推动金融的市场化改革，对欠发达地区的经济增长可能反而不利。陈刚、尹希果、陈华智（2006）的研究表明：金融发展促进经济增长的理论在我国成立，但是，金融发展与实体经济部门之间均不存在良性互动的关系，其对经济增长的贡献仅仅停留在增加资本积累上。

综上可知，一方面，金融发展对经济增长的作用在不同国家、不同时期内存在很大的差异，采用不同的计量方法对实证的结果也存在影响。对于我国这样一个区际、省际经济发展水平都极不平衡的大国，区际金融发展对经济增长的影响同样也存在明显的差异。另一方面，从以往文献来看，在考虑金融发展指标时，大多学者使用金融相关比这个单一的变量作为中国金融发展程度的度量指标，这也无法反映金融发展在各地区从“量”到“质”对经济增长影响的差异①。与现有研究相比，本文的创新之处在于：第一，采用省级区域层面的数据对中国金融发展要素与经济增长差异进行实证研究，这有别于国内大多使用中国总体数据的已有研究；第二，考虑到关键解释变量的内生性，我们采用动态面板数据的计量方法解决其内生性问题，从而得到更加可靠的回归结果；第三，将金融发展分解成规模、结构、效率三种要素，更合理有效地考察金融发展与经济增长的关系。

三、动态面板模型及数据选取

（一）计量模型的设定

在以往研究中国区域金融发展与经济增长关系的模型中，大多只考虑金融深度、金融相关度或金融自由化的当期影响，而地区经济增长实际上是受到人文、地理环境、制度设计、开放程度等多种因素的影响，也有部分文献将开放程度、汇率波动等引入到模型中作为控制变量，但仍有一些因素无法量化引入方程。考虑到这些因素同样对上期经济增长产生了影响，且在短期内变化不大，因而经济增长变量滞后一期能在一定程度上反映这些潜在因素的影响。本文将滞后一期的

① 已有的金融增长或发展理论认为，金融增长一般表现为金融资产规模相对国民财富的扩展，如 McKinnon（1973）以 M_2/GNP 指标来衡量金融增长的水平，由此判断一国消除金融抑制战略的实际效果。Goldsmith（1968）用金融中介资产占经济产出的比率来反映金融增长程度。可以看出早期的文献非常重视金融发展中“量”的扩展，没有将金融发展与金融增长加以区分，而一概称为金融增长。但现代金融思想对其有了更深入的讨论，默顿、博迪（1995）将金融发展视为金融功能从简单向复杂演进的一个过程，他们认为，随着金融体系的开放、金融市场的形成与完善，金融所承载的功能也从起初的支付结算功能慢慢地扩展，逐渐包括资源配置、风险管理等功能，金融发展不仅仅包括金融资产的增长，同时也意味着金融结构的优化、金融效率的提高。

人均 GDP 作为解释变量引入方程，这样就能单独刻画本期影响因素——金融规模、结构、效率对经济增长的作用力度和方向。建立东部、中部和西部地区金融规模、结构、效率与经济增长的动态面板数据模型如下：

$$\ln GDPP_{j,it} = \alpha_j + \ln GDPP_{j,it-1} + \ln FSC_{j,it} + \ln FST_{j,it} + \ln FEF_{j,it} + \varepsilon_{j,it} \quad (1)$$

其中，$j=1$，2，3 分别表示东部、中部和西部地区，i 表示模型中的省份（直辖市、自治区），t 代表年份，α_j 表示截距项。用 $GDPP_{it}$ 表示 i 省第 t 年的人均国内生产总值，用 FSC_{it}、FST_{it} 和 FEF_{it} 分别代表 i 省第 t 年的金融规模、金融结构和金融效率。

（二）指标选择与数据处理

1. 经济增长指标

国际上通常采用两种方法来测量经济增长。一种是实际 GDP（Roubini and Sala-I-Martin，1992；Darrat，1999），另一种是人均 GDP（Jung，1986；Denetru-ade and Hussein，1996）。赫斯顿（Heston，1994）指出，人均 GDP 数据比 GDP 总额数据可能出现的错误更少，因为一些影响 GDP 水平的估计误差也影响对人口的估计，因而误差可能被抵消。因此，本文选择人均国内生产总值作为衡量经济增长的指标变量，数据来源于 1992～2008 年中国统计年鉴。

2. 金融发展指标

本文使用金融规模、结构、效率三个指标来综合反映地区金融发展的情况。

首先，通常意义上的戈氏和麦氏两种指标都是从总体上去衡量一国的金融发展规模，以往很多以中国总体金融发展情况为研究对象的文献都将其作为衡量中国各地区金融发展规模的指标，然而在作金融地区差距的比较时，由于中国缺乏各地区金融资产和 M_2 的统计数据，无法直接使用戈氏和麦氏指标，只能利用存、贷款的数据作为金融资产的一个窄的衡量指标去揭示中国金融发展规模的程度。我们利用 1991～2007 年的全部金融机构存贷款数据，从总体上衡量一个地区的金融规模①。我们定义金融规模为全部金融机构存贷款总额与 GDP 之比，即 $FSC_{it}=(S_{it}+L_{it})/GDP_{it}$。其中，$S_{it}$ 代表各地区全部金融机构存款，L_{it} 代表各地区全部金融机构贷款。

---

① 资料来源于 1992～2008 年中国金融年鉴中的各地金融篇，由于 1991 年之前的金融存贷款数据不再是以全部金融机构为样本，而是用银行存贷款作为数据源，本文为了数据口径的一致性，选取了 1991 年之后的全部金融机构存贷款数据作为数据分析样本。

其次，我们引入金融结构来反映金融市场的竞争程度，其定义是非金融机构与 GDP 的比值。有相关文献采用股票市场的价值来表示，但由于中国股票市场发展时间太短，且无法将其按照地区进行合理分割，本文在选择地区金融结构的指标时舍弃了股票市场发展指标，采用各地区保费收入代表非金融结构的规模，并定义金融机构 $FST_{it} = Insurance_{it}/GDP_{it}$。其中，$Insurance_{it}$代表各地区保费收入，我们利用 1991～2007 年的地区保费收入数据，定量衡量一个地区的金融结构情况。

最后，金融效率用全部金融机构贷款与存款之比表示，它反映的是金融中介将存款转化为贷款的效率，属于金融中介效率，即 $FEF_{it} = L_{it}/S_{it}$，数据来源和变量定义与金融规模中所述相同。为了消除统计数据中的价格变动的影响以及数据波动的不平稳性，对上述所有数据均进行自然对数变换。

（三）样本说明

以中国东、中、西部地区为研究对象，以我国各省、直辖市和自治区为截面单位，研究期间是 1991～2007 年，共 17 个时序样本点。地区的划分按 1986 年全国人大六届四次会议通过的“七五”计划公布的东中西部划分方法[①]，东部地区包括北京、天津、河北、辽宁、上海、江苏、浙江、福建、山东、广东和海南；中部地区包括山西、吉林、黑龙江、安徽、江西、河南、湖北、湖南；西部地区包括内蒙古、广西、四川、贵州、云南、陕西、甘肃、青海、宁夏和新疆（由于 1997 年才有重庆市的数据，故将重庆市 1997～2007 年的统计数据并入到四川省统计数据中，而西藏地区数据缺乏，故未将这一地区的数据纳入分析范围）。这样，本文的样本地区为 29 个省、自治区和直辖市。根据以上分类形成了本文的面板数据样本空间。

四、计量分析过程

我国三大地区金融规模、结构、效率与经济增长的动态模型估计与因果关系检验分为四个步骤：第一步利用面板数据单位根检验方法对 1991～2007 年间各省（直辖市、自治区）金融规模、结构、效率和人均 GDP 的自然对数值所形成的面板数据进行单位根检验；第二步若各变量是同阶单整的，则对多变量进行长期均衡关系的检验；第三步利用系统矩估计（System GMM）方法估计动态方程；

① 由于内蒙古和广西两个自治区人均国内生产总值的水平正好相当于上述西部 10 省（市、区）的平均状况，2000 年国家制定的在西部大开发中享受优惠政策的范围又增加了内蒙古和广西。

第四步建立面板因果关系模型，判定反映金融发展的各要素和经济增长之间的因果关系。

（一）面板单位根检验

目前流行的几种面板单位根检验基于两种情况，第一种是假定所有横截面单位的自回归系数相同，如 LLC 检验；第二种是允许不同个体的自回归系数自由变动，如 IPS、Fisher-ADF 和 Fisher-PP 检验。由于面板数据的单位根检验到目前为止还没有完全统一，同时本文面板数据的时间跨度仅为 17 年，为了提高小样本下检验结构的精度和稳健性，本文综合考虑以上几种单位根检验的结果。在单位根检验中需要判断回归中是否含有常数项、趋势项，结果发现：LNFSC、LN-FST、LNFEF 和 LNGDPP 四个变量都有常数项，但不具有时间趋势项，在此基础上分别对变量进行检验发现，在各变量水平值下，只有 LLC 检验将东、中、西部地区少数的变量判定为平稳，而在一阶差分的状态下，各变量都通过了 1% 显著性水平检验。综上可以认为东、中、西部地区的各检验变量都是一阶单整 I（1）。

（二）面板协整检验

面板数据中关于协整检验主要有两个情况：一个是原假设不存在协整关系，使用类似恩格尔（Engle）和格兰杰（Granger）平稳回归方程，从面板数据中得到残差构造统计量进行检验，如佩德罗尼（Pedroni，2000）和高（Kao，1999）；另一种是约翰森－费希尔（Johansen Fisher）以最大似然比值为基础。下面将应用这三种方法来综合分析金融规模、结构、效率与经济增长是否存在协整关系。检验结果见表 1。

表 1　金融规模、结构、效率与经济增长的面板协整检验

东部地区				中部地区				西部地区			
4 个组间统计量		3 个组内统计量		4 个组间统计量		3 个组内统计量		4 个组间统计量		3 个组内统计量	
Panel-v	-1.19	Group-rho	1.48	Panel-v	0.92	Group-rho	1.65	Panel-v	1.97**	Group-rho	2.49
Panel-rho	-0.01	Group-PP	-1.17*	Panel-rho	0.68	Group-PP	-4.11***	Panel-rho	0.25	Group-PP	-3.83***
Panel-PP	-1.23*	Group-ADF	-3.22***	Panel-PP	-2.49***	Group-ADF	-4.15***	Panel-PP	-13.5***	Group-ADF	-4.82***
Panel-ADF	-1.98*			Panel-ADF	-3.02***			Panel-ADF	-10.2***		

续表

东部地区		中部地区		西部地区	
4个组间统计量	3个组内统计量	4个组间统计量	3个组内统计量	4个组间统计量	3个组内统计量
Johansen Fisher 迹检验		Johansen Fisher 迹检验		Johansen Fisher 迹检验	
None	325***	None	176***	None	280.1***
At most 1	162.6***	At most 1	76.96***	At most 1	86.94***
At most 2	54.96***	At most 2	32.97***	At most 2	38.02***
Kao 检验		Kao 检验		Kao 检验	
ADF	-1.8**	ADF	-2.99***	ADF	-3.42***

注：**、*** 分别表示在5%、1%水平下显著。

从表1的协整检验结果来看，在佩德罗尼检验中东、中、西部地区的四个变量除了Panel-rho、Group-rho和Panel-v没有通过统计检验外①，其他四个统计量大多显著表明方程存在协整关系，同时高协整检验和约翰森-费希尔检验进一步确定了这一结果。因此，可以认定：金融规模、结构、效率和经济增长在长期内趋于一致，在三大地区均有显著的长期均衡关系存在。

（三）动态面板估计

在动态面板数据中，由于把因变量的滞后项作为解释变量，从而有可能导致解释变量与随机扰动项相关（即解释变量具有内生性），如果继续沿用常规的LSDV或者FGLS方法处理面板数据模型，即使误差项不存在序列相关的假定条件得以满足，得到的估计值仍将是有偏、非一致的（Biased and Inconsistent），估计结果的经济含义也会发生扭曲。为解决动态面板数据模型的估计难题，本文采用雷拉诺和博韦尔（Arellano and Bover，1995），布伦德尔和邦德（Blundell and Bond，1998）提出一步系统矩估计（Onestep System GMM）的估计思想，这一方法能有效地克服模型中滞后解释变量的内生性问题，其结果如表2所示②。

① Pedroni（1997）的Monte Carlo模拟实验的结果表明，对于大于100的样本来说，所有的7个统计量检验效力都很好并且很稳定，但是对于小样本（T<20）来说，基于组间尺度的统计量最有效。Pedroni（1999）指出，panel-ADF和group-ADF统计量在小样本的条件下比其他几个统计量更加有效。

② Arellano and Bond（1991）提出的动态面板数据估计量已被广泛应用。模拟研究表明，当时间范围适当地小以及自回归参数适当的大时（即内生和外生变量持久稳定），这个估计量就变得不适用了，原因在于时间序列的滞后水平不是内生变量一阶差分的合适的工具变量，并且差分广义矩估计方法在差分转换时也有一定的缺陷，它会导致一部分样本信息的损失。解决上述问题的一个便于采用方法由Arellano and Bover（1995）提出、Blundell and Bond（1998）采纳过的GMM系统估计量，GMM系统估计量避免差分方程消除被估数据中的固定差异，利用了更多的样本信息，它也应更适合估算一阶差分方程和水平方程。

表2　　　金融规模、结构、效率与经济增长的动态面板估计

		东部地区	中部地区	西部地区
常数项		1.29***	2.4***	NA
前期经济增长		0.97***	0.76***	0.63***
各因素的影响系数	金融规模	-0.35***	0.33***	0.83*
	金融结构	0.13***	-0.009	-0.59*
	金融效率	0.36***	-0.56***	-1.68*
Wald 检验值		3 762.1***	7 035.29***	15 635.42***
Sargan-test		131.1（0.08）	123.52（0.11）	157.27（0.02）
AR(1)-test		-1.81（0.07）	-1.37（0.16）	-1.34（0.18）
AR(2)-test		-1.62（0.11）	1.06（0.29）	1.31（0.19）
样本容量		187	136	170

注：(1) 表中"NA"表示该方程未包括常数项。(2) ***、** 和 * 分别表示满足1%、5%和10%显著水平下拒绝原假设；括号内是检验统计量的伴随概率。(3) AR-test 的零假设为差分后的残差项不存在序列相关（如果差分后的残差项存在一阶序列相关，系统GMM依然是有效，详细的讨论参见 Roodman（2006））；Sargan 检验的零假设为过度识别约束是有效的。

表2末尾报告了对所有估计的诊断检验结果。我们给出了沃尔德（Wald）检验，它常用来检验联合系数是否有效，表中三大地区设定检验显示该假设不被拒绝，即四个解释变量对被解释变量的联合影响具有统计意义。萨尔甘（Sargan）过度识别检验的结果显示动态回归中使用的工具变量是有效的（在1%的显著性水平下接受了原假设），表中还报告是否出现AR(1)和AR(2)过程的检验值，显然，差分后的干扰项必然存在一阶序列相关，而二阶序列相关（AR(2)）检验的结果显示不能拒绝动态一阶自回归模型随机误差项不存在序列相关的零假设（伴随概率大于0.1），为了保证模型的滞后阶的稳健性，本文对动态模型估计的残差面板数据进行了单位根检验，并得出残差序列是平稳的I(0)①，这表明我们所设立的一阶滞后动态模型是合理的，反映出估计系数的统计推断是有效。综上所述，本文所估计的动态面板数据模型基本揭示了中国金融发展的动态效应。我们以下分析估计结果的经济学意义。

① 动态面板数据估计方程的残差检验的原理与上面所说的面板单位根检验相同，限于篇幅，没有在本文给出详细的检验结果。

首先，上一期经济增长每增加 1 个百分点，该年度的经济增长分别增加 0.95（东部）、0.76（中部）、0.64（西部）个百分点，且 t 检验统计量是显著的。这说明上一期的经济增长对当期的经济增长产生了正向的影响，从系数大小可以得出：地区经济的前期基础越好，则对本期的经济增长影响越大。进一步，我们假设前期的经济增长中包含了金融发展前期因素，这样我们可以认为，前期的金融发展水平越高的地区，对本期经济增长影响越大，且影响也是正面的，这与地区实际情况也是相符的。一个地区因为自身的经济实力高于其他地区，从而拥有更多吸引金融投资的机会和政策，同时也与金融“嫌贫爱富”的本性相关，即中、西部资金向东部回流，最终导致了该地区获得较高的经济增长。

其次，金融规模系数度量了金融规模的扩张对经济增长的影响，其在东部地区显著为负值，而在中、西部地区则显著为正，就系数绝对值大小来看，西部（0.83）最大，东部（-0.35）、中部（0.33）适中。这说明了金融规模的扩张对中、西部地区的经济增长具有显著的促进作用。当年金融规模增加 1 个百分点，地区经济增长将分别增加约 0.33 和 0.83 个百分点。就东部而言，这一数据仅为 -0.35，从量的角度考虑，这一数值与中部地区持平，但远小于西部地区的影响力度。上述结果隐含的意义为：在经济发展起始于较低的水平下，金融规模的扩张将首先对经济增长起到积极的作用，并且这种影响的效果要比金融自由化、金融效率更能刺激经济增长，这点将在下面加以证实。与之形成鲜明对比的是，东部地区金融规模则对经济产生了负效应。这是因为，东部地区的金融发展在良好的金融环境和较快的经济发展速度态势下，金融规模的影响，已经逐渐减弱，同时金融机构庞大的金融资本不仅带来了金融风险的持续升高，而且出现了大规模的不良贷款。应该引起我们注意的是，在中国经济发达的东部地区，金融规模不断扩张的作用已经从原来的正向影响转变成当前的负向影响。

再其次，金融结构系数度量了金融自由化以及金融竞争对经济增长的影响，就系数的符号而言，仅东部地区（0.13）表现为正值，中部地区（-0.009）不仅系数为负，且在计量上不显著，西部地区（-0.59）系数显著但为负。笔者认为，导致金融结构系数为负的原因主要在于中、西部地区金融市场化改革尚处于初级阶段，金融市场还不成熟，也不够规范，非国有金融势力、非金融机构势力相对较小，金融竞争促进金融发展的局面并没有在中、西部地区出现，反而它们的介入对以金融规模扩张为主要金融策略的中、西部地区造成了负面影响。而东部地区由于经济开放时间较早，金融改革的进程更快，金融市场化程度越高的地区，金融机构将更倾向于支持非国有经济的发展，另外强有力的市场金融势力的存在和发展，对原有的国有金融机构和体系产生了“激活”效应，竞争程度的加强提高了整个金融体系的效率，综合作用下，推动了东部经济的增长。这一结果进一步支持了伴随东部地区较高经济增长的金融动力更多来源于金融机构的自由化、金融结构的有效调整，而中、西部地区则归因于信贷数量扩张的结论。

最后，金融效率反映了金融资源配置效率的提升对经济增长的影响，它的系数在三个地区的影响都较显著。东部地区金融效率对经济增长的正向促进作用最大，为0.36，但对于中、西部地区来说，金融效率反而负向影响了经济增长，尤其是西部地区，金融效率的负向影响最大，达到了-1.68。这说明金融效率的提高，即贷款占存款比重的提高反而不利于中、西部经济的增长，二者之间存在负相关的关系。笔者认为，外在原因是：中、西部地区金融效率的发展具有滞后性，目前还不利于地区经济增长。内在的原因是，虽然近几年来中、西部金融发展的规模相对较快，但很少有质的提高。银行部门的贷款并没有按照效率优先的原则投入到资本回报率高的行业中，而是较多地投入到了效率低下的国有企业中。一些具有高预期回报率的民营、私营企业得不到足够的贷款，国有银行的融资、政府部门的金融策略大多针对国有企业，国有企业经营效率的低下导致国有商业银行产生了大批不良贷款，使得金融机构贷款规模在“量”上不断增加，但在“质”上，却并没有提高，甚至有所下降，导致实际金融效率较低，从而阻碍了地区经济的增长。

（四）面板因果关系检验

金融发展规模、结构、效率与经济增长之间具有协整关系只能告诉我们变量之间在长期内存在因果关系，但不知道因果关系的方向，因此，需进一步对变量之间进行因果关系检验。本文考虑的金融发展规模、结构、效率与经济增长的联立方程是一类面板 VAR 问题，且面板格兰杰因果比时序的格兰杰因果关系结果更稳健，因为考虑了多个截面的时序，样本数据更全面，自由度增大。下面将根据赫林和韦内（Hurlin and Venet，2001）提出的面板格兰杰检验模型与思想来分析该问题。考虑格兰杰检验的平稳性要求，并为了消除个体效应的影响，如果直接用 OLS 估计上式，将是有偏误的，较好的处理方法是将各变量进行一阶差分：

$$
\begin{aligned}
\Delta Y_{i,t} &= \sum_{j=1}^{k} \beta_{1j} \Delta Y_{i,t-j} + \sum_{j=1}^{k} \gamma_{1j} \Delta X_{i,t-j} + \Delta \varepsilon_{i,t} \\
\Delta X_{i,t} &= \sum_{j=1}^{k} \beta_{2j} \Delta Y_{i,t-j} + \sum_{j=1}^{k} \gamma_{2j} \Delta X_{i,t-j} + \Delta \upsilon_{i,t}
\end{aligned}
\qquad (2)
$$

以人均 GDP 与金融规模为例：如果 γ_{1j}不全为0，则表明金融规模是经济增长的格兰杰因；如果β_{2j}不全为0，则表示经济增长是金融规模的格兰杰因；如果γ_{1j}和β_{2j}都不全为0，则表明金融规模与经济增长之间存在反馈效应。本文采用阿雷拉诺和邦德（Arellano and Bond，1991）提出的一步广义矩（Onestep GMM）估计方法①，估计结果见表3。

表3　　金融规模、结构、效率与经济增长的面板因果检验

因果方向	联合系数检验	东部地区	中部地区	西部地区
LFSC⇒LGDPP	$\gamma_{11}=\gamma_{12}=0$	26.94（0.00）	4.07（0.13）	12.96（0.00）
LGDPP⇒LFSC	$\beta_{21}=\beta_{22}=0$	5.70（0.05）	2.58（0.27）	0.26（0.87）
LFST⇒LGDPP	$\gamma_{11}=\gamma_{12}=0$	0.02（0.98）	0.22（0.89）	6.61（0.03）
LGDPP⇒LFST	$\beta_{21}=\beta_{22}=0$	21.2（0.00）	0.51（0.77）	0.17（0.91）
LFEF⇒LGDPP	$\gamma_{11}=\gamma_{12}=0$	0.42（0.81）	2.74（0.25）	19.39（0.00）
LGDPP⇒LFEF	$\beta_{21}=\beta_{22}=0$	3.89（0.14）	4.3（0.11）	15.84（0.00）

注：括号内是估计量的伴随概率。

表3的结果表明，在15%显著性水平下，可以直接推出金融发展规模、结构、效率与经济增长具有如下的面板格兰杰因果关系：在东部地区，经济增长与金融规模之间存在相互的格兰杰因果关系，即反馈效应。经济增长构成了金融结构、金融效率的单向格兰杰原因；在中部地区，经济增长构成了金融效率的单向格兰杰原因，金融规模构成了经济增长的单向格兰杰原因；在西部地区，金融规模、金融结构各自构成了经济增长的单向格兰杰原因，金融效率与经济增长形成了反馈效应。这样的结果说明：一方面，帕特里克（Patrick，1966）所认为的金融发展的“供给引导”的观点在西部地区得到了证实，这意味着经济发展水平较低时，金融发展通过规模扩张在动员储蓄（金融规模）、管理风险（金融结构优化）、便利交易（金融效率提升）等方面的积极作用有助于经济增长。另一方面，金融发展是“需求遵从”的论点在东部地区也得到了认同，这表明，经济增长到一定阶段，经济增长所引致的新增金融服务需求会反过来影响金融发展的进程，这时，金融发展附属于经济发展。即实际经济部门的增长方便了金融部门的发展，当经济持续增长时，需要更多种类的金融服务和更高效率的金融机构来提供这些服务。

① GMM在面板中的估计方法分为，一步估计、一步稳健估计和两步估计。实际上，人们倾向于使用一步GMM估计，它是一个一致估计，尽管非有效。蒙特卡罗模拟试验表明在异方差下采用复杂的两步估计并没有带来太多的效率改进，更重要的是，两步估计的权重矩阵依赖于估计参数，导致两步估计量并不可靠。模拟结果还表明，两步估计量的渐进标准误很小，相应的t统计量较大，而一步估计结果较为准确。

五、结论及政策启示

本文使用1991～2007年中国省级区域面板数据对反映中国金融发展的三大要素——金融规模、金融结构、金融效率与中国经济增长的空间差异的联系进行了实证检验。在研究过程中，考虑到解释变量潜在的内生性，我们通过使用动态面板数据的计量方法解决了内生性问题，从而得到更可靠的研究结果。利用基于动态面板的格兰杰因果检验，再一次证实中国金融发展与经济增长之间存在因果关系，但金融发展的各要素与经济增长关系表现出明显的区域差异性。基于估计、检验和诊断产生的结论如下：

第一，就各地区而言，经济增长滞后一期的系数分别为：东部（0.97）、中部（0.76）、西部（0.63）。从经济增长滞后一期的效果来看，对东、中、西部的经济增长都有积极的正效应，且这种正向影响呈现出东部地区最大、中部次之、西部相对较小的地区差异。

第二，金融发展规模、结构、效率对中国经济增长具有显著的影响作用，但亦存在明显的区域差异。东部地区的三要素影响系数的绝对值：金融效率最大，规模次之，结构最小，就符号来说，金融结构、金融效率的影响显著为正，金融规模与前两者截然相反，产生了显著为负的作用；中部地区金融规模的影响显著为正，系数值比较适度，金融结构的系数虽然在动态方程中显示为负值，但是没有通过显著性检验，金融效率显著为负，且系数绝对值在三要素中最大。西部地区，金融规模显著为正，且在三个要素中的影响力度中排首位，另外金融结构、金融效率的作用都是显著为负。

第三，在不同的区域条件约束下，东、中、西部金融发展三要素与经济增长之间并无稳定一致的格兰杰因果关系。在东部地区，经济增长对金融规模、结构、效率所形成的单向格兰杰原因是需求跟随模式的表现。在西部地区，金融规模、结构、效率对经济增长造成的单向格兰杰原因是供给导向模式的体现。而在中部地区，没有出现明显的金融发展模式。

上述关于金融发展规模、结构、效率对经济增长不同影响的研究表明，由于中国各地区的区位条件、资源禀赋和经济发展水平之间存在较大差异，导致金融发展对中国不同地区的作用结构不尽相同。东部地区具有了一个初始的相对优势，这种优势吸引其他地区的金融资本向东部地区集聚，从而提高了东部地区的经济发展潜力；与此同时，增强了的地区经济实力反过来提高了东部地区的金融发展水平，又进一步吸引外部金融资本的流入。因此，在这种循环累积的机制带动下，东部地区逐渐成为中国的经济中心、金融枢纽，从而使得东部与中西部地区间的金融发展差距被进一步拉大和长期锁定。基于本文的结论，笔者认为，为了改变中国经济增长和金融发展的非均衡局面，中、西部地区不仅需要有较好的吸引金融投资的政策和项目做支撑，更需要在保持金融规模“量”增加的同时，注重金融自由化程度和金融效率“质”的提升。

参考文献：

［1］艾洪德、徐明圣、郭凯：《我国区域金融发展与区域经济增长关系的实证分析》，载于《财经问题研究》，2004 年第 7 期，第 26 ~ 32 页。

［2］陈刚、尹希果、陈华智：《我国金融发展与经济增长关系的区域差异分析——兼论分税制改革对金融发展与经济增长关系的影响》，载于《金融论坛》，2006 年第 7 期，第 17 ~ 22 页。

［3］范学俊：《金融发展与经济增长》，上海世纪出版集团 2008 年版。

［4］庞晓波、赵玉龙：《我国金融发展与经济增长的弱相关性及其启示》，载于《数量经济技术经济研究》，2003 年第 9 期，第 47 ~ 51 页。

［5］孙力军：《金融发展与经济增长的因果关系——基于中国省份数据的实证检验》，载于《山西财经大学学报》，2008 年第 3 期，第 22 ~ 27 页。

［6］王志强、孙刚：《中国金融发展规模、结构、效率与经济增长关系的经验分析》，载于《管理世界》，2003 年第 7 期，第 13 ~ 20 页。

［7］赵海均：《破解中国经济之谜》，经济日报出版社，2002.

［8］王景武：《金融发展与经济增长基于中国区域金融发展的实证分析》，载于《财贸经济》，2005 年第 9 期，第 23 ~ 26 页。

［9］周好文、钟永红：《中国金融中介发展与地区经济增长分析：多变量 VAR 系统分析》，载于《金融研究》，2004 年第 6 期，第 130 ~ 137 页。

［10］周立、王子明：《中国各地区金融发展与经济增长实证分析：1978—2000》，载于《金融研究》，2002 年第 10 期，第 1 ~ 12 页。

［11］Arellano，M. and O. Bover. Another Look at the Instrumental Variable Estimation of Error Components Models［J］. *Journal of Econometrics*，1995，(68)：29 – 51.

［12］Arellano，M. and S. R. Bond. Some Tests of Specification for Panel Data：Monte Carb Evidence and an Application to Employment Equation［J］. *Review of Economic Studies*，1991，(58)：277 – 297.

［13］Blundell，R. W. and S. R. Bond. Initial Conditions and Moment Restrictions in Dynamic Panel Data Models［J］. *Journal of Econometrics*，1998，(87)：115 – 143.

［14］David Roodman. How to do Xtabond2：An Introduction to Difference and System GMM in Stata. Center for Global Development Working paper，2006.

［15］Hurlin，C.，Venet，B. Granger Causality Tests in Panel Data Models with Fixed Coefficients. Working paper. EURIsCO，Universit'e Paris IX Dauphin，2001.

［16］Johansen，Sorer and K. Juselius. Maximum Likelihood Estimation and Inference on Cointegration with Application to the Demand for Money [J] . *Oxford Bulletin of Economics and Statistics*, 1990, (52): 169 - 210.

[17] Jung W. S.. Financial Development and Economic Growth: International Evidence [J]. *Economic Development and Cultural Change*, 1986, 34 (3): 333 - 346.

[18] Kao, C. J. Spurious Regression and Residual Based Tests for Cointegration in Panel Data [J] . *Journal of Econometrics*, 1999, (90): 109 - 142.

经济结构、汇率与长期贸易顺差

——新开放经济宏观经济学的观点

■杨治国　宋小宁*

一、引　言

在开放经济体中，名义汇率、实际汇率与经济结构、经常账户余额密切相关。就我国而言，人民币名义汇率升值是否能够改变我国的贸易持续顺差的探讨，首先需要确定目前人民币实际汇率是否存在低估。目前关于人民币实际汇率的研究主要基于均衡汇率模型和“巴拉萨—萨缪尔森效应假说”。基于均衡汇率模型估算人民币低估水平的研究中，戈尔茨坦（Goldstein，2004）根据简化的基本均衡汇率（FEER）模型估计2003年人民币被低估15%～30%；弗兰克尔（Frankel，2004）运用修正的购买力平价方法估计人民币在2000年被低估了35%；施建淮和余海丰（2005）运用行为均衡汇率（BEER）模型得出2002～2004年人民币平均被低估12%左右。正如王曦、才国伟（2007）所指出的那样，由于目前有关均衡汇率的理论与应用还远不成熟，尚存在一系列问题，应用这些理论方法研究人民币的汇率问题得出的结论缺乏充分的依据。

基于“巴拉萨—萨缪尔森效应假说”对人民币实际汇率的研究，以卢锋和刘鎏（2007）为代表，他们认为改革开放以来，我国可贸易部门（主要指制造业部门）劳动生产率相对于不可贸易部门快速提升，在改革开放的前十多年，名义汇率大幅贬值，实现了实际汇率贬值。进入20世纪90年代以后，我国可贸易部门的劳动生产率相对于不可贸易部门劳动生产率快速提升，而且相对提升的

* 杨治国，厦门大学经济学院经济系博士生，研究方向：宏观经济学；宋小宁，厦门大学经济学院财政系博士生，研究方向：公共经济学、金融学。

速度比发达国家快，因此依据“巴拉萨—萨缪尔森效应假说”，人民币实际汇率目前应处于低估状态。而另一些学者则质疑这种分析方法，林毅夫（2007）、杨长江（2002）和王瑞芳（2008）等认为，由于我国不可贸易部门劳动生产率增长相对较慢，而工资增长相对较快的经验事实已经违反了“巴拉萨—萨缪尔逊效应假说”成立的条件，因此其并不适用中国，也即我国可贸易部门和不可贸易部门劳动生产率的相对提高并不一定导致实际汇率的低估。但是林毅夫等人并未明确给出人民币实际汇率的决定机制。

由于人民币实际汇率是否被低估这一问题目前还存在许多争论，张斌、何帆（2006）在实际汇率外生条件下，采用一般均衡模型对经常账户盈余进行研究，通过建立（贸易品/非贸易品）两部门模型来分析两部门生产率水平的变化对贸易盈余的影响。他们的研究假定实际汇率外生，而实际上实际汇率的改变直接受到贸易品部门与非贸易品部门生产率的影响，其更大程度上为内生变量（Balassa，1964；Samuelson，1964），因此其结论存在一定局限。

关于实际汇率决定及其与经常账户间关系的分析，新开放经济宏观经济学（New Open Economy Macroeconomics）是一个较好的分析框架，以奥布斯菲尔德和罗格夫（Obstfeld and Rogoff，1995，1996，2000，2002，2005）以及德弗罗和恩格尔（Devereux and Engel，2006）等的研究为代表。相比较于传统凯恩斯的研究方法，新开放经济宏观经济学在有着明确微观基础的动态一般均衡模型中引入名义刚性和市场不完全。无论是商品市场还是要素市场，垄断竞争都是这类新模型的一个重要特点（王胜、邹恒甫，2006）。但目前基于新开放经济宏观经济学对人民币名义汇率、实际汇率和中国经济结构、经常账户余额之间关系的研究尚未出现。

有鉴于此，本文基于新开放经济宏观经济学，尝试建立反映中国经济特征事实的一般均衡模型，在此基础上探讨经济结构、经常账户余额与名义汇率、实际汇率之间的关系。本文剩余部分的安排如下：第二部分，分析中国的几个特征事实，为理论模型的建立提供基础；第三部分，给出理论模型；第四部分，基于SVAR模型的计量分析，通过脉冲效应分析名义汇率、生产率变动对实际汇率以及经常账户余额的影响效果；第五部分为研究结论及模型的政策含义。

二、中国的几个特征事实

（一）中国经济开放程度日益增大

2004年以来，我国已经成为全球第三大贸易体，进出口总额、进口额、出口额均排世界第三，出口额与进口额占世界的比重分别为6.5%，5.9%，2005年、2006年均有所提升，2006年进出口总额、出口额占世界的比重已提高至7.2%，8.0%，进口额为5.2%①。

（二）贸易部门相对非贸易部门较高的生产率以及巨大的贸易部门

一般来说，贸易部门以制造业为主，非贸易部门以服务业为主。改革开放以来，我国最先实行对外开放的行业主要为制造业，由于国内技术水平、管理经验与国外的较大差异，外资的大量引入，一方面为我国工业带来了较大程度的技术革新；另一方面，也带来了行业经营管理的进步，30年来我国工业技术水平有了明显提高。而我国服务业对外开放相对较晚，尤其是现代服务业发展还很落后，自中国加入WTO以来，我国逐步放开服务业对外商投资的准入限制，与制造业相比，服务业的开放程度相对较低，生产率也相对较低。顾乃华（2006）借助随机前沿生产函数模型，测算了1992~2002年我国工业和服务业的增长效率，研究结果显示，这期间服务业的技术进步速度慢于工业，技术效率下降速度高于工业。张斌、何帆（2006）对贸易部门与非贸易部门的技术水平分析也得出了相同的研究结论。另外，值得注意的是我国的贸易部门在经济中占有较高的比重。1978年，改革开放初期，我国进出口总额占GDP比重为9.7%，1990年，进出口总额占到GDP比重已达到30%，2006年进出口总额占GDP比重增加到66.5%。对外贸易总额占GDP如此高的比重，显示出贸易部门在我国的较高比重。

（三）劳动力市场的不完全竞争性

根据新古典经济学的假设，劳动力市场一般为完全竞争市场，然而现实中的劳动力市场却并不像完全竞争市场所描述的那样，鉴于此，许多学者提出了劳动力市场不完全竞争性的假定。劳动力市场不完全竞争性的因素众多，例如，垄断、歧视、政府管制、流动障碍等。相比较于发达国家，我国劳动力市场存在更多的不完全竞争性。一方面，我国的二元经济结构，使得劳动力存在城乡与区域间的流动，由于户籍制度的存在，又使得这种流动大多只是暂时性，城乡和区域之间劳动力的完全流动存在诸多障碍。另一方面，我国国有部门与非国有部门之间并不存在一个统一的劳动力市场，存在较大程度的分割。薛欣欣（2007）对我国国

① 以上数据来自国际统计年鉴2008。

有部门与非国有部门工资差异的研究发现，国有部门与非国有部门之间长期存在一定的工资溢价，它不是由劳动生产率的差异造成，而是源于制度性的差异。

三、理论模型

（一）基本模型

1. 模型基本结构及假设

假设世界经济由两个大小相近的国家组成：本国和外国，每个国家均有两个部门：贸易部门与非贸易部门，两部门生产率存在差异；每个国家企业生产一系列贸易品与非贸易品，产品为易腐品，标准化于区间［0，1］，本国（外国）企业由本国（外国）家庭共同拥有，两国家庭均具有无限生命，其数量为连续统一，标准化于区间［0，1］。对位于区间［0，1］中的每个劳动者，对自身劳动具有完全垄断能力，在此条件下，向贸易部门与非贸易部门供给劳动。家庭的劳动为其唯一投入，企业面临的产品与劳动力市场均为垄断竞争市场。

假设一，劳动者在下一期生产与消费之前确定下一期名义工资（本国货币）。因此，劳动者在供给劳动之前已经认识到来自经济的各种变动（本文主要考虑的冲击为生产率变动与名义汇率变动）。给定工资水平，所有商品价格允许自由变动以适应市场波动①。假设二，本国贸易部门的生产率水平高于非贸易部门，且两部门生产率水平以及工资水平均较外国低。假设三，短期内名义汇率存在明显波动，而长期内，由于信息的不断累积，名义汇率则保持相对稳定，趋于其预期值②；而生产率在短期内则相对恒定，其变动主要发生于长期内。

2. 家庭

（1）个体偏好。

有关个体偏好的假设，采用标准形式③，奥布斯菲尔德和罗格夫（Obstfeld and Rogoff，1996，2000）以及德弗罗和恩格尔（2006）均采用此形式，家庭 i

---

① 关于名义工资与价格变动的设定方式较多，详细的讨论可以参见 Obstfeld 和 Rogoff（2000），Obstfeld 和 Rogoff 认为其关于名义工资与价格变动的设定方式较为符合实际，因此，本研究的设定与 Obstfeld 和 Rogoff 相同。实际上，在本研究的推导中，价格变动方式并不重要。

② 此处假设人们对现实经济变量的预期方式为适应性预期。

③ 个体偏好及价格的设定可以参见 Obstfeld 和 Rogoff（1996）的 *Foundations of International Macroeconomics* 一书的第 10 章。

最大化如下效用函数的期望值：

$$U(i) = \frac{1}{1-\rho}C(i)^{(1-\rho)} + \frac{x}{1-\omega}(\frac{M^i}{P})^{(1-\omega)} - \frac{K}{\gamma}(L(i))^{\gamma}\rho \neq 1, 0 < \omega < 1 \tag{1}$$

其中：

$$L(i) = \int_0^1 [L_H(i,j) + L_N(i,j)]\mathrm{d}j, C(i) = [\int_0^1 C(i,j)^{\frac{\theta-1}{\theta}}\mathrm{d}j]^{\frac{\theta}{\theta-1}}; \theta > 1 \tag{2}$$

L_H $(i,\ j)$，L_N $(i,\ j)$ 分别表示家庭 i 投入企业 j 用于生产贸易品与非贸易品的劳动量。

ρ 为风险规避系数；θ 为每一个垄断竞争厂商所面临的需求价格弹性；K 为劳动供给的随机偏好冲击；$\gamma \geqslant 1$，表示劳动的边际负效用随劳动投入量的增加呈加速递增趋势；M^i 为家庭持有的名义货币余额。

（2）资产市场与预算约束。

每一个家庭共同拥有国内企业的资产，其初始资产价值以本国货币表示。假设本国与外国之间不存在资产交易，实际上，由于家庭效用函数的可分离性，国际间不存在资产交易的假设并不会影响均衡条件①。

家庭 i 的预算约束如下：

$$M_t^i + P_t C_t = M_0^i + T_t^i + W_t(i)L_t(i) + \int_0^1 (\pi_N(i,j) + \pi_T(i,j))\mathrm{d}j \tag{3}$$

其中：M_t^i，M_0^i 分别表示 t 期末与初期家庭 i 持有的货币余额。

$\pi_N(i,\ j)$，$\pi_T(i,\ j)$ 分别表示家庭由贸易品与非贸易品生产所获得的利润。

T_t^i 表示家庭 i 从本国政府得到名义转移支付；右端的最后一项表示家庭 i 从国内企业获得的总利润。

假设政府对家庭的转移支付以货币的形式支付：$T_t^i = M_t^i - M_0^i$。外国家庭面临相同约束。

3. 价格

$$P = (\mu P_N^{1-\varepsilon} + (1-\mu)P_T^{1-\varepsilon})^{\frac{1}{1-\varepsilon}} \tag{4}$$

其中：P 表示本国价格水平，由本国的非贸易品价格 P_N 与贸易品价格 P_T 共同决定。

---

① 国际间不存在资产交易的假设同样可见 Obstfeld 和 Rogoff（2000）。

$$P_T = (\eta P_H^{1-\lambda} + (1-\eta)(SP_F^*)^{1-\lambda})^{\frac{1}{1-\lambda}} \tag{5}$$

其中：S 表示名义汇率；P_T 表示本国贸易品价格水平，由本国生产的贸易品价格 P_H 与外国生产的贸易品价格 P_F^*（以外币表示）共同决定；ε 表示贸易品与非贸易品间的替代弹性；λ 表示本国贸易品与外国贸易品间的替代弹性。

$$P_i = [\int_0^1 P(z)^{1-\theta} dz]^{\frac{1}{1-\theta}}, i = N, H, F$$ ①

其中：z 表示商品；公式中 P_F 表示外国企业生产的贸易品价格（以本币表示）②。

4. 企业

生产产品 j 的企业的生产函数③如下：

$$Y_k(j) = [\int_0^1 [A_k L(i,j)]^{\frac{\phi-1}{\phi}} dj]^{\frac{\phi}{\phi-1}}, k = N, H, F; \phi > 1; \tag{6}$$

其中：ϕ 表示各种产品间的相同替代弹性；A_k 表示生产率水平。

$$W = [\int_0^1 W(i)^{1-\phi} di]^{\frac{1}{1-\phi}} \tag{7}$$

其中：$W(i)$ 表示劳动力的名义工资；W 表示有效劳动投入的总价格指数，即生产一单位产品（贸易品与非贸易品）的最小名义成本。

成本最小化条件下，企业 j 对家庭 i 的劳动需求函数如下④：

$$L(i,j) = [\frac{W(i)}{W}]^{-\phi} \frac{Y(j)}{A_k}$$

利润函数如下：

$$\pi(i) = \frac{\theta}{\theta-1}(A_T(1-n) + A_N n) WL(i) - WL(i) \text{（具体推导参见附录 A3）} \tag{8}$$

其中：n 表示生产非贸易品所投入的劳动份额。

---

① 价格设定参见附录 A1。

② 本文中假设一价定律适用于国内贸易品与外国贸易品。

③ 生产函数及工资指数设定可以参见 Obstfeld 和 Rogoff（1996）的 *Foundations of International Macroeconomics* 一书的第 10 章。

④ 详细推导参见附录 A2。

5. 一般均衡条件

商品市场出清：$PC+SP^*C^*=P\ (Y_T+Y_N)\ +SP^*\ (Y_T^*+Y_N^*)$ (9)

劳动力市场出清： $L=L_N+L_T$ (10)

国内与国外消费者风险分担，表示最优事后贸易结果，均等于货币边际效用。同样的假定可以参见德弗罗和恩格尔（Devereux and Engel，2006）：

$$PC^{\rho} = SP^* C^{*\rho} \text{①} \tag{11}$$

（二）模型求解

家庭 i 的 t 期效用最大化，构建拉格朗日函数：

$$L = E_t[\frac{1}{1-\rho}C_t(i)^{(1-\rho)} + \frac{x_t}{1-\omega}(\frac{M_t^{\ i}}{P_t})^{(1-\omega)} - \frac{K_t}{\gamma}(L_t(i))^{\gamma}] +$$

$$\lambda\left\{M_0^{\ i} + T_t^{\ i} + WL_t(i) + \int_0^1[\pi_N(i,j) + \pi_T(i,j)]\mathrm{d}j - M_t^{\ i} - P_tC_t(i)\right\} \tag{12}$$

一阶条件如下：

$$\frac{\partial L}{\partial C_t} = E_t[C_t^{-\rho}(i)] - \lambda P_t = 0 \tag{13}$$

$$\frac{\partial L}{\partial M_t} = E_t[x(\frac{M_t^{\ i}}{P_t})^{-\omega}] - \lambda = 0 \tag{14}$$

$$\frac{\partial L}{\partial W_t(i)} = E_t\{K_tL_t(i)^{(\gamma-1)}[\phi\frac{L_t(i)}{W_t}]\} +$$

$$\lambda\frac{\theta}{\theta-1}[A_T(1-n) + A_Nn][(1-\phi)L_t(i)] = 0 \tag{15}$$

对应外国家庭的最优化，同样可得以上条件。

1. 工资决定

最优工资：

由（13）式和（15）式，可以得到最优名义工资：

① 由于国内家庭单位货币的边际效用为 $C^{-\rho}/P$，国外家庭单位货币的边际效用为 $C^{*-\rho}/SP^*$，两者相等。此条件同样可由随后的本国与外国最优化条件得出。

$$W_t = \frac{(\frac{\phi}{\phi-1})E_t[K_tL_t(i)^{(\gamma-1)}P_tC_t^{\rho}]}{(\frac{\theta}{\theta-1})(A_T(1-n)+A_Nn)} = \frac{(\frac{\phi}{\phi-1})E_t[K_tL_t(i)^{(\gamma-1)}(\frac{M_t(i)}{P_t})^{\varepsilon}]}{(\frac{\theta}{\theta-1})(A_T(1-n)+A_Nn)} \tag{16}$$

（16）式可简单解释为单位名义工资的边际收益为单位劳动负效用的一个固定加成$\frac{\phi}{\phi-1}$。真实工资由下式决定：

$$w_t = \frac{W_t}{P_t} = \frac{(\frac{\phi}{\phi-1})E_t[K_tL_t(i)^{(\gamma-1)}C_t^{\rho}]}{(\frac{\theta}{\theta-1})(A_T(1-n)+A_Nn)} = \frac{(\frac{\phi}{\phi-1})E_t[K_tL_t(i)^{(\gamma-1)}(\frac{M_t(i)}{P_t})^{\varepsilon}]}{(\frac{\theta}{\theta-1})(A_T(1-n)+A_Nn)P_t} \tag{17}$$

短期来看，由于贸易部门与非贸易部门生产率相对稳定，名义工资的变化主要来自于劳动供给及真实货币余额的变动。劳动供给、真实货币余额的增加都将引致名义工资升高。而长期来看，本国贸易部门相对非贸易部门生产率的提高，将引致本国名义工资水平与真实工资水平的降低，但非贸易部门份额的增加或贸易部门份额的降低则将引致本国名义工资水平以及真实工资水平的升高。

由（16）式、（17）式可得外国与本国名义工资与真实工资之比①：

$$\frac{W_t^*}{W_t} = \frac{(A_T(1-n)+A_Nn)E_t(K_t^*)}{(A_T^*(1-n^*)+A_N^*n^*)E_t(K_tS_t)} \tag{18}$$

$$\frac{w_t^*}{w_t} = \frac{(A_T(1-n)+A_Nn)E_t(K_t^*P_t)}{(A_T^*(1-n^*)+A_N^*n^*)E_t(K_tS_tP_t^*)} \tag{19}$$

在当期名义工资预先确定的假设下，当期名义汇率的负向冲击将全部转化为当期劳动供给的正向冲击，进而引致下一期名义工资与真实工资降低。也即本国名义汇率升值，本国名义工资与真实工资水平均随之降低。长期来看，本国贸易部门与非贸易部门生产率的提高，将引致本国与外国生产率差距进一步减小，本国名义工资以及真实工资均随之降低，而本国非贸易部门份额的提高或贸易部门份额的降低将引致本国名义工资及真实工资相对外国升高。

推论1　短期来看，本国名义汇率的变动与名义工资及真实工资的变动方向相同，即本国名义汇率升值，本国名义工资及真实工资均将降低；长期来看，本

---

① ＊表示外国对应参数。

国贸易部门与非贸易部门生产率提高，本国名义工资及真实工资均将降低；本国非贸易部门份额的提高或贸易部门份额的降低均将引致本国工资水平升高。

2. 价格与实际汇率

依据垄断竞争市场的定价要求，由于企业面临固定弹性的需求函数，收入最大化的企业将使得边际收益等于边际成本，因此，价格将被设定为：

$$P_N = P_H = \frac{\theta}{\theta - 1}W, P_N^* = P_F^* = \frac{\theta}{\theta - 1}W^* \tag{20}$$

可以假设企业的定价方式为 PTM（Pricing to Market），即意味企业按照消费国货币制定价格。依据（20）式可以得出：在名义工资刚性的条件下，以本国货币表示的贸易品价格将保持不变，本国企业将会随着名义汇率的变动以改变本国贸易品的外币价格。一价定律适用于本国贸易品与外国贸易品：

$$SP_H^* = P_H, P_F = SP_F^* \tag{21}$$
[①]

由（4）式、（5）式、（20）式和（21）式可得实际汇率[②]如下：

$$R = \frac{SP^*}{P} = S\frac{W^*}{W}\frac{\left\{\mu^*\left[r^* + (1 - r^*)\left(\frac{W}{SW^*}\right)^{(1-r^*)}\right]^{\frac{1-\varepsilon^*}{1-r^*}} + (1 - \mu^*)\right\}^{\frac{1}{1-\varepsilon^*}}}{\left\{\mu\left[r + (1 - r)\left(S\frac{W^*}{W}\right)^{(1-r)}\right]^{\frac{1-\varepsilon}{1-r}} + (1 - \mu)\right\}^{\frac{1}{1-\varepsilon}}} \tag{22}$$

由（18）式得：

$$S\frac{W^*}{W} = \frac{(A_T(1 - n) + A_N n)E_t(K^*)S}{(A_T^*(1 - n^*) + A_N^* n^*)E_t(KS)} \tag{23}$$

由（22）式和（23）式可以看出，实际汇率主要取决于本国与外国的贸易品部门与非贸易品部门的生产率差别、本国非贸易品部门的份额以及名义汇率的实现值与预期值的差别。短期内，由于人们很难对名义汇率的变动做出正确合理的预期，往往存在高估或低估。如果名义汇率低估（指人们预期值大于实现值），实际汇率将被高估（指实现值小于人们预期值），否则将被低估。由此可以发现，短期实际汇率的波动主要源于名义汇率的波动；但长期看，随着信息逐步累积，人们逐渐对名义汇率的变动形成正确预期，实际汇率的调整便与名义汇

---

① 需要指出的是，此处一价定律仅存在于本国贸易品与外国贸易品。

② 本文实际汇率为双边外向实际汇率。

率无关，将只取决于本国与外国的贸易品部门与非贸易品部门的生产率差别以及本国非贸易品部门的份额。本国非贸易品部门份额越高，并且其生产率水平越高，实际汇率将越低；贸易品部门份额越低，生产率水平越高，实际汇率也同样越低。此结论显示出，实际汇率的变动不仅仅与本国贸易部门与非贸易部门生产率的相对变动有关（巴拉萨—萨缪尔森效应），同时与两国各自的贸易品部门与非贸易品部门的生产率差别、本国非贸易品部门的份额有关。由此，可以得到以下推论：

推论 2 短期内，实际汇率取决于本国与外国生产率的差别以及名义汇率的实现值与预期值的差别；长期来看，实际汇率只取决于本国与外国贸易部门与非贸易部门生产率的差别、本国与外国贸易品与非贸易品部门的份额，与名义汇率无关。

推论 3 短期内，如果人们对名义汇率的预期值大于实现值，则低估名义汇率，如果人们对名义汇率的预期值小于实现值，则高估名义汇率；长期内，随着本国与外国生产率差别减小，以及本国贸易品部门份额的增加，实际汇率将逐步降低（升值），反之，则逐步升高（贬值）。

对于人民币而言，如果人们普遍认为其被明显低估，进而存在对人民币升值的预期，那么短期内人民币实际汇率将发生低估。因此，如果可以使人们形成对人民币名义汇率的合理预期，那么将会减小发生实际汇率的高估与低估。实际上，王曦、才国伟（2007）对人民币实际汇率错位的估算方法正是基于此，虽然在其研究中并未给出人民币实际汇率的清晰的决定机制，但是其基于“黑箱”的分析思路所给出的研究结论与本文相同，其研究结论显示：人民币实际汇率的错位主要决定于名义汇率的错位（即远期名义汇率与即期名义汇率的差异）以及本国与外国通货膨胀率的差异。基于（22）式、（23）式，本文同样可以给出测算短期人民币实际汇率错位的基本计算公式，鉴于本文分析之目的，对此不做详细阐述。

3. 经常账户的决定

经常账户的大小是反映国家进出口状况的指标之一。如果进口大于出口，则为贸易逆差，经常账户为负；如果出口大于进口，则为贸易顺差，经常账户为正。经常账户的大小受到汇率的影响。依据假设，世界经济有两个国家组成，因此，一个国家的顺差将是另一国家的逆差，两者经常账户之和为零。

依据商品市场出清的一般均衡条件（9）式、（11）式、（22）式，可得：

$$R^{(1-\frac{1}{\rho})}+1=\frac{Y_W^S}{Y_H^D} \tag{24}$$

其中，Y_W^S 为世界总产值，Y_H^D 为本国总需求，Y_F^D 为外国总需求。

$$CA_H = Y_H^S - Y_H^D, CA_F = Y_F^S - Y_F^D, CA_H + CA_F = 0 \tag{25}$$

$$CA_H = \left(k - \frac{1}{R^{(1-\frac{1}{\rho})} + 1}\right)Y_W^S \tag{26}$$

其中，$k = \frac{Y_H^S}{Y_W^S}$，表示本国总产值占世界总产值的份额。

由（26）式可以看出，对于本国，经常账户余额主要取决于本国产出占世界产出的份额与实际汇率。本国实际汇率的变动与本国经常账户余额之间呈正向关系。在本国贸易顺差条件下，本国的实际汇率应大于1，若$\rho<1$，本国经常账户余额将表现为逆差，与条件不符。若$\rho>1$，本国经常账户余额将表现为顺差，经常账户余额与实际汇率之间将存在正向关系，实际汇率值较大，经常账户盈余也将较大；相反，如果实际汇率值较小，经常账户盈余也将较小。此时，外国处于贸易逆差条件下，其实际汇率小于1，若$\rho<1$，外国经常账户余额将表现为顺差，与条件同样不符。若$\rho>1$，外国经常账户余额将表现为逆差，经常账户余额与实际汇率之间将存在反向关系，实际汇率值较大，经常账户赤字也将较小，相反，如果实际汇率值较小，经常账户赤字也将较大。

本国产出占世界总产出的份额与经常账户盈余之间存在正向关系，本国产出占世界总产出份额越大，经常项目盈余就越大；本国产出占世界总产出份额越小，经常项目盈余就越小。此结论与恩格尔和罗杰斯（Engel and Rogers，2006）的结论相近，恩格尔和罗杰斯对美国的经常账户赤字与美国占世界产出份额的关系进行了研究，其模型中没有考虑实际汇率，但其研究结果却显示美国的经常账户赤字可以用人们对未来美国产出占世界产出的份额的预期来解释。

由此可得：

推论4　对于本国，经常账户余额的大小只取决于实际汇率以及本国总产出占世界总产出的份额；经常账户余额和本国产值占世界总产值的份额与实际汇率之间存在正向关系。

经过推论1至推论4的理论分析可以发现：长期来看，实际汇率主要取决于本国贸易部门与非贸易部门的生产率状况，以及贸易部门或非贸易部门的份额；本国贸易部门与非贸易部门生产率水平较高，实际汇率会相对较低，本国非贸易部门份额越低，实际汇率同样越低。而名义汇率对实际汇率的影响仅限于实际名义汇率与预期名义汇率的差异所引致的小幅波动，并无显著的长期影响。长期来看，实际汇率为影响本国经常账户余额的关键因素，名义汇率对其同样无显著影响。就长期贸易顺差而言，实际汇率为影响本国经常账户余额的关键因素，名义汇率的持续升值并非改变本国经常账户盈余的实际有效手段。此外，本国总产出占世界产出的份额也影响本国经常账户余额。我国巨大的贸易部门以及贸易部门相对非贸易部门较高的生产率，应为解释我国经常账户盈余的主要原因，如果我国的经济结构状况以及部门生产率水平并未发生有效的改变，那么经常账户持续盈余的现象也将很难从根本上得到缓解。

四、实证检验

以下以中美两国贸易数据为基础，采用结构向量自回归模型（$SVAR$）对上述推论进行实证检验：

（一）变量及数据说明

由于本模型涉及两个国家，实证过程中选取本国为中国，外国为美国。

首先，依据（18）式、（22）式、（23）式和（26）式，对上述式子取对数，并进行差分，可得以下方程：

$$\log\left(\frac{W_t}{W_{t-1}}\right) = g\left(\log\left(\frac{A_t}{A_{t-1}}\right),\log\left(\frac{W_t^*}{W_{t-1}^*}\right),\log\left(\frac{A_t^*}{A_{t-1}^*}\right),\log\left(\frac{S_t}{S_{t-1}}\right)\right) \tag{27}$$

实际汇率方程以及经常账户方程可表示为：

$$\log\frac{R_t}{R_{t-1}} = f\left(\log\frac{S_t}{S_{t-1}},\log\left(\frac{W_t^*}{W_{t-1}^*}\right),\log\left(\frac{W_t}{W_{t-1}}\right)\right) \tag{28}$$

$$\log\frac{CA_{Ht}}{CA_{Ht-1}} = h\left(\log\left(\frac{k_t}{k_{t-1}}\right),\log\frac{R_t}{R_{t-1}},\log\frac{Y_{Wt}^{S}}{Y_{Wt-1}^{S}}\right) \tag{29}$$

依据上述方程，可以采用以下模型：

$$A(L)y_t - Cz_t = \varepsilon_t \tag{30}$$

$$A(A(L)y_t - Cz_t) = A\varepsilon_t, A\varepsilon_t = B\mu_t, E(\mu_t) = O_k, E(\mu_t\mu_t') = I_k \tag{31}$$

其中：$A(L)$，A，B，C 待定，y_t 为模型的内生变量，z_t 为模型的外生变量。

$$y_t = \left(\log\left(\frac{S_t}{S_{t-1}}\right),\log\left(\frac{A_t}{A_{t-1}}\right),\log\left(\frac{W_t}{W_{t-1}}\right),\log\frac{R_t}{R_{t-1}},\log\frac{CA_{Ht}}{CA_{Ht-1}}\right)'$$

$$z_t = \left(\log\left(\frac{A_t^*}{A_{t-1}^*}\right),\log\left(\frac{W_t^*}{W_{t-1}^*}\right),\log\left(\frac{k_t}{k_{t-1}}\right),\log\frac{Y_{Wt}^{S}}{Y_{Wt-1}^{S}}\right)'$$

其中，

A_t：为中国生产率，通过当年的GDP与当年的在岗职工人数之比得到，$A_t = Y_t / L_t$

A_t^*：为美国生产率，计算方法与本国相同。

S_t：为名义汇率，以年平均汇率表示，此处采用的是美元对人民币的折算。

R_t：为实际汇率，依据 $R_t = SP_t^* / P_t$ 公式得到，其中 P_t 为当年中国的消费价格指数（CPI），P_t^* 为当年美国的消费价格价格指数（CPI）。

Y_W^S：为世界总产出，以中美两国产出之和表示。

k_t：为本国产出份额，依据 $k = Y_H^S / Y_W^S$ 得到。

CA_{Ht}：为本国经常账户余额，以当年中美净贸易额表示。

数据来源中经网，选取时段为1978～2007年。

（二）数据平稳性检验及滞后阶数的确定

使用Eviews5.1对上述几个变量依次进行ADF检验，所有变量均在10%的显著水平上拒绝存在单位根的假设（见表1）。

表1　各变量ADF检验表

变量	模型检验形式（CPT）	t 检验值
名义汇率	C3T	-4.13^*
本国生产率	C00	-2.70^{**}
外国生产率	C00	-4.03^*
本国工资水平	C00	-2.64^{**}
外国工资水平	C00	-3.58^*
实际汇率	C1T	-3.73^*
经常账户	C00	-8.83^*
本国产出份额	000	-1.73^{**}
两国总产出	C10	-3.52^*

注：原假设为序列存在单位根。模型检验形式中的C表示截距项，P表示滞后期数，T表示存在趋势项。*表示通过显著水平为5%的检验，**表示通过显著水平为10%的检验。

模型依据似然比检验（LR test）以及FPE，SC，HQ准则，确定滞后阶数，本模型选择一阶滞后。

由表2可以看出，依据（LR test），AIC，FPE，SC，HQ准则均可确定选择二阶滞后，因此本文考虑选取一阶滞后。

表 2　　　　　　　　　滞后阶数判定各检验值表

Lag	LR	FPE	AIC	SC	HQ
1	82.37	0.00	−20.43	−18.26	−19.81
2	44.38*	2.94e−16*	−22.21*	−18.82*	−21.23*

注：* 表示滞后阶数的选取可以依据此规则。

LR：LR 检验值（5% 显著水平）；FPE：Final prediction error；

AIC：Akaike 信息准则；SC：Schwarz 信息准则；HQ：Hannan-Quinn 信息准则。

（三）模型的识别

为估计正交因子的分解矩阵 A、B，需要对 A、B 提供附加的识别约束。依据理论模型中各变量的相互影响关系，特对 A、B 作以下约束①，其中 $C(i)$ 表示待估计的系数值。

$$A = \begin{bmatrix} 1 & 0 & 0 & 0 & 0 \\ 0 & 1 & 0 & 0 & 0 \\ 0 & C(2) & 1 & 0 & 0 \\ C(1) & C(3) & C(4) & 1 & 0 \\ 0 & 0 & 0 & C(5) & 1 \end{bmatrix}$$

$$B = \begin{bmatrix} C(6) & 0 & 0 & 0 & 0 \\ 0 & C(7) & 0 & 0 & 0 \\ 0 & 0 & C(8) & 0 & 0 \\ 0 & 0 & 0 & C(9) & 0 \\ 0 & 0 & 0 & 0 & C(10) \end{bmatrix}$$

（四）模型的估计结果

模型的估计结果可用表 3 来表示。

表 3　　　　　　　　　　　模型估计结果

	系数	标准差	z-Statistic	显著水平
C(1)	−2.7512	0.9019	−3.0504	0.0023
C(2)	−0.4445	0.1393	−3.1913	0.0014
C(3)	0.1449	0.1115	1.3000	0.1936

① 对矩阵 A，B 的约束依赖于前述推论 1−5。

续表

	系数	标准差	z-Statistic	显著水平
C(4)	0.3721	0.1331	2.7964	0.0052
C(5)	-13.4282	4.5755	-2.9348	0.0033
C(6)	0.0029	0.0004	7.2111	0.0000
C(7)	0.0276	0.0038	7.2111	0.0000
C(8)	0.0196	0.0027	7.2111	0.0000
C(9)	0.0133	0.0018	7.2111	0.0000
C(10)	0.4468	0.0620	7.2111	0.0000

由表3可以发现，模型的系数除C(3)外，均在5%的显著水平下显著。系数C(2)表示当期本国工资水平与当期本国生产率间的关系，其值为负，显示出当期本国生产率变动与当期本国工资水平间存在正向关系，这与推论1的分析一致。系数C(1)表示当期名义汇率与当期实际汇率的关系，其值为负，显示出当期名义汇率与当期实际汇率间存在正向关系；C(3)表示当期实际汇率与当期本国生产率间的关系，其值为正，显示出当期本国生产率水平与当期实际汇率间存在反向关系，即当期本国生产率提高，当期实际汇率升值；C(4)表示当期实际汇率与当期本国工资水平间的关系，其值为正，显示出当期本国工资水平与当期实际汇率间存在反向关系，即当期本国工资水平提高，当期实际汇率升值；这与推论2、推论3的分析一致。C(5)表示经常账户与本国实际汇率的关系，其值为负，显示出本国经常账户的变动与本国实际汇率的变动存在正向关系，即本国实际汇率升值，本国经常账户余额降低，这与推论4、推论5一致。

（五）脉冲效应

为进一步证实推论1~5，在此主要考察来自名义汇率的冲击，来自技术的冲击，以及来自实际汇率的冲击对名义工资、实际汇率、经常账户余额的动态影响关系脉冲效应如图1、图2和图3所示：

由图1、图2和图3可以得出以下结论：

技术冲击为影响名义工资的主要因素，且影响较为持久；名义汇率的冲击对其影响较弱，影响时期较短。由图1可以看出，名义汇率冲击对名义工资的累积影响为正，随后则持续保持不变，因此，其对名义工资的影响主要发生于短期①，并

① 短期影响此处主要指冲击产生主要影响期不超过6期。

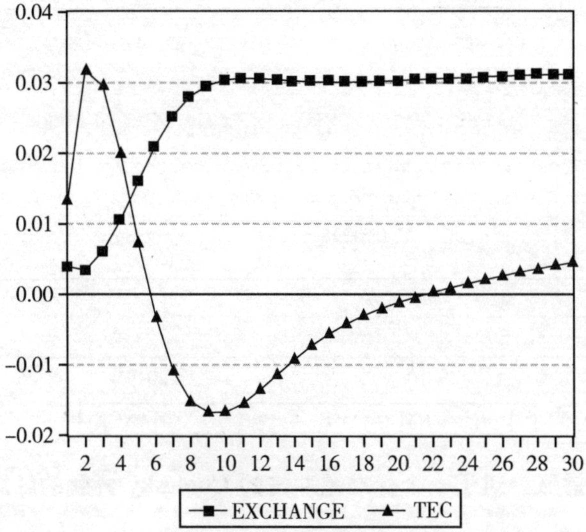

图 1　工资对于一个标准差冲击的 Cholesky 分解的脉冲响应图

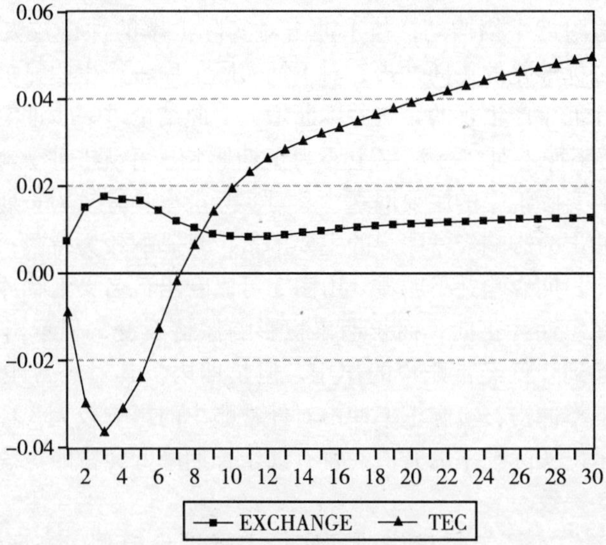

图 2　实际汇率对于一个标准差冲击的 Cholesky 分解的脉冲响应图

不具有持久性；技术冲击对名义工资的影响则很大，前五期的累积影响为正，随后变为负，其对名义工资影响的效果较名义汇率相对较为持久。这与推论 1 的分析一致。

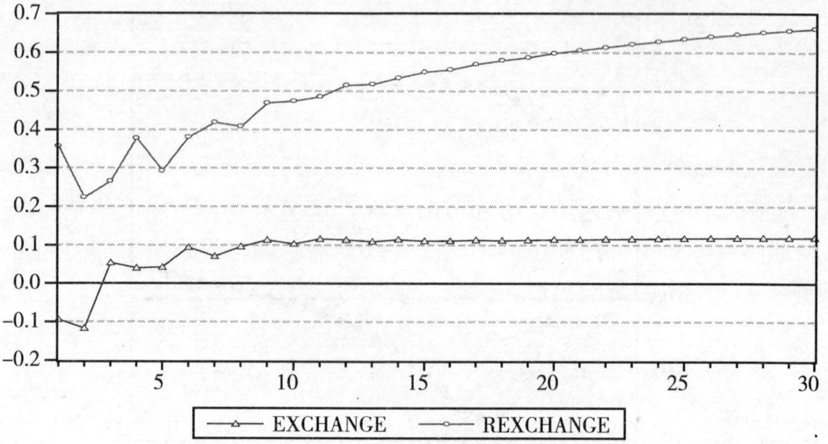

图3　经常账户对于一个标准差冲击的 Cholesky 分解的脉冲响应图

技术冲击为影响实际汇率的主要因素，且影响较为持久；名义汇率冲击对实际汇率的影响则很小，长期影响并不明显。由图2可以看出，名义汇率对实际汇率的影响，在前几期，影响效果相对较大，长期来看，其对实际汇率的影响较小，始终在0值附近小幅摆动；技术冲击对实际汇率的冲击较大，且为负向冲击，技术一单位标准差的正向冲击，对下期实际汇率将产生明显负向冲击，长期来看，其对实际汇率产生正的影响并不断增大。此结论进一步证实了推论2与推论3，即名义汇率冲击对实际汇率主要为短期影响，并无长期影响；另一方面，技术冲击为影响实际汇率的主要因素，其对实际汇率具有较为长期的影响。

实际汇率冲击为影响经常账户的主要因素，且影响较为持久；而名义汇率对其影响则较小，长期影响并不明显。由图3可以看出：名义汇率冲击对经常账户的累计影响仅在短期为正向，而长期累积影响保持不变，显示出名义汇率的升值，短期可以起到降低经常账户的作用，但长期内，其对经常账户并无明显影响。相对名义汇率冲击，实际汇率冲击对经常账户的影响较大，且长期累积影响不断增大，显示出实际汇率的升值，将有助于长期降低经常账户盈余。此结论与推论4与推论5一致。

对中国经济的实证结果较好地证实了上述理论模型。实证结果显示，从1978~2007年，名义汇率的升值以及技术水平的提高引致了我国名义工资的升高，而我国实际汇率的升值则主要依赖于生产率水平的持续提高，名义汇率的升值对实际汇率的影响相对较小；同时其对经常账户的影响同样较小，实际汇率的变动为影响我国经常账户状况的主要原因。

五、结论及政策性含义

人民币实际汇率决定和我国长期贸易顺差的原因是我国宏观经济面临的重要问题，本文结合新开放宏观经济学的分析框架，分析了经济结构、实际汇率、经常账户余额之间的影响关系，研究结论发现，长期来看，实际汇率主要取决于本国贸易部门与非贸易部门的生产率状况，以及贸易部门或非贸易部门的份额；名义汇率对实际汇率的影响仅限于实际名义汇率与预期名义汇率的差异所引致的小幅波动，并无显著的长期影响。长期来看，实际汇率为影响本国经常账户余额的关键因素，名义汇率对其同样无显著影响。就长期贸易顺差而言，实际汇率为影响本国经常账户余额的关键因素，名义汇率的持续升值并非改变本国经常账户盈余的实际有效手段。

由此可以得出，改变我国经常账户持续盈余状况将存在两种途径：一种途径是通过名义汇率的持续升值。名义汇率升值对实际汇率以及经常账户余额的改变在短期存在一定的作用，但试图通过其持续升值以调节实际汇率以及经常账户余额的方法将不利于本国经济长期增长。具体而言，名义汇率持续升值，本国贸易品部门生产成本逐步升高，贸易品部门将趋于萎缩。贸易品部门在经济结构中的份额降低，实际汇率随之升值，经常账户余额趋于减小。然而由于整个经济整体生产率水平并未提升，贸易品部门份额的萎缩，无疑将引致大量失业以及产出急剧下降，这会损害本国经济增长。另一种途径为逐步调整经济结构，提高非贸易品部门的份额。这种方式旨在逐步降低贸易品部门份额，提高非贸易品部门份额，以达到调整经常账户余额的目的。目前，我国经济结构仍是以贸易品部门（制造业）为主，非贸易部门（服务业）在经济中所占的比重远远低于发达国家，甚至同等发展水平的发展中国家，经济结构相对并不合理，经济增长主要依赖于外需与投资的拉动，内需相对较弱，经济结构的失衡正是我国经常账户持续盈余的根本原因。因此，要改变我国经常账户持续盈余状况，核心在于调整经济结构，提高非贸易部门生产率及其在经济中的份额。

参考文献：

[1] 张斌、何帆：《货币升值的后果——基于我国经济特征事实的理论框架》，载于《经济研究》，2006 年第 5 期。

[2] 张斌：《人民币均衡汇率：简约一般均衡下的单方程模型研究》，载于《世界经济》，2003 年第 11 期。

[3] 林毅夫：《关于人民币汇率问题的思考与政策建议》，载于《世界经济》，2007 年第

3 期。

［4］王曦、才国伟：《人民币合意升值幅度的一种算法》，载于《经济研究》，2007 年第 5 期。

［5］薛欣欣：《我国国有部门与非国有部门工资决定机制差异的实证研究》，载于《产业经济评论》，2008 年第 7 卷第 1 辑。

［6］王瑞芳、余长林、王娟：《我国贸易结构与人民币实际有效汇率》，载于《广东社会科学》，2008 年第 3 期。

［7］卢锋、刘鎏：《我国两部门劳动生产率增长及国际比较（1978～2005）——巴拉萨萨缪尔森效应与人民币实际汇率关系的重新考察》，载于《经济学季刊》，2007 年第 2 期。

［8］陈彦斌：《我国经济增长与经济稳定：何者更为重要》，载于《管理世界》，2005 年第 5 期。

［9］杨长江：《人民币实际汇率长期调整趋势研究》，上海财经大学出版社 2002 年版。

［10］顾乃华、李江帆：《中国服务业技术效率区域差异的实证分析》，载于《经济研究》，2006 年第 1 期。

［11］Balassa, Bela. "The Purchasing Power Parity Doctrine: A Reappraisal". *Journal of Political Economy*, 1964, Vol. 72 (6), pp. 584 – 596.

［12］Charles, Engel and John, H. Rogers. "The U. S. Current Account Deficit and the Expected Share of World Output", NBER Working Paper No. 11921, 2006.

［13］Goldstein, Morris. "Adjusting China's Exchange Rate Policies". High Level Seminar, Dalian, China, 2004, May 26 – 27.

［14］Frankel, Jeffrey. "On the RMB: The Choice Between Adjustment under a Fixed Exchange Rate and Adjustment under a Flexible Rate", NBER Working Paper 11274, 2005.

［15］Ito, Takatoshi; Isard, Peter and Symansky, Steven. "Economic Growth and Real Exchange Rate: An Overview of the Balassa-Samuelson Hypothesis in Asia. ", NBER Working Paper No. 5979, 1997.

［16］Michael, B. , Devereux and Charles, Engel. "Expenditure switching vs Real Exchange Rate Stabilization: Competing Objective for Exchange Rate Policy", NBER Working Paper No. 12215, 2006.

［17］Obstfeld, Maurice. "Exchange Rates and Adjustment: Perspectives from the New Open Economy Macroeconomics. " *Monetary and Economic Studies*, 2002, Vol. 20, S-1, pp. 23 – 46.

［18］Obstfeld, Maurice and Rogoff, Kenneth. "New Directions for Stochastic Open Economy Models. " *Journal of International Economics*, 2000, Vol. 50, pp. 117 – 153.

中国经济增长波动与价格波动的关系：1992～2008年

■吴剑飞*

一、引 言

维持国内的价格稳定并保持持续的经济增长是各个国家宏观决策者心目中的最佳组合。所以每当出现价格水平异常波动的时候，讨论经济是否过热以及采取紧缩政策是否合适，如何遏制经济持续下滑而采取扩张政策等问题常常成为学术界和实务界的焦点。虽然经济波动和价格水平之间的相关性研究没有被研究者忽略，但除了出现通胀或通缩的年月这个问题才会被广泛提及，似乎平时并没有成为持续的研究重点。近年来，全球性的价格总水平剧烈波动以及发展中国家经济持续的高增长，这个课题得到了越来越多的重视（Mallik et al.，2001）。

在现实生活中，经济的发展过程总是围绕着均衡状态不断上下波动并不断转换，偏离均衡的两极分别是通货膨胀和通货紧缩。近几十年，通货膨胀一直伴随世界主要市场经济国家，许多国家的中央银行都以保持币值稳定和抑制通货膨胀作为最高目标，甚至是唯一目标。中国政府也一直以保持经济持续快速增长和稳定价格水平为目标，所以从2007年下半年开始中国政府开始实施积极的财政政策来抑制通货紧缩苗头和刺激经济增长，人民银行也将从紧的货币政策转为适当，但还是没有抑制物价和货币供应量向通货紧缩转化。2009年中国将面临通胀向通缩的戏剧性转换，由此引发我们思考的现实问题是国家出台的刺激经济计划是否能保持经济高速增长。

* 吴剑飞，南京大学经济学院国际经济贸易系博士生。

实际从经济学理论分析及各国经济发展趋势看，经济波动和价格水平波动之间存在着密切的联系。特别是针对大多数发展中国家而言，经济高速增长期往往会出现较高的通货膨胀，而在经济衰退期同时也伴随着通货紧缩，分析中国经济发展的过程同样可以得出类似这样的结论。通过对现有文献的梳理我们发现，目前学术界对经济波动和价格剧烈波动之间的关系存在着很大的争议。有研究认为，保持低通货膨胀不仅有利于提高增长率，而且“低通货膨胀和高增长”的组合具有更高的社会福利水平和资源配置效率。通货膨胀率增加10%，将使增长率降低0.2%~0.3%，也使投资率（投资在GDP中所占比例）降低0.4%~0.6%。如果从30年后的长期效果看，通货膨胀将会使增长降低4%~7%，因此应该避免高通货膨胀在经济增长过程中的长期存在（Barro，1996）。相反，许多研究者通过对日本经济萧条进行长期研究得出的结论认为，低通货膨胀并非有助于经济增长，他们认为日本经济之所以长期无法摆脱萧条是因为货币政策的扩张性力度不够，因而日本低通货膨胀或者通货紧缩现象不能得到彻底缓解。日本出现的低通货膨胀下的经济持续萧条，使得人们开始怀疑低通货膨胀水平所能带来的增长效应（Krugman，1999）。

通过对已有研究文献的分析我们发现，大部分研究都是基于通胀环境对经济增长的影响，很少有将通货膨胀和通货紧缩理解为同一经济现象，即价格水平的异常波动现象，并专门针对价格水平异常波动现象进行分析。而且在已有的实证文献中，传统的向量自回归（VAR）模型是一般研究所采用的经济计量方法，并且其中大部分研究中对数据的可用性没有做任何检验和处理。使用VAR模型研究中国宏观经济问题的弊端在于，因为我们面对的是估计参数过多而实际数据序列较短的困境，VAR模型在处理这种问题时往往会由于“零约束”而产生不可信结构。在本文中，我们将使用一种更精确的方法来分析中国的实际产出波动和价格波动之间的关系。文章结构安排如下：（1）文献回顾；（2）实证模型设定与计量结果，利用贝叶斯自回归模型（Bayesian AR）和贝叶斯向量自回归（Bayesian VAR）模型以中国的季度数据实证检验实际产出波动和价格波动之间的格兰杰因果关系；然后利用D－M检验方法分别检验封闭经济模型和开放经济模型的预测能力；（3）讨论在当前全球经济环境下我国可能出现异常严重的通货紧缩；（4）主要结论与相关建议。

二、相关文献回顾

早期的理论研究是基于经济增长模型来讨论通货膨胀的作用和影响，托宾（Tobin，1965）在索罗经济增长模型中引入货币作为资本的代理变量，随后在此基础上引发了一系列关于经济增长和通货膨胀的讨论。王和叶（Wang and Yip, 1992）将货币引入生产函数来构建一个扩展的内生经济增长模型，他们发现由货币增长导致的通货膨胀不会对消费和产出等产生影响，也就说经济增长和通货膨胀之间不存在任何相关性。而佩科里尼（Pecorino，1995）对王和叶进行扩展，将实物资本引入人力资本的生产函数，他发现货币呈中性的理论不再成立，相反，在长期内货币增长率会降低经济增长率，通货膨胀和经济增长之间表现为“负相关”。同样的，张（Chang，2002）对王和叶的模型从另一个角度进行扩展，将实际货币余额引入人力资本的生产函数，他的结论与佩科里尼的结论完全相同，即长期经济增长率和通货膨胀率负相关。

随着理论研究的深入，出现了越来越多的实证研究文献。格雷戈里等人（Gregory et al.，1996）以 OECD 国家为样本，分析经济增长和通货膨胀的关系，但是文中是以通货膨胀对经济增长的影响为视角展开的。而在研究经济增长与通货膨胀之间的关系，主要是以发展中国家为研究对象。以中国的数据为例，张汉亚（1996）认为，如果深入分析我国经济发展的具体情况，就会发现经济增长、投资增长和通货膨胀之间存在一定的相互影响关系，但是这些影响关系在不同的经济发展时期和不同的经济条件下有不同的表现。发展中国家在与国际接轨的过程中，不可避免地会导致资源产品和基础工业品价格的上涨，同时由于劳动力严重过剩导致生产效率提高不能有效减缓工资上涨对价格上涨的压力，基于以上原因物价上涨的压力必然很大。许永兵（1998）认为，随着改革的深入生产要素的贡献率也在不断提高，但总体而言中国的经济增长方式还是粗放型的，所以较高的经济增长伴随着通货膨胀。刘金全和谢卫东（2003）以中国的月度数据来分析经济增长和通货膨胀之间的关系，通过格兰杰因果检验发现增长率的趋势成分对通货膨胀率的趋势成分有显著的影响，同时就反向影响看通货膨胀率的趋势成分和波动成分对增长率也有显著的影响。王志勇（2008）分别利用年度数据和季度数据检验中国经济增长率和通货膨胀率之间的关系，认为无论是基于年度数据还是季度数据，经济增长率都是通货膨胀变化率的格兰杰原因。

在对通货紧缩的分析中，物价水平的持续下降和货币流通量的持续下降并伴随着经济衰退是全面把握通货紧缩的标准。微观效率低下和收缩信贷直接导致的需求萎缩是导致 1998 ~ 2002 年中国通货紧缩的根本原因（北大 CCER 宏观组，2005）。然而就当前全球经济受美国金融危机影响下，中国经常项目可能出现的逆转、外商直接投资下降和投资放缓将直接带给中国紧缩性压力，而且由于中低收入人群的收入增幅仍处于较低水平，消费增长在未来面临不可持续性以及较为严重的信贷需求不足使这种紧缩性压力更为严重（陆磊，2008）。

三、实证模型设定及估计结果

为了考察经济波动和价格波动①之间的相关性，我们采用的方法是检验价格波动变量与假设原因之间的因果关系。传统上要检验变量 X 和 Y 之间的因果性，则定义 J_n 为信息集，如果 $F(X_{n+1}|J_n)! = F(X_{n+1}|J_n - Y_n)$，也就是说，在信息集 J_n 内 Y 的信息可以改善对 X 的预测，则相对于信息集 J_n，Y 构成 X 的有初步证据的因果性。后来的发展则逐渐过渡到从预测精度的角度来检验②，如果变量 Y 的存在能够显著地减小对 X 的预测误差的方差（或者说能够显著地改善对 X 的预测精度），那么就可以认为 Y 对 X 有因果性。由西姆斯（Sims）创立于20世纪70年代的向量自回归模型（VAR）就是宏观经济学家常用的一种处理因果关系的方法。VAR方法强调了经济系统的动态特性，把注意力集中在了较小范围的具有因果关系的变量上，因而较多地被用于经济预测，特别是在对一些高频数据的预测之中（何新华，2007）。但是，VAR方法是所有方法中对数据依赖程度最高，而最缺乏经济理论基础的方法。这一特点使得该方法在创立之初即广受批评。而且，VAR方法在解决估计参数过多而实际数据序列较短的方法往往是人为的设定一些参数为零，结果零约束常常使模型结构与经济理论矛盾而导致模型“不可信”（张思奇，1998）。因此，近年来VAR方法开始被不断改进。

与传统的经济计量分析方法不同，贝叶斯推断理论为解决VAR模型参数过多时的估计问题提供一种便利的分析框架，这主要得益于美国学者利特曼（Litterman，1986a，b）的开创性研究工作。利特曼首先建立了完整的贝叶斯向量自回归技术，他用一种简单的方法来处理这些约束问题，原则是当参数被判定在某一值时，使模型参数趋近于这一值而不是锁定该确定值。所以，只要有必要的数据支持，这种办法就可以得到更精确的估计值。贝叶斯方法把模型方程中的参数看做一种随机变量，这种随机变量有某种可能的先验分布，该先验分布被认为包含了预测者在预测前所获取的某种相关信息。如果这种信息缺乏，则可能是由于存在扩散的先验分布。模型采用的先验分布是随机先验分布，也称为明尼苏达（Minnesota）先验分布。相比VAR方法，贝叶斯向量自回归模型（BVAR）通常在短期预测时能提供更高预测精度，同时也不会产生传统VAR方法的不可

---

① 我国的价格指数主要有零售价格指数、居民消费价格指数、农产品收购价格指数、农村工业品零售价格指数、工业品出厂价格指数和固定资产投资价格指数。为了能从总体上大致衡量所有商品和劳务的价格水平，本文选取居民消费价格指数（CPI）作为价格变量。

② 全面因果性的检验方法的讨论，参见 Covey（1992）。

信结构。目前，贝叶斯方法在欧美等经济发达国家的经济预测中应用广泛，相关文献有丹尼尔（Daniell，2000）、粕谷（Kasuya，2002）等学者的研究成果。但国内学者在利用贝叶斯向量自回归方法构建经济分析预测模型方面还不多。张思奇（1998）使用贝叶斯向量自回归方法构建了中国经济预测模型，发现这个类型的模型能对中国 GDP、消费、投资、进出口和通货膨胀进行准确的短期预测。朱慧明（2004）比较分析了 AR 模型、VAR 模型和 BVAR 模型的预测效果，结果发现贝叶斯 VAR 模型的预测效果明显优于其他两类预测模型。

在利用 BVAR 进行估计时，总共有两种方法能检验变量 Y 是否提高变量 X 的预测能力（即 Y 对 X 有因果性）。第一是使用样本内数据，通过简单的 F 检验和 Wald 检验来验证在变量 X 和 Y 的双变量系统中是否存在格兰杰因果关系，变量 X 在对自身滞后项与变量 Y 滞后项回归模型中，变量 Y 的滞后项对变量 X 的预测是否统计显著。如果变量 Y 滞后项不能改善对变量 X 的预测，那么可以说它们之间不存在格兰杰因果关系①。如果变量 X 对变量 Y 的脉冲有明显响应，那么它们之间也存在格兰杰因果关系②。但对于多变量系统，样本内数据的检验方法可操作性很差，往往不被使用也不可信。第二是使用样本外数据，如果包含变量 X 和 Y 的双变量贝叶斯向量自回归模型（BVAR）的预测精度大于仅以变量 X 的贝叶斯自回归模型（BAR）的预测精度，那么可以认为变量 Y 的滞后项能够改善估计模型预测变量 X 的能力，所以这两个变量之间存在格兰杰因果关系，反之则说明两个变量之间不存在格兰杰因果关系。而且，相比于样本内数据的格兰杰因果检验，更加贴近格兰杰本人观点的方法是以能否提高样本外数据的预测精度作为格兰杰因果检验的方法。本文使用基于 BVAR 的样本外预测模型。

（一）计量模型设定

在本文中我们估计的 BVAR 模型简化表达式为：

$$A(L)(x_t - \mu) = u_t \tag{1}$$

其中：$A(L) = I - A_1 L - \cdots - A_p L^p$ 是滞后算子 P 的多项式矩阵；x_t 是 $n \times 1$ 阶变量矩阵；μ 是非确定（或称为扩散）的先验值；u_t 是 $n \times 1$ 阶简化式残差项向量，满足 $E(u_t) = 0$ 和 $E(u_t u_t') = \Omega$，Ω 是简化式残差向量方差－协方差矩阵。

在变量的选择上，对于经济波动，常用的衡量指标是 GDP 增长率，当然也有采用 GNP 增长率或者工业总产值增长率的，在进行不同国家之间比较研究的

① 参见 Hamilton（1994）。

② 因为计算标准差很复杂，所以此方法在文献中很少使用。具体见 Lütkepohl（1989）。

时候甚至有研究采取人均 GDP 增长率，以消除人口增长因素。本文采用大多数研究中常用的实际 GDP 波动率作为经济波动的度量指标。而对于价格波动率，也有多个指标可供选择，常用的是 CPI 变化率，此外也有用全国物价总水平，PPI 以及 GDP 或 GNP 平减指数的。考虑到通用性以及数据的可得性，选择 CPI 变化率作为价格波动的衡量指标，作为相对贴近与居民生活息息相关的物价水平，更能体现这出通用性这一特征。最后考虑到我国现有统计数据来源的限制，而且为了减少月度数据在计量分析中可能出现的噪音，我们选择 1992 年一季度到 2008 年四季度的季度数据来研究经济波动率和价格波动率之间的相关性。

本文中为了检验经济波动率和价格波动率之间的因果关系，我们设想的步骤是：首先，在封闭经济环境下比较加入经济波动和货币供应量的两变量 BVAR 模型在预测价格波动率的预测精度是否显著高于单变量 BAR 模型的预测精度；其次，再比较四变量向量自回归模型和三变量向量自回归模型的预测精度，观察预测精度指标值是否得到改善；然后，在开放经济环境下比较六变量模型和七变量模型的预测精度，以及对比封闭经济环境和开放经济环境下预测精度指标值是否得到改善；最后使用迪博尔德和马里亚诺（Diebold and Mariano，1995）所提出的样本外预测准确性检验来分别比较几个模型的预测能力。

（二）计量检验

本研究中对先验分布设定的可能选择与利特曼（1986b）接近，变量一阶差分后的一阶滞后项系数先验均值为零，设定紧度为 0.001，对所有模型滞后阶数取 $p=3$。样本外数据预测的步骤为：首先根据 1992 年第 1 季度至 1996 年第 4 季度这五年的季度数据估计出模型的各个参数，然后根据这个估计的模型超前八步动态预测 1997 年第 1 季度至 1998 年第 4 季度区间的通货膨胀率。下一步将样本空间扩展至 1998 年第 4 季度重新估计预测模型，然后根据这个新估计的预测模型超前八步动态预测 1999 年第 1 季度至 2000 年第 4 季度区间的通胀率，按照这种思路一直估计到 2008 年第 4 季度。

（1）封闭经济环境下各经济变量和价格波动的关系分析。

我们不考虑影响中国价格波动的国际因素，仅以可能影响价格波动的内因变量分别构建 BVAR 模型以厘清它们与价格波动之间的关系。本文以均方根误差（Root Mean Square Error，RMSE）作为预测精度的衡量标准，预测能力用 Diebold-Mariano（D－M）检验判定。模型的预测精度越高、预测能力越强，其所包含的变量越有可能是价格波动的格兰杰原因。

单变量的 BAR 基准模型：$x_t=(\Delta p_t)$ （2）

两变量的 BVAR 模型：$x_t = (\Delta p_t, \Delta y_t)$ (3.1)

两变量的 BVAR 模型：$x_t = (\Delta p_t, \Delta m_t)$ (3.2)

三变量的 BVAR 模型：$x_t = (\Delta p_t, \Delta m_t, i_t)$ (4)

四变量的 BVAR 模型：$x_t = (\Delta p_t, \Delta m_t, i_t, \Delta y_t)$ (5)

(3.1) 式代表包含价格波动 Δp_t 与经济波动 Δy_t 的双变量贝叶斯向量自回归模型，(3.2) 式代表包含价格波动 Δp_t 与广义货币供给变化率 Δm_t 的双变量贝叶斯向量自回归模型，(4) 式和 (5) 式分别代表包含价格波动率与广义货币供给量变化率 Δm_t 和一年期存款利率 i_t 的三变量贝叶斯向量自回归模型以及在三变量模型基础上加入经济波动变量。对于本文中给出的样本数据，除一年期存款利率外其余变量先利用 X12 方法进行季节调整，再对变量取对数后一阶差分得到环比数据。同时为了增强计量分析的可靠性，首先要分别对时间序列进行稳定性检验，根据单位根检验的结果，各变量为一阶平稳序列，可以构建 BAR 和 BVAR 模型。

图 1 给出了计量模型的 RMSE 之间的比值[①]。RMSE 是预测值和真实值之间的均方根误差，图形表达的意思是在加入一个变量后能否减少模型样本外预测值的误差。从格兰杰因果检验的原理可以得出，如果增加一个变量后能增加原解释变量的解释能力，那么这个新增的变量就是被解释变量的格兰杰原因。从图 1 可得：首先，也是最重要的结论，包含经济波动变量的模型预测精度明显得到改善，因为预测模型中包含经济波动变量的预测精度指标 RMSE 都小于不包含该变量的预测精度指标值，实际上这就说明了经济波动是价格波动的格兰杰原因。其次，包含货币供应量的模型预测精度也明显得到改善，这就说明了经济波动货币供应量也是价格波动的格兰杰原因；最后，预测精度 RMSE 的比值就单变量和双变量预测模型的预测精度之比最大到 1.4，而且无论哪两个模型之间的比较结果都会随着预测时期发展呈上升趋势，这说明在增加了经济波动变量或货币供应量后模型能够较好提高价格波动的预测精度。

(2) 开放经济环境下各经济变量和价格波动的关系分析。

考虑到全球经济一体化中各国经济之间的紧密联系可能导致国际间价格的传导，接下来在一个开放经济环境下考察中国价格波动现象的诱因。在基于内因的模型中增加外部冲击变量和表示价格传递效应的汇率变量，构建开放经济模型。新增的模型设定如下：

六变量 BVAR 模型：$x_t = (\Delta p_t, \Delta m_t, i_t, \Delta food_t, \Delta oil_t, \Delta neer_t)$ (6.1)

---

① 文中的 RMSE 之间的比值为基准模型（BAR 模型）的 RMSE 除以待测模型（BVAR）。选择比较后的图形而不是分别直接画出每个模型的 RMSE 曲线，是为了让结果表现得更为清晰。

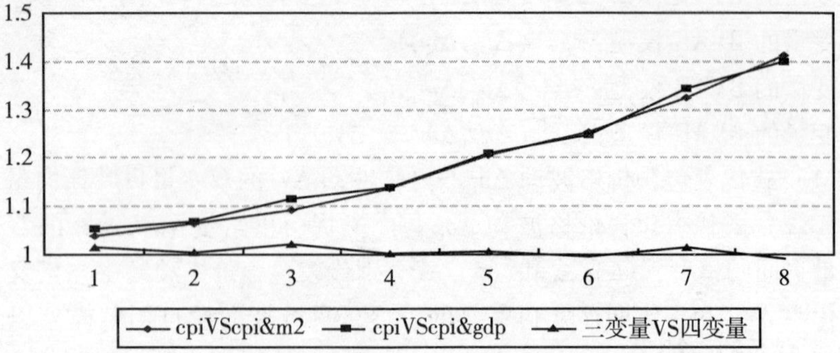

图 1　各封闭经济模型之间的预测精度比较

六变量 BVAR 模型：$x_t = (\Delta p_t, \Delta y_t, i_t, \Delta food_t, \Delta oil_t, \Delta neer_t)$　(6.2)

七变量 BVAR 模型：$x_t = (\Delta p_t, \Delta m_t, i_t, \Delta food_t, \Delta oil_t, \Delta neer_t, \Delta y_t)$　(7)

与上面相比，(6) 式、(7) 式中新增变量 neer 为人民币名义有效汇率指数。

图 2 给出了封闭经济模型和开放经济模型预测精度比较结果。从图 2 可知：首先，相对于作为基准模型的四变量封闭经济模型（BVAR4），包含着经济波动变量的六变量和七变量开放经济模型的预测精度得到了明显的改善，显然开放经济模型比封闭经济模型更适合于考察我国价格波动现象；其次，包含着经济波动变量的六变量和七变量开放经济模型的预测精度的提高程度要略高于包含货币供应量的六变量 BVAR 模型，可以认为经济波动和货币供应量都可能是我国价格波动的格兰杰原因；最后，相对于封闭经济模型，开放经济六变量和七变量 BVAR 模型的预测精度在滞后 6 个季度之内有相对较大改善，在滞后 6 个季度之后这种效果显著减弱，同时预测精度在滞后 3～4 个季度出现最

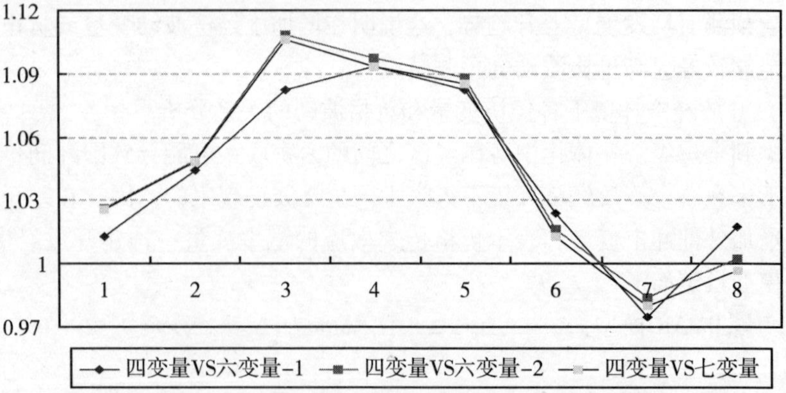

图 2　封闭经济模型与开放经济模型的预测精度比较

大值，这也说明国外商品价格水平对我国价格波动的影响在一段时滞之后才能显现。

图3给出了各个开放经济模型预测精度比较结果。从图3可知：在开放经济模型中，相比较六变量模型增加了经济波动变量的七变量开放经济模型的预测精度得到了明显的改善，而相比较六变量模型增加了货币供应量的七变量开放经济模型的预测精度则没有得到有效改善，所以对于经济波动变量和货币供应量，经济波动是我国价格波动的格兰杰原因的可能性更显著。

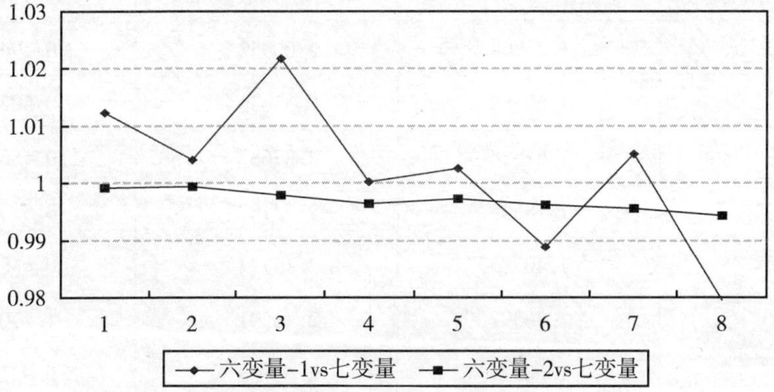

图3　各开放经济模型之间的预测精度比较

（三）迪博尔德和马里亚诺检验

尽管均方根误差（RMSE）是宏观经济分析中常用的预测精度评价指标，但RMSE存在受离群值影响较大等问题使得结论的可靠性受到质疑，因此我们还继续检验双变量和四变量BVAR模型的预测能力。预测能力的比较可以用来判断某变量是否对另一变量有解释能力，以进行变量之间的因果关系检定（Ashley et al.，1980）。文中我们使用迪博尔德和马里亚诺（Diebold and Mariano）所提出的样本外预测准确性检验来比较模型的预测能力。迪博尔德和马里亚诺的检验理论是：对一组实际时间序列 $\{y_t\}_{t=1}^{T}$，有 $\{\hat{y}_{it}\}_{t=1}^{T}$ 和 $\{\hat{y}_{jt}\}_{t=1}^{T}$ 两组估计值，令其对应的误差序列分别为 $\{e_{it}\}_{t=1}^{T}$ 和 $\{e_{jt}\}_{t=1}^{T}$。其中，$e_{it}=y_t-\hat{y}_{it}$ 和 $e_{jt}=y_t-\hat{y}_{jt}$ 为个别预测误差，而损失函数（Loss Function）为误差的函数，即 $g(y_t,\hat{y}_{it})\equiv g(e_{it})=\sum_{t=1}^{T}(e_{it})^2$ 和 $g(y_t,\hat{y}_{jt})\equiv g(e_{jt})=\sum_{t=1}^{T}(e_{jt})^2$。评估方式是由两组预测误差损失函数的平均数是否相等来判定模型的预测绩效是否相同。检验的零假设为两组预测模型一样好。若迪博尔德和马里亚诺（D－M）检验①统计值显著大于上界临界值，则拒绝零假设，表示 $\{\hat{y}_{it}\}_{t=1}^{T}$ 所对应的预测误差相对较大，因此，$\{\hat{y}_{it}\}_{t=1}^{T}$ 的预测能力较差；若检验统计值显著小于下界临界值，则表示 $\{\hat{y}_{jt}\}_{t=1}^{T}$ 所对应的预测误差相对较大，因此，$\{\hat{y}_{jt}\}_{t=1}^{T}$ 的预测能力较差；若检验统计值无法拒绝零假设，则表示两个模型的预测能力不相上下。

表1　封闭经济环境下BVAR模型的预测能力检验结果（D-M test）

预测范围（季度）	单变量 VS cpi&gdp	单变量 VS cpi&m2	三变量 VS 四变量
1	1.23964	2.00952**	0.4946
2	1.50588***	2.33636*	0.50226
3	1.61688***	2.37687*	0.48676
4	1.78535**	2.74107*	0.51385
5	1.40785***	2.15774**	0.64852
6	1.30392***	2.16591**	1.17082
7	1.60378***	2.64788*	0.9317
8	1.67281**	3.07631*	0

注：* 为1%显著，** 为5%显著，*** 为10%显著。

表1给出了各个不同BVAR模型的预测能力检验结果，零假设为每一列中所比较的两个模型一样好。从表中可知：（1）在三变量BAR模型和四变量BVAR模型比较时接受零假设，显示两个模型的预测能力不分高低，说明模型中包含货币供应量和利率等国内因素对预测价格波动率的作用非常明显；（2）在单变量BAR模型和双变量BVAR模型比较时，在预测范围内显著拒绝零假设，显示双变量模型的预测能力要高于单变量模型，结合上文中有关预测精度的比较结果可知，经济波动变量的加入有助于提高价格波动的预测能力，说明经济波动是导致价格波动的格兰杰原因。

① Diebold & Mariano（1995）提出了六种检验指标，分别为Diebold-Mariano（DM）检验、符号检验（The Sign Test）、威尔科克森符号秩检验（Wilcoxon's Sign-Rank Test）、邹氏检验（Chow Test）、MGN检验（The Morgan-Granger-Newbold Test）和MR检验（The Meese-Rogoff Test）。本书中我们使用的是DM检验，其他五种检验的原理和DM检验一致。

表 2　　　　　　开放经济模型的预测能力检验（D-M test）

预测范围（季度）	四变量 VS 六变量 -1	四变量 VS 六变量 -2	四变量 VS 七变量	六变量 -1VS 七变量	六变量 -2VS 七变量
1	3.41926*	2.72547*	1.12306	2.23300**	1.19816
2	2.98293*	2.62220*	1.49220***	2.85632*	1.42100***
3	2.90964*	2.96618*	1.37796***	2.18052*	1.43497***
4	2.67245*	2.83634*	1.26886	1.89266	1.40341***
5	2.35955*	3.21757*	1.40122***	1.95439**	1.44540***
6	2.65935*	3.04847*	1.65939**	1.64860**	0.99849
7	2.92569*	3.28677*	1.71255**	1.66328**	1.08844
8	3.48709*	4.17069*	2.12289*	1.65060**	1.08831*

注：* 为 1% 显著，** 为 5% 显著，*** 为 10% 显著。

表 2 给出了上述各个模型预测能力检验结果，可知：（1）四变量 BVAR 封闭经济模型分别和两个六变量 BVAR 模型比较时拒绝零假设，同时四变量模型和七变量模型比较是也拒绝零假设，说明四变量模型的预测能力显著弱于六变量和七变量的开放经济模型；（2）两个六变量 BVAR 模型和七变量 BVAR 模型比较，在大部分预测范围内拒绝零假设，说明七变量模型的预测能力优于六变量模型。考虑到六变量模型的预测精度高于四变量模型，而七变量模型的预测精度又显著高于四变量模型，可以认为加入经济波动变量和货币供应量有利于改善对价格波动水平的预测能力，同时包含经济波动变量和货币供应量的开放经济模型更适合于分析价格波动现象。

四、当前全球经济环境下我国面临的价格异常波动风险

对于我国这样一个迅速发展的发展中大国，可以从总量数据上分析出我国宏观经济的状态，因此我们用货币流通量、物价指数和 GDP 的增长率来判断这种宏观经济状态。从图 4 可以看到，在 1998 ~ 2002 年期间我国的货币流通量、物价指数和 GDP 增长率都处于低位，也就是说随着我国 M2 的增长速度放缓，CPI 增长速度很低以及经济增长率处于低水平，可以认为这一阶段中国经济陷入通货紧缩。从 2003 年开始，随着政府宏观调控政策实施效果逐步取得成效，国内经济也进入快速复苏阶段。直到 2007 年年底 M2 投放速度，CPI 增长速度和经济增长率又都处于高水平，经济处于通货膨胀时期，至此中国经济走完了一个完整的

经济周期。目前，中国经济面临周期性回调的压力。

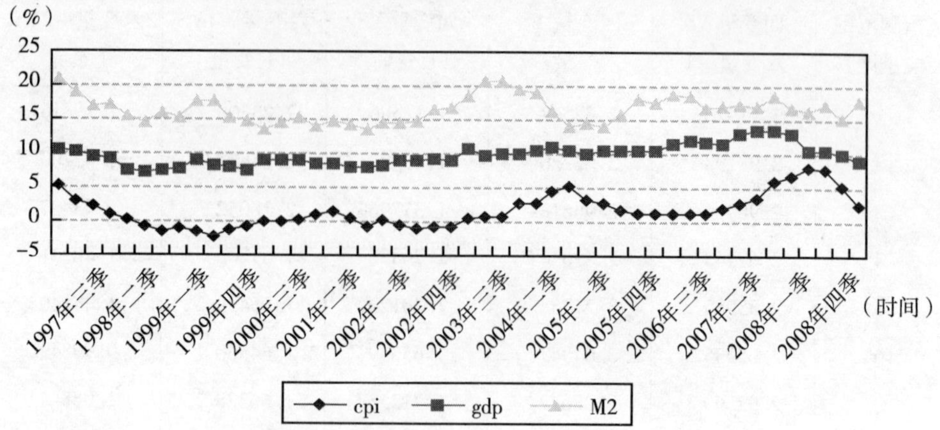

图4 1997~2008年我国的货币流通、物价指数和GDP数量

资料来源：Wind资讯。

2009年中国的经济增长是否能一如既往的保持高速增长态势吗？首先我们发现在2005年以前出口给中国的经济一个强大的推动力，经济增长完全依赖廉价劳动力和廉价产品带来的比较优势，在制造业持续保持贸易顺差。然而一系列的研究发现自2006年以来大规模的“热钱”涌入国内资产市场给我国带来了严重的资产价格高估，而且自2005年7月汇率形成机制改革以来人民币兑美元汇率升值15%左右，也就是说人民币的持续升值严重影响到出口型企业盈利的持续性，同时不管是美元区还是非美元区中国的贸易条件都在恶化；其次，由于受到美国金融危机的严重影响，全球经济几乎在同一时间步入衰退期，国际货币基金组织IMF对2009年全球经济增幅的预期为3.0%，美国经济增长率可能会继续下降，预期为0.6%~0.8%，许多发达经济体需求的急剧减缓给中国的出口带来沉重的打击；最后是随着中国加工贸易的飞速发展带动自主创新能力的提高导致中国的劳动力成本和资金成本逐年提高，受金融危机影响跨国企业的生产基地可能出现战略性大转移，由此带来加工贸易出口萎缩。2009年中国的经济增长风险在于外部总需求下降的背景下如何有效扩张外需（见图5）。

通货膨胀时期国家运用紧缩性的货币政策，通过差异化的利率、紧缩性的存款准备金率和定向票据成功锁定了流动性，同时有效地遏制了资产泡沫的进一步膨胀，资本市场指数从6 400点迅速下降到1 800点，房地产市场也出现较大拐点。因此，受金融危机影响及我国政府相继出台收缩流动性的措施，中国商业银

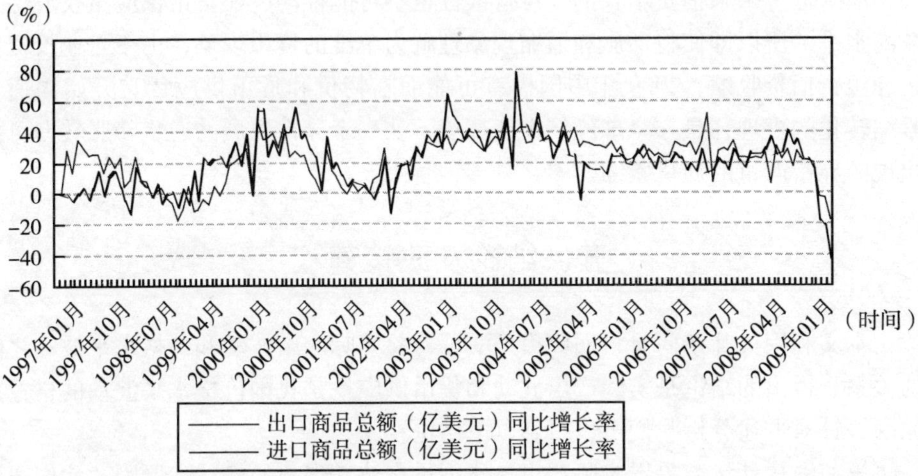

图5　进出口商品总额同比增长率(1997～2008年)

资料来源:中国海关总署。

行各期限信贷的平均加权利率不断上升,利率上升直接提高了企业融资成本,特别是对于急需融资但收益相对较低的中小企业,资本市场指数的急速下跌和各大商业银行的"惜贷"行为导致融资愈发困难,企业家信心指数在2008年下降到近几十年的最低点。而且如果中长期贷款在经济不确定性前出现萎缩也必然导致固定资产投资出现相应萎缩(见图6)。

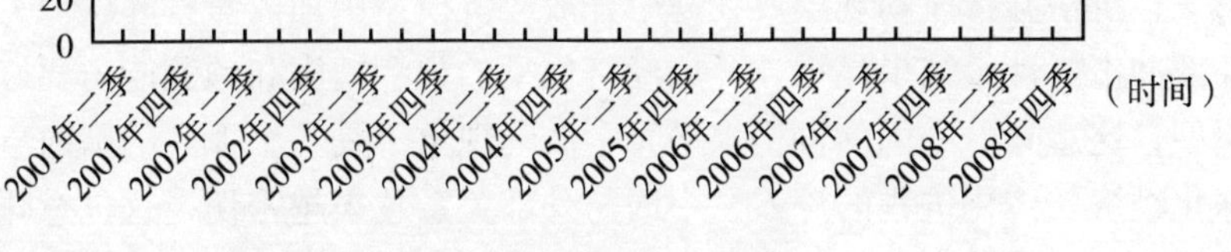

图6　企业家信心指数

资料来源:Wind资讯。

综合汇率、利率和国际初级产品价格上涨等因素,我们认为受金融危机影响我国大部分企业继续投资和扩大再生产可能会陷入相对低迷状态,信贷需求必然会相应降低。未来信贷增长的不可持续性也不可能推动广义货币供应量投放保持较高水平，所以即使将通胀和通缩现象理解为单纯的货币现象，由于企业投资低迷和银行信贷收缩，2009 年中国极有可能面临物价和货币供应量又开始向通货紧缩转化的再现，是在全球经济失衡环境下从一个异常发展的通货膨胀转向可能出现的异常严重的通货紧缩。

五、结论及政策建议

本文利用贝叶斯向量自回归模型实证检验实际产出波动和价格水平波动之间的关系，得出的结论是实际产出波动和货币供应量是我国价格水平波动的格兰杰原因。针对上述分析我们可以得到以下结论：

第一，从计量结果看实际产出是我国价格波动现象的格兰杰原因。我们通过观察包含实际产出的样本外价格水平预测模型的预测精度以及比较模型的预测能力，发现在这模型中加入实际产出能提高对价格水平的预测精度和预测能力。根据这一结论我们认为，导致我国的价格水平异常波动的一个重要原因是实际产出波动。在当前全球经济衰退的环境下可能导致中国经济提前进入周期性下调，内外需不足和企业投资萎缩导致的实际产出剧减可能使中国经济出现异常严重的通货紧缩。那么为了有效稳定国内价格水平，需要利用财政政策和货币政策工具的相互作用机制来稳定我国物价水平。

第二，引起价格波动的另一个因素则是货币流通量，从模型估计的结果看，货币供应量也是价格出现波动的格兰杰原因。包含货币供应量的样本外价格水平预测模型的预测精度以及比较模型的预测能力，同样发现在这模型中加入货币供应量能提高对价格水平的预测精度和预测能力。所以从当前我国经济的实际出发，信贷不足导致的短期货币供应量收缩给经济带来的滞后影响①会强化中国经济出现异常通货紧缩的可能。

第三，价格异常波动现象要在一个开放经济模型中加以考察和认识，而且要重视外部冲击。计量结果显示，开放经济模型的预测精度和预测能力要好于封闭经济模型，这意味着中国的价格水平异常波动现象不是一个孤立的国内事件。随着全球化经济一体化进程的深入，中国与外部关系越来越密切，这也意味着中国将面临更多的外部冲击。央行应该通过更加灵活的汇率制度来调节本外币的流动性，有效隔断基础货币投放和外汇储备之间的被动关系。只有这样央行才能利用

---

① 根据实证结果分析，广义货币存量（M2）变化速度和实际产出波动大致在 3 ~ 4 个预测周期（季度）后对价格波动的影响达到最大，这种影响一直持续到 6 个预测周期（季度）。

货币政策工具调节货币供给量来调节物价水平，达到调控国内经济的目的，同时在面对全球化和大规模资本流动的国际金融环境下央行就可以实现有效的人民币流动性管理、稳定币值和其他宏观调控目的。

参考文献：

［1］张思奇、P. M. 萨默斯：《贝叶斯向量自回归（BVAR）季度预测模型》，载于《数量经济技术经济研究》，1998 年第 9 期。

［2］朱慧明：《基于 Minnesota 共轭先验分布的贝叶斯 VAR（p）预测模型》，载于《统计研究》，2004 年第 1 期。

［3］刘金全、谢卫东：《中国经济增长和通货膨胀的动态相关性》，载于《世界经济》，2003 年第 6 期。

［4］张汉亚：《经济增长、投资增长对物价的影响分析》，载于《管理世界》，1996 年第 1 期。

［5］许永兵：《粗放型经济增长方式：我国通货膨胀的深层原因》，载于《河北经贸大学学报》，1998 年第 2 期。

［6］王智勇：《中国的经济增长与通货膨胀 1981 ~ 2003》，载于《山东社会科学》，2008 年第 1 期。

［7］陆磊：《全球化、通货紧缩和金融稳定：货币政策的新挑战》，载于《金融研究》，2008 年第 1 期。

［8］北大 CCER 宏观组：《预防通货紧缩和保持经济较快增长研究论文集》，2005 年。

［9］Barro, R. J. . Inflation and Growth ［J］. Federal Reserve Banks of St Louis Review, 1996.

［10］Chang, W. . Examining the Long-run Effect of Money on Economic Growth: an Alternative View ［J］. *Journal of Macroeconomics*, 2002, 24.

［11］Chow, Gregory C. . China's Economic Transformation ［M］. Oxford: Blackwell Publishers, 2002.

［12］Diebold, F. X. and R. S. Mariano. Comparing Predictive Accuracy ［J］. *Journal of Business and Economic Statistics*, 1995, 13.

［13］Gregory D. H. and Charles S. M. . The Long-run Costs of Moderate Inflation ［J］. 1996.

［14］Krugman, P. R. . It's Back: Japan's Slump and the Return of Liquidity Trap ［J］. *Brooking s Papers on Economic Activity*, 1999, 2.

［15］Litterman, Robert B. . Forecasting with Bayesian Vector Autoregressions-Five Years of Experience ［J］. *Journal of Business and Economics Statistics*, 1986a.

［16］Litterman, Robert B. . Specifying Vector Autoregressions for Macroeconomic Forecasting ［J］. in P. Goel and A. Zellner, eds. , *Bayesian Inference and Decision Techniques*, Elsevier Science Publishers B. V. 1986b.

［17］M allik, G. , and A. Chowdhury. Inflation and Economic Growth: Evidence from Four

South Asian Countries [J] . *Asian Pacific Development Journal*. 2001.

[18] Pecorino, P.. Inflation, Human Capital Accumulation and Long-run Growth [J]. *Journal of Macroeconomics*, 1995, 17.

[19] Tobin, J.. Money and Economic Growth [J] . Econometrica, 1965, 33.

[20] Wang, P. and Yip, C. K.. Examining the Long-run Effect of Money on Economic Growth [J] . *Journal of Macroeconomic*, 1992, 14.

第3部分

全球金融危机与中国宏观经济政策

弗里德曼规则、托宾效应与经济增长*

■胡　凯　屠　卫**

一、引　言

弗里德曼（Friedman）对货币政策最优传导开出的经典处方，也叫弗里德曼规则，即名义利率为零，迄今为止仍然是货币理论中最著名的论断。弗里德曼（1969）认为一个好的货币政策要能使持有货币的私人机会成本（名义利率）与社会机会成本（为零）相等。按照这种逻辑，货币政策从来就不是扩张性的。对弗里德曼规则的批判也接踵而来，因为弗里德曼规则的执行即意味着政府对铸币税的放弃，而且所有的实证都揭示全世界没有一个中央银行在执行弗里德曼规则。例如，沃尔什（Walsh，2003）研究了6个实行通货膨胀目标制的国家，发现他们的长期目标都是将利率控制在0和3%，这显然和名义利率为零的说法不一致。

托宾（Tobin，1965）提出如果货币扩张导致收入上升和经济增长，就会超过紧缩性的政策所导致的非扭曲效应。按今天的说法，如果托宾效应确实存在，弗里德曼规则就不是最优的。弗里德曼规则和托宾效应代表了两种对通货膨胀有分歧的看法。前者认为通货膨胀型的货币扩张会提高持有商品和货币组合的机会

* 本文系国家自然科学基金项目（项目号：70773119）和国家社会科学基金重点项目（项目号：08AJL006）的阶段性成果之一。

** 胡凯，中南财经政法大学新华金融保险学院金融学专业2006级博士生；屠卫，中南财经政法大学新华金融保险学院金融学专业2007级博士生。

成本。后者则认为，通货膨胀可以通过提高资本的相对回报来刺激资本的形成进而带动经济增长。不同学派的经济学家都或多或少同意货币政策在短期因名义刚性而非中性，货币变量的改变如何影响产出、就业、实际增长率和通货膨胀等也一直都是研究关注的中心。

稳定币值和促进经济发展也是中国货币政策的目标，但早期的文献普遍认为中国货币政策的传导是通过行政手段和数量工具，利率对真实经济的影响十分微弱。我国货币政策对产出的影响具有明显的非对称性（郑挺国和刘金全，2008）。中国的央行不仅调控货币供应量，也控制利率。中国货币政策的调控应该以数量还是以利率为主，以及这种货币政策的调控如何影响经济增长一直是争论的焦点。货币供应量 M2 是中国货币政策的中介目标和重要指标，它对经济变量的解释（预测）能力远高于其他货币变量（盛松成和吴培新，2008）。中国的 M2 呈顺周期特征，这不是以货币总量为中介目标的货币政策执行不力，而是央行根本无法控制货币的供给（于泽，2008）。同时，利率作为货币政策工具的有效性仍然是十分谨慎的（Mehrotra，2007）。尽管贷款的需求确实已更加依赖于利率，但实际产出对利率的敏感性仍十分有限，利率工具的有效性是值得怀疑的（Koivu，2009）。近年来以调控货币数量为主的货币政策已远不如过去有效，利率调整的效果虽然不够显著，但其重要性已开始逐渐凸显（Zhang，2009）。

中国经济增长和通货膨胀之间是高度正相关的。在短期内，通货膨胀率加剧都带动经济增长率一定程度的提高，体现出比较显著的“托宾效应”（刘金全和张鹤，2004）。中央银行存在的非对称性货币政策偏好，实际造成了通货膨胀的明显倾向（赵进文和黄彦，2006）。通货膨胀的波动也减缓了中国经济增长（Narayan et al.，2009）。

通货膨胀不但是政府的一种隐性税收，还会扭曲私人部门的经济活动。陈彦斌和马莉莉（2007）计算和比较了中国通货膨胀的福利成本。吴汉洪和崔永（2006）探讨了中国铸币税的征收与通货膨胀的关系。张健华 和张怀清（2009）测算了铸币税，发现货币发行是人民银行铸币税的主要来源。但总的说来，目前并未就中国通货膨胀税或铸币税形成一致看法。

中国经济仍然处在发展的初级阶段，高储蓄率迅速积累了资本总量。这样即便体制不太完善，中央银行通过压抑的金融体系实行扩张性的货币政策，就足以推动经济快速增长。但在当前严峻的国内外经济环境下，中国的改革和经济发展正面临着新的攻坚阶段和十字路口。减少政府为财政赤字融资而对铸币税收入的依赖，有助于降低通货膨胀，转变经济增长方式，保持经济增长。

本文第二部分建立了世代交叠模型来分析货币政策与经济增长之间的关系，并试图解释为什么中央银行不会执行弗里德曼规则。第三部分利用麦卡勒姆

(McCallum) 规则和扩展的泰勒 (Taylor) 规则对中国的货币政策进行实证检验。第四部分是对当前货币政策对经济影响的理论分析。最后为结论和政策建议。

二、模型分析

为研究货币政策究竟是怎样促进经济增长，在经典的经济增长理论框架内，更确切地说，在知识外生性假设下的新古典（在 AK 型生产函数中 $\theta+\beta=1$）内生性增长模型（Romer，1985）和不考虑长期经济增长（$\theta+\beta<1$）的经典增长模型（Diamond，1965）框架内，考虑建立扩展的世代交叠模型来进行分析。

（一）模型假设

经济活动发生在无限时间 $t=0$，1，…，∞，住在两个相互分离的岛屿上，完全信息条件下的经济代理人从事经济活动。同标准的世代交叠模型一样，假设经济代理人的生存周期为 2 期。在每个 $t>0$ 时期，每个岛上都有一个代理人出生。当年轻代理人出生时，每人有一个单位劳动的初始禀赋并且劳动供给是无弹性的，而年老的代理人没有劳动禀赋。同标准假设一样，假定代理人只有在年老时才能从消费品（c）获得效用。效用函数就可以被表示为：$u(c)=c^{1-\varphi}/(1-\varphi)$，$\varphi>0$。如果 $\phi=1$，这里可以定义 $u(c)=\ln(c)$。

消费品由一家代表性的厂商生产，厂商借入资本并雇佣年轻代理人进行生产。罗默（Romer）型的生产函数表示如下：$Y_t=F(\overline{K}_t,L_t,K_t)=A\overline{K}_tK_t^{\theta}L_t^{1-\theta}$。这里 K_t 表示代表性厂商的资本存量，L_t 表示被雇佣的劳动数量，$\overline{K}_t$ 是经济体中的总资本存量。

可以简化假设，当进入下一期时，资本完全折旧。假定 $\beta\in(0,1-\theta)$，因此，如果 $\beta=0$，那么 Y_t 就是戴蒙德（Diamond，1965）函数中标准的新古典生产函数。另一方面，如果 $\beta=1-\theta$，那么 Y_t 就是标准的 AK 型的内生增长型生产函数。注意到这个函数可以表达为资本—劳动比率，$k_0>0$ 可以被视为给定。因为竞争，生产要素按边际收益支付，资本的租金率 ρ，工资率 w 就可以分别表示为：

$$\rho\equiv\rho(K)=A\theta K^{\beta+\theta+1},W\equiv w(K)=A(1-\theta)K^{\beta+\theta}$$

（二）模型的信息和空间约束

在每一期开始时，企业雇佣年轻代理人的劳动，并从银行借入资本来生产消费品，年轻代理人将他们的工资全部存入银行，银行必须就货币和资本的组合进行分配。随后，代理人得知自己的分配状态，要在岛间迁徙的代理人从银行提取全部现金，而非迁徙者在下一期获得商品。$0<p_t<\infty$，表示在 t 期的价格水平，那么在 t 期和 $t+1$ 期间的货币的净实际回报率为 $R_{m,t}$，$R_{m,t}\equiv p_t/p_{t+1}$，这里 $m_t=M_t/p_t$ 表示在 t 期末的年轻代理人实际持有的货币，M_0 为事先给定。中央银行可以通过一次性的注入或撤出货币来影响经济中的货币供给。为了最大化代理人预期效用，中央银行要选择货币供给的增长率 $z>-1$。

如果净货币增长率为正，那么在每一期开始时，中央银行就要发行额外的货币给当期的年轻人，让他们可以购买商品。如果净货币增长率是负的，那么中央银行通过一次性的税收从年轻代理人那里把他们部分用于退休的货币收回，税收或一次性转移支付用 τ_t 表示。既然 $M_{t+1}=(1+z)M_t$，政府的预算约束就可以表示为:

$$\tau_t = \frac{M_t - M_{t-1}}{p_t} = \frac{z}{1+z}m_t \tag{1}$$

出于对未来的考虑，要实行稳定的弗里德曼规则意味着要选择 z 来满足 $1+z^F\equiv 1/\rho$，同时注意到当且仅当 $\rho>1$ 时，$zF<0$。也就是说，当且仅当经济是动态有效时，弗里德曼规则所指的货币增长率是负的。

（三）银行行为

银行从年轻代理人那里获得存款，然后选择是投资在资本还是货币上。在生存的第 1 期期末，存款合同约定可以迁徙的年轻代理人只能在迁徙前才能取走存款，所有的人都可以在生存的最后一期取出自己的存款。通常在这类模型里，如果 $z>(1/\rho)-1$，即中央银行偏离了弗里德曼规则的话，货币的价值由回报率决定，银行就会尽可能地少持有货币，这样只持有必须支付给迁徙者的货币。

银行会宣布给每个迁徙者的回报为 d_t^m，非迁徙者的回报为 d_t^n。让 s_t 表示银行以资本形式的储蓄。银行要在下面的约束条件下最大化存款者的预期效用:

$$m_t + s_t \leqslant w_t + \tau_t \tag{2}$$

$$\alpha d_t^m(w_t + \tau_t) \leqslant m_t R_{m,t} \tag{3}$$

$$(1-\alpha)d_t^n(w_t + \tau_t) \leqslant \rho_t S_t \tag{4}$$

（2）式是银行的资产负载表约束。（3）式是在 $t+1$ 期时银行必须保持支付迁徙者的流动性约束。（4）式是以资本的形式持有的支付给非迁徙者的商品存货约束。

让 $\gamma_t\equiv m_t/(w_t+\tau_t)$ 表示储备/存款比例，银行的利润最大化问题就可以被改写为：$\underset{\gamma_t\in[0,1]}{\text{Max}}\ \frac{(w_t+\tau_t)^{1-\varphi}}{1-\varphi}\left\{\alpha\left(\frac{\gamma_t}{\alpha}R_{m,t}\right)^{1-\varphi}+(1-\alpha)\left[\frac{\rho_t(1-\gamma_t)}{1-\alpha}\right]^{1-\varphi}\right\}$。其最优化的一阶条件就可以被简化为：

$$(d_t^m)^{1-\varphi}(R_{m,t})=(d_t^n)^{-\varphi}\rho_t \tag{5}$$

可以求出 γ_t 的解：$\gamma_t=\gamma(R_{m,t},\rho_t)=\frac{1}{1+(1-\alpha)/\alpha(\rho_tR_{m,t})^{(1-\varphi)/\varphi}}$，或等价地写成：

$$\gamma_t=\gamma(I_t)=\frac{1}{\alpha+(1-\alpha)/\alpha(I_t)^{(1-\varphi)/\varphi}} \tag{6}$$

这里 $I_t=\rho_t/R_{m,t}$ 表示在 t 期和 $t+1$ 期间的名义利率，注意到 I_t 表示相对于资本而言持有现金的机会成本。当 $\varphi=1$，$\varphi=1$，解为 $\gamma_t=\alpha$。同样的，从（6）式可以看出，对于所有的 $I>1$，$\gamma_t\neq\alpha$，当且仅当 $\alpha\neq1$。银行要在两种商品（迁徙者和非迁徙者的消费品）中分配存款。当两种商品是互补或替代时，相对于资产而言货币的回报就很低，会要求迁徙者的份额占银行持有的资产组合中的比例高或低。

（四）一般均衡

相对上一期的资本，下一期的资产会贬值，下一期资本等于当期的储蓄：$s_t=k_{t+1}$。把资本的租金率 ρ_t，工资率 w_t，结合 $s_t=k_{t+1}$ 与银行的预算约束即（2）式，可以得到 k_{t+1} 的表达式：

$$k_{t+1}=(w_t(k_t)+\tau_t)-m_t=(1-\gamma_t)(w_t(k_t)+\tau_t) \tag{7}$$

这里 γ_t 由（6）式给出，用（1）式和 γ_t 的定义给出 τ_t 和 m_t，也就是：

$$\tau_t=\frac{z\gamma_tw_t(k_t)}{(1+z)-z\gamma_t} \tag{8}$$

$$m_t=\gamma_t(w_t+\tau_t)=\frac{\gamma_tw_t(1+z)}{(1+z)-z\gamma_t} \tag{9}$$

由于 $m_{t+1}/m_t=(1+z)R_{m,t}$，利用（7）式，得到：$R_{m,t}=\frac{\gamma_{t+1}(w(k_{t+1})+\gamma_{t+1})}{(1+z)\gamma_t(w(k_t)+\tau_t)}$。

最后利用（2）式至（4）式得到 d_t^m 和 d_t^m 的表达式：

$$d_t^m=\frac{\gamma_t}{\alpha}R_{m,t}=\frac{\gamma_t}{\alpha}\frac{\gamma_{t+1}(w(k_{t+1})+\gamma_{t+1})}{(1+z)\gamma_t(w(k_t)+\tau_t)}$$

$$d_t^n=\frac{\rho_t(1-\gamma_t)}{1-\alpha}=\frac{f'(k_{t+1})(1-\gamma_t)}{1-\alpha}$$

在稳态，经简化得到：

$$R_m = \frac{1}{(1+z)},\ d_t^m = \frac{\gamma(I)}{\alpha}\frac{1}{(1+z)},\ d_t^n = \frac{f'(k)(1-\gamma(I))}{1-\alpha}$$

这里 $I \equiv I(z) = f'(k)(1+z)$，在此定义 $\gamma(z) \equiv \gamma(I(z))$。稳态下 k 的值可以从（7）式中作为解得出：

$$k^* = \frac{[1-\gamma(z)](1+z)}{(1+z)-z\gamma(z)}w(k^*) \tag{10}$$

均衡里，z 由中央银行通过最大化生存期内一整代人的效用来决定。

作为一个稳定竞争均衡的解 k^* 可以通过（10）式里由仁慈的中央银行决定的值 z 得出，这里满足 $\gamma(z) \in [0,1]$，$z > 1/\rho(k^*) - 1$ 的条件。

考虑到对数效用，用（7）式中的 $\gamma_t = \alpha$，k_{t+1} 的表达式可以给出：

$$k_{t+1} = \frac{(1-\alpha)(1+z)}{(1+z)-z\alpha}A(1-\theta)k_t^{\theta+\beta} \tag{11}$$

只有这样，才能得出稳态下的值 k 和其他变量的封闭解：

$$d^m(z) = \frac{1}{1+z}, d^n(z) = f'[k(z)] \tag{12}$$

$$k(z) = \left[\frac{(1-\alpha)(1+z)A(1-\theta)}{(1+z)-z\alpha}\right]^{1/1-(\theta+\beta)},\ \tau(z) = \frac{z\alpha w[k(z)]}{(1+z)-z\alpha} \tag{13}$$

综合上述讨论，对任意 $z > -1$ 和任意 $\varphi > 0$，$\mathrm{d}k^* > \mathrm{d}z > 0$，则意味着托宾效应具有可行性。如果 $\varphi < 1$，那么 $\gamma'(z) < 0$；如果 $\varphi > 1$，那么 $\gamma'(z) > 0$。弗里德曼规则下的货币增长率为 z^F，可以通过计算资本回报和货币相等的条件下得出，在稳态下即：$f'(k^*) \equiv \frac{1}{1+z^F}$。

总体来说，在这里 k^* 没有封闭解，也无法导出 z^F 的封闭形式。在对数效用的条件下，用（13）式可以得到：

$$f'(k^*) \equiv A\theta(k^*)^{\beta+\theta-1} = \frac{1}{1+z} \Rightarrow (k^*)^{\beta+\theta-1} = \frac{(1+z)-z\alpha}{(1-\alpha)(1+z)A(1-\theta)}$$

在这里用 $A\theta(k^*)^{\beta+\theta-1} = 1/(1+z^F)$，因而可以得到：$z^F|_{\varphi=1} = \frac{1-\theta}{\theta} - \frac{1}{1-\alpha}$。如果 $\theta+\beta=1$，资本的回报就总是 $A\theta$，于是不考虑 φ，$z^F = 1/A\theta - 1$。

（五）最优货币政策

不考虑长期增长的情况下，即 $\theta+\beta<1$，中央银行要考虑的问题就是如何选

择 z：

$$\operatorname*{Max}_{z} W(z) \equiv \frac{(w(k)+\tau(z))^{1-\varphi}}{1-\varphi}\{\alpha[d^{m}(z)]^{1-\varphi}+(1-\alpha)[d^{n}(z)]^{1-\varphi}\} \tag{14}$$

利用（5）式，$d^n/d^m=(\rho/R_m)^{1/\varphi}$，即 $\alpha(d^m)^{1-\varphi}+(1-\alpha)(d^n)^{1-\varphi}=(d^m)^{1-\varphi}\frac{\alpha}{\gamma(z)}$。利用 γ 的定义，以及 $w(k)+\tau(z)=\frac{1+z}{1+z-\gamma(z)z}w(k)$ 和 $d^m=\frac{\gamma}{(1+z)\alpha}$，重写（14）式可以得到：$W(z)=\frac{\alpha^{1-\varphi}}{1-\varphi}W[k^*(z)]^{1-\varphi}\left[\frac{1}{1+z-z\gamma(z)}\right]^{1-\varphi}\gamma(z)^{1-\varphi}$。再利用（11）式，$W$（$z$）可以被写为：

$$W(z)=\frac{\alpha^{\varphi}}{1-\varphi}\left(\frac{k^*(z)}{1+z}\right)^{1-\varphi}\left(\frac{1}{1-z\gamma(z)}\right)\left(\frac{1-\gamma(z)}{\gamma(z)}\right)^{\varphi} \tag{15}$$

利用 γ 的定义和（15）式，则有：

$$W(z)=\frac{(1-\alpha)^{\varphi}(A\theta)^{1-\varphi}}{1-\varphi}[k^*(z)^{\beta+\theta}]^{1-\varphi}\left[\frac{1}{1-\gamma(z)}\right]$$

为计算 z，最大化 W（z），求导得到 $W'(z)$：

$$W'(z)=\frac{(1-\alpha)^{\varphi}(A\theta)^{1-\varphi}[k^*(z)^{\beta+\theta}]^{1-\varphi}}{(1-\varphi)[1-\gamma(z)]}$$
$$\left\{(1-\varphi)(\beta+\theta)\left[\frac{1}{k^*(z)}\frac{\mathrm{d}k^*(z)}{\mathrm{d}z}+\frac{\gamma'(z)}{1-\gamma(z)}\right]\right\} \tag{16}$$

当且仅当 $-[1-(\beta+\theta)][(1+z^F)(1-\alpha)]+(\beta+\theta)>0$ 时，弗里德曼规则才不是最优的。只要在稳态时是动态有效，那么 $(1+z^F)<1$ 就一直适用。而弗里德曼规则不是最优的必要条件则是：$\frac{\beta+\theta}{1-(\beta+\theta)}>(1-\alpha)$。所以，在对数效用的约束下弗里德曼规则从来就不是最优的。

当 $\theta+\beta=1$ 时，即意味着在长期 AK 型的生产函数有可能实现内生性增长。这里假设存在对数效用，从（14）式可以得到一个均衡的增长路径 $\frac{k_{t+1}}{k_t}=\frac{(1-\alpha)(1+z)}{(1+z)-z\alpha}A(1-\theta)\equiv g(z)$。意味着经济增长率取决于货币增长率。由于 $\frac{\partial}{\partial z}\left[\frac{(1-\alpha)}{1+z\ (1-\alpha)}\right]=\frac{\alpha}{[1+z\ (1-\alpha)]^2}$，由此得出 $g'(z)>0$，即意味着经济增长率随着货币增长率的增加而增长。因此，在对数效用下，能提高增长率的托宾效应

总是具有可行性的。注意到 $g'(z)>0$，即使最优货币增长率存在，弗里德曼规则也不是最优的。当存在长期内生性增长时，执行弗里德曼规则既不能实现福利最大化，也不能实现经济增长最大化，增加货币增长率通过托宾效应促进私人资本的投资反而可以提高福利。

三、中国货币政策与经济增长的实证分析

在最近几年的货币政策分析中，泰勒（Taylor）规则已越来越占主导地位。实际上，除泰勒（Taylor）规则外，还有另一著名货币政策规则：麦卡勒姆规则（McCallum，1988）。麦卡勒姆规则是对以货币供应量为中介目标的货币政策的一种描述，它说明货币供应量的目标增长率应该根据名义 GDP 的增长率与目标增长率的缺口来确定，从而使名义 GDP 的增长速度向目标增长率趋近。

现在很少有中央银行把货币数量作为执行货币政策的工具，而且大多数中央银行把操纵短期利率作为政策操作目标，不再强调货币数量。鉴于中国央行的货币政策目标一般都强调广义货币供应量 M2，利率也没有完全市场化。货币政策似乎对真实和名义 GDP 与外部压力之间的影响更为敏感。因此，对中国来说，用麦卡勒姆规则来解释基础货币与 GDP 或经济增长之间的函数关系可能会更适用。但是，考虑到近年来中国经济和金融发生了许多重大而广泛的变革，而且金融体系仍是以商业银行为主，利率政策也可能已取得了一定影响。因此，为研究货币政策变量对通货膨胀、产出和 GDP 等的影响，在此同时考查两种规则来增加对中国的货币政策与经济增长之间动态关系的解释力。

（一）麦卡勒姆规则的检验

1. 数据来源

本文的季度数据全部分别来源于1990 年 1 季度至 2009 年 3 季度中国人民银行统计数据、历年中国统计年鉴、世界银行发展指数（WDI）。

2. 实证模型

标准麦卡勒姆规则的形式如下：

$$\Delta m_t = \Delta x^* - \Delta v_t + 0.5(\Delta x^* - \Delta x_{t-1}) \tag{17}$$

这里 Δm_t 是基础货币总量的增长率，Δx_t 是名义 GDP 增长率，Δx^* 是名义 *GDP* 目标增长率，Δv_t 是样本内经济平均增长速度。0.5 是麦卡勒姆规则的估计

参数即真实名义 GDP 和目标值之间的差距，也就是使用泰勒规则估计和实际值之间的差距。

这里使用两种方法来检验（17）式，第一种方法就是标准的麦卡勒姆规则，主要用 OLS 回归并以 M2 作为主要变量，可以得到如下的回归形式：

$$\Delta m_t = \beta_0 + \beta_1(\Delta x^* - \Delta x_{t-1}) + \beta_2 Q_t + \zeta_t \tag{18}$$

这里 Q_t 为附加的共变项作为对麦卡勒姆规则的扩展，ζ_t 是误差项。即使 $Q_t = 0$，β_1 和模型的假设值 0.5 也显著不同。事实上表 1 第一列的参数值都是负相关而且统计上显著的。考虑到引入样本内 1997 年通货紧缩的虚拟变量，基础货币和 $M2$ 的增加是独立变量，通货紧缩的虚拟变量在统计上也是显著的，回归的拟合值与实际相一致。

表 1　　麦卡勒姆规则的参数估计

变量	独立变量：$M2$ 的变化率			
A：$M2$				
常量	20.89(0.71)*	25.92(0.71)*	20.99(0.68)*	20.31(0.45)*
$\Delta x_t^* - \Delta x_{t-1}^*$	−0.42(0.06)*	−0.12(0.05)**		−0.64(0.05)*
通货紧缩虚拟变量		−10.33(1.17)**		
r_t			−21.05(8.76)**	−6.47(8.12)
f_t			0.01(0.03)	0.11(0.02)*
R^2	0.51	0.82	0.57	0.24
$F(p)$	48.11(0.00)	103.65(0.00)	15.60(0.00)	4.99(0.55)
变量	独立变量：基础货币变化率			
B：基础货币				
常量	26.87(2.31)*	22.15(2.00)*	22.74(2.20)*	31.32
$\Delta x_t^* - \Delta x_{t-1}^*$	−0.008(0.002)*	0.002(0.002)*	−0.009(0.002)*	−0.008(0.001)*
通货紧缩虚拟变量		−17.1(3.05)*		
r_t			28.72(12.82)*	0.67(13.61)*
f_t			−0.1(0.04)**	−0.20(0.05)*
R^2	0.33	0.60	0.46	0.08
$F(p)$	25.18(0.00)	36.12(0.00)	13.25(0.00)	5.96(0.43)

注：估计值的前 3 列基于 OLS 估计，最后 1 列基于 GMM 估计，* 和 ** 分别表示在 1% 和 5% 的统计水平上显著。

第二种方法就是考虑人民币真实汇率和外汇储备，这里 $Q_t=[\dot{r}_t,\dot{f}_t]$，$\dot{r}_t$，$\dot{f}_t$ 分别是真实汇率和外汇储备的变化率。β_1 的估计值仍然为负并统计上是显著的。人民币真实汇率和 M2 关系为负而且在 5% 的统计水平上显著，用 GMM 法可以发现出口增长和通货紧缩虚拟变量有 2 期滞后，但不能拒绝原假设。

最后得到货币需求的估计方程：

$$\log M2 = 0.2353\log CPI_t + 1.8228\log RGDP_t - 0.0306R_t - 25.19 \quad (19)$$
$$(0.0210) \qquad (0.0157) \qquad (0.0025)$$

其中：M2 是广义货币供应量；CPI 是消费者价格指数；RGDP 是实际 GDP；R 是人民币银行的基准贷款利率，括号内为标准差。表 1 为麦卡勒姆规则的参数估计。

3. 结果讨论

通过麦卡勒姆规则来检验中国近年来货币政策的变化及对宏观经济的影响发现，在样本区间内，货币需求量对实际 GDP 的弹性要大于对消费者价格指数的弹性；货币需求量对利率的弹性很小，同时符号为负。中央银行的货币政策的目标和结果没有显著变化，依然是追求稳定压倒一切，以积极促进真实名义 GDP 的增长为主，稳定物价应对外来冲击的压力如通货膨胀和通货紧缩为辅。

（二）前瞻型泰勒规则的检验

1. 数据和样本范围

本文使用的月度数据均来自中经统计数据库。短期利率采用银行间 7 日同业拆借利率；由于 GDP 的月度数据不可获得，故采用经季节调整后的工业总产值月度数据作为替代；采用 Hodrick-Prescott 滤波计算 GDP 缺口；通货膨胀率由消费者价格指数（上年同月 = 100）减去 100 计算得到。人民币/美元汇率采用人民银行公布的汇率中间价的月度加权平均数据，采用 Hodrick-Prescott 滤波计算汇率缺口。数据样本的观测时间从 1996 年 1 月至 2009 年 6 月。

2. 实证模型

在这里使用一个附加汇率项的前瞻型 Taylor 规则并来进行实证检验：

$$i_t^* = \bar{i} + \beta(E[\pi_{t+12}|\Omega_t] - \pi^*) + \gamma(E[y_t|\Omega_t] - y_t^*) + \delta(e_t - e_t^*) \quad (20)$$

在（20）式中 i_t^* 是中央银行在 t 期的名义目标利率，这里假设 i_t^* 取决于长期均衡利率 $\bar{i}$，预期通货膨胀率 π_{t+12}，当前预期产出 y 和当前汇率 e_t。（20）式中的隐含假设是在决定利率时当前产出不知道的，但在最小信息成本下汇率是可以知道的。中央银行除了盯住利率外，还要盯住偏离预期的通货膨胀 π^*，产出 y_t^*，汇率 e_t^*。E 和 Ω_t 是中央银行在 t 期的预期和信息集。

举例来说，如果在 1 年的时间跨度内预期通货膨胀率 $E[\pi_{t+12}|\Omega_t]$ 高于（低于）目标水平 π^*，中央银行会提高（降低）利率 i_t^*。相似的，如果当前的产出水平在理想水平 $y_t{}^*$ 之下（上），利率会被降低或提高。

因为汇率变动会影响通货膨胀预期和产出，以及在国际货币政策协调中的决策，汇率可能会影响中央银行制定利率的决定。如果汇率升值（贬值）到 e_t^* 以下（上），中央银行将降低（增加）利率。在这种情况下，中央银行可能会更关心升值而不是贬值。

这里假定中央银行采用利率平滑的办法来消除利率变化对金融市场的冲击：

$$i_t = (1-\rho)i_t^* + \rho i_{t-1} + v_t \tag{21}$$

在式（21）中，i_t 是中央银行在 t 期设定的短期名义利率取决于目标利率 i_t^* 和 $t-1$ 期的利率。系数 ρ 用来描述利率平滑的程度。误差项 ν_t 被假定为服从正常分布，把（20）式代入（21）式，定义一个常量 $\alpha \equiv \bar{i} - \beta\pi^*$，用来消除那些无法观测的预测变量。

$$\begin{aligned} i_t = {} & (1-\rho)\alpha + (1-\rho)\beta\pi_{t+12} + (1-\rho)\gamma(y_t - y_t^*) \\ & + (1-\rho)\delta(e_t - e_t^*) + \rho i_{t-1} + \varepsilon_t \end{aligned} \tag{22}$$

$$\varepsilon_t = (1-\rho)(\beta\pi_{t+12} - E[\pi_{t+12}|\Omega_t]) + \gamma(y_t - y_t^* - E[y_t - y_t^*|\Omega_t]) + \nu_t \tag{23}$$

（23）式作为消除无法观测的预测变量的和误差项的线性组合。

3. 估计方法及结果

ADF、单位根检验的结果显示，汇率缺口序列在 5% 水平下拒绝存在单位根的原假设；GDP 缺口序列在 1% 水平下拒绝存在单位根的原假设；短期利率、通货膨胀序列在 10% 水平下拒绝存在单位根的原假设。

本文采用 GMM（广义矩）法来估计（22）式。工具变量选取自变量的当期至 12 期滞后值以及常数项。

表 2　　GMM 方法的估计结果

系数				
α	β	γ	δ	ρ
1.947969*	-0.114033*	-0.001620*	-26.06982*	0.889874*
(0.087093)	(0.0437)	(0.000377)	(4.134038)	(0.015524)

注：括号中的数字为标准差；* 表示在 1% 水平下显著。

估计结果显示，各自变量的估计系数均显著，表明产出缺口、通货膨胀率和汇率缺口均对短期利率有显著影响，也即对央行的货币政策有显著影响。其中，通货膨胀率与产出缺口的估计系数符号为负，表明央行会采取紧缩性的货币政策抑制经济增长过热；汇率缺口的符号为负，即汇率缺口的增大与利率的上升并存，这虽与理论模型的结论相悖，但却可以得到解释。造成这一结果的原因：一是均衡汇率的确定并不能简单地以 Hodrick-Prescott 滤波得到的趋势代替，进而会造成汇率缺口的计算错误；二是中国的特殊情况决定了人民币升值与紧缩性货币政策并存。

综合实证分析，从货币政策对经济变量的影响来看，货币供应量对实际产出和物价都有显著的影响。货币供给的增加导致产出迅速增加，然后物价也跟着增加。与货币供应量不同，利率对产出和物价的影响都不显著。利率增加没有导致通货膨胀率下降，与传统的经济理论相违背，存在着“价格之谜”。究其原因，可能与利率政策的制定方式有关。利率增加时，预期通货膨胀率的增加可能更大，预期实际利率反而降低，因此利率增加不能达到抑制物价的效果。这也说明目前的利率政策还不是调节宏观经济的有效工具，而货币供应量作为一个政策变量对宏观经济的调节是显著的。

四、当前货币政策分析

在主流经济学的分析范式里，为了经济政策分析的标准化或一般化，政策的制定者通常被认为是一个仁慈的社会计划制订者，以社会福利最大化为目标，并采取各种手段纠正市场失灵，达到合理分配。但现实中的货币政策不是由经济学家执行，而是由政治家决定。政治是各方面利益得失的权衡，政治家所追求的是稳定、增长和分配。这也可能是全球没有一个国家的中央银行在执行弗里德曼规则的关键原因。

站在政府的角度，在美国次贷危机引发的全球金融危机和经济萧条的外部环境下，我国也面临着经济产业结构调整和社会转型，正是容易导致分配失调、道德失范、百姓失业、经济失衡、政府失灵、社会失序等问题最为严重的时期，也是最容易导致社会动荡的社会风险高发期。鉴于我国经济体系的脆弱性，要维持经济稳定和国家安全，我国货币政策的目标和结果必然是中央银行对各方面得失的政治—经济权衡。

绝大多数发展中国家的中央银行通常在政府的严格控制之下，其独立性是有限的，与通货膨胀作斗争的可信度不高。当今我国关乎民生和社会稳定的教育、医疗和社会保障改革等都需要钱，同时贫富差距还要受到控制，不能使之加剧。除此之外还要通过相机抉择试图使得经济处于通货膨胀和失业的最佳组合状态，保持社会政治经济稳定。中央银行有发动意外通货膨胀的激励，即用通货膨胀来为政府的支出和财政赤字融资。

为有效应对全球金融危机，中央 4 万亿元刺激经济的计划加上地方政府公布的配套投资计划总额已经高达 18 万亿元。9 500 亿元的 2009 年度财政预算赤字也创下我国财政赤字水平的最高纪录。2009 年 6 月全国财政收入虽然实现增长，但基础并不牢固，收支紧张矛盾会进一步凸显；在 2009 年 6 月末，国家外汇储备余额为 21 316 亿美元。另外，6 月广义货币供应量（M2）余额为 56. 89 万亿元，同比增长 28. 46%，创下 1996 年 5 月份以来新高。而狭义货币供应量（M1）余额为 19. 32 万亿元同比增长 24. 79%，创下历史最高纪录。1 ~ 8 月，新增人民币贷款高达 8. 15 万亿元，远超 2008 年全年 4. 9 万亿元的水准。如果货币供给和信贷继续超常增长，会使通货膨胀上升到一个更高的水平，这意味着更大的福利损失和银行信贷风险的增加。

尽管我国有接近无限的劳动力资源供给，但通货膨胀严重会导致劳动力工资、生活成本和生产要素价格上涨，煤、电、油、水、粮价飙升。同时，人民币持续升值也使投资成本迅速上升，国际竞争力下降，对经济的负面影响也不容忽视。跨国的实证也早已证明通货膨胀与收入不平等是高度正相关的，通货膨胀升高会使不平等的情况加剧。2007 年亚洲开发银行估算我国的基尼系数为 0. 47，为亚洲之首。即使我国试图通过积极的财政政策和适度宽松的货币政策的搭配来实现宏观经济的内外均衡，但由于收入分配不平等的程度越来越严重，虽然近十年来经济高速增长，居民的消费水平却持续下降，扩张性的政策并不能有效增加中低收入阶层的需求和消费。因为现有的初次分配和再分配制度使他们不能够分享全体社会创造的财富，反而加剧了不平等，更不用说通过增加供给来自动创造需求。

就当前严峻的内外经济形势而言，货币主义认为这是由于人们认识到未来预期收益下降，纷纷撤出投资，产出和就业因为资金短缺而被迫紧缩。货币主义的解决办法是首先将利率降到尽可能低的水平，这样就可以使用数量工具，加大货币供应量直至资产价格和投资活动恢复到原来的水平。这样做也许能帮助清理不良资产和解决流动性问题，但并不能使有结构性缺陷的经济重归繁荣。

凯恩斯主义认为，当前经济低迷的原因是投资需求的下降，接着是消费需求的减少，最后结合在一起就是总需求的萎缩，产出下降则是因为利率没有下降得足够低。凯恩斯主义的解决方案是运用货币和财政政策的组合，刺激总需求，例如，减税、刺激消费需求和增加公共支出等，来恢复投资者的信心，控制经济周期。但当中央银行过量发行货币，从而人为地压低了利率时，低利率造成了过度借贷和支出，这反过来又引起了通货膨胀。20 世纪 70 年代实施的扩张性财政和货币政策不仅不能支持有效需求，实际上反而通过加剧通货膨胀恶化了资本积累的境况，既不能防止通货膨胀危机也不能扭转失业率的长期上升。不断增加的通货膨胀使中低收入阶层储蓄贬值，名义收入的增加导致了更加沉重的税赋负担，导致了对产品的需求不足，最终限制了生产。

新古典经济学认为货币政策的刺激只会带来通货膨胀，对就业和产出没有任何影响，不仅是无效率的而且是不公正的。政策实践也已经证明，仅通过控制货币供给来实现和谐的经济增长是不可能的。正是中央银行对经济的过度刺激创造了产生衰退的条件，货币主义无限量供应货币和凯恩斯主义增加政府支出的处方只能使问题更加严重，政府却反而成为通货膨胀和失业的根源。

五、结　论

规则在现实中是否可行或仅仅只是在理论上存在，在过去 40 年里一直备受争议。直到今天，批评者克鲁格曼（Krugman，2007）与支持者纳尔逊和施瓦茨（Nelson and Schwartz，2008）仍然进行着激烈的争论。但规则是次优的而且只能在非常严格的条件下才能成立，最优货币政策规则的执行可能不具有可行性，已经被越来越多的经济学家所接受（Bhattacharya，2005；Shaw，2006；Williamson，2008）。

所有的理论和实证也都揭示，假设货币政策完全有效是不现实的，中央银行也不能完全控制现实中货币流通的数量。货币政策最有效的用途反而在于作为一种稳定工具，而不是成为调节经济远离衰退和过度通货膨胀的油门。也许，中央银行更应该扮演的角色是一个宏观风险管理者。

货币政策也不是万能的，从长期来看只有减少城乡和地区之间的经济发展差距，优化产业结构，降低社会不同阶层的收入不平等程度，加大对医疗、教育、社会保障等初次分配和转移支付的改革力度，放松管制和垄断，增加公共物品的供给，矫正要素价格扭曲，深化金融体制改革，解除资本流动的限制，缓解经济失衡引起的经济脆弱性，克服运用通货膨胀来刺激经济增长和提高就业率的倾向，转变经济增长方式，才能使经济持续和稳定地发展。

参考文献：

[1] 陈彦斌、马莉莉：《我国通货膨胀的福利成本研究》，载于《经济研究》，2007 年第 4 期。

[2] 刘金全、张鹤：《我国经济中托宾效应和反托宾效应的实证检验》，载于《管理世界》，2004 年第 5 期。

[3] 盛松成、吴培新：《我国货币政策的二元传导机制——"两中介目标，两调控对象"模式研究》，载于《经济研究》，2008 年第 10 期。

[4] 吴汉洪、崔永：《我国的铸币税与通货膨胀：1995—2004》，载于《经济研究》，2006 年第 9 期。

[5] 于泽：《我国 M2 顺周期性的原因分析》，载于《管理世界》，2008 年第 12 期。

[6] 张健华、张怀清：《人民银行铸币税的测算和运用：1986—2008》，载于《经济研究》，2009 年第 7 期。

[7] 赵进文、闵捷：《央行货币政策操作效果非对称性实证研究》，载于《经济研究》，2005 年第 2 期。

[8] 郑挺国、刘金全：《我国货币—产出非对称影响关系的实证研究》，载于《经济研究》，2008 年第 1 期。

[9] Bhattacharya, J., 2005, "The Role of Money in Two Alternative Models: When is the Friedman Rule Optimal, and Why?", *Journal of Monetary Economics*, 52, pp. 1401 - 1433.

[10] Diamond, P., 1965, "National Debt in a Neoclassical Growth Model", *American Economic Review*, 55, pp. 1127 - 1156.

[11] Diamond, D., Dybvig, P., 1983. Bank Runs, Deposit Insurance, and Liquidity. *Journal of Political Economy*, 91, pp. 401 - 419.

[12] Friedman, M., 1969, The Optimum Quantity of Money. in: *The Optimum Quantity of Money and Other Essays.* Aldine, Chicago.

[13] Koivu. T., 2009, "Has Chinese Economy Become More Sensitive to the Interest Rate? Studying Credit Demand in China", *China Economic Review*, 20, pp. 455 - 470.

[14] Krugman, P., 2007, "Who was Milton Friedman?", New York Review of Books, 54 (February 15), pp. 27 - 30.

[15] McCallum, B. T., 1988, "Robustness Properties of a Rule for Monetary Policy", Carnegie - Rochester Conference Series on Public Policy, 29, pp. 173 - 203.

[16] Mehrotra, A., 2007, "Exchange and Interest Rate Channels during a Deflationary Era — Evidence from Japan, Hong Kong and China", *Journal of Comparative Economics*, 35, pp. 188 - 210.

货币状况指数：我国货币政策的信息指示器

■张　帅　徐长生*

一、引　　言

货币状况指数（Monetary Conditions Indices，MCIs）作为利率和汇率相对于基期变化的加权平均，最早由加拿大央行20世纪80年代末提出，并由弗里德曼（Freedmann，1994）首次从学术上进行了深入研究，随后被很多中央银行和金融机构应用于货币政策实践和分析中。货币状况指数主要有三个用途：作为货币政策操作目标、作为货币政策规则和作为货币政策信息指示器变量。

加拿大和新西兰最早将货币状况指数作为货币政策操作目标，通过估计长期政策目标下均衡利率和汇率水平，从而得出均衡货币状况指数，在实际操作中只需将实际货币状况指数与均衡货币状况指数保持一致即可。但随后的理论研究和实践（Freedman，1995；RBNZ，1998）表明，货币状况指数作为货币政策操作目标具有一系列的缺陷，如均衡的利率和汇率水平难以精确估计，特别是未预期到的经济冲击对政策目标的影响，从而加拿大和新西兰央行逐渐放弃了将货币状况指数作为货币政策的操作目标。

尽管鲍尔（Ball，1999）建议可将货币状况指数作为货币政策规则，根据货

* 张帅，华中科技大学经济学院西方经济学专业博士生；徐长生，华中科技大学经济学院教授，博士生导师。本文得到教育部新世纪优秀人才支持计划（NCET-06-0652）的资助。本文在华中科技大学经济学院徐长生教授主持的宏观经济学双周研讨会上讨论过，钟春平副教授、张玉英副教授、庄佳强博士后和林相森博士后提出了非常宝贵的意见，杨帆等同学也提出了有益的评论，特此致谢，当然文责自负。

币状况指数来校正通胀和产出对潜在水平的偏离，但到目前为止还没有央行明确地将货币状况指数作为货币政策操作规则。由于当期利率和汇率变化会对将来产出和通货膨胀产生影响，因此当前货币状况指数主要被作为货币政策的信息指示器。所谓信息指示器，一方面可以对当前的货币政策执行情况进行评价，即所谓的政策指示器；另一方面包含货币政策最终目标未来发展动态信息的内涵变量即所谓的领先指标。总体来说，作为货币政策信息指示器不仅可以对当前货币政策执行情况进行清晰的评价，还可以提供货币政策最终目标未来发展的可靠信息。当前国际清算银行和瑞典、挪威、芬兰、冰岛等国央行都将货币状况指数作为货币政策的信息指示器变量，J. P. 摩根和高盛等金融公司也通过估计货币状况指数来衡量英国等国货币政策松紧变化，亚罗辛斯基和斯梅茨（Jarocinski and Smets，2008）通过估计美国货币状况指数考察了房价变化对美联储货币政策松紧的影响。

在文献中，有三种标准的估计货币状况指数权重的方法。首先是单方程估计方法，将利率和汇率对总需求相对影响作为权重（Duguay，1994；Mayes and Viren，1998 et al.），这一方法得到广泛应用，但由于其潜在假设是方程中各变量是外生的，可能会造成估计偏误和识别问题（Harrison，1999）；第二种是大型宏观经济计量模型方法（IMF，OECD 等），对大型宏观经济模型中的总需求方程进行先验估计以得出利率和汇率的权重，这种方法抓住了经济的结构特征并考虑到了变量之间的相互影响，但仍然受到变量外生性和参数不一致性的批评；作为对前两种方法的改进，第三种是基于 VAR 的正交化脉冲反应函数（如 Goodhart and Hofmann，2001；Carmichael，2002）方法，将一单位内生变量标准差冲击对产出或通胀的平均影响作为其权重，这一方法摆脱了对经济模型的依赖并充分考虑了变量间的相互影响，但正交化的脉冲反应函数用柯勒斯基（Cholesky）分解来确定变量间的相互影响关系，带有一定的主观性（Gauthier et al.，2004）。

国内学者对货币状况指数的研究有以下特点：（1）在研究结论上，基本上都认为货币状况指数可以作为我国货币政策操作的参考指标，虽然研究中赋予各变量的权重有较大差异。如卜永祥和周晴（2004）、王素琴和何国华（2008）都认为利率渠道在我国没有发挥应有的作用，卞志村（2008）则认为与汇率相比，利率渠道是我国主要的货币政策传导渠道。（2）在研究方法上大多采用单方程估计的方法（如卜永祥和周晴，2004；彭文生和梁伟耀，2005；卞志村，2008等），运用 VAR 方法还较少。陈建斌和龙翠红（2006）运用基于 VAR 的正交脉冲反应函数构建了包含利率、汇率和银行信用的货币状况指数，并考察了其与经济增长之间的关系，但在研究中，由于使用柯勒斯基分解来确定变量间的相互影响关系，变量分解排序不同会影响估计的结果，因而带有较大的主观性。

本文根据1996~2009年我国宏观经济季度数据，运用基于VAR的广义脉冲反应函数方法，避免了传统脉冲反应函数估计所带来的主观性问题，构建包含利率、汇率和货币供给量的我国广义货币状况指数，并考察了货币状况指数是否可以作为我国货币政策的信息指示器变量。本文研究为评价我国货币政策执行效果、分析影响货币政策松紧的主要因素提供了一个新的视角，从而可为我国货币政策实施提供参考；同时本文研究发现货币状况指数可以提供货币政策最终目标未来发展的动态信息，这也将为货币政策进一步的调整提供参考意见。

二、变量选取和货币状况指数权重的估计

（一）货币状况指数的定义

传统的货币状况指数考虑了利率和汇率对经济活动的综合效应，但在我国除了利率和汇率之外，货币供给量长期作为货币政策中介目标，是我国货币政策主要的传导渠道，中央银行通过调节货币供给量来影响经济增长和通货膨胀。本文借鉴古德哈特和霍夫曼（Goodhart and hofmann，2001）的方法并根据货币状况指数的传统定义，构造我国的广义货币状况指数：

$$MCI = w_1(rhb_t - rhb_0) + w_2(reergap_t - reergap_0) + w_3(mgap_t - mgap_0) \tag{1}$$

其中：rhb_t、$reergap_t$、$mgap_t$ 分别为短期实际利率环比、实际有效汇率缺口、货币供给量缺口，本研究用短期实际利率的环比增量来作为短期利率缺口值的代理指标（卜永祥、周晴，2004），① 实际有效汇率和货币供给量缺口定义为对数值与其 HP 滤波趋势值之差；② rhb_0、$reergap_0$、$mgap_0$ 分别为基期的实际利率、实际有效汇率和货币供给量的缺口值；w 表示货币状况指数中各变量的权重。

作为实际利率环比值、实际有效汇率缺口值和货币供给量缺口值的加权平均（其中前两者的权重为正，货币供给量缺口的权重为负，即 $w_1>0$，$w_2>0$，

---

① 不同于西方发达国家，中国的利率管制使我国长期真实GDP增长率不能被视为影响真实短期均衡利率的因素（封北麟和王贵民，2006）；我国实际利率的变动主要反映通货膨胀的变化，因此本文没有用去HP滤波法求利率的缺口值。

② HP滤波方法是去除时变趋势（Time-varying Trend）经常采用的方法，虽然有诸如双面性（Two-sided）等缺点（见Guay and St-Amant，1996）；Goodhart和Hofmann（2002）认为，在构建FCI指数时所有变量都应该用HP滤波去除时变趋势，本文除实际利率外，均采用HP滤波法求各变量的缺口值。

$w_3<0$)，对货币状况指数值大小的分析并没有实际意义，货币状况指数构建的主要目的是表明一国货币政策松紧立场相对于基期的变化。当货币状况指数上升，则表明一国货币政策立场的紧缩；相反，则表明货币政策立场的放松。

（二）变量的选取和处理

本研究的变量选取涉及消费者物价指数、1 年短期贷款利率、货币供给量、人民币实际有效汇率和国内生产总值等指标，样本区间为 1996 年第 1 季度到 2009 年第 1 季度，共 53 个样本点。

人民币短期实际利率定义为 1 年短期贷款利率减去同季度通货膨胀率。改革开放以来，利率在我国经济中的影响力逐步上升。根据（Ha and Fan，2003），自 20 世纪 90 年代以来，我国固定资产投资开始对利率变化做出反应，虽然反映私人消费的社会消费品零售额并未对利率变动做出反应，这可能是由于利率变动的替代效应被收入效应所抵消。尽管如此，我国住房市场的发展和按揭贷款迅速增加表明我国居民对贷款利率可能更加敏感（彭文生和梁耀伟，2005）。因此本文用 1 年短期贷款利率作为我国短期利率的代理变量（数据来源于 CCER 色诺芬数据库）。通货膨胀率在获得居民消费价格指数（CPI）环比增速和同比增速的基础上，计算以 1995 年全年价格水平为 100 的历年各季度 CPI 数据，并以此为基础计算季度通胀率 $\pi_t = \ln(cpi_t/cpi_{t-4})$。①

图 1 表示 1 年短期贷款名义和实际利率的变动，实际利率的变动主要反映了通货膨胀的变动；1996 ~ 1998 年间，名义贷款利率有所下降，但实际贷款利率却因为通货膨胀大幅放缓而上升；2002 ~ 2004 年间，名义贷款利率保持相对稳定但由于通货膨胀上升，实际贷款利率下跌；2006 年第 3 季度到 2008 年第 2 季度，虽然名义贷款利率在上升，但实际贷款利率由 4.45% 下跌至 -0.28%，反映了通货膨胀的大幅上升；随着通货膨胀的下降，虽然 1 年期贷款基准利率 2008 年 12 月调低至 5.31%，但企业 1 年短期名义贷款利率在 2009 年第 1 季度仍然为 6.57%，② 实际利率为 7.19%；实际贷款利率的上升，可能不利于我国需求的增长。

人民币实际有效汇率直接采用由国际清算银行计算的经消费物价指数调整的

① 本文选取 4 季度通胀率而非季度环比通胀率，一方面是因为货币当局将通货膨胀和名义增长作为政策目标时，关注的是年度变化而非季节变化；另一方面从经验上 4 季度通胀率是潜在季度通胀率的更好估计值（Batini and Turnbull，2002）。CPI 环比和同比数据来源于中经网统计数据库。

② 本文中 1 年短期贷款利率为金融机构向企业办理 1 年人民币贷款的利率，贷款利率按照中国人民银行规定的短期贷款利率执行，上浮幅度按照中国人民银行有关规定执行。在贷款期间遇利率调整时，执行合同利率，不分段计息。

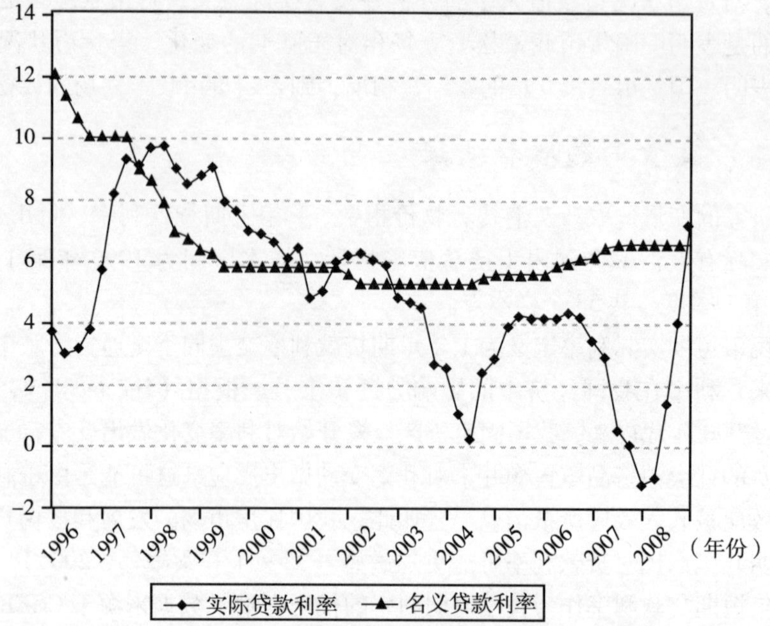

图 1　我国名义和实际贷款利率

宽口径汇率指数（Broad Indices），实际有效汇率以 1995 为基期（1995 年平均值为 100），采用间接标价法，实际有效汇率指数的增加表示人民币的升值。本文将人民币实际有效汇率指数取对数后去其 HP 滤波（由于是季度数据，HP 滤波数据 λ 值取为 1 600）趋势值的差额作实际有效汇率的缺口。[①] 图 2 表明了人民币实际有效汇率、HP 趋势值和缺口值的变化，从中可以看出人民币实际有效汇率有三次较大幅度的波动：第一阶段 1996 ~ 1998 年升值幅度高达 19.7%，部分原因是通货膨胀的高企，其后随着通货膨胀的下降于 2000 年回落；第二阶段 2000 年第 2 季度到 2002 年人民币实际汇率升值 8.45%，随后至 2005 年第 1 季度人民币再度贬值 17%；第三阶段 2005 年开始人民币进入快速升值通道，截至 2009 年第 1 季度累计升值 27.3%。人民币实际有效汇率 1996 ~ 2003 年围绕其趋势值波动，2003 年第 1 季度到 2008 年第 2 季度长期低于趋势值，人民币可能仍处于被低估的水平；2008 年第 3 季度人民币实际汇率开始高于其趋势值并迅速上升，这可能意味着人民币的高估。

① 卜永祥、周晴（2004）将实际有效汇率去时间趋势后的残差作为其缺口值，但是在我们的样本区间内，实际有效汇率没有明显的时间趋势；香港金融管理局（2000）还采用了宏观经济平衡方法来估算均衡汇率。

图 2　人民币实际有效汇率、HP 趋势值和缺口值

实际货币供给量由广义货币供给量（M2）经以同季度 CPI（以 1995 为基期）折算所得，其缺口值定义为实际货币供给量经季节调整后的对数值去除 HP 趋势值之差。①

我国还没有公布不变价格的国内生产总值，本文首先用各年季末累计实现的国内生产总值减去上季末累计实现国内生产总值，然后用各季度实现国内生产总值经该季度 CPI（以 1995 年为基期）折算从而得出各季度实际国内生产总值。②国内生产总值缺口定义为各季度实际国内生产总值季节调整后的对数值与其 HP 趋势值之差。图 3 表明了国内生产总值缺口的动态变化：1996 ~ 1997 年第 3 季度，国内生产总值缺口基本为正，说明该时期国内生产总值大于可能的潜在水平；1998 年第 1 季度到 2001 年第 2 季度，由于亚洲金融危机冲击和我国经济的软着陆，国内生产总值围绕其趋势值波动；2002 年第 3 季度到 2006 年第 2 季度，国内生产总值缺口总体上为负，说明国内生产总值仍低于可能的潜在水平。虽然这一时期是我国经济高速增长的阶段，这可能是由于我国 1998 年开始的积极财政政策对经济的影响开始充分发挥，提高了我国潜在的生产能力；2006 年第 3

① 数据来源《中国人民银行统计季报》各期。

② 在这里用季末累计 GDP 减去上季累计 GDP 得各季度实现 GDP 值，经同季度 CPI 调整后作为该季度实际 GDP 值，是不变价格 GDP 值的一个近似；GDP 数据来源于《中国人民银行统计季报》各期。

季度到2008年第2季度，国内生产总值缺口迅速扩大，这一时期也是我国通货膨胀快速上升的时期，国内生产总值远远超过其潜在水平；2008年第3季度开始，由于国际金融危机的影响，国内生产总值缺口快速下降。

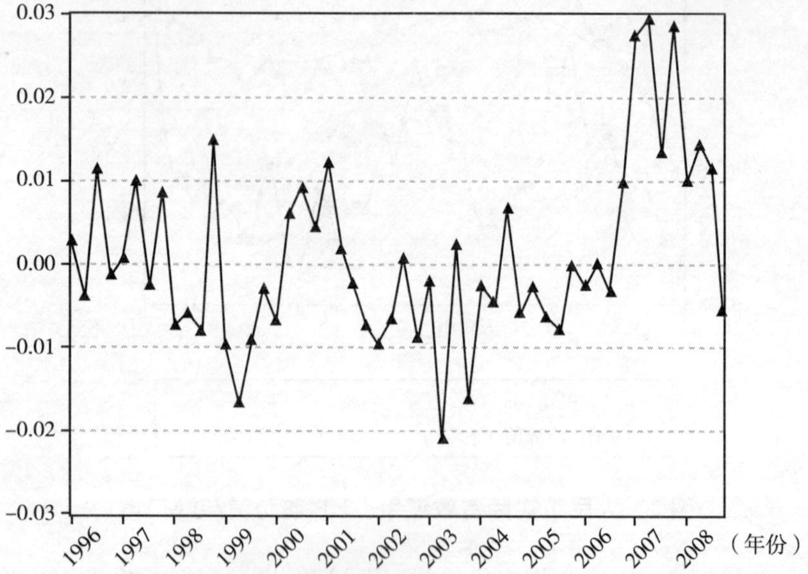

图3　我国国内生产总值缺口

（三）基于VAR的广义脉冲反应函数

传统估计货币状况指数权重的脉冲反应函数方法是运用Cholesky分解来正交化冲击变量，但是正交化的脉冲反应函数（Orthogonalized Impulse-response Functions，OIRF）受到变量排序变化的影响。在包含了四个变量的货币状况指数构建中，并没有关于如何进行变量排序的明晰方案。

本文运用广义脉冲反应函数（Generalized Impulse-response Functions，GIRF）方法来估计我国货币状况指数各变量的权重。当变量排序发生变化时，虽然正交化脉冲反应函数方法所估参数会随之变化，但广义脉冲反应函数方法却不会。广义脉冲反应函数方法的参数是唯一的，并且充分考虑了可观测的不同冲击在过去相关关系的类型及其影响。因而，本文将实际利率环比（rhb）、人民币实际有效汇率缺口（reergap）和货币供给量缺口（mgap）一个单位标准差对国内生产总值缺口（gdpgap）冲击在1～8个季度累积影响的相反数作为其在货币状况指数中的权重，因为经过1～8个季度，货币政策对产出和通货膨胀的影响一般来讲已经充分发挥出来了（Goodhart and Hofmann，2001；Gauthier et al.，2004）。

考虑如下VAR模型：

$$X_t = \sum_{i=1}^{p} \Phi_i X_{t-i} + \varepsilon_t,\ t = 1,2,3,\cdots,T \tag{2}$$

其中 $X_t =(x_{1t},\ x_{2t},\ \cdots,\ x_{mt})'$，是一个关于产出、利率、汇率和货币供给变量的 $m \times 1$ 向量，Φ_i 是一个 $m \times m$ 的系数矩阵。在标准的残差设定下，（2）式用无限移动平均形式写作：

$$X_t = \sum_{i=0}^{\infty} A_i \varepsilon_{t-i},\ t = 1,2,3,\cdots,T \tag{3}$$

其中，$A_0 = I_m$，当 $i < 0$ 时，$A_i = 0$；当 $i > 0$ 时，$A_i = \Phi_1 A_{i-1} + \Phi_2 A_{i-2} + \cdots + \Phi_q A_{i-q}$。

脉冲反应函数测度了在一个动态系统中，某一时点一单位冲击对系统变量未来值所产生的影响。它也可以被理解为给定经济的历史过程，当 $m \times 1$ 的冲击向量 $\delta =(\delta_1,\ \delta_2,\ \cdots,\ \delta_m)'$在 t 时刻冲击经济后所产生的序列与 $t+n$ 时刻没有经济冲击的序列之间的比较。

我们把在 $t-1$ 时刻已知的经济状况用信息矩阵 Φ_{t-1}来表示，则 X_t 在 n 期后的广义脉冲反应函数定义为：

$$GI_X(n,\delta,\Phi_{t-1}) = E(X_{t+n} \mid \varepsilon_t = \delta, \Phi_{t-1}) - E(X_{t+n} \mid \Phi_{t-1}) \tag{4}$$

将（3）式代入（4）式，可得 $GI_X(n,\delta,\Phi_{t-1}) = A_n \delta$，即广义脉冲反应函数与 Φ_{t-1}无关，仅与由 δ 定义的冲击构成有关。

显而易见，如何恰当设定冲击向量 δ 是脉冲反应函数的中心任务。根据西姆斯（Sims，1980）所构建的传统方式，是通过对残差的方差协方差矩阵进行柯勒斯基分解来解决这一问题，即 $PP' = \Sigma$，其中 P 是 $m \times m$ 的低阶三角矩阵。这样就很容易得到在第 j 个方程中一单位冲击对 X_{t+n}的正交脉冲反应函数为 $OI_X(n, e_j, \Phi_{t-1}) = A_n P e_j$，其中 e_j 是一个第 j 个元素为1其他元素为0的 $m \times 1$ 向量。正交化脉冲反应函数会随着变量排列顺序的不同而变化。

本文所运用的方式最早由佩哲兰和欣（Pesaran and Shin，1998）所提出。该方法在直接运用（4）式的基础上，通过选择只冲击一个元素如第 j 个元素，并根据过去所观测到的误差分布来计算其他冲击的影响，而不是正交化脉冲反应函数中冲击所有的 ε_t。这样就很容易得到，在 t 时刻对第 j 个方程一个单位标准差冲击后，在 $t+n$ 时刻 X 的期望值为：

$$GI_X(n,\delta,\Phi_{t-1}) = \sqrt{\sigma_{jj}} A_n \sum e_j \tag{5}$$

其中：$\sqrt{\sigma_{jj}} = \delta_j$，$\delta = E(\varepsilon_t \mid \varepsilon_{jt} = \sqrt{\sigma_{jj}})$。

本文实证分析也表明，在使用正交化脉冲反应函数方法估计 rhb、reergap 和 mgap 一个单位标准差对 Gdpgap 在 1 ~ 8 个季度冲击的平均影响时，不但变量排序不同估计结果会不同，而且与广义脉冲反应函数方法所得的结果相比较，前者往往低估了 reergap 和 rhb 的影响。

（四）货币状况指数权重的估计和广义脉冲反应分析

VAR 模型要求系统具有平稳性，因此需要首先检验系统中各变量的平稳性，本文通过扩展的迪克 - 富勒（ADF）方法检验，结果表明人民实际有效汇率缺口序列（reergap）、实际利率环比序列（rhb）、实际货币供给量缺口序列（mgap）和实际国内生产总值缺口（gdpgap）序列均为平稳序列。①

本文中 VAR 模型的滞后阶数选择为 4。② 在实证中本文还考虑了 2005 年第 3 季度我国实施了汇率制度改革，为了反映这种可能的结构性变化（Structural Breaks），尝试加入了 0 - 1 型虚拟变量。实证结果表明引入虚拟变量与我们的估计结果十分接近，但虚拟变量的引入使 VAR 模型的残差项可能存在着 1 阶自回归，③ 因此本文仅报告不包含虚拟变量情形的估计结果。本文将货币状况指数的权重定义为各变量一个单位标准冲击对产出缺口在 8 个季度中的累积平均影响的相反数，表 1 给出了运用 GIRF 和 OIRF（不同的分解顺序）下结果的比较。④ 其中，广义脉冲反应函数方法（GIRF）所估计结果不受变量排序的影响，各变量参数有与经济理论预测相一致的正确符号，即货币供给量的增加对国内生产总值缺口有着正向的影响，从而也表明了一国货币政策立场的放松；实际利率和汇率的增加对国内生产总值缺口有着负向的影响，从而表明了一国货币政策立场的紧缩。在正交化脉冲反应函数方法［OIRF（1）］所估计的结果中，变量参数有着正确的符号，但显著地低估了实际利率和实际汇率的影响，特别是实际利率的影响；OIRF（2）所估结果与 OIRF（1）相比较，不仅参数大小发生了变化，而且实际利率的参数符号变为正号，与经济理论的预期不相一致。

---

① reergap、rhb、mgap 和 gdpgap 在不包含截距项和趋势项的 ADF 检验下，都在 5% 水平上拒绝原假设（采用 Mackinnon 单侧临界值，rhb 和 mgap 在 1% 水平上显著），其中滞后长度分别为 1、0、3、1。

② 施瓦茨（AC）信息准则和赤信（AIC）信息准则相互矛盾，前者建议滞后 1 期，后者暗示较长滞后期 9 期，这可能是由于变量间存在着协整关系。本文根据似然比（LR）准则选择滞后阶数为 4，界于 AIC 和 AC 准则建议滞后期数之间；本文估计采用的计量软件是 Eviews6. 0。

③ 引入虚拟变量后，对 VAR 模型残差项的 Jarque - Bera 检验和 White 异方差检验并无显著改善，但 LM 自回归检验中，使 1 阶自回归的 P 值由 0. 2849 降低至 0. 0038。

④ OIRF（1）和 OIRF（2）中 Cholesky 顺序分别为：gdpgap、mhp、reergap、rhb 和 gdpgap、reergap、rhb、mhp。

表 1 **GIRF 与 OIRF 估计结果比较**

	GIRF	OIRF（1）	OIRF（2）
mgap	0.01587	0.009523	0.009536
reergap	-0.009379	-0.0029	-0.00201
rhb	-0.003377	-0.000085	0.002027

图 4 分别刻画了在 GIRF 方法下，货币状况指数中各变量随机误差项一个标准差大小的新息（Innovation）冲击对国内生产总值缺口当期和未来值所产生的影响。（1）产出缺口对实际利率环比一个单位标准差的增加在前两个季度做出了显著的负向反应（见图 4.1），随后的两个季度出现了波动，在第 5 季度这种负向反应达到最大；但从第 6 季度开始出现了正向的反应，这可能是由于提高实际利率对潜在产出负向的影响要大于其对实际产出负向的影响，因而对产出缺口的总影响表现为正值。（2）产出缺口对人民币实际有效汇率缺口一个单位标准差的冲击，在当季做出了显著的负向反应，第 2 季度却有着正的反应，随后在第 6 季度负向反应达到最大（见图 4.2），这也说明人民币实际有效汇率的升值对我国产出影响是紧缩性的，这一点与施建准（2007）观点相一致。（3）产出缺口对货币供给量缺口一个单位标准差的冲击，做出了显著的正向反应，且这种反应于第 4 季度开始有一个跃升，在第 7 季度达到最大，这可能是因为我国货币供给量的增加主要是以新增贷款的形式进行的，而新增贷款形成生产能力大致需要 4~5 个季度。

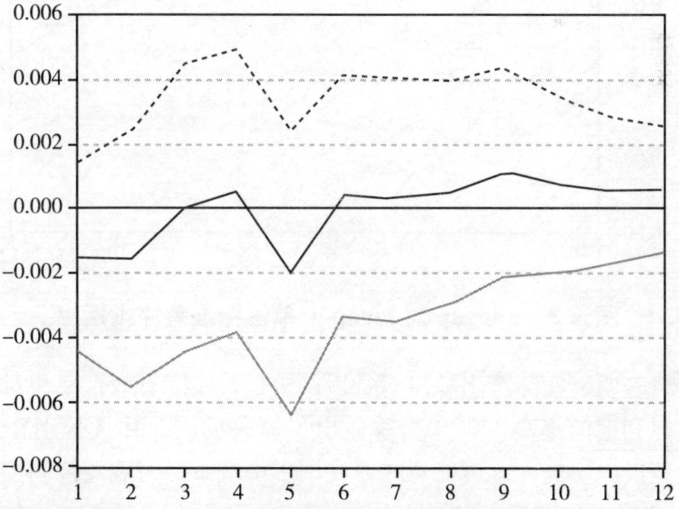

图 4.1 gdpgap 对 rhb 一单位标准差冲击反应

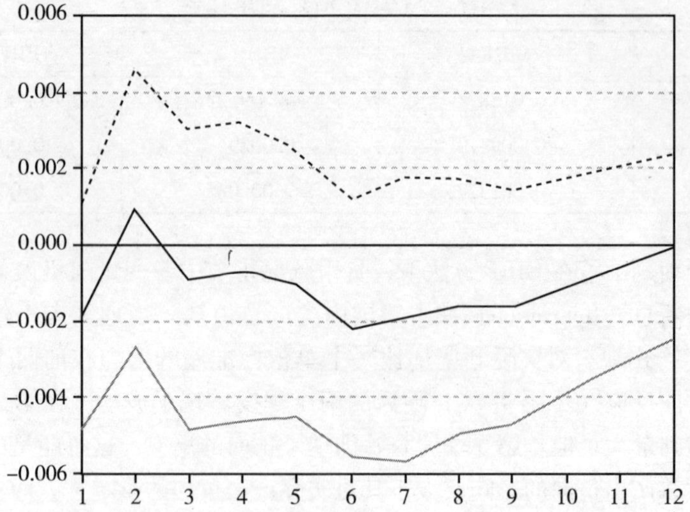

图 4.2　gdpgap 对 reergap 一单位标准冲击反应

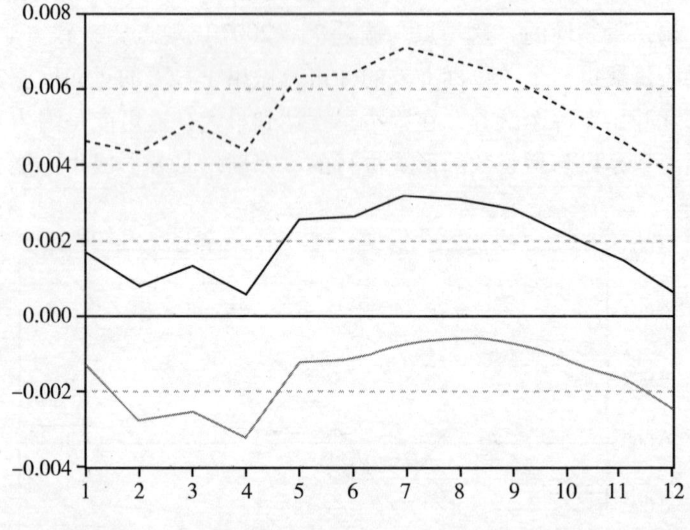

图 4.3　gdpgap 对 mgap 一单位标准差冲击反应

上述分析表明，实际产出缺口对货币供给量、实际有效汇率相对于均衡值的增加以及实际利率的提高，都于当季做出了显著反应，并且分别在第 7、第 6、第 5 季度达到最大反应，这可能意味着我国货币政策对宏观经济调控作用要经过 5 ~7 个季度才能充分发挥出来。

三、我国货币状况指数与货币政策

根据前面对货币状况指数的定义和所估计的各变量权重，可以构建自1996第1季度到2009第1季度的我国货币状况指数。[①] 本文从以下两个角度来分析货币状况指数与我国货币政策的关系：第一，通过货币状况指数考察我国货币政策立场松紧的动态变化，分析影响货币政策松紧调整的主要因素，讨论货币状况指数在我国的政策指示器作用，特别是当前国际金融危机背景下，考察我国实施适度宽松的货币政策的执行情况；第二，通过考察货币状况指数与我国货币政策目标的关系，分析货币状况指数与经济增长和通货膨胀的动态关系，讨论货币状况指数是否可以作为我国货币政策的先行信息指标。

（一）货币状况指数与货币政策立场

根据前面基于VAR的广义脉冲反应函数方法所估计权重，可以得到实际货币供给量、实际有效汇率、实际利率在我国货币状况指数中的权重比率为1∶1.69∶4.7，这意味着为了保持实际国内生产总值缺口大小不变，中央银行通过使实际货币供给量相对于其均衡值增加1个百分点，与使人民币实际有效汇率相对于其均衡值贬值1.69个百分点，或使人民币实际利率环比降低4.7个百分点具有相同的效应。[②] 由此可见，汇率和利率渠道在我国货币政策传导机制中发挥着重要作用，特别是人民币汇率的变化对货币政策立场有着重要影响，本文随后的分析也证实了这一点。

图5刻画了我国货币状况指数的变化情况，货币状况指数的上升表明货币政策立场的紧缩，反之表明货币政策立场的宽松。

（1）1993～1996年，我国实施了适度从紧的货币政策，期间两次加息，这与本文的分析基本相一致，如图5所示。1996年第1季度到第3季度，货币状况指数上升，表明货币政策立场的紧缩。

（2）1997～2002年，由于亚洲金融危机爆发、国内有效需求不足等国内外经济环境变化，我国实施了稳健的货币政策，采取了降息等宏观调控手段。但如图5所示，1996年第4季度到1998年第1季度、1999年第4季度到2002年第1

---

① 计算公式为 $MCI=0.003377(rhb_t-rhb_0)+0.009397(reergap_t-reergap_0)-0.01587(mgap_t-mgap_0)$。

② 卜永祥、周晴（2004）认为，实际利率水平的变动对产出缺口影响很小，他们得出实际货币供给量、实际汇率、实际利率三者在MCIs中权重为1∶2.8∶69.1，低估了后两者特别是实际利率渠道的影响，其他学者研究也有类似的结论。

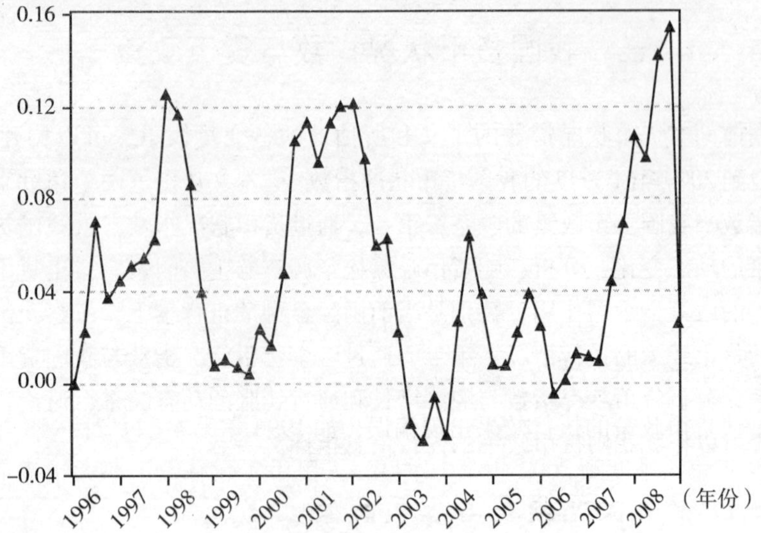

图5　我国货币状况指数

季度这两个时期货币状况指数呈上升趋势，这意味着我国货币政策立场的紧缩。分析表明，造成这种货币政策执行效果偏差的主要原因是人民币实际有效汇率的升值，这两个期间人民币实际有效汇率分别升值13.4%和8.6%，其对货币状况指数上升的贡献分别为100.7%和82.9%。

（3）2003～2007年，我国进入新一轮经济增长的上升期，中央银行实施了稳健的货币政策，期间8次加息，14次上调准备金率，以防止经济出现过热倾向；对图5的分析也表明，虽然期间货币状况指数呈现一定的波动性，但整体仍有紧缩的趋势。如2004年上半年、2005年和2006年下半年都表现紧缩的货币政策立场，虽然2004年下半年、2005年年底到2006年年初货币政策立场出现了一些调整。

（4）2008年我国实施从紧的货币政策，5次上调存款准备金率和存贷款利率，控制银行信贷和货币供给量。从货币状况指数上来看（见图5），2007年第2季度到2008年第4季度货币状况指数快速上升，也表明了货币政策立场的快速紧缩；对货币状况指数上升的因素分析表明，其主要原因在于人民币实际有效汇率的加速升值，在此期间人民币实际有效汇率指数累计上升18.5%，实际利率、实际有效汇率和实际货币供给量的变化对货币状况指数上升贡献率分别为7.4%、74.2%和18.4%。

（5）2009年第1季度在国际金融危机背景下，我国实施了适度宽松的货币政策，货币状况指数快速下降说明了我国货币政策立场的调整得到了较好的实现

（见图5）；分析表明，期间实际利率、实际有效汇率和实际货币供给量的变化对货币状况指数下降贡献率分别为-1.5%、1.8%和99.7%，这也与我国2009年第1季度货币政策操作的实践是相一致的。在第1季度广义货币供给（M_2）同比增长25.5%，但通货膨胀率的下降使我国实际利率在第1季度是上升的，因而利率渠道对货币政策立场调整的贡献率是负值。

上述分析表明，货币状况指数是我国货币政策立场的同步信息指标，对评价货币政策执行效果以及分析影响货币政策松紧的影响因素，具有重要的参考价值，可以作为我国的货币政策指示器变量，以提高货币政策执行的准确性。同时分析也表明，我国货币政策立场的调整，应当注重利率、汇率和货币供给量三个传导渠道的综合运用，如果没有充分考虑人民币实际有效汇率升值的紧缩效应，就可能会使货币政策的执行效果出现偏误，如1996年第4季度到1998年第1季度、1999年第4季度到2002年第1季度，人民币实际有效汇率大幅升值，使这两个时期货币政策执行效果是紧缩性的，与央行稳健（实际上有宽松倾向）的货币政策是不相一致的；又如2008年我国实施从紧的货币政策，但伴随人民币快速升值，使我国货币政策执行可能出现了过度的紧缩。

当前应对国际金融危机背景下，仅依赖货币供给量的增加作为适度宽松货币政策的主要手段或许是不足的，[①] 特别是在货币供给量难以长期大幅度增加的情况下，应当考虑利率和汇率传导渠道的影响、将人民币存贷款利率和人民币升值步伐进行适当调整作为实施适度宽松货币政策的有益补充。

（二）货币状况指数与货币政策目标

本文通过以下两个标准来考察我国货币状况指数与经济增长和通货膨胀的关系，分析货币状况指数是否可以提供货币政策最终目标未来发展的动态信息，即货币状况指数是否可以作为货币政策的先行信息指标。

第一个标准是货币状况指数对我国经济周期拐点（Turning points）的预测能力分析。图6和图7分别刻画了货币状况指数（MCIs）与我国国内生产总值季度同比增长率（gdptb）和通货膨胀率（inflation）之间的关系。[②] 显而易见（如图6所示，MCIs为左轴反向），货币状况指数与国内生产总值同比增长率曲线在总体上契合较好，且货币状况指数的拐点经常领先经济增长的拐点1~3个季度：

① 当前贷款规模的增加是货币供给量增加的主要形式和渠道，2009年1季度新增贷款占新增货币供给量的83%，数据来源于《中国货币政策执行报告（2009年第一季度）》；而在2009第1季度中，央行并没有调节存贷款利率，人民币实际有效汇率仍保持缓慢升值态势。

② 国内生产总值季度同比增长率取自《中国人民银行统计季报》各期，通货膨胀率为作者前面计算的以1995为基期不变价格CPI为基础的四季度通货膨胀率。

如经济增长由下降到上升的拐点如 1996 年第 4 季度、1998 年第 2 季度、2004 年第 4 季度，经济增长由上升到下降的拐点如 2000 年第 1 季度、2004 年第 1 季度、2006 年第 2 季度和 2007 年第 2 季度，货币状况指数的相应拐点都领先了 1 ~ 3 个季度。这可能说明了我国货币政策对经济增长变化是事前调节的，具有较好的前瞻性。

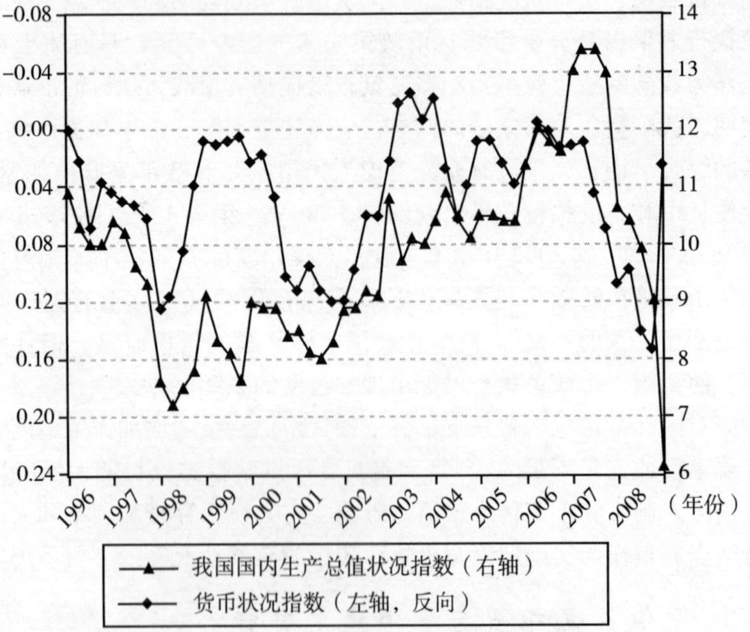

图 6　我国货币状况指数和经济增长率

货币状况指数与通货膨胀的关系如图 7（其中 MCIs 为右轴反向）所示，货币状况指数的变化领先于通胀膨胀的变化，特别是货币状况指数拐点对通货膨胀率拐点经常领先 3 ~ 5 个季度：如通货膨胀率由低走高的拐点出现在 1999 年第 1 季度、2002 年第 2 季度和 2005 年第 3 季度，相对应的货币政策立场由紧缩转为宽松的拐点分别出现在 1998 年第 1 季度、2001 第 1 季度和 2004 年第 3 季度，分别领先 4、5 和 3 个季度；又如通货膨胀率由高走低拐点分别出现在 2001 年第 1 季度、2004 年第 3 季度和 2008 年第 1 季度，相应货币政策立场由宽松转为紧缩的拐点则出现在 1999 年第 4 季度、2003 年第 3 季度和 2007 年第 2 季度，分别领先 5、4 和 3 个季度。

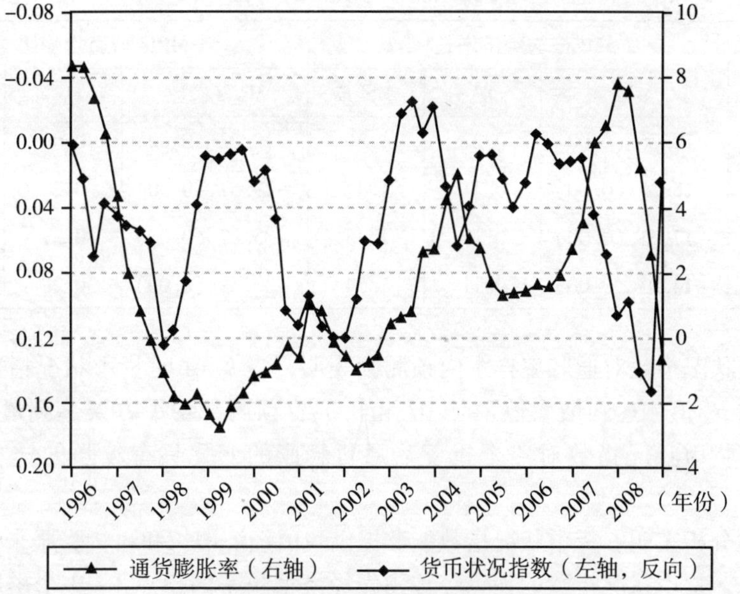

图 7　我国货币状况指数和通货膨胀率

第二个标准是货币状况指数对经济增长和通胀膨胀样本内预测能力分析，① 本文采用简单的单方程估计形式：

$$y_t = \alpha_2 + \beta_1 MCI_{t-k} + \varepsilon_t \text{和} \ \pi_t = \alpha_2 + \beta_2 MCI_{t-k} + \varepsilon \qquad (6)$$

其中 y_t、π_t 表示国内生产总值季度同比增长率和通货膨胀率，k 取值 {2，3，4，5}，也即是说通过简化方式来检验给定货币状况指数（MCIs）是否有助于提前 2，3，4，5 季度解释经济增长和通货膨胀的变化。

表 2 报告了样本内预测的特征（MCIs 的参数及 p 值，调整的 R^2）和预测的平均平方误（Mean Squared Forecast Error，MSFE）。货币状况指数对经济增长样本内预测特征与预期相一致：给定货币状况指数其参数和调整的 R^2 值随着 k 的增加而减少，而预测的平均平方误随着 k 的增加而变大。当 $k=2$ 时货币状况指数参数值达到最大为 -19.26，此时调整的 R^2 值也达到最大值 0.27，预测平均平方误达到最小值 1.36，这表明货币状况指数对两个季度后经济增长的变化具有较强的样本内预测能力。

---

① 本文也对样本外的预测能力进行了测算，但 MCIs 在样本外的预测能力不强，即样本外对经济增长和通胀膨胀的预测相当困难，这与 Stock 和 Watson（2003）、Goodhart 和 Hofmann（2001）的研究结论相一致。

表 2　　　　　　　　**MCIs 样本内预测的特征**

领先期数	MCIs 与经济增长			MCIs 与通货膨胀		
	参数	$\bar{R}^2$	MSFE	MCIs 参数	$\bar{R}^2$	MSFE
2	-19.26 (0.00)	0.27	1.36	-20.82 (0.00)	0.09	2.62
3	-18.25 (0.00)	0.21	1.41	-29.51 (0.00)	0.20	2.36
4	-17.51 (0.00)	0.19	1.45	-35.07 (0.00)	0.31	2.14
5	-14.03 (0.00)	0.11	1.54	-33.89 (0.00)	0.28	2.17

货币状况指数对通胀率样本内预测则表明，当 $k=4$ 时货币状况指数的参数和调整的 R^2 值才达到最大值 -35.07 和 0.31，预测平均平方误达到最小 2.14，这则说明货币状况指数对 4 个季度后通货膨胀的变化具有较强的样本内预测能力。

上述分析表明，货币状况指数能够提供我国经济增长和通货膨胀未来变化的动态信息。货币状况指数的拐点经常领先经济增长率的拐点 1～3 个季度，领先通货膨胀率拐点 3～5 个季度，同时，样本内预测分析也表明，货币状况指数对 2 个季度后经济增长率的变化、对 4 个季度后通货膨胀率的变化具有最强的预测能力。这充分说明了货币状况指数可以作为我国货币政策的先行信息指标，以增强货币政策操作的前瞻性。

四、结论与政策含义

本文运用基于 VAR 的广义脉冲反应函数方法，构建了我国 1996 年第 1 季度到 2009 年第 1 季度包含利率、汇率和货币供给量的广义货币状况指数，并考察了货币状况指数对我国货币政策的信息指示器功能，得出了以下结论和政策含义：

第一，货币状况指数对于评价我国货币政策执行效果，分析货币政策立场调整的影响因素具有重要参考价值，可以作为我国的货币政策指示器，以增强货币政策操作的准确性。本文的研究纠正了传统的我国货币状况指数构建中对利率和汇率权重的低估现象，研究表明在货币供给量渠道之外，我国货币政策立场的调整，还应重视利率和汇率渠道的影响，特别是重视人民币升值是紧缩性效应，否则可能会使货币政策执行效果发生偏误。当前我国实施适度宽松的货币政策立场，主要通过货币供给量的大幅增加来实现的，这也意味着我国货币政策还有较大的操作空间，还可以考虑对利率和人民币实际有效汇率升值步伐做出适当调整。

第二，货币状况指数能够提供我国经济增长和通货膨胀未来变化的动态信息，可以作为货币政策的先行信息指标，以增强货币政策操作的前瞻性。实证分析表明，货币状况指数拐点经常领先经济增长率拐点 1 ~ 3 个季度，领先通货膨胀率拐点 3 ~ 5 个季度，且在样本内货币状况指数对经济增长及通货膨胀具有较好的预测功能。2008 年第 4 季度我国货币政策立场由从紧调整为适度宽松，货币状况指数出现了拐点，根据本文的分析，在没有新的内外部冲击条件下，这预示着我国经济增长和通货膨胀双双下降的趋势在未来 1 ~ 5 个季度内可能会发生逆转。

本文的研究将 HP 趋势值作为各变量均衡值的代理变量，并在此基础上估计了我国的货币状况指数。进一步的研究可以尝试运用其他方法来估计各变量的均衡值，以得到更加稳健的结论。例如，对人民币均衡实际汇率的测算，在进一步的研究中可以考虑运用宏观经济平衡法、购买力平价法等方法来估算。

参考文献：

［1］卜永祥、周晴：《中国货币状况指数及其在货币政策操作中的作用》，载于《金融研究》，2004 年第 1 期。

［2］卞志村：《开放经济下的最优货币政策、MCI 及在中国的检验》，载于《数量经济技术经济研究》，2008 年第 4 期。

［3］陈建斌、龙翠红：《中国货币状况指数的构建及对货币政策效果的验证》，载于《当代财经》，2006 年第 5 期。

［4］陈雨露、边卫红：《开放经济中的货币政策操作目标理论——纳入汇率因素的货币状况指数（MCI）》，载于《国际金融研究》，2003 年第 10 期。

［5］陈雨露、周晴：《浮动汇率制度下货币政策操作模式及中国货币状况指数》，载于《世界经济》，2004 年第 7 期。

［6］封北麟、王贵民：《货币政策与金融形势指数：基于 VAR 的实证分析》，载于《数量经济技术经济研究》，2006 年第 11 期。

［7］彭文生、梁耀伟：《中国内地的货币状况指数》，载于《香港金融管理局季报》，2005 年第 2 期。

［8］施建淮：《人民币升值是紧缩性的吗?》，载于《经济研究》，2007 年第 1 期。

［9］王玉宝：《中国金融形势指数（FCI）的实证》，载于《上海金融》，2005 年第 8 期。

［10］香港金融管理局：《香港货币状况指数评析》，载于《香港金融管理局季报》，2000 年第 1 期。

［11］Ball, L., 1999, "Policy Rules for Open Economics," in *Monetary Policy Rules*, edited by J. B. Taylor. University of Chicago Press for NBER.

［12］Batini, N. and Tumbull, K. 2002, "A Dynamic Monetary Conditions Index for the UK." *Journal of Policy Modelling*, pp. 257 - 281.

[13] Bernanke, B. and Gertler, M. 1999, "Monetary Policy and Asset Price Volatility." *Federal Reserve Band of Kansas City Economic Review*, Fourth Quarter, pp. 17 – 51.

[14] Carmichael, T., 2002, "Canadas Financial Conditions Point to Recovery." *J. P. Morgan. Economic Research Note*: February 7.

[15] Duguay, P., 1994, "Empirical Evidence on the Strength of the Monetary Transmission Mechanism in Canada." *Journal of Monetary Economics*, pp. 39 – 61.

[16] Freedman, C., 1994, "The Use of Indicators and the Monetary Conditions Index in Canada." in *Frameworks of Monetary Stability – policy Issues and Country Experiments*. edited by Balino, T. J. T and Cottarelli, C. IMF, P. 470.

[17] Freedman, C., 1995, "The Role of Monetary Conditions and the Monetary Conditions Index in the Conduct of Policy." *Band of Canada Review* (Autumn), pp. 53 – 60.

[18] Gauthier, C.; C, Graham. and Y. liu. 2004, "Financial conditions indexes for Canada." Bank of Canada Working Paper, No. 2004 – 22.

[19] Goodhart, C. and B. Hofmann. 2001, "Asset Prices, Financial Conditions, and the Transmission of Monetary Policy." Paper prepared for the conference on Asset Prices, Exchange Rates, and Monetary Policy, Stanford University, March.

[20] Goodhart, C. and B. Hofmann. 2002, "Asset Prices and the Conduct of Monetary Policy." Paper Presented at the Royal Economic Society Annual Conference, University of Warwick, March.

[21] Guay, A. and P. St-Amant. 1996, "Do Mechanical Filters Provide a Good Approximation of Business Cycles?" Technical Report No. 78. Ottawa: Bank of Canada.

[22] Ha, Jiming. and Fan, Kelvin. 2003, "The Monetary Transmission Mechanism in the Mainland." HKMA Research Memorandum (11/2003), Hong Kong Monetary Authority.

[23] Harrison, R. 1999, "Monetary Condition Indices: Theory and Evidence (Mimeo)". Bank of England.

[24] Marek Jaroinski and Frank R. Smets. 2008, "House Prices and the Stance of Monetary Policy." *Federal Reserve Bank of St. Louis Review*, July/August, pp. 339 – 365.

[25] Mayes, D. and M. Viren. 2001. "Financial Conditions Indexes." Band of Finland Discussion Paper No. 2001 – 17.

[26] Pesaran, M. H. and Y. Shin. 1998, "Generalized Impulse Response Analysis in Linear Multivariate Models." Economics Letters 58, pp. 17 – 29.

[27] Reserve Band of New Zealand, "Reserve Band of New Zealand Monetary Policy Statement." Various Issues.

[28] Sims, C. A. 1980, "A Comparison of Interwar and Postwar Cycles: Monetarism Reconsidered." *American Economic Review* 70 (May), pp. 250 – 57.

[29] Stock, J. and M. Wstson. 2003, "Forecasting Output and Inflation: The Role of Asset Prices." *Journal of Economic Literature* (September), pp. 788 – 829.

人民币实际有效汇率变动对就业影响的传导渠道分析

■李晓峰　钱利珍*

在美国金融危机和全球经济衰退的冲击下，我国实体经济受到很大的负面影响，经济增长出现下滑，企业经营面临困境，全社会的就业面临着巨大压力。在此背景下，我国政府出台了一系列保增长和促就业的政策措施，并已初见成效，中国相对于全球经济体率先迈出复苏的步伐。然而，当前世界经济仍不容乐观，因此我国大量出口企业的生产和经营仍然面临着很大的不确定性；与此同时，人民币仍处于升值的压力之中，如果人民币继续升值，将导致企业竞争力的削弱和盈利能力的进一步下降，并可能对我国的就业产生不利影响。那么究竟人民币汇率变动将通过哪些渠道对我国就业产生影响呢？如何在保持人民币汇率基本稳定的同时，通过调整这些渠道的作用大小，来降低人民币汇率变动可能对就业产生的负面影响？显然对这些问题的研究，不仅有助于从理论上分析我国汇率与就业的重要关系，而且也将为我国政府的相关决策提供有益的参考。

一、文献综述

关于汇率和就业关系的研究，国内外学者更多关注的是通过理论和实证研究汇率贬值或者升值对就业的影响。大部分学者的研究结果表明：汇率升值不利于就业或者汇率贬值有利于就业。如戈德堡和特蕾西（Goldberg and Tracy，1999），

* 李晓峰，厦门大学经济学院金融系教授、博士生导师；研究方向：国际金融管理和公司金融；钱利珍，厦门大学经济学院金融系博士生；研究方向：国际金融。

古兰沙（Gourinchas，1998，1999），黑特迈杰（Hatemi-J，2006）等人的研究表明汇率升值不利于就业；国内学者俞乔（1999）发现贬值有利于制造业就业；丁剑平和鄂永健（2005）发现实际汇率贬值会增加贸易部门就业，但会减少非贸易部门就业；曾莹（2006）发现人民币升值会抑制大多数行业的就业增长。而关于汇率影响就业的传导渠道，国内外学者做了一些有意义的理论研究，但实证研究相对较少。如坎帕和戈德堡（Campa and Goldberg，2001）认为，汇率变动主要通过进口渗透、出口拉动和投入替代三种渠道影响劳动力需求；霍尔蒂万格等人（Haltiwanger et al.，2004）的研究表明实际汇率升值通过资源的重新配置而促进就业的增长；弗伦克尔（Frenkel，2004）总结出实际汇率影响就业的三个渠道：宏观进出口渠道、经济增长渠道和劳动密集度渠道；瓦（Hua，2007）则认为，汇率主要是通过技术渠道、出口需求渠道和效率渠道这三个渠道影响就业的。国内学者虽然没有进行传导渠道的测算，但也从理论上进行了一些分析，如范言慧和宋旺（2005）认为，实际汇率的变动通过出口价格、出口份额变动、进口成本和汇率预期等途径影响企业的劳动需求；张德远（2008）指出人民币汇率变动可通过四种传导机制影响就业：在短期内主要是贸易传导机制发生作用；在较长期内，资源分配传导机制起主要作用；在长期内，生产方式和效率传导机制起着重要作用。文中利用各行业的统计数据论证各传导渠道的存在性。可以看出，国内对于汇率影响就业的传导渠道研究，主要限于文字描述或一般的数据分析，尚未进行实证测算。为此本研究拟通过计量方法实证检验我国汇率影响就业的各种传递渠道的作用程度，据此对当前我国汇率政策的制定提供相应的决策依据。

本文剩余部分的结构安排如下：第二部分构建汇率影响就业的传导渠道模型；第三部分实证测算人民币汇率变动影响就业的三个传导渠道的作用程度；第四部分是结论和政策建议。

二、模型构建

所谓汇率影响就业，实质上是汇率通过各个中间渠道的传递来影响就业。姜波克（2006）的“汇率杠杆论”指出，当潜在产出不再是假定不变时，汇率与就业之间的关系取决于三种机制的共同作用：（1）总需求效应。汇率的贬值使本国产品的外币价下降，使外国产品的本币价上升。在马歇尔－勒纳条件得到满足，出口需求和进口替代品的需求增加，最终导致总需求的增加，就业将增大；（2）资本替代劳动的效应。当汇率贬值时，作为企业投入要素之一的资本品的进口价格相对上升，导致企业家投入更多的劳动力替代资本，这将增加对劳动的需求，这就是汇率变动导致的资本替代劳动效应；（3）资本带动劳动效应。当汇率贬值时，资本品的进口价格相对上升，这会抑制投资的增长，资本带动劳动效应导致投资下降促使就业随之下降，三个效应共同决定汇率变动对就业的影响。结合上面提及的国内外学者比较认同传导渠道——进出口、投入替代和效率渠道。

本文对如下三个汇率影响就业的传导渠道进行建模和实证分析：

（1）出口需求渠道。汇率的变化影响中国企业在国际市场上的竞争力。汇率升值使中国的出口产品变得相对昂贵，在竞争的压力下，中国的出口总量将会减少，影响企业对劳动力的需求量。

（2）资源配置渠道。根据“资本替代劳动效应”和“资本带动劳动效应”，汇率的变化促使企业家改变在制造业中的劳动和资金的投入比例，从而影响制造业就业。

（3）效率渠道。汇率的升值增加企业的竞争压力和工人的实际工资，根据“X效率”规则，提升了劳动力的劳动效率，降低了劳动力需求量；但另一方面，效率的提高进一步导致规模的扩大，长期看可能导致劳动需求的增大。

（一）劳动需求函数

根据道格拉斯函数进行相应的变化，初始函数如下：

$$Q_t = A_t^{\lambda} K_t^{\partial} N_t^{\beta} \tag{1}$$

其中：t 分别表示时间；Q 表示实际产出；A 代表效率；K 是资本；N 是劳动力投入量。α、β 和 λ 分别表示各要素对实际产出贡献的比例。假定企业追求利益最大化，则边际劳动产出等于工资 W，边际资本产出等于资本的机会成本 R，则可把（1）式变换成；

$$Q_t = A_t^{\lambda} \left(\frac{\alpha N_t}{\beta} * \frac{W_t}{R_t}\right)^{\alpha} N_t^{\beta} \tag{2}$$

两边求对数得：

$$\ln N_t = \Phi_0 + \Phi_1 \ln Q_t + \Phi_2 \ln\left(\frac{R_t}{W_t}\right) + \Phi_3 \ln A_t \tag{3}$$

其中：$\Phi_0 = \alpha(\ln\beta - \ln\alpha)/(\alpha+\beta)$；$\Phi_1 = 1/(\alpha+\beta)$；$\Phi_2 = \alpha/(\alpha+\beta)$；$\Phi_3 = -\lambda/(\alpha+\beta)$。

（二）模型扩展

资本和劳动力的使用量比例即 K/L 可以反映 R 和 W 之间的比值，从计量角度考虑资本和劳动力的使用量比例的数据比较容易得到，所以本文用资源配置率 B 也即资本劳动比率比表示 R/W，反映企业家对劳动力投入和资本投入的重新资源配置。方程式（3）转换为：

$$\ln N_t = \Phi_0 + \Phi_1 \ln Q_t + \Phi_2 \ln B_t + \Phi_3 \ln A_t \tag{4}$$

汇率升值将会使出口商品的相对价格变高，出口商品的国际竞争力减弱，导致出口需求减少而影响就业。让实际产出等于实际出口 X 加上产出国内消耗部分 DQ，其中 X 表示“出口需求渠道”，反映汇率通过出口对就业的影响。则方程式转换为：

$$\ln N_t = \phi_0 + \phi_{11} \ln DQ_t + \phi_{12} \ln X_t + \phi_2 \ln B_t + \Phi_3 \ln A_t \tag{5}$$

最后，汇率通过两种因素影响效率：一是开放度（Greenaway，Hine & Wright，1999；FU & Balasubramanyam，2005），二是劳动力效率（FU & Balasubramanyam，2005）。进出口部门相比于非贸易部门（重工业、服务业等）效率更高，孙和迪尤科利杰斯（Sun & Doucouliages，1999）用 29 个省、市、区的 28 个制造业部门的数据证明了中国各个省、市、区的开放度是影响产业效率的一个重要因素。当然效率的提高一方面减少劳动的需求（在固定规模下），但另一方面能够促进利润的增长和企业规模的扩大，进而激励企业雇佣更多的劳动力。效率的提高在长期看对就业的影响不定。实际汇率影响效率的第二个因素是劳动力效率，实际汇率的升值提高了劳动力的实际报酬，提高了劳动力的“X 效率”①，特别是低工资的非熟练工人的“X 效率”。效率的提高使劳动力的生产力提高从而企业能使用更少的劳动力创造同样的产出，劳动的需求量下降。本文沿袭富和巴拉萨布拉曼宁（FU & Balasubramanyam，2005）观点，认为出口和实际有效汇率影响劳动力的效率。假定变量 $A_t = XY^{\delta_1} REER^{\delta_2}$，其中 t 是时间，XY 是衡量进出口占产出比例的开放度，$REER$ 表示实际人民币汇率，则方程式（5）可转换为：

$$\ln N_t = \phi_0 + \phi_{11} \ln DQ_t + \phi_{12} \ln X_t + \phi_2 \ln B_t + \phi_3 \delta_1 \ln XY_t + \phi_3 \delta_2 \ln REER_t \tag{6}$$

进一步简化为：

$$n_t = c_0 + c_1 dq_t + c_3 x_t + c_4 b_t + c_5 xy_t + c_6 reer_t \tag{7}$$

（4）式中引入资本劳动力密集程度，反映了资源配置途径的影响，（5）式中实际产出被分为国内产出和出口，反映出口需求对就业的影响，（6）式中用开放度和实际汇率反映劳动效率对就业的影响。通过（7）式可以测算出三个中

① 哈维·莱宾斯坦在《配置效率与 X 效率》一文中提出，X 效率包括企业内部和外部的动机效率以及非交易性投入要素的效率。

间途径（出口需求渠道、资源配置渠道和效率渠道）在汇率影响就业中起的作用大小和汇率对就业产生的总影响。

三、实证分析

本文选取1996～2007年各地区[①]的面板数据，利用广义最小二乘估计和残差替代协整等方法测算汇率变动影响就业的三个传导渠道作用的大小。本文涉及6个变量，具体含义和数据计算见表1。

表1　　　　变量说明

变量符号	变量名称	代表数据
n	就业	第二产业年末从业人数
x	实际出口	出口×第二产业增加值/生产总值×GDP平减指数
dq	实际产出国内消耗	第二产业增加值/GDP平减指数－实际出口
reer	实际有效汇率*	我国实际有效汇率×中国消费物价指数/各省消费物价指数
xy	开放度	进出口总额/生产总值
b	资源配置	第二产业固定投资额/就业

注：*中国并未公开发行各地区主要贸易国进出口数据，无法根据各地区贸易国权重计算各地区实际有效汇率。

各类数据除了实际有效汇率数据来源于国际货币基金组织公布的数据库（IFS），GDP平减指数来源于ECOSTATS，其他变量根据中国历年年鉴和中经统计数据库总结计算所得。

本文选择“残差替代”法测算传导渠道的大小。分三步进行估算：第一步对（7）式进行面板协整回归；第二步分别对实际出口、资源配置比例和开放度作关于实际有效汇率的回归，算出三个变量不能由汇率解释的部分，也即各个回归的残差；最后用各自残差代替（7）式中对应的变量，替换后的回归方程式与第一步得到的方程进行比较，实际有效汇率系数的变化就是汇率通过此渠道对就业的影响。

（一）面板协整分析

用LLC、Breitung、IPS、Fisher-ADF和Fisher-PP面板单位根检验方法对六个

① 由于重庆的数据公布不完整，香港、台湾和澳门与内地各地区差异大，故本文剔除此四地数据。

变量进行检验，结果显示6个变量均为一阶单整I（1），而6个变量的差分均平稳（见表2）。

表2　　　　　　　　　　面板单位根检验

方法 变量	LLC	IPS	Fisher-ADF	Fisher-PP	方法 变量	LLC	Fisher-ADF	Fisher-PP
nn	0.97334 (0.8348)	7.28262 (1.0000)	7.84783 (1.0000)	5.53206 (1.0000)	D（nn）	-8.93779*** (0.0000)	162.385*** (0.0000)	162.907*** (0.0000)
x	-2.90734** (0.0018)	5.11975 (1.0000)	16.1493 (1.0000)	5.53206 (1.0000)	D（x）	-7.80428*** (0.0000)	172.578*** (0.0000)	185.574*** (0.0000)
dq	-1.85975** (0.0315)	3.46436 (0.9997)	46.8865 (0.8917)	48.4509 (0.8574)	D（dq）	-3.42495*** (0.0003)	100.395*** (0.0008)	123.306*** (0.0000)
reer	1.76462 (0.9612)	5.50189 (1.0000)	10.1136 (1.0000)	3.18517 (1.0000)	D（reer）	-9.65916*** (0.0000)	154.325*** (0.0000)	156.265*** (0.0000)
xy	3.61163 (0.9998)	2.59927 (0.9953)	37.2686 (0.9907)	74.5472 (0.0979)	D（xy）	-11.9034*** (0.0000)	197.567*** (0.0000)	302.385*** (0.0000)
b	4.35821 (1.0000)	7.03335 (1.0000)	36.9617 (0.9916)	40.1665 (0.9771)	D（b）	-3.21780*** (0.0006)	171.099*** (0.0000)	182.012*** (0.0000)

注：（）中为p值，***、**表示1%、5%显著性水平。Im-Pesaran-Shin（IPS）统计量只有在检验时选择截距项才统计。

再采用佩德罗尼（Pendroni，2000，2004）的面板协整检验6个变量之间的协整关系。检验结果显示（见表3），佩德罗尼的各统计量显著拒绝不存在协整关系的原假设，这表明各变量之间存在长期协整关系。

表3　　　　　　　　　　面板协整检验结果

原假设：不存在协整关系（假设不同的截面具有相同的自回归系数）				
	统计量	*P*值	加权统计量	*P*值
Panelv值	-2.798811	0.0079	-3.855436	0.0002
Panelrho值	4.390843	0.0000	4.601866	0.0000
PanelPP值	-2.008871	0.0530	-3.403091	0.0012
PanelADF值	-3.084727	0.0034	-4.968826	0.0000

注：其中加权统计量指经横截面加权后的统计量值。

面板数据存在着二维特征，因此根据（7）式对6个变量建立面板协整方程时，需要先对模型的设定形式进行检验，我们参考伍德里奇（Wooldridge，2002）的观点，在实际运用过程中，如果不能将观测值当做从一个大总体中随机抽样的结果时，例如分省市数据，通常不采用随机效应估计横截面随机项。因为本文采用数据为中国各地区数据，故排除随机效应情况。

对模型进行固定效应检验，固定效应检验的原假设是：使用混合回归模型，备择假设是使用固定效应模型。Eviews6 给出的横截面固定效应统计量为1.961398，P 值为0.0030，表示在1%的显著性水平下，模型拒绝使用混合效应模型的原假设，应该采用固定效应模型。

在横截面（各地区）上各经济主体的差异主要体现在异方差性上，因而为消除异方差，回归分析的估计方法采用横截面广义最小二乘法（Cross-section Weights GLS）。另外，为得到稳健的协方差估计，选择 Cross-section PCSE 方法。就业 n 对国内消耗 dq、出口 x、资源配置率 b 和开放度 xy 协整结果如下：

$$n = \underset{(14.460)^{***}}{5.633} - \underset{(-8.504)^{***}}{0.534}\,dq + \underset{(7.332)^{***}}{0.321}\,x + \underset{(0.123)}{0.001}b - \underset{(-1.762)^{**}}{0.275}\,xy + \underset{(12.339)^{***}}{0.870}\,reer \tag{8}$$
[1]

$R^2 = 0.976257$，修正 $R^2 = 0.97377$；F 统计量 = 393.036，Prob（F）= 0.000000；DW = 0.687364。

DW 检验表明方程存在正的自相关，为修正序列相关，引入自回归项 AR(1)[2]：

$$\begin{aligned} n = & \underset{(-2.263)^{**}}{-1.697} + \underset{(9.293)^{***}}{0.533}\,dq + \underset{(3.385)^{***}}{0.102}\,x - \underset{(-1.981)^{**}}{0.008}\,b + \underset{(3.102)^{***}}{0.463}xy \\ & + \underset{(4.329)^{***}}{0.211}\,reer + \underset{(53.384)^{***}}{0.939}\,ar(1) \end{aligned} \tag{9}$$

$R^2 = 0.992476$，修正 $R^2 = 0.99158$；F 统计量 = 1108.035，Prob（F）= 0.000000；DW = 2.193128，DW 统计量接近于2，说明方程残差的自相关现象已经消除；AR 单位根倒数 = 0.94，说明建立的 AR 结构具有稳定性。对残差进行正态性检验，JB 值为4.9921，在10%的显著性水平下接受残差是正态分布的原假设。

方程中各变量系数在5%置信水平下均显著。各系数含义如下：国内消费产出每增长1%，就业将增长0.533%；制造业出口增长1%，制造业就业增长0.102%；资源配置增长1%，就业将减少0.0085%[3]。开放度增大1%，制造业

---

① 本式中（）为 t 指，***、** 和 * 分别表示1%、5%和10%显著性水平下显著。

② 选择 AR（1）是因为：数据时间窗口较短；笔者尝试加入 AR（2）和 AR（3），其修正效果不如 AR（1）好。

③ 三者符号与理论预期相同，且经济含义很直观，故此处省略经济含义的分析。

就业将增长0.46%，我国很多出口产品为加工品，通过加工进口品再出口，进口的增大进一步导致出口的增加，有利于就业，这可衍生至效率，表现为效率的增大导致规模扩大而使企业家需求更多的劳动力；中间实际有效汇率增大1%，制造业就业增长0.211%，这表明两者在数值上有一定的正相关，但在下面的实证分析中将会发现考虑了三个渠道后，汇率对与就业的总影响将是负的。

（二）获取残差回归

分别对实际出口 x、资源配置率 b 和开放度 xy 作关于实际有效汇率 $reer$ 的线性回归①。对各方程进行固定效应检验和随机效应检验，固定效应检验中“使用混合效应模型”的原假设均被拒绝，而豪斯曼（Hausman）随机效应的检验由于异方差的存在失效，所以采用横截面固定效应模型。为修正各省的异方差，所以用横截面 GLS 法估计面板数据，选择 PCSE 方法计算协方差，并分别对各方程进行残差正态性检验。实际出口对实际有效汇率的回归结果如下：

$$x = \underset{(52.57274)^{***}}{6.416305} - \underset{(-17.09565)^{***}}{2.132818}\, reer \tag{10}$$

出口对实际有效汇率的弹性为 -2.132818，实际有效汇率增大1%，即实际汇率升值，出口将减少2.132818%。这与预期实际汇率升值将会降低出口相符。

资源配置对于实际有效汇率的回归结果如下：

$$b = \underset{(16.18320)^{***}}{6.123274} - \underset{(-12.67189)^{***}}{4.901222}\, reer \tag{11}$$

实际有效汇率对资源配置的弹性为 -4.9，说明实际有效汇率增大1%，资本劳动力密集程度反而减少4.9%。说明实际有效汇率影响就业的“资本带动劳动效应”大于“资本替代劳动效应”。一方面，这与我国从90年代后期开始进入资本密集型工业化阶段有关。在国际化进程中资本边际收益比劳动力大，对产业的发展越来越重要，很多企业转型到资本密集型，这导致人民币升值的情况下，资本的价格相对降低，有利于企业的进一步扩张，所以导致资本带动劳动效应发挥很大的作用。另一方面，这与我国“原材料或部件进口型行业”的高速发展有关，主要包括造纸（纸浆进口）、钢铁（铁矿石进口）、轿车（部分重要零部件进口）、石化（原油进口）、化纤及塑料（原料进口）、航空（飞机及配件进口）、服装（高档面料进口）等行业。由于这些行业每年均需要进口相关的原材料及部件，因此人民币升值将使得这些行业进口成本有一定程度的下降，因

① 出于现实和模型的科学性考虑，这种分部回归方法欠妥，因为实际汇率只是影响实际出口 lx、资源配置率 b 和开放度 x 的一个因素而已。但基于本文的实证分析需要，只需获取实际出口 lx、资源配置率 b 和开放度 xy 变量不能由实际有效汇率 $reer$ 解释的部分，故此协整方法有其可取性。

此人民币升值将使得造纸行业的成本有较为明显的下降，从而提升行业的盈利水平，提高了行业的投资水平。

开放度对实际有效汇率进行回归：

$$xy = \underset{(18.81490)^{***}}{0.434325} - \underset{(-6.135103)^{***}}{0.144770}reer \tag{12}$$

实际有效汇率对开放度的弹性为 -0.145，说明实际有效汇率增大 1%，开放度 *xy* 将会减少 0.145%。这与张晓朴（2000）和林佰强（2002）等人“开放度与均衡实际汇率是反向变化的”的结论类似。实际有效汇率增大，实际汇率升值，出口减少而进口增大，开放度减小说明出口减小的程度大于进口增大的幅度。

（三）残差替代回归

分别命名实际有效汇率对出口、资源配置和开放度回归的残差为 *rdx*、*rdb* 和 *rdxy*。以 *n* 为因变量，以 *dq*、*reer*、*rdx*、*rdb* 和 *rdxy* 为自变量进行估计，各残差（即各个因变量不能由实际有效汇率 *reer* 解释的部分）分别代替 *x*、*b* 和 *xy* 三个变量，这样回归而得的方程中 *reer* 前的系数代表实际汇率 *reer* 对制造业就业 *n* 的总影响。替换出口 *x* 得：

$$\begin{aligned} n = & -\underset{(-1.353)^{*}}{1.045} + \underset{(9.293)^{***}}{0.533}dq + \underset{(3.385)^{***}}{0.102}rdx - \underset{(-1.981)^{**}}{0.008}b \\ & + \underset{(3.102)^{***}}{0.463}xy - \underset{(-0.071)^{*}}{0.0058}reer + \underset{(53.384)^{***}}{0.939}\ ar(1) \end{aligned} \tag{13}$$

实际有效汇率通过出口需求 *x* 渠道的影响是 -0.0058 - 0.211 = -0.2168，说明实际有效汇率增大 1%，将导致出口减少，进而导致制造业就业减少 0.21%，这与预期相符。

替换资源配置 *b* 得：

$$\begin{aligned} n = & -\underset{(-2.341)^{**}}{1.749} + \underset{(9.293)^{***}}{0.533}dq + \underset{(3.385)^{***}}{0.102}x - \underset{(-1.981)^{**}}{0.008}rdb \\ & + \underset{(3.102)^{***}}{0.463}xy + \underset{(4.457)^{***}}{0.252}\ reer + \underset{(53.384)^{***}}{0.939}\ ar(1) \end{aligned} \tag{14}$$

实际有效汇率通过资源配置 *b* 渠道的影响是：0.252 - 0.211 = 0.041，说明实际有效汇率增大 1%，实际汇率升值，导致资本劳动力比减少，进而导致制造业就业增大 0.041%。实际汇率升值而资本劳动力比减少的原因如上文所述，是与我国进入资本密集型工业化阶段和我国“原材料或部件进口型行业”的高速发展有关。

替换开放度 *xy* 得：

$$n = \underset{(-2.034)^{**}}{-1.495} + \underset{(9.293)^{***}}{0.533dq} + \underset{(3.385)^{***}}{0.102x} - \underset{(-1.981)^{**}}{0.008b} + \underset{(3.102)^{***}}{0.463rdxy}$$

$$+ \underset{(2.867)^{***}}{0.144reer} + \underset{(53.384)^{***}}{0.939ar(1)} \tag{15}$$

实际有效汇率通过开放度（效率）xy 渠道的影响是：0.144 - 0.211 = -0.067。根据上面开放度对实际有效汇率的回归结果，实际有效汇率增大1%，即实际汇率升值，开放度将减少，导致制造业就业减少0.067%。

替换出口 x、资源配置 b 和开放度 xy 得：

$$n = \underset{(-1.198)^{*}}{-0.896} + \underset{(9.293)^{***}}{0.533dq} + \underset{(3.385)^{***}}{0.102rdx} - \underset{(-1.981)^{**}}{0.008rdb} + \underset{(3.102)^{***}}{0.463rdxy}$$

$$- \underset{(-0.395)^{*}}{0.031reer} + \underset{(53.384)^{***}}{0.939ar(1)} \tag{16}$$

实际有效汇率通过出口需求 x、资源配置比率 b 和开放度 xy 三个渠道的总影响是：-0.031 -0.211 = -0.242，即实际有效汇率增大1%，即实际汇率升值，通过出口需求、资源配置和效率渠道，导致制造业就业减少0.242%。

以上各式 R^2、修正 R^2 与（9）式一致，另外，DW 统计量、AR 单位根倒数和残差正态性检验基本符合稳定模型的需要。

表4归纳了实际有效汇率通过各个渠道影响就业的大小。可以看出实际有效汇率升值导致就业减少的出口需求渠道占主导作用，效率渠道次之，导致就业增大的资源配置渠道最弱。这为如何减轻汇率升值对就业的不利影响提供一个政策方向。

表4　　　　实际有效汇率影响就业的渠道分解

渠道	影响弹性	占总影响比例（%）
出口需求	-0.216	89.26
资源配置	0.041	16.94
效率（开放度）	-0.067	27.69
总渠道影响	-0.242	100

四、结论与政策建议

人民币升值不利于贸易部门就业的观点已经是学术界的共识，然而，在中国汇率升值压力增大的背景下，应该如何减轻汇率升值对贸易部门就业的影响则是我们应该关注的重要问题。本文透过“汇率变动影响就业”这个现象研究“通过什么渠道影响”这个本质，首先对基本的劳动需求模型进行扩展，构建可以测算汇率影响就业的三个渠道的模型，再选取1995～2007年中国各地区的面板数据进行实证分析，发现人民币汇率变动会通过出口需求、资源配置和效率渠道对就业产生影响：汇率变动通过三个渠道对就业的总影响为 -0.242（即实际有效汇率升值1%，通过三种渠道导致就业降低0.242%），其中通过出口需求渠道的影响为 -0.216，通过效率渠道的影响为 -0.067，而通过资源配置渠道的影响为0.041。可以看出，出口需求渠道的影响在三者中最强，而效率渠道影响次之，资源配置渠道影响最弱。从经济意义上来看，汇率升值1%通过“需求效应”导致就业降低0.216%；而从效率来看，汇率升值1%，不利于效率（开放度）的提高，进而导致就业下降0.067%；从资源配置来看，汇率升值1%，导致资本流入的“资本带动劳动效应”大于“资本替代劳动效应”，进而促进就业增长0.041%。根据实证分析的结果，本文结合中国目前处于金融危机的现实背景下，我们认为应从以下几方面入手，缓解人民币汇率的变动对就业的不利影响。

（一）近期汇率政策的调整应考虑就业状况

从上面分析可知，就业对实际有效汇率的影响为 -0.242，即汇率升值不利于贸易部门就业，汇率贬值有利于贸易部门就业。

在美国次贷危机演变为波及全球的金融危机甚至经济危机的背景下，全球经济明显减速。由于我国经济的外向型特征，国内企业的规模与竞争力还处于较低水平，现阶段受外需下降和出口增速下滑等因素的影响，我国部分地区和行业出口企业面临较大困难，经济下行压力增大。其中又以劳动密集型出口企业所受影响最大，短期就业压力明显上升。在此情况下，人民币汇率政策的调整必须充分考虑我国出口企业的承受能力和整体经济增长态势，科学把握汇率制度改革和汇率水平调整的最佳时机、速度和方向，适当放慢人民币汇率市场化速度和升值速度，在必要的时候可适度贬值。近期来看，政府应保持人民币对美元汇率的稳定，以形成人民币对其他主要货币的适度贬值态势，以促进出口增长和就业稳定目标的实现。

（二）利用资本带动劳动的效应，促进就业的增加

根据上面分析，汇率升值通过资源配置的渠道对就业的影响效应为正，因此应积极采取措施加大该渠道对就业的有利影响。

汇率升值降低了国外资本要素的价格，应该借此机会加快更新进口设备，对于有利于经济复苏发展行业所需的重大技术装备和产品，或者中间产品、原材料等投入要素，确有必要进口的应降低或者免征关税和进口环节增值税。从行业内部结构和生产效率出发，处理好增加投资和产能过剩的矛盾，促进行业钢铁、汽

车和有色金属等行业的企业重组，通过兼并和重组提高产业集中度，提升其在国际市场的竞争力。

此外，外国资本投资对就业的带动效应也不容忽视。汇率升值会导致外国资本投资中国的成本增大，可能挫伤外国直接投资者的积极性，不利于资本带动劳动效应的发挥。因此，政府可以从两方面进行改善：一方面采取一定的措施缓解升值预期。我国长期实行的以鼓励出口创汇为目标的外贸政策，加上央行的干预以及外汇市场本身存在的缺陷，外汇供给保持在较高水平上，而对外汇需求的种种限制使外汇需求不足，市场上的供求关系发生扭曲，所以提高汇率需求不失为缓解升值预期的一种措施。具体来看，政府可积极推动海外企业在中国证券市场的上市，外国企业在中国募集的资金需要兑汇流出，这样可以在不开放资本项目、同时在政府有效的监管之下提高外汇需求，降低人民币升值预期；另一方面，政府应进一步改善整体投资环境，积极引入投资资本，注重流入资金“量”和“质”的同步提高，努力创造更有利于国外投资资金的流入渠道；从我国经济发展、产业结构优化升级、就业结构合理化出发，合理规划投资资金的产业流向和地区流向，最大限度地发挥其带动就业作用。

（三）降低出口需求渠道的负面影响

在金融危机冲击和全球需求大幅萎缩的背景下，出口需求渠道的打击显得更为致命。海关总署统计数据显示，2009 年上半年中国出口疲态尽显，累计同比下降 21.8%，这一跌幅为多年少见。从上面分析可知，汇率升值通过出口需求渠道对就业的影响效应为负，而且此渠道是汇率变动影响就业最重要的渠道，当下为保稳定促就业，应采取措施降低该渠道对就业的负面影响。

首先，必须继续坚持近期推出的出口退税和关税等出口扶持政策。在全球需求大幅萎缩和中国竞争对手国家相继贬值的背景下，我国企业在国际市场上的竞争力面临严峻挑战，而短期内，以劳动密集型为主的中国出口企业很难通过自主创新等手段快速提升竞争力，故政府必须继续在政策上对其进行扶持。自 2008 年 8 月至今，我国已经多次提高部分出口商品的出口退税率，考虑到纺织、服装、玩具、家具等劳动密集型行业吸纳的劳动力众多，如纺织业能吸纳 2 000 多万①的工人，我国政府还可以进一步适当上调此类行业产品的出口退税率；对于如钢铁、汽车等其他行业，政府应加快出口基地建设，改善其进出口环境，实施适度灵活的出口税收政策，稳定国际市场份额，鼓励产品的间接出口。

其次，政府应鼓励实施出口市场多元化战略，扩大对新兴市场的出口，鼓励

---

① 国务院：“纺织工业调整和振兴规划”，新华网（2009）。

企业在主销市场设立物流中心和分销中心，重点开拓周边国家和地区市场，譬如利用俄罗斯经济进入新的发展时期，需要大规模的投资和劳动力的机遇，积极发展对俄经贸合作，带动劳务合作或境外就业；利用我国和韩国、日本等国的地缘优势和人文条件，开发境外就业。通过向中东、俄罗斯、拉美和亚洲等地区的出口增长，来缓解对发达国家出口的放缓。

最后，降低企业产品对汇率反应的敏感性。人民币汇率形成机制改革的一个重要特征是发挥外汇市场供求在人民币汇率决定中的作用，因而人民币汇率弹性不断增大将是我国企业不得不面对的现实，所以降低企业产品对汇率反映的敏感性是应对汇率变动的一种思路。可以从两方面出发：一是鼓励企业自主创新，鼓励资本、技术密集型产品的出口。创造技术创新的环境，促进出口企业的技术进步，提高出口品的技术含量。在继续发挥劳动力成本较低的优势、出口劳动密集型产品的同时，努力提升出口品的产业结构，增加技术含量高产业的出口比例。树立中国产品的品牌形象，改变靠量增价低取胜国际市场的低级出口战略的发展轨迹，在总量提高的前提下降低劳动密集型产品占出口品的比重，降低劳动就业问题对汇率的敏感性。二是提升企业资本和劳动的产出弹性。在技术进步率既定的情况下，如果资本和劳动的产出弹性之和较大，单位劳动的产出水平较高，出口企业一定产量的减少对劳动需求所产生的影响也会很小。由于中国出口企业的经营管理水平普遍不高，导致其规模经济程度较低，这也使得出口企业劳动需求、进而就业量易受人民币汇率变动的影响。

综上所述，汇率变动会通过出口需求变动、资源配置和效率渠道对我国就业产生影响。因此，在当前全球经济不景气的背景下，应采取相应的对策，趋利避害，防止汇率变动对经济增长和就业的不利影响，保证我国经济尽快复苏，就业水平持续上升。

参考文献：

[1] 丁剑平、鄂永健：《实际汇率、工资和就业——对中国贸易部门和非贸易部门的实证研究》，载于《财经研究》，2005 年第 11 期。

[2] 范言慧、宋旺：《实际汇率对就业的影响：对中国制造业总体的经验分析》，载于《世界经济》，2005 年第 4 期。

[3] 姜波克：《均衡汇率理论与政策的新框架》，载于《中国社会科学》，2005 年第 1 期。

[4] 俞乔：《论我国汇率政策与国内经济目标的冲突及协调》，载于《经济研究》，1999 年第 7 期。

[5] 曾莹：《汇率冲击和行业就业调整》，载于《南开经济研究》，2006 年第 6 期。

[6] 张德远：《人民币汇率影响就业传导机制的计量检验——基于改革开放以来时空及功能耦合演化的统计分析》，载于《财经研究》，2008 年第 11 期。

[7] Campa, J.. M., and Goldberg, L., 2001, "Employment Versus Wage Adjustment and the US dollar", *The Review of Economics and Statistics*, 3, pp. 477 – 489.

[8] Frenkel, R., 2004, "Real exchange rate and employment in Argentina, Brazil, Chile and Mexico", Paper prepared for the G24, http: //www. g24. org/fren0904. pdf.

[9] Fu, X. L. and Balasubramanyam, V. N., 2005, "Exports, Foreign DirectiInvestment and Employment: The Case of China", *The World Economy*, 4, pp. 607 – 625.

[10] Goldberg, L. S, Tracy, J. S. 1999, "Exchange rates and local labor markets", NBER Working Paper, NO. 6985.

[11] Gourinchas, P. -O. 1998, "Exchange Rates and Jobs: What do We Learn from Job Flows?". *NBER Macroeconomics Annual*, 13, pp. 153 – 207.

[12] Gourinchas, P. -O, 1999, "Exchange Rates do Matter: French Job Reallocation and Exchange Rate Turbulence", *European Economic Review*, 43, pp. 1279 – 1316.

[13] Haltiwanger, J., Kugler, A., Kugler, M., Micco, A., Pagés, C, 2004, "Effects of Tariffs and Real Exchange Rates on Job Reallocation: Evidence from Latin America", *Journal of Policy Reform*, 4, pp. 198 – 208.

[14] Hua, P. Real, 2007, "Exchange rate and manufacturing employment in China", *China Economic Review*, 2, pp. 335 – 353

[15] Sun, H. P., and Doucouliages, H., 1999, "Economic Openness and Technical Efficiency: A case Study of Chinese Manufacturing Industries", *Economics of Transition*, 7, pp. 15 – 36.

投资流动性冲击与中国经济波动*

——货币政策能否稳定经济

■薛鹤翔　许志伟　罗大庆**

一、引　言

中国投资数据表明，金融危机显著影响了中国企业投资资金的流动性①。随之而来的疑问是，影响投资流动性的外生冲击（投资流动性冲击）究竟会对中国宏观经济产生什么样的消极影响？它会使得总产出与通货膨胀率如何变动？何种货币政策可以对冲它的负面效应，进而稳定经济？为了回答这些问题，本文首先将从中国固定资产投资数据出发，以实证的角度，定性地讨论投资流动性冲击对宏观经济变量的影响。随后的理论部分通过构建一个符合中国宏观经济的新凯恩斯主义刚性价格模型来解释数据中的实证发现。为了讨论货币政策的稳定性，我们分别模拟了已有文献中估计的中国货币政策，其中包括不同参数的泰勒规则和货币供给规则。为了逻辑的严密，本研究还将从动力系统的一阶条件出发，从数学上对货币政策稳定经济的能力给出一个直观的解释。

---

* 作者衷心感谢美国范德比尔特大学黄晓东教授、美联储圣路易斯分行文一教授、上海财经大学陈利平教授、复旦大学金融研究院张卫平副教授等人的有益评论和宝贵建议。同时感谢2009年全国博士生学术会议（金融论坛）宏观金融报告会参会人员、上海财经大学经济学院午间研讨会上参会人员的积极讨论和富有建设性的交流。本文获得2009年中国青年经济论坛论文优秀奖、2009年全国博士生学术会议（金融论坛）优秀成果一等奖，入选第九届中国经济学年会。

** 薛鹤翔，上海财经大学经济学院博士生，研究方向：宏观金融，货币政策，经济周期；许志伟，香港科技大学经济系博士生，上海财经大学经济学院博士生，研究方向：经济周期，应用时间序列，货币政策与财政政策；罗大庆，上海财经大学经济学院助教授，加拿大麦克玛斯特大学经济学博士，研究方向：宏观经济学，开放经济宏观经济学，货币经济学，国际金融。

① 文章第二部分给出对数据的详细讨论，读者可以先从图1、图2的时间序列得到一个初步的认识。

目前，在动态随机一般均衡（DSGE）框架下，研究中国货币经济（Monetary Economy）波动的文献数量非常有限。最近的文章如陈昆亭和龚六堂（2006）利用刚性价格（新凯恩斯主义）模型对中国经济进行数值模拟；李春吉和孟晓宏（2006）同样在刚性价格下讨论各种传统的外生冲击对中国经济的影响；许伟和陈斌开（2009）则引入了银行部门，考察了信贷冲击（准备金率冲击）对经济波动的影响；张（Zhang，2008）同时考虑了刚性价格和刚性工资，并分析中国的货币政策对技术冲击和利率冲击的稳定性。这些文献在新凯恩斯主义框架下探讨了外生冲击和经济政策对中国宏观经济的影响，但是共同的不足之处是忽略了投资的流动性问题，而这点在金融危机中恰恰十分重要。与现有文献不同，本文将重点研究投资流动性对中国经济波动的影响以及中国当前实行的货币政策稳定经济的能力，因此结合金融危机，本文视角更具有现实意义。

与此同时，为了使理论更加贴近中国经济的现实，我们的模型考虑了更多符合中国经济的因素：

第一，为了将投资流动性约束引入理论模型，同时也为了很好地抓住中国企业尤其是中小企业、民营企业融资困难的特点，我们扩展了传统的货币先行约束（以下简称 CIA 约束）。具体做法是，假设除了消费支出以外，一定比例的投资也必须由内部资金支付而无法从外部金融市场融资①。我们把这部分投资资金看成是企业投资的自有资金。扩展后的 CIA 约束在数学上可表示为：

$$c_t + \eta i_t \leqslant M_t / P_t \tag{1}$$

其中：c、i、M、P 分别为消费、投资、货币存量和价格水平。与传统的 CIA 约束不同，本文对货币的定义进行了一定的扩展。本文的货币存量 M 不仅仅是指现金，可以较为宽泛地理解为流动性、信贷等，这在货币概念上接近于 M2②。因此，适度宽松的货币政策会通过利率、信贷等传导渠道影响到（1）式的右端。可以预期的是，在模型中，当经济中的其他冲击使消费和投资活动萎缩时，反周期的货币政策（此时为扩张型的）有可能起到稳定经济的作用。

η 取值为 [0，1]，表明投资活动受到 CIA 约束限制的程度，η 越大，表明越多比例的投资需要内部资金来推动。当 η 为 0 时，该不等式退化为传统的 CIA 约束，即投资不需要内部资金。在文献中，约束（1）第一次由王和闻（Wang and Wen，2006）引入刚性价格模型中，本研究在他们的基础上进一步假设 η 是随时间变化的随机变量（记为 η_t）。在文章第二部分，我们将利用中国的季度数

① 这一约束主要来源于资本市场的不完善（道德风险、信息不对称以及市场不完全），这些都会造成企业的投资行为对内部资金的依赖。我国民营企业、中小企业的融资困境充分体现了这一现象。

② 本文所用到的货币供给规则正是用 M2 来进行估计的。见 Zhang（2008）。

据提取出 η_t 的时间序列。经过考察它与其他宏观经济变量的关系，我们发现 η_t 具有外生需求冲击的性质，因而将它看成是投资的流动性冲击。

第二，在定价机制方面，我们考虑了后顾式定价行为（具体参考 Gali and Gertler，1999），即部分企业并不是前瞻式最优定价，而是采取经验性的后顾式定价策略，这一点某种程度上能够反映中国市场经济的不完全，如信息不对称、价格双轨制等。考虑了后顾式定价策略后，传统的新凯恩斯菲利普斯曲线（以下简称 NKPC）中将会出现滞后一期的通胀率，从而通胀动态变得更加持续。关于中国经济的 NKPC，芬克（Funke，2006）、陈彦斌（2008）进行了详细的讨论。本文将基于他们文章的结论来校准部分模型参数，具体详见第三部分。

本文的主要结论有：第一，从数据中，我们发现投资流动性受外生冲击影响，且该冲击会使经济陷入萧条，引起总产出和通货膨胀下降，即等价于负的总需求冲击；第二，理论模型得到的脉冲反应结果能够较好地解释数据中的实证结果；第三，已有文献中估计的中国货币政策——盯住通货膨胀和产出缺口的泰勒规则以及货币供给规则①都能够较好地对冲投资流动性冲击的负面影响，从而起到稳定经济的作用。这点对于金融危机下的中国货币政策具有积极的指导意义。

文章的其余部分安排如下。第二部分进行实证研究，结合中国数据分析投资的流动性约束。第三部分构建了一个新凯恩斯主义宏观经济模型，并用中国数据对模型进行校准。第四部分进行动力学分析，探讨并评价在投资流动性冲击下中国经济的动态反应以及货币政策稳定经济的能力。第五部分为研究的结论并给出政策性建议。

二、投资流动性约束的实证分析

在（1）式中，本文假定 η_t 是在经济周期波动中变动的随机变量，根据经济理论，在经济处于繁荣时期，投资者普遍情绪乐观，往往会高估了投资项目的收益，而低估其风险，因而此时投资项目需要较低的自有资金，即此时 η_t 较低；相反，当经济萧条时期，投资者普遍持悲观态度，通常会低估了投资项目的收益，而高估其风险，此时筹措外部资金变得很困难，投资项目需要较高的自有资金，即此时 η_t 较高。

为了能够从中国的投资数据中得到符合我们定义的 η_t（即其能表征中国企业投资活动中需要自有资金的比例），我们利用"固定资产投资资金来源"数据②

① 又称为麦卡勒姆规则，最早由麦卡勒姆（1988）提出。Burdekin 和 Siklos（2008）以麦卡勒姆规则为计量模型估计和分析中国的货币政策。

② 资料来源于 Wind。

（1996 第 1 季度至 2008 第 3 季度）计算投资自有资金比例 η_t。该数据将总资金来源分为九大子项，分别是国家预算内资金、国内贷款、债券、利用外资、外商直接投资、自筹资金、企事业单位自有资金、发行股票以及其他资金。我们选用自筹资金 + 企事业单位自有资金，表示企业的投资自有资金（或者说企业的内部资金、内部现金流），而其他的资金项目大致上可以看成是外部资金。投资自有资金与总资金的比值即为 η_t①。图 1 画出了经过季节调整后 η_t 的时间序列，图 2 则是对 η_t 取自然对数后进行 HP 滤波后的周期部分（记为 $\hat{\eta}_t$②）。

从图 1 和图 2 可以清楚地看到自 2007 年第 4 季度③以来，中国企业投资中自有资金比例在不断提高。这表明，近期我国企业投资流动性约束与全球金融危机有着密切联系而且出现的时间是紧随于美国次贷危机之后，这是因为全球金融危机从 2007 年下半年开始对我国经济造成显著的影响。η_t 的上升很大程度上由于全球金融市场的剧烈动荡引发投资者的恐慌情绪，投资活动变得异常谨慎，这一反应使得企业外部融资变得愈发困难，许多国际知名企业因为资产流动性原因而破产或被国有化，且对中小企业而言则更是毁灭性打击。因而在金融危机下，由于整个投资环境的恶化，我国企业遭遇到了愈发强烈的投资流动性约束。

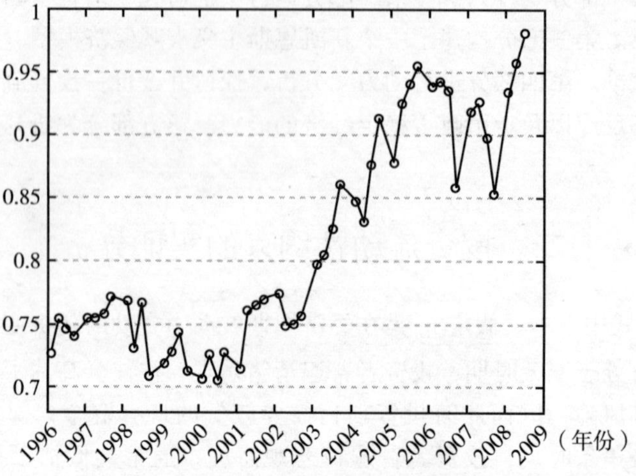

图 1　投资自有资金占总资金比例 η_t

---

① 为了分析结果的稳健性，我们分别还计算了另两种不同的 η_t：企事业单位自有资金与总资金的比值、自筹资金与总资金的比值。稳健性检验表明本文的基本结论是稳健的。相关的估计结果、脉冲反应结果，读者如有兴趣，可以与作者联系，我们将提供相关资料。

② 带尖号的变量表示偏离其稳态的百分比，即 $\hat{\eta}_t = \frac{\eta_t - \eta}{\eta}$，其约等于 $\log \frac{\eta_t}{\eta}$，表示变量的周期部分。

③ 大约为雷曼兄弟破产之后。

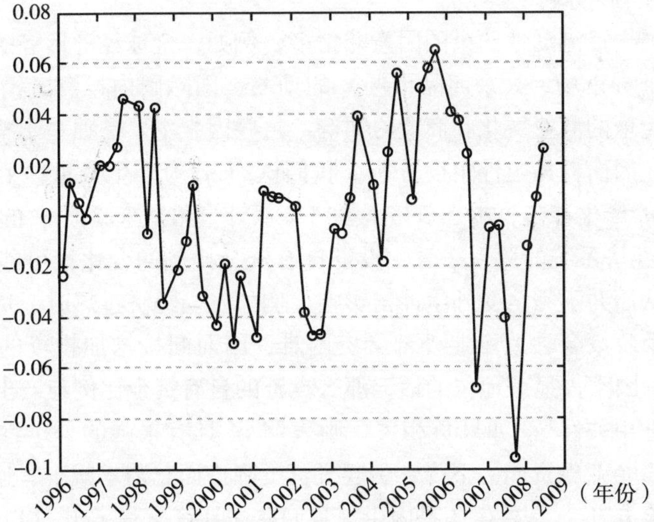

图 2　投资自有资金比例 η_t 的周期部分

进一步，我们简单地假设 $\log\eta_t$ 服从一阶自回归过程①：

$$\log\eta_t = (1-\rho_\eta)\log\eta + \rho_\eta\log\eta_{t-1} + \varepsilon_{\eta t} \quad (2)$$

其中：η 为均值，其值越大表明固定资产投资中需要提供的自有资金越多，流动性约束越强；ρ_η 是冲击的持久性系数，$\varepsilon_{\varepsilon t}$ 服从 $N(0, \sigma_\eta^2)$。表 1 报告了（2）式的估计结果。可以看到，η 达到了 0.8，即平均意义上有 80% 的投资需要自有资金来筹措，这表明在当前中国经济中，投资的流动性约束这一现象是十分显著的。持久性系数 ρ_η 则在 0.6 左右，这说明投资流动性冲击有较强的持续性。此外，2.6% 的标准差表明投资流动性约束的波动十分明显②。

表 1　　投资流动性冲击的估计结果

均值 η	持久性系数 ρ_η	$\varepsilon_{\eta t}$ 的标准差
0.811 (0.012)	0.578 (0.109)	0.026 (0.002)

注：括号中为标准误（下同）。

资料来源：作者计算。

① 这里假设成最简单的 AR（1）过程，是要尽量避免外生冲击结构对模型的动态影响，因为我们的研究重点在于模型本身的传导机制。

② 在文献中，如李春吉、孟晓宏（2006），陈昆亭、龚六堂（2006）所估计的技术冲击的标准差一般在 3% 左右，因此相对于其他冲击，投资流动性冲击本身的波动十分明显。

η_t 的外生性[①]分析

影响我国投资流动性约束的因素非常多，例如，全球经济形势的变化、国际金融市场（证券市场、大宗商品市场）的动荡、国际国内投资者情绪的波动[②]、投资和财务管理的商业文化和商业习惯等。这些因素主要是独立于整个经济系统的外生因素。因而，从定性角度分析，我们认为 η_t 为外生变量，上述外生因素的变化会对 η_t 产生冲击；本小节接下去将会从计量角度来验证 η_t 的外生性。

从 η_t 与经济系统的关系来看，投资自有资金比例的变化很可能受到货币政策的影响，从而并不完全受外生冲击影响。例如，当经济过热时，货币当局采用的紧缩性货币政策会导致企业外部融资困难，因而间接增加投资的自有资金比例。如果这种因素占显著地位的话，那么投资的自有资金比例与产出缺口和通货膨胀都将呈正相关性[③]。如果负相关，则表明 η_t 具有很强的外生性，原因在于 $\hat{\eta}_t$ 的上升使得企业融资能力下降，引起投资下降进而总需求减少、通货紧缩。

为了检验 $\hat{\eta}_t$ 究竟是外生还是内生，我们首先计算 $\hat{\eta}_t$ 与产出缺口 $\hat{\eta}_t$ 和通货膨胀 $\hat{\pi}_t$ 的相关系数，分别为 -0.2 和 -0.4，表明 $\hat{\eta}_t$ 与这两个变量负相关。其次，我们用 $\hat{\eta}_t$、$\hat{\eta}_t$ 和 $\hat{\pi}_t$ 做回归，并假设其服从 AR（1）过程：

$$\hat{\eta}_t = \tau_\eta \hat{\eta}_{t-1} + \tau_y \hat{\eta}_t + \tau_\pi \hat{\pi}_t + \varepsilon_t \tag{3}$$

回归结果见表 2。

表 2　（3）式的回归结果

τ_η	τ_y	τ_π	ε_t 的标准差
0.551 (0.112)	-0.819 (0.416)	0.865 (0.498)	0.024 (0.002)

资料来源：作者计算。

回归结果进一步证实了我们的观点。比较表 1，$\hat{\eta}_t$ 除去 $\hat{y}_t$ 和 $\hat{\pi}_t$ 影响后的部分仍然具有非常相近的持续性。同时，$\hat{y}_t$ 和 $\hat{\pi}_t$ 前的系数为负，说明了 $\hat{\eta}_t$ 和 $\hat{y}_t$、$\hat{\pi}_t$ 之间的负相关性[④]。

---

① 这里的外生性指的是 $\hat{\eta}_t$ 是由外部冲击决定，还是由经济内部因素决定，如货币政策。

② 此次全球金融危机，国外资本市场的暴跌，首先从投资者情绪方面影响到投资者，然后才是实体经济层面的影响。

③ 之所以成正相关性，是因为内生的政策是盯住产出缺口与通货膨胀的。内在逻辑是：产出缺口与通胀的大幅增加表明经济过热，因而货币政策呈现紧缩趋势，进一步导致 η_t 增加。

④ 关于 $\hat{\eta}_t$ 和 $\hat{y}_t$、$\hat{\pi}_t$ 之间的数量关系，本文在此做了单方程回归，实际上更为严密的做法是建立合理的 VAR 系统来进行研究主要变量之间的动态交互关系，这也是本文未来可以进行的拓展之处。

为了进一步检验 $\hat{\eta}_t$ 的外生性，我们利用格兰杰检验来考察它和货币政策之间的因果关系。这里我们选用一年期贷款利率 $\hat{R}_t$ 作为政策变量。表 3 中的检验结果表明，原假设“$\hat{\eta}_t$ 不是 $\hat{R}_t$ 的格兰杰因”被拒绝，这意味着 $\hat{\eta}_t$ 并不能用货币政策来预测，或者说货币政策对投资流动性约束并没有决定影响。而原假设“$\hat{R}_t$ 不是 $\hat{\eta}_t$ 的格兰杰因”则不能被拒绝，说明货币政策会对投资流动性约束的变化做出反应。

表 3　　格兰杰检验结果

	滞后阶数 4	滞后阶数 6	滞后阶数 8
R 不是 η 的格兰杰因	0.49	0.83	0.49
η 不是 R 的格兰杰因	0.07	0.02	0.00

注：表内数值为 Wald 统计量关于原假设的 p 值。

资料来源：作者计算。

本节分析结果表明，表征投资流动性约束的 $\hat{\eta}_t$ 具有很强的外生性，且具有需求冲击的效应，因为它的增加会直接导致产出与通胀的下降。接下来的部分，我们将构建含有投资流动性冲击的新凯恩斯刚性价格模型，来解释数据中的实证结果。

三、基本模型

（一）总需求与扩展的货币先行约束

经济中的代表性家庭需要选择当期的消费 c_t，工作时间 n_t，下期资本存量 k_{k+1}，当期货币需求 M_t 和债券持有量 B_t，解决如下最优化问题：

$$\text{Max}\sum_{t=0}^{\infty}\beta^t\left[\log c_t - a\frac{n_t^{1+\gamma}}{1+\gamma}\right]$$

约束条件为：

$$M_t + B_t \leqslant W_t + X_t \tag{4}$$

$$W_{t+1} \leqslant p_t(r_t k_t + w_t n_t + \Pi_t) + B_t R_t + M_t - p_t(c_t + k_{t+1} - (1-\delta)k_t) \tag{5}$$

$$c_t + \eta_t[k_{t+1} - (1-\delta)k_t] \leqslant \frac{M_t}{p_t} \tag{6}$$

其中：r_t，w_t，Π_t 分别为实际资本收益，实际工资以及从生产厂商处得到的实际利润；W_t 为家庭在 t 期初所拥有的总财富；货币先行约束中的 η_t 为随时间变化的比例系数，前面一部分已重点讨论过，在此不再详述。

约束条件（4）、(5）可以进一步合并为：

$$\frac{M_{t+1}+B_{t+1}}{p_t} \leqslant (r_t k_t + w_t n_t + \Pi_t) + \frac{B_t R_t + M_t + X_{t+1}}{p_t} - (c_t + k_{t+1} - (1-\delta)k_t) \tag{7}$$

这里我们把约束条件（7）、(6）所对应的拉格朗日乘子分别记为 λ_{1t} 和 λ_{2t}。决策变量 $\{c_t, n_t, k_{t+1}, M_t, B_t\}$ 的一阶条件分别为：

$$\frac{1}{c_t} = \lambda_{1t} + \lambda_{2t} \tag{8}$$

$$a n_t^{\gamma} = \lambda_{1t} w_t \tag{9}$$

$$\lambda_{1t} + \eta_t \lambda_{2t} = \beta(1-\delta) E_t\{\lambda_{1t+1} + \eta_{t+1}\lambda_{2t+1}\} + \beta E_t\{\lambda_{1t+1} r_{t+1}\} \tag{10}$$

$$\beta E_t\left\{\frac{\lambda_{1t+1}+\lambda_{2t+1}}{p_{t+1}}\right\} = \frac{\lambda_{1t}}{p_t} \tag{11}$$

$$\beta E_t\left\{\frac{\lambda_{1t+1}}{p_{t+1}} R_{t+1}\right\} = \frac{\lambda_{1t}}{p_t} \tag{12}$$

（二）总供给与混合型新凯恩斯菲利普斯曲线[①]

最终产品 y_t 由完全竞争厂商生产，其生产函数为 $y_t = \left[\int_0^1 y_t(i)^{\frac{\sigma-1}{\sigma}} \mathrm{d}i\right]^{\frac{\sigma}{\sigma-1}}$，其中 σ（>1）为中间品 $y_t(i)$ 之间的替代弹性。中间品由垄断竞争市场提供，单个产品 $y_t(i)$ 的生产函数具有柯布－道格拉斯形式：$y_t(i) = A_t k_t(i)^{\alpha} n_t(i)^{1-\alpha}$。表征技术的 A_t 服从 AR（1）的随机过程，具体形式为：$\ln A_t = \rho_A \ln A_{t-1} + \varepsilon_t$。此外，生产要素 k 与 n 为完全竞争市场。

为了最小化总成本，中间品厂商必须选择要素 $k_t(i)$ 与 $n_t(i)$ 满足如下关系：

$$w_t = \alpha mc_t \frac{y_t(i)}{n_t(i)} \tag{13}$$

$$r_t = (1-\alpha) mc_t \frac{y_t(i)}{k_t(i)} \tag{14}$$

其中：w，r，mc 分别为实际工资、实际资本收益与实际边际成本。

---

① 与标准的新凯恩斯菲利普斯曲线相比，引入前瞻—后顾定价机制的混合型新凯恩斯菲利普斯曲线比标准表达式多了滞后一期的通胀。

关于定价法则，这里我们采用加利和格特勒（Gali and Gertler，1999）中的设置，即中间厂商以 $1-\theta$ 的概率重新定价。在可以调价的那部分厂商中，又有 $1-\omega$ 比例的厂商采用前瞻式最优定价，其定价法则①为：

$$p_t^f = \frac{\sigma \sum_{s=0}^{\infty} (\beta\theta)^s E_t \lambda_{1t+s} p_{t+s}^{\sigma} y_{t+s} \phi_{t+s}}{(\sigma - 1) \sum_{s=0}^{\infty} (\beta\theta)^s E_t \lambda_{1t+s} p_{t+s}^{\sigma-1} y_{t+s}} \tag{15}$$

可以定价的厂商中，余下 ω 比例的厂商后顾式定价，其定价法则如下：

$$p_t^b = p_{t-1}^* \pi_{t-1} \tag{16}$$

p_t^* 为重新定价的价格指数，服从如下等式：

$$p_t^* = (1-\omega) p_{t-1}^f + \omega p_t^b \tag{17}$$

此外，总的价格指数 p_t 满足：

$$p_t = \left[\theta p_{t-1}^{1-\sigma} + (1-\theta) p_t^{*\,1-\sigma} \right]^{\frac{1}{1-\sigma}} \tag{18}$$

对数线性化等式（15）~（18），可以得到混合型新凯恩斯菲利普斯曲线，具体形式如下：

$$\hat{\pi}_t = \gamma_f E_t(\hat{\pi}_{t+1}) + \gamma_b \hat{\pi}_{t-1} + \gamma_{mc} \hat{m}c_t \tag{19}$$

其中，

$$\gamma_f = \frac{\beta\theta}{\theta + \omega[1 - \theta(1-\beta)]},$$

$$\gamma_b = \frac{\omega}{\theta + \omega[1 - \theta(1-\beta)]},$$

$$\gamma_{mc} = \frac{(1-\omega)(1-\theta)(1-\beta\theta)}{\theta + \omega[1 - \theta(1-\beta)]}$$

（三）货币政策

这里我们讨论两种常用的货币政策：货币供给法则和泰勒规则。两者都是以盯住通货膨胀和产出缺口为目标的。不同之处在于，前者调控货币供给，后者控制利率。中国当前正在逐步推进利率市场化改革，利率正越来越成为主要的货币政策工具，但货币供给量仍然是重要的货币政策工具。

对于货币供给法则，我们假设其具有以下形式，具体参见张（Zhang，2008）：

---

① 关于前瞻式定价法则的详细推导，读者可以参考 Yun（1996）。

$$\hat{x}_t = a_x \hat{x}_{t-1} - a_\pi E_t \hat{\pi}_{t+1} - a_y \hat{y}_t \tag{20}$$

其中：$\hat{x}_t$ 为名义货币增长率，即 $x_t = M_t / M_{t-1}$。

而泰勒规则，我们采用经典文献克拉里达等（Clarida et al.，2000）[1] 中的设置，假设为：

$$\hat{R}_t = b_R \hat{R}_{t-1} + b_{\pi 1} E_t \hat{\pi}_{t+1} + b_{\pi 2} \hat{\pi}_t + b_y \hat{y}_t \tag{21}$$

在随后的数值试验中，我们将分别模拟这两种不同的货币政策。有关它们的参数校准，我们则直接利用现有文献中已有的估计值。具体讨论见模型校准部分。

（四）定义一般均衡配置

我们假设经济处于如下一般均衡。总需求方面：代表性家庭的一阶条件成立，CIA 约束束以等号成立；总供给方面：厂商最大化他们的利润，并且各个市场（商品、货币、债券）出清。以上均衡条件具体可表示成如下方程组：

$$c_t + k_{t+1} - (1-\delta) k_t = y_t \tag{22}$$

$$M_t = M_{t-1} + X_t \tag{23}$$

$$B_t = B_{t-1} = 0 \tag{24}$$

$$c_t + \eta_t [k_{t+1} - (1-\delta) k_t] = \frac{M_t}{p_t} \tag{25}$$

此外，对称均衡下，所有中间产品厂商拥有相同的要素需求方程，其对数线性化形式为

$$\hat{w}_t = \hat{m}c_t + \hat{A}_t + \alpha \hat{k}_t - \alpha \hat{n}_t \tag{26}$$

$$\hat{r}_t = \hat{m}c_t + \hat{A}_t + (\alpha - 1) \hat{k}_t + (1-\alpha) \hat{n}_t \tag{27}$$

对于一般均衡时的价格指数，其动态过程由前面推出的混合新凯恩斯菲利普斯曲线刻画。

在稳态时，资本产出比 k/y 为 $\frac{\sigma \beta^2 \alpha}{(1-\sigma)[1-(1-\delta)\beta][\beta + \eta(1-\beta)]}$。很明显，引入投资行为的融资约束（$\eta_t$）降低了 k/y，因为 $\frac{\beta}{\beta + \eta(1-\beta)} < 1$。

---

① 他们在文中（第 171～177 页）指出，通胀前的系数 $b_{\pi 1}$，$b_{\pi 2}$ 决定了该法则能否起到稳定通胀的作用。具体来说，如果 $b_{\pi 1}$，$b_{\pi 2} > 1 - b_R$，则高通胀会引起紧缩性政策，达到稳定经济的效果；相反，如果 $b_{\pi 1}$，$b_{\pi 2}$ 过小，则该形式的泰勒规则会适得其反（Accommodating Inflation），在理论模型中，表现为出现多重均衡解（Indeterminacy）。

（五）模型参数校准

本文模型需要校准的参数包括：基本参数 $\{\beta,\sigma,\gamma,\alpha,\delta,\eta,\rho_\eta,\sigma_\eta,\theta,\omega\}$①以及货币政策参数 $\{a_x, a_y, a_\pi, b_R, b_y, b_{\pi1}, b_{\pi2}\}$。下面我们将逐一详细讨论。

1. 模型基本参数的校准

稳态时，折现因子 $\beta=1/R$，1992~2008 年间的平均名义利率约为 0.08，由于我们模拟季度数据，从而设定 $\beta=0.98$。中间品的替代弹性 σ 是决定稳态下真实边际成本的重要参数，我们通过对数线性化后的资源约束式 $\hat{y}_t=\frac{i}{y}\hat{i}_t+\frac{c}{y}\hat{c}_t$ 来估计该参数。首先线性回归得到稳态时的比值 $\frac{c}{y}$，由于该比值是 σ 的函数②，从而可以间接推断出它的值。通过计算我们得到的 σ 约为 1.7③。

关于生产函数中的资本份额，已有大量文献进行了研究。例如周和林（Chow and Lin，2002）利用 1952~1998 年的年度数据得到的值为 0.55；张军（2002）估计结果为 0.499；王小鲁和樊刚（2000）的结果为 0.5，因此我们设定 $\alpha=0.5$。对于资本折旧率的校准，胡永刚和刘方（2007）的文章给出了非常详细的讨论，参照他们的设定，我们选取 $\delta=0.05$。劳动的替代弹性 γ，我们按照汉森（Hansen，1985）的不可分劳动假设，设定为 $\gamma=0$。与投资流动性冲击 η_t 有关的参数已在前面第二部分详细讨论，这里不再赘述。

混合新凯恩斯菲利普斯曲线的三个系数取决于两个参数 θ 和 ω，在现有文献中较为合理的估计方式是加利（Gali and Gertler，1999）的 GMM 估计，但是利用中国数据估计得到的结果却并不显著。芬克（Funke，2005）利用中国数据，采用多种方法估计该曲线，但是 γ_f 和 γ_b 的取值对 θ 和 ω 很不敏感，而且估计结果难以得到符合经济直觉的 θ 和 ω 值（即 θ 和 ω 的值不在［0，1］范围内）。综合考虑之后，我们从经济意义出发设定 $\theta=0.75$，$\omega=0.5$，即整个经济大致需要一年的时间对价格做出调整且后向定价的比例为50%，从而可以得到 γ_f 和 γ_b 分别为 0.49 和 0.50（见表 4），这与芬克（Funke，2005）的估计结论比较接近

---

① 前面提到的很多参数并没有没有包括在内，如技术冲击的 ρ_a、σ_a 等。由于本文并不考察这些冲击的影响，故不需要这些参数的校准。

② 通过一些基本的代数运算，可以得到 $\frac{c}{y}=1-\delta\frac{\sigma-1}{\sigma}/\frac{\alpha}{r}$，其中 $r=\left[\frac{(1-\beta)\ \eta}{\beta}+1\right]\left[\frac{1}{\beta}-(1-\delta)\right]$。

③ 具体计算过程在附录中展示，读者如有兴趣，可以与作者联系。

(分别为0.5左右)。

表4　　模型基本参数的校准值

β	σ	γ	η	ρ_η	σ_η	α	δ	θ	ω
0.98	1.7	0	0.81	0.58	0.026	0.5	0.04	0.75	0.5

资料来源：根据上述多篇论文所得的结果及作者计算。

2. 货币政策参数的校准

目前有很多文章利用不同的计量方法估计中国的货币政策，但是并没有较为一致的结论。因此我们重点选用几个有代表性的结果，来设定多种不同的参数值。关于货币供给法则，我们采用张（Zhang，2008）基于GMM方法的估计结果。而泰勒规则，我们则选用三种不同的设定：（1）陆军和钟丹（2003）利用协整检验法估计的泰勒规则；（2）王建国（2006）发现泰勒规则在1997年发生了结构性变化，因此我们采用他1997~2003年子样本的估计结果；（3）张（2008）利用GMM估计的泰勒规则。此外，另一个引用很广的文章是谢平和罗雄（2002），但是他们的结果中，通货膨胀前的系数非常小。根据查里等人（Chari et al.，2000）的证明（参见脚注17），这种设置下的货币规则并不能稳定经济，反而会带来波动，具体表现为模型出现多重均衡解（Indeterminancy）。因此，我们这里不采用他们的结果。表5列出了我们所有讨论的货币政策。

表5　　各种不同货币政策的参数校准

货币供给法则	a_x	a_π	a_y	
Zhang（2008）	0.8	1	0.5	
泰勒规则	b_R	$b_{\pi 1}$	$b_{\pi 2}$	b_y
1. 陆军和钟丹（2003）*	0.75	0.131	1.373	0.509
2. 王建国（2006）	0.85	0	0.17	0
3. Zhang（2008）	0.75	0.65	0.1	0.15

注：*在他们的文中并没有考虑利率的平滑性，由于数据显示利率具有很强的持久性，我们这里另加了利率的滞后项，所得结果对该项系数并不是很敏感。

资料来源：Zhang（2008），陆军和钟丹（2003），王建国（2006）。

此时，我们有13个内生变量 $\{c_t, n_t, k_{t+1}, M_t, B_t, \lambda_{1t}, \lambda_{2t}, R_t, \pi_t, w_t, r_t, mc_t, X_t\}$，以及13个对应方程：一阶条件、货币政策和新凯恩斯菲利普

斯曲线，在经过校准的参数设置下，该动力系统满足鞍点路径，根据布兰查德和卡恩（Blanchard and Kahn，1980），该对数线性化后的动力系统具有唯一解。

四、动态分析

本节将从动力学角度出发，首先考察投资流动性冲击在模型中如何影响整个经济，从而揭示其背后的传导机制；其次模拟不同的货币政策，讨论政策的稳定性问题。前者的目的在于解释文章第二部分中国数据中的现象，后者则是对金融危机下的中国货币政策给出积极的政策建议。

（一）投资流动性冲击的动态影响

图 3 画出了在没有货币政策下，总产出与通货膨胀对 1 单位正的 η_t 冲击的脉冲反应。

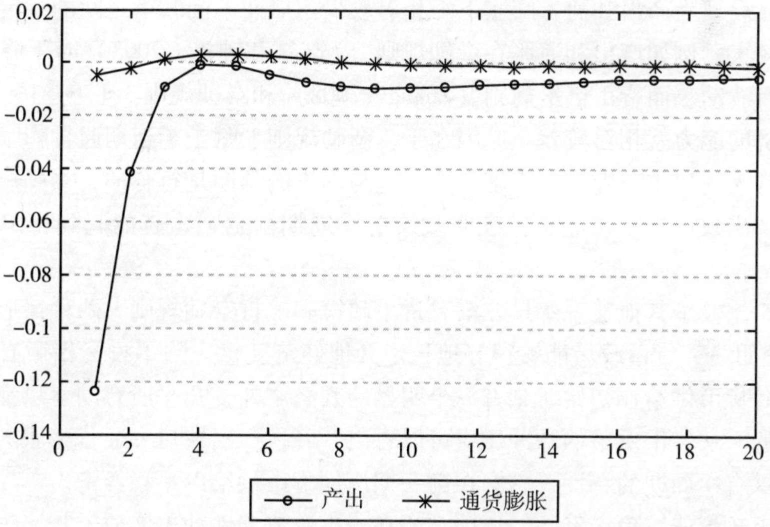

图 3　一单位 η_t 冲击下的产出与通胀脉冲反应（无货币政策）

很明显，该冲击使得经济陷入萧条，具体表现为产出下降和通货紧缩。直观的解释是，由于 η_t 上升表明更多比例的投资受到流动性约束，即从信贷市场融资来进行投资变得更加困难，这导致投资水平下降，同时又挤出一部分用于消费的资金，两者的综合影响使得总需求下降，从而进一步导致通货紧缩。数学上，由于对数线性化后的 CIA 约束可以写成：

$$\frac{c}{y}\hat{c}_t + \eta\left(1 - \frac{c}{y}\right)\hat{i}_t + \eta\left(1 - \frac{c}{y}\right)\hat{\eta}_t = \left[(1 - \eta)\frac{c}{y} + \eta\right]\hat{m}_t$$

上式表明，$\hat{\eta}_t$ 的上升相当于减少了实际货币存量 $\hat{m}_t$，即 $\hat{\eta}_t$ 等价于一个负的真实货币冲击（对 $\hat{m}_t$ 的冲击过程，即 $\hat{\eta}_t$ 相当于 $-\hat{m}_t$，是一个实冲击，而一般文献采用的货币供给冲击（Money Supply Shock）则对名义货币供给造成冲击，是名义冲击），它不仅会减少投资而且还会挤出部分消费。从图5的第一行可以看出，投资与消费（星号线）均下降，前者下降了近1个单位，后者则由于平滑消费而下降较少。同理，其他变量如劳动投入、实际工资以及实际资本收益均由于总需求变化而下降（见图5）。

（二）货币政策稳定性

为了考察政策稳定经济的能力，图4分别画出了不同货币规则下的产出和通胀的脉冲反应。相对于图3中没有货币政策的情况，各种政策均能起到稳定作用，具体表现为产出和通货膨胀下降相对较少。然而不同政策之间的稳定性效果差异比较大，例如产出和通胀在泰勒规则1（陆军和钟丹，2003）时下降很少且几乎没有波动。而货币供给规则（Zhang，2008）和泰勒规则3（王建国，2006）稳定经济的能力就相对较差。原因在于，泰勒规则1赋予了当期通货膨胀和产出缺口非常大的权重，即政策力度较大。这与理论的预期是符合的，泰勒规则赋予通胀和产出缺口的权重越大，表明政策的反周期性越强，越能起到稳定经济的效果。

图5比较了其他宏观变量在没有货币政策和执行泰勒规则1两种情形下的反应①。很明显，货币政策能够很好地稳定其他经济变量。除了投资稍微有一点下降，同时货币供给在初始时刻有一个明显的升高之外，几乎所有的变量都停留在稳态附近。从货币供给的脉冲反应可以看出，盯住产出缺口和通货膨胀的内生货币政策具有逆周期的特性，它会在第一期增加货币供给以平稳经济。

货币政策能够稳定经济，原因主要在于投资流动性冲击实质上相当于减少了实际货币供给，因而要抚平它的负面影响，只需要货币当局实行宽松的货币政策。为了在数学上证实这一点，我们从考察CIA约束和投资的Euler方程开始。等式（1）表明，$\hat{\eta}_t$ 增加一单位，为了使经济尽可能不偏离稳定状态，实际货币存量 $\hat{m}_t$ 必须要同时上升 $\left[(1-\eta)\frac{c}{y}+\eta\right]\hat{\eta}_t/\eta\left(1-\frac{c}{y}\right)$，因为只有这样才能平衡

① 由于篇幅原因，我们只以泰勒规则1作为比较，其他政策均能得到类似结论。读者如感兴趣，可与作者联系。

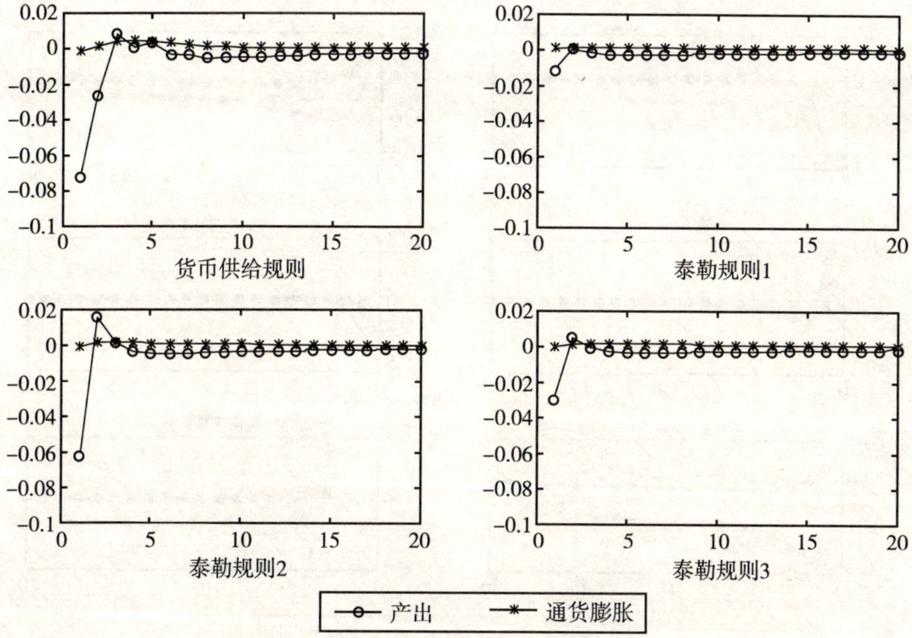

图 4　产出与通货膨胀在不同货币政策下的脉冲反应（与图 3 相对应）

增加的用于投资的货币需求。此外，对数线性化后的货币均衡条件表明：

$$\hat{\pi}_t = \hat{x}_t - \hat{m}_t + \hat{m}_{t-1}$$

$\hat{x}_t$ 为货币供给的增长率。为了稳定通货膨胀，货币增长率 $\hat{x}_t$ 必须增加和实际货币存量相同的数量，即 $\hat{x}_t = \hat{m}_t$。以上分析表明，要使经济在受到投资流动性冲击后仍处于稳定状态，货币当局必须实行逆周期的货币政策。这就是为什么内生的货币供给规则和泰勒规则可以稳定经济的原因。

值得注意的是，内生的政策并不是能够完全稳定经济，投资仍然会有小幅的下降（见图 5）。为了解释这点，我们从线性化后资本的 Euler 方程开始：

$$\begin{aligned} -\hat{c}_t - \frac{\beta(1-\eta)}{\beta+\eta(1-\beta)}\hat{R}_t + \frac{\eta(1-\beta)}{\beta+\eta(1-\beta)}\hat{\eta}_t \\ = -E_t\hat{c}_{t+1} + [1-\beta(1-\delta)]E_t\hat{r}_{t+1} \\ -\left[1-\frac{\eta(1-\delta)\beta}{\beta+\eta(1-\beta)}\right]E_t\hat{R}_{t+1} \\ +\frac{\eta(1-\beta)(1-\delta)\beta}{\beta+\eta(1-\beta)}E_t\hat{\eta}_{t+1} \end{aligned}$$

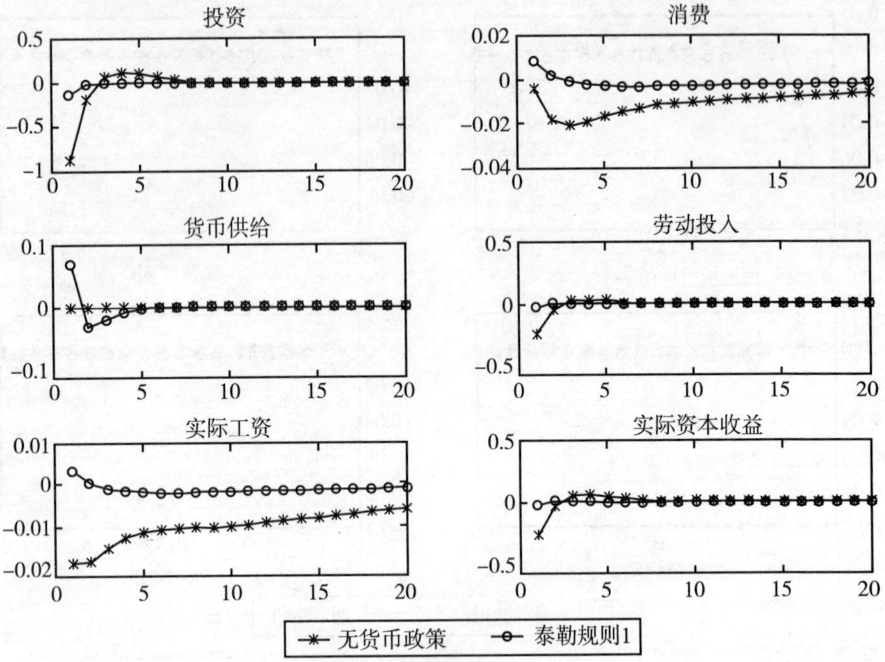

图 5　其他经济变量的脉冲反应（无货币政策与泰勒规则 1 之比较）

当 R，c，r 趋近于零时，等式左边只有$\frac{\eta(1-\beta)}{\beta+\eta(1-\beta)}\hat{\eta}_t$项，而等式右边与之对应的部分为$\frac{\eta(1-\beta)(1-\delta)\beta}{\beta+\eta(1-\beta)}E_t\hat{\eta}_{t+1}$。很明显，前者大于后者，因为$\beta(1-\delta)\rho_\eta<1$。由于左边是投资的边际成本，右边是边际收益，因而减少投资是最优选择。而且，降低多少取决于融资冲击本身的持久性，因为 ρ_η 越小，左右两边的差值就越大，投资的净成本就越大。直观的解释是，如果融资冲击 η_t 只是暂时的（ρ_η 很小），人们就有意愿减少今天的投资。因为不需要多久，经济就会恢复正常，在将来投资，成本会更小。这其中的政策含义是：即使政府增加当期的货币供给，投资者也不会增加投资，而是等待几期后经济好转再投资。相反，如果冲击来得很持久（ρ_η 很大），那么减少当期投资、等待在未来投资就变得毫无意义，因为未来投资成本仍然会很高。在这种情况下，政府增加货币供给便可以防止投资下滑过多。图 6 描述了投资在不同 ρ_η 下的脉冲反应，从图中可以很明显地看出，货币政策对于持久的投资流动性（$\rho_\eta=0.9$）冲击，更能起到稳定的作用。

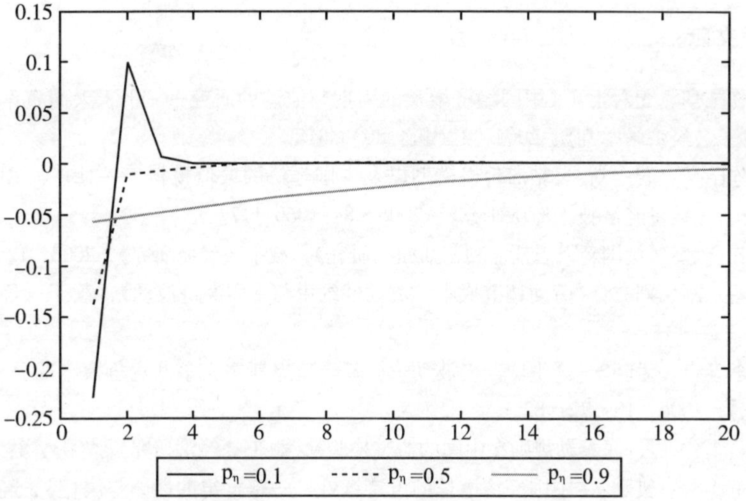

图 6　不同 ρ_η 下的投资脉冲反应（泰勒规则 1）

五、结　论

数据显示金融危机使得中国企业融资变得更为困难。而投资流动性问题往往被传统的经济波动文献所忽略。为了解决该问题，本文从中国的“固定资产投资数据”中识别并提取出了表征投资流动性的变量——投资自有资金与总资金的比值。通过计量分析，我们发现该比值很大程度上受外生冲击的影响，因此我们把它定义为投资流动性冲击。同时，数据显示该冲击具有需求冲击的性质，它会引起产出与通货膨胀同向变动。为了解释这一特征，本文随后构建了一个较为符合中国经济的新凯恩斯主义随机动态一般均衡模型。为了将投资流动性冲击引入模型，我们扩展了传统的货币先行约束，即一定比例的投资也受到现金约束。模型的脉冲反应显示，该冲击会引起产出和通胀的同向运动，即当投资资金约束收紧时，产出和通胀都将下降。这点很好地解释了数据中的实证发现。此外，通过比较文献中不同的货币政策，我们发现相对于没有货币政策，以利率为调控工具的泰勒规则和以控制货币供给为手段的政策都有稳定经济的效果，政策的反周期性越强，越能起到稳定经济的作用。而且，投资流动性冲击越持久，货币政策的效力就越明显。本文结论的政策建议在于，由于金融危机下的投资流动性冲击对整个经济具有消极的总需求冲击作用，以盯住通货膨胀和产出缺口的积极货币政策，如适度放松银根、鼓励银行向中小企业贷款等，均能缓解经济衰退的压力，有利于中国经济摆脱民间消费、投资不足的局面，从而战胜金融危机，实现经济转型。

参考文献：

[1] 陈昆亭、龚六堂：《中国经济增长的周期与波动的研究——引入人力资本后的 RBC 模型》，载于《经济学季刊》，2004，3（4）：803 - 818。

[2] 陈昆亭、龚六堂：《粘滞价格模型以及中国经济的数值模拟——对基本 RBC 模型的改进》，载于《数量经济技术经济研究》，2006，8：106 - 117。

[3] 陈彦斌：《中国新凯恩斯菲利普斯曲线研究》，载于《经济研究》，2008，12：50 - 64。

[4] 胡永刚、刘方：《劳动调节成本、流动性约束与中国经济波动》，载于《经济研究》，2007，10：32 - 43。

[5] 李春吉、孟晓宏：《中国经济波动——基于凯恩斯主义垄断竞争模型的分析》，载于《经济研究》，2006，10：72 - 82。

[6] 陆军、钟丹：《泰勒规则在中国的协整检验》，载于《经济研究》，2003，8：76 - 93。

[7] 王小鲁、樊刚：《中国经济增长的可持续性——跨世纪的回顾与展望》，经济科学出版社 2000 年版。

[8] 王建国：《泰勒规则与我国货币政策反应函数的实证研究》，载于《数量经济技术经济研究》，2006，1：43 - 49。

[9] 谢平、罗雄：《泰勒规则及其在中国货币政策中的检验》，载于《经济研究》，2002，3：3 - 12。

[10] 许伟、陈斌开：《银行信贷与中国经济波动：1993 ~ 2005》，载于《经济学季刊》，2009，4：969 - 994。

[11] 张军：《资本形成，工业化与经济增长：中国的转轨特征》，载于《经济研究》，2002，6：3 - 13.

[12] Blanchard, O. J., and Kahn, C. M. The Solution of Linear Difference Models Under Rational Expectations [J]. *Econometrica*, 1980, 48: 1305 - 1311.

[13] Burdekin, R. C. K., Siklos, P. L., 2005. What has Driven Chinese Monetary Policy Since 1990? Investigating The People's Bank Rule [J]. *Journal of International Money and Finance*, 2008, 27: 847 - 859.

[14] Clarida, R., Gali, J., and Gertler, M. Monetary Policy Rules and Macroeconomic Stability: Evidence and Some Theory [J]. *The Quarterly Journal of Economics*, 2000, 2: 147 - 180.

[15] Chow, G. C., and Li, K. China Economic Growth: 1952 - 2010 [J]. *Economic Development and Cultural Change*, 2002, 15: 247 - 256.

[16] Funke, M. Inflation In China: Modeling A Roller Coaster Ride [J]. *Pacific Economic Review*, 2006, 11: 413 - 429.

[17] Gali, J., and Gertler, M. Inflation Dynamics: A Structural Econometric Analysis [J]. *Journal of Monetary Economics*, 1999, 44: 195 - 222.

[18] Hansen, G. D. Invisible Labor and The Business Cycle [J]. *Journal of Monetary Economics*, 1985, 16: 309 - 327.

央行最优干预下人民币汇率的决定

——基于信号效应和资产调整效应的动态分析

■林　斌*

一、问题的提出

央行干预外汇市场是指中央银行在外汇市场上的任何外汇买卖行为，以期通过这种行为影响本国货币的汇率。这种干预会引起货币供应量的变化，若通过其他货币政策工具来抵消其对货币供应量的影响，则称作冲销干预，否则称为非冲销干预。

近年来，我国国际收支不平衡矛盾依然十分突出，结构上呈现出经常项目和资本项目持续的“双顺差”格局。为了解决国际收支出现的问题并优化经济结构，我国于2005年7月开始改革人民币汇率形成机制。由于担心经济难以承受短时间内汇率大幅度上升的冲击，央行在汇改初期积极入市购买外汇干预人民币升值的幅度和速度，同时采取一揽子冲销干预手段，对冲外汇占款带来的基础货币投放，调控货币供给的增长速度。这期间在外汇占款的推动下，基础货币的投放量高速增长，导致通货膨胀压力不断加大。为了减轻通货膨胀压力，央行才不得不减少干预，让人民币呈现出“小步快跑”的升值特征。又如2008年12月初外汇市场上人民币汇率突然连续跌停，导致市场上美元稀缺，为了维护合理的人民币汇率水平，央行强力入市干预抛出美元，增加市场流动性。另外，受国际金融危机持续恶化的影响，2009年第一季度国内生产总值同比增长6.1%，而同期CPI和PPI呈现双负局面。面对经济增长乏力以及通货紧缩的可能性不断增大

* 林斌，福州大学管理学院。

的形势，央行干预市场开始了急转向，主要通过减少央行票据发行等方式增加基础货币供给。

上述行为都说明了央行干预外汇市场的目的已经从汇改前的维系人民币兑美元汇率固定不变转变为综合考虑宏观调控目标。人民币汇率是央行重要的政策工具之一，要承担央行的宏观调控功能，往往需要在多个目标之间取得平衡，还要兼顾内部均衡和外部均衡，促进宏观经济的平稳增长。① 因此，本文归纳央行干预的政策目标为：维护合理的汇率水平、保持物价稳定并促进经济增长。② 本文感兴趣的问题是综合考虑上述政策目标的央行最优干预行为将人民币汇率水平产生什么样的影响？这种影响的传导途径和作用机理是什么？能否从实证中找出支持央行干预效应的证据以及如何动态地刻画这种干预的效果？

二、文献综述

关于央行干预外汇市场行为对汇率水平的作用以及效力如何，国际学术界相关文献可谓是汗牛充栋。纵观中央银行外汇干预的理论发展，可以找到两条线索：一条是资产调整效应，另一条是信号效应或称为预期效应。这两条思路的差别并不是简单的市场内部与外部效应的差别，它们本质上反映着央行干预的不同思路。前者注重外汇市场上的交易来改变资产的数量与结构，而后者则关注干预行为本身所代表的关于未来政策观点的信号。基于以上分析，本研究将迄今为止关于央行干预的基本理论观点概述为资产组合平衡说、信号作用说、国际合作说、最优汇率管理说四大基本理论解说。

资产组合平衡说认为，国内资产与国外资产之间是不完全替代的，经济主体根据对收益和风险的判断确定资产组合，进而由国内资产和国外资产的供求决定汇率水平。布兰森等（Branson et al.，1977）在开放经济条件下，利用资产组合平衡模型分析了短期汇率决定。他认为资产持有者基于风险贴水原则调整国内资产和国外资产的比例，追求资产组合的预期报酬最大化，当国内外资产供求均衡时，也就决定了汇率水平。而罗格夫（Rogoff，1984）采用两阶段最小二乘法，利用1973～1980年加元/美元的汇率及相应的资产存量的高频周数据来检测资产组合平衡效应，但并没有找出资产组合平衡效应存在的有利证据，无法证明冲销干预影响了汇率水平。李普斯奇茨（Loopesko，1984）采用央行每日外汇交易金

---

① 陆前进：《加快人民币汇率市场化改革》，载于《上海金融报》，2009年1月6日。

② 学术界通常将央行干预目标分为逆风向干预和目标干预，前者目的在于烫平汇率波动，而后者主要为了实现汇率目标。本研究参考《中华人民共和国中国人民银行法》且在综合分析央行干预行为的基础上得出上述政策目标，这里维护合理的汇率水平隐含着减小汇率波动。

额累积存量作为干预指标，对 G7 国家汇率进行研究后得出与罗格夫相反的结论，他发现累积干预指标与汇率之间存在正相关关系，即资产组合平衡效应是存在的，且冲销干预可以在短期内影响汇率。

信号作用说的基本思想，是市场参与者把央行干预外汇市场的行为本身看做是未来政策的一个信号，向市场传递央行希望汇率变动的方向。特别当货币和财政政策与干预的预期效果一致的话，这一信号能够强化市场对于未来汇率的预期，引起当前汇率的变化。穆萨（Mussa，1981）的研究认为，即使国内外资产存在完全可替代性，央行进行冲销干预仍然会对汇率走势产生影响。这是因为冲销干预虽然不影响货币供应量，但干预实际上就是向市场传递有关未来政策走向的信号。当干预影响了私人参与者对未来的预期时，市场会立刻反应，进而影响当期汇率的决定，使得冲销干预有效。斯坦因（Stein，1989）则考虑市场上私人参与者对于货币当局在汇率目标和国内政策目标权衡上具有不完全信息，因此许多发达国家的货币当局倾向采取与预先货币政策效果一致的汇率政策。正如纳玛斯旺和萨米伊（Ramaswamy & Samiei，2000）所说，干预反映了央行对汇率偏离的评估结果，这有助于解决集体行动困境（一方在不知他人选择的情况下，可能不会贸然采取行动）。

国际合作说起源于 20 世纪 70 年代末西方国家采取协调行动干预外汇市场的实践，从此之后学术界开始关注这一领域，研究的重心在于央行合作干预是否有效以及效力如何。国际合作说认为联合干预会影响外汇市场的预期，从而在一定程度上左右短期汇率水平。多明格斯和弗兰克尔（Dominguez & Frankel，1993）发现联合干预对德国马克/美元和日元/美元的汇率水平有显著影响，认为多国央行协调干预实际上就是综合考虑各种因素的结果，这种行为被市场参与者认为是一个可信的信号，即使在采取冲销干预时仍然是有效的。萨尔洛和泰勒（Sarno & Taylor，2001）也认为，如果联合干预是公开的，且央行协调行动与当时的财政货币政策是一致的，那么干预将产生显著效果。

20 世纪 80 年代中期开始国际上许多学者如托洛维斯基（Turnovsky，1987）、艾基菲格和克鲁吉特（Eijffinger & Gruijters，1991）以及巴利和奥斯达贝治（Baillie & Osterberg，1997）开始使用最优化方法来分析干预的成本和收益问题，由此产生了最优汇率管理说。这些学者主要聚焦于设计一个最小化各种成本的干预汇率政策，通过构建一个当期、对称的汇率偏离政策目标的货币当局损失函数，求解最优汇率。这类模型的优点是容易估计反应函数，得出的结论为央行干预行为提供了依据。

国内学者针对央行干预的传导途径和效力进行了一系列研究。其中比较有代表性的研究包括：陈浪南和黄洵（2004）采用干预分析模型来考察美日两国央行对美元/日元汇率联合干预的效果，发现联合干预后并未产生明显效果，且影响很短暂。桂咏评（2008）估计反向的资产需求方程，证明国内外资产在不完全替代的条件下通过资产组合平衡渠道的外汇干预是有效的。卜永祥（2009）隐含地假定央行采取改变基础货币供给的非冲销干预，通过联系国内货币供给与名义汇率假定一个外汇干预程度指标，进而以福利损失最小化为标准讨论了央行最优干预规则，并把估计结果对基础货币实际增长情况进行了对比。

三、理论模型

在管理浮动汇率制度下，货币政策受到汇率变动的影响，央行经常要在经济发展或者控制通胀等国内目标和稳定汇率之间做出权衡取舍。对于央行在外汇市场上干预行为的效力分析一直是国际经济学领域的热点问题，本文试图在现阶段我国实行有管理的浮动汇率制与资本管制的背景下，探讨央行为实现政策目标而采取的干预行为对汇率的影响，以期为汇率政策的制定提供理论依据，这就是建模的初衷。

主要思想：首先讨论央行未干预情况，根据外汇市场均衡条件求得均衡汇率；接着从央行干预行为产生的信号效应和资产调整效应出发设计目标汇率，在综合考虑合理汇率水平并兼顾物价稳定和经济增长的汇率政策目标下，构建包含福利损失与干预成本的损失函数，从中探寻最优干预行为下的汇率决定，使得央行损失最小化即实现效用最大化，最后比较分析央行干预的效力。

三个假设：有管理的浮动汇率制、冲销干预以及国内外资产之间不完全替代。

首先讨论央行未干预时汇率水平决定。在外汇市场上，风险因素使得本币资产和外币资产是不完全替代的。在这种情况下，外汇市场均衡要求国内利率等于外币资产的本币预期收益率加上一个风险升水 ρ，ρ 反映了国内外资产之间的风险差异：

$$R = R^f + k_1 \cdot (S^e - \bar{S}) + \rho \tag{1}$$

其中：R 为国内利率；R^f 为外国利率；S^e 为预期汇率；$\bar{S}$ 为即期汇率，参数 $k_1 > 0$。

此时，央行未干预时即期汇率水平为：

$$\bar{S} = S^e - \frac{1}{k_1} \cdot (R - R^f) + \frac{\rho}{k_1} \tag{2}$$

以上分析可以小结为：在没有央行干预的情况下，决定即期汇率的主要因素是预期的未来汇率、国内外利率差异以及风险因素。

接下来分析央行干预下汇率水平决定。在讨论央行干预的反应函数之前，需要先确定央行外汇干预的传导途径和目标汇率。在有管理的浮动汇率制下，一国的汇率水平是由外汇供给与需求决定的，而央行入市干预（即作为外汇市场参与者买入或者卖出外汇）产生的资产调整效应和信号效应将会对外汇供求产生影响，进而左右汇率决定。因此，设计央行干预的汇率目标为：

$$S^{*} = \overline{S} + \alpha_1 \cdot INV + \alpha_2 \cdot S^{e} \cdot \chi \tag{3}$$

（3）式中 S^{*} 是央行干预的目标汇率水平，以直接标价法表示；INV 代表央行在外汇市场上的干预规模，若为正表示央行购买外币资产，若为负表示卖出外币资产；参数 α_1、α_2 分别表示央行干预的资产调整效应和信号效应的大小，且 $0 < \alpha_1 < 1$、$0 < \alpha_2 < 1$；状态参数

$$\chi = \begin{cases} 1,\ 若(INV - INV^{e}) > 0 \\ -1,\ 若(INV - INV^{e}) < 0 \\ 0,\ 若(INV - INV^{e}) = 0 \end{cases}$$

这里 INV^{e} 表示市场参与者预期央行干预规模，若为正表明市场参与者预期央行将购买外币资产，若为负表示卖出外币资产。当央行采取购买外币资产的干预规模大于市场预期时，状态参数值取 1，意味着央行干预的贬值信号效应开始体现；反之当央行卖出外币资产规模大于市场预期时，状态参数值取 -1，反映了央行干预的升值信号，其余情况下状态参数值为 0。从（3）式中可以发现，如果央行希望汇率贬值，即目标汇率水平大于未干预时市场汇率水平，那么央行应该入市购买外汇且购买量应大于市场预期值，此时市场汇率水平将比之前更高。

央行希望通过入市干预实现汇率政策目标，即引导合理的汇率水平决定、保持物价稳定并促进经济增长。当汇率面临强烈的升值压力时，央行为了降低对经济增长的负面影响就会购买外汇减轻升值压力，但若这时本币继续升值，央行增持的外汇将不得不面临缩水的可能，因此本文将干预后汇率偏离预期目标的部分认定是央行干预后面临的福利损失。同理，本文将干预后物价水平超出预定政策目标和增长水平偏离潜在产出水平也理解为福利损失。此外，央行采取冲销干预虽然不会引起货币供应量的变动，但会造成国内利率水平的变动以及储备资产的变动，本文参考元惠萍等（2002）的做法，将央行外汇干预所引致的外汇储备变动理解为直接干预成本，反映了大规模的频繁干预引起央行储备资产变动，可

能对国内经济稳定性造成不利影响。从这个意义上来说，央行入市干预的成本主要包括实现汇率政策目标所带来的福利损失加上直接干预成本。那么，央行干预外汇市场的决策是最小化损失函数 L：

$$\text{Min}L = \phi \cdot (S - S^*)^2 + \eta \cdot (P - P^*)^2 + \theta \cdot (Y - Y^*)^2 + \delta \cdot (INV)^2 \quad (4)$$

其中，P^* 和 Y^* 分别表示目标物价水平和潜在产出水平。$\phi\ (S - S^*)^2$ 代表央行干预汇率的福利损失，$\eta\ (P - P^*)^2$ 代表物价水平波动的福利损失，$\theta\ (Y - Y^*)^2$ 代表产出水平偏离的福利损失，$\delta\ (INV)^2$ 代表央行的直接干预成本。参数 ϕ、η、θ 分别代表了各部分政策目标所占权重，它们分别反映了央行对于合理的汇率水平、物价稳定与经济增长这三个目标的相对重视程度，参数值越大表示越重视，反映了央行进行干预决策时目标偏好。

央行入市干预的最优汇率水平必须满足使得损失函数对于汇率的偏导数为零，① 即：

$$\frac{\partial L}{\partial S} = 2\phi \cdot (S - S^*) + 2\eta \cdot (P - P^*) \cdot \frac{\partial P}{\partial S} + 2\theta \cdot (Y - Y^*) \cdot \frac{\partial Y}{\partial S} + 2\delta \cdot INV \cdot \frac{\partial INV}{\partial S} = 0$$

对上式进行求解可得：

$$S = S^* - (P - P^*) \cdot \frac{\partial P}{\partial S} \cdot \frac{\eta}{\phi} - (Y - Y^*) \cdot \frac{\partial Y}{\partial S} \cdot \frac{\theta}{\phi} + INV \cdot \frac{\delta}{\eta} \cdot \frac{\partial INV}{\partial S} \quad (5)$$

联立（2）式、（3）式和（5）式，得：

$$S = (1 + \alpha_2 \cdot \chi) \cdot S^e - (P - P^*) \cdot \frac{\partial P}{\partial S} \cdot \frac{\eta}{\phi} - (Y - Y^*) \cdot \frac{\partial Y}{\partial S} \cdot \frac{\theta}{\phi}$$
$$+ INV \cdot \left(\alpha_1 + \frac{\delta}{\phi} \cdot \frac{\partial INV}{\partial S}\right) - \frac{1}{k_1} \cdot (R - R^f) + \frac{\rho}{k_1} \quad (6)$$

当央行采取冲销干预方式干预外汇市场时，要想保持货币供给量不变，必须在购买外汇的同时出售本币资产。这时央行所持有的本币资产减少了，市场上私人持有量增加了，私人受本币汇率波动影响的风险因此上升，本币资产的风险升水也增加了。因此，可以认为风险升水与央行冲销干预规模成正比：

$$\rho = k_2 \cdot INV \quad (7)$$

这里参数 $k_2 > 0$，表示当冲销规模上升时，国内资产的风险升水增加。

另一方面，由于央行在外汇市场买卖的规模和频率是不公开的，想获取这部

① 还应该满足损失函数对于价格的偏导数为零以及损失函数对产出的偏导数为零，由于物价和产出的讨论不是本文的目的，为了简化求解过程此处略去。

分资料很困难，因此需要通过一种间接的方式反映央行干预的程度。之前已经假定央行采取冲销干预，即央行买入外汇的同时出售债券。从央行的角度来看，冲销干预中所购进的外汇储备在投资于国外资产（如美国政府债券）所获得的利率收益，往往低于央行发行融资券进行冲销时所支付的利率，因此冲销量越大，央行损失也就越大（何慧刚，2007）。由此，本研究可以认为央行的干预规模是国内外利率差的单调递增函数，① 令：

$$INV = k_3 \cdot (R - R^f) + k_4 \tag{8}$$

这里参数 k_3 表示国内外利率差对干预规模的影响程度，k_4 表示干预的直接交易成本，当然 $k_3 > 0$，$k_4 > 0$。

将（6）式、（7）式和（8）式联立，可得：

$$S = \lambda_0 S^e + \lambda_1 P + \lambda_2 Y + \lambda_3 (R - R^f) + \lambda_4 \tag{9}$$

其中 $\lambda_0 = 1 + \alpha_2 \chi$，$\lambda_1 = -\frac{\partial P}{\partial S} \cdot \frac{\eta}{\phi}$，$\lambda_2 = -\frac{\partial Y}{\partial S} \cdot \frac{\theta}{\phi}$，$\lambda_3 = k_3 \left[\alpha_1 + \frac{k_3 \delta}{\phi} \cdot \frac{\partial (R - R^f)}{\partial S} \right] + \frac{k_2 k_3 - 1}{k_1}$，$\lambda_4 = \frac{k_2 k_4}{k_1} + P^* \frac{\partial P}{\partial S} \cdot \frac{\eta}{\phi} + Y^* \frac{\partial Y}{\partial S} \cdot \frac{\theta}{\phi} + k_4 \left[\alpha_1 + \frac{k_3 \delta}{\phi} \cdot \frac{\partial (R - R^f)}{\partial S} \right]$

通常认为汇率贬值短期内将导致物价水平上升和产出增加，即$\frac{\partial P}{\partial S} > 0$，$\frac{\partial Y}{\partial S} > 0$，由此（9）式可改写为：

$$S = F(\overset{+}{S^e}, \overset{-}{P}, \overset{-}{Y}, \overset{?}{R - R^f}) \tag{10}$$

上式的理论含义是，央行干预下的即期汇率水平由预期汇率、国内物价水平、国内产出水平以及国内外利率率差四个因素所决定。考虑了央行干预情况下，即期汇率与预期汇率呈现同方向变动趋势；如果国内通货膨胀水平上升（$P\uparrow$），可能会引起汇率水平升值（$S\downarrow$）；而如果国内产出水平下降（$Y\downarrow$），则倾向汇率贬值（$S\uparrow$）；另外国内外利率差变动对即期汇率的效果还有待进一步考查。

进一步对比央行未干预时的汇率决定方程（2），本文发现：（1）央行干预使得汇率方程中预期汇率弹性增加了一个信号效应，即反映出干预行为通过改变市场参与者的心里预期而对汇率产生影响，达到预期的干预目标。（2）不考虑

① 传统文献通常采用央行资产负债表中国外资产变动或者外汇储备变动作为干预规模的替代指标，当前学术界主要是建立外汇市场压力指标来测度央行外汇干预规模，前者容易引起变量内生性问题，后者则涉及大量宏观变量，因而本研究仅从成本－收益角度出发衡量干预规模。

干预情况下，汇率方程中国内外利率差弹性为负，而引入干预后该弹性的符号不确定。这是因为资产不完全替代情况下央行干预的资产调整效应影响了国内市场的利率水平，降低了国内外利率差的弹性。（3）干预下汇率方程中多了国内物价和国内产出两个指标，表明央行干预外汇市场的多元政策目标最终会传导到汇率上；另外物价和产出的弹性都是负值，意味着央行不得不在物价与汇率以及产出与汇率之间做出取舍。

四、实证分析

现在回到我国当前面临的现实，汇改以来我国经济内外失衡状况依然十分严重，国际收支双顺差局面没有得到根本性改善，特别在金融危机全面爆发之后，央行多次放松信贷向货币市场注入流动性同时却在外汇市场卖出美元收缩流动性，近几个月以来人民币汇率中间价一直维持在 1 美元对人民币 6.83 元附近波动的情况实际上就是央行面临多个政策目标的冲突下强力干预的结果。本文需要从实证中给予解释的两个问题是：理论模型提出央行干预的信号效应和资产调整效应在实证中能否得到体现？在宏观经济背景发生重大变化和人民币汇率形成机制不断完善的三年多时间里，央行干预的信号效应和资产组合效应对汇率水平的动态影响如何？

根据（2）式，建立忽略央行干预因素的人民币汇率模型如下：

$$S = \alpha_0 + \alpha_1 S^e + \alpha_2 DR + \varepsilon \tag{11}$$

又根据（9）式和（10）式，令考虑央行干预的人民币汇率模型为：

$$S = \beta_0 + \beta_1 S^e + \beta_2 DR + \beta_3 P + \beta_4 Y + \mu \tag{12}$$

其中：s 表示人民币即期汇率；s^e 表示人民币预期汇率；P 表示国内物价水平；Y 表示国内产出；DR 表示国内外利率差；α_0，α_1，α_2，β_0，β_1，β_2，β_3 是待估计参数；ε、μ 为随机误差项。

样本区间为 2005 年 7 月到 2009 年 4 月，之所以选取这段时间作为研究对象，主要因为：（1）我国于 2005 年 7 月宣布实行有管理的浮动汇率制度，满足了模型的假设；（2）这段时间内央行频繁干预外汇市场，反映了央行通过干预来影响汇率水平的意图。即期汇率选取以直接标价法表示的人民币对美元汇率中间价，数据来自于中国人民银行网站。本文选取一年期人民币无本金交割远期（Non-deliverable Forward，NDF）汇率作为预期汇率的替代指标，数据来自彭博

(Bloomberg)网络数据库。① 银行间同业拆借利率一直被认为是信贷资金丰裕或短缺的风向标，这里国内利率采用7天银行间同业拆借利率来表示，数据来自中国人民银行网站；而国外市场利率采用美国联邦基金利率，数据来自美国联邦储备委员会网站；因此，国内外利率差等于国内利率减去国外利率。由于产出水平没有月度数据，考虑到消费对总产出有着很大的影响，因此本文采用社会消费品零售总额作为产出水平的替代指标。② 另外，国内物价指数选取中国居民消费价格指数为代表，相关数据来自国家统计局网站。

首先对上述序列进行了ADF检验和PP检验来判断平稳性（见表1）。检验结果显示，原始序列均为非平稳序列，但是经过一阶差分以后都是平稳序列，因而它们都是一阶单整序列。③

表1　　序列平稳性检验结果

变量	ADF检验形式	ADF统计量	PP统计量
S	(C, 0, 1)	-0.4760	-0.0664
ΔS	(0, 0, 0)	-1.9425***	-1.6871***
S^e	(C, 0, 6)	-0.664	-0.9618
ΔS^e	(0, 0, 0)	-4.7432***	-4.7093***
DR	(0, 0, 5)	-1.3971	-0.9467
ΔDR	(0, 0, 0)	-9.8823***	-9.9463***
P	(C, 0, 1)	-1.061	-0.9902
ΔP	(0, 0, 0)	-4.5268***	-4.5048***
Y	(C, 0, 8)	0.3745	-1.2691
ΔY	(0, 0, 0)	-6.1289***	-6.1289***

注：Δ表示差分，ADF检验形式（C，T，L）表示（截距，时间趋势，滞后），滞后期的选取是根据AIC和SC最小的原则进行的，*、**、***分别表示在1%、5%、10%显著性水平上显著。

---

① 任兆璋和宁忠忠（2005）认为，人民币无本金交割远期外汇交易形成的人民币NDF汇率渐已成为实务界度量市场对人民币汇率未来走势预期的主要指标之一，因为该汇率基本上反映了近年来国际金融市场对人民币走势的预期，也反映了交易者对于国内宏观经济走势的判断，因此NDF汇率可以作为人民币汇率预期的代理变量。

② 过去国内许多学者都使用工业增加值作为代表产出水平的替代指标，但国家统计局从2006年11月之后不再公布月度工业增加值数据，改为公布工业增加值增长速度。周学文（2009）指出“月度工业增加值是用上年年报的增加值率，调整成按2004年普查中生产法与收入法结合的增加值率，与月报中的总产值相乘计算”（见“了解和正确使用工业统计数据”学术报告会——中国社会科学院工业经济研究所网站）。根据增长速度换算成增加值存在缺乏明确基期等困难。

③ 其中汇率水平S一阶差分以后虽然没有通过5%显著性水平检验，但是在10%水平上是平稳的，其余序列一阶差分后都通过了1%的显著性水平检验。

接下来利用恩格尔和格兰杰两步法检验对方程（11）式和（12）式中这些序列之间是否存在某种协整关系，即在对方程进行最小二乘法估计的基础上，再检验残差序列的稳定性，估计结果如下：

$$\tilde{S}_t = 3.68 + 0.509S_t^e - 0.141DR_t$$
$$(8.74)(8.25)\quad(-6.99) \tag{13}$$

$$R^2 = 0.94,\ F-statistic = 298.1,\ AIC = -1.38,\ SC = -1.26,\ D.W. = 0.80$$

$$\hat{S}_t = 11.05 + 0.211S_{t-2}^e - 0.024DR_{t-2} - 0.042P_{t-2} - 8.73\times10^{-5}Y_t$$
$$(7.99)\quad(3.01)\quad(-2.14)\quad(-4.85)\quad(-6.22) \tag{14}$$

$$R^2 = 0.989, F-statistic = 799.1, AIC = -3.01, SC = -2.80, D.W. = 0.97$$

方程（13）残差单位根检验的 ADF 统计量为 -3.415，而方程（14）的残差 ADF 的统计量为 -4.292，都在1%显著性水平下拒绝了残差存在单位根的原假设，即在1%的显著性水平上确定残差是平稳序列，这说明方程（13）和（14）不存在伪回归，是可靠的。通过观察发现方程（14）的显著性水平很高、拟合优度很好、各变量显著性水平较高，这充分说明了考虑央行干预因素的人民币汇率决定模型能够更好的解释现实，说明中央银行在外汇市场上干预对于汇率水平的决定具有重要的影响，因此对于人民币汇率的研究不能忽略这个要素。例如，2008 年上半年通货膨胀压力增大时，央行倾向让汇率水平下降（即升值）来平抑物价；2009 年年初经济较为疲软，又希望让汇率贬值促进出口。

从方程（14）中可以看出，预期汇率滞后两期后与即期汇率之间呈现同方向变动关系，而国内外利率差滞后两期、国内物价水平滞后两期、国内产出水平与即期汇率之间反方向变动，这与之前理论推导的结论是一致的，并可通过统计检验，这就证实了本文建模的合理性。①

这里首先回答第一个问题。央行通过干预来释放对未来宏观经济政策观点的信号，改变了市场参与者对未来汇率的预期，继而传导到即期汇率上。实证表明考虑央行干预因素的汇率方程中预期汇率的弹性更小，即干预的信号效应降低了预期汇率的弹性，根据前面理论分析表明央行干预的规模比市场预期的小，反映出央行干预的目的是为了减轻预期汇率的直接影响并降低汇率波动。正如央行行长周小川 2009 年在出席泛美开放银行研讨会上表示“人民币汇率不应该大起大

① 由于两步法隐含地假设变量间只存在唯一的协整关系，因此需要采用 Johansen 检验进一步讨论。而在这之前必须先确定 VAR 模型的滞后阶数，笔者从较大的滞后项开始，根据 AIC 和 SC 信息准则最小的原则最终选取滞后阶数为 1，并通过了 AR 根检验，因而 VAR 模型是稳定的。之后进行极大似然检验，迹统计量和最大特征值统计量的检验表明，变量之间存在唯一的协整关系。

落……当前考虑人民币汇率政策的一个重点因素就是国际金融危机。”① 这些表态都暗示着干预行为实际上是多个宏观目标妥协的产物，如果干预的初衷与货币、财政政策相矛盾的话，干预的信号效应可能就会受到限制。

另一方面，央行干预的资产调整效应主要体现在对国内利率水平的影响上，进而映射到国内外利率差这个指标。对比发现忽略央行干预因素的国内外利率差弹性为负，且绝对值大于考虑干预因素的情况，这与前面分析认为资产调整效应使得该指标的符号还需进一步判定的论断是十分吻合的。在国内外资产不可完全替代的情况下，央行持续采取冲销干预的手段会引起国内利率上升，进而降低了国内外利率差指标的弹性，干扰了利率的传导机制正常运行。这同武剑（2005）认为“长期使用冲销政策，将引起国内利率上升，经济结构扭曲，热钱套利动机增加”的观点是一致的。

接下来讨论央行在外汇市场干预效力对汇率水平的动态影响问题。2005 年汇改之后央行密集出台了一系列的完善人民币汇率形成机制、加速利率市场化改革、促进国际收支平衡的政策措施，导致这三年多来人民币汇率决定的经济背景和形成机制发生了很大的变化，而传统的最小二乘法等固定参数模型是无法反映出这种变化趋势的，因此本文试图进一步利用可变参数模型来分析央行干预的动态效应，进而解释人民币汇率的决定，以期为加快利率市场化改革和增加汇率形成机制的弹性提供一定的依据。

前面已经分析了方程（14）中各变量之间存在协整关系，为接下来的研究提供了可靠的前提，因此可以通过状态空间模型构造可变参数模型来进行估计。之所以利用该模型来分析央行干预的动态效应主要有两个考虑：（1）状态空间模型能够将不可观测的状态向量与可观测变量一起构建模型进行估计；（2）状态空间模型采用卡尔曼滤波（Kalman Filter）迭代修正状态向量的估计，而卡尔曼滤波是从所有已知信息中计算状态向量的优秀递推算法，被称为最优化自回归数据处理方法。

前面分析央行干预外汇市场的信号效应和资产调整效应主要影响预期汇率和国内外利率差，因而本文将不同时点的预期汇率和国内外利率差的弹性设为状态向量，其余变量系数的初始值采用方程（14）的拟合结果，之后利用状态空间模型动态地分析央行干预对于即期汇率变量的影响。估计结果如下：

$$\tilde{S}_t = 11.92 + \beta_{1,t} S^e_{t-2} + \beta_{2,t} DR_{t-2} - 0.046 P_{t-2} - 8.86 \times 10^{-5} Y_t$$
$$(9.875)(103.8)(-6.409)(-5.588)\quad(-4.121)^{②} \qquad (15)$$

① 周小川：《人民币汇率不该大起大落》，载于《金融时报》，2009 年 2 月 4 日。

② 括号内的值为系数向量最后元素的 z 统计量。

$R^2 = 0.983$，$AIC = -1.524$，$SC = 1.362$，$H\text{-}Qcriter = -1.464$，$D.W. = 0.72$

其中变参数序列 $\{\beta_{1,t}\}$、$\{\beta_{2,t}\}$ 分别是预期汇率与国内外利率差对即期汇率的动态影响，反映出央行干预的信号效应和资产调整效应的时变状态。

从图1中可以看出滞后两期的预期汇率的弹性序列 $\{\beta_{1,t}\}$ 呈现出先快速下降再稳步上升之后缓慢下降的过程。其中，从2005年10月开始到2006年1月预期汇率的弹性一直呈现下降态势，最低值为0.13，主要是因为人民币汇率形成机制改革继续推进，央行出台了一系列汇改配套措施，央行干预的信号效应在这些措施的支持下使得市场上人民币升值预期迅速下降。2006年1月之后，预期汇率的弹性呈现快速上升势头，最高峰值为0.18。在这段时期，我国的经常项目以及资本项目持续出现了大量顺差，导致了流动性过剩，虽然央行积极干预市场减低升值压力，然而由于国际市场上美元持续走弱和其他政治因素，导致央行干预的信号效应无法消除市场上存在强烈的人民币升值预期，造成了预期汇率弹性不断创出新高。这表明当市场存在确定性预期的时候，央行干预的信号效应会受到遏制，特别体现于潜在货币和财政政策的立场与干预的企图矛盾的时候。2008年6月之后，预期汇率弹性逐月回落，可以认为是在各个市场主体对未来汇率走势不一致的情况下，央行的干预可以提供市场参与者所能普遍接受的依据，从而使得汇率按照央行的意图进行调整。因而可以认为央行干预的信号效应逐渐体现出来，减弱了预期汇率的弹性。纳玛斯旺和萨米伊（Ramaswamy & Samiei，2000）指出存在这样一种有趣的可能性，当汇率的走势与基础分析的结果存在冲突的情况下，央行的干预甚至冲销干预都会起到直接改变市场参与者判断的作用，从而凸显了信号效应。

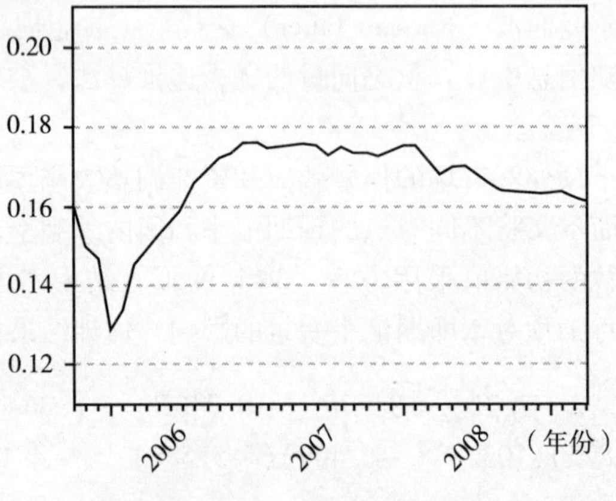

图1　预期汇率对即期汇率的动态影响

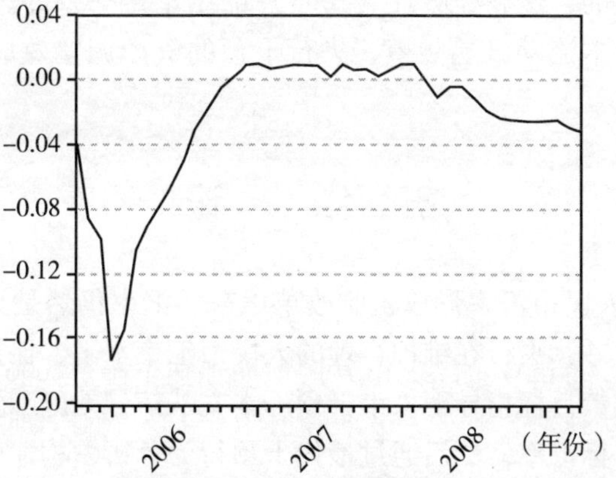

图 2　国内外利率差对即期汇率的动态影响

从图 2 中可以看出滞后两期的国内外利率差弹性基本为负数，且波动较预期汇率弹性更大。图形上有两个较为明显的特征：其一是 2006 年 1 月至 12 月国内外利率差弹性从 -0.18 上升到接近 0。其二是从 2007 年 1 月至今，国内外利率差弹性呈现逐波下行的趋势。造成前一种情况的原因可能是这期间央行进行了大规模的货币冲销操作，这种公开市场操作扭曲了国内利率水平，降低了国内外利率差对汇率水平的弹性，导致利率对汇率的传导渠道出现障碍。考虑央行买入外币资产且同时采取冲销操作的情形，资产调整效应表现为存货效应和流动效应，其中前者反映为外币资产占投资者财富中的比重减少，导致本币资产过度供给，国内利率上升，从而使得汇率上升即本币贬值；后者指利率上升引起资本流入，结果使得本币升值，但由于国内外资产不能完全替代造成效力不如前者。对第二种情况可能的解释是，存在越来越大规模的跨境短期资本流动。施建淮（2007）称在对外经济贸易规模日趋扩大以及贸易体系逐渐开放的背景下，目前中国资本账户管制的效力逐渐下降，大量国际资本通过未被管制的渠道进出我国。笔者曾统计过 2007 年之前出入我国的短期资本规模每月不超过 150 亿美元，而 2007 年之后跨境短期资本流动规模迅速上升，单月最高值超过 700 亿美元[①]。资本流动性的提高使得国内外资产替代率上升，间接造成了央行冲销干预的资产调整效应的效力减弱。

综合以上分析可以看出，预期汇率对即期汇率的弹性波动较为平缓，特别当市场对未来走势不一致时，央行干预的信号效应作用较为突出。而国内外利率差弹性的结构性特征十分明显，在当前存在资本管制的背景下，央行干预的资产调

① 这里跨境短期资本流动 = 外汇储备增加额 - 贸易顺差额 - FDI 资本流入净额。

整效应仍然是有效的，这和桂咏评（2008）的结论是一致的。另外，2007 年之后随着跨境短期资本流动日趋频繁，央行干预的资产调整效应呈现逐渐弱化之趋势。

五、结　论

自从 2005 年人民币汇率形成机制改革以来，汇率仍然是央行进行宏观调控的主要政策工具之一，央行在维护合理的人民币汇率水平、保持物价稳定并促进经济增长的汇率政策目标指导下入市干预。本文从信号效应和资产调整效应出发设计央行干预的目标汇率，然后通过最优干预行为分析，构建内含央行汇率政策目标的人民币汇率决定模型。接着通过实证估计来探寻央行干预的信号效应和资产调整效应的表现，最后利用可变参数模型对汇改三年多来央行干预效应进行了动态分析。

本文研究显示：第一，央行干预产生的信号效应使得预期汇率的弹性下降，而产生的资产调整效应影响了国内利率水平，进而减弱了汇率方程中国内外利率差指标的弹性，这些都反映出央行干预行为降低了汇率波动，即实现合理的人民币汇率水平这个目标。第二，预期汇率与国内外利率差弹性动态分析表明央行干预的信号效应与资产调整效应呈现相反变动的趋势。一方面，在汇率形成机制不断完善情况下，预期汇率的弹性缓慢下降，央行干预的信号效应正在不断增强；另一方面，随着资本管制效力减弱和资本流动性的提高，央行干预的资产调整效应逐渐弱化。

参考文献：

[1] 卜永祥：《外汇最优干预理论和中国实践》，载于《经济学动态》，2009 年第 1 期。

[2] 陈浪南、黄洵：《联合外汇干预的实证研究》，载于《经济研究》，2004 年第 5 期。

[3] 桂咏评：《中国外汇干预有效性的协整分析》，载于《世界经济》，2008 年第 1 期。

[4] 何慧刚：《中国外汇冲销干预和货币政策独立性研究》，载于《财经研究》，2007 年第 11 期。

[5] 任兆璋、宁忠忠：《人民币汇率预期与人民币 NDF 汇率的实证研究》，载于《学术研究》，2005 年第 12 期。

[6] 施建淮：《中国资本账户开发：意义、进展及评论》，载于《国际经济评论》，2007 年第 11－12 期。

[7] 武剑：《货币冲销的理论分析与政策选择》，载于《管理世界》，2005 年第 8 期。

[8] 元惠萍、陈浪南、黄洵：《外汇干预传导的预期途径分析》，载于《预测》，2002 年第 6 期。

[9] Baillie, R. T. and Osterberg, W. P. 1997. "Central Bank Intervention and Risk in the Forward Market," *Journal of International Economics*. 43 (3 - 4), pp. 483 - 97.

[10] Branson, W. H.; Halttunen, H. and Masson, P. 1977. "Exchange Rates in the Short Run the Dollar Deutschemark Rate," *European Economic Review*. 10, Dec, pp. 303 - 324.

[11] Dominguez, K. M. and Frankel, J. A. 1993. "Does Foreign Exchange Intervention Matter? The Portfolio Effect," *American Economic Review*. 83 (5), pp. 1356 - 69.

[12] Eijffinger, Sylvester C. W. and Noud Gruijters. 1991. "On the Short Term Objectives of Daily Intervention by the Deutsche Bundesbank and the Federal Reserve System in the US Dollar/Deutsche Mark Exchange Market," *Kredit Kapital*. 24 (1), pp. 50 - 72.

[13] Mussa, Michael. 1981. *The Role of Official Intervention*. New York: Group of Thirty.

[14] Loopesko, B. E. 1984. "Relationships Among Exchange Rates, Intervention, and Interest rates: An empirical investigation," *Journal of International Money*. 3 (3): 257 - 277. Ramaswamy, R. and Samiei, H. 2000. "The Yen-Dollar Rate: Have Interventions Mattered?"

[15] Working Paper, Washington DC: IMF. WP/00/95.

信贷风险、资本金约束与货币政策的有效性

——兼论两轮金融危机下的中国货币政策效应反差

■李运达*

一、问题的提出

亚洲金融危机与周期性负面因素的叠加使我国经济1997年起进入下行区间，针对该轮通货紧缩的宏观调控随之展开，稳健的货币政策与积极的财政政策相继出台。有鉴于亚洲金融危机中脆弱的货币金融体系成为经济稳定的致命隐患，我国在货币政策实施过程中，一方面着力加强对银行体系的风险控制与资本充足率监管，为提高商业银行运营的“稳健”性，陆续实施了向国有银行注资，剥离不良资产等举措；另一方面努力推进货币政策操作的规范化与市场化，为凸显货币政策的“稳健”性，连续下调法定存款准备金率和基准利率，弱化直接的信贷控制。但事实表明1997~2002年稳健货币政策在扩大内需方面作用并不理想，理论界对于货币政策失效原因的讨论较少涉及银行商业化改革、资本金监管与货币政策意图之间的矛盾：商业化改革的推进，资本金监管的加强，促使银行体系对信贷风险和资本金压力的因应趋于敏感，信贷投放决策趋于审慎；而货币政策力图通过调整准备金率和基准利率，以增加货币供给，扩张信贷投放。随着2003年以后货币政策取向的转换，这一“矛盾”由对立转化为统一，转而提高

* 李运达，南开大学经济研究所；研究领域：货币经济学。

了紧缩性货币政策的有效性，商业银行审慎的信贷投放为冷却这一时期的经济过热发挥了积极作用。此后，国有商业银行相继完成重组上市，所面临的资本金约束相对趋松，虽然银行业竞争格局的确立使得商业银行对信贷风险的控制更趋于理性，在货币政策"适度宽松"的背景下，这一"矛盾"对立面的冲突已相对缓和。面对此次全球性金融危机，尽管外部需求的萎缩导致2008年年中起出口贸易跳水，GDP增速回落，但2009年以来信贷投放扩张迅速，一季度金融机构新增人民币贷款达4.58万亿元，有效地配合了政府大规模投资计划的实施，随着信贷资金的注入，货币政策的有效性逐步彰显。那么，1997年以来在治理通货紧缩和经济过热过程中货币政策效应为何是不对称的？尤其在两轮金融危机下扩张性货币政策的有效性为何存在明显反差？这种有效性差异与信贷风险和资本金监管有何联系？对此，本文试图从理论上加以说明，通过引入信贷风险和资本金约束扩展伯南克－布兰德（Bernanke-Blinder）的CC-LM模型，在一般均衡框架内探讨信贷风险与资本金约束对货币政策有效性的影响。

全文结构如下，第二部分回顾CC-LM模型的衍生，综述有关信贷风险与资本金约束对货币政策影响研究的文献；第三部分通过向伯南克－布兰德的CC-LM模型中植入信贷风险和资本金约束，基于扩展的一般均衡框架作比较静态分析，讨论信贷风险评估与资本金监管对货币政策效应的制约机理；第四部分就1997年以来我国的货币政策实践，探讨理论模型对于我国货币政策效应分析的启示。第五部为本研究结论。

二、文献综述

IS-LM模型作为20世纪下半叶宏观经济学的核心内容，一直是分析货币、财政政策的经典框架，但是该模型自产生以来也受到诸多方面的批评。批评之一是针对IS-LM模型关于信贷与债券完全替代的潜在假定，以及由此延伸出"两位一体"的分析命题：债券市场与信贷市场只需关注其一，以货币投机需求联结债券和货币市场，在瓦尔拉斯定律下将信贷市场连同债券市场予以舍弃（方福前，2004）。只存在债券与货币的两种资产的经济中，IS-LM框架下的货币政策只影响LM曲线，但是作为新古典因素的"资金成本"对于现实货币政策效应的解释力欠缺，说明只以利率和货币存量描述金融体系是不够的。在这一理论背景下，伯南克－布兰德（Bernanke and Blinder，1988）通过放松债券与信贷完全替代假定，提出CC-LM模型，他们将信贷市场整合进总需求分析，在一般均衡的框架内讨论了货币政策传导的信贷渠道，分析了信贷、货币与产品市场间的相互作用。伯南克－布兰德最初提出CC-LM模型，是旨在以统一的框架评价信贷和货币分别作为货币政策目标时的效果，而未就信贷风险和资本金监管等因素对货币政策效应的影响加以讨论。

信贷风险对货币政策影响的研究始于人们对货币政策传导的信贷渠道的关注。本杰明·弗里德曼（Benjamin Friedman，1981）的研究表明，较之于货币和GNP之间的关系，信贷与GNP之间的关系更为密切[3]，这一结论也是促成美联储1982年恢复信贷作为货币政策目标的原因之一。斯蒂格利茨和韦斯（Stiglitz and Weiss，1981）通过引入信贷市场的信息不对称性，从道德风险和逆向选择的角度研究了“均衡信贷配给”，在理论上证明了商业银行的信贷配给行为不仅与“理性人”原则相统一，而且构成了货币和资本市场之外传导货币政策的渠道。此后有关信贷风险和不完全信息引致信贷可得性问题的研究大量涌现。伯南克等（Bernanke et al.，1998）将风险贷款利率与宏观经济状况联系起来，从数理上严格证明了信贷渠道的存在性，指出信贷风险引致的外部融资升水具有顺周期性（Procyclicality），蕴涵信贷风险的信贷市场会放大货币政策效应。尼克尔等（Nickell et al.，2000）认为，受宏观经济条件影响，贷款违约率同样具有顺周期性，商业银行在经济疲软时更多地考虑贷款偿付的可能性，从而压缩信贷规模，导致宏观经济进一步紧缩。鲍姆等（Baum et al.，2008）指出整体宏观经济的不确定性对银行可贷资金的配置具有反向影响（Adversely Affecting），不确定性给银行在信贷市场中搜集投资机会制造了“噪音”，商业银行将压缩信贷供给，提高可贷资金中持有无风险债券比重[7]。资本金约束对货币政策影响的研究相对较晚。巴塞尔协议1988年出台以后，欧美主要经济体自1990年开始出现经济衰退，货币政策也因信贷收紧（Credit Crunch）而陷入困境。伯杰和尤代尔（Berger and Udell，1994），汉考克和威尔科克斯（Hancock and Wilcox，1998）的研究分别佐证了低的资本金水平和监管当局的资本充足率约束是导致1990～1992年经济衰退时期信贷紧缩的重要原因。布卢姆和赫尔维希（Blum and Hellwig，1995），戴蒙德和拉詹（Dimond and Rajan，2000）则进一步证实资本金约束导致的银行信贷收缩，会对货币政策效应的传导和经济稳定运行产生负面影响[10-11]。布利斯和考夫曼（Bliss and Kaufman，2003）指出在商业银行资本金水平既定的条件下，资本充足率监管将造成货币政策的非对称效应，由于银行受资本金约束，使得衰退时期的货币政策扩而不张，但高涨时期的货币政策更趋紧缩。霍姆斯特龙和梯若尔（Holmstrom and Tirole，1998）结合信贷市场的不完全性，通过建立道德风险模型，分析了银行资本金水平对信贷和实际投资规模的制约作用，认为市场决定的资本充足率具有顺周期变化的特征，这一特征将延缓经济复苏，加深经济衰退的幅度，从而削弱扩张性货币政策的有效性[13]。

我们认为，一方面CC-LM模型作为一个简明的一般均衡分析框架，较之于

IS-LM 模型，对货币政策的讨论更为全面，但未涉及信贷风险和资本金约束对货币政策效应的制约；另一方面有关信贷风险和资本充足率监管对货币政策效应影响的研究成果较为丰富，但大多采用局部均衡的分析方法。为此下面尝试基于 CC-LM 模型，通过引入信贷风险与资本金约束，在扩展的一般均衡框架内讨论信贷风险与资本金约束对货币政策有效性的影响。

三、理论模型框架

伯南克和布林德（Bernanke-Blinde）的 CC-LM 模型中，公共部门包括政府和中央银行，私人部门包括企业 f、家庭 h 和商业银行 b。信贷（Credit）市场与产品（Commodity）市场的均衡表述为 CC 曲线。货币市场的均衡依然由 LM 曲线描述。区别于伯南克和布林德经济，真实经济中，商业银行作为信贷市场的中介，面对信息不对称在作出贷款决策时须对信贷风险加以识别和度量，当经济中企业的盈利水平下降、资产负债率上升时，企业贷款违约的概率上升，银行信贷损失的风险增加，相应的银行减少信贷供给，信贷风险与信贷供给呈反比。另外，监管当局为维持货币金融体系的稳健运转，要求商业银行保有一定的资本金，资本金与加权风险资产比重须达到一定比率。因此，中央银行的政策意图并非必然地向 CC-LM 模型那样，可以顺畅地经由信贷渠道表现为商业银行的信贷投放。相反，信贷风险与资本金约束可能导致信贷渠道的梗阻，并且关联到货币渠道，从而制约货币政策效应。那么，信贷风险和资本金约束对货币政策有效性有着怎样的制约机理，下面将在扩展的一般均衡框架内对此展开讨论。

（一）模型假设

（1）企业融资方式包括向银行借款 L^f 和发行债券 B^f，由于不再像 IS-LM 模型中假定债券与贷款之间的完全替代，企业在两种融资方式之间的选择取决于由不完全信息导致的融资成本差异，即债券利率 i_B 与贷款利率 i_L 的对比。

（2）家庭的非消费部分 S 分别以存款 D^h 和债券 B^h 的形式储蓄起来，储蓄结构取决于家庭在流动性与收益性之间的权衡。

（3）商业银行体系中资产项目包括信贷投放 L^b、债券持有 B^b、存款准备金 R，法定准备金率 τ，银行资产中的债券具有超强的流动性，无需持有超额准备，持有存款准备金 τD^b 为银行的最优选择。负债项目为存款 D^b，商业银行自有资本金为 N。

(4) 商业银行的信贷决策纳入了对信贷风险 ρ 的考量，$L^b = L(\underset{-}{i_B}, \underset{+}{i_L}, \underset{-}{\rho}, \underset{+}{R})$①，表示商业银行信贷投放与其对总体信贷风险的评估呈反比。区别于斯蒂格利茨—韦斯信贷配给模型中银行对于具体贷款项目风险回报的主管概率分布[4]，这里的 ρ 表示对总体信贷风险的度量。

(5) 商业银行资产业务受监管当局规定的资本充足率 δ 约束，不考虑资产风险权重，有 $\delta \leqslant \frac{N}{B^b + L^b}$，即商业银行在业务经营过程中须保持资本充足率不低于这一比率。

(6) 产品市场上信贷影响产出的渠道畅通，即货币政策对信贷投放的影响可视同货币政策在产品市场上对产出的影响。

(7) 产品市场的需求结构中除消费需求和企业投资需求以外，还包括政府购买 G 和净出口 EX，通过明确总需求结构，可以具体设定需求冲击的来源，以分析货币政策的因应效果。

(8) 货币金融体系不存在现金漏出，因此准备金即基础货币，存款即货币供给，R 成为货币政策的代理变量，准备金的变化表征着货币政策的操作。

上述假定中的 1、2 是伯南克－布兰德的 CC-LM 模型的既有假定。假定 6、7 和 8 是对原模型隐含假设的重述，以明确 CC-LM 框架下的货币政策分析应满足的基本条件。假定 3、4 和 5，是扩展模型的关键假设，也是本研究的理论创新所在。以下依据商业银行面临资本金约束的松紧，分两种情形建模讨论之。

(二) 模型推导与比较静态分析

情形 I　资本金松约束，即 $\frac{N}{B^b + L^b} > \delta$，商业银行资本充足率高于监管要求。

模型推导

商业银行体系的资产负债等式为 $R + B^b + L^b = D^b + N$，由 $R = \tau D^b$ 得：

$$B^b + L^b = D^b + N - R = R\left(\frac{1-\tau}{\tau}\right) + N = M(R) \tag{1}$$

家庭储蓄结构：　$S(Y, i_B) = D^h(\underset{+}{Y}, \underset{-}{i_B}) + B^h(\underset{+}{Y}, \underset{+}{i_L})$　(2)

企业融资结构：　$I(i_B, i_L) = L^f(\underset{+}{i_B}, \underset{-}{i_L}) + B^f(\underset{-}{i_B}, \underset{+}{i_L})$　(3)

---

① 方程中变量下的符号为对应隐函数的偏导数符号，下同。

由（1）式，设商业银行资产项中的债券持有与信贷投放分别为：

$$\begin{cases} L^b = \bar{\psi}(\underset{-}{i_B}, \underset{+}{i_L}, \underset{-}{\rho}) M(R) \\ B^b = \bar{\phi}(\underset{+}{i_B}, \underset{-}{i_L}) M(R) \end{cases} \tag{4}$$

其中：$\bar{\phi}(i_B, i_L) + \bar{\psi}(i_B, i_L, \rho) = 1$

由（3）式和（4）式得信贷市场的均衡：

$$L^f(i_B, i_L) = L^b = \bar{\psi}(i_B, i_L, \rho) M(R) \tag{5}$$

（5）式表明当资本金松约束时，充足率为 δ 的资本金监管不影响信贷市场的均衡，解出信贷市场均衡利率：

$$i_L = \bar{\varphi}(i_B, \underset{-}{R}, \underset{+}{\rho}) \tag{6}$$

（6）式表明 i_B 上升，债券融资的成本高企，企业的信贷需求增加，同时由于债券利率上升，银行增加债券持有减少信贷供给，因此信贷市场的均衡利率 i_L 上升。R 增加提高商业银行可贷资金，其他条件不变贷款投放 L^b 增加，i_L 下降。信贷风险增加，为抵补贷款损失风险，商业银行提高信贷利率，i_L 上升。

将（6）式带入（3）式，得产品市场与信贷市场的均衡，即 CC 方程：

$$I(i_B, \bar{\varphi}(i_B, R, \rho)) + G + EX = S(Y, i_B) \tag{7}$$

由（1）式和（3）式得货币市场均衡，即 LM 方程：

$$D^h(Y, i_B) = D^b = R\frac{1}{\tau} \tag{8}$$

比较静态分析

资本松约束时，引入信贷风险的 CC-LM 模型中，货币政策引致的 CC 曲线位移在方向上与伯南克和布林德的 CC-LM 模型一致，模型的扩展体现在曲线位移的机理上。商业银行在识别和度量信贷风险 ρ 时，经济活动水平和企业资产负债状况是重要的参考指标，而这两项指标皆具有顺经济周期的变化特征：经济下行，产出下降，则经济活动低迷，企业资产负债率高企；经济上行，产出增长，则经济活动高涨，企业资产负债率降低。因此，以产出表征经济活动水平或企业资产负债率进而刻画信贷风险是合意的，虽然模型中未明确信贷风险的内生形式，但 ρ 的引入意味着产出与信贷之间以信贷风险为媒介的反馈机制已介入货币政策效应的传导。产出下降，信贷风险上升，商业银行紧缩信贷供给，产出进一步下降……经济衰退加剧。此时，调控政策须着力扭转这一负反馈机制，这也是货币政策有效实施的前提，唯其如此央行增加 R，在乐观的信贷风险预期下，商业银行才会增加信贷投放，从而加快经济复苏。否则即使资本金松约束，在商业银行风险预期未改善之前，审慎的信贷投放乃至“惜贷”将延缓经济复苏。可见，信贷与产出之间以 ρ 为媒介的具有“金融加速器”性质的反馈机制，不仅会放大经济波动，还制约着货币政策的有效性。

如图 1 所示，总需求受外部冲击影响下降，如外围经济发生金融危机，减少对本国进口需求，产出下降，信贷风险增加。由（5）式和（6）式，商业银行提高信贷利率压缩信贷供给，产出进一步下降，CC 曲线左移至 $CC|EX_1$，R_0，ρ_1。所以，产出与信贷之间的负向反馈机制使得在相同情况下 CC 曲线的左移幅度，进而产出下降幅度更大。为提振总需求水平，实施扩张性货币政策，增加基础货币投放至 R_1。在调控政策的推动下，随着产出的回复，信贷风险降低，由于资本金松约束，充足率监管不构成对商业银行资产业务的制约，商业银行增加信贷投放，产出增加，信贷风险进一步降低……于是相同的政策力度会推动 CC 曲线较大幅度的右移。当 LM 曲线水平时，扩张性货币政策依然可以通过向实体经济注入信贷推动 CC 曲线右移，而且由于信贷风险预期的改善，扩张性的货币政策效果相对更为显著（紧缩性货币政策效应分析与此相反，不再赘述）。

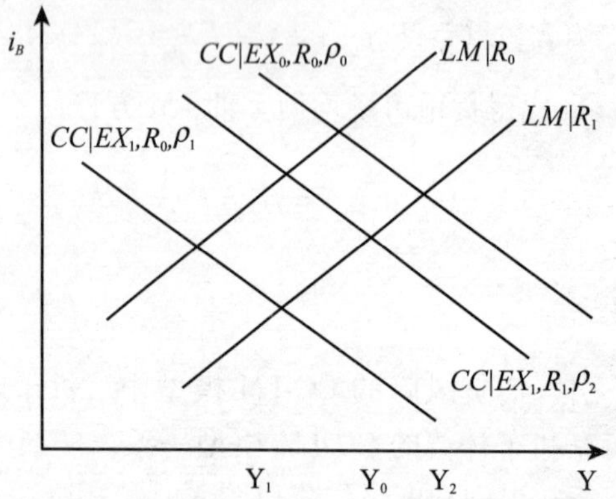

图 1

情形 Ⅱ 资本金紧约束，即$\frac{N}{B^b+L^b}=\delta$，商业银行资产规模受资本充足率监管制约。

模型推导

面临资本金紧约束，商业银行以既有资本金确定业务经营中的资产规模，避免因资本充足率低于规定，触发相关监管措施①，造成对银行信誉和竞争力的负面影响。因此有：

$$B^b + L^b = \frac{1}{\delta}N \tag{9}$$

由（9）式，设商业银行资产项中债券持有和信贷投放分别为：

$$\begin{cases} L^b = \hat{\psi}(\underset{-}{i_B}, \underset{+}{i_L}, \underset{-}{\rho})N \\ B^b = \hat{\phi}(\underset{+}{i_B}, \underset{-}{i_L})N \end{cases} \tag{10}$$

其中：$\hat{\phi}(i_B, i_L) + \hat{\psi}(i_B, i_L, \rho) = \frac{1}{\delta}$

由（10）式和（3）式得信贷市场的均衡：

$$L^f(i_B, i_L) = L^b = \hat{\psi}(i_B, i_L, \rho)N \tag{11}$$

（11）式表明，资本金紧约束时，中央银行的基础货币投放 R 不影响信贷市场的均衡，资本金 N 制约着信贷市场中的均衡信贷规模。由（11）式解出信贷市场均衡利率 $i_L = \hat{\varphi}$（$\underset{-}{i_B}$，$\underset{+}{\rho}$，$\underset{-}{N}$）带入（3）式得资本金紧约束时引入了信贷风险的 CC 方程：

$$I(i_B, \hat{\varphi}(i_B, \rho, N)) + G + EX = S(Y, i_B) \tag{12}$$

资本金紧约束时描述货币市场均衡的 LM 方程为：

$$R + \frac{N(1-\delta)}{\delta} = D^b \tag{13}$$

比较静态分析

资本金紧约束不仅改变了货币政策作用于 CC 曲线的机理，而且 LM 曲线的位移也区别于伯南克和布林德的 CC-LM 模型和 IS-LM 模型。CC 曲线方面，由

① 如美国《1991 年联邦存款保险公司改进法案》中的“即时修正条款”规定，资本充足率未达标的银行将受到不得吸收存款、重组资产等处罚，严重不足者甚至面临强制破产清算的制裁。我国 2004 年颁布的《商业银行资本充足率管理办法》也设有类似条款。

（11）式，资本金紧约束时基础货币 R 不影响信贷市场均衡，商业银行的信贷供给受既有资本金制约，即使中央银行扩张基础货币，为保证资本充足率达标，商业银行不会扩大风险资产规模，从而不提供信贷增量，CC 曲线不变，扩张性货币政策在产品市场上无所作为。但当货币政策紧缩时，中央银行削减基础货币投放，面对资本金监管压力，商业银行须进一步压缩信贷存量，这与货币当局调控意图相一致，CC 曲线左移有助于提高紧缩性货币政策的有效性。LM 曲线方面，（13）式表明当基础货币供给增加 ΔR，货币供给的增加量 $\Delta D^b = \Delta R < \frac{\Delta R}{\tau}$。可见，当资本金紧约束时货币市场中的存款创造机制受阻，基础货币的等量增加所创造的货币供给小于资本金松约束时的货币供给。这就意味着同样的货币政策扩张力度，引致的 LM 曲线位移变小，产品市场上货币政策的扩张效应被削弱，但是，货币政策的紧缩效应可以通过 CC 曲线的左移得到弥补和加强，从而提高紧缩性货币政策的有效性。

如图 2 所示，受外部冲击影响 CC 曲线左移至 $CC|EX_1$，R_0，N_0，ρ_1，产出下降。实施扩张性货币政策，增加基础货币投放至 R_1，但是货币创造机制梗阻导致 LM 曲线右移的幅度下降，信贷市场上商业银行因资本金紧约束不再提供信贷增量，且可能因资本金损失，进一步压缩信贷存量，导致 CC 曲线进一步左移，产出不增反降。此时，扩张性货币政策的有效性大为削弱。如果调控政策的实施扭转了产出与风险间的负向反馈机制，而且在经济复苏过程中，随着银行经营环境和盈利水平的改善，增加资本金积累至 N_1，银行资本金约束趋松，则银行信贷投放的空间得以扩张，在扩张性货币政策作用下，CC 曲线右移至 $CC|EX_1$，R_1，N_1，ρ_2，产品市场上货币政策有效，即使 LM 曲线水平，货币政策的实施依然可以通过向实体经济注入信贷推动 CC 曲线右移，此时货币政策的有效实施以

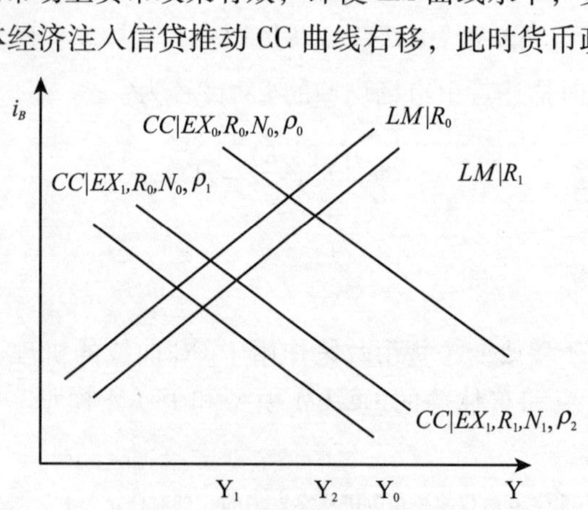

图 2

商业银行的资本金增加为前提。

（三）模型分析命题小结

以上对扩展的CC-LM模型的分析表明，信贷风险与资本充足率构成了对商业银行信贷决策的双重约束，货币政策的有效性不仅取决于中央银行的政策意图，还受制于商业银行对信贷风险的评估及其面临的资本充足率监管，并且上述这两重约束对货币政策的制约力度因资本金约束的松紧而异，据此我们可以得出如下命题。

命题Ⅰ 当资本金松约束时，资本金充足率监管不影响商业银行信贷的扩张或收缩，商业银行对总体信贷风险评估从根本上制约货币政策的有效性。在经济周期性波动过程中，信贷与产出之间以信贷风险为媒介存在具有金融加速器性质的反馈机制，它可以放大货币政策效应，但须以货币政策效扭转这种反馈机制为前提。

商业银行在情形Ⅰ中无资本充足率监管压力，信贷风险成为制约货币政策有效性的主要因素。以扩张性货币政策为例，信贷风险对商业银行信贷决策的影响表现为：商业银行资产结构中债券与信贷相对比例的调整，信贷风险预期乐观则信贷占资产比重增加，商业银行加速信贷投放，从而有效应对扩张性货币政策操作；反之，信贷风险增加，即使商业银行扩大资产规模，但主要用于增持债券，信贷增量甚小，货币政策扩张效应将受到限制。如图3资本充足率曲线所示①，信贷损失风险越高，商业银行体系的不良资产增加，导致资本金受呆坏账侵蚀而减少，充足率曲线将左移，资本金充足率δ对应的最低基础货币供给R^{δ}减少，超出R^{δ}的基础货币投放不再产生信贷增量，货币政策的有效性空间缩小。信贷风险降低，商业银行资产质量和盈利状况的改善增加了资本金积累，充足率曲线右移，R^{δ}增加，小于R^{δ}的基础货币投放均可以使产品市场获得信贷注入，从而货币政策的有效性空间扩大。

命题Ⅱ 资本金紧约束时，资本充足率监管会造成货币政策效应的不对称，即扩张性的货币政策的有效性被削弱，而紧缩性货币政策的有效性被增强。相应的信贷风险评估不再是决定商业银行信贷决策的主要因素。通过提高银行资本金的自我积累或政府直接注资，缓解资金的紧约束局面，是提高扩张性货币政策有效性的关键。

商业银行在情形Ⅱ中为避免受监管当局的处罚或制裁，必须保证资本充足率达标，此时信贷风险对货币政策有效性的影响退居次要地位。资本金紧约束

---

① 资本充足率曲线的推导见附录。

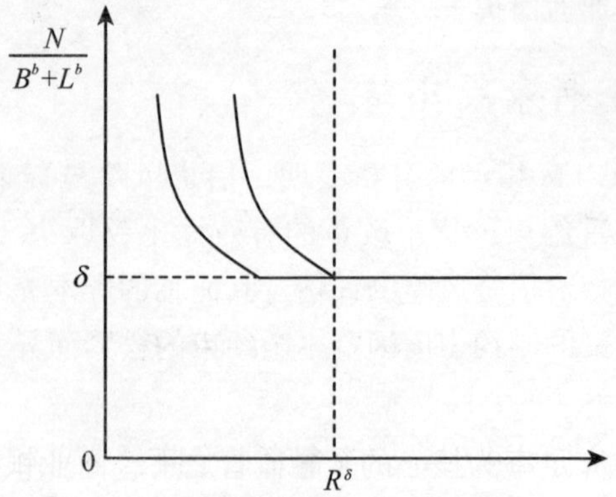

图 3

可能源于商业银行资产规模相对于资本金扩张的过快，或者不良资产比率过高侵蚀了既有的资本金，这都会降低资本充足率使其逼近监管底线。资本金紧约束时，商业银行面对基础货币扩张无法提供信贷增量，如图 3 所示，商业银行的资产规模不变，资本充足率曲线处于水平位置，货币政策操作空间位于 R^δ 右侧，此时的货币政策在产品市场上无所作为，而且货币创造机制的梗阻降低了货币市场上货币供应量的增加，货币市场上的政策效应也被削弱。若商业银行增加利润积累、获取政府注资，资本充足率高于监管要求，从而重新回到资本松约束情形，即位于向上倾斜的资本充足率曲线上，对应的货币政策操作空间延伸到了 R^δ 左侧，那么货币政策会重新在推动经济复苏的过程中扮演重要角色。

四、信贷风险、资本金约束与中国货币政策实践

1997 年亚洲金融危机爆发，由此引发的外围经济震荡导致中国进口贸易急剧萎缩。虽然当时中国对外贸易依存度相对较低，外部需求冲击尚不足以撬动本国经济运行，但外围经济波动与经济周期性负面因素的叠加，导致中国 GDP 增速下滑，经济下行趋于明朗化。1998 年，在“内外交困”的背景下出台了稳健的货币政策和积极的财政政策。亚洲金融危机昭示脆弱的货币金融体系是经济稳定运行的致命隐患，这一教训促使中国加强银行业的风险控制，加快国有银行的商业化改革，对商业银行以提高资本充足率，降低不良资产为主要内容的金融监管由此展开。在 1996 年加入了巴塞尔协议以后，1998 年财政部发行 2 700 亿元特别国债用以补充四大国有商业银行资本金，1999 年成立四大国有资产管理公

司，剥离国有商业银行不良资产 14 000 亿元。此间国有银行资本充足率由 1997 年的 4.9% 上升到 1998 年的 7.8%，进而在 1999 年达到 8.7%，但在随后又跌至 8% 以下。由于国家声誉与居民强制储蓄的组合依然维系着国有商业银行特殊的资本结构，在资本充足率普遍不足 8% 的情况下，国有商业银行的稳定性似乎并未受到影响（张杰，2003）。如果说商业银行因此对 8% 的资本充足率压力的反应尚欠敏感的话，那么对同期 60% 以上的企业资产负债率的反应则是充分的，“惜贷”问题即是明证①。可见，货币政策的“稳健”与银行经营的“稳健”之间的矛盾已由此显露：一方面货币政策要求放松银根、扩张货币和信贷供给；另一方面在以提高资本充足率为核心的金融监管之下，商业银行的风险管理日趋理性，信贷投放日趋审慎。“矛盾”导致的结果是扩张性货币政策缺少商业银行的配合。如图 4 所示，1997 ~ 2000 年商业银行信贷增速不升反降，贷款增速从 1997 年的 22.5% 下降到 2000 年的 6%。进入 2000 年以后，经济开始复苏，而且经过注资和不良资产剥离商业银行资本充足率压力相对减轻，随着货币供应量和存款的增加，银行存贷差不断拉大，商业银行信贷投放开始回升，至 2002 年贷款增长率达到 16.9%。

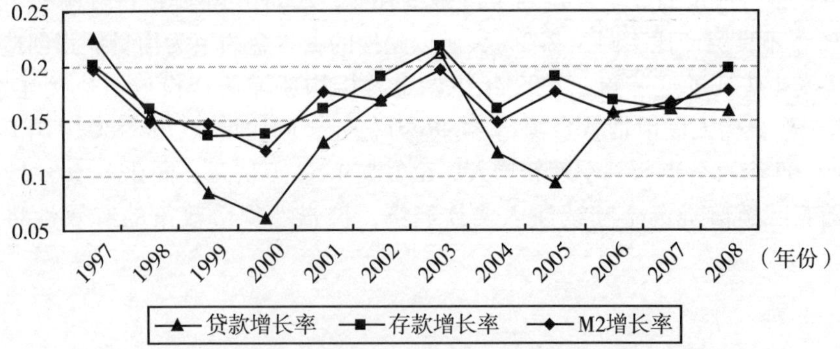

图 4　贷款、存款与 M2 的增长率

资料来源：中经网中国经济统计数据库及中国人民银行网站。

2003 年以后宏观经济逐渐走出通货紧缩，并在 2004 年呈现局部过热，2007 ~ 2008 年年初出现结构性通货膨胀，货币政策取向由“稳健”转向“中性”，进而过渡到“从紧”。同一时期对商业银行的资本金监管也更为严格，2004 年出台了以新版巴塞尔协议为蓝本的《商业银行资本充足率管理办法》，要求商业银行

① 1998 ~ 2000 年，工业企业资产负债率分别为 63.7%、61.8% 和 60.8%，考虑到这一时期的企业尤其是国有企业在账面负债之外存在着大量的隐性负债，企业实际资产负债率应不低于此数。

资本充足率2007年必须达到8%，并对风险资产计量做了更为严格的规定。随着国有银行上市前财务重组的展开，银行业对信贷风险更为敏感，而且政府为控制固定资产投资的过快增长，加强了对商业银行的直接行政干预。一系列因素使得这一时期商业银行的信贷投放增速明显回落，2005年贷款增速降至9.3%，在随后三年中保持在15%左右。相对于前一时期扩张性货币政策效应的式微，本轮紧缩性货币政策在商业银行的因应下有效地遏制了固定资产投资过热，在防治通货膨胀方面发挥了积极作用。2008年年中以来，受全球性金融危机影响，外部需求急剧萎缩导致出口增速大幅下滑，GDP增长速度回落，经济衰退风险加大。“适度宽松”的货币政策随即出台，存款准备金率和基准利率相应回调，基础货币投放增速加快。相对于1997年亚洲金融危机下的货币政策，此次扩张性货币政策具备良好的政策基础，一方面，虽然金融危机导致出口贸易下滑，但我国实体经济基本面尚好，消费需求平稳，政府大规模投资计划的实施有效地提振了投资需求，而且，2008年企业资产负债率57.4%，为1997年以来的最低点，所以商业银行信贷风险预期相对乐观；另一方面，由于前一阶段经济处于上行周期，商业银行盈利状况得以改善，随着国有商业银行先后完成股份制改造实现重组上市，银行体系的资本金得到了进一步补充，2008年商业银行资本充足率达到12%，不良资产比率降至2.3%，所以趋松的资本金约束为信贷扩张创造了空间。事实也佐证了这一点，2009年伊始金融机构新增信贷投放增速接连攀升，3月末金融机构人民币贷款余额达34.96万亿元，同比增长29.78%，比上年年末高11.05个百分点，一季度新增人民币贷款4.58万亿元，同比多增3.25万亿元。随着巨额信贷资金陆续注入实体经济，扩张性货币政策的有效性将逐步彰显。

五、结　　论

通过在CC-LM模型中植入信贷风险与资本金约束，本文在扩展的一般均衡的框架内讨论了信贷风险评估与资本金约束对货币政策效应的影响机理，在此基础上，探讨了扩展的理论模型对于我国货币政策效应分析的启示。我们认为：

第一，信贷风险与资本充足率构成了对商业银行信贷决策的双重约束，货币政策有效性不仅取决于中央银行的政策意图，还受制于商业银行对信贷风险的评估及其所面临的资本充足率监管，并且这两重约束对货币政策有效性的制约力度因资本金约束松紧而异。

第二，资本金松约束时，资本金充足率的监管不影响商业银行信贷的扩张或收缩，商业银行对总体信贷风险的因应制约着货币政策的有效性。在经济周期性波动过程中，信贷与产出之间以信贷风险为媒介存在具有金融加速器性质的反馈机制，它可以放大货币政策效应，但须以货币政策有效扭转这一反馈机制为前提。

第三，资本金紧约束时，资本充足率监管会造成货币政策效应的不对称，扩张性货币政策的有效性被削弱，而紧缩性货币政策效应被增强。此时信贷风险不再是制约商业银行信贷决策的主要因素。通过提高银行资本金的自我积累或政府直接注资，缓解资本金紧约束局面，是提高货币政策有效性的关键。

第四，1997 年以来我国的货币政策实践中，商业银行对信贷风险和资本金压力因应的变迁，是经济周期中货币政策效应不对称的主要根源，也是形成两轮金融危机下扩张性货币政策有效性反差的重要原因。

参考文献：

[1] 方福前：《IS-LM 模型的新发展》，载于《教学与研究》，2004 年第 8 期。

[2] 张杰：《中国国有银行的资本金谜团》，载于《经济研究》，2003 年第 1 期。

[3] Baum C., Caglayan M., and Ozkan N., 2008, "The Second Moments Matter: the Response of Bank Lending Behavior to Macroeconomic Uncertainty", Boston College Working Paper, No. 521.

[4] Berger A., and Udell G., 1994, "Did risk-based Capital Allocate Bank Credit and Cause a 'Credit Crunch' in the United States", *Journal of Money, Credit and Banking*, Vol. 26 (3), pp. 585 – 628.

[5] Bernanke B., and Blinder A., 1988, "Credit, Money, and Aggregate demand", *American Economic Review*, Vol. 78 (2), pp. 435 – 439.

[6] Bernanke B., Gertler M., and Gilchrist S., 1998, "The financial Accelerator in A Quantitative Business Cycle Framework", *NBER Working Paper*, No. 6455,

[7] Bliss R., and Kaufman G., 2003, "Bank Procyclicality, Credit Crunches, and Asymmetric Effects of Monetary Policy: A Unified Model", *Journal of Applied Finance*, Vol. 13, pp. 23 – 31.

[8] Blum, and Hellwig, 1995, "The Macroeconomic Implications of Capital Adequacy Requirements for Banks", *European Economic Review*, Vol. 39, pp. 735 – 749.

[9] Diamond, and Rajan, 2000, "A theory of bank capital", *Journal of Finance*, Vol. 55, pp. 2431 – 2465.

[10] Friedman B., 1981, "The Roles of Money and Credit in Macroeconomic Analysis", NBER Working Paper, No. 831.

[11] Hancock D., and Wilcox J., 1998, "The 'Credit Crunch' and the Availability of Credit to Small Business", *Journal of Banking and Finance*, Vol. 22, pp. 983 – 1014.

[12] Holmstrom B., and Tirole J., 1997, "Financial intermediation, Loan Able Funds and

the real sector", *The Quarterly Journal of Economics*, Vol. 112 (3), pp. 663 – 691.

[13] Nickell P., Perraudin W., and Varotto S., 2000, "Stability of Rating Transitions", *Journal of Banking and Finance*, Vol. 24, pp. 203 – 227.

[14] Stiglitz J., and Weiss A., 1981, "Credit Rationing in Markets with Imperfect Information [J]. *American Economic Review*", Vol. 71 (3), pp. 393 – 410.

第 4 部分

经济结构调整与增长方式转变

工资上涨、出口增加与全要素生产率的相对下降

——基于1952~2007年省级面板数据分析

■张庆昌*

一、引　言

新古典经济学、内生增长理论、有关高绩效的工作系统（High Performance Work Systems）的文献都强调高工资的重要性，以及高工资会促进创新的作用①。新凯恩斯主义的效率工资理论则更进一步指出了效率工资的作用机理（代表人物有：Leonard，1987；Shapiro and Stiglitz，1984；Akerlof，1982）。在以往文献的基础上，马德森和达马尼亚（Madsen and Damania，2001）将工资对全要素生产率的影响渠道细分为劳动生产率和资本生产率，并对22个OECD国家的制造业数据检验同样发现，工资上涨显著促进劳动生产率和资本生产率的提高。

中国这方面的研究还是空白。针对这一状况本章运用中国1952~2007年30个省级面板数据，分时段检验工资对全要素生产率的影响，结果发现，1952~1978年间，工资和全要素生产率两者之间关系不明显；1979~2007年间，工资通过资本生产率渠道对全要素生产率的影响，在内陆省份为负。1952~1978年间，检验结果可以从计划经济体制角度被解释，而1979~2007年间的这个检验结果与西方学者的理论预期和经验证据恰好相反。

---

* 张庆昌，南开大学国际经济研究所博士生，研究领域：技术扩散和技术创新问题。电子信箱：zhangqingchang6@163.com。

① Madsen and Damania（2001）的第二部分对此作了详细的说明，读者不妨参考。

为什么在我国会出现与理论及他国数据检验不一致的结论？我们认为，首先，在马德森和达马尼亚（Madsen and Damania，2001）的研究中，劳动力市场是完全竞争的或者发育比较成熟，较少地受到政府干预等。但是在我国，改革开放后，劳动力市场才刚刚起步，远没有发达国家的劳动力市场发育成熟。不成熟的劳动力市场致使工资价格不能自由发挥作用，并使工资对全要素生产率影响的传导机制受阻。关于劳动力市场发育程度，本研究使用1979～2007年国有企业职工人员数与全部职工人员数的比值来衡量①。结果表明，控制劳动力市场发育程度后，工资对全要素生产率的促进作用更加明显。由此，我们证明我国劳动力市场的确扭曲了工资对全要素生产率的机制，同时部分地解释了我国与他国经验之间存在的差异。

其次，工资提高，企业为保持原有利润不变，可以凭借相对价格优势增加出口，避免创新，提高技术，这一观点也得到我们的实证证实。为此，我们有理由相信：在工资相对较低时，大市场很容易使我国陷入“低工资—低技术”的困境中。

本研究的贡献将主要体现在两个方面：第一，我们发现，我国劳动力市场存在与理论和他国数据不相一致的证据，并从我国劳动力市场发育程度和出口着手，为其提供了一个合乎逻辑的解释，从而丰富和拓展了此类问题的文献；第二，我们将使用来自中国内部的数据来克服跨国数据可能存在的缺陷。

本章的结构安排如下：在第2节我们将介绍本章的理论基础及估计的模型。第3节说明数据来源，并对劳动力市场发育程度和各地区全要素生产率分别进行测度。第4节采用两步系统广义矩（Twostep-System-GMM）方法分别对中国1952～2007年动态面板数据分时段进行统计检验。最后是本章的结论。

二、理论基础和计量模型

我们估计的模型主要参照马德森和达马尼亚（2001），假定生产函数为柯布-道格拉斯（Cobb-Douglas）形式。产出 Y 是资本存量 K、劳动 L、工资 W、技术水平 A 的函数：

$$Y = Ae^{\lambda t}L^{\alpha}K^{\beta}[(W/P)L]^{a}[(W/P)K]^{b} \tag{1}$$

进而，我们可以由（1）式得：

$$TFP = Y/(L^{\alpha}K^{\beta}) = Ae^{\lambda t}[(W/P)L]^{a}[(W/P)K]^{b} \tag{2}$$

① 具体见第三部分：数据选取和变量测度。

其中 A 是基年的 TFP 值，$e^{\lambda t}$是代表希克斯中性技术进步（Hicks-neutral）。参数 α、β 表示资本和劳动的贡献比例。$[(W/P)\ L]^a$ 和 $[(W/P)\ K]^b$ 是劳动和资本的系数，表示实际工资大小一定程度上决定了劳动和资本的使用数量①。劳动力市场发育程度 R 主要指对工资作用于技术进步的机制产生影响的因素，劳动力自由流动机制、市场供求机制、工会组织等。

工资可通过两种机制来影响全要素生产效率，即通过影响劳动生产效率、资本生产率来影响全要素生产率。第一，工资上涨，为避免雇佣新的工人企业会对在职工人进行培训，提高在职工人的劳动生产效率。另外，一些企业会因为劳动力成本的上升裁减员工，而机器数量保持不变，这也会促使企业对在职工人进行培训等（Hutchens，1989）。培训会提高工人对技术的熟练程度，增加人力资本存量，为累积创新（Accumulative Innovation）提供可能性（Acemoglu，2002；Marquetti，2004）。第二，短期内，工人技能提高，会提高原有资本品的生产效率；长期，企业会使用更多的资本品替代工人，从而诱致更多的工艺创新来提高资本品的生产效率，或者进行产品创新来维持企业的利润（此类文献以 Bester and Petrakis，2004；Acemoglu，2002 和 Madsen and Damania，2001 为代表）。

此外，影响企业创新的因素还应该包括市场需求。因为大市场分摊研发成本，提高研发赢利的预期水平。新产品的前期投资往往很大，这意味着风险大，没有足够大的利润或预期利润是没有人愿意冒大风险来投资新产品的开发和生产。大市场还通过市场结构来影响企业的创新动力。在长期，还可以通过改善创新基础设施和微观创新环境，来提高自主创新的效率（范红忠，2007）。此外，按照市场范围决定分工深度的观点，在大市场下，分工的深化也带来生产效率的提高和利润的增加（Yang and Borland，1991）。

参照以往的研究，我们选取出口额、货币 M_1、政府支出为控制变量，来衡量大市场对技术进步的需求引致作用（Edler and Georghiou，2007；Hipp and Grupp，2005）。加入需求变量方程（2）变为：

$$TFP = TFP(Ae^{\lambda t}((W/P)L)^a((W/P)K)^b, Y^E, M_1, G) \quad (3)$$

其中：Y^E 是出口额；M 是通过消费者价格指数折算的狭义货币 M_1；G 是政府支出。

估计方程的基本形式如下：

$$\begin{aligned}\ln TFP_{it} = &\alpha \ln TFP_{it-1} + \beta_1 \ln(W \cdot L/P)_{it} + \beta_2 \ln(W \cdot K/P)_{it} + \gamma_1 \ln Y^E_{it} \\ &+ \gamma_2 \ln M_{it} + \gamma_4 \ln G_{it} + \ + \eta_i + \varepsilon_{it}\end{aligned} \quad (4)$$

① Madsen and Damania（2001）有详细的论述。

其中：ln（）为各变量取对数；ε_{it}是随机误差项；i 代表各省；η_i 代表省别效应。将被解释变量的滞后期值加入模型中，主要是考虑到：第一，工资对全要素生产率的影响存在滞后效应。马德森和达马尼亚（Madsen and Damania，2001）采取的办法是将所有解释变量滞后三期来考察滞后效应。本研究将被解释的变量滞后一期值加入模型中，可以起到与其相近的作用。第二，加入被解释变量的滞后值可以解决序列相关问题并用来反映那些未被列入模型的变量可能产生的影响。

显然，工资作用于全要素生产率的两种机制是基于完全竞争的劳动力市场或者劳动力能够自由流动的劳动力市场，否则，不完善的劳动力市场肯定会影响该机制。例如，当 A 公司提升工人工资时，B 公司优秀员工，由于用工制度或社会保障体系的不健全而不能辞职。或者 A 公司对其在职员工进行技能培训，而后该员工在获得培训后就跳槽到 B 公司。长期来看，这两种情况都会影响工资作用机制的发挥，扭曲工资促进技术进步的机制。此外，工会组织、性别歧视、劳动力市场分割等同样会影响工资作用的发挥（此类文献以 Kleinknecht，1998；Haucap and Wey，2004 和 Mukherjee and Pennings，2005 为代表）。在我们的考察期内，劳动力市场是不完善的[①]，这必将对工资作用机制的发挥产生影响。此外，我们认为出口同样对工资作用的机制存在影响。因为在工资水平相对于国外较低时，工资上涨，企业可以通过出口增加来缓解成本上涨的压力，来维持原有的利润水平。

所以，在对模型（4）进行估计之后，考虑到劳动力市场发育程度和出口对工资作用机制影响的事实，我们进一步将劳动力市场发育程度和出口两者与工资的交叉变量纳入分析：

$$\begin{aligned}\ln TFP_{it} = {} & \alpha \ln TFP_{it-1} + \beta_1 \ln(W \cdot L/P)_{it} + \beta_2 \ln(W \cdot K/P)_{it} + \gamma_1 \ln Y_{it}^E + \gamma_2 \ln M_{it} \\ & + \gamma_4 \ln G_{it} + l_1 \ln(W \cdot L/P)_{it} \times \ln R_{it} + l_2 \ln(W \cdot K/P)_{it} \times \ln Y_{it}^E + \eta_i + \varepsilon_{it}\end{aligned} \tag{5}$$

其中：系数 l_1、l_2 分别体现了劳动力市场发育的完善和出口对工资作用机制的发挥[②]。最后，在回归中我们还加入了六个年份虚拟变量（Dum59、Dum60、Dum61、dum62、Dum89、Dum90）。这些变量分别在当年各省取值为 1，其他年份各省取值均为 0。Dum59、Dum60、Dum61、Dum62 用来控制“三年经济困难时期”对全要素生产率的负面影响。Dum89、Dum90 用来考察 1989 年上半年的

① 详见第三部分的论述。

② 实证检验结果和前面的理论分析一致：都得出劳动市场发育程度主要影响劳动生产率途径，而出口主要影响资本生产率途径。

政治风波是否阻碍了全要素生产效率的提高。Dum62、Dum90 的设置主要考虑到对全要素生产率影响的时滞效应。

三、变量测度、数据的选取和简单分析

本章的样本为中国 30 个省、市、自治区（不包括重庆）1952～2007 年的数据。模型中涉及的变量或数据说明如下。

（一）变量的数据来源

省际产出数据 Y，通常以省际 GDP 水平表示。为了全面考察各省的生产率状况和差异，我们选用从 1952～2007 年共 55 年的数据，并均以 1952 年的不变价表示。涉及的 GDP 指数及发展速度均出自《新中国五十五年统计资料汇编》和 2008 年的《中国统计年鉴》。

劳动力投入数据 L，以各省年底从业人员数量表示。如果用劳动力具体工作的小时数表示会更准确，但中国缺少这方面的统计，因而以投入的绝对数量表示。数据出自《新中国五十五年统计资料汇编》及 2008 年的《中国统计年鉴》。其中，北京 1952～1962 年，1964～1973 年使用各年城镇就业人员和 1963 年城镇就业人员的比重估算；海南 1952～1961 年数据根据后 5 年平均增长率估算；河北 1952～1977 年数据使用各年城镇就业人员和后 10 年城镇就业人员比重平均值估算，使用比重主要是因为我们发现该比重基本保持不变；内蒙古缺失的数据补齐的方法与河北相同，西藏与海南相同。

物质资本存量 K，简称资本存量。对资本存量的估计涉及以下几个方面的关键问题：第一，基年的资本存量的确定；第二，固定资产投资价格指数的确定；第三，对当年投资 I 的调整；第四，对折旧的处理。四个关键问题被解决后，我们就可以根据戈德史密斯（Goldsmith）于 1951 年开创的永续盘存法来估计资本存量数据，其基本公式为：$K_t = I_t + (1-\delta)K_{t-1}$。其中，$K_t$ 表示第 t 年的资本存量，K_{t-1} 表示第 $t-1$ 年的资本存量，I_t 表示第 t 年的投资，δ_t 表示第 t 年的折旧率。现有的研究基本上都是在此基础上进行的，对此问题研究已成熟，故我们直接借用张军等（2004）的研究成果。同时我们按其方法，对最近几年的数据又进行了补充，数据出自 2008 年《中国统计年鉴》。

国有企业职工人员数和各省职工人员数，1979～2004 年均来自《新中国五十五年统计资料汇编》、《中国统计年鉴》（2006～2008 年）。其中，1979 年内蒙古自治区职工人数合计值缺失，我们用后 5 年的平均增长率来估算。

工资水平 W，以各省的职工平均工资替代，使用实际工资指数折算成 1952

年为基期，数据来自《新中国五十五年统计资料汇编》。其中，最近几年的工资指数与《中国统计年鉴》不一致的以《中国统计年鉴》为准，2007 年数据来自 2008 年的《中国统计年鉴》。实际工资指数缺少的年份均按全国的实际工资指数计算，1952 年工资缺少的省份，也均按全国的职工平均工资替代。变量 W 不应只包括工资，还应包括各种劳动津贴等（Chakrabarti and Choudhary，2004；Feldstein，2008）。但是考虑到数据的可得性，本章仅使用工资数据。

财政支出数据 G，以地方财政一般预算支出表示，并经过商品零售价格指数折算成以 1952 年为基期数据。一般性预算支出与商品零售价格指数来自《新中国五十五年统计资料汇编》、各省统计年鉴（2006～2008 年）。其中，西藏、安徽、河南、广西、海南和宁夏缺失的商品零售价格指数均按全国数据补齐。对于四川数据，我们是使用四川省 GDP 及 1984 年之后的财政支出占 GDP 的比重平均值来估算。而 GDP 缺失的年份我们使用全国相对应年份的平均增长率补齐，计算后我们发现补齐的数据衔接性很好。

狭义货币 M_1，为流通中的货币 M_0 和活期存款之和。数据出自《新中国五十五年统计资料汇编》与 2008 年的《中国统计摘要》。其数值计算参照赵留彦等（2005）对我国 1952～2001 年货币存量（M_0、M_1）的估算方法。消费者价格指数 CPI，出自《新中国五十五年统计资料汇编》及 2008 年的《中国统计年鉴》。然后将 M_1 乘以各省份 GDP 占全国 GDP 的比例，得到 M 值。

出口额 Y^E，数据出自《新中国五十五年统计资料汇编》及 2008 年的《中国统计摘要》。其中，福建 1952～1980 年、海南 1952～1986 年、河北 1952～1974 年、江苏 1952～1973 年、浙江 1952～1977 年、安徽 1952～1956 年及 1969～1972 年、河南 1952～1955 年、江西 1952～1969 年、山西 1952～1956 年、甘肃 1952～1970 年、贵州 1952～1955 年、内蒙古 1966～1979 年、宁夏 1952～1957 年、青海 1952～1984 年、陕西 1952～1970 年、四川 1952～1977 年的数据缺失。缺失的数据我们按照各省相应年份的 GDP 占全国 GDP 的比重，结合全国的出口额来估算。

人民币汇率制度在考察期内经过几次变迁。1952 年人民币对美元的汇率是随物价浮动的。大致 1 美元曾折合 26 170 元人民币（旧币①）。1953～1972 年我国进入有计划的社会主义建设时期，国内物价全面稳定，人民币汇率不再起调节进出口的作用，对外贸易由国家通过指令性计划进行垄断性经营。出自编制计划和内部核算的需要，我国在这一时期采用刚性人民币汇率制度。在 1973～1979 年间，西方国家通货膨胀恶性发展。我国具体采用的是一篮子货币计价方法，即

① 10 000 旧币大约等于 1 元人民币。

按照各种外币的重要程度规定其在特定“篮子”中的权数，使用加权平均法算出人民币对美元的汇率作为基本汇率。从1979年起，我国全面进行了经济改革。为了适应外贸体制改革和发展出口的需要，我国从1981年起采用贸易内部结算价，形成了贸易汇率和非贸易汇率并存的双重汇率制。而1985年之后，我国外汇调剂业务发展较快，事实上形成了官方汇率和外汇调剂价并存的新的双重汇率制。1994年起，我国实施人民币汇率并轨，实行单一汇率制。2005年7月宣布进行完善人民币汇率形成机制改革，开始实行以市场供求为基础，参考一篮子货币进行调节、有管理的浮动汇率制度。文中使用的汇率数据直接来自外汇管理局网站。

（二）劳动力市场发育程度（*R*）和全要素生产率变量的测度

Yanrui（1995）、Mao and Won（1997）、Jinghai，Xiaxuan and Bigsten（2003）、Donglan（2005）、姚先国等（2007）分别对中国不同时期不同的对象研究均表明，改革开放以来，劳动力配置效率大大提升。我们认为劳动力配置效率的提高主要原因是劳动力市场发育成熟。因为改革开放之初，国有企业由于受计划经济体制影响，雇用着过多的劳动力。而随着劳动力市场化改革的加速，企业雇用劳动力的自主权大大加大。为了提高自身的效率，企业开始精简劳动力，特别是1996年开始的国有企业职工大规模下岗分流。所以我们使用国有企业职工人员数与全部职工人员数的比值来衡量劳动力配置效率，替代劳动力市场发育程度是合理的。同样，陆铭和蒋仕卿（2007）、杨伟国和孙媛媛（2007）、西尔维等（Sylvie et al.，2008）也如此认为。国有企业职工人员数与全部职工人数的比值越小，说明劳动力市场发育越完善。表1显示了改革开放后若干年份的劳动力市场发育程度。总体而言，数据越来越小，说明劳动力市场发育越完善。

表1　　　　若干年份的劳动力市场发育程度

年份	数值	年份	数值	年份	数值
1979	0.771847	1990	0.735899	2005	0.574359
1980	0.767809	1995	0.73484	2006	0.55288
1985	0.727464	2000	0.699707	2007	0.53799

注：此表只列出全国各省的平均值，回归时我们使用的是省级数据。

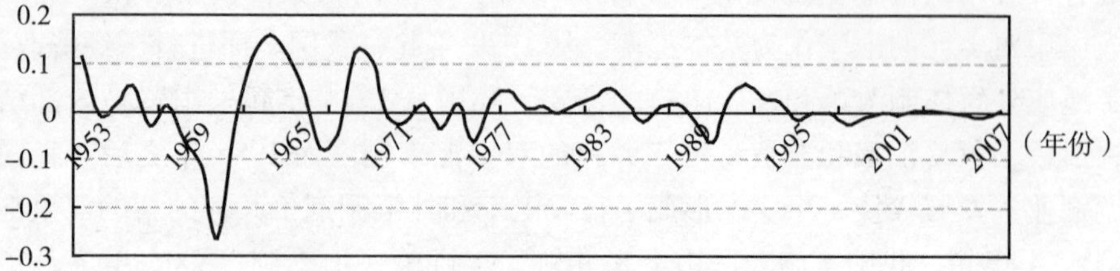

图1　中国全要素生产率增长趋势图

各地区全要素生产率我们使用投入产出法来计算①。但首先必须确定 α 的大小。办法不外乎两种：一是在假定市场完全竞争条件下，用资本的报酬占产出的比重近似作为 α 值；另一种方法就是根据回归方程求解出 α 的值。在这里我们采用回归方法，求得 α 值为 0.36，这一比例与我国国民收入账户基本吻合。全要素生产率由 $TFP = Y/(L^{0.36} + K^{0.64})$ 计算得出。为了便于分析下文，我们分 1952～1978 年、1979～2007 年两个时间段来对中国地区全要素生产率趋势进行分析。

从图 1 中可以看出②，1952～2007 年间，中国的全要素生产率并没有显著的提高，年均增长率仅为 1.24%。不可否认因为索洛残差法本身存在着一些缺陷：该方法是建立在新古典经济学理论假设即完全竞争、规模收益不变和希克斯中性技术基础上，而这些约束条件很难满足，数据结果会有些偏差，但全要素增长率过低是一个不争的事实。王小鲁（2000）、郭庆旺和贾俊雪（2005）、张军等（2003）、高宇明和齐中英（2008）等使用不同的方法对全要素生产率测度也得出此结论。

（三）工资与全要素生产率之间关系分析

表 2 显示，1952～2007 年中国全要素生产率、工资年均增长分别为 1.24% 和 3.81%。两者的增长明显不一致，这和已有的国外文献理论和实证结果相矛盾。从分时段结果来看，更是如此。即中国劳动力市场存在与国外不一致的情况。

---

① 在对工资与全要素生产率之间的关系研究时，大多数学者使用投入产出法来测度 TFP 基本得到认可（Feldstein，2008）。

② 计算表明各省 TFP 的平均增长率和使用全国数据计算的增长率十分相近，所以，图 1、表 3 及该段和下面两段针对 TFP 的分析我们均使用的是全国的数据。

表2　　中国全要素生产率（TFP）和实际工资的统计性描述（1952～2007年）

	TFP平均值	工资平均值	TFP增长率	工资增长率	TFP标准差	工资标准差
1952～2007	12.58	867.29	1.24%	3.81%	2.407	683.32
1952～1978	10.36	480.02	1.16%	0.54%	1.316	34.69
1979～2007	14.67	1 253.04	1.31%	7.09%	1.334	800.80

计划经济体制下，企业对工资、生产、分配等没有自主权，完全受上级统筹安排。企业不是以利润最大化为目的，这样企业就没有动力去提高生产效率，而生产效率主要受当时的生产力制约。因此，这种计划经济体制导致了工资与全要素生产率的脱节。

林毅夫等（1994）认为，中国经济转型存在明显的“增量”特征，新增加的资源或收入按市场信号进行配置从边际上对被扭曲的经济结构进行修正，从而改善资源的配置效率。如果真如林毅夫等人的研究一样，那么随着中国经济的转型，各种要素配置将更加合理，经济运行机制更加畅通。从理论上来讲，工资上涨的加速应该更快地促进TFP的增长，然而1979～2007年，工资上涨了7.09%，TFP却仅上涨1.31%。我们认为，原因在于发育不完善的劳动力市场。

改革开放之后，我国的劳动力市场发展经历了几个阶段：1978年后，我国统包统配的就业制度开始有了转变，劳动力市场开始产生，但是统包统配制度仍占主导地位，劳动力市场的供求机制和流动机制只在小范围内发挥微弱作用。1984～1992年，国企内部劳动合同制从试点到全面推开，劳动就业领域引入了更多的市场机制，就业机构也得到很快发展。人才交流市场逐步出现，推动了劳动力的合理流动。1992年之后，各类职业咨询网络基本形成，城市劳动力职业的选择趋于多样化，劳动力市场供求机制和自由流动机制发挥了更大作用。特别是在20世纪90年代后期，受到宏观经济衰退和东南亚金融危机的不利影响，国有企业经营处于大范围亏损的状态，被迫进行了旨在减员增效的就业制度改革，形成大规模的职工下岗和失业。非公有制经济逐渐成熟，吸收了大批就业人员。这时，城镇和乡村劳动力市场也逐渐走向完全竞争的劳动力市场。在劳动力市场发展过程中，工资的作用机制必然受到其影响，导致工资增长偏离全要素生产率的增长。

四、计量分析

（一）计量方法

在我们的估计过程中需要处理一些问题。一方面，由于引入了被解释变量的滞后项作为动态项，该项极易与回归误差项间存在相关关系。此时，固定效应估计和随机效应估计在此时得出的结果都会是有偏的；另一方面，尽管已有研究表明TFP不影响工资的决定，但是为保险起见，我们也需要处理工资的内生性问题。注意到近年发展起来的广义矩方法（GMM）能较好地克服内生性问题，本文采用GMM对模型（5）进行估计。在应用中GMM方法有两种：差分GMM（diff-GMM）和系统GMM（sys-GMM）。布伦德尔和邦德（Blundell and Bond，1998）等认为，diff-GMM中滞后水平只是一阶差分方程较弱的工具变量，因此认为sys-GMM是估计动态面板数据模型更恰当的方法。遵循sys-GMM方法，我们首先以正交离差技术（Orthogonal Deviation Technique）消除截面固定效应，并以White Period方式进行截面加权；同时，选取各解释变量的部分已知值（原变量及滞后3期）作为GMM工具变量，并用萨甘（Sargan）检验确定工具变量有效性。

（二）回归结果

欧兹缪克（Özmucur，2003）曾使用土耳其制造业1950～1998年的数据研究发现，公共部门的实际工资率和劳动生产率之间不存在显著的关系，但私人部门存在。这使我们联想到两种经济体制下，工资与全要素生产率之间的关系是否不同。因此，我们将数据分为1952～1978年①、1979～2006年两个阶段分别进行检验，这样可以省去经济体制本身对全要素生产率的贡献，便于在两种经济体制内对比分析工资对全要素生产率的影响。

我们使用两步系统广义矩（Twostep-System-GMM）方法估计两个时段的数据。萨甘差分统计量表明系统广义矩估计工具变量是有效的。残差序列相关性检验表明，差分后的残差只存在一阶序列相关性而无二阶序列相关性，因此，从估计的结果可以断定原模型的误差无序列相关性。模型整体显著性检验的Wald检验p值表明模型整体非常显著。每一种估计方法我们均进行了两次回归，初次回

① 将1978年归入上一个时间段，主要是考虑到各种因素对全要素生产率影响的滞后效应。

归中包含了各组解释变量①，根据初次回归的结果我们逐步剔除了一些不显著的变量后，发现原来显著的变量更加显著，并且各变量的系数均变化不大，这说明模型很稳定。表3② 和表4分别报告了1952～1978年、1979～2007年的回归结果。

表3　工资变动对全要素生产率影响的GMM回归结果（1952～1978年）

解释变量	模型4 两步系统广义矩（Twostep System GMM）	
$\ln TFP_{it-1}$	0.4185*** (0.0603)	0.4884*** (0.0401)
$\ln(W \cdot L/P)$	−0.0237** (0.0047)	−0.0243* (0.0040)
$\ln(W \cdot K/P)$	0.0001 (0.0061)	0.0048 (0.0043)
$\ln Y^E$	−0.0005 (0.0054)	
$\ln M$	0.0680*** (0.0143)	0.0768*** (0.0115)
$\ln G$	0.0423*** (0.0102)	0.0370*** (0.0091)
C	−0.0027*** (0.0007)	−0.0041*** (0.0004)
Dum59	−0.0380*** (0.0060)	−0.0387*** (0.0052)
Dum60	−0.0734*** (0.0084)	−0.0755*** (0.0056)
Dum61	−0.1792*** (0.0078)	−0.1825*** (0.0076)
Dum62	−0.0662*** (0.0056)	−0.0830*** (0.0067)

① 有些变量在首次回归时未出现，是因为存在共线性被放弃。
② 1952～1978年，l 系数值不显著，所以将交叉项去掉，只回归了模型4。

续表

解释变量	模型4	
	两步系统广义矩（Twostep System GMM）	
Sargan 检验值	28.33	28.51
联合显著 Wald 值	0.0000	0.0000
AR（1）p 值	0.0080	0.0055
AR（2）p 值	0.8484	0.9665

注：所用的软件包是 Stata 9.1。（1）系数下方的值为标准差，*、** 和 *** 分别代表 10%、5% 和 1% 水平下变量显著。（2）我们仅指定工资刚性和虚拟变量为外生变量，其他变量我们均考虑作为内生变量以控制内生性。（3）每种估计方法的第一列的空格表示，因为共线性该变量被放弃。第二列的空格表示，该变量第一次回归时不显著，在第二次回归时被放弃。表 4 与该表同标准。

表 4　　工资变动对全要素生产率影响的 GMM 回归结果
（1979～2007 年）

解释变量	模型4		模型5	
	两步系统广义矩		两步系统广义矩	
$\ln TFP_{it-1}$	0.4174*** (0.0142)	0.5227*** (0.0098)	0.6343*** (0.0418)	0.6682*** (0.0307)
$\ln(W \cdot L/P)$	0.0004 (0.0043)	0.0013 (0.0028)	0.0224** (0.0033)	0.0224** (0.0031)
$\ln(W \cdot K/P)$	-0.0434*** (0.0026)	-0.0422*** (0.0019)	-0.051* (0.0108)	-0.061* (0.0076)
$\ln Y^E$	-0.0011*** (0.0020)	-0.0021*** (0.0002)	-0.0475*** (0.0013)	-0.0458*** (0.0010)
$\ln M$	0.2164*** (0.0119)	0.2259*** (0.0098)	0.1108*** (0.0098)	0.1140*** (0.0083)
$\ln G$	0.0166 (0.0014)		0.0042 (0.0073)	
$\ln Y^E * \ln(W \cdot K/P)$			0.0004*** (0.0017)	0.0018*** (0.0009)

续表

解释变量	模型4 两步系统广义矩		模型5 两步系统广义矩	
$\ln R * \ln (W \cdot L/P)$			0.0131* (0.0015)	0.0147* (0.0059)
C	0.0003*** (0.0001)	0.0003*** (0.0001)	-0.0026*** (0.0011)	-0.0036*** (0.0009)
Dum89	-0.0041** (0.0056)	-0.0059*** (0.0007)	-0.0119** (0.0019)	-0.0088*** (0.0018)
Dum90	0.0024 (0.0015)		-0.0042* (0.0034)	
Sargan 检验值	26.45		25.80	26.51
联合显著 Wald 值	0.0000	0.0000	0.0000	0.0000
AR（1）p 值	0.0000	0.0000	0.0005	0.000
AR（2）p 值	0.1807	0.5003	0.2480	0.5270

回归结果显示，全要素生产率滞后一期的系数显著为正，证实了全要素生产率的提升存在时滞特点。计划经济体制下，变量 $\ln M$、$\ln G$ 的系数都是显著的正值，表明虽然企业不以利润最大化为目的，但是满足温饱问题的需求也同样会促进技术进步，这与我们的预期相符。表4显示，1979～2007年，$\ln M$ 的系数显著为正，这表明国内需求显著地促进了我国的技术进步。$\ln G$ 的系数为正，但不显著，一个可能的解释是，政府主要投资于基础设施等公共物品，其对全要素生产率的提升没有直接效应。此外，各虚拟变量的系数显著为负，符合我们的预期，表明这些虚拟变量能控制那些宏观波动影响。

1952～1978年，工资与全要素生产率之间关系不显著，这符合我们的理论预期。因为计划经济体制是指以国家指令性计划来配置资源的经济形式。计划经济体制之下，政企不分，不自主经营、不自负盈亏。企业往往成为行政管理部门的附属物。企业没有活力，对价格机制的反应甚为淡漠，甚至无任何反应

表4显示，市场经济体制下，工资与全要素生产率之间的关系显著，明显有别于计划经济体制下两者之间的关系。模型4的检验结果表明 $\ln (W \cdot L/P)$ 的系数为正，但不显著。当加入了交叉项 $\ln R * \ln (W \cdot L/P)$ 之后，$\ln (W \cdot L/P)$ 的系数通过5%的显著性水平检验，为0.0224。即工资每提高一个百分点，通过

劳动生产率提高的全要素生产率就会增长0.0224个百分点。但是，交叉项 $\ln R*\ln(W\cdot L/P)$ 的系数只通过10%的显著性检验，这表明劳动力市场对工资作用机制的影响很小。

模型4的结果显示，1979～2007年，工资上涨，通过物质资本对全要素生产率的影响显著为负，阻碍了全要素生产率的提高。这部分解释了工资与全要素生产率之间的差异，工资通过物质资本对全要素生产率的影响为负。在加入了交叉项 $\ln Y^E*\ln(W\cdot K/P)$ 之后①，北京、广东和江苏三地，$\ln(W\cdot K/P)$ 对全要素生产率的影响由负变为正。但其他省份该影响均为负，但负影响逐渐变小。这表明出口确实缓解了工资上涨对企业造成的压力，使企业免于创新。同时，最近几年的实际工资的快速提升也促进了企业资本生产率的提高。

表5　　　　　　出口对全要素生产率的影响结果

$\gamma_1+l_2\ln(W\cdot K/P)>0$	$\gamma_1+l_2\ln(W\cdot K/P)<0$
北京、福建、江苏、辽宁、山东、上海、天津、浙江、广东	海南、河北、安徽、河南、黑龙江、湖北、湖南、吉林、江西、山西、甘肃、广西、贵州、内蒙古、宁夏、青海、陕西、四川、新疆、云南、西藏

出口对全要素生产率的作用有正有负，沿海省份为正，内陆省份为负（见表5）。这与姚洋和张晔（2008）的结论一致。他们对1992～2002年数据分析得出，全国以及江苏省的出口品国内技术含量迅速下降，而且全部技术含量也没有显著提高；广东省的产品国内技术含量无论是在省级层次还是在部门层次上，都呈现出先下降、后上升的V型动态变化。广阔的海外市场可以保证企业的利润，降低了企业创新的动力②。凭借低廉的劳动力，中国的出口产品拥有巨大的海外市场。2007年中国的贸易依存度为66.2%。正是巨大的市场，使得企业在低技术情况下大规模扩张，挤占了更多有限的资源从而阻碍了中国的技术进步。

五、结　　语

在过去的十余年中，国外文献围绕工资与全要素生产率之间关系的理论研究

① 加入交叉项后，$\ln(W\cdot K/P)$ 对全要素生产率的影响变为：$\beta_2+l_2\ln Y^E$。同理，出口对全要素生产率的影响为：$\gamma_1+l_2\ln(W\cdot K/P)$。

② 2007年8月作者应邀参加“中国民营经济国际创新论坛”时，参观了伟星集团有限公司的纽扣制造厂。虽然公司拥有国内同行业唯一的省级新产品、新技术研究开发中心，但是我们发现其成功的最主要原因并不是新产品的研发，而是拥有广阔的国内外市场。

越来越多，包括工资对全要素生产率影响的各种机制。同时，实证研究也更加丰富，包括变量测度准确度地提高、微观层面数据地运用。但是，针对中国就这方面的研究还是空白。

对1952～2007年数据分析，本文发现工资和全要素生产率的关系与他国存在不一致的结论。我们从劳动力市场发育程度和出口两个方面，对“这种不一致”做了较为有说服力的解释，并得到经验实证证实。具体结论为：

1952～1978年，工资与全要素生产率的关系不明显，主要是由于计划经济体制下企业不是以利润最大化为目的造成。改革开放后，工资水平的增长脱离全要素生产率的增长，主要是由于劳动力市场发育不完善和出口的迅速增加导致。此外，出口本身显著阻碍了我国技术进步。

上述结论的政策含意是明显的：第一，进一步完善我国的劳动力市场，使劳动力供给需求机制、劳动力流动机制更加顺畅。此外，还应该提高工会组织权利，使其真正代表工人的利益。一方面，工会组织“讨价能力”的加强，本身可以使工资作用机制更充分的发挥其效果。另一方面，“讨价能力”加强带来的必然结果是工资上涨，进一步迫使企业提升生产效率。第二，尽快提升工人工资水平，避免出现出口成为低技术企业赖以生存的“救命草”。改革开放后，虽然我国的工资水平大幅上升，但是总体水平还很低。以2005年为例，中国、中国香港、美国之间的制造业雇员工资比值大约为1∶8∶16①。这样，如果工资上升的幅度很小，企业就可以通过增加出口等方式，化解成本上涨的压力，避免创新。所以我们认为，在我国存在“工资创新门槛”，在未到达门槛之前，工资的增加并不会迫使企业创新。

参考文献：

［1］范红忠：《有效需求规模假说，研发投入与国家自主创新能力》，载于《经济研究》，2007年第3期。

［2］高宇明、齐中英：《基于时变参数的我国全要素生产率估计》，载于《数量经济技术经济研究》，2008年第2期。

［3］郭庆旺、贾俊雪：《中国全要素生产率的估算：1979～2004》，载于《经济研究》，2005年第6期。

［4］林毅夫、蔡昉、李周：《中国的奇迹：发展战略与经济改革》，上海人民出版社1994年版。

［5］陆铭、蒋仕卿：《重构“铁三角”：中国的劳动力市场改革、收入分配和经济增长》，载于《管理世界》，2007年第6期。

---

① 数据来源于《国际统计年鉴—2006/2007》。

[6] 王小鲁:《中国经济增长的可持续性与制度变革》，载于《经济研究》，2000 年第 7 期。

[7] 姚先国、薛强军、黄先海:《效率增进、技术创新与 GDP 增长——基于长三角 15 城市的实证研究》，载于《中国工业经济》，2007 年第 2 期。

[8] 姚洋、张晔:《中国出口品国内技术含量升级的动态研究——来自全国及江苏省、广东省的证据》，载于《中国社会科学》，2008 年第 2 期。

[9] 杨伟国、孙媛媛:《中国劳动力市场测量：基于指标与方法的双重评估》，载于《中国社会科学》，2007 年第 5 期。

[10] 赵留彦、王一鸣:《货币存量与价格水平：中国的经验数据》，载于《经济科学》，2005 年第 2 期。

[11] 张军、施少华:《中国经济全要素生产率变动：1952 ~ 1998》，载于《世界经济文汇》，2003 年第 2 期。

[12] 张军、吴桂英、张吉鹏:《中国省际物质资本存量估算：1952 ~ 2000》，载于《经济研究》，2004 年第 10 期。

[13] Sylvie Démurger, Martin Fournier，李实、魏众:《中国经济改革与城镇劳动力市场分割——不同地区职工工资收入差距的分析》，载于《中国人口科学》，2008 年第 2 期。

[14] Acemoglu, D., and S. Pischke, "Beyond Becker: Training in imperfect labor markets", *The Economic Journal*, 1999, 109 (453), 112 - 142.

[15] Arellano, M., and O. Bover, "Another Look at the Instrumental Variable Estimation of Error Component Models", *Journal of Econometrics*, 1995, 68 (1), 29 - 51.

[16] Akerlof, G. A., "Labour Contracts as Partial Gift Exchange", *Quarterly Journal of Economics*, 1982, 97 (6), 543 - 569.

[17] Bester, H. and E. Petrakis, "Wages and Productivity Growth in a Dynamic Monopoly", *International Journal of Industrial Organization*, 2004, 22 (1), 83 - 100.

[18] Blundell, R. and S. Bond, "Initial Conditions and Moment Restrictions in Dynamic Panel Data Models", *Journal of Econometrics*, 1998, 87 (1), 115 - 143.

环境污染与工业结构：基于 Divisia 指数分解法的研究

■黄　菁*

一、引　言

自 20 世纪 70 年代以来，经济发展的可持续问题成为经济学研究的一大热点，在经济增长过程中出现的环境污染和资源耗竭问题日益为广大学者所关注。在这类研究中，环境库兹涅茨曲线比较直观地反映了经济增长和环境污染的关系，激发了众多学者的热情。格罗斯曼和克鲁格（Grossman and Krueger，1991，1995）对该问题的开创性研究催生了大量的实证文献，其中不少研究结果证实了倒 U 型环境库兹涅茨曲线的存在，但也有很多学者得到了截然不同的实证结果，这引发了学界的广泛争论。值得注意的是，这一争论是建立在各自的研究的基础之上，不同的研究者所运用的模型、方法、数据等都可能存在的差别。

实证研究的热情直到最近都没有消退，而与之形成对比的是，对于经济增长影响环境污染的具体渠道和机制却鲜有学者关注。如果仅依靠简单计量的结果，而不深入分析其中的影响机理，学界的争论恐怕将没有任何结果。事实上，早在 1991 年，格罗斯曼和克鲁格就曾指出，经济增长可能通过三种渠道影响环境，即规模效应、结构效应和技术效应。这一观点虽然被广泛地用来解释经济增长和环境污染的关系，但是针对以上效应的实证研究仍然十分缺乏。有鉴于此，笔者试图对环境污染的结果进行分解，定量分析经济增长影响环境污染的三种渠道，通过对比不同效应来揭示其中的相互关系。

---

* 黄菁，湖南大学经济与贸易学院博士生，研究方向：国际贸易、经济增长、环境经济学。

全文的结构安排如下：第二部分对已有文献进行回顾；在此基础上，第三部分介绍所使用的分解方法；通过运用该方法，第四部分将对中国的工业污染数据进行分析；最后是简短的结论性评述。

二、文献回顾

环境库兹涅茨曲线的研究源自格罗斯曼和克鲁格（1991）的开创性贡献。他们在对多种污染物的排放与经济增长的关系的研究中发现，SO_2、烟尘和一些水污染的指标（缺氧量和重金属浓度）与经济增长之间呈现出和库兹涅茨（Kuznets）曲线相似的倒U型关系。后来的学者把这一关系命名为环境库兹涅茨曲线（EKC）。沙菲克和班德亚帕德耶（Shafik and Bandyopadhyay，1992）与潘那约托（Panayotou，1993）等运用不同的跨国数据进行了实证分析，结果部分证实了格罗斯曼和克鲁格（1991）的研究。此后又有诸多学者（Cropper and Griffiths，1994；Cole et al.，1997；Stern and Common，2001；Dasgupta et al.，2002等）对该问题进行了探讨，虽然使用的数据不一样，实证的结果也互有差异，但基本都使用格罗斯曼和克鲁格（1991）的分析框架与方法。

大致相同的方法产生了各自不同的结果，日益丰富的实证文献带给我们的却是更多的困惑。对经济增长和环境污染问题的研究有必要走得更远，不少学者开始尝试从另外的角度来考虑这一问题。一些学者注意到格罗斯曼和克鲁格（1991）和德布鲁因（De Bruyn，1997）所提出的方法，即将环境污染分解成规模效应、结构效应和技术效应，对以上三种效应的区分有助于理解经济增长影响环境的潜在机制。德布鲁因（1997）分析了1980～1990年荷兰与西德的二氧化硫排放情况，通过使用Divisia指数分解方法研究发现，两国单位产出的二氧化硫排放减少主要归功于技术效应，结构变化所起的作用非常有限。德布鲁因认为，技术效应可能源自三方面的原因：能源消耗结构、能源利用效率以及污染处理技术。进一步对OECD国家的实证检验表明收入较高的国家倾向于制定更加严格的环境治理目标。塞尔登，福里斯特和洛克哈特（Selden，Forrest and Lockhart，1999）对美国1970～1990年的六种污染物排放进行了考察。他们将污染分解为规模效应、结构效应、能源消耗强度、能源消耗结构以及其他技术效应。结果表明，结构效应可以减少污染，但作用不明显；污染下降主要是由于能源消耗强度降低和其他技术效应的作用；能源消耗结构对污染所起的作用则相对模糊。与此类似，布吕沃尔和梅丁（Bruvoll and Medin，2003）对1980～1996年挪威的10种空气污染物排放进行了分解，结果大致相同。能源消耗强度以及其他的技术效应是污染减少的主要原因；而生产结构以及能源种类的变化对减少污染所起的作用不明显。张（Zhang，2000）对中国 1980 ~ 1997 年的二氧化碳排放进行了分解，认为人均 GDP、人口是污染增加的主要因素，能源消耗强度的下降是污染减少的主要因素。汉密尔顿和特顿（Hamilton and Turton，2002）使用几乎相同的方法研究了 OECD 国家 1982 ~ 1997 年的二氧化碳排放，发现人口和人均 GDP 的增长提高了整体污染水平；而能源消耗强度、化石能源使用以及污染排放密度是污染排放减少的主要影响因素。斯特恩（Stern，2002）构建了一个可计量的分解模型，对 64 个国家 1973 ~ 1990 年的二氧化硫排放的分析表明，规模效应和技术效应分别是污染变化两方面的重要原因。而投入结构和产出结构的变化，对污染的影响存在较大的国别差异。

以上各种分解方法不尽相同，下文拟在德布鲁因（1997）的基础上，采用目前在能源研究中广泛使用的 Divisia 指数分解方法对中国的污染排放进行分析。该方法数学上严密可行，并且能够完整地体现格罗斯曼和克鲁格（1991）所提出的三种效应。与德布鲁因（1997）不同的是，我们将在已有研究的基础上对 Divisia 分解方法进行改进。

三、分解方法

根据格罗斯曼和克鲁格（1991）的思想，经济增长通过三种效应影响环境污染。这可以表示为：

$$E_t = Y_t \sum_i S_{it} I_{it} \tag{1}$$

其中：E_t 表示 t 年的污染总量；Y_t 表示 t 年的 GDP，$i = 1, 2, \cdots$；n 表示不同的行业；$I_{it} = E_{it}/Y_{it}$，表示 i 行业 t 年的污染排放密度；$S_{it} = Y_{it}/Y_t$，表示 i 行业 t 年的增加值占 GDP 的比重。对式（1）两边求时间的导数可以得到：

$$\hat{E} = \hat{Y} + \sum_i e_i \hat{S}_i + \sum_i e_i \hat{I}_i \tag{2}$$

其中：$e_i = E_i/E$，表示 i 行业污染占污染总量的比重；$\hat{X} = \mathrm{d}X/\mathrm{d}t, X \in \{E, I, S, Y\}$。因此，污染的变化可以分解为三种效应，$\hat{Y}$表示规模效应，是整个经济的 GDP 变化所导致的污染变化。（2）式右边的第二项表示结构效应，是经济结构变化导致的污染变化。最后一项表示技术效应，即各行业污染排放密度的变化引起污染排放变化。

注意到以上的分析是在连续时间的前提假设下进行的，为了能够将该思想运用于对各年离散时间的分析，借鉴 Divisia 指数的方法，首先对式（1）两边取对数并对时间求导可得：

$$\frac{\mathrm{dln}E}{\mathrm{d}t} = \frac{\mathrm{dln}Y}{\mathrm{d}t} + \sum_i e_i\left(\frac{\mathrm{dln}S_i}{\mathrm{d}t} + \frac{\mathrm{dln}I_i}{\mathrm{d}t}\right) \tag{3}$$

进一步地，根据定积分的定义可以得到：

$$\begin{aligned}\ln\frac{E_T}{E_0} &= \int_0^T\left[\frac{\mathrm{dln}Y}{\mathrm{d}t} + \sum_i e_i\left(\frac{\mathrm{dln}S_i}{\mathrm{d}t} + \frac{\mathrm{dln}I_i}{\mathrm{d}t}\right)\right]\mathrm{d}t \\ &= \ln\frac{Y_T}{Y_0} + \sum_i e_i\int_0^T\left(\frac{\mathrm{dln}S_i}{\mathrm{d}t} + \frac{\mathrm{dln}I_i}{\mathrm{d}t}\right)\mathrm{d}t\end{aligned} \tag{4}$$

所以：

$$\frac{E_T}{E_0} = \frac{Y_T}{Y_0}\cdot\exp\left(\sum_i\int_0^T e_i\frac{\mathrm{dln}S_i}{\mathrm{d}t}\mathrm{d}t\right)\cdot\exp\left(\sum_i\int_0^T e_i\frac{\mathrm{dln}I_i}{\mathrm{d}t}\mathrm{d}t\right) \tag{5}$$

由于 e_i 在时间［0，T］内的各时间点上有所变化，我们无法确切地算出两个括号内的积分值。根据博伊德等（Boyd et al.，1988）提出的方法，可以取两个端点值的算术平均，即：

$$\frac{E_T}{E_0} \cong \frac{Y_T}{Y_0}\cdot\exp\left(\sum_i e_i(t^*)\ln\frac{S_{iT}}{S_{i0}}\right)\cdot\exp\left(\sum_i e_i(t^*)\ln\frac{I_{iT}}{I_{i0}}\right) \tag{6}$$

其中：$e_i(t^*) = \frac{1}{2}\left(\frac{E_{i0}}{E_0} + \frac{E_{iT}}{E_T}\right)$。该方法被称为算术平均 Divisia 指数（AMDI）方法，德布鲁因（1997）使用的就是该方法。这种方法简单易行，但是分解结果会留下残差，而且无法处理零值。有鉴于此，Ang and Choi（1997）提出了改进的对数平均 Divisia 指数（LMDI）方法，他们构造了对数平均函数。对于两个不同的正数 x 和 y，其对数平均数定义为：

$$L(x,y) = (y-x)/\ln(y/x) \tag{7}$$

且 $L(x, x) = x$。这时，（6）式中的 $e_i(t^*)$ 使用两个端点值的对数平均数来代替，即：

$$e_i(t^*) = \frac{L(e_{i0}, e_{iT})}{\sum_i L(e_{i0}, e_{iT})} \tag{8}$$

其中：$e_{i0} = \frac{E_{i0}}{E_0}$，$e_{iT} = \frac{E_{iT}}{E_T}$。

根据这一思想，我们构造以下对数平均数：

$$e_i(t^*) = \frac{L\left(\frac{E_{i0}}{Y_0}, \frac{E_{iT}}{Y_T}\right)}{L\left(\frac{E_0}{Y_0}, \frac{E_T}{Y_T}\right)} = \frac{\left(\frac{E_{iT}}{Y_T} - \frac{E_{i0}}{Y_0}\right) / \ln\left[\left(\frac{E_{iT}}{Y_T}\right) / \left(\frac{E_{i0}}{Y_0}\right)\right]}{\left(\frac{E_T}{Y_T} - \frac{E_0}{Y_0}\right) / \ln\left[\left(\frac{E_T}{Y_T}\right) / \left(\frac{E_0}{Y_0}\right)\right]} \tag{9}$$

从而有：

$$\frac{E_T}{E_0} \equiv \frac{Y_T}{Y_0} \cdot \exp\left(\sum_i e_i(t^*) \ln \frac{S_{iT}}{S_{i0}}\right) \cdot \exp\left(\sum_i e_i(t^*) \ln \frac{I_{iT}}{I_{i0}}\right) \tag{10}$$

可以证明，该分解方法是完全分解方法（证明见附录）。等式右边的三项分别对应规模效应、结构效应和技术效应。因此，式（10）可以写成：

$$D_{tot} = D_{scale} \cdot D_{composition} \cdot D_{technique} \tag{11}$$

即总的污染变化效应 D_{tot} 可以写成规模效应 D_{scale}、结构效应 $D_{composition}$ 以及技术效应 $D_{technique}$ 的乘积。进一步对（11）式两边取对数可得：

$$\ln D_{tot} = \ln(E_t/E_0) = \ln D_{scale} + \ln D_{composition} + \ln D_{technique} \tag{12}$$

（10）式是基本的计算公式，（11）式和（12）式分别表示三种效应的乘法和加法形式，在具体的计算和作图中也可以使用。

四、实证分析

为分析中国工业污染变化的效应分解，我们使用 1994～2007 年中国 18 个主要工业行业的数据进行考察。这 18 个主要工业行业为：采掘业；食品、烟草及饮料制造业；纺织业；皮革、毛皮、羽绒及制品业；造纸及纸制品业；印刷业和记录媒介的复制；石油加工及炼焦业；化工原料及化学制品制造业；医药制造业；化学纤维制造业；橡胶制品业；塑料制品业；非金属矿物制造业；黑色金属冶炼及压延工业；有色金属冶炼及压延工业；金属制品业；金属制品业；机械电气电子设备制造业；电力煤气及水的生产供应业。这 18 个工业行业涵盖了所有工业行业的大部分（包括 40 个工业行业中的 32 个），能够反映中国工业的整体情况。工业污染排放我们考虑了四种污染物指标，即工业废水、工业废气、工业二氧化硫和工业烟尘。工业粉尘和工业固体废弃物的排放数据缺失较多，有待数据完善后再加以分析。

历年各工业行业污染的原始数据来自历年《中国环境年鉴》，历年各工业行业增加值、历年消费者价格指数原始数据来自历年《中国统计年鉴》。部分数据来自国家统计数据库。2004 年各工业行业的增加值数据没有公布，取其前后两年的算术平均值。各工业行业增加值按消费者价格指数进行调整，使用1994年不变价格。

1. 工业污染的整体变化趋势

首先不妨从整体上来分析我国工业污染的变化趋势。图1～图4分别给出了1991～2007年我国的四种工业污染物指标和人均GDP的散点图。从图1中可以看出，工业废水排放随人均GDP的增加有一个先下降而后上升的过程，转折点出现在2000年前后。图2显示，工业废气排放与人均GDP为显著的正相关关系，随着人均GDP的增长，工业废气排放也呈不断上升的趋势。图3表明，工业二氧化硫随人均GDP的增加呈现倒U型曲线，拐点出现在2006年前后。值得一提的是，在所考察的期间内，工业二氧化硫并没有出现明显的下降趋势。图4告诉我们，工业烟尘的排放相对而言没有明显的规律，图中曲线的拟合度不太理想，从散点来看，烟尘排放呈现不断波动的趋势。

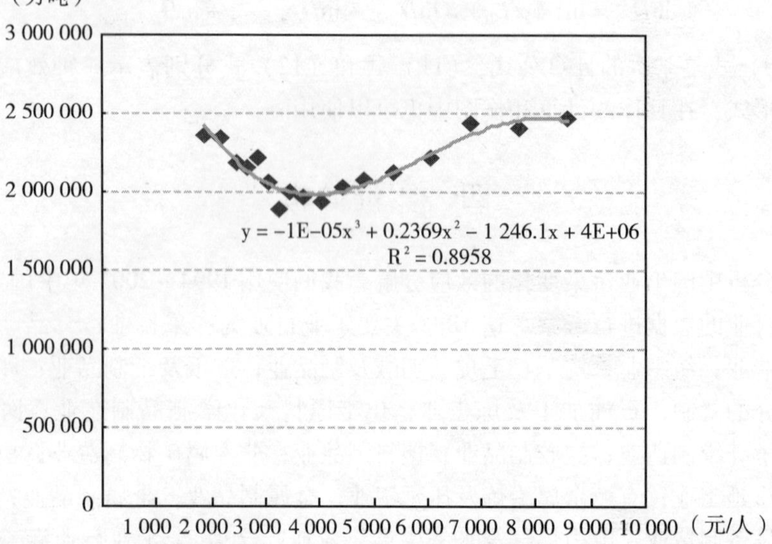

图1　工业废水 Vs. GDPPC

2. 工业污染的效应分解

根据以上散点图反映的趋势，我们进一步以前节推出的计算公式将我国各污染物排放效应进行分解，以分析污染变化的原因。各年均以1994年为基期，通过（10）式计算出各年相应的污染变化各效应的值，并按（11）式取对数，将

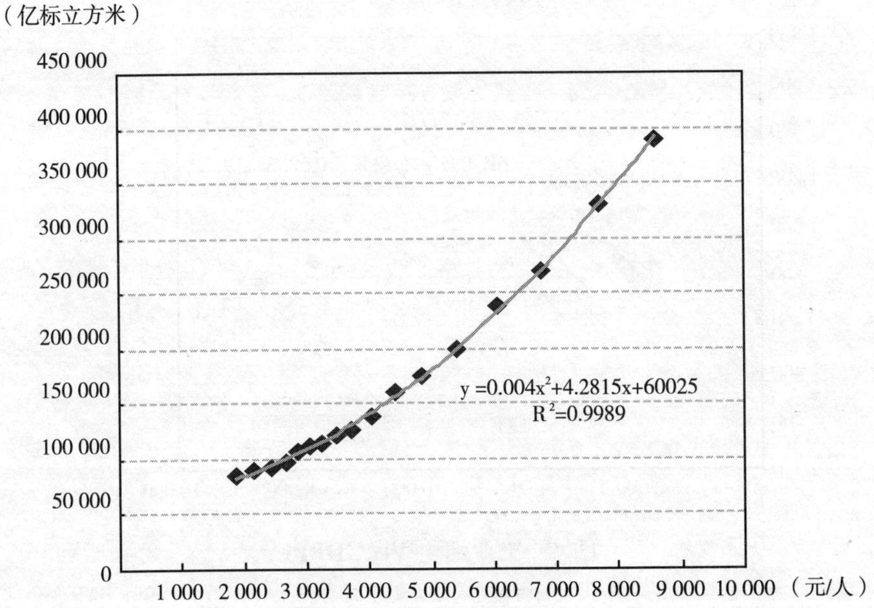

图 2　工业废水 Vs. GDPPC

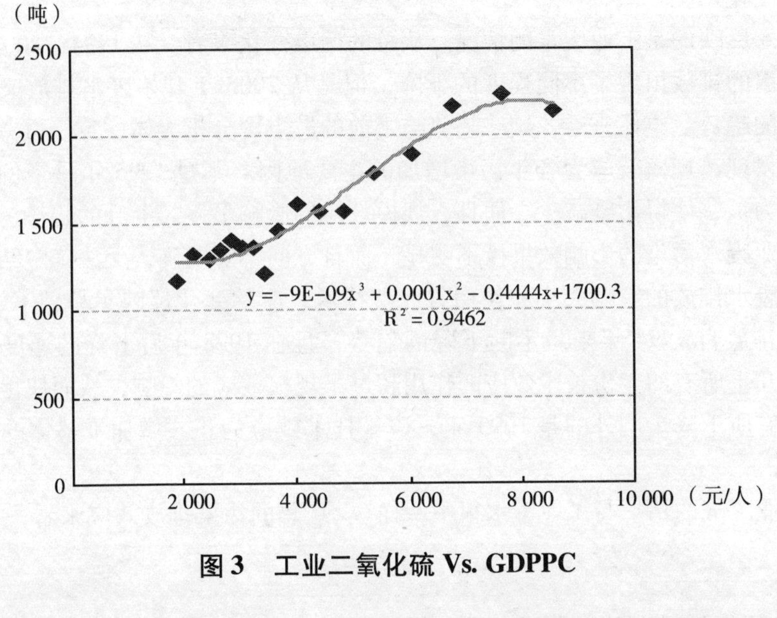

图 3　工业二氧化硫 Vs. GDPPC

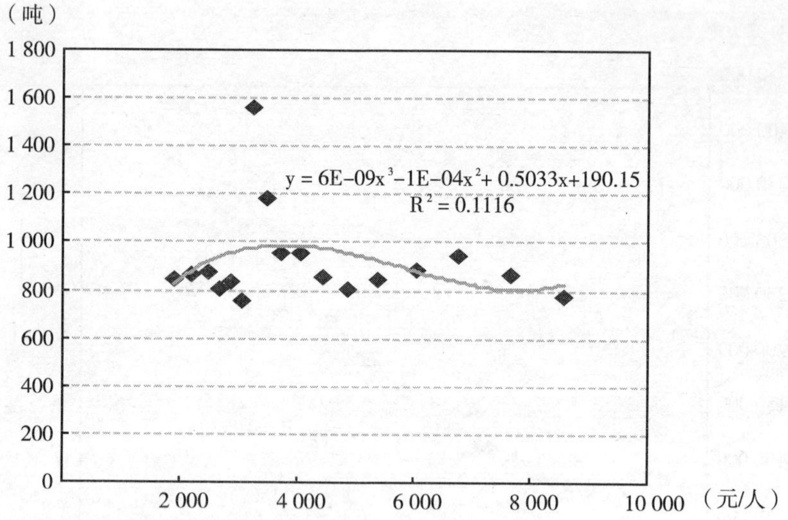

图 4　工业烟尘 Vs. GDPPC

资料来源：根据历年《中国统计年鉴》数据整理而得，人均 GDP 为 1991 年不变价。

各效应写成和的形式，图 5 是根据计算结果绘制的各污染物排放的污染效应分解图，图中各效应为对数值。从图中可以看出相对于 1994 年污染效应的各种影响因素的变化情况。

图 5 反映的是工业废水的情况。从总的污染变化来看，从 1994 ~ 2007 年间，工业废水的排放出现了不同程度的下降，但是从 2003 年开始废水排放又出现不断增加的趋势。整体来看，这一趋势与之前的散点图分析大体一致。再考察各分解效应发现，规模效应为各年污染增加的主要原因。不过 1995 年是个例外，规模效应为负，使得污染减少。而且，规模效应的影响呈逐年上升的趋势。结构效应对工业废水污染的影响效果极不明显，而且方向不够明确，无法确定结构效应对工业废水排放的影响大小和作用方向。技术效应的变化反映了单位 GDP 的工业废水排放自 1994 年来呈不断下降的趋势，且在 1998 年后下降的速度有所加快。在几乎所有的年份技术效应的作用超过了规模效应的影响，从而使得工业废水排放有所下降。例外的是 1995 年，该年技术效应为正，增加了整体的工业废水排放。

工业废气的情形与工业废水很不一样。① 从总的污染排放效应来看，自 1994

① 2007 年的工业废气排放数据没有公布，故图 5 中数据只计算到 2006 年。

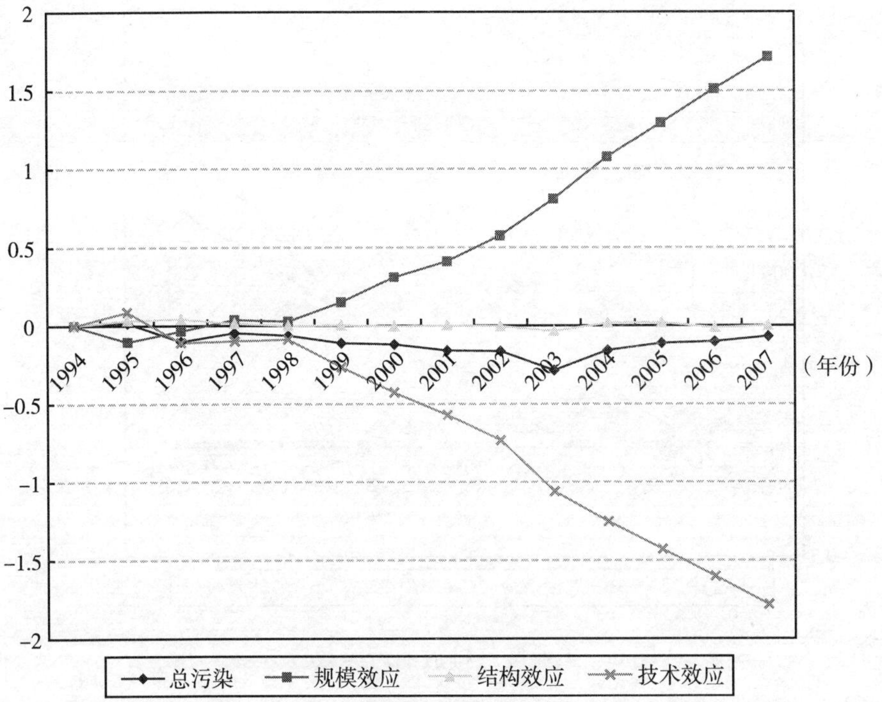

图 5　工业废水排放的污染效应分解

年各年的工业废气排放呈不断增加的趋势，这与散点图的分析基本一致（见图 6）。类似地，废气排放增加的速度也有加快的趋势。仔细分析三种分解效应可以看出，除个别年份（1995 年和 1996 年）外，规模效应对废气污染的增加起到了主要的作用。值得注意的是，在 2002 年以前规模效应的增加小于总效应的增加，结构效应和技术效应也对污染增加起到了一定的作用；而从 2003 年起，规模效应超过了总体效应，这是因为技术效应在一定程度上抵消了规模效应的作用。大体而言，结构效应对废气排放有增加的作用，尽管这一作用在大部分的时间里都不明显，而且这一作用的大小有不断下降的趋势。技术效应的变化值得重视。在大部分的时间里，技术效应对废气排放的作用为正，这出乎我们的意料。甚至在个别年份（如 1995 年、1996 年、1997 年和 1998 年），技术效应是废气污染增加的主要原因，直到 2002 年以后，单位增加值的废气排放才有下降的趋势，并在一定程度上缓解了废气污染增加的趋势。

图 7 显示了工业二氧化硫排放的情况。总的污染效应的变化趋势与散点图对全国的时间序列分析比较吻合。图中显示在 2001 年以前，二氧化硫的排放呈现上下起伏的情形，此后污染排放不断增加，直到最近几年排放量趋于稳定。与前

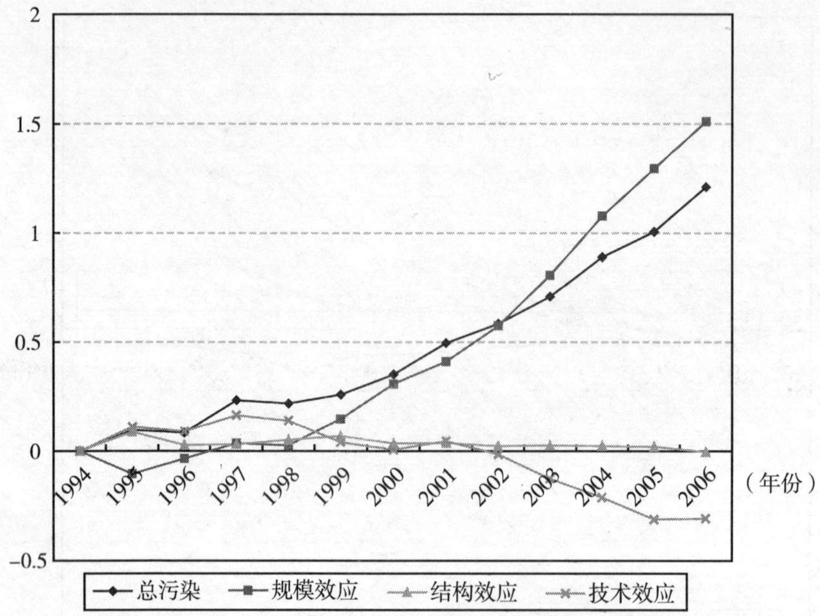

图 6　工业废气排放的污染效应分解

面 2 种污染物的情形类似的是，除个别年份外，规模效应的影响是工业二氧化硫排放增加的主要原因。而不同之处在于，结构效应倾向于增加工业二氧化硫的排放，且作用不容忽视。从图中可以看出，结构效应事实上在三种效应的对比中扮演着微妙的角色。2003 年以前，规模效应的大小始终无法超过技术效应的影响；结构效应的存在很大程度上抵消了技术效应。由于结构效应的大小没有出现较大的波动，这也在一定程度上稳定了 2001 年以前二氧化硫排放量的起伏。在 2003 年以后，规模效应的作用已经超过了技术效应，结构效应在这段时间的下降则多少缓解了污染增加的速度。在所考察的年份技术效应始终为负，这体现了单位增加值生产的二氧化硫排放量自 1994 年来逐年减少，有力地遏制了二氧化硫排放的增加。

工业烟尘的总体污染效应变化也体现了散点图分析所反映出来的趋势（见图 8），即没有明显的变动趋势，且呈现不断波动的情形。在三种分解效应中，规模效应与其他污染物一样，是污染增加的主要原因。结构效应的变化则与二氧化硫的情形类似，在一定程度上增加了工业烟尘排放，不过这一影响在 2001 年后逐年减弱。技术效应一直在缓冲以上两种效应带来的工业烟尘排放压力，而且在不少年份收到了明显的效果。可以看到，从 1999 年以来，技术效应的作用基本上扭转了此前工业烟尘上下波动的局面，单位增加值的工业烟尘排放在逐年下

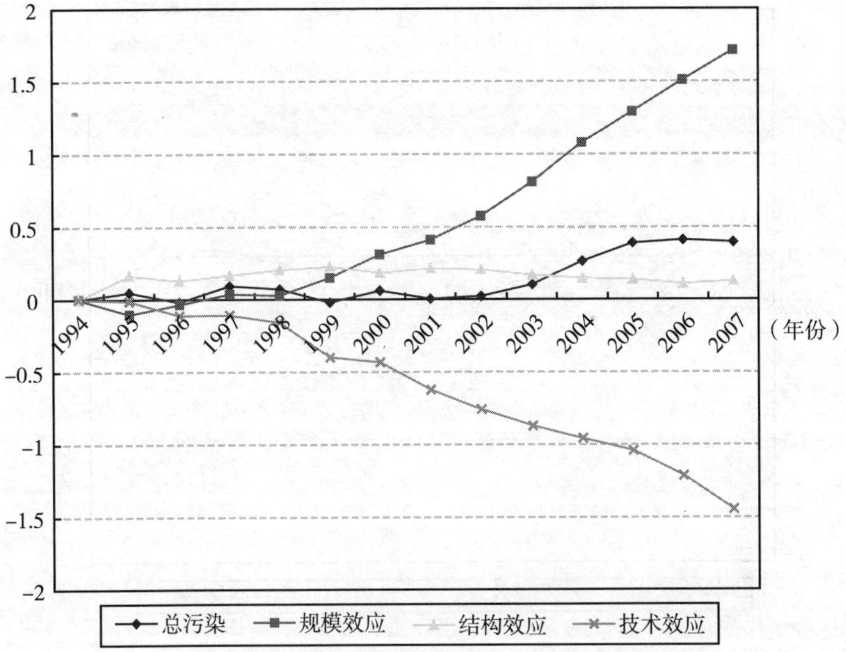

图 7　工业二氧化硫排放的污染效应分解

降，最终将会改善整体的工业烟尘排放状况。

综合以上的分析可以看出，规模效应的影响是工业污染增加的主要原因，技术效应是减少污染的最重要力量，这与诸多学者（De Bruyn，1997；Hamilton and Turton，2002；Zhang，2000）的分析结果一致。此处的技术效应反映的是单位增加值的污染排放，从以上图形来看，除工业废气外，其他三种污染物的技术效应基本都从 1998 年起呈逐年下降的趋势，这在一定程度上反映了我国实行可持续发展战略和减少单位 GDP 能源消耗所取得的成果。工业废水的技术效应仍然有待加强，这在一定程度上说明了控制工业废气排放的难度，但也应该清醒地认识到，不少地区的工业废气排放并未得到及时有效的处理。另外一个值得注意的问题是，结构效应的变化在一定程度上增加了我国的工业污染。这可能反映了我国工业行业结构仍然是以污染密集型行业为主，或者各主要工业行业的污染排放没有得到有效地遏制。不过也应该看到，结构效应的负面作用在近年来有所下降，这也许表明我国的工业行业结构正朝低能耗、低污染的方向过渡。这一问题应该引起足够的重视，要保证我国经济的可持续发展，必须坚决地取缔高污染企业和行业；要提高我国经济发展的效率，必须坚决地淘汰高能耗的企业和行业。工业行业的结构调整必须要充分考虑环境影响。

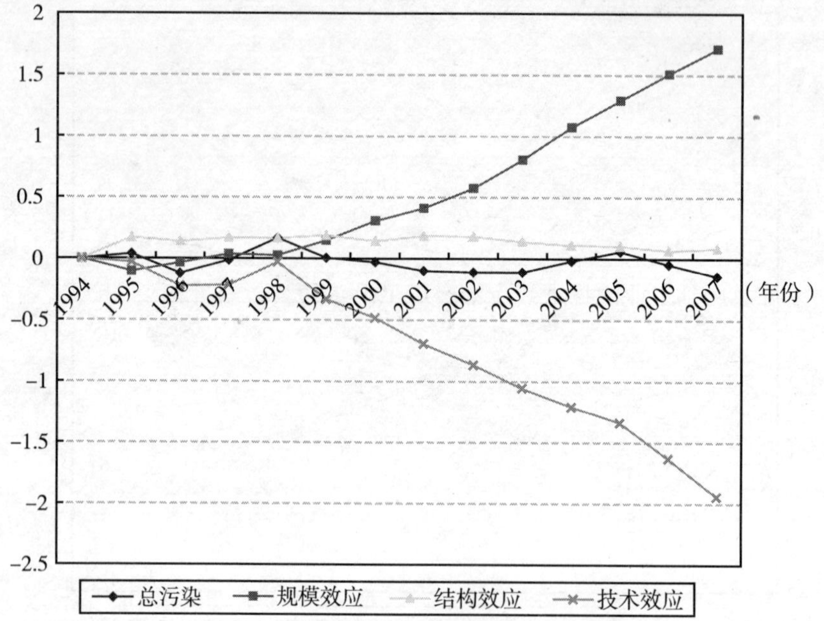

图 8　工业烟尘排放的污染效应分解

3. 各工业行业污染的效应分解

为分析污染变化的具体原因，我们进一步考察各行业的结构效应和技术效应。[①] 从工业废水的排放情况来看，电力、煤气及水的供应业，造纸及纸制品业，化工原料及化学制品制造业结构效应为正，即这三个行业工业增加值所占份额相对 1994 年有所上升，其中前两个行业的份额先增加后减少，而化工原料及化学制品制造业的份额在近年不断增加。另外，黑色金属冶炼及压延工业，纺织业，非金属矿物制造业结构效应为负，即行业增加值所占份额相对 1994 年有所降低，从变化趋势来看，黑色金属冶炼及压延工业的增加值份额先减后增，纺织业和非金属矿物制造业的增加值份额则不断减少。大部分行业的技术效应都为负，起主要作用的是化工原料及化学制品制造业，电力、煤气及水的供应业，造纸及纸制品业，机械、电气、电子设备制造业。黑色金属冶炼及压延工业的技术效应开始为正，后来为负。以上行业的结构效应和技术效应在很大程度上左右着整体工业废水排放的变化，在控制工业废水污染的过程中应当加以重视。

类似的，可以分析其他污染物的情况。在工业废气的排放中，以下行业需引

① 以下分析的数据限于篇幅没有列出，如有需要可向作者索取。

起注意。电力、煤气及水的供应业的结构效应为正，且先增加后减少；技术效应为负，且趋于减少。非金属矿物制造业的结构效应为负，逐年上升；技术效应为正。而黑色金属冶炼及压延工业的结构效应为负，趋于下降；同时技术效应为正。

就工业二氧化硫而言，电力、煤气及水的供应业的结构效应为正，非金属矿物制造业和黑色金属冶炼及压延工业的结构效应为负。大部分行业的技术效应为负，其中电力、煤气及水的供应业的技术效应最为明显，非金属矿物制造业和黑色金属冶炼及压延工业的技术效应都经历了由正转为负的过程。

在工业烟尘的排放中，电力、煤气及水的供应业的结构效应为正，且呈先增后减的趋势，非金属矿物制造业和黑色金属冶炼及压延工业的结构效应为负，前者的增加值份额在减少后趋于稳定，而后者的份额有所增加。大部分行业的技术效应为负，其中比较重要的是电力、煤气及水的供应业，化工原料及化学制品制造业和机械、电气、电子设备制造业。非金属矿物制造业的技术效应先增加后减少，最终由正变负。在治理工业烟尘时以上行业应该引起重视，尤其是电力、煤气及水的供应业。

对于以上结构效应一直为正的部分行业，在以后的产业调整中需在保证经济正常运行的条件下适当地减少这类行业的比重，如电力、煤气及水的供应业，同时可以考虑增加一些结构效应为负的行业的生产，如非金属矿物制造业和黑色金属冶炼及压延工业。另外也可以看出，大部分行业的单位增加值的污染排放均有所减少，在未来的行业生产中要继续坚持节能降耗，保证各经济行业的可持续发展。对于一些技术效应仍然为正的行业，应积极转变生产方式，改进生产工艺，减少各生产环节的能源消耗和污染排放。

五、结　论

根据 Divisia 的因素分解思想，我们推导了污染排放的对数平均 Divisia 指数（LMDI）方法。通过将该方法运用于我国工业行业的污染效应分解，可以得到以下的几个结论：

首先，对比国外同类文献的研究结果，我们的分析也得到了类似的结论，即规模效应的影响是工业污染增加的主要原因，技术效应是减少污染的最重要力量。尽管各污染物排放的变化趋势不一致，这一结论仍然反映了伴随我国经济的快速增长环境压力不断增加的现状。这事实上提醒我们，一方面，我国经济增长在创造巨大的物质财富的同时，也在不断地攫取自然资源，造成生态环境的破坏；另一方面，我国长期以来的经济增长方式值得反思，按照科学发展观的思想，要保证经济的可持续发展，必须统筹人与自然的和谐发展。这就要求我们树立正确的经济发展思想，积极转变经济增长方式，合理调整工业生产结构，节能降耗，治污减排，努力创造和实现经济增长和环境保护的双赢局面。此外，技术效应的作用值得重视。近年来，我国在环境治理方面下了不少工夫，单位 GDP 的污染已经呈现下降趋势，但是也要看到，环境污染事故在不少地区仍然频有发生。因此，在工业污染治理方面，国家和地方政府还需要加大投入，严格执行工业生产的环境标准，广泛开展环境监察工作。

其次，结构效应在一定程度上增加了我国的工业污染。这表明我国的工业行业结构仍然偏向于污染密集型，未来需要逐步淘汰和取缔一些环境污染严重、能源消耗过大的行业，促进产业结构的清洁型调整，全面推行清洁生产；并努力改进现有生产技术，鼓励和支持各工业行业发展循环经济，促进再生资源的回收利用。

最后，一些工业行业的生产对污染排放的变化有重要的影响，如电力、煤气及水的供应业，非金属矿物制造业和黑色金属冶炼及压延工业等。这反映了不同行业有着不同的生产方式，从而对环境有着不同的影响。在具体的环境治理工作中，既要考虑到不同行业的不同生产过程，也应重视其对环境的不同影响。对一些已有的环境影响较大的污染行业要重点监测，落实污染处理并适当减少生产。而对于影响较大的环保行业，则应给予政策激励，鼓励生产。在引进一些企业和行业的时候，同样应该注意类似的问题。

参考文献：

［1］Ang，B. W. and Choi K. H.，1997，Decomposition of Aggregate Energy and Gas Emission Intensities for Industry：A Refined Divisia Index Method［J］. *The Energy Journal*，Vol. 18（3）：59－73.

［2］Ang，B. W. and Liu F. L.，2001，A New Energy Decomposition Method：Perfect in Decomposition and Consistent in Aggregation［J］. *Energy*，26，537－548.

［3］Boyd G. A.，Hanson D. A.，Sterner T.，1988，Decomposition of Changes in Energy Intensity—a Comparison of the Divisia Index and Other Methods［J］. *Energy Economics*，Vol. 10（4）：309－312.

［4］Bruvoll，A. and Medin，H.，2003，Factors Behind the Environmental Kuznets Curve［J］. *Environmental and Resource Economics*，24，27－48.

［5］Grossman，G. and A. Krueger，1991，Environmental Impacts of a North American Free Trade Agreement［Z］. Paper prepared for the Conference on United States－Mexico Free Trade Agreement.

［6］Grossman，G. and A. Krueger，1995，Economic Growth and the Environment［J］. *Quar-*

terly Journal of Economics, Vol. 110 (2), 353 - 377.

[7] Grossman, G., 1995, Pollution and Growth: What do we know? [C]. Goldin and Winter (eds.), The Economics of Sustainable Development, Cambridge University Press.

[8] Shafik N. and S. Bandyopadhyay, 1994, Economic Growth and Environmental Quality: Time Series and Cross Country Evidence [R]. Washington D. C: The World Bank.

[9] Panayotou, T., 1993, Empirical Tests and Policy Analysis of Environmental Degradation at Different Stages of Economic Development [Z]. Working Paper WP238 Technology and Employment Programme, Geneva: International Labor Office.

[10] Cropper, M. and Griffiths, C., 1994, The Interaction of Population Growth and Environmental Quality [J]. *Population Economics* 84.

[11] Cole, M. A., Rayner, A. J., Bates, J. M., 1997, The Environmental Kuznets Curve: An empirical analysis [J]. *Environment and Development Economics*, 2, 401 - 416.

[12] Stern D. I. and Common M. S., 2001, Is There an Environmental Kuznets Curve for Sulfur [J]. *Journal of Environmental Economics and Management*, 41, 162 - 178.

[13] Dasgupta, S., Laplante, B., Wheeler, D., 2002, Confronting the Environmental Kuznets Curve [J]. *Journal of Economic Perspectives*, Vol. 16 (1): 147 - 168.

[14] de Bruyn, S. M., 1997, Explaining the Environmental Kuznets Curve: Structural Change and International Agreements in Reducing Sulphur Emissions [J]. *Environment and Development Economics*, 2, 485 - 503.

[15] Hamilton, C. and Turton, H., 2002, Determinants of Emissions Growth in OECD Countries [J]. *Energy Policy*, 30, 63 - 71.

[16] Sato K., 1976, The Ideal Log - change Index Number [J]. *The Review of Economics and Statistics* Vol. 58 (2): 223 - 228.

[17] Selden, T. M., Forrest, A. S. and Lockhart, J. E., 1999, Analyzing Reductions in US Air Pollution Emissions: 1970 to 1990 [J]. *Land Economics*, Vol. 75 (1): 1 - 21.

[18] Stern, D. I., 2002, Explaining Changes in Global Sulfur Emissions: an Econometric Decomposition Approach [J]. *Ecological Economics*, 42, 201 - 220.

经济全球化、偏向型技术进步与要素分配份额

■张　莉　李捷瑜　徐现祥*

一、引　　言

卡尔多认为关于稳态经济增长的典型事实中，对单个经济体而言，要素分配份额在长期内应保持稳定不变。而事实上，近年来众多学者研究发现世界范围内很多国家的要素分配份额表现出不同的变化趋势（Blanchard，1997；Poterba，1997；Hofman，2001；Harrison，2002；Guscina，2006），有悖于卡尔多事实。不同于以往文献直接使用要素份额，本文采用要素相对分配份额（资本分配份额与劳动分配份额之比）来表示要素收入分配的变化，使用要素相对分配份额能够更清晰地看出要素收入分配的变化。如果要素分配份额保持不变，要素相对分配份额也应保持不变。从1970～2007年的数据可以看出，从全球范围而言，资本相对劳动的分配份额呈现出增长的趋势，主要在于发展中国家表现出明显的增长趋势，特别是在2000年以后。此外，发展中国家的资本相对份额远高于发达国家。

近年来，MIT的阿西莫格鲁（Acemoglu）的多篇文献重新引起众多研究者对20世纪六七十年代受到重视的偏向型技术进步的关注，并从这个角度解释要素

* 张莉：中山大学岭南学院2008级博士生，研究领域：发展经济学、产业经济研究。李捷瑜：中山大学岭南学院经济系讲师；徐现祥：中山大学岭南学院经济系教授。本研究得到国家自然科学基金项目（70803055）、教育部人文社会科学研究项目（08JC790103）、广东省人文社科重点研究基地创新团队项目（07JDTDXM79006）、全国优秀博士论文作者专项资金的资助，在此表示感谢。

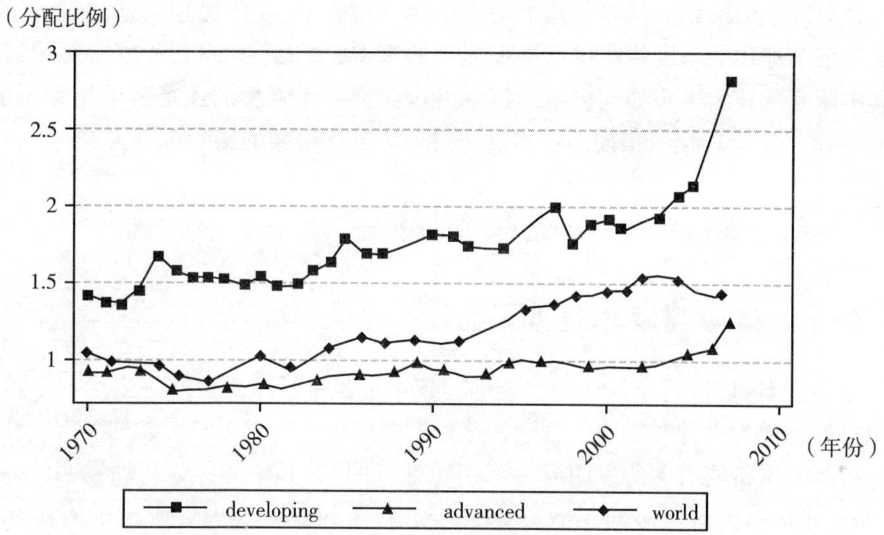

图 1　资本份额与劳动份额比的变化趋势：1970～2007 年

分配份额的变化。首先明确什么是偏向型技术进步（Directed Technical Change）①，即技术进步会使某些生产要素的回报高于其他生产要素。设定总生产函数形式为 Y = F（MK，NL），其中 K 表示资本要素，L 表示劳动要素，M、N 分别表示资本和劳动的产出能力。在保持要素投入不变的情况下，如果技术进步是资本增强型的，表示技术进步使得 M 比 N 增加得多（特殊情况是技术进步只增加 M，不增加 N）。在这种情况下，资本的产出能力上升导致生产同样数量的产出，需要的资本数量减少。同样的，如果技术进步是劳动增强型的，劳动的产出能力增加较多，产量相同的情况下劳动投入减少。

正如罗长远（2008）指出，阿西莫格鲁（Acemoglu，2002）一文将资本增强型技术进步归因于外生冲击，但是其没有分析技术进步的来源，也没有清楚地说明冲击出现、资本增强型技术进步发生以及要素分配份额变化之间的传导机制。而另一方面，有大量文献研究经济全球化伴随的国际贸易，外商直接投资对技术进步的影响，研究经济全球化对要素分配份额的影响，但是尚未有文献从经济全球化角度研究其对技术进步方向，从而对要素分配份额产生影响的机制。本

---

① Acemoglu（2002）中，作者对常用的要素增强型技术变化（Factor-Augmenting Technical Change）和要素有偏型技术变化（Factor-Biased Technical Change）概念之间的联系和区别进行了厘清。要素有偏概念紧扣技术进步使得某种生产要素的边际产出增加更多的本质，而要素增强概念与生产函数的形式有关。如果要素之间是互相替代的，那么两个概念一致；反之则不一致，例如要素互补时资本增强型意味着劳动有偏。

研究针对以上的问题，从以下几个层面给出回应：（1）在现有文献基础上，尝试从经济全球化的角度说明技术进步偏向的来源；（2）实证上考察发达国家和发展中国家的技术进步如何决定，技术进步是资本增强型的还是劳动增强型的；（3）考察经济全球化、偏向型技术进步对要素分配份额的影响机制。

二、文献综述

（一）偏向型技术进步

最早在 Hicks（1932）中指出偏向型技术进步可能是内生的：生产要素价格的相对变动成为一种对发明的激励，这种发明可以减少对更贵要素的需求。作者将这种与要素价格有关的发明成为“引致性发明”，其他的称为自动发明。之后在 1960 年代有大量文献对引致技术进步进行了讨论，其中代表性的有费尔纳（Fellner，1961）、肯尼迪（Kennedy，1964）、萨缪尔森（Samuelson，1965）等。费尔纳（1961）认为，技术进步是劳动增强型的可能性更大，因为工资期望是逐渐提高的（事实上也是这样），也即劳动要素价格会不断增加，企业会倾向于选择节约劳动的技术。而肯尼迪（1964）通过构造模型得出结果，即使相对要素价格不发生改变，引致技术进步同样会发生。在要素份额给定，总的技术升级能力给定的情况下，企业通过选择节约份额大的要素的偏向型技术，从而最大程度地节约单位产出的生产成本。而之后偏向型技术进步改变既定的要素分配份额。此文还得出结论，长期均衡下技术进步是劳动增强型的。短期内要素价格的变动会影响要素分配份额，但是长期内没有影响。萨缪尔森（1965）沿袭前面的思路，同样认为技术进步趋向于劳动增强型。

但是 20 世纪 70 年代这些观点也受到几方面的诟病，如诺德豪斯（Nordhaus，1973）、宾斯万格（Binswanger，1978）所言，这些文献缺乏微观基础，技术进步从何而来没有涉及；此外，很难在实证上验证技术进步在长期是劳动增强型的。之后很多文献主要集中在解决前一个疑问（Funk，2002）；阿西莫格鲁（1998，2002），试图将内生性偏向型技术进步模型化。在阿西莫格鲁（1998）构建的模型中，技术工人和非技术工人使用不同的技术来生产一种技能密集型的中间品和一种劳动密集型的中间品，两种中间品均用来生产同一种最终产品，两类技术的相对创新力度决定了技术进步的偏向。基利（Kiley，1999）对阿西莫格鲁（1998）的模型进行了扩展，将两类中间产品扩展到各有很多种的情形，在这种情况下，如果技能密集型中间品的种类比劳动密集型中间品的种类增加更快，那么技术进步是技能有偏的。

在这些内生偏向型技术的模型中，有两个关键点决定了对两类不同的创新的激励（Acemoglu，2002）：（1）价格影响，鼓励发明生产更贵的产品需要用到的技术。也就是在要素的边际产出等于边际成本的前提假设下，促使发明使用价格更高的要素的技术，达到节约要素投入成本的目的。（2）市场容量影响，鼓励发明使用范围更广的技术，也即使用更充裕要素的技术，以达到最大化产出的目的。这两种影响之间是相互竞争的，替代弹性决定了哪一种影响占主导作用。当替代弹性低时，稀缺的要素价格增高，价格影响相对更占优势。反之，市场容量影响更占优势，因此技术进步的偏向由要素价格和要素的充裕度共同决定。

（二）经济全球化与偏向型技术进步

经济全球化主要表现在以下两个方面：贸易自由化和资本国际间流动，后者主要通过外商直接投资体现。由这两种主要方式表现出的经济全球化，对发达国家和发展中国家有不同的影响，也即发达国家和发展中国家在经济全球化中所扮演的角色有所不同。根据传统的 HO 理论，在贸易自由化之后，发达国家会出口熟练劳动力生产的产品和进口非熟练劳动力生产的产品，而发展中国家会出口非熟练劳动力生产的产品和进口熟练劳动力生产的产品。这会对发达国家和发展中国家的工资结构、熟练劳动力和非熟练劳动力之间的工资差异产生不同的影响（Robbins，1996；Feenstra and Hanson，1996），一些经济学家认为技能有偏的技术进步导致发展中国家对熟练劳动力需求上升，从而对劳动整体收入占比产生影响。而资本的国际流动性增强一方面导致资本逐利的范围扩大，从而能获得更高的回报；另一方面外商直接投资所带来的技术溢出效应，以及发展中国家的学习效应，能够促进技术从发达国家转移到发展中国家，扩大了技术创新的市场。国际经济学已经研究了国际贸易（商品流动）和资本流动（要素流动）对要素市场价格和数量的影响，而国家之间要素价格和数量的差异会导致各国的技术进步偏向有所不同。

（三）国际贸易与偏向型技术进步

国家之间要素禀赋的差异带来了国际贸易的产生，而反过来国际贸易又会对各国要素的市场产生影响，由此要素价格和丰裕程度的改变影响技术进步的偏向。阿西莫格鲁（1998，1999）分析了这个问题。在他的模型中存在一种最终产品和两种中间产品，研究技术充裕的北方国家与劳动充裕的南方国家之间的国际贸易，他发现贸易开放对偏向型技术的影响依赖于南方国家对引进的北方国家的技术的知识产权（IPRs）保护程度。如果南方国家能提供完善的知识产权保护，国际贸易会通过增加北方国家的劳动偏向型技术的市场大小，导致技术进步增强劳动要素。虽然如此，如果南方国家不能有效保护知识产权，北方国家的创新市场大小不变，在这种情况下，国家贸易增加了北方国家技术密集型中间品的价格，导致技术进步增强技能，许多经济学家认为，技能增强型的技术进步导致了发展中国家对熟练劳动力的需求增加。伍德（Wood，1995），汤尼格和维迪尔(Thoenig and Verdier，2003）等认为，贸易自由化导致发展中国家进行防御性的创新（Defensive Innovation)，以应对来自国外的竞争，这会使得技术进步增强技能，增加对熟练劳动力的需求。如何理解技术进步的技能有偏、劳动有偏以及资本有偏之间的关系呢？这是理清本文研究思路的一个要点。劳动有偏和资本有偏是相对劳动和资本两种投入要素而言，而技能有偏是相对劳动力可分为熟练劳动力和非熟练劳动力而言，我们认为，发展中国家的技能有偏应归结到资本有偏。从微观角度而言，经济的微观主体是大量的企业，企业为企业的投资人所有，劳动力——无论是具有一定技能的熟练劳动力，还是不具备技能的非熟练劳动力，都是由企业所雇佣而从事劳动，新技术的发明人得到的报酬也只是技术创新收入的一定比例（Gancia and Zilibotti，2006)，企业扣除提供给劳动者的报酬，剩余的都是资本回报——由投资人所有。① 对于技术体现在资本和设备当中，赵志耘和吕冰洋等人已经对中国现象进行了实证研究，即存在资本积累和技术进步的动态融合。

阿什肯纳齐（Askenazy，2005）认为，发展中国家廉价商品的竞争压力，促使发达国家的熟练劳动力和非熟练劳动力分别向 R&D 密集的行业和服务业转移。在与发展中国家进行贸易的过程中，只要在 R&D 密集的行业里，劳动力的边际收益递减，发达国家的服务业规模足够大，服务品是不可贸易品，发达国家的劳动收入占比可能不降反升，相应地资本相对份额不升反降。

（四）外商直接投资与偏向型技术进步

通过国外投资的流入，新想法、新技术和技能会在国家和地区间传播，从而促进国家的技术进步。巴雷尔和佩因（Barrell and Pain，1997）对英国和德国进行了估计，FDI 存量增加 1% 会带来约 0.26% 的技术进步。国外企业的技术可以通过四个途径外溢到当地企业：一是示范效应，即本地企业采用通过模仿或者逆向工程（Reverse Engineering 的技术（Findlay，1978，Blomstrom et al.，1999；Saggi，2000)）；二是垂直溢出效应，即与国外企业的向后和向前的联系导致产

① 这里是广义的资本报酬，狭义的资本报酬还要扣除企业所交的各种间接税。由于主要考虑劳动收入和资本报酬之间的相对关系变化，因此采用广义的资本报酬定义，包括税收。

业间的技术升级（Pack and Saggi，1999）；三是，劳动力流动效应，即受训过的跨国企业员工可以跳槽到当地企业或者自主创业，从而把先进的技术也带到当地企业（Kokko，1992；Kinoshita，2000）；四是竞争效应，即FDI进入东道国市场所带来的竞争压力促使当地企业更有动力去进行技术升级（Bayoumi et al.，1999）。

虽然目前已经有大量文献研究外商直接投资对各国技术进步的影响，但是都没有考虑FDI对技术偏向的影响。技术变化的方向使得资本和劳动力、技能型劳动力和非技能型劳动力等各种要素的边际产出能力发生了非一致的变化，在要素市场完全竞争的前提假设下，要素的边际产出等于要素的边际报酬，而事实上，近年来全球范围内，经济学家们普遍意识到的要素分配份额的变化，不符合卡尔多（Kaldor）认定的要素分配份额不变的观点，这正印证了增强型技术进步的存在以及其对要素分配份额的影响。要素增强型技术进步已经成为研究初次分配时一个无法忽略的因素。

FDI通过不同的路径，对发达国家和发展中国家的要素分配份额会产生不同的影响。迪克里斯和马雷克（Decreuse and Maarek，2008）构建了一个劳动力市场存在摩擦的模型来研究FDI和金融开放对东道国劳动分配份额的影响。作者认为，即使国外企业比本地企业提供更高的工资，FDI使所有的工人受益，但是FDI仍然对劳动要素份额存在负向影响。正的技术溢出效应使得国外企业和本地企业之间的技术差距逐渐减小。国外企业不得不提供更高的工资，这会降低其进一步投资的激励。而负向的溢出效应可能会导致多重均衡：大量的国外企业进入和低工资，或者少量的国外企业同时保持高工资。

（五）偏向型技术进步与要素分配份额

阿西莫格鲁（Acemoglu，2002）通过构造有微观基础的模型，说明长期均衡上技术进步是劳动增强型的，要素分配份额保持不变；虽然短期内由于税收变化和劳动市场制度的影响，技术进步是资本增强型的。技术进步如何影响要素分配份额的方向，取决于资本和劳动两种要素之间的关系（替代、完全替代或者互补，见阿西莫格鲁（2007））。现有的大多数文献认为，两种要素间是互补的（替代弹性小于1）。这样，资本增强型技术进步导致对资本要素的使用减少，但是要素收入增加相对更多，从而资本分配份额增加，而劳动分配份额减少（Acemoglu，2007），而劳动增强型技术进步不改变新古典假设下要素分配份额由资本产出比决定的事实（长期均衡下两者都是不变的）（罗长远，2008）。

三、资本相对分配份额的决定因素

假设生产函数是 CES 型生产函数，即：

$$F(\Gamma_t^K K_t, \Gamma_t^N N_t) = C[\pi(\Gamma_t^K K_t)^{\frac{\sigma-1}{\sigma}} + (1-\pi)(\Gamma_t^N N_t)^{\frac{\sigma-1}{\sigma}}]^{\frac{\sigma}{\sigma-1}} \tag{1}$$

其中：分布参数 π 反映了生产中的资本密集度，C 是生产效率参数，表示要素的投入产出效率；σ 是资本要素 K_t 和劳动要素 N_t 之间的替代弹性，当 $\sigma=1$ 时，生产函数是 C－D 型，要素替代弹性不变，因此要素分配份额也不变；当 $\sigma=0$ 时，生产函数是列昂惕夫（Leontief）型；当 $\sigma<1$ 时，两种要素之间是互补的；而当 $\sigma>1$ 时，两种要素之间是替代的（Acemoglu（2002a））。

Γ_t^K 和 Γ_t^N 分别表示技术进步是资本增强型和劳动增强型的（Capital and Labor-augmenting）。为避免戴蒙德等（Diamond et al.，1978）中的不可能定理相关的问题，一般研究假设技术进步的函数是指数型的，即：

$$\Gamma_t^N = \Gamma_0^N e^{\gamma N t}; \Gamma_t^K = \Gamma_0^K e^{\gamma K t} \tag{2}$$

其中：γ_i 表示与要素 i 相关的技术进步的增长率；t 代表时间趋势。因此，当 $\gamma_K=\gamma_N>0$ 代表 Hicks 中性的技术进步；$\gamma_K>0$，$\gamma_N=0$ 代表 Solow 中性的技术进步；$\gamma_K=0$，$\gamma_N>0$ 代表 Harrod 中性的技术进步；$\gamma_K>0\neq\gamma_N>0$ 表示要素增强型的技术进步。根据阿西莫格鲁（2002）中对增强型技术进步的定义，假设总量生产函数可以表示为 F（L，K，A），其中有两种要素投入 L、K，分别设定为劳动和资本。要素也可能是技能型劳动力或者土地等，而 A 表示技术进步，$\partial F/\partial A>0$，即更高的技术水平对应更大的产出。如果生产函数是可以表示为 F（AL，K），那么技术进步是劳动增强型的；反之则是资本增强型的。如果技术变化是劳动增强型的，则可以表示为：

$$\partial \frac{(\partial F/\partial L)}{(\partial F/\partial K)} / \partial A > 0 \tag{3}$$

上式表示技术变化使得劳动的边际产出比资本边际产出增加得更多，对应（2）式中 $\gamma_N>\gamma_K>0$。如果技术变化是资本增强型的，即 $\gamma_K>\gamma_N>0$。

如果要素市场是完全竞争的，要素报酬等于其边际产出，因此资本和劳动两种要素的相对分配份额为：

$$\frac{rK}{wN} = sh^{K/N} = \frac{\pi}{1-\pi}\left(\frac{\Gamma^K K}{\Gamma^N N}\right)^{\frac{\sigma-1}{\sigma}} \tag{4}$$

显然由上式可以看出，资本收入与劳动收入的相对份额，和两种要素的投入比例之间的关系由要素替代弹性决定。对（4）式两边取对数，得到相对要素分配份额的表达式：

$$\log(sh^{K/N}) = \log\left(\frac{\pi}{1-\pi}\right) + \underbrace{\frac{\sigma-1}{\sigma}\log\left(\frac{K}{N}\right)}_{\text{资本深化}} + \underbrace{\frac{\sigma-1}{\sigma}\log\left(\frac{\Gamma^K}{\Gamma^N}\right)}_{\text{技术偏向}} \tag{5}$$

（5）式表明，资本和劳动间的相对分配份额由资本密集程度、要素投入比、技术进步类型、要素替代弹性共同决定。通过以上比较简洁的推导，我们就可以得到与黄先海，徐圣（2009）中劳动收入比重增长效应分解一致的结果。资本密集程度越高，资本相对要素份额①越高；当要素之间是完全互补时，即$\sigma<1$时，资本劳动投入比增加，资本相对份额反而下降。当要素之间是完全替代时，如果技术进步是资本增强型的，资本相对份额相应增加；如果技术进步是劳动增强型的，资本相对份额下降。而当要素之间是完全互补时，得到相反的结论。

四、实证模型与结果分析

（一）资本相对分配份额的动态模型

为了描述现实中劳动、资本投资具有的动态调整性质，本文基于（5）式建立了一个局部调整模型：

$$LSH_{it} = \phi LSH_{it}^{*} + (1-\phi)LSH_{it-1} \tag{6}$$

其中：LSH_{it}^{*}可理解为不可观测的潜在资本相对分配份额，或者长期均衡时资本相对要素分配份额，它由（5）式决定；当期可观测到的实际相对分配份额LSH_{it}是LSH_{it}^{*}与上一期实际资本相对分配份额（LSH_{it-1}）的加权平均。参数ϕ为调整系数，代表调整速度；它越接近1，表明调整到长期均衡水平的速度越快。

进一步地，本文假设公式（5）中的log（Γ^K/Γ^N）由国际贸易要素（进口imp、出口exp）、FDI以及代表一些不可观测要素的扰动项ε决定：

$$\log(\Gamma^K/\Gamma^N) = (\gamma^K - \gamma^N) = \delta_1 imp_{it} + \delta_2 \exp_{it} + \delta_3 fdi_{it} + \varepsilon_{it} \tag{7}$$

由此捕捉经济全球化对技术进步方向的影响。把（6）式代入（5）式得到潜在资本相对分配份额的决定模型：

$$LSH_{it}^{*} = \alpha_0 + \alpha_1 imp_{it} + \alpha_2 \exp_{it} + \alpha_3 fdi_{it} + \alpha_4 \log(K/N)_{it} + \varepsilon_{it} \tag{8}$$

---

① 以下均以资本相对份额表示资本与劳动之间的相对要素份额。

其中，LSH_{it}^* 与资本分配份额是单调递增关系，与劳动分配份额是单调递减关系，它表征了资本与劳动收入占比的相对变化。如果在长期要素收入占比不变，也即卡尔多事实是成立的，这样 LSH_{it}^* 在长期也是不变的。当劳动和资本是要素互补型时，即 $\sigma<1$ 时，α_1，α_2，α_3 与 δ_1，δ_2，δ_3 的正负号相反；当劳动和资本是要素替代型时，即 $\sigma>1$ 时，α_1，α_2，α_3 与 δ_1，δ_2，δ_3 的正负号一致。现有研究一般认为劳动和资本之间是互补的，且发达国家的要素替代弹性 σ 更接近 1。

潜在相对分配份额（7）式代入局部调整模型（8），再经过一定变换，得到最终用以估计的动态面板数据模型：

$$LSH_{it}=\beta_0+\beta_1 imp_{it}+\beta_2\exp_{it}+\beta_3 fdi_{it}+\beta_4\log(K/N)_{it}+\beta_5 LSH_{it-1}+\varepsilon_{it} \tag{9}$$

其中：（9）式的 β 系数代表解释变量的短期影响，它们与长期均衡系数 α 之间的关系为：

$$\alpha_i=\frac{\beta_i}{1-\beta_5},i=1,2,3,4 \tag{10}$$

本文采用动态 GMM 方法估计（9）式，并通过 delta 方法识别出其他系数，如 α_i，δ_i，σ。

（二）数据与变量描述

本文的样本包括 75 个国家及地区 1980～2007 年的经济发展数据，每个国家都至少有 5 年的完整数据。其中，发展中国家 49 个；发达工业国家 26 个。具体而言，我们从联合国数据库（UNdata）得到劳动份额、资本形成额、GDP 以及进出口贸易数据；从格罗宁根增长与发展中心（Ggdc）得到总就业量 N，从联合国贸易发展会议（*UNCTAD*）得到 FDI 存量占比。利用公式“（1－劳动份额）/劳动份额”得到资本劳动份额比；参照霍尔和琼斯（Hall and Jones，1998）中的永续盘存法通过资本形成额计算资本存量①。变量的定义和来源如表 1 所示。表 1 还给出各变量在发达国家和发展中国家两个样本中的统计描述。永续盘存法发展中国家的资本劳动份额比远高于发达国家，且发展中国家之间的资本劳动份额比差异也远高于发达国家；而发达国家的人均资本存量，外商直接投

---

① 所有样本中国家的资本形成额数据都可以追溯到 1970 年。在估计各国 1970 年初始资本存量时，采用 1970 年的资本形成额 I70 比上 1970～1980 年各国投资增长的增长率 g 加上折旧率 d 后的比值，即公式 I70/（g＋d）。其中，增长率 g 是 1970～1980 年投资序列的几何平均增长率，折旧率为 d＝6%，然后再利用永续盘存法计算历年的资本存量。

资存量占比远高于发展中国家；发达国家和发展中国家之间的国际贸易占比，进口占比和出口占比数据差距较小。

表 1　　变量定义与统计描述

变量名	变量定义	来源	发达国家 均值（标准差）	发展中国家 均值（标准差）
LSH	资本劳动份额比	UNdata	0.9861325 (0.2600937)	2.081337 (1.566371)
K/N	人均资本存量	UNdata	110 863.9 (46 276)	27 119.56 (38 991.35)
FDI/GDP	外商直接投资存量占比	UNCTAD	36.98198 (74.58049)	20.01258 (21.73891)
Trade/GDP	国际贸易占比	UNdata	0.8239073 (0.742715)	0.7237105 (0.4202203)
Import/GDP	进口占比	UNdata	0.4109841 (0.3670796)	0.3700073 (0.2085546)
Export/GDP	出口占比	UNdata	0.4129233 (0.3816115)	0.3537033 (0.2277573)

（三）回归结果分析

经济全球化通过国际贸易、外商直接投资渠道影响技术进步的偏向，而且对于发达国家和发展中国家的技术进步偏向会有不一致的影响。巴格瓦蒂（Bhagwati，1996），郑玉歆（1998）、易纲、樊纲和李岩（2003）、林毅夫和任若恩（2007）等学者认为，发展中国家与地区的技术进步是一种靠引进国外先进技术设备实现的体现型技术进步（Embodied Technical Change）。国际贸易使得发达国家根据自身的要素禀赋和技术的市场范围来发明资本增强型或劳动增强型的技术，而发展中国家一般通过国际贸易进口发达国家的先进设备及附着的技术，但是由于发达国家和发展中国家的要素禀赋存在差异，发展中国家的技术进步可能不是适宜性的。上述的争论一方面加深了人们对发展中国家技术进步的理解；另一方面强调了发达国家与发展中国家在技术进步模式上的差异。基于此，本文分别对全部样本、发达国家样本和发展中国家样本进行了 GMM 估计，估计方法控制了各国的固定效应影响。

局部调整模型的估计结果见表2和表3，两个表中所选择的变量略有不同，表1中的国际贸易以各国的进出口总额与GDP之比衡量，而表2中区分了进口和出口的影响，分别以进口与GDP之比、出口与GDP之比表示。其他变量均相同，被解释变量是资本相对分配份额，解释变量包括资本劳动投入比、FDI与GDP之比、上一期的资本相对分配份额。由回归方程直接得到的是各因素的短期影响，由（10）式可以得到长期影响系数。由于上期资本相对分配份额的影响显著为正，由（10）式可以自然得到各变量对资本相对份额的长期影响与短期影响一致。且由于LSH_{it-1}的系数小于1，得到各变量的长期影响系数大于短期影响系数。然后根据（6）式可以得到各种经济全球化指标对技术进步偏向的影响（见表2和表3）。两个表中，基于长期关系计算的要素替代弹性σ均介于0.5～0.7，$\sigma<1$，要素之间是互补关系，这与现有文献①对于要素替代弹性的测算以及认识一致。要素替代弹性也可直接从资本劳动投入比对资本相对份额的影响系数β_1的符号得出，两个表中β_1均显著为负，根据（1）式可以发现，$\beta_1=\frac{\sigma-1}{\sigma}=1-\frac{1}{\sigma}$，系数$\beta_1$随要素替代弹性$\sigma$单调递增。负的影响系数表明要素替代弹性$\sigma<1$，要素之间是互补的。负的$\beta_1$表明资本深化对资本相对分配份额存在负向影响，黄先海和徐圣（2009）已经对此做了解释并且通过分解得出偏向型技术进步对要素分配份额的影响远大于资本深化的影响，因此本文从偏向型技术的角度分析其对要素分配份额的影响的思路与现有的研究是一脉相承的。

表2得到的结果显示，整体而言，国家贸易对资本相对分配份额有显著的正向拉动效应，这与以往研究结果一致（Harrison，2002；Guscina，2007）。而且从这个结果能发现，基于$\sigma<1$的既有结论，由（5）式可以得出，国际贸易对技术偏向$\log(\Gamma^K/\Gamma^N)$的影响为负，这表明，贸易量的增加促使劳动的产出效率比资本的产出效率提高得更多，也即国际贸易促使技术进步增强劳动要素的生产率。采用发展中国家的样本能得出同样的结论，不过采用发达国家样本得到的系数为负，但不显著。以上的实证结果表明，国际贸易通过促使技术进步增强劳动的产出率，同时偏向拉动资本的边际产出增加更多，从而显著提高资本相对分配份额的作用机制，主要在发展中国家实现，对于发达国家而言这种影响机制的效果不明显。对此的一个解释是发展中国家的劳动力供给充足，价格低廉，事实上经济全球化导致发展中国家的劳动力并没有按照要素的边际产出来进行定价。

---

① Klump等（2007）利用美国1953至1998的数据估计劳动与资本的替代弹性，结果发现它们的替代弹性显著小于1（在0.5～0.7）。

表 2　　　资本相对分配份额的长短期决定模型的实证结果一

解释变量	被解释变量：LSH		
	全样本	发达国家	发展中国家
	短期关系估计结果（即回归方程）GMM 估计		
Trade/GDP	0.0025 (0.0128)	-0.0050333 (0.0371668)	0.055254 *** (0.017484)
Fdi Stock/GDP	0.0002794 *** (0.0000384)	-0.000851 (0.0002538)	0.009153 *** (0.0001832)
$(K/N)_{it}$	-0.150355 *** (0.0044555)	-0.1013555 ** (0.441732)	-0.1702788 *** (0.0184052)
LSH_{it-1}	0.7228876 *** (0.0049992)	0.8041765 *** (0.0440646)	0.6929057 *** (0.009264)
	长期关系估计结果		
[Trade/GDP] α_1	0.0091807 (0.0462022)	-0.0257033 (0.191113)	0.1799252 *** (0.0551256)
[Fdi Stock/GDP] α_2	0.0010084 *** (0.0001377)	-0.0004344 (0.001323)	0.0029806 *** (0.00. 6336)
[K/N] α_3	-0.5425777 *** (0.018701)	-0.5175862 *** (0.1777998)	-0.5544838 *** (0.0502782)
	基于长期关系计算的要素替代弹性与经济全球化引起的偏向型技术的影响		
σ	0.6482655 *** (0.0078591)	0.6589411 *** (0.0772013)	0.6433004 *** (0.0208069)
[Trade/GDP] δ_1	-0.0169205 (0.0851603)	0.04966 (0.3731329)	-0.3244913 *** (0.1203422)
[Fdi Stock/GDP] δ_2	-0.0018586 *** (0.0002867)	0.008393 (0.0025063)	-0.0053755 *** (0.0013164)

注：控制了固定个体效应和时间效应。圆括号内是标准误差。

表 3　　　　资本相对分配份额的长短期决定模型的实证结果二

解释变量	被解释变量：LSH		
	全样本	发达国家	发展中国家
	短期关系估计结果（即回归方程）GMM 估计		
Imp/GDP	-0.0302817***	-0.0929459***	-0.0193901*
	(0.0070069)	(0.0256427)	(0.0113853)
Exp/GDP	0.0144388*	0.0723257***	0.0244172***
	(0.0081598)	(0.0238792)	(0.0053105)
Fdi Stock/GDP	0.0002415***	-0.0000908	0.0010017***
	(0.0000548)	(0.0002664)	(0.0002616)
$(K/N)_{it}$	-0.1516912***	-0.1350785***	-0.1702368***
	(0.0077683)	(0.0365568)	(0.015148)
LSH_{it-1}	0.7109135***	0.8031819***	0.7011034***
	(0.0116818)	(0.0489998)	(0.0076273)
	长期关系估计结果		
[Imp/GDP] α_1	-0.1047497***	-0.4722429**	-0.0648722*
	(0.0222691)	(0.1890351)	(0.0393611)
[Exp/GDP] α_2	0.0499464*	0.3674751***	0.081691***
	(0.0272609)	(0.1045591)	(0.0180461)
[Fdi Stock/GDP] α_3	0.0008355***	-0.0004611	0.0033513***
	(0.0001953)	(0.0013991)	(0.0008485)
[K/N] α_4	-0.5247259***	-0.6863115***	-0.569551***
	(0.0267281)	(0.1994017)	(0.0470303)
	基于长期关系计算的要素替代弹性与经济全球化引起的偏向型技术的影响		
σ	0.6558556***	0.5930102***	0.6371249***
	(0.011497)	(0.0701218)	(0.0190909)
[Imp/GDP] δ_1	0.1996275***	0.6880883***	0.1139006*
	(0.0489194)	(0.2448513)	(0.0681166)
[Exp/GDP] δ_2	-0.0951857*	-0.5354348***	-0.1434305***
	(0.052791)	(0.1602724)	(0.029914)
[Fdi Stock/GDP] δ_3	-0.0015922***	0.0006719	-0.0058842***
	(0.000418)	(0.0020409)	(0.0016988)

注：控制了固定个体效应和时间效应。圆括号内是标准误差。

如下结合表3的结果，进一步区分进口和出口对资本相对分配份额和技术进步偏向的影响。就全体样本而言，进口对资本相对分配份额有显著负向影响；对于发达国家样本而言，进口对资本相对分配份额的影响显著为负，与整体样本一致；而采用发展中国家样本得到的结果基本一致，但是进口的负效应不显著。另一方面，无论是对全部样本，还是发达国家样本、发展中国家样本，出口对资本相对分配份额均有显著正效应，而且发达国家样本得到的影响系数0.0723大于发展中国家样本得到的系数值0.0174，显著程度更高。

以上结果表明，对于发达国家而言，进口对技术偏向 log（Γ^K/Γ^N）的影响显著为正，在要素替代弹性小于1的前提下，进口量增加更多地提高了资本的产出效率，也就是说进口导致技术进步是资本增强型的。而发达国家的出口导致技术进步是劳动增强型的。对于发展中国家而言，出口导致发展中国家的技术进步是劳动增强型的，然而进口对于发展中国家的技术进步偏向作用不显著。由此可见国际贸易对发展中国家的影响主要通过发展中国家的出口来实现。

国家贸易理论认为，资本相对丰裕的发达国家与劳动相对丰裕的发展中国家之间进行贸易，由于要素禀赋的差异，形成发达国家主要出口资本密集型产品，而进口劳动密集型产品；相对地，发展中国家主要出口劳动密集型产品，进口资本密集型产品的贸易格局。而国际贸易影响技术进步的偏向通过影响要素价格和使用技术的市场容量来实现。阿什肯纳齐（2005）的研究发现一定程度上解释了以上的实证结果，他发现发展中国家廉价商品带来的竞争压力，促使发达国家的熟练劳动力和非熟练劳动力分别向R&D密集的制造业行业和服务业转移，因此发达国家的进口导致技术进步是技能有偏的。而发达国家主要出口资本密集型产品，与发展中国家的贸易扩展了发达国家资本密集型产品的市场大小，这样发明资本密集型产品使用的资本增强型进步更有市场，因此发达国家的出口导致技术进步是资本有偏的。进口和出口对发达国家技术进步偏向的影响相反导致整体而言国际贸易对发达国家的技术进步偏向影响不明显。发展中国家主要出口劳动密集型的产品，市场容量效应在技术进步偏向中起主要作用，出口促使发展中国家的技术是劳动增强型的。

至于外商直接投资的影响，表2和表3得到的结果非常一致。采用全部样本得到的FDI对资本相对分配份额的影响显著为正，采用发展中国家样本得到的结果也是如此，然而采用发达国家样本得到的系数值为负，不过不显著。以上实证结果表明，外商直接投资促进技术进步偏向资本，从而显著提供资本相对分配份额的作用机制，主要在发展中国家实现，对于发达国家这种影响机制的效果不明显。结合前面进口对发展中国家的技术进步偏向作用不显著的结论，正好印证了发展中国家引进发达国家先进技术的主要渠道是外商直接投资，从而使得技术进步与发达国家的技术进步偏向是一致的。

对于上期资本相对分配份额的惯性影响，表2和表3得到的结果无论是影响方向上、显著程度上，还是影响系数的大小，都高度一致。采用全部样本、发达国家样本和发展中国家样本得到的 LSH_{it-1} 对 LSH_{it} 的影响系数均显著为正，且数值也非常接近。

五、结　论

要素分配份额度量了资本和劳动从经济增长中获益的比例，而近30年来要素分配份额表现出不同于传统卡尔多认定的趋势，无论是从理论探索还是经济学道义上均引起了学者的广泛关注，近年来相关文献主要集中在研究要素分配份额的变化趋势是否确实有违卡尔多事实，通过实证分析将一些可能的因素（包括经济全球化，有偏向型技术进步）用于解释要素分配份额的变动的文献相对较少，且现有的解释多是基于变量间的相关关系，缺乏文献理清变量之间的关系和作用机制。本文构建资本相对分配份额的决定方程，得出经济全球化通过影响技术进步偏向，从而影响要素分配份额的结论。并且基于跨国面板数据，得出经济全球化对发达国家和发展中国家的技术进步偏向和要素分配份额会产生不同的影响，主要有以下结论：

（1）近30年来资本的收入份额在全球范围内呈现上升趋势，这种趋势在发展中国家尤为明显。国际贸易通过促使技术进步偏向资本，从而显著提高资本相对分配份额的作用机制，主要在发展中国家实现，对于发达国家这种影响机制的效果不明显。对于发达国家而言，进口对资本相对分配份额影响显著为负，但出口的影响显著为正。而采用发展中国家样本得到的结果基本一致，但是进口的负效应不显著。此外，上一期资本相对分配份额的正向惯性影响，正好印证了已有文献中要素分配份额变化的所谓“自增强机制”。中国作为一个外贸依存度高的发展中国家，意识到国际贸易对初次收入份额的持续影响并保持其稳定非常重要。

（2）进出口对发达国家和发展中国家的影响均有所不同。进口导致发达国家的技术进步是劳动偏向型的，出口导致发达国家的技术进步是资本偏向型的，相反的影响导致整体而言国际贸易对发达国家的技术进步偏向影响不明显。而对于发展中国家而言，出口导致发展中导致技术进步是资本偏向型的，更多地提高了劳动的生产效率，然而进口对于发展中国家的技术进步偏向作用不显著，这在一定程度上印证了发展中国家的技术进步更多的是通过FDI来实现。

（3）外商直接投资促进技术进步偏向资本，显著提高资本相对分配份额的作用机制，主要在发展中国家实现，对于发达国家这种影响机制的效果不明显。结合前面进口对发展中国家的技术进步偏向作用不显著的结论，正好印证了发展中国家引进发达国家先进技术的主要渠道是外商直接投资，从而使得技术进步与发达国家的技术进步偏向是一致的。

参考文献：

［1］黄先海、徐圣：《中国劳动力比重下降成因分析——基于劳动节约型技术进步的视角》，载于《经济研究》，2009 年第 7 期。

［2］罗长远：《卡尔多“特征事实”再思考：对劳动收入占比的分析》，载于《世界经济》，2008 年第 11 期。

［3］林毅夫、任若恩：《东亚经济增长模式相关争论的再探讨》，载于《经济研究》，2008 年第 8 期。

［4］易纲、樊纲、李岩：《关于中国经济增长与全要素生产率的理论思考》，载于《经济研究》，2003 年第 8 期。

［5］张军、吴桂英、张吉鹏：《中国省际物质资本存量估算：1952 ~ 2000》，载于《经济研究》，2004 年第 10 期。

［6］Acemoglu, D. “Directed Technical Change.” *Review of Economic Studies*, 2002, 69 (4), pp. 781 – 809.

［7］Askenazy, P. “Trade, Services, and Wage Inequality.” Oxford Econom ic Papers, 2005, 57 (4), pp. 674 – 692.

［8］Blanchard, O. “TheMedium Run.” Brookings Papers on Economic Activity, 1997 (2), pp. 89 – 158.

［9］Decreuse, Bruno and Maarek, Paul.. “FDI and the labor Share in Developing Countries: A theory and Some Evidence.” MPRA PaperNo. 11224, 2008.

［10］Guscina, A. “Effects of Globalization on Labor's Share in National Income.” IMF Working Paper No. 294, 2006.

［11］Harrison, A. E. “Has Globalization Eroded Labor's Share? Some Cross-Country Evidence.” UC-Berkeley and NBER Working Paper, Octo2ber, 2002.

［12］Hicks, John The Theory of Wages, Macmillan, London, 1932.

［13］Hall, Robert E. and Jones, Charles I., Why Do Some Countries Produce So Much More Output per Worker than Others?. NBER Working Paper No. W6564, 1998.

［14］Kaldor, N. “Capital Accumulation and Economic Growth,” in F. A. Lutz and D. C. Hague, eds., The Theory of Capital. New York: St. Mar2tin Press, 1961.

［15］Kennedy, Charles, “Induced Bias in Innovation and the Theory of Distribution” Economic.

［16］*Journal*, *LXXIV* (1964), 541 – 547.

［17］Klump, R., P. McAdam and A. Willman, “Factor Substitution and Factor-Augmenting Technical Progress in the United States: A Normalized Supply-Side System Approach”. *Review of*

Economics and Statistics (2007), 89 (1): 183.

[18] Miguel A. León-Ledesma, Peter McAdam and Alpo Willman. "Identifying the Elasticity of Substitution with Biased Technical Change" ECB Working Paper NO. 1001, 2009.

[19] Nordhaus, William. "Some Skeptical Thoughts on the Theory of Induced Innovation" *Quarterly Journal of Economics*, LXXXVII, (1973), 208 -219.

全球化条件下的知识溢出与技术进步研究

■蔡伟毅*

知识溢出，知识产权保护和技术进步一直是学术界讨论的焦点问题，有些学者支持加强知识产权保护，而有些学者则提倡放松知识产权保护。关于知识溢出对技术进步的作用，学术界也一直存在争论。知识溢出对于企业创新是一把“双刃剑”，其负面影响在于两点：其一，知识溢出削弱了创新企业在创新产品上的垄断利润，使得创新企业的研发积极性下降；其二，现代的创新活动需要大量的资本投入，只有获得垄断利润的大型企业才有能力进行研发活动，尽管创新企业的垄断行为并不是市场最优的，但为了保证有强大的资本投入研发活动，市场必须忍受这种非最优的状态，而知识溢出偏偏会削弱创新企业的规模扩张，从而不利于创新活动。反之，知识溢出对于企业创新的正面影响体现在：知识溢出会在企业之间形成竞争，进行模仿的落后企业在产品生产上会逐步赶上创新活跃的领先企业，这种竞争压力会促使领先企业从事更进一步的创新。若非如此，领先企业会在现有创新活动所带来的垄断利润的诱惑下故步自封，失去了延续研发行为的动力。这种正负两方面的影响会在现实经济体中相互抵消，最终知识溢出对于企业创新的净效果则取决于这两方面力量的强弱对比。目前理论界对于此问题的探讨仅仅局限于理论分析，要具体进行正负两方面的力量比较，求出影响结果的净效应，需要借助于数学模型和实证检验。

在封闭条件下，即在一国范围内，知识溢出会减少创新企业的垄断利润，其

---

* 蔡伟毅，厦门大学宏观经济研究中心博士生，研究方向：宏观经济政策。电子邮箱：chinacaihead@sohu. com。

他企业的无成本的模仿行为会使创新企业的利益受损并降低创新企业的竞争力。同时在熟练劳动力市场上，由于要素供给是不变的，模仿行为会增加对于熟练劳动力的需求，因而企业之间的竞争将会提高熟练劳动力的要素价格，使得创新产品的生产和研发活动的成本都上升，从而限制创新活动的延续。创新企业由于利益不受保护，也将逐渐失去创新的动力。

但是在开放经济条件下，知识溢出超越国界，发展中国家的模仿行为会提高其技术水平，增加熟练劳动力的供给，在要素流动的情况下，熟练劳动力的供给增加也将有利于发达国家，同时熟练劳动力的工资有趋同之势。由于模仿的成功会提升发展中国家的经济发展水平，这对于提升发展中国家对发达国家创新产品的需求是有益处的。这就是知识溢出和模仿行为对发达国家创新活动的正面影响。虽然知识溢出带来的模仿行为会减少发达国家创新产品的垄断利润，从而使发达国家企业受损，但是这种负面影响在很大程度上会被正面影响所抵消——开放经济条件下发达国家和发展中国家之间的知识溢出和模仿行为，从降低熟练劳动力成本和提升两国整体的创新产品的需求水平等两个方面促进了两国创新产品的生产和研发活动。开放经济条件下的国际知识溢出对于发达国家和发展中国家都是有益的。

因而，在开放经济条件下，对发达国家和发展中国家之间的创新活动以及创新和模仿之间的互动关系的分析，将大大不同于对发达国家在封闭经济条件下创新活动的分析。当考察的视角从一国国内的封闭经济转向开放经济时，两国之间的国际知识溢出将多方面，广深度地影响国际间的技术进步。因为国际间的知识溢出，熟练劳动力工资的下降，都将有利于降低全球的研发成本。发展中国家的研发行为所导致的创新竞争加剧也将加快全球的创新速度。这些因素都将加强知识溢出对于企业创新活动的正面影响，同时削弱负面影响，从而保证知识溢出对于技术进步存在正的反馈效应。

本文将结合理论分析和数理模型分析，沿用经济学家格罗斯曼（Grossman）和赫尔普曼（Helpman）关于技术创新与经济增长的理论模型，建立单一要素和两种部门的生产模型，将此模型运用于对发达国家和发展中国家技术创新竞争的分析，依据研发活动的自由进入条件、资本市场的无套利条件和熟练劳动力市场的出清条件来求解均衡状态，先分析在封闭经济条件下各个国家的创新增长率如何决定，然后分析在开放经济条件下两个国家创新增长率的相互影响，从理论分析和模型分析两个方面深入研究全球化条件下知识溢出与技术进步的关系，得出过强的知识产权保护不利于技术进步和经济发展的观点。

一、封闭经济条件下的技术进步

本文所讲的技术进步类型是产品种类增加型，技术进步会增加生产中的中间投入品。在本文的模型中，市场上所生产的商品种类增加，就说明市场上的创新产品增多，所以商品多样化即意味着技术进步。同时，商品种类的增多表明一个国家内的企业可以从经济体中获取的技术知识也随之增加，企业可以通过研究其他企业的创新产品，也可以从市场竞争中获取其他企业的技术知识。这就说明商品种类的多寡是一个国家内公共技术知识多寡的标志。

本文所使用的是单一要素和两种部门的生产模型，假定经济体中只有一种资源，即熟练劳动力；经济体中有两种部门，一种是创新产品生产部门，企业运用熟练劳动力进行创新产品的生产，一种是创新产品的研究与开发部门，企业同样运用熟练劳动力从事研发。这两种部门可以共同存在于一个企业内部，一个创新企业都拥有这两种部门。用 n 来表示一个经济体中的所有创新产品种类数。

笔者假设在开放经济条件下有两个国家，用 i 表示国家（$i=A$，B）。两个国家的熟练劳动力数量不相同，笔者假设 A 国的熟练劳动力数量不少于 B 国，即 $L^A \geqslant L^B$，由于 A 国和 B 国是随意设定的，因此这种假设并不失一般性。本文首先分析在不存在国际交流的情况下，每个国家在封闭状态下各自的创新增长率如何决定，然后再分别分析在存在国际知识溢出和不存在国际知识溢出时两个国家的创新增长率及其差异。

笔者假设在一个国家内熟练劳动力的工资水平是 w^i，一单位创新产品的生产需要一单位熟练劳动力投入，因此熟练劳动力的工资水平也是生产创新产品的边际成本和平均成本。厂商的定价法则是成本加成定价，加成参数设为 α，且 $0<\alpha<1$，则有：

$$p^i = \frac{w^i}{\alpha} \qquad (i=A,B) \tag{1}$$

消费者在创新产品上的消费为 E^i，假定这些消费支出平均分配到每一种创新产品上，则在每一种创新产品上的消费支出就是 E^i/n^i，那么每一种创新产品的消费量 x^i 就是 $\alpha E^i/n^i w^i$，这样每一种创新产品的利润是 $\pi^i = (1-\alpha) E^i/n^i$。为了分析的方便，笔者将消费者的支出假定为 1，那么每一种创新产品的利润公式就变为：

$$\pi^i = \frac{1-\alpha}{n^i} \qquad (i=A,B) \tag{2}$$

在此模型中，一个国家内的创新产品生产企业进行经营活动的收益来自于两个部分，一部分是企业从每一种创新产品上可以获得的利润 π，另一部分是企业资本价值的增值 $\dot{v}$，资本价值的增值体现在企业通过研发活动得到创新技术之后所获得的无形资产或是新增固定资产，等等。在一个完全竞争的市场当中，企业可以将资金投入到实际生产经营中，也可以将资金用于信贷投放，以获取利息 r，企业的这两种行为将产生相同的收益，即：

$$\pi^i + \dot{v}^i = rv^i \qquad (i = A, B) \tag{3}$$

接着笔者考察企业对于熟练劳动力的需求和投入，假设企业在创新产品的研发活动中所需要的劳动量是 a，此参数表示的是企业研发活动的劳动生产率：a 越大，说明企业研究并开发一单位创新产品所需的熟练劳动投入越多，则表明企业的劳动生产率越低；反之，则劳动生产率越高。这样，企业投入一项创新产品的研发，其所需的成本就是单位熟练劳动力的工资和所需劳动量的乘积 wa，即在研发过程中所投入的熟练劳动力成本。同时，企业研发和生产一种新的创新产品，并成功地将创新产品投入市场，能够取得的资本价值是 v。企业是否进行研发活动，取决于成本和收益之间的比较，即取决于熟练劳动力成本 wa 和能够取得的资本价值 v 之间的大小关系。如果 $wa > v$，由于成本大于收益，企业将不从事研发活动，企业在研发活动中所使用的熟练劳动力就是零；如果 $wa < v$，正的研发收益将促使企业不断吸收熟练劳动力，投入研发活动的企业数量将会不断增加，这将会提高研发活动的成本，从而使得成本和收益再次达到均衡。因此，完全竞争的市场中企业进行研发活动的自由进入条件就是企业的研发成本和研发收益相等，由下式表示

$$v^i = w^i a \qquad (i = A, B) \tag{4}$$

通过研发活动，创新产品的增加量是 $\dot{n}$，根据前文的假设，研发活动的劳动生产率是 a，则在创新产品的研发活动中需要投入的熟练劳动力数量就是 $a\dot{n}$。经济体中消费者在创新产品上的总支出是 1，创新产品价格是 p^i，则市场中现有创新产品的消费总量就是 $1/p^i$，根据前文的假设，一单位创新产品的生产需要一单位的熟练劳动力，因而在生产中所需要的熟练劳动力投入也是 $1/p^i$，这样熟练劳动力市场的出清条件就如下式所示，其中 L^i 表示一个国家的熟练劳动力总量。

$$a\dot{n}^i + \frac{1}{p^i} = L^i \qquad (i = A, B) \tag{5}$$

将企业利润表达式（2）式代入资本市场的均衡条件（3）式，可以得到企业资产价值的动态变化方程：

$$\dot{v}^i = rv^i - \frac{1-\alpha}{n^i} \qquad (i=A,B) \tag{6}$$

接着笔者考察创新产品增长率，经济体中现有的创新产品数量是 n^i，企业通过研发活动所开发的新增创新产品是 $\dot{n}^i$，那么创新产品的增长率就是 $g^i = \dot{n}^i/n^i$。每一种研发活动都可以带来两种结果，其一是给企业带来一种新增的创新产品，这种产品可以给企业带来垄断利润，其二是每一种研发活动所产生的知识都成为了这个经济体中公共知识的一部分。因为企业的创新产品一旦通过规模生产而投入市场，其他企业就可以通过购买此种产品或是相关的市场信息来获取关于新的创新产品的知识。所以，随着研发活动的增加，市场上创新产品的种类会增加，经济体中的公共知识存量会随之增加，所谓的公共知识存量就是一个经济体中所有厂商都可以无偿地共同拥有的知识和信息，这些知识和信息是每个厂商进行进一步研发的现实依据和技术、知识基础。笔者用 K_n^i 来表示经济体中的公共知识存量，这些公共知识可以被用于创新产品的研发活动。知识存量 K_n^i 的变动来自市场上所提供的创新产品种类的变动，创新产品种类增加，知识存量就增加，两者之间是一种正相关关系。因此，可以将知识存量 K_n^i 表示为创新产品种类数 n^i 的一个正向函数，其中 k 是一个取值为正的参数。下面将会谈到，为了分析的方便，可以对 k 的取值进行更加详细的设定。

$$K_n{}^i = kn^i \qquad (i=A,B) \tag{7}$$

知识存量可以用于替代熟练劳动力，由于掌握了更多的创新知识，熟练劳动力的生产率会上升，相应地在相同的研发活动中所需投入的熟练劳动力数量就可以减少，因而公共知识的作用类似于增加了企业中用于投入研发活动的熟练劳动力。根据前面的假定，在研发活动中企业的劳动生产率用 a 表示，笔者用 L_n^i 表示在研发活动中所投入的熟练劳动力，L_n^i 是总体熟练劳动力 L^i 中的一部分。这样，研发活动的动态方程就可以表示如下：

$$\dot{n}^i = \frac{L_n^i K_n^i}{a} \qquad (i=A,B) \tag{8}$$

如果一个国家内由于信息壁垒和专利制度的保护，知识完全不存在溢出效应，那么此时 $K_n{}^i=1$，即 $k=1/n^i$，企业只能拥有本企业自己的创新知识，企业之间的创新知识是完全不可传递的。如果知识存在溢出效应，那么 $K_n^i>1$。根据式（8），在知识存在溢出的情况下，技术创新的增长率就是

$$g^i = \frac{\dot{n}^i}{n^i} = \frac{L_n^i K_n^i}{an^i} \qquad (i=A,B) \tag{9}$$

由于知识溢出可以替代熟练劳动力，那么每单位创新产品的研发活动所需的熟练劳动力投入将会减少，此时熟练劳动力市场的出清条件就转变为：

$$\frac{a\dot{n}^i}{K_n^i}+\frac{1}{p^i}=L^i \qquad (i=A,B) \tag{10}$$

同理，也正是知识溢出取代了研发活动中的熟练劳动力投入，企业在研发活动中所需的工资成本将会减少，（4）式所表示的研发市场自由进入条件就变成：

$$v^i=\frac{w^i a}{K_n^{\ i}} \qquad (i=A,B) \tag{11}$$

在考虑知识溢出所形成的经济体中的共有知识存量这一因素之后，封闭经济条件下一国的熟练劳动力市场出清条件和研发市场自由进入条件都得到了修正。将（10）式、（11）式和（1）式联立，可以得到如下的关于创新增长量 n^i 的方程：

$$\frac{\dot{n}^i}{K_n^i}=\frac{L^i}{a}-\frac{\alpha}{v^i K_n^i} \qquad (i=A,B) \tag{12}$$

将（7）式中关于 K_n^i 的表达式带入（12）式，考虑到创新增长率的定义 $g^i=\frac{\dot{n}^i}{n^i}$，可以得到如下的关于创新增长率 g^i 的表达式：

$$g^i=\frac{L^i k}{a}-\frac{\alpha}{v^i n^i} \qquad (i=A,B) \tag{13}$$

根据笔者对 K_n^i 的设定，当 $k=1/n^i$ 时，创新企业之间完全不存在知识溢出，每个创新企业仅仅只能获得自己所拥有的创新知识；当 $k=1$ 时，知识存量完全和经济体中的创新产品种类成正比，创新产品种类的多寡完全决定了知识存量的大小。因而在这两种情况下，（13）式可以被改写成如下两个条件方程：

$$\begin{cases} g^i=\dfrac{L^i}{an^i}-\dfrac{\alpha}{v^i n^i} \qquad k=1/n^i & (14a) \\ g^i=\dfrac{L^i}{a}-\dfrac{\alpha}{v^i n^i} \qquad k=1 & (14b) \end{cases}$$

（14a）式和（1. 14b）式分别是在知识完全不存在溢出和知识完全溢出的情况下创新增长率的表达式，通过比较此二式，不管知识是否存在溢出效应，都可以得出如下命题。

命题 1 一个经济体中的熟练劳动力数量越多（L 越大），企业在研发活动中的劳动生产率越高（a 越小），企业加成成本定价参数（α）越小，则创新增长率越高。

命题1所得出的结论显然与经济现实是相符合的，笔者所关心的是比较两个条件方程式的差异。从（14a）式可以看出，g 和 n 是成反比关系的，随着创新产品的种类数 n 的增加，创新增长率 g 会减少。而（14b）式则相反，g 和 n 是成正比关系的，g 随着 n 的增加而增加。由此分析，笔者可以得出如下的另一个结论。

命题2 企业之间创新知识相互封闭不传递的经济体，创新增长率存在递减的趋势；反之，如果企业之间创新知识可以互相溢出，那么创新增长率存在递增的趋势。

更进一步，笔者假设在一个国家内的创新知识存在完全溢出，即 $k=1$ 和 $K_n^i=n^i$。在（13）式中，$v^i n^i$ 就是一个国家内所有企业创新产品的总的资本价值，将其倒数定义为一个新的变量 V^i，即 $V^i=1/v^i n^i$。根据微分法则，$\frac{\dot{V}^i}{V^i}=-\frac{\dot{n}^i}{n^i}-\frac{\dot{v}^i}{v^i}$，由于 $\dot{n}^i/n^i$ 就是创新增长率 g^i，因而此式可以被简化成 $\frac{\dot{V}^i}{V^i}=-g^i-\frac{\dot{v}^i}{v^i}$。在均衡状态下，熟练劳动力的工资 w^i 和企业研发活动的劳动生产率 a 都是常数，那么根据（11）式及 $K_n{}^i=n^i$，$v^i n^i$ 和 V^i 都是常数，所以在均衡状态时 $\dot{V}^i=0$，笔者就可以得出如下的表达式：

$$g^i=-\frac{\dot{v}^i}{v^i} \qquad (i=A,B) \tag{15}$$

（15）式表明一个国家内的创新增长率和单个企业的资本价值增速是成反比的。这跟现实情况是相吻合的，因为创新增长越快，市场上的创新产品种类就越多，创新企业之间的竞争就越加激烈，企业新增的创新产品所能获得的价值增值就越少。将（15）式代入（6）式，再根据 $V^i=1/v^i n^i$，那么可以得出一个关于 V^i 的表达式：

$$V^i=\frac{g^i+r}{1-\alpha} \qquad (i=A,B) \tag{16}$$

再将（16）式和 $V^i=1/v^i n^i$ 代入（13）式并根据 $k=1$，就可以得出一个国家内的创新增长率：

$$g^i=(1-\alpha)\frac{L^i}{a}-\alpha r \qquad (i=A,B) \tag{17}$$

（17）式是两个国家在不存在国际贸易和没有国际知识溢出，但是存在国内知识溢出的情况下，各自在封闭状态中的长期创新增长率，从此式可以发现，一个国家熟练劳动力数量越多（L^i 的值越高），研发部门的劳动生产率越高（a 的值越小），则这个国家的创新增长率就越高。同时，利率 r 越低，则表明资本的成本就越低，创新增长率也越高。

二、国际知识溢出前提下的技术进步

一个国家参与国际分工和国际贸易的好处在于通过信息传播可以获得先进的现代化生产技术。通过吸收先进技术，一个国家可以提升本国的产业结构水平，促进产品质量提升和新产品的发明创造。现在笔者假定两个国家相互交流的渠道已经开放，同时假定国内知识可以在一个国家范围内完全溢出。由于国际交流渠道的形成，知识和信息可以在两个国家之间互相传递，各国的研究开发部门不仅可以从本国所进行的研发活动中获益，而且可以从其他国家所进行的研发活动中学到知识。在这种情况下，会形成一个全球的公共知识存量。i 国的知识存量就有两部分，一部分是本国研发部门所创造的创新知识，另一部分是从其他国家获得的创新知识。本文中以熟练劳动力的数量来区分国别的大小，具体来说，A 国的熟练劳动力大于 B 国，则 A 国就是大国，B 国就是小国。

B 国是技术落后国家，它的很多技术知识来源于 A 国，B 国的这部分来源于 A 国的知识显然对世界总体的创新知识总量是没有贡献的。有鉴于此，笔者用 β 表示 B 国的知识总量中自我创新的比例，那么 B 国的知识总量中就有（$1-\beta$）的比例是对 A 国的创新知识的重复，这部分重复的研究显然不是世界整体创新知识中的一部分。β 的取值在 0 和 1 之间，如果 β 等于 0，则表明 B 国的研发能力很差，它的所有创新知识都是对 A 国的重复，没有自主创新；如果 β 等于 1，那么 B 国的所有创新都是独立完成的，此时世界的总体知识存量达到最大，即为两国所有创新知识的总和。因此，根据知识溢出的假定，在 A，B 两国之间就形成一个整体的创新知识总量，用 K_n 表示这一知识总量，则有：

$$K_n = n^A + \beta n^B \qquad (0 \leqslant \beta \leqslant 1) \tag{18}$$

在知识存量发生改变的情况下，两个国家的一系列均衡条件也将随之改变。笔者先考察研发活动的自由进入条件。由于知识溢出的存在，研发成本将会相应降低，延续前面的分析，知识存量将作为一个分母加入没有国际知识溢出时的成本公式中。这样，在开放经济条件下，两国研发活动的自由进入条件就被修正为：

$$v^i = \frac{w^i a}{n^A + \beta n^B} \qquad (i = A, B) \tag{19}$$

再分析两个国家各自的熟练劳动力市场。创新产品生产部门所使用的熟练劳动力数量不受影响。知识溢出可以代替研发活动中的熟练劳动力投入，知识存量同样是作为分母加入没有国际知识溢出情况下的熟练劳动力投入公式中。综合考虑这些因素，同样用 L^i 表示两个国家各自的熟练劳动力总量，那么每个国家的熟练劳动力市场出清条件就被修正为：

$$\frac{a}{n^A + \beta n^B}\dot{n}^i + \frac{1}{p^i} = L^i \qquad (i = A, B) \tag{20}$$

知识存量并不是无套利条件（6）式中的一个变量，因而开放经济条件下知识存量的变化对于无套利条件没有影响。（6）式中的 n^i 仍然表示每个国家各自的创新产品种类数。对于（6）式做移项处理，可以得到如下的被修正的无套利条件：

$$\frac{1 - \alpha}{v^i n^i} + \frac{\dot{v}^i}{v^i} = r \qquad (i = A, B) \tag{21}$$

跟前文的分析完全一样，$v^i n^i$ 就是一国所有企业创新产品的总的资本价值，同样将其倒数定义为一个新的变量 V^i。在均衡状态时，$\dot{V}^i = 0$，因而 $g^i = -\dot{v}^i/v^i$ 的关系式同样成立。再将此关系式代入（21）式，则同样可以得到：$(1-\alpha)V^i = r + g^i$。在此开放经济模型中，由于两个国家存在国际知识溢出，两国所面对的全球知识存量是一样的，同时贸易往来和经济交往会使两个国家的经济发展水平趋于接近。在相同的经济条件和趋势相近的情况下，两个国家在长期内的创新增长率也会有收敛的趋势。本小节分析的目的在于比较既存在国内知识溢出又存在国际知识溢出与只有存在国内知识溢出的两种情况下创新增长率的差异，而不在于研究大国与小国的创新增长率的差距大小。所以为了分析的方便，同时又不影响分析的目的和结果，笔者假定存在一个全球统一的创新增长率 g，在长期内，两个国家的创新增长率都收敛于这一数值，即 $g^A = g^B = g$。这样上文的无套利条件可以进一步被修正为：

$$(1 - \alpha)V = r + g \tag{22}$$

再将（1）式和（19）式代入熟练劳动力市场的出清条件（20）式，并根据 V^i 的定义以及 $g^A = g^B = g$，可以将创新增长率和两个国家的熟练劳动力总量联系起来：

$$a(g+\alpha V)\frac{n^i}{n^A+\beta n^B}=L^i \qquad (i=A,B) \tag{23}$$

根据（23）式，笔者可以得出A国和B国的熟练劳动力总量的表达式：

$$L^A=a(g+\alpha V)\frac{n^A}{n^A+\beta n^B} \tag{24}$$

$$L^B=a(g+\alpha V)\frac{n^B}{n^A+\beta n^B} \tag{25}$$

将（25）式乘以参数β之后再与（24）式相加，可以得到一个关于创新增长率g和两个国家的熟练劳动力的简化表达式：

$$L^A+\beta L^B=a(g+\alpha V) \tag{26}$$

再根据（22）式，可以得出$V=\frac{g+r}{1-\alpha}$，然后将此式代入（26）式，就可以消去参数V，得出在长期内两个国家的一个创新增长率：

$$g=(1-\alpha)\frac{L^A+\beta L^B}{a}-\alpha r \tag{27}$$

（27）式即为在长期内处于开放经济条件下两个国家的创新增长率，此时的假定是两个国家既存在国内知识溢出又存在国际知识溢出，两个国家所面对的知识存量是相同的。由于β的值介于0和1之间，那么（27）式所代表的创新增长率显然高于（17）式所代表的在不存在国际知识溢出情况下的创新增长率，并且随着β值的增大，两者之间的差距就会越大。所以笔者可以据此得出如下命题。

命题3 在开放经济条件下，如果各个国家之间的创新知识可以互相溢出，那么全球的创新增长率就会高于各个国家在封闭经济条件下的创新增长率。全球的熟练劳动力数量越多（L^A和L^B越大），资金的成本（r）越小，那么全球的创新增长率就越高。并且，大国和小国之间研发能力的差距越小（β值越大），全球的创新增长也会越快。

命题3的结论证明了两国的对外开放，国际交流渠道开通之后，创新知识的国际溢出可以加快两个国家的创新增长和经济增长。任何一个国家的研发活动都为全球的总体知识存量做出了贡献，此时世界知识存量的积累速度将快于当研究群体相互隔绝时的本地知识存量的积累速度。此外，从（33）式可以看出，小国——B国对于大国——A国的研发活动的重复越少，即小国自有的创新项目越多（β值越大），那么两个国家在长期内的创新增长率就越高。如果β取极端值0，这意味着B国的所有研发行为都是对A国的研发活动的重复，这样小国对于世界的技术创新就没有贡献，所有的创新增长都来自于 A 国，全球的创新增长率就等于 A 国在封闭条件下的创新增长率。如果 β 取另一极端值 1，则此时的全球创新增长率达到最大，这自然就是一种最为理想的状态。

三、不存在国际知识溢出的两国创新差异

上节的模型中有一个假设前提，A，B 两国之间存在国际知识溢出，两个国家的知识和技术信息融合在一起，形成一个共同的世界知识存量库，两个国家的厂商都可以获得相同的知识技术信息。这显然是一种理想状态，贸易国之间的技术、信息壁垒是国家之间竞争的一个重要手段，特别是起始的创新产品较少，创新能力较差的弱国，很难从创新能力较高的强国获取相关的知识信息。强国为了保持竞争优势，亦会限制创新技术知识的跨国传递。因而现实中两个国家的创新能力是有差距的，创新知识和技术信息的传递也会受到层层阻碍。

为了分析在不存在国际知识溢出的情况下，全球的创新增长率和上节中存在国际知识溢出时的创新增长率之间的区别，以及在此情况下两个国家创新增长率之间的差距，笔者修改上节中关于国际知识溢出的假定，假设知识溢出仅仅局限于国内范围，小国——B 国无法从大国——A 国获得相关的创新知识和技术信息；反之亦如此。

此节的模型依然沿用上节的基础模型，但在此模型基础上增加了一个变量 ε，这个变量代表两种创新产品之间的不变替代弹性，并加入了两个方程，一个是创新产品的需求方程，另一个是两个国家在创新产品消费中的需求份额比例方程。

在一个国家内，消费者对于创新产品的总消费（X）就是各个创新产品消费（x）的总和。笔者用 x^i（m）表示在 i 国对某一种创新产品 m 的消费量，其中 i 可以是 A 国，也可以是 B 国。A 国的创新产品种类数用 n^A 表示，B 国的创新产品种类数用 n^B 表示，那么在 A 国，m 的种类数就是 n^A，在 B 国 m 则为 n^B。为了分析的方便，笔者设定 X 的一个表达式，以便使得两种创新产品之间的替代弹性是常数且相等。此表达式如下式所示：

$$X = \left[\int_0^{n^i} x^i(m)^{\alpha} \mathrm{d}m\right]^{\frac{1}{\alpha}} \qquad (i = A, B) \tag{28}$$

（28）式就是在一个国家内对创新产品的总消费函数，其中的 α 就是成本加成定价参数（$0 < \alpha < 1$）。根据此消费函数，两种创新产品之间的替代弹性（ε）就等于 $1/(1-\alpha)$ 且大于 1。在开放经济条件下，全球的总支出为 E，对于 i 国的某一种创新产品 m 的实际消费额就如下式所示：

$$p^i \cdot x^i(m) = \frac{E(p^i)^{1-\varepsilon}}{n^A(p^A)^{1-\varepsilon} + n^B(p^B)^{1-\varepsilon}} \qquad (i = A, B) \tag{29}$$

世界经济体中对于创新产品的总支出 E 等于 A，B 两国的支出之和，笔者将此支出标准化为 1。i 国的创新产品种类数是 n^i，每种创新产品的消费额如（29）式所示，再加上总支出 E 等于 1，那么 i 国的所有创新产品的消费额就可以被表示为：

$$s^i = \frac{n^i(p^i)^{1-\varepsilon}}{n^A(p^A)^{1-\varepsilon} + n^B(p^B)^{1-\varepsilon}} \qquad (i = A, B) \tag{30}$$

（30）式的分母是 A，B 两国的所有创新产品的消费之和，分子是其中某个国家的创新产品消费，两者相除即表示其中某个国家在所有两国消费中的比重。所以 s^i 也即表示 i 国的创新产品消费在两国所有创新产品的总体消费中的比例。

对于厂商的分析跟前文一样，i 国的所有创新产品的消费是 s^i，那么每种创新产品的销售量为 s^i/n^ip^i，厂商的利润则为（$1-\alpha$）s^i/n^i，因此无套利条件被修正为：

$$\frac{(1-\alpha)s^i}{n^iv^i} + \frac{\dot{v}^i}{v^i} = r \qquad (i = A, B) \tag{31}$$

根据本节中的假设，两个国家之间的创新知识无法互相交换，那么此时两国各自的知识存量的设定与封闭经济条件下的设定相似，即 $K_n{}^i = n^i$。由于存在这一变化，在 i 国研发创新产品的成本就变成 w^ia/n^i，那么研发活动的自由进入条件就依然如下式所示：

$$v^i = \frac{w^ia}{n^i} \qquad (i = A, B) \tag{32}$$

同理，两个国家各自的国内知识存量为 n^i，这一知识存量的存在同样可以减少研发活动中的熟练劳动力投入。i 国的所有创新产品总消费为 s^i，而创新产品的价格为 p^i，生产创新产品的熟练劳动力投入就是 s^i/p^i。那么熟练劳动力市场的出清条件就被更改为：

$$\frac{a\dot{n}^i}{n^i} + \frac{s^i}{p^i} = L^i \qquad (i = A, B) \tag{33}$$

在本节的模型中，两个国家之间不存在国际知识溢出，两国各自所面临的知识存量是不相同的，在这种情况下，两国各自的创新增长率就会有差异。创新增长率高的国家，其在全球创新产品中的份额 s^i 会提高，由于一国的熟练劳动力总量在短期内是一个常数，那么该国的熟练劳动力工资也会上升。而创新增长率低的国家，情况则完全相反。

自由进入条件（32）式可以被改写为 $v^i n^i = w^i a$，由于 v^i、n^i 和 w^i 都是关于时间 t 的函数，而 a 是一个常数，则 v^i、n^i 和 w^i 存在如下的关系式：

$$\frac{\dot{w}^i}{w^i} = \frac{\dot{n}^i}{n^i} + \frac{\dot{v}^i}{v^i} \qquad (i = A, B) \tag{34}$$

将（34）式代入无套利条件（31）式，可以消去 $\dot{v}^i/v^i$，并且根据 g^i 的定义 $g^i = \dot{n}^i/n^i$ 以及 $v^i n^i = w^i a$，可以得出 i 国国内熟练劳动力工资的增长率公式，如下式所示：

$$\frac{\dot{w}^i}{w^i} = r + g^i - \frac{(1-\alpha)s^i}{w^i a} \qquad (i = A, B) \tag{35}$$

（35）式表明一个国家的创新增长率越高，利息率越高，那么这个国家熟练劳动力工资的增长就越快。再将成本加成定价（1）式代入熟练劳动力市场出清条件（33）式，并根据 g^i 的定义 $g^i = \dot{n}^i/n^i$，可以得到如下关于 g^i 的表达式：

$$g^i + \frac{\alpha s^i}{w^i a} = \frac{L^i}{a} \tag{36}$$

将（36）式代入工资增长率的表达式（35）式，可以消去后者中的 $s^i/w^i a$，那么工资变化率可以仅仅用一个国家的创新增长率来表示，即

$$\frac{\dot{w}^i}{w^i} = \frac{g^i - \bar{g}^i}{\alpha} \qquad (i = A, B) \tag{37}$$

在此公式中，$\bar{g}^i = (1-\alpha)\dfrac{L^i}{a} - \alpha r$，$\bar{g}^i$ 即为（17）式所表示的不存在国际贸易和国际知识溢出时的两个国家各自的封闭创新增长率。此公式的含义就是将一个国家在开放和封闭状态下的创新增长率差距与该国的熟练劳动力工资增长率联系起来，如果差距越大，那么工资增长率也就越高。

现在笔者利用上述工资增长率和创新增长率之间的关系式，转向对各国创新产品消费的市场份额 s^i 的讨论，笔者的目的是要分析各国的市场份额随时间变化的情况。各国的创新产品消费的市场份额如（30）式所示，用一种加总的函数形式表达此式中的分母，则有：

$$s^i = \frac{n^i (p^i)^{1-\varepsilon}}{\sum_j n^j (p^j)^{1-\varepsilon}} \qquad (i = A, B) \tag{38}$$

（38）式中的分母依然表示两个国家对于创新产品的总体消费。根据此式，对 s^i 求微分，可以得到：

$$\frac{\dot{s}^i}{s^i}=(1-s^i)\left[(g^i-g^j)+(1-\varepsilon)\left(\frac{\dot{p}^i}{p^i}-\frac{\dot{p}^j}{p^j}\right)\right]\qquad(i,j=A,B;j\neq i)\qquad(39)$$

再根据成本加成定价法则，可以得出$\frac{\dot{p}^i}{p^i}=\frac{\dot{w}^i}{w^i}$，即创新产品的价格增长率与熟练劳动力工资的增长率相等，那么根据（38）式，可以得到$\frac{\dot{p}^i}{p^i}=\frac{g^i-\bar{g}^i}{\alpha}$，且$\frac{\dot{p}^j}{p^j}=\frac{g^j-\bar{g}^j}{\alpha}$，将这两个表达式代入（39）式，同时注意到两种创新产品之间的替代弹性（ε）的值等于$1/(1-\alpha)$，则各国创新产品消费的市场份额的表达式可以被改写为：

$$\frac{\dot{s}^i}{s^i}=(1-s^i)\left[(1-\varepsilon)(g^i-g^j)+\varepsilon(\bar{g}^i-\bar{g}^j)\right]\qquad(i,j=A,B;j\neq i)\qquad(40)$$

（40）式中的$\bar{g}^i$和$\bar{g}^j$就是A，B两国各自在封闭状态下的创新增长率。与（39）式相比较，（40）式更加简化，在后者中，价格的因素被剔除，i国的市场份额随时间的变化趋势仅仅用两个国家的创新增长率来表示。

对i国的熟练劳动力市场出清条件进行移项处理，可以得到关于s^i/p^i的一个表达式：

$$\frac{s^i}{p^i}=\frac{L^i}{a}-g^i\qquad(i=A,B)\qquad(41)$$

在（41）式中，L^i和a都是常数，g^i，s^i和p^i都是关于时间t的函数，那么这三者的增长率和增长量之间存在如下的关系式：

$$\frac{\dot{s}^i}{s^i}-\frac{\dot{p}^i}{p^i}=-\dot{g}^i/\left(\frac{L^i}{a}-g^i\right)\qquad(i=A,B)\qquad(42)$$

根据前面的分析，$\frac{\dot{p}^i}{p^i}=\frac{\dot{w}^i}{w^i}$，同时将（37）式和（41）式代入（42）式，可以得到一个关于i国的创新增长率变化量的表达式：

$$\dot{g}^i=\left(\frac{L^i}{a}-g^i\right)\left[\frac{1}{\alpha}(g^i-\bar{g}^i)-\frac{\dot{s}^i}{s^i}\right]\qquad(i=A,B)\qquad(43)$$

（43）式就是本节所考察的最终公式，此公式的含义是：一个国家创新增长率的变化量由该国的熟练劳动力总量（L^i）、研发部门的劳动生产率（a）、开放经济条件下和封闭经济条件下该国创新增长率的差距（$g^i-\bar{g}^i$）以及该国在创新产品消费中的市场份额的变化率（$\dot{s}^i/s^i$）所决定。

笔者先考察大国（A 国），A 国研发速度变化量为 $\dot{g}^A = \left(\frac{L^A}{a} - g^A\right)\left[\frac{1}{\alpha}(g^A - \bar{g}^A) - \frac{\dot{s}^A}{s^A}\right]$。由于 A 国在研发领域处于领先地位，则 A 国在世界创新产品消费中的比例大于 B 国，即 s^A 大于 s^B。为了分析的方便，笔者先假定一种极端的情况——A 国占领了世界创新产品消费的全部市场份额，即 s^A 趋近于 1。在这种情况下，$\dot{s}^A/s^A$ 趋近于 0。那么 A 国研发速度的变换量又可以被简化为 $\dot{g}^A = \left(\frac{L^A}{a} - g^A\right)\left[\frac{1}{\alpha}(g^A - \bar{g}^A)\right]$。根据（41）式，$s^i$ 和 p^i 都大于 0，则 $\frac{s^i}{p^i} > 0$，所以 $\frac{L^i}{a} - g^i > 0$。因此，$\dot{g}^A$ 的表达式意味着 g^A 从高于 $\bar{g}^A$ 的地方提升 $\bar{g}^A$，直至达到均衡。当 A 国从封闭状态转向开放经济，由于开放经济条件下的创新增长率 g^A 高于封闭状态下的创新增长率 $\bar{g}^A$，所以 $\dot{g}^A$ 为正，此时 $\bar{g}^A$ 不断上升，在均衡状态时达到 g^A。在均衡状态下，两国创新产品消费的市场份额将达到稳定状态，那么 $\dot{s}^A/s^A$ 趋近于 0，所以即使不存在 s^A 趋近于 1 的假定，上述分析同样成立。大国在开放经济条件下的创新增长率大于其在封闭状态下的创新增长率，参与国家贸易加快了大国在长期内的创新速度。

而小国——B 国的情况却与此相反，当 s^A 趋近于 1 时，s^B 趋近于 0，从（40）式可以推导出在 s^A 趋近于 1 时小国创新产品消费所占市场份额（s^B）的变化率：

$$\frac{\dot{s}^B}{s^B} = (1-\varepsilon)(g^B - g^A) + \varepsilon(\bar{g}^B - \bar{g}^A) \tag{44}$$

在均衡状态下，B 国的创新增长率达到稳定状态，则 $\dot{g}^B = 0$，将（44）式带入（43）式，可以得到在此模型中，开放经济条件下 B 国在稳定状态时的创新增长率：

$$g^B = \bar{g}^B - \frac{\alpha(1-\alpha)}{1-\alpha(1-\alpha)}(\bar{g}^A - \bar{g}^B) \tag{45}$$

由于 A 国是大国，B 国是小国，两国在封闭状态下的创新增长率存在差异，即 $\bar{g}^A > \bar{g}^B$，且 $0 < \alpha < 1$，则在（45）式中，$\frac{\alpha(1-\alpha)}{1-\alpha(1-\alpha)}(\bar{g}^A - \bar{g}^B) > 0$，这意味着 $g^B < \bar{g}^B$。由此说明，在开放经济条件下，小国的创新增长率下降了，低于其在不参与国际贸易时的创新增长率。以上的分析可以由命题 4 来表达。

命题 4 在开放经济条件下，如果各个国家之间的创新知识无法互相溢出，那么研发能力较强的大国在开放条件下的创新增长率将大于其在封闭经济条件下的创新增长率；研发能力较弱的小国则相反，在开放条件下出现了创新增长率绝对下降的情形。

之所以会出现这种结果，是因为在知识不存在国际溢出的情况下，研发能力较强，起点水平较高的大国可以依靠知识的国内溢出提高其在世界创新产品中的份额，在贸易中大国的长期创新增长率高于其不参与国际贸易时的创新增长率，而且大国创新速度随时间的变化率为正，这说明大国在贸易竞争中所获得的创新速度在加快，可以更快地拉大与小国的距离，使得其创新优势变得更加明显。

以上的分析证明，在限制国际知识溢出的假定之后，开放经济条件下的大国和小国的长期创新增长率差距会增大。起点水平低，研发能力弱的小国在世界创新产品生产中的份额逐渐缩小，其创新增长率低于在封闭经济条件下的创新增长率，最终的发展结果就是卷入国家贸易的小国被迫放弃研发行为，转而专门生产具有比较优势的产品，而小国的技术进步和产业升级亦会变得十分缓慢。这是小国在参与国际分工中最不愿意看到的情形，但是这种情形在国际知识无法溢出的情况下偏偏很有可能出现。因而在开放经济条件下，无论是大国还是小国，都必须重新考虑对于技术贸易，知识产权保护的相关政策，过强的知识产权保护和技术壁垒都有可能损害到贸易中小国的创新行为，对全球经济发展也是不利的。

四、结　　论

知识信息存量是企业进行技术创新的一个重要依据，企业的创新成功将对经济体中的总体知识存量做出贡献，同时，企业能否获得经济体中的创新知识，也是企业研发行为能否成功和节约成本的重要因素。本文的模型分析证明，在存在知识溢出的情况下，技术进步存在自我加强的机制，但是在不存在知识溢出的情形下，这种机制就变成了自我缩减。不管是在封闭经济条件下，还是在开放经济条件下，知识溢出都将加快企业的技术创新，知识溢出对技术进步存在正反馈效应。

在本文的水平差异型技术进步模型中，知识溢出非常重要，国际间的知识溢出直接影响了发达国家和发展中国家在长期内的创新增长率。两个国家在存在知识溢出情况下的创新增长率明显高于不存在知识溢出时的创新增长率。如果在开放经济条件下知识不存在溢出效应，那么发达国家的创新增长率将获得持续提高，而与此相反的是发展中国家的创新增长率却甚至低于在封闭经济条件下的创新增长率，发展中国家不但没有从对外开放中获得技术进步，反而是被锁定在较低的发展水平，这对全球技术进步和经济增长也是不利的。

在开放经济条件下，如果发达国家采取过于强硬的知识产权保护政策，那么发展中国家在开放经济中均衡状态的创新增长率将低于在封闭状态下的创新增长率，发展中国家将有被锁定在低端生产领域的可能。这对发展中国家是极为不利的，也不利于全球经济增长。因为如果技术水平的差距过大，最终发达国家也将失去创新的动力。如果知识产权保护过于严厉，发达国家在创新方面的垄断地位突出，发展中国家专注于传统产品生产，那么开放的结果就是发达国家的熟练劳动力工资上升，研发活动的成本上涨，此时发达国家的创新产品生产和研发活动的积极性都会下降。同时发展中国家的技术水平提升缓慢，产业结构升级受阻，其经济发展速度自然要减缓。这种已经存在的而且还在扩大的发达国家和发展中国家之间的经济发展失衡将不利于全球经济的共同进步。

因而，在全球化时代，发达国家有必要重新考虑自己的技术政策和贸易政策，有必要鼓励技术的跨国转移，尤其是对发展中国家的技术转移。发达国家应该开放技术出口，鼓励技术贸易，同时发展中国家在知识产权保护领域也可以采取灵活措施，避免过强的知识产权保护对企业创新积极性的打击。

参考文献：

[1] 邹薇、代谦：《产品周期与南北贸易》，载于《世界经济》，2004 年第 10 期，第 3 ~ 15 页。

[2] 潘士远：《最优专利制度、技术进步方向与工资不平等》，载于《经济研究》，2008 年第 1 期，第 127 ~ 136 页。

[3] 潘士远：《贸易自由化、有偏的学习效应与发展中国家的工资差异》，载于《经济研究》，2007 年第 6 期，第 98 ~ 106 页。

[4] Romer P. M.，“Endogenous Technological Change”，*Journal of Political Economy*，1990，98：71 – 102.

[5] David T. Coe，Elhanan Helpman，Alexander W. Hoffmaister，“North-South R&D Spillovers”，*the Economic Journal*，1997，107，(1)：134 – 149.

[6] David T. Coe，Elhanan Helpman，“R&D Spillovers and Global Growth”，*Journal of International Economics*，1999，47，(2)：399 – 428.

[7] Grossman G.，Helpman E.，“*Innovation and Growth in the Global Economy*”，Cambridge：MIT Press，1991.

[8] Aitken，B.，Harrison，A.，“Do Domestic Firms Benefit from Foreign Direct Investment? -Evidence from Venezuela”，*the American Economic Review*，1999，89：605 – 618.

[9] Colen，W.，Levinthal，D.，“Innovation and Learning：The Two Faces of R&D”，*the Economic Journal*，1989，99：569 – 596.

[10] Haddad，M.，Harrison，A.，“Are There Positive Spillover from Direct Foreign Investment? -Evidence from panel data for Morocco”，*Journal of Development Economics*，1993，42：51 – 74.

人力资本后发优势与贫困陷阱

——基于跨国面板数据的经验分析

■刁明明*

一、引　　言

人力资源后发优势表现为数量与质量两个方面：在数量方面指，落后国家或地区充分发挥成本低廉、数量丰富的优势，这一点与比较优势理论一致；在质量方面，由于落后，可以借鉴和学习发达国家已经创造出来的先进知识和管理经验来帮助本国发展，并且落后国家或地区人力资本存量相对低，由于人力资本投资也存在个人边际收益递减，发展中国家人力资本投资收益率远比发达国家要高，我们不妨将穷国因落后而具有的这种优势称为“人力资本后发优势”。前者数量方面后发优势比较好理解，但后者质量方面显然会遭遇这样一种尴尬：既然发展中国家的人力资本边际收益率高，那么为什么人力资本没有大量地从发达国家流向发展中国家，反而是从发展中国家不断地流入发达国家？一般而言，有两种解释。

第一种解释是从人力资本投资的外部性角度来阐述的，即关于人力资本投资的个人边际收益递减与社会收益递增的问题。罗默（Romer，1986）、卢卡斯（Lucas，1988，1990）等从技术的外部性角度，对这个问题进行了详细的阐述，一方面，他们假定私人部门生产函数是规模收益不变的，这就意味着私人部门要素的边际产出是递减的；另一方面，他们将人力资本的外部效应加入到总生产函数中，从而产生一个递增的社会收益。卢卡斯认为尽管人力资本投资的私人边际

* 刁明明，武汉大学经济发展研究中心博士生。

产出递减，但是人力资本投资的社会收益递增，因此人力资本投资的收益率在富国要大于穷国，从而人力资本不会由富国流向穷国，而是由穷国流向富国。与罗默（1986）与卢卡斯（1988，1990）所考虑的技术外部性不同的是，阿西莫格鲁（Acemoglu，1996）通过人力资本投资的货币外部性（Pecuniary Externalities），即人力资本与物质资本的相互作用，构建了人力资本投资社会收益递增的微观经济基础。阿西莫格鲁假定企业的生产函数是规模收益不变的，也就是人力资本边际产出递减。市场由劳动者和企业组成，社会生产投资过程分为两期：在第一期劳动者决定其对人力资本的投资，企业决定其对物质资本的投资，第二期企业与劳动者进行一对一的匹配，假如企业与劳动者之间匹配是有成本的，在一个不完美信息的博弈中，当一部分劳动者增加其人力资本投资时，企业为了提高产出就会增加相应的物质资本投资，而没有对其人力资本增加投资的劳动者的物质资本会相应增加，从而报酬增加，即人力资本投资的社会收益递增。

第二种解释坚持索罗（Solow）增长模型的要素边际收益递减的假定，不存在收益递增，或人力资本的外部性（无论是技术外部性还是货币外部性）都非常小，这种解释将资本从富国流向穷国的阻碍归因于制度和政治因素。例如曼昆、罗默和韦尔（Mankiw，Romer and Weil，1992，以下简称 MRW）从扩展的索罗增长模型考察了跨国经济增长。与卢卡斯（1988，1990）和阿西莫格鲁（1996，2000）等分析不同的是，MRW 对内生增长模型的物质资本规模收益递增或不变的观点提出了质疑，MRW 将人力资本积累作为一个额外解释变量进行回归，结论表明即便维持边际收益递减的假定，模型仍然能够足够地解释跨国收入差距。由于假定要素边际收益递减，模型预测穷国的要素边际报酬高于富国，但是物质资本和人力资本为什么没有从富国流向穷国，MRW 提出的一个解释是：穷国存在两种投资，一种是公共投资，一种是私人投资。公共投资效率低收益也低，私人投资效率高收益也高，但是私人不愿意投资，因为他们面临各种金融约束，并且也有政治风险，所以尽管穷国的要素边际收益高于富国，富国的资本也不会流向穷国。此外，松山（Matsuyama，2004）的世界经济模型中，所有的国家都在世界市场中竞争资本，一方面，他假定生产函数是严格凹的，从而要素边际收益递减，这意味着投资落后的贫穷的国家具有更高的回报，高回报吸引高投资从而促进高增长，各国的经济将趋于收敛；另一方面，信贷市场的不完善以及富国具有更多的抵押品，从而使得富国在竞争资本时，相对于穷国而言更具有优势，最终使得世界经济向富国和穷国两个方向发散。

本研究的分析与 MRW 模型及松山（2004）的模型较为接近，我们认为人力资本的边际收益确实是递减的，我们将证明人力资本的外部性，无论是货币外部性还是技术外部性都还不足以产生收益递增。库尼亚和赫克曼（Cunha and

Heckman, 2007）从人力资本投资的效率和动态互补性的角度对这一问题做了详细的分析，他们认为无论是从经济学、社会学、心理学还是神经科学的角度看，对于个人而言，早期人力资本投资回报要高于晚期，相关证据也表明对于一些技能和能力，为了达到一个给定的成年人的能力水平，较晚的补救措施虽然可行但是相较于较早的投资其花费更多。对低能力的人，相对于早期投资而言，职业培训、高中毕业和大学入学的回报率更低。巴尼特（Barnett, 2004）分析表明学前教育是一个较好的经济投资，对于处于劣势的儿童进行补救投资有着较高的经济回报，但是针对处于劣势的青少年进行干预回报相对较低，并且对孩子的早期投资会使得孩子以后的能力提高并且犯罪率下降。卡内罗·库尼亚和赫克曼（Carneiro Cunha and Heckman, 2003）认为，一个孩子的人力资本形成由早期投资、晚期投资以及父母的人力资本共同决定，并且孩子的人力资本是早期投资与晚期投资的 CES 函数，这意味着孩子的早期投资与晚期投资是互补的，其边际替代率递减，也就是说早期投资的效率高于晚期，但是晚期投资也是必不可少的。

与 MRW 模型不同的是，虽然我们也坚持认为人力资本边际收益递减，并且不存在规模收益递增。但我们认为阻碍发达国家人力资本向落后国家流动的因素，主要是落后国家贫穷的自我强化机制——或者说存在着各种贫困陷阱。在模型分析中，我们的设定允许人力资本对总产出产生外部效应，并采用面板数据的固定效应与随机效应模型估计，以及动态面板数据的阿雷利亚诺－邦德（Arellano-Bond）GMM 估计方法对模型进行分析，测度各个国家的人力资本边际产出。但结果表明，人力资本的外部性是非常小的，还不足以产生收益递增。研究结论还表明，即使存在人力资本的外部性，整体而言，发展中国家的人力资本边际产出仍然比发达国家高，人力资本边际产出与各国的实际人均收入呈反比关系，也就是说，人力资本边际收益递减。同时我们对世界不同地区的回归分析表明，发达国家的人力资本对实际人均收入的贡献要比落后国家高，这在一定程度上说明了发达国家的人力资本投资的效率比落后国家高。因此，我们认为人力资本之所以从穷国流向富国，主要是因为与富国相比，穷国面临着信贷约束（Credit Constraints），富国具有更多的抵押品，从而使得富国在竞争资本时，相对于穷国而言更具有优势，而穷国则由于信贷约束无法获得足够的资本，从而不能更多地投资人力资本，人力资本投资水平低，导致穷国的收入水平更低，收入低又进一步阻碍人力资本投资，穷国将最终陷入贫困陷阱，使得穷国的人力资本投资水平非常低，从而产生人力资本外流。

如何跳出贫困陷阱，发挥穷国应有的优势呢？我们认为政府必须对经济进行有效干预，前提是穷国必须建立一个“不够民主”的威权政府，使穷国跳出贫困陷阱。大野健一（2007）认为经济的发展之所以需要一些“不够民主”的政府来推动，主要是因为这些国家是从一个很低的基础上起飞，需要快速而大规模地动用各种资源，而一个“民主”的政府是很难做到这一点的。郭熙保、习明明（2009）认为，不发达国家或地区要跳出贫困陷阱，必须实施大推进战略，应该对所有部门进行投资，但是这并不意味着所有部门都要按照同一比例进行投资，不发达国家或地区应该优先发展那些生产率高的部门，但同时也要对生产率最低的部门进行投资，从而使得一国的经济从一个低水平均衡向一个高水平均衡过渡。

本文的结构安排如下：第二节介绍了本文分析的一个基本模型，这个模型主要来自于对 MRW 模型的一个修改，但与 MRW 模型不同的是，在这里我们考虑到人力资本投资的外部性，单个企业将这种外部性视为外生给定的；第三节对第二节的模型进行回归分析，我们的数据主要来自于赫斯顿、萨默斯和阿滕（Heston，Summers and Aten，2006）和巴罗与李（Barro and Lee，2000）的人力资本与教育数据，我们选取了 98 个国家 1960～2000 年关于实际人均产出、投资率、人口增长率以及 15 岁以上中学人口入学率等方面数据；第四节分析了贫困陷阱模型的一个微观机制，这个模型很好地解释了落后国家或地区人力资本投资水平低的原因；最后，第五节是结论。

二、基本模型

假定一国经济由 m 个企业组成，且每个企业的生产函数都是 CD 形式：①

$$Y_i = K_i^{\alpha} H_i^{\beta} (A_i L_i)^{1-\alpha-\beta} h_a^{\eta} \tag{1}$$

其中：$i=1,2,\cdots,n$，K_i 为第 i 个企业所使用的资本；L_i 为第 i 个企业所使用的劳动力；H_i 表示第 i 个企业所使用的人力资本；A_i 表示第 i 个企业的技术水平。参数 α 是物质资本收入份额，$\beta>0$ 表示总人力资本收入份额，假定 $\alpha+\beta<1$，这意味着企业对两种资本的边际产出都是递减的，从而存在一个稳定状态。

L，K，H，A 分别表示该国总的劳动力、物质资本、人力资本和技术水平，L 和 A 分别以外生给定的速率 n 和 g 增长：

$$L(t) = L(0)e^{nt} \tag{2}$$

$$A(t) = A(0)e^{gt} \tag{3}$$

其中：h_a 表示“整个社会”的有效人均人力资本；$\eta \geqslant 0$ 表示人力资本的外部效应，如果 $\eta=0$ 则表示没有外部效应。我们假定市场足够的大，从而单个企

① 为了书写方便，这里省去了时间下标 t。

业或个人的行为不足以影响 h_a，即对于第 i 个企业而言，将 h_a 视为外生给定的一个常量：

$$h_a = \frac{\int_0^{\infty} hL(h)\,\mathrm{d}h}{A\int_0^{\infty} L(h)\,\mathrm{d}h}$$

其中：L（h）表示具有 h 技能水平的劳动力的数量。对（1）式进行整理可得第 i 个企业的有效人均产出为：

$$y_{it} = k_{it}^{\alpha} h_{it}^{\beta} h_a^{\eta} \tag{4}$$

其中：$y_{it} = \frac{Y_{it}}{A_{it}L_{it}}$表示企业 i 在 t 时期的有效人均收入；$k_{it} = \frac{K_{it}}{A_{it}L_{it}}$表示企业 i 在 t 时期的有效人均物质资本；$h_{it} = \frac{H_{it}}{A_{it}L_{it}}$表示企业 i 在 t 时期的有效人均人力资本。在均衡状态时，各个企业的有效人均物质资本和人力资本都会收敛于各自的稳态值 k^* 和 h^*，在均衡状态时 $h_a = h^*$，所以均衡状态时，该国的有效人均产出为：

$$y^* = k^{*\alpha} h^{*\beta+\eta} \tag{5}$$

在（5）式中，如果 $\alpha+\beta+\eta<1$，则人力资本的外部效应非常的小，从而资本的边际产出仍然是边际递减的。如果 $\alpha+\beta+\eta\geqslant 1$，则会导致资本的收益递增。

我们采用 MRW（1992）假定，工人收入的 s_k 部分用于物质资本投资，s_h 部分用于人力资本投资，剩下的用于消费，我们用 c（t）表示有效人均消费，并且有效人均物质资本与人力资本积累满足：

$$\dot{k}(t) = s_k y(t) - (n+g+\delta)k(t) = \frac{s_k}{s_k+s_h}[y(t)-c(t)] - (n+g+\delta)k(t)$$

$$\dot{h}(t) = s_h y(t) - (n+g+\delta)h(t) = \frac{s_h}{s_k+s_h}[y(t)-c(t)] - (n+g+\delta)h(t) \tag{6}$$

其中：$\varphi_k = \frac{s_k}{s_k+s_h}$，$\varphi_h = \frac{s_h}{s_k+s_h}$分别表示储蓄中的物质资本份额与人力资本份额。假定具有无限水平的家庭的效用函数为：

$$U = \int_0^{\infty} e^{-\rho t} \frac{C(t)^{1-\theta}-1}{1-\theta} \frac{L(t)}{N}\mathrm{d}t \tag{7}$$

其中：$C(t) = A(t)c(t)$表示个人消费；ρ 表示时间偏好；θ 为跨期消费替代

弹性；N 是经济中的家庭数。

$$U = B\int_0^{\infty} e^{-\xi t}\frac{c(t)^{1-\theta}-1}{1-\theta}dt \tag{8}$$

其中：$B = A(0)^{1-\theta}L(0)/N$，$\xi = \rho - n - (1-\theta)g > 0$. 用影子价格 $\lambda_k(t)$ 和 $\lambda_h(t)$ 分别表示物质资本和人力资本的增长估价，则最优路径的当期值汉密尔顿（Hamilton）函数为：

$$H(k,h,\lambda_k,\lambda_h,c,t) = B\frac{c(t)^{1-\theta}}{1-\theta} + \lambda_k\{\varphi_k[y(t)-c(t)] - [n+g+\delta]k(t)\}$$
$$+\lambda_h\{\varphi_h[y(t)-c(t)] - [n+g+\delta]h(t)\} \tag{9}$$

一阶条件为：①

$$Bc^{-\theta} = \lambda_k\varphi_k + \lambda_h\varphi_h \tag{10}$$

$$\dot{\lambda}_k = \xi\lambda_k - \lambda_k[\varphi_k y'_k - (n+g+\delta)] - \lambda_h\varphi_h y'_k \tag{11}$$

$$\dot{\lambda}_h = \xi\lambda_h - \lambda_h[\varphi_h y'_h - (n+g+\delta)] - \lambda_k\varphi_k y'_h \tag{12}$$

联立（10），（11），（12）式可得平衡增长路径上的消费增长率为：

$$\frac{\dot{c}(t)}{c(t)} = \frac{(\varphi_k y'_k + \varphi_h y'_h) - \rho - \theta g - \delta}{\theta} \tag{13}$$

它由物质资本与人力资本边际产出的加权平均、时间偏好、人口增长率、技术进步率、折旧率以及消费替代弹性决定。在稳定状态水平时，人均产出和人均消费增长率为 g。

根据（6）式，在稳定状态时，均衡的有效人均物质资本和有效人均人力资本分别为：

$$k^* = \left(\frac{s_k^{1-\beta-\eta}s_h^{\beta+\eta}}{n+g+\delta}\right)^{1/1-\alpha-\beta-\eta}$$

$$h^* = \left(\frac{s_k^{\alpha}s_h^{1-\alpha}}{n+g+\delta}\right)^{1/1-\alpha-\beta-\eta} \tag{14}$$

将（14）式代入生产函数（4）式然后取对数可得稳态水平时的有效人均产出为：

$$\ln(y^*) = \ln\left[\frac{Y(t)}{A(t)L(t)}\right] = -\frac{\alpha+\beta+\eta}{1-\alpha-\beta-\eta}\ln(n+g+\delta)$$

---

① 这里为了书写方便，去掉时间指示变量 t。

$$+\frac{\alpha}{1-\alpha-\beta-\eta}\ln(s_k)+\frac{\beta+\eta}{1-\alpha-\beta-\eta}\ln(s_h) \quad (15)$$

假定技术进步 g 和折旧率 δ 固定不变，则（15）式表明，稳态水平时的人均产出由人口增长率，物质资本投资率和人力资本投资率决定。但是，一国的实际产出并不总是等于其稳态水平的产出，更为常见的是实际产出对稳态产出的背离。假定有效人均产出收敛到其稳态值的速度为 $\mu>0$，则上面的模型意味着实际有效人均产出与稳态值之间的关系满足：①

$$\ln[y(t)]=(1-e^{-\mu t})\ln(y^*)+e^{-\mu t}\ln[y(0)] \quad (16)$$

其中：y（0）表示初始有效人均产出。将（15）式代入（16）式可得实际有效人均产出：

$$\begin{aligned}\ln[y(t)] = &-(1-e^{-\mu t})\frac{\alpha+\beta+\eta}{1-\alpha-\beta-\eta}\ln(n+g+\delta)\\ &+(1-e^{-\mu t})\frac{\alpha}{1-\alpha-\beta-\eta}\ln(s_k)\\ &+(1-e^{-\mu t})\frac{\beta+\eta}{1-\alpha-\beta-\eta}\ln(s_h)+e^{-\mu t}\ln[y(0)]\end{aligned} \quad (17)$$

根据（19）式，实际人均产出为：

$$\ln[y(t)]=b_1+b_2\ln(n+g+\delta)+b_3\ln(s_k)+b_4\ln(s_h)+b_5\ln[y(0)] \quad (18)$$

其中：

$$b_2=-(1-e^{-\mu t})\frac{\alpha+\beta+\eta}{1-\alpha-\beta-\eta},\ b_3=(1-e^{-\mu t})\frac{\alpha}{1-\alpha-\beta-\eta},$$

$$b_4=(1-e^{-\mu t})\frac{\beta+\eta}{1-\alpha-\beta-\eta},\ b_5=e^{-\mu t}$$

（17）式中，如果人力资本的外部效应很小（$\alpha+\beta+\eta<1$），则人口增长率的回归系数为负，其余各变量的回归系数为正，且稳态水平时的人力资本边际产出为：②

---

① 证明详见附录 A。（15）式也可以表示成：$\ln[y(t)/y(0)]=(1-e^{-\mu t})\ln(y^*)-(1-e^{-\mu t})\ln[y(0)]$。

② 根据（6）式：$\dot{h}(t)=s_h y(t)-(n+g+\delta)h(t)$，在稳态水平时有 $y(t)/h(t)=(n+g+\delta)/s_h$，根据 $y(t)=k^{\alpha}h^{\beta+\eta}$，可以推出 $dy(t)/dh=(\beta+\eta)k^{\alpha}h^{\beta+\eta-1}=(\beta+\eta)k^{\alpha}h^{\beta+\eta}/h=(\beta+\eta)y/h$，再将（18）式代入可得：$dy(t)/dh=(\beta+\eta)(n+g+\delta)/s_h$。

$$MPh = \frac{(\beta + \eta)(n + g + \delta)}{s_h} \tag{19}$$

三、数据与回归估计

一国的经济除了受上述因素影响之外，该国的地理、资源、环境、气候等因素也会对其产生影响，并且这些因素对于各国而言，在一定时间内可能保持不变。此外，经济也有可能受到各种可能的经济冲击，如石油供给、金融危机等影响，因此，我们在（18）式中加入固定效应与随机干扰项：

$$\ln(y_{it}) = b_1 + b_2\ln(n_{it} + g + \delta) + b_3\ln(s_{kit}) + b_4\ln(s_{hit}) + b_5\ln(y_0) + u_i + \varepsilon_{it} \tag{20}$$

其中：log（y_{it}）=log（$Y_{it}/A_{it}L_{it}$），表示有效人均产出。这里隐含的一个假定就是解释变量与残差项相关，对模型（21）一阶差分：

$$\Delta\ln(y_{it}) = b_2\Delta\ln(n_{it} + g + \delta) + b_3\Delta\ln(s_{kit}) + b_4\Delta\ln(s_{hit}) + \Delta\varepsilon_{it} \tag{21}$$

通过差分可以去掉固定效应，以及模型没有考虑到的可能的省略变量偏误。经过差分变换后，OLS会产生β的一致且有效的估计，我们把这个估计记为$\hat{\beta}_{FE}$。但是当解释变量与残差项不相关时，固定效应模型估计是一致但不是有效的，而随机效应模型估计就是一致且有效的。

此外，（16）式对于每一期而言都成立，对于第t期的实际有效人均产出，我们不妨假设初期的有效人均产出为log［y（$t-1$）］，则（16）式转化为：

$$\ln[y(t)] = (1 - e^{-\mu})\ln(y^*) + e^{-\mu}\ln[y(t-1)] \tag{22a}$$

也可以表示成：

$$\ln[y(t)/y(t-1)] = (1 - e^{-\mu})\ln(y^*) - (1 - e^{-\mu})\ln[y(t-1)] \tag{22b}$$

在下一节的回归分析中，我们将使用（22a）式，但它的经济意义必须根据（22b）式来解释。将（15）式代入（22a）式可得实际有效人均产出：

$$\begin{aligned}\ln[y(t)] = &-(1 - e^{-\mu})\frac{\alpha + \beta + \eta}{1 - \alpha - \beta - \eta}\ln(n + g + \delta) \\ &+ (1 - e^{-\mu})\frac{\alpha}{1 - \alpha - \beta - \eta}\ln(s_k) \\ &+ (1 - e^{-\mu})\frac{\beta + \eta}{1 - \alpha - \beta - \eta}\ln(s_h) + e^{-\mu}\ln[y(t-1)]\end{aligned} \tag{23}$$

我们可以将（20）式重新表述为：

$$\ln(y_{it}) = b_1 - b_2\ln(n_{it} + g + \delta) + b_3\ln(s_{kit}) + b_4\ln(s_{hit}) - b_5\ln(y_{i,t-1}) + u_i + \varepsilon_{it} \tag{24}$$

（24）式的回归模型仍然存在问题，因为滞后因变量可能与残差项相关，这种相关性会导致估计产生大样本偏误，而且这种偏误不会因为样本数量增加而减少。在模型（24）中，我们有充足的理由相信，上一期的产出会影响本期的人口增长率、物质资本储蓄率、人力资本储蓄率，这种相关性将使得模型产生更加严重的偏误。此外，如果残差项出现自相关，同样会使问题更加严重。解决这些问题的一个有效办法是对模型（24）一阶差分，通过差分可以去掉固定效应，以及模型没有考虑到的可能的省略变量偏误。但是，差分滞后对数人均产出 $\Delta\log(y_{i,t-1})$ 含有 $\log(y_{i,t-1})$ 项，而差分干扰项 $\Delta\varepsilon_{it}$ 含有 $\varepsilon_{i,t-1}$ 项，二者之间仍然存在相关性。我们必须使用工具变量估计来消除这个问题，即使用滞后因变量的 2 阶滞后值 $\log(y_{i,t-2})$ 或 3 阶滞后值 $\log(y_{i,t-3})$ 来作为工具变量，也可以用他们的差分值来作为工具变量。

根据以上分析，我们选取了 98 个国家的实际人均产出、人口增长率、物质资本投资率（*I/GDP*）及人力资本投资率（用 15 岁以上中学入学率代替）作固定效应、随机效应和阿雷利亚诺－邦德（Arellano-Bond）GMM 估计。其中实际人均产出、人口增长率和物质资本投资率（*I/GDP*）的数据来自于赫斯顿、萨默斯和阿滕（Heston，Summers and Aten，2006），中学入学率的数据来自于巴罗和李（Barro and Lee，2000）。回归结果如表 1 所示，其中 $\ln(n+g+\delta)$ 表示人口增长率、技术进步率、折旧率三项之和的对数值，这里我们取 $g+\delta=0.05$.[①] $\ln(I/GDP)$表示投资率的对数值，我们用它近似地表示物质资本的储蓄率。$\ln(S_H)$使用的是巴罗和李（2000）的 15 岁以上人口中学入学率。数据的起止范围是 1960～2000 年，间隔期为 5 年或 10 年。

表 1 表明，不管是固定效应还是随机效应模型，人力资本对人均产出的边际贡献要比物质资本高。此外，表 1 最后两行的数据表明，不管是固定效应，随机效应还是阿雷利亚诺－邦德 GMM 估计，都有 $\alpha+\beta+\eta<1$ 成立，也就是说外部性非常小，不足以使得产出呈现规模收益递增的情况。此外，模型各变量的回归参数符号与我们预期的一致，人口增长率对实际人均产出的影响显著为负，其余变量的回归系数显著为正。但必须注意的是，在表 1 的回归（3）和回归（6）

① 根据 MRW（1992）的估计，技术进步率大概在 0.02 左右，而折旧率大概在 0.03～0.04。当然了，适当改变技术进步率与折旧率的取值并不会影响模型的结果。

表 1　　FE，RE 与 Arellano - Bond GMM 回归分析

Base sample 1960 ~ 2000						
	5-year data			10-year data		
	Fixed-Effects OLS (1)	Random-Effects OLS (2)	Arellano-Bond GMM (3)	Fixed-Effects OLS (4)	Random-Effects OLS (5)	Arellano-Bond GMM (6)
Dependent variable is log Real GDP per capita						
log（$n+g+\delta$）	-0.2749532 (0.0883708)	-0.3298072 (0.0712598)	-0.222234 (0.053263)	-0.2338743 (0.0918121)	-0.3354209 (0.090739)	-0.383193 (0.2246403)
log（I/GDP）	0.0867204 (0.0549988)	0.1421229 (0.0414598)	0.1884786 (0.0498013)	0.0949486 (0.0508571)	0.2196411 (0.052715)	0.3650079 (0.1229781)
log（S_H）	0.2384669 (0.0328443)	0.2738782 (0.0223233)	0.0476232 (0.0282473)	0.2280035 (0.0441933)	0.315743 (0.0361029)	0.0208439 (0.0545064)
_cons	7.318778 (0.2554043)	6.980125 (0.1761683)		7.410636 (0.2443435)	6.710755 (0.2077077)	
log Real GDP per $Capita_{t-1}$			0.6990553 (0.0479957)			0.6256692 (0.0920056)
Hansen J test			[0.412]			[0.004]
observations	730	730	628	368	368	266
countries	98	98	98	98	98	97
R-squared	0.6442	0.6475		0.6469	0.6498	
α	0.14	0.23	0.34			
$\beta+\eta$	0.41	0.44	0.08			

注：（1）以上模型估计的“（）”内的标准误，都是修正的稳健（Robust）标准误；（2）我们对 5 年数据的随机效应模型做了 Breusch and Pagan Lagrangian Multiplier Test 以检测随机效应是否为 0，检验结果中 CHI2 统计量为 1087.35，P 值为 0.0000，所以随机效应显然不为零，随机效应模型是成立的；（3）我们分别对 5 年期和 10 年期的 FE 模型与 RE 模型做了 Hausman 检验，结果表明二者回归系数都有显著差异，从而 RE 模型不是一致的，但是有效的；（4）“[ ]”内的值表示 P 值，“( )”内的数值表示标准差；（5）在 10 年期的 Arellano-Bond GMM 估计中，产出对人力资本投资率（中学入学率）和人口增长率的回归系数都不显著，在 10 年期和 5 年期数据中，滞后一期的有效人均产出的回归系数都很显著并且回归系数值较大，说明上一年的有效人均产出对当年的有效人均产出影响较大；（6）不管是 10 年期数据还是 5 年期数据，固定效应和随机效应各解释变量的回归系数都很显著；（7）最后两行，α 和 β + η 的值都是根据回归结果估算的值。根据（23）式及表 1 的结果，可知 $e^{\mu}\approx0.7$，从而 $1-e^{\mu}\approx0.3$，再根据（17）式或（23）式，可以分别计算出 α 和 $\beta+\eta$ 的值。

中，滞后一期的对数实际人均产出的回归系数显著为正，其经济涵义就是我们前面提到的（22b）式，即增长率与初期的人均产出负相关，也就是说各国的经济实际上是条件收敛的，事实上这是边际收益递减的另一种表现形式。根据表1的结果及（19）式计算各国1960～2000年每隔5年的人力资本边际报酬，然后取各国人力资本边际报酬相应年份的平均值并绘图如图1所示：①

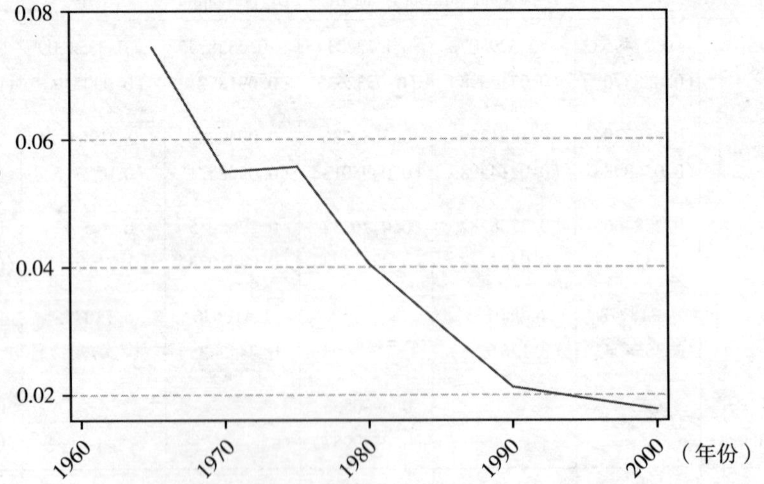

图1　世界各国平均人力资本边际报酬

图1中，纵轴表示世界平均人力资本边际报酬，横轴表示年份。图1表明，世界各国平均水平人力资本边际报酬随着时间变化逐渐递减，由于世界平均的人力资本水平积累逐年不断增加，因此人力资本边际报酬在世界范围内呈现出边际递减的趋势。

图2表明，人力资本边际报酬与实际人均收入之间呈反函数关系。人力资本边际报酬确实呈现递减的趋势。此外，$\alpha+\beta+\eta<1$ 说明人力资本的外部性很小，各国产出并没有呈现规模收益递增的趋势。因此，人力资本后发优势是客观存在的。

表2中，所有回归模型中人力资本投资的回归系数都显著为正，但是“撒哈拉以南非洲地区”和“中东及北非地区”物质资本投资回归系数不显著。但是“拉丁美洲及加勒比海地区”、“东南亚及太平洋地区”和“发达

---

① 其中，取 $\beta+\eta=0.4$。

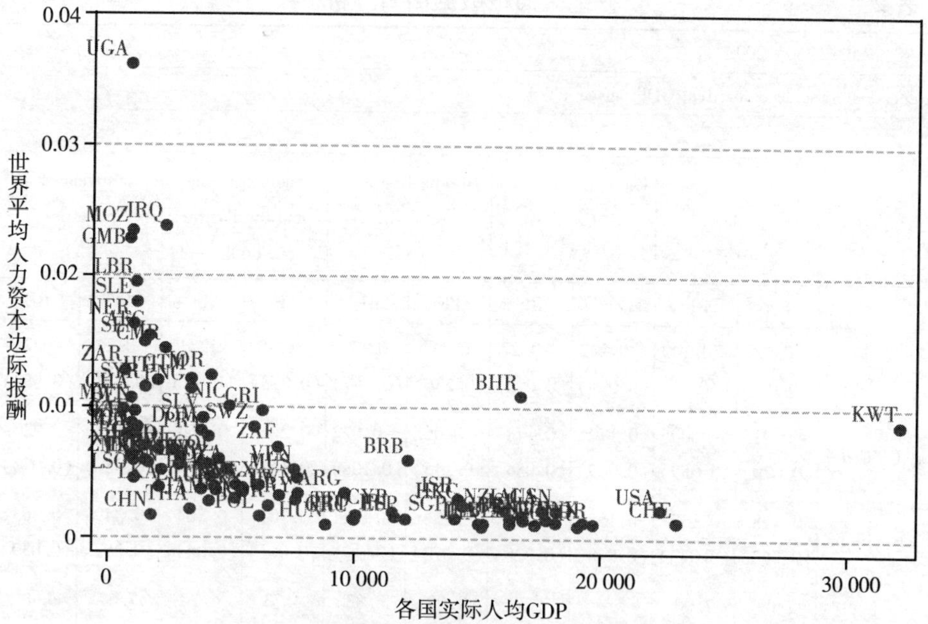

图2　世界各国平均人力资本边际报酬分布

注：图2中出现了两个异常点KWT（科威特），BHR（巴林）。其中，科威特（KWT）位于阿拉伯半岛东北部、海湾西北岸。面积1.78万平方公里。自然地理方面有两个特点：一个是多沙漠，严重缺水；另一个是石油资源丰富，人口183万；科威特籍人占41.6%，他们大部分属于阿拉伯各氏族，另外一半人口是外来侨民；巴林（BHR）是海湾地区最早开采石油的国家，已探明石油储量1 712万吨，天然气储量924亿立方米。巴林位于亚洲西南部，为波斯湾西南部的岛国，鄰近卡塔尔和沙特阿拉伯之间，属热带沙漠气候，石油为经济支柱，人口大约65万，巴林还是海湾地区银行和金融中心。由于石油是暴利行业，这两个国家实际人均GDP和人力资本边际报酬都较高。

国家”的回归模型中，物质资本投资和人力资本投资的回归系数都很显著，并且随着实际人均收入的增加，人力资本投资对实际人均收入的贡献逐渐增强，其中发达国家的人力资本投资对实际人均收入的贡献最强，这说明发达国家使用人力资本的效率比发展中国家或落后国家高，这也就是说发达国家在争夺人力资本时，相对发展中国家或落后国家而言，更具有优势。那么到底是什么样的优势使得人力资本没有流向具有更高边际报酬的发展中国家，而是流向发达国家？

表 2　　　　　　　　　分地区面板数据回归分析

Base sample 1960 ~ 2000										
Dependent variable is log Real GDP per capita										
	5-year data									
	Sub-Saharan Africa (1)		Latin America and the Carribean (2)		Middle East and North Africa (3)		Southeast Asia and the Pacific (4)		Advanced countries (5)	
	FE	RE	FE	RE	FE	RE	FE	RE	FE	RE
$\log(n+g+\delta)$	−0. 137	−0. 142	−0. 242	−0. 27	0. 41	0. 37	−1. 17	−1. 113	−0. 245	−0. 249
	(0. 08)	−(0. 123)	(0. 099)	(0. 072)	(0. 236)	(0. 167)	(0. 278)	(0. 22)	(0. 127)	(0. 089)
log（I/GDP）	−0. 015	−0. 005	0. 172	0. 178	−0. 065	−0. 022	0. 221	0. 254	0. 153	0. 220
	(0. 079)	(0. 059)	(0. 069)	(0. 054)	(0. 135)	(0. 108)	(0. 141)	(0. 099)	(0. 087)	(0. 093)
log（S_H）	0. 128	0. 137	0. 152	0. 150	0. 234	0. 301	0. 307	0. 304	0. 349	0. 363
	(0. 063)	(0. 043)	(0. 048)	(0. 028)	(0. 073)	(0. 06)	(0. 061)	(0. 044)	(0. 057)	(0. 039)
_cons	7. 07	7. 00	7. 4	7. 32	9. 09	8. 83	4. 73	4. 74	7. 67	7. 42
	(0. 202)	(0. 256)	(0. 254)	(0. 206)	(0. 55)	(0. 502)	(0. 743)	(0. 514)	(0. 393)	(0. 372)
observations	169	169	174	174	70	70	123	123	182	182
countries	24	24	22	22	10	10	17	17	23	23
R-squared	0. 2453	0. 2511	0. 2997	0. 3091	0. 2703	0. 4190	0. 4184	0. 4289	0. 5605	0. 5663
α			0. 323	0. 318					0. 281	0. 401
$\beta+\eta$			0. 285	0. 268					0. 640	0. 662

注：(1) 以上模型估计的“（）”内的标准误，都是修正的稳健（Robust）标准误；(2) 表中所有回归模型，人力资本投资的回归系数都显著为正；(3) 最后两行，α 和 $\beta+\eta$ 的值都是根据回归结果估算的值。根据（23）式及表1的结果，可知 $e^{\mu}\approx 0.7$，从而 $1-e^{\mu}\approx 0.3$，再根据（17）式或（23）式，可以分别计算出 α 和 $\beta+\eta$ 的值。

在回答这个问题时，松山（Matsuyama，2004）在一个世界经济模型中，给出了详细的解释。在其模型中，所有的国家都在世界市场中竞争资本。一方面，他假定生产函数是严格凹的，从而要素边际收益递减，这意味着投资落后的贫穷的国家具有更高的回报，高回报吸引高投资从而促进高增长，各国的经济将趋于收敛；另一方面，信贷市场的不完善以及富国具有更多的抵押品，从而使得富国在竞争资本时，相对于穷国而言更具有优势，最终使得世界经济向富国和穷国两个方向发散。松山为这一理论提供了一个微观经济机制，尽管其分析关注的更多的是物质资本，但我们认为对于人力资本而言，这也是同样成立的。阿扎利艾迪和斯塔祖奇（Azariadis and Stachurski，2005）认为落后国家存在各种类型的贫困陷阱，这些贫困陷阱的自我强化机制使得贫穷的国家越穷，而富裕的国家越富。例如，腐败的制度会带来更多的腐败；当工人的技术是不可观察的时候，也就是说信息不对称的时候，高技术的工人可能会被企业当成低技术工人而支付低工资，从而没有激励投资人力资本，而低的人力资本投资需求又反过来使得技术水平越低，低的技术水平又会减少对人力资本投资的需求。另一方面，在信贷市场上，富国比穷国拥有更多的抵押品，而穷国由于信贷约束无法获得足够的资本，从而不能更多地投资人力资本，人力资本投资水平低，导致穷国的收入水平更低，收入低又进一步阻碍人力资本投资。正是这些自我强化机制导致落后国家陷入贫困陷阱，从而使得落后国家的人力资本投资水平非常低，从而产生人力资本外流。下一节我们将为本文的分析提供一个关于人力资本与信贷市场的微观机制，这个模型主要来自于对阿扎利艾迪和斯塔祖奇（2005）的修改。

四、人力资本与信贷市场

假设所有的企业只生产同一种产品，并且每个企业面临的世界无风险利率为0，每个工人只生存一期，供给一单位劳动，每个工人只有一个后代，并且将 x_t 的财富留给自己的后代。每个工人可以选择不受教育直接到企业工作，获得工资 w_t；也可以选择先接受教育，但是接受教育需要至少 F 的固定成本，接受教育之后再到企业工作能够获得的收益为 $Q_t > w_t$。如果一个工人的禀赋（父辈留下的遗产）$x_t < F$ 并且想接受教育，则可以从信贷市场借贷相差的数量财富，此时他面临的市场利率为 $i>0$，这里 $i>0$ 高于世界无风险利率反映了信贷市场不完善。根据以上假定，工人一生可获得的收入 y 可以表示为：①

$$y=\begin{cases} x+w & \text{不接受教育} \\ (x-F)(1+i)+Q & \text{接受教育并且 } x<F \\ (x-F)+Q & \text{接受教育并且 } x>F \end{cases} \tag{25}$$

假设工人的效用函数为：

$$u(c,b)=(1-\theta)\ln c+\theta\ln b, 0<\theta<1 \tag{26}$$

其中：c 代表工人当期的消费；b 代表工人留给后代的财富。当工人留给后代的财富为 $x_{t+1}=\theta y$ 时，工人的效用达到最大。② 此外，根据（25）式，拥有 $x>F$ 禀赋的人只有当 $Q-F>w$ 时，才会选择先接受教育再工作；拥有 $x<F$ 禀

① 这里为了书写方便，省略了时间下标 t。
② 解最大化问题 Max u（c，b），约束条件 $y=c+b$。

赋的人只有满足下面的条件才会选择先接受教育再工作：

$$x \geqslant \frac{w - Q + F(1+i)}{i} = w^*$$

也就是说，当 $x < x^*$ 时，工人不会选择接受教育而直接参加工作，也就是说工人不会投资人力资本。根据以上分析，我们可以得出工人禀赋财富的转移动态满足：

$$x_{t+1} = \begin{cases} \theta \cdot (x_t + w) & x_t < x^* \\ \theta \cdot [(x_t - F)(1+i) + Q] & x^* < x_t < F \\ \theta \cdot [(x_t - F) + Q] & x_t \geqslant F \end{cases} \tag{27}$$

根据（27）式，我们可以将工人禀赋财富的转移动态模拟如图 3 所示：

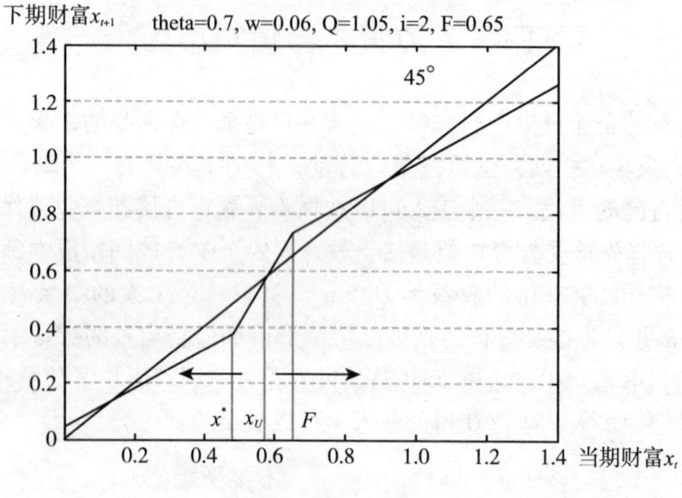

图 3

图 3 中，点 x_u 表示不稳定均衡点，大于 x_u 的初始禀赋将使得工人的财富向更高的水平转移，即富国；而低于 x_u 的初始禀赋将使得工人的财富向更低的水平转移，即穷国。因此，我们可以将 x_u 点视为穷国人力资本投资的贫困陷阱。在这个模型中，富国具有更多的抵押品 $x > x_u$，从而使得富国在竞争资本时，相对于穷国而言更具有优势，而穷国则由于信贷约束和缺乏抵押品（$x < x_u$），而不愿意更多地投资人力资本，人力资本投资水平低，导致穷国的收入水平更低，收入低又进一步阻碍人力资本投资，穷国将最终陷入贫困陷阱，使得穷国的人力资本投资水平非常低，从而产生人力资本外流。

根据前面的分析，穷国确实存在人力资本的后发优势，但这种优势是潜在的，如果这种潜在的优势没有发挥出来，穷国就会陷入贫困陷阱，后发优势也就会变成后发劣势。如何跳出贫困陷阱，发挥后进国家应有的优势？郭熙保、习明明（2009）认为，不发达国家或地区要跳出贫困陷阱，必须实施大推进战略，应该对所有部门进行投资，但是这并不意味着所有部门都要按照同一比例进行投资，不发达国家或地区应该优先发展那些生产率高的部门，但同时也要对生产率最低的部门进行投资，从而使得一国的经济从一个低水平均衡向一个高水平均衡过渡。

当然了，跳出贫困陷阱还依赖于很多其他的因素。例如，大野健一(2007)研究表明，低收入发展中国家经常落入贫困陷阱，跳出陷阱有赖于各国的减贫战略，大野健一通过研究东亚各国或地区的政府治理水平与人均收入，表明二者之间呈严格的正向关系。大野健一认为，东亚的大多数国家之所以能够打破贫困陷阱，保持较快经济增长，得益于这些国家建立的威权发展模式（Authoritarian Developmentalism），其特点是：

（1）强势而懂经济的领导人；

（2）把经济发展当做国家目标，意识形态甚至迷信；

（3）有辅佐领导人制定和实施经济政策的技术精英集团；

（4）政权的合法性来自经济发展的成功。

经济的发展之所以需要一些“不够民主”的政府来推动，主要是因为这些国家是从一个很低的基础上起飞，需要快速而大规模地动用各种资源，而一个“民主”的政府是很难做到这一点的。张（Chang，2002）认为，“民主”不一定能够促进发展，尤其是在发展的初期。发达国家推荐的所谓的好制度：民主、“好”的官僚机构、独立的司法机构等；好政策：限制性的宏观调控、国际贸易和投资自由化、私有化和撤销管制等，对于发展中国家而言，可能并不会带来任何有利的发展，这些“好制度”和“好政策”是否真正适合发展中国家，还值得商榷。事实上，发达国家在其发展的初期也没有很好地实现这些“好制度”和“好政策”，例如，美国独立的中央银行是直到1913年才建立，“大萧条”后又开始放弃自有贸易政策，采用贸易保护主义政策；瑞士在19世纪成了世界技术领袖之一，但它当时是也没有专利法。发达国家之所以向发展中国家推荐所谓的好制度，其背后可能隐藏着“富国陷阱”，发达国家正在试图通过各种政策和制度“踢开”穷国登上富国的梯子（Ladder）。事实上，大部分发达经济体曾经采用的政策，基本上不同于他们向发展中国家宣扬的所谓正统做法。在一定程度上，发展中国家保持落后状态对于发达国家而言是有利的。阿塞莫戈鲁等人（Acemoglu et al.，2008b）的研究也表明，在控制一些历史的因素或固定效应之后，收入与民主之间并没有正向关系。当然了，这并不意味着民主本身是不好的，只是对于发展中国家或落后地区而言可能在目前阶段，至少在短期内是不适合的。

五、结 论

以上分析表明，人力资本后发优势确实是客观存在的，但它同时也是潜在的。与富国相比，穷国面临信贷约束以及各种导致贫困的自我强化机制，一旦穷国陷入贫困陷阱，这种后发优势就很难有效发挥。那么如何跳出贫困陷阱，发挥出穷国因落后而具有的这种潜在的后发优势呢？我们认为，国家或政府必须对经济实行干预，使穷国快速跳出贫困陷阱，从低水平的均衡向高水平均衡过渡。在一定程度上，这首先要求穷国要有一个“不够民主”的威权政府。经济的发展之所以需要一些“不够民主”的政府来推动，主要是因为这些国家是从一个很低的基础上起飞，需要快速而大规模地动用各种资源，而一个“民主”的政府是很难做到这一点的。

当然了，本文的研究也有很多缺陷。由于数据问题，我们选择15岁以上中学人口入学率作为人力资本投资率的一个近似可能有失妥当。此外，可能还存在本文没有考虑到的，影响各国实际人均收入的其他变量，模型可能会存在省略变量问题。但是不管怎么样，一个模型总是不可能考虑所有的因素。尽管存在很多缺陷，但我们希望它能为后续的研究提供一个参考。

参考文献：

[1] Acemoglu, Daron. “A Microfoundation for Social Increasing Returns in Human Capital Accumulation”. *The Quarterly Journal of Economics*, 1996, *111* (3), pp. 779 – 804.

[2] Acemoglu, Daron and Angrist, Joshua. “How Large are Human Capital Externalities? Evidence from Compulsory Schooling Laws”. *NBER Macroeconomics Annual Conference*, 2000.

[3] Acemoglu, Daron and Guerrieri, Veronica. “Capital Deepening and Non-Balanced Economic Growth”. *Journal of Political Economy*, 2008a, *116* (3), pp. 467 – 98.

[4] Acemoglu, Daron; Johnson, Simon; Robinson, James A. and Yared, Pierre. “Income and Democracy”. *American Economic Review*, 2008b, 98 (3), pp. 808 – 42.

[5] Azariadis, Costas and Stachurski, John. “Poverty Traps”. In *Handbook of Economic Growth*. 2005, pp. 296 – 384.

[6] Barnett, Steven W. “Benefit-Cost Analysis of Preschool Education”. *Power Point Presentation*, 2004.

http: //www. docstoc. com/docs/2384038/Benefit-Cost-Analysis-of-Preschool-Education.

[7] Barro, Robert J. and Sala-i-Martin, Xavier. “Convergence”. *Journal of Political Econo-*

my, 1992, *100* (2), pp. 223 -51.

[8] Barro, Robert J. "Economic Growth in a Cross Section of Countries". *The Quarterly Journal of Economics*, 1991, 106 (2), pp. 407 -43.

[9] "Human Capital and Growth". *The American Economic Review*, 2001, *91* (2), pp. 12 - 17.

[10] Barro, Robert J. and Jong-Wha Lee, "International Data on Educational Attainment: Updates and Implications". CID Working Paper No. 42, April 2000.

[11] Basu, Susanto; Fernald, John G. and Kimball, Miles S. "Are Technology Improvements Contractionary?" *American Economic Review*, 2006, 96 (5), pp. 1418 -48.

[12] Carneiro, Pedro; Cunha, Flavio and Heckman, James J. "The Technology of Skill Formation". Working paper, 2003.

[13] Chamberlin, E. H. "Product Heterogeneity and Public Policy". *The American Economic Review*, 1950, 40 (2), pp. 85 -92.

[14] Chang, Ha-Joon. "*Kicking away the Ladder: Development Strategy in Historical Perspective*". London: Anthem Press, 2002.

[15] Cunha, Flavio and Heckman, James J. "The Technology of Skill Formation". *American Economic Review*, 2007, 97 (2), pp. 31 -47.

[16] Greene, W. H. "Econometric Analysis". 5th ed. *Upper Saddle River*, NJ: Prentice-Hall, 2003.

[17] Heston, Alan; Summers, Robert and Aten, Bettina. Penn World Table Version 6. 2, Center for International Comparisons of Production, Income and Prices at the University of Pennsylvania, September 2006.

[18] Jones, Charles I. "A New Proof of Uzawa's Steady-State Growth Theorem". *Review of Economics and Statistics*, 2007, 90 (1), pp. 180 -82.

人力资本回报、产业升级与中国经济发展方式转变

——"后危机时代"的新思考

曾世宏*

一、问题的提出

随着金融危机对中国实体经济影响的渐渐减弱，宏观经济整体上处于企稳上升的态势。"后危机时代"中国经济发展面临的两个主要问题：一是随着中国劳动力成本不断提高，跨国企业在中国的生产成本也将提高，部分 FDI 可能会撤离中国市场；二是中国为刺激经济发展而采用的宽松宏观经济政策可能产生滞后效应使国内物价持续上涨。

如果这两种情况出现，势必会给中国经济发展方式转变与产业升级带来新的挑战。因为经济发展方式转变的最终动力来源是企业家的创业与创新和消费者的产品消费能力。FDI 的撤离，会影响中国"世界工厂"的地位，给中国的就业和外向型经济带来影响，进而延滞本土企业家的技术吸收与技术创新。国内物价水平的持续上升，会影响本土企业的生产成本与消费者的产品消费能力。

而产业升级内在本质要求人力资本回报提高，只有人力资本回报提高，产业升级才有持续的激励与动力。这就是"后危机时代"中国经济发展方式转变可能面临的"两难"。产业升级是经济发展方式转变的必要途径，而"后危机时

* 曾世宏，南京大学经济学院产业经济学系 2008 级博士生，南京工业职业技术学院社会科学部副教授，研究方向：产业经济与公司战略。

代”可能出现的物价持续上升将使人力资本回报降低，进而使产业升级失去创新的激励和动力，FDI 的撤离也可能使本土企业家失去技术吸收和技术创新所依赖的外部条件。

如何破解“后危机时代”中国经济发展方式转变可能面临的“两难”，这是本文将要研究的主要问题。本文认为破解“后危机时代”中国经济发展方式转变的“两难”最主要的任务首先是要稳定国内的宏观经济环境，抑制物价过快持续上涨，其次是要提高国内人力资本回报，鼓励企业走低端自主创新和自有品牌建设道路，实现自主产业升级，最后是政府应该用更佳优质的服务吸引和留住 FDI，为各类企业提供更加优良的公共技术服务平台。

本文余下部分的研究思路是：第二部分是人力资本回报影响因素的数理分析；第三部分构建一个简单的人力资本回报与产业升级的理论模型；第四部分实证检验中国人力资本回报与产业升级的动态演化关系；第五部分是结论和相关的政策涵义，主要是对“后危机时代”经济发展方式转变和产业升级的一些新思考。

二、人力资本回报影响因素的数理分析

按照贝克尔（Becker，1962）和舒尔茨（Schultz，1961）的人力资本理论，人力资本是指暗含在劳动力身上的知识、技能和经验，人力资本主要是通过教育和培训途径来获得的，对教育投入的数量和质量不同，个人获得的人力资本往往也不相同，进而每个人的生产力也不相同。人力资本回报是指人力资本所有者凭借自己的人力资本在经济增长和价值创造过程中所做出的贡献而获得的报酬。投资人力资本的教育越多，个人的生产力水平就越高，社会经济增长的速度就越快，所创造的价值也越多，人力资本回报也就越大。

令 E 为个人接受的教育水平（年），Φ 为个人对教育的内化程度系数，g 为经济增长的速度，b 为个人人力资本回报的差异化系数，t 为时间，$h(t)$ 为个人在 t 时间的人力资本报酬，即

$$h(t) = be^{(gt+\phi E)} \tag{1}$$

为简化分析，假定个人在他的生命 T 年当中连续接受了 E 年的教育，余下的 T-E 年工作，名义利率不变且为 $\bar{r}$，人力资本折旧率为零。那么个人的终生人力资本回报为：

$$H(t) = \int_{t=E}^{T} e^{-rt} h(t)\,\mathrm{d}t \tag{2}$$

把（2）式代入（1）式，得：

$$H(t) = be^{\phi E}\int_{t=E}^{T} e^{-(\bar{r}-g)t}\mathrm{d}t \tag{3}$$

对（3）式进行定积分运算，可得：

$$H(t) = b/(\underline{r}-g)\{-e^{\phi E-(\underline{r}-g)T} + e^{[\phi-(\underline{r}-g)]E}\} \tag{4}$$

以 E 为变量，最大化 H（E），令其一阶条件为零，即

$$\partial H(E)/E = b/(\underline{r}-g)\{-\phi e^{\phi E-(\underline{r}-g)T} + [\phi-(\underline{r}-g)]e^{[\phi-(\underline{r}-g)]E}\} = 0 \tag{5}$$

整理（5）式得：

$$[\phi-(\underline{r}-g)]e^{[\phi-(\underline{r}-g)]E} = \phi e^{\phi E-(\underline{r}-g)T} \tag{6}$$

化简（6）式，可得：

$$\phi/[\phi-(\underline{r}-g)] = e^{(\underline{r}-g)(T-E)} \tag{7}$$

对（7）式，两边取自然对数，并化简可得：

$$E^{*} = T - 1/(\underline{r}-g)\ln\phi/[\phi-(\underline{r}-g)] \tag{8}$$

从（8）式可以得到 $\partial E^{*}/\partial T = 1$，令 ε_E 为教育水平对生命周期的弹性，即 $\varepsilon_E = \partial E^{*}/\partial T \cdot T/E^{*} > 1$，又从 $MR = P$（$1 - 1/\varepsilon_E$）可以得到 $MR > 0$，所以，

命题 1 个人如果能够相应延长自己的生命周期，他可以相应增加最优的教育水平，进而增加他的人力资本水平。而且延长个人的生命周期，也就相应地提高他的工作时间，由于人力资本的边际收益为正，因此，他的总人力资本回报将增加。

下面考察 $\underline{r}-g$ 对人力资本回报的影响。对（7）式两边取倒数，可以得到，

$$e^{-(\underline{r}-g)(T-E)} = 1 - (\underline{r}-g)/\phi \tag{9}$$

对（9）式进行简单变换，可得：

$$\phi/(\underline{r}-g)[1 - e^{-(\underline{r}-g)(T-E)}] = 1 \tag{10}$$

令（10）式左边为 V，即

$$V = \Phi\int_{s=0}^{T-E} e^{-(\underline{r}-g)s}\mathrm{d}s \tag{11}$$

对（11）式进行全微分，可以得到：

$$\partial V/\partial(\underline{r}-g)\mathrm{d}(\underline{r}-g) + \frac{\partial V}{\partial E^{*}}\mathrm{d}E^{*} = 0 \tag{12}$$

对（12）式进行简单变换，可得：

$$dE^*/d(\underline{r}-g) = -[\partial V/\partial(\underline{r}-g)]/(\partial V/\partial E^*) \qquad (13)$$

由于 $\partial V/\partial(\underline{r}-g) = \Phi\int_{s=0}^{T-E} -se^{-(\underline{r}-g)s}ds < 0$，且 $\partial V/\partial E^* = -e^{-(\underline{r}-g)(T-E^*)} < 0$，

所以，$dE^*/d(\underline{r}-g) < 0$

命题2 名义利率与经济增长率之差与教育最优选择的水平成反比，即名义利率水平的提高降低了教育的最优选择水平，从而降低了人力资本回报；而经济增长率的提高则增加了教育的最优选择水平，从而增加了人力资本回报。

推理 由于名义利率水平等于实际利率水平加上通货膨胀率，所以通货膨胀率的增加也相应地降低了教育的最佳选择水平，从而降低了人力资本回报。

综上所述，个人的人力资本回报可以表述为受教育水平、生命周期、经济增长率、名义利率、通货膨胀率（价格水平）等变量的函数，即 $H=f(e、t、g、r、p)$，这些因素都对个人的人力资本回报产生重要影响，特别是金融危机的爆发，使经济增长率、名义利率与物价水平这些敏感参数容易产生波动，从而在当期和滞后期对人力资本回报产生影响，而人力资本回报率很容易在当期和滞后期对产业升级产生脉冲影响。

三、人力资本回报对产业演化升级动态影响的模型分析

广义地讲，产业演化包括产业组织的可竞争性和产业结构的高级化，我们这里分析的产业演化主要是指产业结构的高级化。而且假定影响产业结构高级化的其他因素不变，人力资本回报是影响产业结构高级化的唯一因素，即产业结构高级化的进程也就是人力资本从低报酬的产业部门或产业价值链的低端环节向高报酬的产业部门或者产业价值链的高端环节流动的过程。因此，低级的产业部门或者产业价值链的低端环节意味着低的人力资本报酬，高级的产业部门或者产业价值链的高端环节意味着高的人力资本报酬。

我们还假定转型国家经济发展过程中人力资本的总量在一定时期是不变的，即为$\overline{H}$，但是高人力资本 L_h 与低人力资本 L_l 的比例是可以改变的，令 $b=L_h/L_l$。为了分析的方便，假定整个社会只存在三个部门，即高级产业部门、低级产业部门和为两类产业部门提供人力资本的教育部门。假定教育部门的人力资本报酬为高级产业部门与低级产业部门人力资本报酬的均值，即 $H_e=(H_h+H_l)/2$ 且教育部门的职员为风险规避者，所以教育部门与上述两个产业部门之间不存在人力资

本的流动，即 $dL_e/dt = 0$。教育部门提供的人力资本只在高回报的产业部门与低回报的产业部门之间进行配置。由上述假定，我们有：

$$L_h(t) + L_l(t) + L_e(t) = \underline{H} \tag{14}$$

对（14）式中的时间 t 求导数，可得，

$$\overset{g}{L}_h + \overset{g}{L}_l = 0 \tag{15}$$

由于人力资本流动代表着专业技术和生产力的变迁，所以人力资本在高回报产业部门与低回报产业部门的流动推动着产业结构高级化。假定人力资本在高回报产业部门配置随时间的变动由下式给出：

$$\overset{g}{L}_h(t) = [1 + H_h(t) - C_h(t)] L_h(t) \tag{16}$$

$H_h(t)$ 为人力资本报酬，$C_h(t)$ 为人力资本的培训成本，人力资本的边际收益产品标准化为 1，（16）式的含义即为人力资本在高回报产业部门的配置速率取决于其边际收益减去边际成本的余值。相应地，人力资本在低回报产业部门配置随时间的变动由下式给出：

$$\overset{g}{L}_l(t) = [1 + H_l(t) - C_l(t)] L_l(t) \tag{17}$$

且 $C_h > C_l$，即高人力资本的培训成本高于低人力资本的培训费用。

假设高人力资本回报产业部门的生产函数为科布－道格拉斯生产函数，即，

$$Y_h(t) = K_h(t)^{\theta} \{(1 - \psi) L_h(t)\}^{\omega} \tag{18}$$

（18）式中，$\theta > 0$，$\omega > 0$，$\theta + \omega > 1$，表示人力资本的规模报酬递增性质。对（18）式先两边取对数，后对时间 t 求导数，可得：

$$\overset{g}{Y_h}(t)/Y_h(t) = \theta \overset{g}{K_h}(t)/K_h(t) + \omega \overset{g}{L_h}(t)/L_h(t) \tag{19}$$

（19）式的含义为产出的增长率等于资本增长率与人力资本增长率之和，假定 $\overset{g}{K_h}(t)/K_h(t)$ 为一常数 λ，即固定资产投资按某一既定速率 λ 增长，令 $g_h(t) = \overset{g}{Y_h}(t)/Y_h(t)$，把（16）式代入（19）式，可得：

$$g_h(t) = \theta\lambda + \omega[1 + H_h(t) - C_h(t)] \tag{20}$$

同理可得低回报产业部门的产出增长率为：

$$g_l(t) = \theta\lambda + \omega[1 + H_l(t) - C_l(t)] \tag{21}$$

欲使 $g_h(t) > g_l(t)$，必须有：

$$1+H_h(t)-C_h(t)>1+H_l(t)-C_l(t) \tag{22}$$

欲使上式成立，必须要有：

$H_h(t)-H_l(t)>C_h(t)-C_l(t)>0$，所以：

$$H_h(t)>H_l(t) \tag{23}$$

命题3 产业演化与人力资本回报紧密关联。在相同条件下欲使处于产业价值链高端的产业部门的产出增长率大于处于产业价值链低端的产业部门的产出增长率，必须使处于产业价值链高端的人力资本回报大于处于产业价值链低端的人力资本回报。只有这样，才能在一定的总人力资本条件下吸收更多的人力资本，促进产业结构的高级化。

推理 结合命题2，可以得知，如果转型国家就业者的平均受教育水平越高，寿命越长，转型期经济体的经济增长率越高，名义利率和通货膨胀率越低，则人力资本回报率越高，产业结构升级演化的可能性也就越大。因此，转型国家要实现产业结构的演化升级，必须提高人力资本的回报率。

"后危机时代"中国要实现产业升级和转变经济发展方式必须提高人力资本回报的理论依据可以从这里得到论证。而且由于转型国家，特别像中国在经济发展的初期，总体产业结构是处于产业价值链的低端环节，人力资本回报率整体也就较低，这也初步验证了上述命题。

四、中国人力资本回报与产业结构升级动态演化的实证检验

上面的数理分析已经论证了决定人力资本回报形成机制的影响因素以及人力资本回报与产业结构演化升级的关系。下面我们通过运用1978～2008年中国统计年鉴的原始数据来实证检验中国人力资本回报与产业结构升级的动态演化关系。

（一）中国人力资本回报率的估算

以我们目前掌握的文献，对于中国人力资本回报率的计算，国内还没有权威和统一的计算公式。我们借鉴白重恩、谢长泰、钱颖一（2007）对中国资本回报率的计算方法①，得出中国实际人力资本回报率的计算公式。

① 中国资本回报率的计算公式推导详见白重恩、谢长泰、钱颖一：《中国资本回报率》，载于《比较》，第28期第3～20页，中信出版社2007年1月版。

$$HR(t)=\frac{u(t)}{p_L(t)L(t)/p_Y(t)Y(t)}+[\hat{p_L(t)}-\hat{p_Y(t)}-\delta(t)] \quad (24)$$

（24）式中，$\mu(t)$为人力资本报酬在国民收入中所占的份额，即人力资本份额。$p_L(t)L(t)$为总人力资本，$Y(t)$为总产出，$\hat{p_L(t)}$为人力资本价格变化率，$\hat{p_Y(t)}$为通货膨胀率，$\delta(t)$为人力资本折旧率。人力资本报酬不仅包括工资，还包括以公司赠予的各种股票激励形式获得的奖金收入（何健雄，2007）。我们用城镇职工当年的平均工资水平近似表示。人力资本投入，我们以当年的人均教育投入表示（包括政府与家庭投入），人力资本价格变化率与通货膨胀率之差，我们用实际工资增长率近似表示，考虑到人力资本与实物资本不同，它具有边际收益递增的特点，我们假定人力资本的折旧率为零。所以，第一项实际上为[人力资本报酬 H/人力资本投入 K] × [国内总产出 GDP/国民收入 NI]，第二项实际为实际工资增长率。1979～2008 年中国人力资本回报率的动态演化路径如图 1 所示。

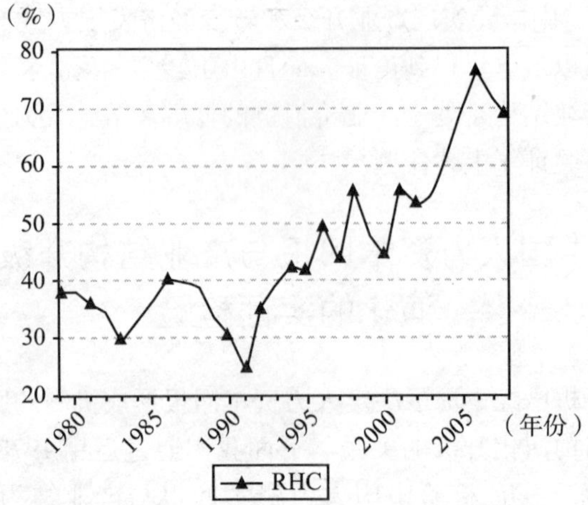

图 1　中国人力资本回报率（1979～2008）

从图 1 我们可以清楚地看出人力资本回报率在 1987～1990 年，1997～2000 年，2007～2008 年共三次比较大的短期下滑，其中最后两次就显然与全球性金融危机对中国宏观经济形式冲击产生的经济增长速度放缓、物价持续上涨等因素有关。

（二）中国产业结构升级程度的测度

传统的产业结构升级既有三次产业之间的结构比例合理化，也有产业内部的生产结构精尖化。我们这里定义的产业结构升级主要是指产业价值链的攀升，即指从产业价值链的低端环节向高端环节的攀升。波特在《竞争优势》一书中提出了产业价值链的概念，把产业内部整个创造价值的活动分成若干环节，然后按照这些环节在价值创造中的贡献大小排序形成一条价值链，发现处在产业价值链两端的环节如产品的设计与研发、品牌与营销对创造产业价值的影响和贡献最大，称之为产业价值链高端，因而能掌握和控制这些环节就能获得持久的产业竞争优势，相反，产品的加工与装配、仓储与物流等环节对创造产业价值的影响和贡献较小，称之为产业价值链的中低端环节。产业价值链的高端一般体现了产品的高精尖技术，自有品牌和独立的营销网络，所以，我们衡量产业价值链的攀升程度也就是考虑高新技术产品在整个出口产品中的份额与这些出口产品中自有品牌的注册程度等因素，测度公式为：

$$VR = \left(\sum_{i=1}^{N} p_{o,h,i} y_{o,h,i} \Big/ \sum_{i=1}^{N} p_{o,i} y_{o,i} \right) * \left(\sum_{i=1}^{N} c_{o,b,h,i} \Big/ \sum_{i=1}^{N} c_{o,h,i} \right) \tag{25}$$

（25）式中右边第一项的含义是出口的高新技术产品价值占整个出口商品价值的比重，第二项的含义是自有品牌的高新技术出口商品占整个高新技术出口商品的比重，中间符号为乘积。按照此测度公式，我们对中国产业价值链攀升程度的估算结果由图 2 给出。从图 2 我们可以看出 1997 年爆发的亚洲金融危机对中国产业结构升级的短期影响较小，而 2007 年年末爆发的全球性金融危机对中国产业结构的短期影响较大。

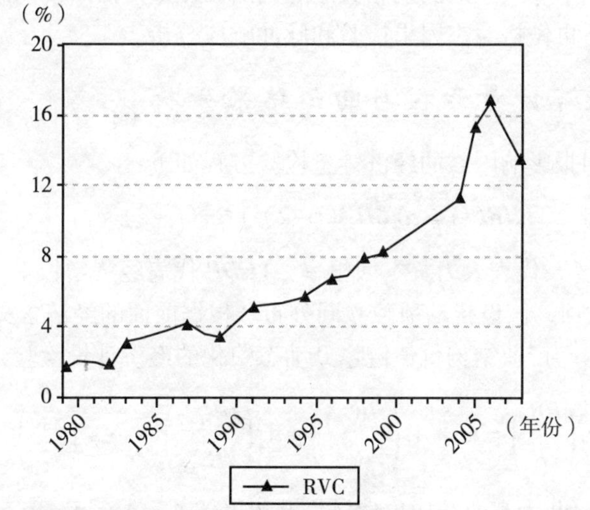

图 2　中国产业结构升级程度（1979 ~ 2008）

（三）实证检验的思路与方法

首先，我们实证检验人力资本回报的影响因素。由第二部分的数理分析可知如果转型期经济体中居民平均受教育水平越高，寿命越长，经济增长率越高，名义利率和通货膨胀率越低，则人力资本回报率越高。由于居民平均受教育水平、预期寿命与名义利率的统计数据不完整，我们只打算检验通货膨胀率与经济增长率对人力资本回报率的影响。这部分的检验采用传统的单方程线性静态回归，即最小二乘法来进行。但是考虑到经济增长率和通货膨胀率对人力资本回报的滞后影响，我们将采用滞后两期的自变量进行回归。

其次，我们实证检验人力资本回报率与产业结构升级程度的关系。我们的基本假设支撑在第三部分的数理模型中得到证明，即产业结构升级必须提高人力资本回报率。这里暗含的经济逻辑是产业结构升级所必需的高精尖技术只有高端人才才能掌握，而高端人才所接受的高级教育培训必须付出相应的时间和教育成本，所以，他们必须获得较高的人力资本回报。在完善的市场机制里，高的人力资本报酬能够激励人才从报酬较少的产业价值链低端向报酬较高的产业价值链高端自由流动。这种高级生产要素在产业之间的有效流动能够促进产业结构的价值链攀升。为了获得人力资本回报与产业结构价值链攀升之间的动态演化关系，对这两者之间关系的检验我们拟采用向量自回归模型（VAR）。

对于这两变量的向量自回归模型，我们先估计它们的系数矩阵，根据其系数数值、显著性水平和残差的同期相关矩阵判断两变量的滞后期动态关系或者同期相关关系，然后再做格兰杰因果检验和脉冲响应分析。

（四）经济计量方程与回归结果分析

人力资本回报影响因素的经济计量检验方程如下：

$$HR(t)=\alpha VGDP(t-2)+\beta\pi(t-2)+\varepsilon_t \tag{26}$$

（26）式中 HR 代表人力资本回报率，$VGDP$ 代表经济增长率，π 代表通货膨胀率，ε 为扰动项，假设扰动项独立同分布。根据前面的经济含义，$\alpha>0$，$\beta<0$

人力资本回报率与产业结构价值链攀升动态演化的经济计量检验方程：

$$\begin{pmatrix} HR_t \\ VR_t \end{pmatrix}=A_0+A_1\begin{pmatrix} HR_{t-1} \\ VR_{t-1} \end{pmatrix}+A_2\begin{pmatrix} HR_{t-2} \\ VR_{t-2} \end{pmatrix}+\cdots+\begin{pmatrix} \varepsilon_{1,t} \\ \varepsilon_{2,t} \end{pmatrix} \tag{27}$$

（27）式中 VR 为产业结构价值链攀升程度，A_0，A_1，A_2，$\varepsilon_{1,t}$，$\varepsilon_{2,t}$分别为系数矩阵和扰动项。

我们首先对这两个变量进行了“协整检验”，发现它们在5%水平下具有显著的“协整”关系。然后对上述经济计量模型进行回归。

（26）式的回归结果如下：

$$HR(t)=0.49VGDP(t-2)-0.11\pi(t-2)+41.66$$

虽然回归系数的显著性水平不高，但我们还是通过了模型分析中应有的那种经济学含义，即经济增长率与人力资本报酬正相关，通货膨胀率与人力资本报酬负相关。

通过观察，（27）式中只有选择滞后两期的向量自回归，方程所有的根的模小于1，VAR符合稳定性条件。

（27）式的回归结果如下：

$$\begin{pmatrix} HR_t \\ VR_t \end{pmatrix}=\begin{pmatrix} 16.19 \\ 0.62 \end{pmatrix}+\begin{pmatrix} 0.31 & 0.01 \\ 2.91^{***} & 1.28^{***} \end{pmatrix}\begin{pmatrix} HR_{t-1} \\ VR_{t-1} \end{pmatrix}+\begin{pmatrix} 0.03 & -0.01 \\ -0.81 & -0.31 \end{pmatrix}\begin{pmatrix} HR_{t-2} \\ VR_{t-2} \end{pmatrix}$$

两个方程调整后的拟合优度分别为$\bar{R}^2=0.86$，$\bar{R}^2=0.93$，尽管有几个系数的显著性水平不是很强，我们还是可以看到，滞后一期的人力资本回报与产业结构的价值链攀升有微弱的正相关关系，而滞后二期的人力资本回报与产业结构的价值链攀升没有显著的正相关关系。但我们通过检查残差的同期相关矩阵发现，人力资本回报与产业结构的价值链攀升有当期的正相关影响，这验证了我们在模型中应有的结论，产业结构的价值链攀升与人力资本回报的提高呈正相关关系。但是我们通过对这两个变量的格兰杰因果检验发现，人力资本回报不能“格兰杰”引起产业结构的产业价值链攀升，所以在上述VAR模型中人力资本回报只能当做外生变量，也就是说，中国30年的产业结构的价值链攀升并不是由人力资本的高回报推动的，这也验证了我们为了实现“后危机时代”产业结构价值链的攀升，必须提高人力资本回报的基本判断。

为了分析人力资本回报对产业结构的价值链攀升是否具有长期的影响，我们对这两个变量再进行脉冲响应分析，结果如图3。

从图3可以清楚地看出如果提高人力资本回报，那么会在比较长的时间里对产业结构的价值链攀升产生正的影响，最高可达30%左右。因此，为了实现中国产业结构的价值链攀升，提高人力资本报酬的重要性是显而易见的。

五、“后危机时代”产业升级与经济发展方式转变的新思考

金融危机对中国人力资本回报提高与产业升级和经济发展方式转变造成的负

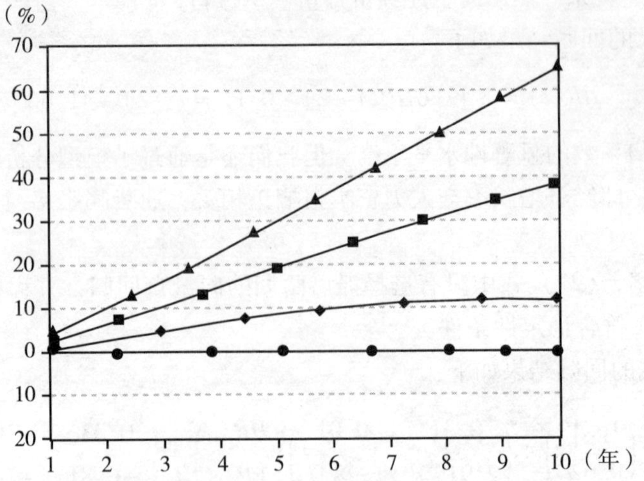

图3　人力资本报酬提高的冲击引起的产业结构价值链攀升的响应函数

注：图3中，横轴表示冲击作用的滞后期间数，纵轴表示冲击作用的累积程度，实线代表脉冲响应函数，表示给定人力资本回报一个正的单位大小的冲击对产业结构的价值链攀升产生的脉冲影响。虚线表示正负两倍标准差偏离带。

面影响由于数据整理的滞后性，目前可能还很难做出实证性的分析，但这确实是一个很重要的课题，也是本文需要进一步研究的方向。所以，这里只能就金融危机对人力资本回报与产业升级和经济发展方式影响的传导机制做一些规范性的描述并对“后危机时代”如何提高人力资本报酬以促进产业升级与经济发展方式转变提供一点新的思路。

金融危机对实体经济产生的影响主要表现在经济增长速度放缓、失业人数增加和总出口减少等方面。但这三个方面的影响由于不同国家的国情不同，可能产生的关联效应也就不同。对于处于转型与发展进程中的中国来说，中国转型面临的主要障碍是人口与就业问题。就业问题的经济实质是人力资本回报的实现问题，只有在政治层面上才是民生问题和执政党执政地位稳定。根据“奥肯定律”，为了解决庞大的就业压力，必须要有一定的经济增长速度，保民生、保稳定、保增长成为金融危机时期首要的政治问题就是这个道理。所以，刺激经济增长速度就成为了金融危机时期首要的经济任务。

根据凯恩斯经济学原理，刺激经济增长速度最有效最直接的办法就是政府投资兴建大量大型公共建设工程，这样可以带动一批关联效应大的产业复苏，解决大量的失业人口重新就业，这是金融危机时期拉动内需的主要依靠力量。因为对于中国这样外贸依存度和劳动密集度都很高的国家来说，出口的大量减少使外贸加工企业的就业容量大量减少。为了配合大型公共工程建设和拉动内需的需要，政府宽松的货币政策和财政政策是必不可少的。

可见，金融危机对人力资本回报、产业升级与经济发展方式转变的影响是不可避免的。第一，为了增加贷款，刺激消费，必须降低利率，根据前面的数理分析，名义利率降低影响人力资本回报。第二，由货币流通公式可知，宽松的货币政策和财政政策增发的大量货币必然引起下一轮的物价上涨，甚至通货膨胀，而物价水平提高会降低人力资本回报。第三，金融危机造成的经济增长速度下滑也将导致人力资本回报的降低。第四，随着“后危机时代”中国劳动力成本的增加，可能导致大量外资企业的外迁，失业人数的增加直接减少了这部分人的人力资本回报。第五，为了刺激就业而产生的低水平重复建设和产能过剩也需要一段时期的重新调整，这会延缓或打乱产业升级和经济发展方式转变的步伐。

所以，“后危机时代”产业升级与经济发展方式转变的任务还很艰巨。主要表现在上面的因素会使人力资本回报降低，而低的人力资本回报必然阻碍产业升级与经济发展方式转变，但是人力资本提高得过快，又会影响企业，特别是外资企业的劳动力生产成本。如何破解“后危机时代”产业升级与经济发展方式转变的“两难”，妥善解决好人力资本回报的问题是关键。

第一，为了解决国家长期的经济增长动力问题，国家在采取应对国际金融危机，扩大内需的措施时，应加大对基础教育、特别是职业与应用技术教育、科技创新项目与技术改造升级的投入，提高科研院所与企业的产学研合作水平，促进技术创新、技术扩散和科研成果的产业转化，提高国家的自主创新能力，减少经济发展的外部依赖度，实现较为稳定的经济增长率。

第二，转变经济发展方式，创新“以人为本”的科学发展理念，形成科学公平的人力资本回报激励机制。关心弱势群体，特别是那些受国际金融危机影响而失业的低技能劳动者，使他们能够接收到免费的职业技能培训，增强他们的就业与创业能力。

第三，应对国际金融危机对中国产业结构升级的影响，应该加大国家宏观调控的力度，防止出现人民币外汇水平的大幅度波动，稳定物价、抑制通货膨胀，降低利率水平，形成科学合理的工资决定机制，提高实际人力资本回报率。

第四，政府应该用更佳优质的服务吸引和留住 FDI，为各类企业提供更加优良的公共技术服务平台，同时鼓励国内企业走低端—高端的自主创新和自有品牌建设道路，逐步实现自主产业升级，减少人力资本报酬上涨过快的压力。

参考文献：

[1]［比］热若尔·罗兰：《转型与经济学》，中国人民大学出版社 2002 年版。

[2] 白重恩、谢长泰、钱颖一：《中国资本回报率》，载于《比较》，第 28 期第 3 - 20 页，中信出版社 2007 年版。

[3] 戴维 . 罗默:《高级宏观经济学》，上海财经大学出版社 2003 年版。

[4] 何建雄:《人力资本收益分配途径比较分析》，载于《商业研究》，2007 年第 8 期，第 78 - 80 页。

[5] 曾世宏:《产业约束效应与转型期中国经济长期发展》，载于《改革与战略》，2007 年第 9 期，第 28 - 32 页。

[6] 曾世宏、郑江淮:《低人力资本回报能否驱动产业结构演化升级—兼论国际金融危机对中国制造业自主创新的影响》，载于《财经科学》，2009 年第 6 期，第 71 - 78 页。

[7] Bils, Mark J. and Klenow J. (1998), Using Consumer Theory to Test Competing Business Cycle Models. *Journal of Political Economy* 106 (April): 233 - 261.

[8] M. M. G. Fase, A. F. Tieman (2001), Wage Moderation, Innovation, and Labour Productivity: Myths and Facts [J] . *De Economists* 149, No. 1: 115 - 127.

[9] Jan Rutkowski, Low Wage Employment in Transitional Economics of Central and Eastern Europe [J]. *MOCT-MOST*, 1997 (7): 105 - 130.

信贷市场阻力、产业转型升级和经济增长

■于同奎　曹国华　李红刚*

一、引　言

信贷市场阻力（Credit Market Friction）对宏观经济的影响得到广泛的关注。较早的贡献来自于伯南克和格特勒（Bernanke and Gertler，1989），他们在一个新古典商业周期动态模型中分析了信息不对称下借方清偿债务的能力变化对商业周期影响，认为借方净值能够放大商业周期中的外部冲击。伯南克、格特勒和吉尔克里斯特（Bernanke，Gertler and Gilchrist，1996）又提出"金融加速器（Financial Accelerator）理论"，强调了企业资本金在经济周期中的顺周期效应，外部冲击通过自有资本金的变化对产出波动起到更大的影响。卡尔斯姆和富尔斯特（Carlstrom and Fuerst，1997）最早建立一个可计算的一般均衡模型，并内生化风险溢价和融资杠杆。伯南克、格特勒和吉尔克里斯特（Bernanke，Gertler and Gilchrist，1998）进一步发展了可计算一般均衡模型框架，定量分析了金融加速器在放大外生冲击上的效果。清泷和穆尔（Kiyotaki and Moore，1997）考察了资产价格变化对企业资本金变化、融资能力变化、投资变化进而产出变化的影响。加藤（Kato，2006）在无限时间水平下引入实物资本生产中的信贷阻力，解释了总产出时间序列的一些统计特性。松山（Matsuyama，2007）提出了一个信贷市

* 于同奎，北京师范大学管理学院系统科学系博士生，研究方向：动态宏观经济学；曹国华，重庆大学经济与工商管理学院教授、博士生导师；李红刚，北京师范大学管理学院教授、博士生导师。

场不完美的迭代（OLG）经济模型，其中信用受限的企业家可以从多种投资项目中选择，引入了投资项目的易质性，并着重研究了信用周期和信用陷阱等现象。

产业转型升级是促进我国经济可持续发展的重要措施。产业转型升级指产业由低技术、低附加值的状态向高技术、高附加值化的状态演变。经济增长总是伴随着结构变迁，结构变迁推动着经济增长，只有依托于产业转型升级基础上的增长才是真正的、持久的增长。尤其在近期国际金融危机的冲击下，国内企业面临着更多困难，有的地方甚至出现企业关闭或者外迁的现象，这使得产业转型升级问题更加得到重视。刘芹（2007）对产业集群升级的基本概念、升级的形式、途径和政策等的进行了述评。刘勇（2007）归纳总结了广东在推进产业升级中的若干经验与启示。而刘伟、张辉（2008）通过实证研究验证，在改革开放以来的30年中，虽然产业结构变迁对中国经济增长的贡献一度十分显著，但是随着市场化程度的提高，产业结构变迁对经济增长的贡献呈现不断降低的趋势，逐渐让位于技术进步。

产业转型升级意味着生产效率的提高，但同时也意味着更大的先期投资规模，新技术的引进也使企业面临更大的风险，所以金融因素必然会影响产业转型升级，杨德勇和董左卉子（2007）利用实证数据验证了资本市场对我国产业发展和结构变迁的促进作用。但信贷市场不完美是否会影响产业转型升级，会如何影响产业转型升级进而影响经济增长的机制还不清晰。

为分析信贷市场不完美如何影响产业转型升级进而影响经济增长，本研究借鉴松山（2007）的模型思想，构建了一个信贷市场不完美情况下的宏观经济模型。模型中企业家可以选择不同的产业类型进行投资，不同产业类型的差异体现在投资项目的生产效率、投资规模和信用担保程度。一般而言，更高级的产业类型意味着较高的生产效率，但同时也意味着更大的投资规模，新技术的引进也使企业面临更大的风险，因此信用担保程度就会相对较低。由于信贷市场阻力和不同产业类型投资项目的投资规模和信用担保程度的差异，使得资本并不总会流到生产效率最高的产业类型。产业转型升级体现在社会资本在具有不同生产效率、投资规模和信用担保程度的产业类型投资项目间的转移和组合。当期资本量决定了当期的产出和经济主体储蓄的社会财富，经济主体的社会财富又决定了不同产业类型的信贷评价得分，从而决定经济中从事哪些产业类型，这就决定了下一期的资本量和总产出。模型解释了各种产业转型升级和经济增长的模式，如从事高效产业的先进经济、从事低效产业的落后经济、从事多种产业的混合经济以及产业转型升级陷阱和经济增长困境等。

二、模　　型

考虑一个由有限个无限生存的（Infinitely lived）代表经济主体（Representative Agent）构成的经济系统。经济系统采用规模不变的（CRS）生产技术生产唯一一种最终产品。生产函数为 $Y_t = F(K_t, L_t)$，其中 K_t 为实物资本，L_t 为劳动力。令 $y_t = Y_t/L_t = f(K_t/L_t, 1) = f(k_t)$，其中 $k_t = K_t/L_t$。$f(k)$ 满足 $f'(k) > 0$ 且 $f''(k) < 0$。这里的 y_t 和 k_t 都是人均的概念，分别表示 t 时期的人均产出和人均资本存量。一期中的生产的最终产品有 $(1-s)\ y_t$ 被当期消费掉，另有 $w_t = sy_t$ 被作为经济主体的财富储存起来，s 为储蓄率，w_t 为人均财富量。容易看出 w_t 是 k_t 的函数，$w_t = W(k_t) = sy_t = sf(k_t)$。

假设经济系统中存在一定的分配机制，将所有财富分配给每个经济主体。其中经济主体 i 的财富为 w_i，w_i 服从特定的分布形式 $g_{w_t}(w)$，其具体的分布密度函数依赖于人均财富量 w_t，例如 $w_i \sim u(w_t - \delta w_t, w_t + \delta w_t)$，其中 δ 控制均匀分布区之范围的大小。

一部分经济主体会将其财富投入到一个竞争的信贷市场中，在下一期将会获得一定的利息回报。例如在第 t 期经济主体 i 将其财富 w_i 投入信贷市场，第 $t+1$ 期他将会得到 $r_{t+1} w_i$ 的本息和。这类经济主体被称之为储户（或者借款人，Lender）。另一部分经济主体会成为企业家［Entrepreneur，或称贷款人，Borrower］，他们利用自己的财富，并从信贷市场中借入最终产品，从众多产业类型中选择一个投资项目进行投资。

经济中存在多种产业类型的投资项目，一个产业类型 $j(j=1,2,\cdots,J)$ 的投资项目将 m_j 的本期最终产品转变为 m_jR_j 的实物资本，可以用于下期的生产。所有投资项目都是独立的不可分割的单元，每个企业家只能从事一个投资项目。不同产业类型的区别除了投资规模 m_j 和生产效率 R_j 外，还体现在信贷担保比例 λ_j 上。由于不同产业类型的风险程度或者信息不对称的程度不同，其信贷担保比例各有差异。一般而言，成熟的产业组织形式是低效率低风险的，而新兴的产业组织形式是高效率高风险的，也需要更大的先期投资规模。由于每个项目的投资规模是固定的，经济主体 i 要从事投资项目 j，就需要从信贷市场中以 r_{t+1} 的代价借入 $m_j - w_i$。（如果 $m_j < w_i$，他可以独自投资该项目并借出 $w_i - m_j$）。

令 x_{jt} 为第 t 期人均所采用的第 j 类产业的投资项目的数目，则人均社会总投资，即投入到各类项目中的最终产品的总量为：$I_t = \sum_j (m_j x_{jt})$。又人均社会总储

蓄 $S_t = w_t$，信贷市场的均衡要求：

$$w_t = \sum_j (m_j x_{jt}) \quad (1)$$

第 $t+1$ 期的资本存量为：

$$k_{t+1} = \sum_j (m_j R_j x_{jt}) \quad (2)$$

信用配给（Credit Rationing）机制决定哪些经济主体能借入资金进行投资成为企业家，而哪些经济主体只能作为储户。一个经济主体能投资某个项目成为企业家需要满足两个约束：利润约束和信贷担保约束。利润约束指的是经济主体 i 投资第 j 类产业类型的项目所得的收益 $m_j R_j f'(k_{t+1}) - r_{t+1}(m_j - w_i)$ 不小于其机会成本即将财富储存获得利息的收益 $r_{t+1} w_i$。简化可得经济主体 i 投资第 j 类产业类型的项目的利润约束为：

$$R_j f'(k_{t+1}) \geqslant r_{t+1} \quad (3)$$

信贷担保约束指的是经济主体 i 投资第 j 类产业类型的项目所需借款的预期还款额不高于其信贷担保额度。本模型利用信贷担保比例（Pledge Ratio）来表示信贷市场的不完美。如果一个投资项目的预期收入（或称净值，Net Worth）为 W，信贷担保比例为 λ（$0 \leqslant \lambda \leqslant 1$），则其信用担保额度为 λW。若此项目本期需借入款金额为 B，到期应付本息总额为 rB。那么，在信贷市场不完美的情况下，该项目能够被执行的条件是 $rB \leqslant \lambda W$。也就是说一个净值为 W 信贷担保比例为 λ 的投资项目本期最大外部融资额度为 $\lambda W/r$。霍姆斯特龙和梯若尔（Holmstrom and Tirole，1997）和松山（2007）都是采用这种信贷市场不完美的表示方法。对信贷市场不完美的其他描述都可以转化为这种简单的表示方式。主要有信息不对称情况下的状态验证成本和存在项目风险情况的违约成本。例如考虑投资项目风险的情况，当企业家的债务义务大于其违约成本时，他们会采取战略性违约，这种违约风险成本与项目资产净值成正比，如清泷和穆尔（Kiyotaki and Moore，1997）。再如考虑信息不对称的情况，由于储户无法判断企业家的真实状态，必须采用一种有成本的状态验证机制，而此验证成本也正比于项目资产净值，如伯南克和格特勒（1989）。我们可以将这种简单的表示方式理解为一个黑盒子（Black Box），它使得我们可以将信贷市场不完美引入到宏观经济动态模型中，而不必关注导致这种不完美的具体原因。

第 j 类产业类型的项目的净值为 $m_j R_j f'(k_{t+1})$，其信贷担保额度则为 $\lambda_j m_j R_j f'(k_{t+1})$。经济主体 i 投资第 j 类项目需借款 $m_j - w_i$，到期应付本息总额为 $r_{t+1}(m_j - w_i)$。所以经济主体 i 投资第 j 类产业类型的项目的信贷担保约束为：

$$\lambda_j m_j R_j f'(k_{t+1}) \geqslant r_{t+1}(m_j - w_i) \quad (4)$$

整理（3）式、（4）式可得：

$$r_{t+1} \leqslant \frac{R_j f'(k_{t+1})}{\mathrm{Max}[1,(1-w_i/m_j)/\lambda_j]} \tag{5}$$

（5）式给出经济主体 i 投资第 j 类项目所能承受的利率上限。一个竞争的信贷市场通过利率来调节供需的平衡。由于 $f'(k_{t+1})$ 对每个经济主体和每类投资项目都是相同的，所以定义财富为 w_i 的经济主体 i 投资第 j 类项目的信用评价分数为：

$$c_{ij} = \frac{R_j}{\mathrm{Max}[1,(1-w_i/m_j)/\lambda_j]} \tag{6}$$

由于每个经济主体都可以从 J 类投资项目中选择，所以经济主体 i 所能承受的最大利率上限为 $\mathrm{Max}_j\left\{\frac{R_j f'(k_{t+1})}{\mathrm{Max}[1,(1-w_i/m_j)/\lambda_j]}\right\}$，$j$ 为经济主体所从事的投资项目。所以定义经济主体 i 的信用评价分数为：

$$c_i = \mathrm{Max}_j\left\{\frac{R_j}{\mathrm{Max}[1,(1-w_i/m_j)/\lambda_j]}\right\} \tag{7}$$

一个经济主体的 c_i 值越大，他就越具有获得信贷的优先权。容易看出，c_i 是与 w_i 正相关的，这意味着一个经济主体的财富量越大，就越有可能获得信贷。同时还可以确定经济主体 i 所从事的项目类型 j_i 为（6）式的 RHS 最大值实现的投资项目：

$$j_i = j: \mathrm{Max}_j\left\{\frac{R_j}{\mathrm{Max}[1,(1-w_i/m_j)/\lambda_j]}\right\} \tag{8}$$

由前文假设的财富分配机制，t 期经济主体的财富值 w_i 服从分布 $g_{w_t}(w)$。在 w_i 取值范围内计算其对应的信用评价分数 c_i 和从事的项目类型 j_i，定会得到一系列分界点 $w_{\max} = w_{i_0} \geqslant w_{i_1} \geqslant w_{i_2} \geqslant w_{i_3} \geqslant \cdots \geqslant w_{\min}$，使得在区间 (w_{i_1}, w_{i_0})，(w_{i_2}, w_{i_1})，$(w_{i_3}, w_{i_2})\cdots$ 内选择的投资项目类型是相同的，分别为 $j_{i_1}, j_{i_2}, j_{i_3}\cdots$ 利用社会总储蓄 w_t 依次满足区间 (w_{i_1}, w_{i_0})，(w_{i_2}, w_{i_1})，$(w_{i_3}, w_{i_2})\cdots$ 内的经济主体的投资信贷需求 $m_{j_{i_1}}\int_{w_{i_1}}^{w_{i_0}} g_{w_t}(w)\mathrm{d}w, m_{j_{i_2}}\int_{w_{i_2}}^{w_{i_1}} g_{w_t}(w)\mathrm{d}w, m_{j_{i_3}}\int_{w_{i_3}}^{w_{i_2}} g_{w_t}(w)\mathrm{d}w, \cdots$，其中 $\int_{w_{i_l}}^{w_{i_{l-1}}} g_{w_t}(w)\mathrm{d}w$ 为财富值位于第 l 个区间的经济主体占总人口的比例，也就是说，如果财富位于该区间的经济主体的信贷需求得以满足则可以投资的第 j_{i_l} 类型产业的项目数量。

令 $I_L = \sum_{l=1}^{L} m_{j_{i_l}} \int_{w_{i_l}}^{w_{i_{l-1}}} g_{w_t}(w)\mathrm{d}w$ 为满足财富值位于前 L 个区间的经济主体的投资需求所需的资金量。不失一般性，假设 $I_{L^*-1} \leqslant w_t < I_{L^*}$，这表示社会总储蓄能够完全满足前 L^*-1 个区间的经济主体的投资需求（$I_{L^*_{\,j}-1}$），而只能满足部分第 L^* 个区间的投资需求，则用于第 L^* 个区间的投资额度为 $w_t - I_{L^*-1}$，能够参与投资的经济主体的最低财富值 $\underline{w}$ 由 $m_{j_{i_{L^*}}} \int_{\underline{w}}^{w_{i_{L^*-1}}} g_{w_t}(w)\mathrm{d}w = w_t - I_{L^*-1}$。

所以经济系统中所从事的产业类型有 $j_{i_1},\cdots,j_{i_{L^*-1}},j_{i_{L^*}}$，分别对应的项目数量为 $\int_{w_{i_1}}^{w_{i_0}} g_{w_t}(w)\mathrm{d}w,\cdots,\int_{w_{i_{L^*-1}}}^{w_{i_{L^*-2}}} g_{w_t}(w)\mathrm{d}w,\int_{\underline{w}}^{w_{i_{L^*-1}}} g_{w_t}(w)\mathrm{d}w$，分别对应的项目投资金额为 $m_{j_{i_1}}\int_{w_{i_1}}^{w_{i_0}} g_{w_t}(w)\mathrm{d}w,\cdots,m_{j_{i_{L^*-1}}}\int_{\underline{w}}^{w_{i_{L^*-1}}} g_{w_t}(w)\mathrm{d}w,m_{j_{i_{L^*}}}\int_{\underline{w}}^{w_{i_{L^*-1}}} g_{w_t}(w)\mathrm{d}w$。

下一节将通过简单的实例分析对模型的机制进一步演示。我们将会更清晰地看到：社会总储蓄的多少及其分布决定了不同产业类型投资项目的组合，而投资项目的组合效应又决定下期实物资本及总产出，从而决定下期的社会总储蓄。而由于不同产业类型项目在生产效率、投资规模和信贷担保比例上的差异，产业类型的组合选择结果也各不相同，从而形成丰富的经济增长模式，例如从事低效率产业类型的落后经济模式、从事高效率产业类型的先进经济模式、混合产业类型经济模式以及产业转型升级陷阱和经济增长困境等。

三、产业类型选择分析

假设经济系统中只有两种产业类型（$J=2$）。这一方面是为了分析简便，另一方面是因为两种产业类型足以产生丰富的结果，足以展示信贷市场阻力影响产业类型选择进而影响经济增长的机制。

由于两类产业类型投资项目的生产效率、投资规模和信用担保程度的不同，在一定财富水平下两类项目的信用评价得分的对比关系也不尽相同，大致可以分为四种类型（如图 1 所示）。横坐标为经济主体的财富水平 w_i，纵坐标为对应的信用评价分数 c_{ij}。不失一般性，令 $R_2 > R_1$。

为确定四种情况发生的参数条件，定义几个特殊点。A_1 为第一类项目由受信贷担保约束变为受利润约束的拐点，由（3）式和（4）式可得 A_1 对应的财富值 $w_{A_1} = (1-\lambda_1)m_1$。$A_2$ 为第二类项目由受信贷担保约束变为受利润约束的拐点，对应的财富值 $w_{A_2} = (1-\lambda_2)m_2$。$X_1$ 为第二类项目只按信贷担保约束计算的信用评价得分曲线 $c_{i2} = \dfrac{R_2}{(1-w_i/m_2)/\lambda_2}$ 与第一类项目只按信贷担保约束计算

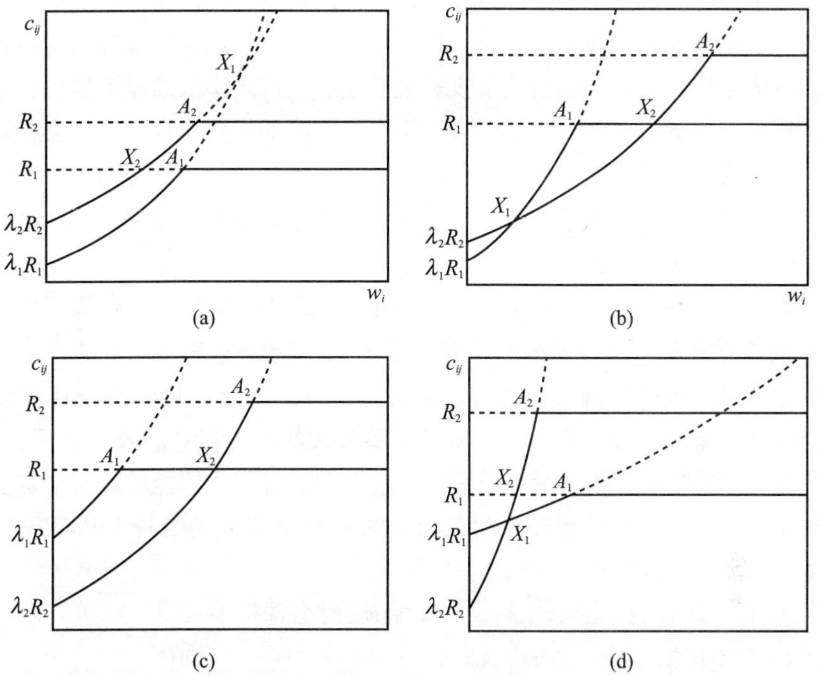

图1　不同财富水平下的产业类型选择

的信用评价得分曲线 $c_{i1} = \dfrac{R_1}{(1 - w_i/m_1)/\lambda_1}$ 的交点，对应的财富值 $w_{X_1} = \dfrac{m_1 m_2\ (\lambda_1 R_1 - \lambda_2 R_2)}{\lambda_1 m_1 R_1 - \lambda_2 m_2 R_2}$。$X_2$ 为第二类项目只按信贷担保约束计算的信用评价得分曲线$\left[c_{i2} = \dfrac{R_2}{(1 - w_i/m_2)\ /\lambda_2}\right]$与第一类项目只按利润约束计算的信用评价得分曲线（$c_{i1} = R_1$）的交点，对应的财富值 $w_{X_2} = m_2 - \lambda_2 m_2 R_2/R_1$。

当 $\lambda_1 R_1 \leqslant \lambda_2 R_2$ 且 $w_{X_1} \geqslant w_{A_1}$ 时，第二类项目的信用得分一直高于第一类项目，所以无论经济主体的财富值为多少，总是会选择第二类投资项目（高效率的项目）进行投资，如图1a所示。

当 $\lambda_1 R_1 \leqslant \lambda_2 R_2$ 且 $w_{X_1} < w_{A_1}$ 时，当经济主体的财富值 $w_i \geqslant w_{X_2}$ 时会选择第二类（高效）项目，当 $w_{X_1} \leqslant w_i < w_{X_2}$ 时会选择第一类项目（低效），当 $w_i < w_{X_1}$ 时又会选择第二类（高效）项目，如图1b所示。可以这样理解该情况下的产业类型选择：当社会财富很高的时候，生产规模大、信贷担保程度低但生产效率高的投资项目的信用评价得分就高过生产规模小、信贷担保程度高但生产效率低的投资项

目，经济主体自然就从事高效产业；当社会财富居中的时候，低效产业项目需要借入的财富相对高效产业项目变小，低效产业项目的信用评价得分高过高效产业项目，经济主体能够获得信贷从事投资规模小、生产效率低的投资项目，但无法获得足够多的信贷去从事投资规模大、生产效率高的投资项目；当社会财富很小的时候，由于低效产业项和高效产业项目都需要大量借贷，使得高效产业项目的信用评价得分又高过低效产业项目，财富就会集中到少数企业家手中从事高效产业项目。

当$\lambda_1 R_1 > \lambda_2 R_2$且$w_{X_2} \geqslant w_{A_1}$时，当$w_i \geqslant w_{X_1}$时会选择第二类（高效）项目，当$w_i < w_{X_1}$时会选择第一类（低效）项目，如图1c所示。这种情况下的产业类型选择比较好理解：当社会财富较高时，经济主体就容易获得足够信贷从事高效产业；当社会财富较小时，低效产业项目需要借入的财富相对高效产业项目变小，低效产业项目的信用评价得分高过高效产业项目，经济主体能够获得信贷从事投资规模小、生产效率低的投资项目，但无法获得足够多的信贷去从事投资规模大、生产效率高的投资项目。

当$\lambda_1 R_1 > \lambda_2 R_2$且$w_{X_2} < w_{A_1}$时，当$w_i \geqslant w_{X_2}$时会选择第二类（高效）项目，当$w_i < w_{X_2}$时会选择第一类（低效）项目，如图1d所示。这种情况下的产业类型选择的解释与第三种情况（见图1c）类似。

四、产业类型选择和经济增长

上一节讨论了财富为w_i的经济主体个人的产业类型选择，本节将这种产业类型选择引入到经济增长模型之中，看初始资本投入如何影响总产出和社会财富，进而影响产业类型选择，从而影响下一期的资本投入。假设第t期的初始资本量为k_t，人均产出为$y_t = f(k_t)$，人均社会财富为$w_t = W(k_t) = sf(k_t)$，单个经济主体的财富$w_i \sim u$（$w_t - \delta w_t$，$w_t + \delta w_t$）。

对于产业类型选择的第一种情况（见图1a），经济系统中所采用的都是第二类投资项目（高效），所有的财富w_t都投入到第二类项目，所以第$t+1$期的资本量为$k_{t+1} = R_2 w_t = R_2 W$（$k_t$）（如图2a实线所示），虚线为所有的财富都投入到第一类项目的$t+1$期的资本量$k_{t+1} = R_1 W$（k_t）。

对于产业类型选择的第二种情况（见图1b），产业类型的选择情况较为复杂，对应的经济增长的计算也比较复杂。

如果财富分布的上限（$1+\delta$）$w_t < w_{X_1}$（如图3a所示），经济系统中所采用的都是第二类（高效）投资项目，所有的财富w_t都投入到第二类项目，所以第

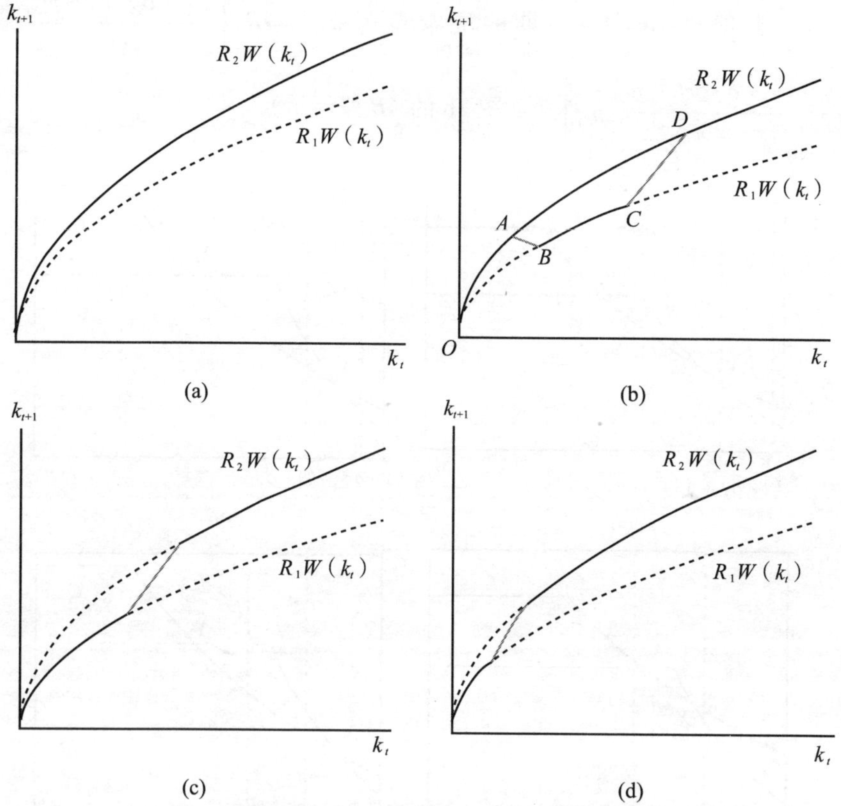

图 2　引入产业类型选择的经济增长

$t+1$期的资本量为 $k_{t+1}=R_2W(k_t)$（如图 2b 的 OA 段所示）。

如果 $(1-\delta)\ w_t<w_{X_1}$ 且 $(1+\delta)\ w_t\geqslant w_{X_1}$ 且 $(1+\delta)\ w_t<w_{X_2}$（如图 3b 所示），财富在区间 $(w_{X_1},\ (1+\delta)\ w_t)$ 的经济主体会选择投资第一类（低效）项目，此部分人占总人口比例为 $\frac{(1+\delta)\ w_t-w_{X_1}}{2\delta w_t}$，满足这些人的投资需求需要 $\frac{(1+\delta)\ w_t-w_{X_1}}{2\delta w_t}m_1$ 的总财富。如果 $\frac{(1+\delta)\ w_t-w_{X_1}}{2\delta w_t}m_1\geqslant w_t$，所有投资项目均为一类项目，第 $t+1$ 期的资本量为 $k_{t+1}=R_1W(k_t)$，此情形位于图 2b 的 BC 段。如果 $\frac{(1+\delta)\ w_t-w_{X_1}}{2\delta w_t}m_1<w_t$，则 $[w_{X_1},\ (1+\delta)\ w_t]$ 区间的投资需求 $\frac{(1+\delta)\ w_t-w_{X_1}}{2\delta w_t}m_1$ 全被满足，用于投资第一类项目，剩余的财富 $w_t-\frac{(1+\delta)\ w_t-w_{X_1}}{2\delta w_t}m_1$ 投

入到第二类项目，第 $t+1$ 期的资本量为 $k_{t+1}=R_1\left[\frac{(1+\delta)\ w_t-w_{X_1}}{2\delta w_t}m_1\right]+R_2\left[w_t-\frac{(1+\delta)\ w_t-w_{X_1}}{2\delta w_t}m_1\right]$（如图 2b 的 AB 段所示）。

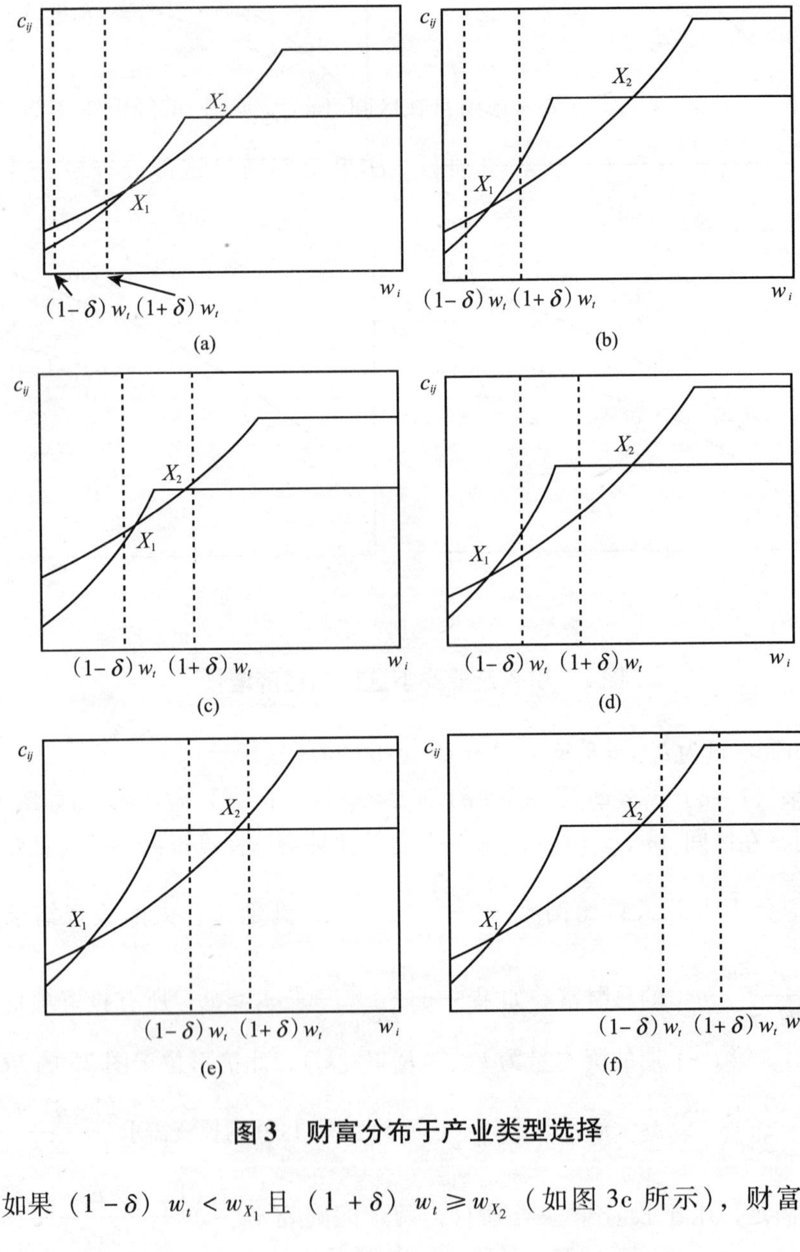

图 3　财富分布于产业类型选择

如果 $(1-\delta)\ w_t<w_{X_1}$ 且 $(1+\delta)\ w_t\geqslant w_{X_2}$（如图 3c 所示），财富在区间

$[w_{X_2}, (1+\delta)w_t]$ 的经济主体会选择投资第二类（高效）项目，此部分人占总人口比例为 $\frac{(1+\delta)w_t - w_{X_2}}{2\delta w_t}$，满足这些人的投资需求需要 $\frac{(1+\delta)w_t - w_{X_2}}{2\delta w_t}m_2$ 的总财富。如果 $\frac{(1+\delta)w_t - w_{X_2}}{2\delta w_t}m_2 \geqslant w_t$，所有投资项目均为二类项目，第 $t+1$ 期的资本量为 $k_{t+1} = R_2W(k_t)$，此种情况出现在图 2b 的 D 点后面的部分。如果 $\frac{(1+\delta)w_t - w_{X_2}}{2\delta w_t}m_2 < w_t$，就要考虑财富在区间 (w_{X_1}, w_{X_2}) 的经济主体的投资选择，他们会选择投资第一类投资项目，如果全部满足这部分投资需求需要 $\frac{w_{X_2} - w_{X_1}}{2\delta w_t}m_1$ 的财富。如果 $\frac{(1+\delta)w_t - w_{X_2}}{2\delta w_t}m_2 + \frac{w_{X_2} - w_{X_1}}{2\delta w_t}m_1 \geqslant w_t$，则区间 $[w_{X_2}, (1+\delta)w_t]$ 的投资需求被全部满足，用于从事第二类产业类型的项目，剩余的财富 $w_t - \frac{(1+\delta)w_t - w_{X_2}}{2\delta w_t}m_2$ 投入到第一类项目，第 $t+1$ 期的资本量为 $k_{t+1} = R_1\left(w_t - \frac{(1+\delta)w_t - w_{X_2}}{2\delta w_t}m_2\right) + R_2\left(\frac{(1+\delta)w_t - w_{X_2}}{2\delta w_t}m_2\right)$（如图 2b 的 CD 段所示）。如果 $\frac{(1+\delta)w_t - w_{X_2}}{2\delta w_t}m_2 + \frac{w_{X_2} - w_{X_1}}{2\delta w_t}m_1 < w_t$，则区间 (w_{X_1}, w_{X_2}) 的投资需求被全部满足，用于从事第一类产业类型的项目，剩余的财富 $w_t - \frac{w_{X_2} - w_{X_1}}{2\delta w_t}m_1$ 投入到第一类项目，第 $t+1$ 期的资本量为 $k_{t+1} = R_1\left(\frac{w_{X_2} - w_{X_1}}{2\delta w_t}m_1\right) + R_2\left(w_t - \frac{w_{X_2} - w_{X_1}}{2\delta w_t}m_1\right)$，此种情况也会出现在图 2b 的 CD 段。

如果 $(1-\delta)w_t \geqslant w_{X_1}$ 且 $(1+\delta)w_t < w_{X_2}$，如图 3d 所示，经济系统中所采用的都是第一类（低效）投资项目，所有的财富 w_t 都投入到第一类项目，所以第 $t+1$ 期的资本量为 $k_{t+1} = R_1W(k_t)$，此情形也位于图 2b 的 BC 段。

如果 $(1-\delta)w_t \geqslant w_{X_1}$ 且 $(1+\delta)w_t \geqslant w_{X_2}$，如图 3e 所示，财富在区间 $(w_{X_2}, (1+\delta)w_t)$ 的经济主体会选择投资第二类（高效）项目，此部分人占总人口比例为 $\frac{(1+\delta)w_t - w_{X_2}}{2\delta w_t}$，满足这些人的投资需求需要 $\frac{(1+\delta)w_t - w_{X_2}}{2\delta w_t}m_2$ 的总财富。如果 $\frac{(1+\delta)w_t - w_{X_2}}{2\delta w_t}m_2 \geqslant w_t$，所有投资项目均为二类项目，第 $t+1$ 期的资本量为 $k_{t+1} = R_2W(k_t)$，此种情况也出现在图 2b 的 D 点后面的部分。如果 $\frac{(1+\delta)w_t - w_{X_2}}{2\delta w_t}m_2$

$<w_t$，则 $[w_{X_2},\ (1+\delta)\ w_t]$ 区间的投资需求$\frac{(1+\delta)\ w_t-w_{X_2}}{2\delta w_t}m_2$ 全被满足，用于投资第二类项目，剩余的财富 $w_t-\frac{(1+\delta)\ w_t-w_{X_2}}{2\delta w_t}m_2$ 投入到第一类项目，第 $t+1$ 期的资本量为 $k_{t+1}=R_1\left(w_t-\frac{(1+\delta)\ w_t-w_{X_2}}{2\delta w_t}m_2\right)+R_2\left(\frac{(1+\delta)\ w_t-w_{X_2}}{2\delta w_t}m_2\right)$，此情形出现在图 2b 的 CD 段。

如果 $(1-\delta)\ w_t\geqslant w_{X_2}$，如图 3a 所示，经济系统中所采用的都是第二类（高效）投资项目，所有的财富 w_t 都投入到第二类项目，所以第 $t+1$ 期的资本量为 $k_{t+1}=R_2W\ (k_t)$，如图 2b 的 D 点以后部分所示。

利用类似的处理方法，可以得到第三（图 1c）和第四（图 1d）种情况下的经济增长曲线（k_t-k_{t+1}对应关系），如图 2c 和图 2d 所示。二者都是典型的产业转型升级和经济增长情形，当 k_t 较小时，社会财富 w_t 也会较小，企业家只能采用效率低但是规模较小信贷担保程度较高的项目，下期的资本形成 k_{t+1}就较小，产出 y_t 自然也不高；随着 k_t 增大，社会财富 w_t 也会增大，具有较高财富量的企业家就可以采用高效的产业类型，但仍有一些企业家采用低效的产业类型，形成混合产业类型的经济形式，下期的资本形成 k_{t+1}和产出 y_t 自然也会提高；当 k_t 较大时，社会财富 w_t 也会较大，社会财富都会投入到高效的产业类型，下期的资本形成 k_{t+1}和产出 y_t 自然也会较高。

五、经济增长模式分析

在第一种产业类型选择情况（图 2a）下的经济增长模式比较简单（见图 4a 所示）。经济系统中存在唯一的稳定均衡状态 $k^*=R_2W\ (k^*)$，即经济增长曲线 $k_{t+1}=R_2W\ (k_t)$ 与 45°线的交点。无论从左侧（如 A 点）还是右侧（如 B 点），系统都会单调收敛至 k^*。这跟 Solow 模型的结论很类似。

第三种（图 2c）和第四种（图 2d）产业类型选择情况类似，在不同的参数（λ、R、m）设置下都会呈现如图 5 所示的三种经济增长模式。第一种模式如图 5a 所示，系统有三个均衡点 k^*、k^{**} 和 k^{***}。k^* 是采用生产效率较低类型的投资项目的经济增产曲线 $k_{t+1}=R_1W\ (k_t)$ 与 45°线的交点，$k^*=R_1W\ (k^*)$。k^{**} 是采用生产效率较高类型的投资项目的经济增产曲线 $k_{t+1}=R_2W\ (k_t)$ 与 45°线的交点，$k^{**}=R_2W\ (k^{**})$。k^{***} 是采用混合类型的投资项目一段的经济增产曲线与 45°线的交点。其中 k^* 和 k^{**} 是稳定的，是吸引点，从 k^* 左侧的初始资本（如 A 点）出发，将会收敛到 k^*，从 k^{**} 右侧的初始资本（如 B 点）出发，将会

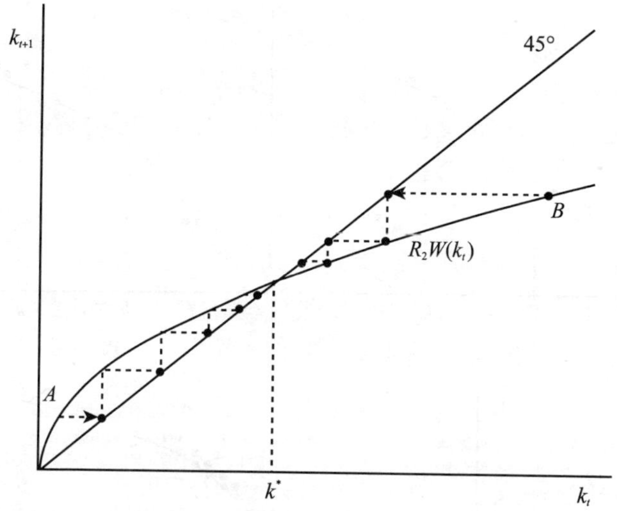

图 4　第一种产业类型选择情况下的经济增长模式

收敛到 k^{**}。k^{***} 是不稳定的，是排斥点，也是一个分界点，落在 k^{***} 左侧的初始资本将会收敛到 k^*，落在 k^{***} 右侧的初始资本将会收敛到 k^{**}。k^* 代表从事低效产业类型的落后经济，k^{**} 代表从事高效产业类型的先进经济，我们希望经济处于 k^{**} 而不是 k^* 的状态。在此经济增长模式下，可以通过引进外来资本、增加储蓄率或信贷支持等方式临时增加资本量，使得初始资本落在 k^{***} 右侧，经济就会自发的收敛至 k^{**}。

第二种经济增长模式如图 5b 所示，经济只有一个稳定均衡点 $k^{**}=R_2W（k^{**}）$，代表从事高效产业类型的先进经济。这是一种理想的状态，系统无论从任何初始状态出发都会收敛至 k^{**}。即使初始状态在资本量 k 较低的水平（如 A 点），由于财富值的限制此时经济中主体所从事的只能是低效的产业类型，经济处于落后经济的增长轨道上，朝着 $k^*=R_1W（k^*）$ 方向收敛，但在经济收敛到 k^* 之前，由于资本量 k 的增加，经济主体会逐步采用高效的产业类型，从而使经济发展摆脱落后经济的增长轨道，进入混合产业类型的经济增长轨道，随着资本的不断积累，经济会达到全面从事高效产业类型的经济增长轨道，并最终收敛到 k^{**}。

第三种经济增长模式如图 5c 所示，经济只有一个稳定均衡点 $k^*=R_1W（k^*）$，代表从事高效产业类型的先进经济。这是一种最不理想的状态，系统无论从任何初始状态出发都会收敛至 k^*。即使初始状态在资本量 k 较高的水平（如 B 点），由于经济主体财富值较高，其所从事的为高效的产业类型，经济处于先进经济的增长轨道上，朝着 $k^{**}=R_2W（k^{**}）$ 方向收敛，但在经济收敛到 k^{**} 之前，由于资本量 k 的降低，部分经济主体会只能采用低效的产业类型，从而进入混合产业

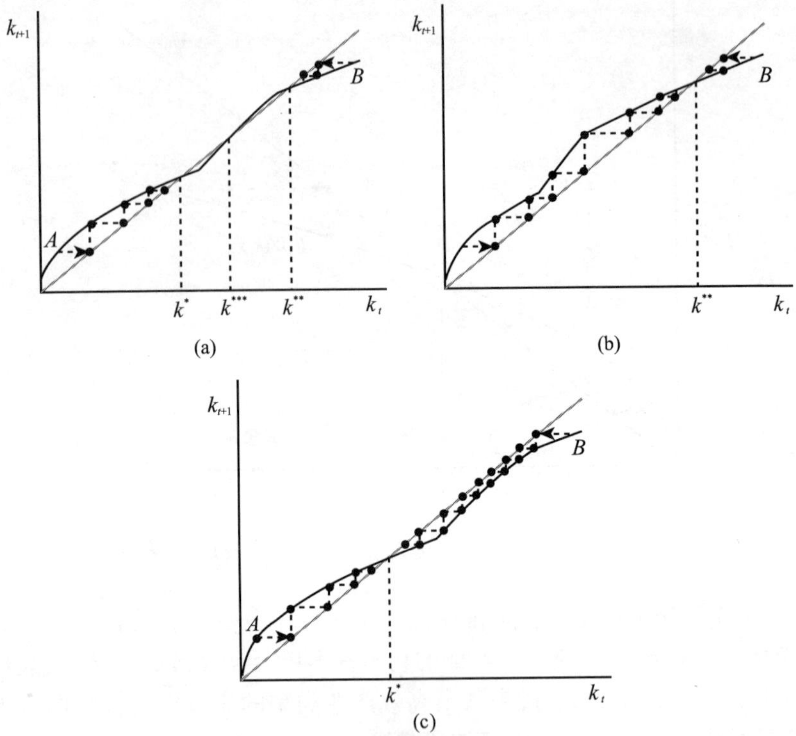

图 5　第三、第四种产业类型选择情况下的经济增长模式

类型的经济增长轨道，随着资本的进一步降低，经济会达到全部从事低效产业类型的经济增长轨道，并最终收敛到 k^*。在此经济增长模式下，希望通过临时增加资本量使经济进入从事高效产业的先进状态是不可行的，因为无论资本量增加到何种程度，经济仍必然会回到 k^* 状态，被称之为产业转型升级陷阱。此时促进经济增长的方式只有从产业自身出发，数值实验发现通过增大 R_2、增大 λ_2 或降低 m_2 都可以使第三种经济增长模式（见图 5c）变成第一种（图 5a）或第二种（图 5b）经济增长模式，对应的措施是提高项目的生产效率、改善项目信贷担保程度和降低项目投资规模。

在第二种产业类型选择情况（见图 2b）下的经济增长模式比较丰富，在不同的参数（λ、R、m）设置下，呈现出如图 6 所示的各种增长模式。

图 6a 所示的经济增长模式中只有一个稳定均衡点 k^*，代表从事高效产业类型的先进经济，这是我们的理想的增长模式。

图 6b 所示的经济增长模式中也只有一个稳定均衡点 k^{**}，也代表从事高效产业类型的先进经济，但此时的资本量和总产出都比较低，只是因为此种情形下的

R_1 和 R_2 都比较小。此时促进经济增长的办法只有提高各产业的生产效率。

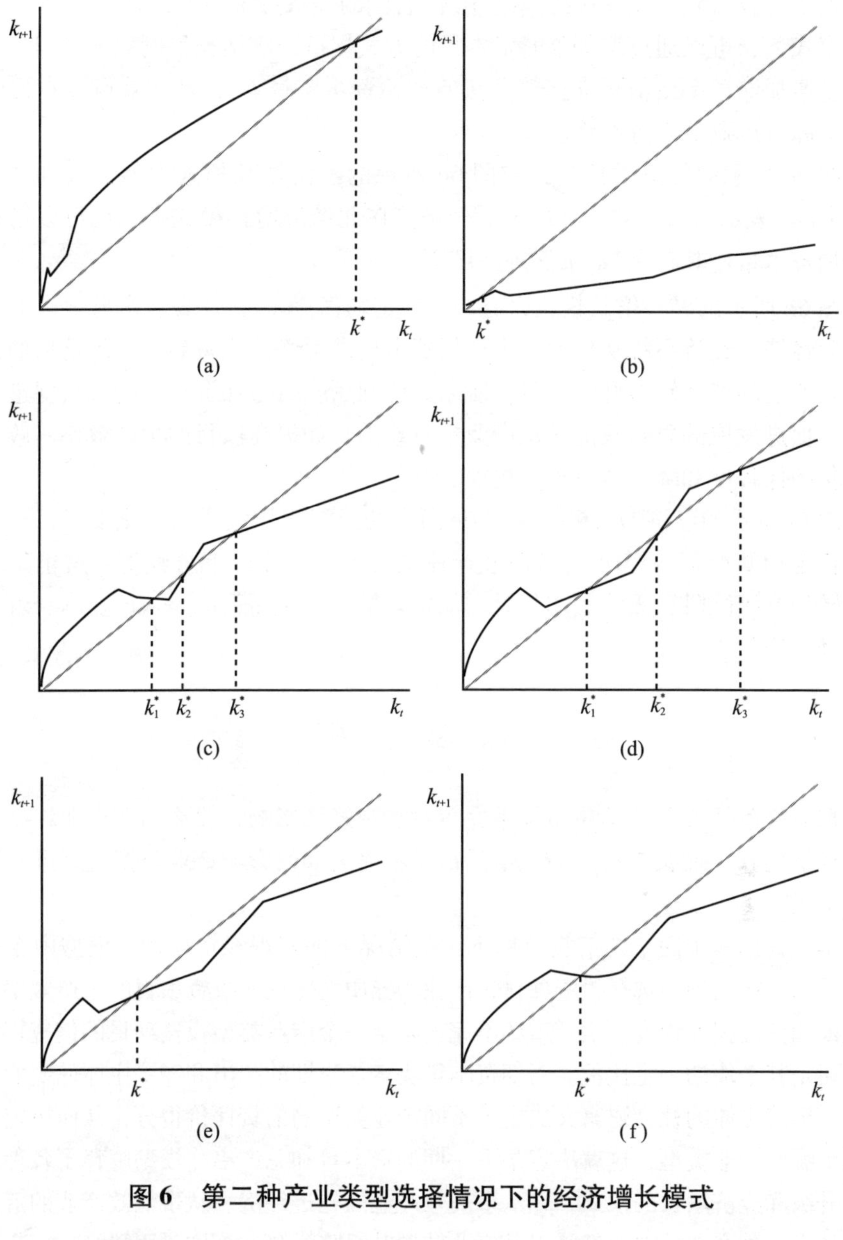

图 6　第二种产业类型选择情况下的经济增长模式

图 6c 所示的经济增长模式具有三个均衡点。其中 k_1^* 和 k_3^* 是稳定的，是吸引点。k_1^* 表示既有高效产业也有低效产业的混合经济，k_3^* 表示从事高效产业的先进经济。初始资本量在 k_1^* 左侧的经济系统会收敛到 k_1^*，初始资本量在 k_3^* 右侧

的经济系统会收敛到 k_3^*。k_2^* 是不稳定的，也是分界点，初始资本量在 k_2^* 左侧的经济系统会收敛到 k_1^*，初始资本量在 k_2^* 右侧的经济系统会收敛到 k_3^*。在此经济增长模式下，可以通过增加临时资本量的方式促进经济增长，例如通过引进外来资本、增加储蓄率或信贷支持等办法使初始资本跨过 k_2^*，经济就可以自发收敛到从事高效产业的先进经济。

图 6d 所示的经济增长模式与图 6c 所示的经济增长模式类似，区别在于图 6d 中的 k_1^* 表示从事低效产业的落后经济。在此经济增长模式下，也可以通过临时增加资本量使其跨过 $^*k_2$ 来促进经济增长。

图 6e 所示的经济增长模式只有一个稳定均衡点 k^*，代表从事低效产业类型的落后经济。经济系统从任何一个初始资本出发都必然收敛到这种的落后经济状态，是典型的产业转型升级陷阱，所以无法利用临时增加资本量的方法促进经济增长，促进发展的思路只能是从产业本身着手，如提高项目的生产效率、改善项目信贷担保程度和降低项目投资规模。

图 6f 所示的经济增长模式是图 6e 所示的经济增长模式的退化形式，也只有一个稳定均衡点 k^*，表示既有高效产业也有低效产业的混合经济。这也是一种产业转型升级陷阱，无法利用临时增加资本量的方法而只能是从产业本身着手来促进经济增长。

六、总　　结

现有文献要么关注信贷市场不完美对宏观经济影响，要么强调产业转型升级促进经济增长，而很少有人研究信贷市场不完美如何影响产业类型选择进而影响经济增长。

本文提出一个简单的信贷市场不完美情况下的宏观经济模型。模型中企业家在异质的产业类型中选择投资项目，产业的异质性体现在投资项目的生产效率、投资规模和信用担保程度。信贷市场不完美决定一个产业类型投资项目的信贷担保额度只能是其净值的一定比例。当期资本量决定了当期的产出和经济主体储蓄的社会财富，经济主体的社会财富又决定了不同产业类型的信贷评价得分，从而决定经济中从事哪些产业类型，这就决定了下一期的资本量和总产出。模型解释了各种产业转型升级和经济增长的模式，如从事高效产业的先进经济、从事低效产业的落后经济、从事多种产业的混合经济以及产业转型升级陷阱和经济增长困境等。

虽然只是一个理论模型，目前还无法与实际经济对应，但模型分析对我国促进产业转型升级保持经济持续增长具有启示意义。模型分析告诉我们，增加临时资本量如引进外来资本、增加储蓄率或信贷支持等是促进经济增长的重要途径，但该方法并不总是有效的。当系统存在处于从事不同效率产业类型项目的多个均衡状态时，可以通过增加一定力度的资本量使其跨过临界点，使经济由低效产业状态转型为高效产业状态，促进经济大幅增长。但当经济陷入产业转型升级陷阱时，这种增加资本量的措施就会失效，即使增加再多的资本量，经济仍会回到低效产业状态。这时希望通过简单的产业转型已经无法获得高速的经济增长，而只有从产业自身入手，通过提高项目的生产效率、改善项目信贷担保程度和降低项目投资规模才能走出陷阱。本文可以解释刘伟、张辉（2008）的实证研究结论，经济发展启动之初，产业结构变迁对经济增长贡献显著，而随着经济不断发展，产业结构变迁对经济增长的贡献不断降低，更持续的经济增长需要技术进步。

参考文献：

[1] 刘芹：《产业集群升级研究述评》，载于《科研管理》2007 年第 3 期，第 57 - 62 页。

[2] 刘伟、张辉：《中国经济增长中的产业结构变迁和技术进步》，载于《经济研究》2008 年第 11 期，第 102 - 111 页。

[3] 刘勇：《广东产业升级的经验与启示》，载于《经济管理》2007 年第 7 期，第 78 - 82 页。

[4] 杨德勇、董左卉子：《资本市场发展与我国产业结构升级研究》，载于《中央财经大学学报》2007 年第 5 期，第 45 - 50 页。

[5] Bernanke B. and Gertler, M. (1989), "Agency Costs, Net Worth and Business Fluctuations", *American Economic Review*, Vol. 79, pp. 14 - 31.

[6] Bernanke, B., Gertler, M. and Gilchrist, S. (1996), "The Financial Accelerator and the Flight to Quality", *Review of Economics and Statistics*, Vol. 78, pp. 1 - 15.

[7] Bernanke, B. S., Gertler, M., Gilchrist, S. (1999), "The Financial Accelerator in a Quantitative Business Cycle Framework". In: Taylor, J., Woodford, M. (Eds.), *Handbook of Macroeconomics*, Vol. 1C. North-Holland, Elsevier, Amsterdam, pp. 1341 - 1393.

[8] Carlstrom, C. T. and Fuerst, T. S. (1997), "Agency Cost, Net Worth, and Business Fluctuation: A Computable General Equilibrium Analysis", *American Economic Review*, Vol. 87, pp. 893 - 910.

[9] Holmström, B. and Tirole, J. (1997), "Financial Intermediation, Loanable Funds, and the Real Sector". *The Quarterly Journal of Economics*, Vol. 112, pp. 663 - 692.

[10] Kiyotaki, N. and J. Moore (1997), "Credit Cycles". *The Journal of Political Economy*, Vol. 105, pp. 211 - 248.

[11] Kato, R. (2006), "Liquidity, Infinite Horizons and Macroeconomic Fluctuations". *European Economic Review*, Vol. 50, pp. 1105 - 1130.

[12] Matsuyama, K. (2007), "Credit Traps and Credit Cycles". *American Economic Review*, Vol. 97, pp. 503 - 516.

中国经济增长与收入分配不平等的倒U测度研究*

■许 冰 章上峰**

一、文献回顾与问题的提出

库兹涅茨于1955年在《美国经济评论》上发表的《经济增长和收入不平等》一文，可以说是研究经济增长和收入分配不平等关系的奠基性文章，对经济增长和收入分配不平等关系研究做出了开创性的贡献。库兹涅茨认为，一个国家经济发展过程中，按照经济增长水平的高低划分为不同阶段：在前工业文明向工业文明过渡的经济增长早期阶段，收入分配不平等迅速扩大；中间一个时期经济增长速度稳定，收入分配不平等保持短暂的稳定；后期经济进入成熟阶段，收入分配不平等逐渐缩小，即经济增长与收入分配不平等的关系服从倒U曲线。倒U型假说在理论上得到了刘易斯（Lewis，1954）两部门劳动力转移模型的论证，并经由费和拉尼斯（Fei and Ranis，1964）发展成为严密的逻辑体系，S. 罗宾逊（S. Robinson，1976）所得出的经典结论又为这一假说提供了数学推导依据。

库兹涅茨倒U型假说对于经济社会作出了一个美好的阐释，从长期来看，经济总是会回归到收入分配公平、和谐的地步。库兹涅茨的思想激发了大量经济

* 本文的研究得到国家自然科学基金项目（70671093）、国家社会科学基金项目（09CTJ005）和浙江工商大学基金前期项目（X09－15）的资助。

** 章上峰，浙江工商大学数量经济研究所助理研究员，统计学博士，研究方向：数量经济与统计，经济增长与发展。

学者对倒U型假说进行统计检验，这些统计检验可以分为两类坎巴尔（Kanbur，2000）：一类是利用一些国家的时间序列数据进行纵向检验，如菲什洛（Fishlow，1972）利用发展中国家时间序列数据，结果支持倒U假设的前半部分；拉姆（Ram，1991）利用1947～1988美国收入不平等的时间序列数据，结果拒绝倒U假说；尼尔森和奥德尔森（Nielson and Alderson，1997）对1929～1992美国家庭收入不平等数据进行了研究，没有发现倒U曲线形式，反而发现正U曲线拟合数据较好；阿西莫格鲁（Acemoglu，2002）发现拉丁美洲和亚洲的一些国家的经济发展历史并不支持倒U假说。另一类是利用多个国家的截面或面板数据进行横向检验，如阿德尔曼和莫里斯（Adelman and Morris，1973）、波克特（Paukert，1973）、阿勒瓦利亚（Ahluwalia，1976）、布劳伍凯（Braulke，1983）、巴罗（Barro，2000，2001）和钱伯斯（Chambers，2007）等检验的结果均支持倒U假说。实证结果既依赖于具体的国家类型，也依赖于数据选取的时间段；利用时间序列数据检验的结果，大多数都拒绝倒U假说；利用多国数据检验的，其中绝大多数都支持倒U假说。

我国学者也对库兹涅茨倒U型假说的进行深入研究，陈宗胜（1994）对收入分配差距的倒U曲线进行了数学论证，提出了基于经济发展和体制变革与创新的"阶梯形"倒U曲线。郭熙保（2002）认为，我国居民收入差距的扩大主要来源于经济发展的不平衡，并认为随着经济发展，我国的居民收入差距将呈现倒U变动趋势。如王小鲁、樊纲（2005）发现收入差距的变动并不是无条件地随着人均GDP水平的逐步提高而先升后降；相反，它是其他许多因素影响的结果。这些因素可能导致收入差距扩大或缩小。尹恒等（2005）认为在中间人初始资本占社会份额以及他们对税率的偏好约束下，当偏好税率小于某一个水平时，社会分配差距越不平等，经济增长会越快，经济增长是税率的增函数；反之，当偏好税率大于某一个水平时，经济增长就会形成税率的减函数。钱敏泽（2007）根据二元结构模型，结合洛伦兹曲线基尼系数计算方法推导出二元结构分配差距的倒U理论模型。

可以说，倒U型假说提出以来，引发了长久的激烈争论，产生许多理论和经验研究成果，不断深化人们对收入分配不平等问题的认识（Sala-I-Martin，2003）。但是，需要指出的是，已有的关于经济增长和收入分配不平等关系的经验研究，大都采用了传统回归计量模型，这些模型典型地具有两个斜率参数，所考虑的曲线没有拐点或者仅具有一个拐点；然而对于转型经济体而言，收入分配不平等曲线可能具有两个甚至多个拐点。此外，经典回归模型估计得到的参数值，反映的只是整个研究时期的一个平均水平，未能反映不同时期影响系数的变化（章上峰、许冰，2009）。因而传统计量模型不能有效识别经济增长和收入分配不平等关系的函数形式（Yatchew，1998）。

基恩和普拉萨德（Keane and Prasad，2002）证明了在波兰的倒U型曲线存在“过山车”的模式，并把这种模式扩展到所有的转型经济体。卡图曼和雷德蒙（Kattuman and Redmond，2001）的研究也发现匈牙利出现“过山车”模式。对于处于经济转型时期的中国而言，中国的收入分配不平等曲线目前处于倒U型的什么位置？具有怎样的函数性态？我国的倒U型曲线具有怎样的模式？是否具有两个甚至多个拐点？这些都是中国经济可持续发展的重要现实问题。但是，这些都是传统计量模型难以揭示的，因此我们需要新的模型。

非参数回归模型并不事先假定经济活动中变量之间的结构关系，而是通过估计获得这种结构关系，而且具有明确的数学描述。利用非参数和半参数模型测度库兹涅茨倒U型曲线，是近年来经常使用的前沿方法之一。例如阿泽迈呼（Azomahou，2005）和符淼（2008）利用非参数模型，伯提内莉（Bertinelli，2005），Shu-Chin Lin（2006），Ho-Chuan Huang（2007a，2007b）利用半参数估计库兹涅茨倒U曲线的函数性态。本文进一步提出利用非参数局部多项式估计方法，测度中国经济增长与收入分配不平等的倒U型曲线的函数性态和动态变化，从而为正确认识中国的收入分配不平等发展状况提供参考。本文以下结构安排如下：第二节，说明本文的计量模型和变量数据；第三节，实证结果分析；最后是本文的研究结论。

二、模型方法与数据说明

（一）倒U测度模型

对经济增长和收入分配不平等关系的研究，可以有多个研究视角。库兹涅茨建立了一个不以条件为转移的一般化的经济增长和收入分配不平等关系的理论；也就是说，库兹涅茨倒U型假说关心的是在经济增长的不同阶段，收入分配不平等曲线具有的特性；因而将收入分配不平等设定为被解释变量即因变量y，将经济增长设定为解释变量即自变量x。因此，倒U型曲线函数仅涉及经济增长一个解释变量；如果引入多个解释变量，反而违背了库茨涅茨的原本思想（万广华，2004）。

关于经济增长和收入分配不平等倒U型假说的经验研究，大都采用了收入或者收入对数的二次方程形式：

$$y = c_0 + c_1 x + c_2 x^2 \tag{1}$$

但是，二次方程所考虑的曲线没有拐点，难以揭示真实的情形。拉姆

（Ram，1995）建立了一个更为一般的非线性指数模型：

$$y=(1-e^{-\beta 1Y})e^{-\beta 2Y} \tag{2}$$

方程（2）允许拐点存在，拐点发生在经济增长水平为 $2/\beta_1\ln(1+\beta_1/\beta_2)$ 处。但是，对于处于经济转型时期的中国而言，经济增长和收入分配不平等的倒U型曲线可能具有两个甚至多个拐点。因此，以上两个模型都不能很好地测度中国的倒U型曲线。万广华（2004）在方程（2）中加入一个线性项和一个二次项，允许有多个拐点存在，克服了单个拐点的问题。但是，这个加法还没有得到理论的证明和支持。本文提出利用非参数局部多项式估计方法，测度中国经济增长与收入分配不平等的倒U型曲线的函数性态和动态变化。非参数回归模型并不事先假定经济活动中变量之间的结构关系，而是通过估计获得这种结构关系。

假设经济增长和收入分配不平等的倒U型曲线函数的具体函数形式未知，其一般表达式可以写为：

$$y=m(x) \tag{3}$$

其中：m 是未知的光滑函数。通常通过寻找连续可导函数来表示这条平滑曲线。其中，多项式函数由于结构简单，且具有连续、平滑的优良性质而受到广泛引用。根据泰勒定理，若曲线函数 $y=m(x)$ 满足 $p+1$ 阶可导，则对于任意点 x_0，$y=m(x)$ 在点 x_0 的泰勒展开公式为：

$$\begin{aligned}m(x)&=m(x_0)+m'(x_0)(x-x_0)+\frac{m''(x_0)}{2!}(x-x_0)^2+\cdots+\frac{m^{(p)}(x_0)}{p!}(x-x_0)^p+R_p(x)\\&=\beta_0+\beta_1(x-x_0)+\beta_2(x-x_0)^2+\cdots+\beta_p(x-x_0)^p+R_p(x)\end{aligned} \tag{4}$$

其中，$\beta_j=\dfrac{m^{(j)}(x_0)}{j!}$；$R_p(x)$ 为 $y=m(x)$ 在点 x_0 的拉格朗日型余项。若将 $R_p(x)$ 看成随机误差项，则（4）式就可以看成局部多项式回归模型：

$$m(x)=\beta_0+\beta_1(x-x_0)+\beta_2(x-x_0)^2+\cdots+\beta_p(x-x_0)^p+\varepsilon \tag{5}$$

注意，这里的 x_0 是可变的，局部参数 β_j 依赖于 x_0。当 x_0 等于0时，（4）式退化为马克劳林（Maclaurin）公式，（5）式退化一般多项式回归模型。（5）式可用加权最小二乘方法进行局部拟合（Fan，Gijbels，1996），即最小化：

$$\mathrm{Min}\sum_{i=1}^{n}\left(Y_i-\sum_{j=0}^{p}\beta_j(x-x_0)^j\right)^2\frac{1}{h}K\left(\frac{X_i-x_0}{h}\right)I\left(\frac{|X_i-x_0|}{h}\leqslant 1\right) \tag{6}$$

其中：K 为核函数；h 为控制局部领域大小的窗框，本文根据西尔弗曼（Siverlman，1986）方法确定窗宽；I 为显示性函数，当括号内的不等式成立时，取值为 1，否则取值为 0。在内点，使得 MSE 和 MISE 达最小的最优的核函数为 *Epanechnikov* 核函数 $K(u)=0.75(1-u^2)_+$。选择 *Epanechnikov* 核函数，(6) 式可以写成：

$$\mathrm{Min}\sum_{i=1}^{n}\left(Y_i-\sum_{j=0}^{p}\beta_j(x-x_0)^j\right)^2\frac{1}{h}K\left(\frac{X_i-x_0}{h}\right) \tag{7}$$

(7) 式的加权最小二乘解为：

$$\hat{\beta}=(X'WX)^{-1}X'WY \tag{8}$$

其中：$Y=(Y_1,Y_2,\cdots,Y_n)^T$;$\beta=(\beta_1,\beta_2,\cdots,\beta_n)^T$;$W=Diag\left\{\frac{1}{h}K\left(\frac{X_i-x_0}{h}\right)\right\}_{n\times n}$

$$X=\begin{bmatrix}1(X_1-x_0)\cdots(X_1-x_0)^p\\ \vdots\\ 1(X_n-x_0)\cdots(X_n-x_0)^p\end{bmatrix}$$

不难发现，局部线性估计是阶数 $p=1$ 情况下的局部多项式估计，N－W 核估计是阶数 $p=0$ 情况下的局部多项式估计。相比经典的 N－W 核回归估计，局部多项式估计方法可以避免边界效应问题的同时减少估计误差。另外，局部多项式估计方法既适合于解释变量为确定性变量的固定设计模型，也适合于解释变量为随机性变量的随机设定模型；既适合于随机设定模型解释变量分布均匀的情形，也适合于分布不均匀的情形（李子奈、叶阿忠，2000）。

非参数局部多项式方法是针对曲线上不同 x_0 点的泰勒展开，一阶导数 $m'(x_0)$ 反映了曲线在 x_0 点的单调性（变化速度），若 $m'(x_0)>0$，表示曲线在 x_0 点单调递增，若 $m'(x_0)<0$，表示曲线在 x_0 点单调递减；二阶导数 $m''(x_0)$ 反映了曲线在 x_0 点的凹凸性（加速度）若 $m''(x_0)>0$，表示曲线在 x_0 点附近是凹弧，若 $m''(x_0)<0$，表示曲线在 x_0 点附近是凸弧，若 $m''(x)$ 在 x_0 点左右的符号相反，且 $m''(x_0)=0$，表示 x_0 点是拐点。由于局部二项式方法可以较好地测度倒 U 曲线在不同 x_0 点的函数性态，本文的实证研究采用局部二项式方法。

（二）数据来源与说明

如何权衡效率与公平体现了一国经济政策的决策取向，是经济可持续发展的重要问题。公平是社会学范畴，与公平密切相关的一个经济学概念是不平等。不平等旨在衡量人们对资本、劳动力等投入要素或者财富、收入等产出要素拥有程度的差异。将经济增长置换成效率，将收入分配不平等作为公平性的问题来考虑的话，效率和公平关系问题就成为经济增长与收入分配不平等关系的问题。

从经济学的角度考察一个国家的增长，主要是以人均 GDP 作为衡量指标，它代表了一国居民的总体经济福利。1981~2006年全国人均名义GDP和GDP指数的数据来自《中国统计年鉴2008》，以2000年为基期计算得到全国实际人均GDP（见表1和图1）。

表1　　全国数据与主要估计结果

年份	人均GDP	对数人均GDP	基尼系数Gini	非参数估计值	一阶导数	二阶导数	弹性
1981	1 660.5	7.4149	0.2927	0.2828	-0.0571	0.5935	-0.2062
1982	1 725.3	7.4532	0.2769	0.2809	-0.0216	0.5225	-0.0798
1983	1 854.1	7.5251	0.2709	0.2822	0.0395	0.3335	0.1426
1984	2 025.8	7.6137	0.2773	0.2873	0.0708	0.3150	0.2305
1985	2 302.8	7.7419	0.3073	0.2992	0.1122	0.3067	0.3465
1986	2 577.6	7.8546	0.3239	0.3154	0.1445	0.2569	0.4450
1987	2 764.2	7.9245	0.3247	0.3272	0.1594	0.2179	0.4711
1988	3 035.3	8.0181	0.3384	0.3461	0.1642	0.0875	0.4652
1989	3 323.8	8.1089	0.3529	0.3653	0.1563	-0.1117	0.4356
1990	3 406.2	8.1334	0.3587	0.3702	0.1502	-0.1609	0.3964
1991	3 485.4	8.1564	0.3790	0.3746	0.1457	-0.2023	0.3648
1992	3 753.8	8.2305	0.3993	0.3875	0.1283	-0.3136	0.3067
1993	4 236.2	8.3514	0.4183	0.4034	0.0961	-0.3826	0.2235
1994	4 772.5	8.4706	0.4300	0.4112	0.0662	-0.3187	0.1587
1995	5 336.1	8.5823	0.4169	0.4112	0.0464	-0.1540	0.1175
1996	5 855.2	8.6751	0.3946	0.4103	0.0390	-0.0143	0.0985
1997	6 374.0	8.7600	0.3964	0.4098	0.0336	0.1220	0.0840
1998	6 895.7	8.8386	0.4001	0.4103	0.0359	0.2141	0.0871
1999	7 364.8	8.9045	0.4124	0.4133	0.0435	0.1996	0.1017
2000	7 857.7	8.9692	0.4275	0.4175	0.0544	0.1601	0.1255
2001	8 448.3	9.0417	0.4331	0.4233	0.0652	0.1040	0.1518
2002	9 154.0	9.1220	0.4297	0.4318	0.0718	-0.0098	0.1620
2003	10 009.2	9.2113	0.4430	0.4400	0.0658	-0.0922	0.1489
2004	10 953.4	9.3014	0.4419	0.4465	0.0497	-0.1575	0.1092
2005	12 025.2	9.3948	0.4548	0.4505	0.0336	-0.1643	0.0743
2006	13 348.0	9.4991	0.4523	0.4540	0.0329	-0.0925	0.0726

注：1990年基尼系数缺失，为了研究的需要，本文采用前后两年的平均值代替。

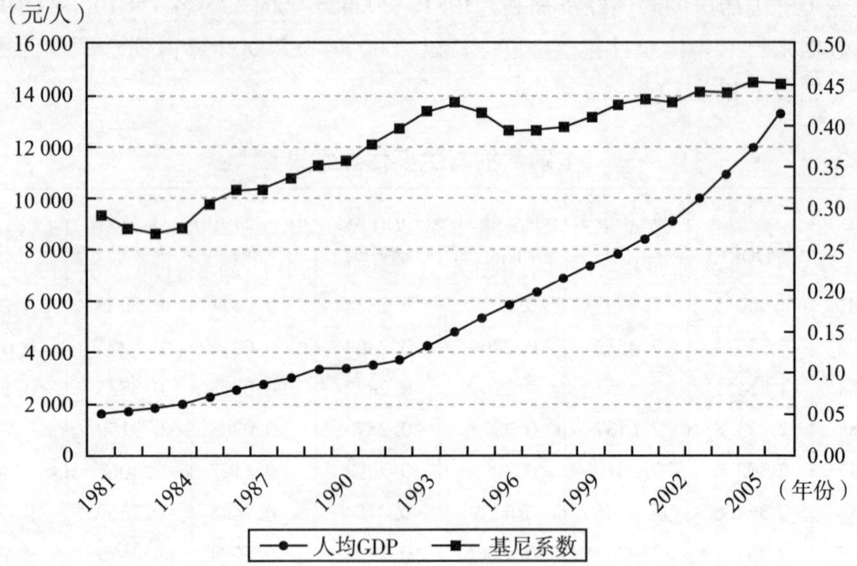

图1　改革开放以来中国的经济增长与收入分配不平等

基尼系数是目前国际上通行的考察收入整体差距的重要指标，基尼系数对于衡量一个社会经济发展的平衡与稳定，指导政府政策有着重要的意义。基尼系数可以较客观、直观地反映和监测居民之间的贫富差距，预报、预警居民之间出现贫富两极分化，因此得到国际组织和世界各国的广泛认同和普遍采用。本文利用基尼系数表示收入分配不平等。由于目前统计部门调查的收入数据都是城乡分离的，根据这些数据难以准确地计算全国总体基尼系数，为解决这些问题，国内外许多学者做出了艰苦的努力和有益的尝试。徐宽（2003）对过去 80 年中基尼系数计算方法的发展进行了一次全面总结，李实等（1998）根据两次全国性调查计算了 1988 年和 1995 年全国总体基尼系数，陈宗胜、周云波（2002）使用森德拉姆（Sundrum，1990）提出的分层加权法计算出我国 1981 ~ 1999 年基尼系数。但是，由于一些技术或前提条件方面的局限性，这些算法的适用范围都受到较大限制，难以用来计算长期时间序列的基尼系数。王祖祥（2006）利用密度构造的方法计算中部六省基尼系数对于计算全国总体基尼系数具有一定的理论借鉴意义；程永宏（2006，2007）提出利用个人收入分配函数确定基尼系数的新方法，并算出 1981 ~ 2004 年我国城镇、农村和总体的基尼系数，从而为正确理解和应用我国历年基尼系数做出新的贡献。根据程永宏（2006）论证的基尼系数计算和分解方法，基于个人收入的全国总体基尼系数可以分解成以下形式：

$$Gini = \theta G_1 + (1 - \theta) G_2 + \alpha\beta G_3 \tag{9}$$

这里，$Gini$、G_1 和 G_2 分别为全国总体基尼系数、农村基尼系数和城镇基尼系数，α 和 β 分别为农村和城镇人口份额；θ 和 $1-\theta$ 分别为农村和城镇收入份额；G_3 是包含组内差距的相对城乡差距指标。程永宏（2007）计算了 1981 ~ 2004 年全国总体基尼系数、农村基尼系数和城镇基尼系数，本文进一步将其推广到 2006 年，得到 1981 ~ 2006 年基尼系数（见表 1 和图 1）。其中，2005 ~ 2006 农村基尼系数来自《中国农业年鉴 2007》；2005 ~ 2006 年城镇基尼系数根据各年《中国统计年鉴》利用胡祖光（2004）五分法简易计算公式计算得到；2005 ~ 2006 年相对城乡差距指标 G_3 采用 2004 年数值，考虑到 2000 ~ 2004 年相对城乡差距指标 G_3 基本一致，这个假定具有一定合理性；α、β、θ 和 $1-\theta$ 数据来自各年《中国统计年鉴》。

从图 1 和表 1 可知，改革开放以来，中国年均实际人均 GDP 的增长率达到约 9%，人民生活水平发生巨大变化。在人类历史上，只有七个国家（地区）曾经以 7% 以上的年增长率持续增长超过 30 年，中国是其中之一，而且是其中最大的经济体。不仅如此，中国还试图完成从计划经济到市场经济的平稳转型，没有出现其他转型国家那样的剧烈经济和政治波动。中国在过去的 30 年里成就了经济增长和体制转型的双奇迹。但是，中国同时也是世界上基尼系数增长最快的国家之一。伴随着我国经济快速增长，收入分配不平等问题日益突出。1983 年我国的基尼系数仅为 0.27，至 1993 年达到了国际公认的警戒线 0.4，2005 年以后进一步超过了 0.45，而且还有进一步扩大的趋势，这说明中国经济高速增长的成果未能完全被社会各阶层共享。

表 2　　　　省份数据统计描述

变量	样本数	平均数	中位数	最小值	最大值	标准差
对数人均 GDP	233	8.9868	8.9438	8.0209	10.2686	0.5400
基尼系数	233	0.3724	0.3744	0.2520	0.4957	0.0498

库兹涅茨倒 U 型假说从本质上所关注的是一个长期关系，考虑到在已有同类研究中普遍观察到的异质性问题，坎波尔（Kanbur，2000）建议采用单个国家的纯时序数据作研究。但现实中往往缺乏不平等指标的足够长的时间序列，单个国家的不平等数据稀缺依旧是一个主要的障碍。虽然在进行倒 U 曲线研究时使用年度时序资料有绝对的优势，但在资料不充分的情况下使用横截面和面板数据也不失为一种可行的方法（陈宗胜，2002）。

1995 ~ 2006 年省份人均名义 GDP 和 GDP 指数的数据来自历年《中国统计年鉴》，以 2000 年为基期计算得到省份实际人均 GDP。本文利用以 2000 年为基期的实际人均 GDP 的对数值表示经济增长。

森德拉姆（1990）在他的《不发达国家的收入分配》一书中介绍了基尼系数分解法的“分层加权法”，其数学表达形式如下：

$$Gini = p_1^2(u_1/u)G_1 + p_2^2(u_2/u)G_2 + p_1p_2|(u_1 - u_2)/u| \tag{10}$$

右边第一项为农村居民收入差别加权基尼系数，第二项为城镇居民收入差别加权基尼系数，第三项为城乡差别加权基尼系数，p_1、p_2 和 u_1、u_2 分别代表城、乡人口比重和城、乡人均收入，u 代表整体人均收入，G_1、G_2 分别代表城、乡内部收入差别基尼系数。陈昌兵（2007）使用“分层加权法”计算出 1995～2004 年我国 21 省份城乡基尼系数，本文进一步利用该方法计算得到 1995～2006 年对应省份的城乡基尼系数，共包括 241 个样本点，其中 4 省市部分年份基尼系数缺失，包括湖南省 2006 年、上海市 2005～2006 年、天津市 2002～2006 年和云南省 2004～2006 年的基尼系数数据。考虑到 1995～2006 年对数实际人均 GDP 样本点绝大多数分布在 8～10.3 之间，为了避免样本代表性不足可能引起的问题，本文仅考虑对数实际人均 GDP 在 8～10.3 之间的样本点。省份面板数据的经济增长（对数实际人均 GDP）和基尼系数的统计描述如表 2 所示。

三、实证结果分析

（一）实证结果

对数实际人均 GDP（ln*gdp*）表示经济增长作为自变量，以总体基尼系数 Gini表示收入分配不平等作为因变量，则倒 U 曲线函数可以表示为：

$$Gini = m(\ln gdp) \tag{11}$$

一阶偏导数 m' 可以表示为：

$$m' = \frac{\partial(Gini)}{\partial(\ln gdp)} \approx \frac{\Delta Gini}{\Delta gdp/gdp} \tag{12}$$

Δ 照例表示一个小的变化（如 0.01 个单位），（12）式又可表示为：

$$\Delta Gini = m' \cdot \Delta gdp/gdp \tag{13}$$

（13）式反映了收入分配不平等绝对量对经济增长相对量的边际效应，即人均 GDP 每变化 1 个百分点，收入分配不平等变化 $0.01m'$ 个单位。进一步的，我们还可以利用边际效应计算经济增长的收入分配不平等弹性，即

$$弹性 = \frac{\Delta Gini/Gini}{\Delta gdp/gdp} = \left(\frac{\Delta Gini}{\Delta gdp/gdp}\right)/Gini = m'/Gini \tag{14}$$

弹性效应的经济含义是，人均 GDP 每变化 1 个百分点，基尼系数变化 $m'/Gini$ 个百分点。

二阶偏导数 $m''(x)$ 在物理学中意义是加速度，它反映了边际效应变化速度的快慢：如果 $m''(x_0)>0$，表示曲线在 x_0 点附近是凹弧，收入分配不平等加速上升；如果 $m''(x_0)<0$，表示曲线在 x_0 点附近是凸弧，收入分配不平等减速上升；如果 $m''(x)$ 在 x_0 点左右的符号相反，且 $m''(x_0)=0$，表示在 x_0 点出现拐点。

利用加权最小二乘估计方法，得到非参数局部多项式模型（11）的估计结果（见表 1）。为了清晰地显示出变化趋势，本文给出其曲线图，分别如图 2（a）和图 2（b）所示。

从图 2（a）和图 2（b）可以看出：我国的收入分配割据现状是非常令人担忧的，随着我国经济的增长，收入分配的不平等程度越来越严重，全国收入分配不平等曲线表现为先上升后下降再上升的过山车模式；而且具有三个拐点，分别出现在对数人均 GDP 为 8.01，8.67 和 9.12 左右，对应的年份分别为 1988 ~ 1989 年，1996 ~ 1997 年和 2001 ~ 2002 年。收入分配不平等曲线的二阶导数表现为先下降再上升然后下降的变化趋势，边际效应和弹性表现为先上升再下降然后上升最后下降的变化趋势。根据边际效应、弹性值以及二阶导数的变化趋势，我国的收入分配不平等曲线可以粗略地划分为四个阶段：（1）第一阶段是对数人均 GDP 小于 8.01 时，二阶导数大于零，曲线函数是凹函数，说明在这个阶段，边际效应和弹性值不断增大；随着经济增长，收入分配不平等加速上升；（2）第二阶段是对数人均 GDP 处于 8.01 ~ 8.68，二阶导数小于零，曲线函数是凸函数。这说明在这个阶段，边际效应和弹性值不断减小；随着经济增长，收入分配不平等减速上升；（3）第三阶段是对数人均 GDP 处于 8.68 ~ 9.12，二阶导数大于零，曲线函数是凹函数，边际效应和弹性值不断增大；这说明在这个阶段，随着经济增长，收入分配不平等又开始加速上升，但是这一阶段的上升速度明显慢于第一阶段；（4）第四阶段是在对数人均 GDP 大于 9.12 之后，二阶导数迅速恢复为负数，曲线函数是凸函数，边际效应和弹性值不断减小；这说明在这个阶段，随着经济增长，收入分配不平等减速上升，而且边际效应和弹性还有进一步下降的趋势。目前我国正处于收入分配不平等曲线的第四阶段，二阶导数小于零，但一阶导数和弹性大于零，这说明随着经济增长，收入分配不平等还会进一步上升，但上升速度减慢。

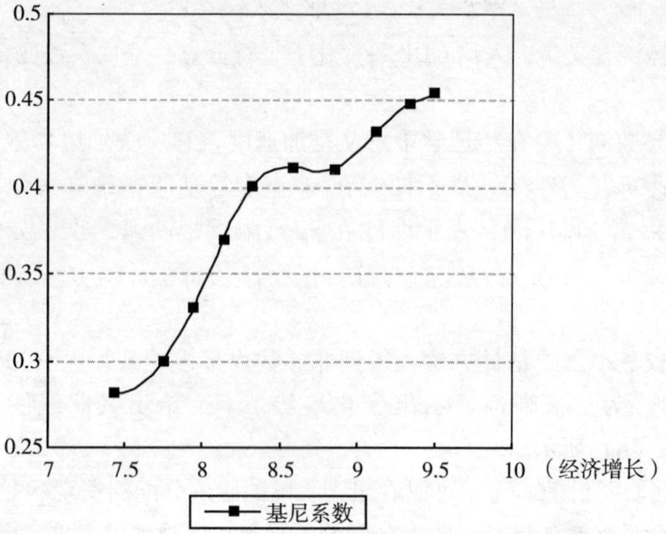

（a）不平等曲线变化趋势

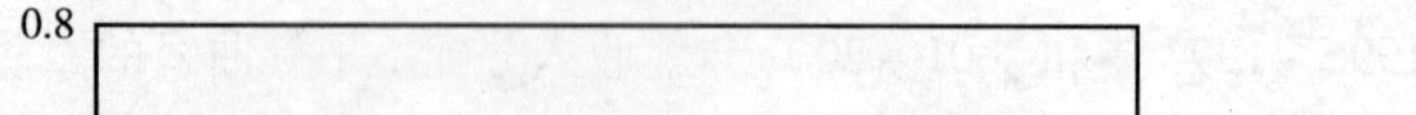

（b）边际效应、弹性与二阶导数

图 2　全国时间系列数据估计结果

（二）进一步研究

以上研究表明，全国收入分配不平等曲线目前处于倒U曲线的左半部分。但是，从这条递增的J曲线出发，难以揭晓我国收入分配不平等将在什么时候出现转折点，或者在什么时候到达倒U曲线的最高点。虽然在进行倒U曲线研究时使用年度时序资料有绝对的优势，但在资料不充分的情况下使用横截面和面板数据也不失为一种可行的方法（陈宗胜，2002）。中国不同省份在改革策略和发展机制上具有内在的一致性，经济体系如劳动力管制和收入分配政策具有相似性；省份基尼系数的变化会引起全国基尼系数的变化，而且大多数省份内部基尼系数具有和全国大致相同的变化趋势。因此，省份面板数据收入分配不平等曲线对于全国收入分配不平等曲线来讲具有一定的借鉴意义。

巴罗（Barro，2000）使用混合面板数据研究跨国的经济增长与收入分配不平等关系，本节我们利用面板数据研究我国省份面板数据意义上的倒U型曲线。本文的研究方法是：首先，建立一个包含固定效应的二次多项式面板数据模型，得到各个省份的固定效应值 α_i，用以识别不同省份在地理上、政治上或者文化上的收入分配不平等差异；然后在剔除省份固定效应影响后，进一步建立经济增长与收入分配不平等的非参数面板数据模型：

$$\hat{Gini}_{it} = Gini_{it} - \alpha_i = m(\ln gdp_{it}) + \varepsilon_{it} \tag{15}$$

利用加权最小二乘估计得到非参数局部多项式模型（15）的估计结果，分别如图3（a）和图3（b）所示。

从图3（a）和图3（b）可以看出，省份面板数据的收入分配不平等曲线表现为先上升后下降再上升最后下降的“过山车”模式；分别在对数人均GDP为8.50，9.10和9.43左右时出现拐点；省份面板数据的收入分配不平等曲线的二阶导数表现为反复升降的变化趋势；边际效应和弹性表现为先上升再下降然后上升最后下降的变化趋势。根据边际效应、弹性值以及二阶导数的变化趋势，省份面板数据的收入分配不平等曲线可以粗略地划分为四个阶段：（1）第一阶段是对数人均GDP小于8.50时，二阶导数大于零，边际效应和弹性值不断增大，曲线函数是凹函数；这说明在这个阶段，随着经济增长，收入分配不平等加速上升；（2）第二阶段是对数人均GDP处于8.50~9.10，二阶导数小于零，边际效应和弹性值不断减小，曲线函数是凸函数；这说明在这个阶段，随着经济增长，收入分配不平等减速上升；（3）第三阶段是对数人均GDP处于9.10~9.43，二阶导数大于零，边际效应和弹性值不断增大，曲线函数是凹函数；这说明在这个阶段，随着经济增长，收入分配不平等加速上升，但是这一阶段的上升速度慢于第

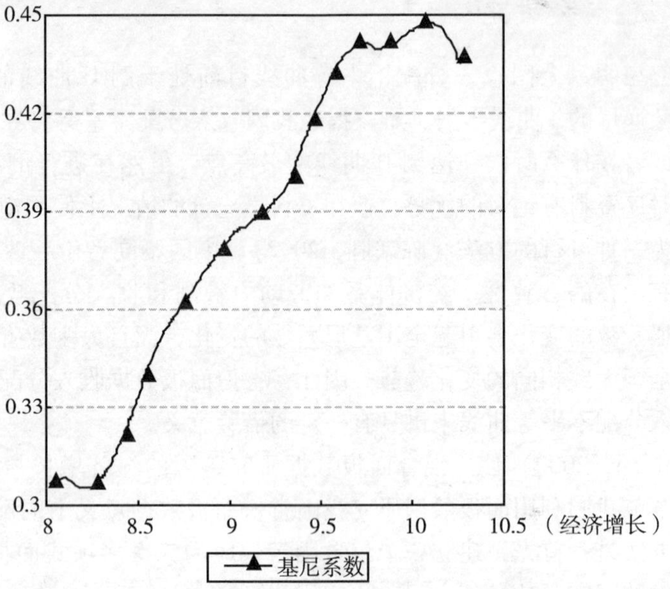

（a）不平等曲线变化趋势

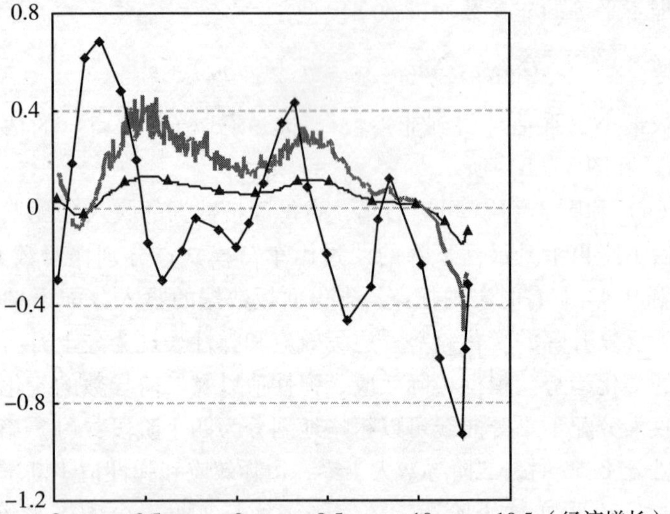

（b）边际效应、弹性与二阶导数

图 3　省份面板数据估计结果

一阶段；（4）第四阶段是在对数人均 GDP 大于 9.43 之后，二阶导数迅速恢复为负数，边际效应和弹性值不断减小，曲线函数是凸函数；这说明在这个阶段，随着经济增长，收入分配不平等减速上升。其中，对数人均 GDP 大于 9.73 后，边际效应和弹性接近于零，这说明随着经济增长，收入分配不平等基本不变；对数人均 GDP 大于 10.11 后，边际效应和弹性变为负数，这说明随着经济增长，收入分配不平等趋势开始下降。

对比全国收入分配不平等曲线与省份面板数据的收入分配不平等曲线，本文发现两者都表现为“过山车”模式，且都出现三个拐点，发展趋势基本相似。相比之下，全国收入分配不平等曲线目前处于倒 U 曲线的左半部分，而省份面板数据的收入分配不平等曲线已经超越倒 U 曲线的左半部分。省份面板数据收入分配不平等曲线在对数人均 GDP 大于 9.73 后趋于稳定，在对数人均 GDP 大于 10.11 后趋于下降。借鉴省份面板数据不平等曲线的两个转折点 9.73 和 10.11，按照国家“十一五”发展规划的年均经济增长率 7.5%；2006 年我国实际对数人均 GDP 为 9.50，则可以预期到 2009 ~ 2010 年，即全国对数人均 GDP 达到约 9.73 左右时，我国收入分配不平等曲线将趋于水平状态，表现出稳定；预期到 2014 ~ 2015 年，即全国对数人均 GDP 达到约 10.11 左右时，收入分配不平等曲线将趋于下降状态，表现出缓和，收入分配回归公平、和谐。

四、结论及问题

传统计量模型考虑的曲线没有拐点或者仅具有一个拐点；然而对于处于经济转型时期的中国而言，收入分配不平等曲线可能仅有两个甚至多个拐点。传统回归模型估计得到的参数值反映的只是整个研究时期的一个平均水平，未能反映不同时期影响系数的变化。本研究利用非参数局部多项式估计方法，测度中国经济增长与收入分配不平等的倒 U 曲线函数性态。研究发现：中国的收入分配不平等曲线表现为“过山车”模式，具有三个拐点，目前处于倒 U 型的左半部分；随着进一步经济增长，我国收入分配不平等还有进一步上升的趋势，但上升速度减慢；按照国家“十一五”发展规划，预期到 2009 ~ 2010 年左右，我国收入分配不平等将趋于稳定；预期到 2014 ~ 2015 年左右，收入分配不平等将趋于缓和。

阿特金森（Atkinson，1999）认为，如果接受倒 U 型假说，那么政府政策干预就是无效的。从长期来看，整个经济会自然而然地走出这一困境。换句话说，政府在转型期间不应该干预收入分配，或者至少不应该把它作为一种政策首选。但是，一个社会对收入差距的容忍度是有限的，超过这个限度，如果分配格局不调整就可能出现社会不安定的局面。超过社会经济的可承受点，社会的动荡将使得社会经济无法沿着库兹涅茨呈倒 U 曲线继续运行下去。

本文的研究表明，随着我国经济增长，收入分配不平等还有进一步上升的趋势。我国收入分配不平等倒 U 型最高点是否超越或者接近社会可容忍的极限点，是制订经济可持续发展战略所必须重点关注的，也有待进一步更加深入的研究。鉴于收入差距的不断扩大会产生严重的不良后果，特别是增加社会不安定因素，增加改革的阻力和难度，从而影响经济增长和社会发展，甚至使改革开放前功尽弃，危及国家的长治久安。怎样使经济增长与发展过程更加公平，使增长成果能够更广泛地分享，已经成为制定发展战略所关注的重点。目前，共享式增长的理念正在被越来越多的发展中国家以及国际社会所接受和采纳。共享式增长强调通过经济增长创造就业和其他发展机会，强调发展机会的平等。共享式增长是机会平等的增长，是构建和谐社会的有效途径（庄巨忠，2008）。

参考文献：

[1] 陈昌兵：《各地区居民收入基尼系数计算及其非参数计量模型分析》，载于《数量经济技术经济研究》，2007 年第 1 期。

[2] 程永宏：《二元经济中城乡混合基尼系数的计算与分解》，载于《经济研究》，2006 年第 1 期。

[3] 程永宏：《改革以来全国总体基尼系数的演变及其城乡分解》，载于《中国社会科学》，2007 年第 4 期。

[4] 陈宗胜：《倒 U 曲线的"阶梯形"变异》，载于《经济研究》，1994 年第 5 期。

[5] 陈宗胜：《关于收入差别倒 U 曲线及两极分化研究中几个方法问题的建议》，载于《中国社会科学》，2002 年第 5 期。

[6] 陈宗胜、周云波：《再论改革与发展中的收入分配》，经济科学出版社 2002 年版。

[7] 郭熙保：《从发展经济学观点看待库兹涅茨假说》，载于《管理世界》，2002 年第 3 期。

[8] 符森：《我国环境库兹涅茨曲线：形态、拐点和影响因素》，载于《数量经济技术经济研究》，2008 年第 11 期。

[9] 胡祖光：《基尼系数的理论最佳值和简易计算公式》，载于《经济研究》，2004 年第 9 期。

[10] 李实等：《中国经济转型与收入分配变动》，载于《经济研究》，1998 年第 4 期。

[11] 李子奈、叶阿忠：《高等计量经济学》，清华大学出版社 2000 年版。

[12] 钱敏泽：《库兹涅茨倒 U 字形曲线假说的形成与拓展》，载于《世界经济》，2007 年第 9 期。

[13] 万广华：《转型经济中的收入不平等和经济发展——非线性模型是否必须?》，载于《世界经济文汇》，2004 年第 4 期。

[14] 王祖祥：《中部六省基尼系数的估算》，载于《中国社会科学》，2006 年第 5 期。

［15］徐宽：《基尼系数的研究文献在过去八十年是如何拓展的》，载于《经济学季刊》，2003 年第 2 卷第 4 期。

［16］尹恒、龚六堂、邹恒甫：《收入分配不平等与经济增长：回到库兹涅茨假说》，载于《经济研究》，2005 年第 4 期。

［17］章上峰、许冰：《时变弹性生产函数与全要素生产率》，载于《经济学季刊》，2009 年第 8 卷第 2 期。

［18］章上峰、许冰、胡祖光：《中国城乡收入分布动态演进及经验检验》，载于《统计研究》，2009 年。

［19］庄巨忠：《以共享方式构建和谐社会：一个战略框架》，林毅夫等主编《以共享方式增长促进社会和谐》，载于《中国计划出版社》，2008 年。

A. Fishlow, Brazilian Size Distribution of Income, *American Economic Review*, 1972, 62 (2): 391 – 402.

［20］Anthony B. Atkinson, *Is Rising Income Inequality Inevitable*?: *A Critique of the Transatlantic Consensus*, WIDER Annual Lectures, 3, 1999.

［21］Azomahou, T. Laisney F. Van, P. N Economic Development and CO2 Emissions. A Nonparametric Panel Approach. Centre for European Economic Research Discussion Paper No. 05 – 056, 2005.

转型经济中宏观冲击如何影响资本结构动态调整

——来自中国上市公司的证据

■于　蔚　钱彦敏*

一、引　　言

改革开放以来，伴随着资源配置体制改革及企业微观基础的重构，企业日趋理性，追求自身价值的最大化。企业微观基础的重构为企业寻求最佳的外部融资方式提供了内在的驱动力。与此同时，金融市场改革的深入为企业多元化的融资诉求提供了可能。随着银行信贷管制逐步放松、准备金制度改革、利率市场化、银行所有权改革以及证券市场的建立与完善，企业的融资渠道逐渐丰富。当企业自有资金不足以实施意愿投资，转而寻求外部资金时，就需要全面权衡各种融资方式的成本与收益。正是在这样的意义上，我国企业如何选择合适的债权、股权融资方式及以此形成的资本结构，重要性日益凸显。

正如福坎德和彼得森（Faulkender and Petersen，2006）所指出的，企业的资产负债率实际上是资本需求和供给两个方面因素共同作用的结果，换言之，资本结构的变动不仅取决于企业的融资需求，还取决于金融市场的供给面因素。就中国的现实情景而言，虽然企业的融资渠道随着金融市场的迅速发展而大大拓展，但金融市场的不完善和融资工具的匮乏仍制约着企业的融资选择。债务融资方

* 于蔚，浙江大学经济学院博士生，研究方向：公司金融；钱彦敏，浙江大学经济学院副教授。本文早期的一个版本曾在2009全国博士生学术会议（金融）上宣读，感谢与会老师的宝贵建议。

面，企业债券市场的不发达使得发行债券远未成为我国上市公司的主要债务融资方式，企业的债务性融资仍以银行信贷为主。近年来，虽然银行信贷管制逐步放松，央行以指导性计划替代指令性计划对商业银行贷款增加量实行管理，商业银行存贷款利率浮动范围有所放宽，但央行仍通过直接调整金融机构存贷款基准利率来引导信贷和投资，宏观调控下贷款规模管理的计划色彩依然存在。企业的债务融资将受制肘。股权融资方面，到目前为止，我国可转债发行数量较少，配股与增发是上市公司股权再融资的主要渠道，而证监会设置的再融资资格线对企业的增发和配股施加了"门槛"限制，制约着企业的股权再融资。另外，政府在股市上的驱动意识和宏观调控意识使得我国股市"政策市"特征明显，这也将影响企业的股权再融资决策。在这样的背景下，企业的融资选择必将受到宏观政策及经济环境作为金融市场供给方面的深刻影响。

在资本结构动态调整模型的框架下，以1994～2006年沪深两市1 174家上市公司的非平衡面板数据为样本，本文研究企业资本结构的动态调整行为，探索经济改革动态背景对资本结构的经济学含义：其一，资源配置体系改革和企业微观基础的重构是否有利于企业理性的形成和资本结构优化调整的激励机制的形成？也即，企业融资是否具有最优资本结构？实际资本结构如何向目标值调整？其二，转型经济中的宏观冲击如何影响企业的资本结构调整？研究发现，一方面，企业动态调整其财务杠杆使之趋向于最优目标值，说明经济改革的确利于企业资本结构优化调整的激励机制的形成；另一方面，宏观经济环境是决定我国企业融资选择的重要因素。本文的研究表明，经济环境及宏观政策的波动改变了企业面临的信贷环境和股权再融资环境，进而影响资本结构的动态调整。信贷市场及股权再融资市场上配额性指标和成本性指标的变动，作为外生的宏观冲击，在统计和经济意义上均对企业资本结构的调整具有重要影响。

关于宏观环境与资本结构的研究最近几年才逐步兴起，仅有的少数文献多是基于美国上市公司的经验事实，关于中国的研究还非常鲜见，本文是对这方面文献的有益补充。与现有的关于中国的研究相比，本文采用动态框架，基于一个更大的样本，为宏观环境和金融市场供给条件如何影响企业的资本结构调整提供更为丰富的经验证据。在当前经济危机的背景下，本研究不仅对我国企业面对宏观环境如此剧烈的变动如何选择最优的融资结构可资借鉴，对于宏观经济政策的制定和实施也具有重要的政策意义。

本文的随后结构是这样安排的：第二部分回顾相关文献；第三部分是对宏观冲击下企业融资选择和资本结构调整的总体性描述；第四部分在动态调整框架下，运用计量方法考察外生宏观冲击对资本结构调整的影响；最后是总结。

二、文献回顾

自莫迪里阿尼和米勒（Modigliani and Miller，1958）无关性定理以来，资本结构领域的文献大量涌现。研究者逐步放松 MM 定理中的完美金融市场假设，从税收、破产成本、代理成本、不对称信息、控制权竞争、产业组织、市场时机选择等角度论述了资本结构如何影响企业价值。研究表明，资本市场、产业特性和公司特质等均对企业的资本结构及融资选择有着重要影响①。

权衡理论和优序理论是其中的两大主流理论。权衡理论认为存在最大化企业价值的最优目标杠杆（Optimal Target Leverage），它使得增加杠杆的边际收益（比如避税收益的增加、代理成本的降低）等于边际成本（比如潜在破产成本的上升）。偏离目标值的资本结构不是最优的，企业有动机调整实际杠杆，使其向目标值收敛。优序理论（Myers and Majluf，1984）认为，外部证券持有者与公司经营者之间的信息不对称造成了企业融资的顺序偏好。相对于外部融资，企业更偏好于内部融资，若确实需要进行外部融资，企业会优先选择低风险的债务融资，最后才是风险较高的股权融资。权衡理论和优序理论均得到了一些经验研究的支持，尽管仍然存在争论，但下述结论已成为共识②：总体来说，杠杆率随固定资产、非债务税盾（Non-tax Shield）、成长性和公司规模的增加而递增，随着波动性、广告支出、研发支出、破产可能性、盈利能力和产品独特性的增加而递减。

由于存在调整成本，企业的实际杠杆并不能立即调整到最优水平。早期实证研究以实际杠杆作为目标杠杆的替代指标对静态模型作估计并以拟合值作为目标杠杆，如若实际杠杆与目标杠杆存在较大偏差，这一方法将导致严重偏误（Fischer et al.，1989）。随着近年来动态面板估计技术的发展，关于资本结构动态调整的文献逐步增多。基于动态模型的实证研究表明，由于调整成本和短期冲击，资本结构只是向其最优目标作部分而非全部的调整（Jalivand and Harris，1984；Shyam-Sunder and Myers，1999；Fama and French，2002；Flannery and Rangan，2006；Kayhan and Titman，2007）。

---

① 参见 Harris 和 Raviv（1991）的综述。

② 早期经验研究包括 Bradley 等（1984）、Castanias（1983）、Long 和 Malitz（1985）、Kester（1986）、Marsh（1982）以及 Titman 和 Wessels（1988）。Rajan 和 Zingales（1995）、Booth（2001）对资本结构的决定因素做了跨国研究。Rajan 和 Zingales 对 G-7 上市公司的实证研究表明，各国企业在资本结构的选择上大致相同，杠杆率与有形资产、公司规模正相关，与投资机会、利润率负相关。Booth 对 10 个发展中国家的研究表明，影响发达国家资本结构的因素在发展中国家也起着作用。

近年来，关于中国企业资本结构的研究逐步增多。基于静态框架，陈(Chen，2003)、黄贵海和宋敏（2004）考察了资本结构的决定因素，认为我国上市公司资本结构的决定因素与发达国家很相似。基于动态调整框架，肖作平(2004)、钱等（Qian et al.，2006)、王正位等（2007)、潘敏和邵科（2007）考察了中国上市公司资本结构的动态调整。这些研究比较一致地认为我国企业存在最优目标杠杆，虽然实际杠杆是偏离最优目标值的，但将向着目标杠杆做调整。这也得到了调查证据的支持，陆正飞和高强（2003）基于问卷调查的分析表明绝大多数上市公司认为存在一个合理的目标杠杆。

在转型背景中，企业资本结构将受到宏观环境变化的影响和金融市场供给条件的限制（赵冬青等，2008)，但关于宏观因素如何影响企业融资选择的研究目前还很少见。李礼等（2007）考察了经济制度变迁对国有企业融资动机的影响，他们以管理学的五点量表为基础衡量经济政策的变革、经济环境的变化以及国有企业的融资动机，利用405个企业样本进行结构方程估计，发现经济政策变革和经济环境变化强化了国有企业的融资动机。唐国正和刘力（2005）建立的我国特殊利率管制政策下的企业资本结构选择模型表明，利率管制导致的利率扭曲对我国上市公司的资本结构选择具有重要影响。但他们的研究均未涉及外部宏观经济环境变化下企业资本结构的动态调整过程。赵冬青等（2008）就宏观环境对企业资本结构的影响做了更进一步的研究。他们以2004年作为房地产宏观调控的分水岭设置虚拟变量，检验宏观调控对房地产上市公司资本结构的影响，研究发现宏观调控之后房地产上市公司负债率显著提高，并推断宏观政策和资本市场供给条件可能是中国企业资本结构最重要的影响因素。这项研究至少存在两个方面的改进空间：一是可以用更为客观的指标（如贷款利率、股票收益率、信贷规模、股权融资规模）衡量外部宏观环境和金融市场供给条件在时间维度上的变动；二是在计量方法上可以利用动态调整模型更精确地把握企业资本结构的调整特征。本文试图从这两个方面、在一个包含更多行业上市公司的更大的样本基础上改进赵冬青等（2008）的分析，探讨宏观冲击对企业资本结构动态调整的影响，为宏观环境和金融市场供给条件如何影响企业的融资选择提供更为丰富的经验证据。

三、宏观冲击与上市公司融资选择

经过20多年的快速发展，我国金融市场特别是资本市场取得了长足的进步。资本市场的快速发展使企业的融资渠道发生了历史性转变，企业既可以通过银行贷款间接融资，也可以通过发行股票和债券直接融资。但是，我国的金融市场仍不成熟，在政策方面，政府根据经济运行状况，制订实施一系列带有计划色彩的监管和规范措施。在这一转型背景下，企业资本结构的调整必将受到宏观政策及经济环境的深刻影响。

图 1 描述了样本企业平均资本结构及债务融资比例的演进趋势①。与大多数关于中国上市公司的研究一样，我们以账面杠杆（*BL*，即总负债与总资产的比值）衡量资本结构。1994 ~ 2006 年，平均资本结构在 41.05% ~ 50.74%，除 1997 ~ 1998 年略有下降外，总体呈上升趋势。债务融资比例是企业外部融资金额 FD 中债务融资额所占的份额②。债务融资比例的高低，反映了企业在进行外部融资时，更偏好于债权融资还是股权融资。债务融资比例受宏观经济、政策因素的冲击更大，在 60.70% ~ 84.20% 波动。从整体上看，债务融资大大超过股权融资。下面结合宏观环境进行初步的讨论。

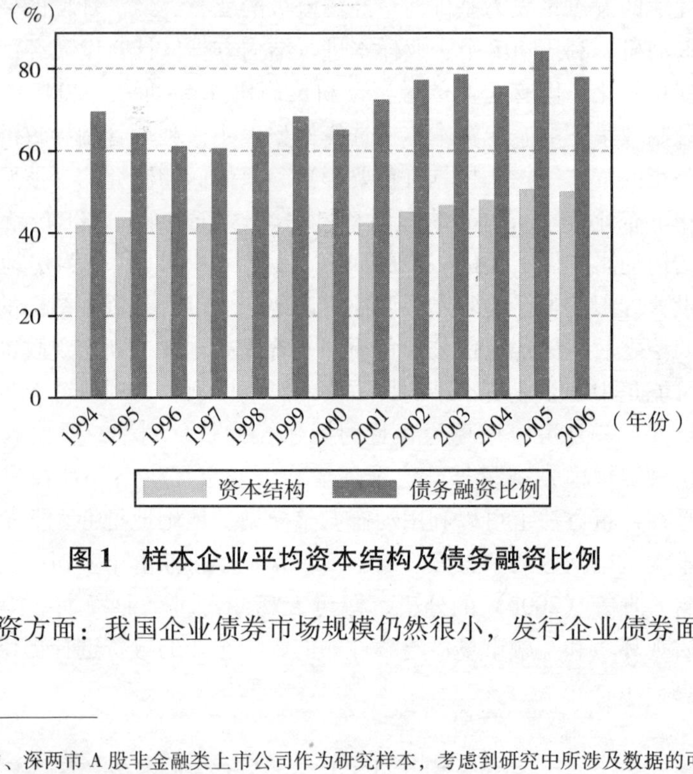

图 1　样本企业平均资本结构及债务融资比例

债务融资方面：我国企业债券市场规模仍然很小，发行企业债券面临较多的

---

① 选择沪、深两市 A 股非金融类上市公司作为研究样本，考虑到研究中所涉及数据的可获得性，研究时间跨度设定为 1994 ~ 2006 年。与其他学者一样，我们剔除了 ST 和 * ST 公司以及相关变量中存在异常值的企业，这样得到一个包含 1 174 家公司 6 527 个有效观测数的非平衡面板数据。若无特别说明，本文涉及的上市公司财务数据均取自 Wind 数据库。

② 外部融资金额（又称财务赤字，Financial Deficit）是指，当内部资金无法满足生产经营活动的需要时，企业通过外部融资方式筹集的资金总额。它是债务融资额（即总负债的变化量）与外部权益融资额之和。其中，外部权益融资额等于总资产的变化量减去债务融资额，再减去留存收益的变化量。

约束，发行企业债券远未成为上市公司的主要债务融资方式①，企业债务融资的主要来源仍为银行贷款。近年来，虽然央行逐步放松计划管制手段，取消了贷款规模管理，逐步放松了对金融机构贷款利率的管制②，转而越来越注重通过法定准备金、再贴现及公开市场业务等市场手段来实施货币政策，调控宏观经济运行。但是，央行仍直接调整金融机构存贷款基准利率来引导信贷和投资，按照国家宏观调控政策及产业政策的要求，约束商业银行的信贷行为，宏观调控的计划色彩依旧浓重。

股权融资方面：1997 年以前，配股是上市公司再融资的主要形式，所有上市公司均可配股且不受规模限制。为约束上市公司的配股行为，证监会于 1997 年出台政策提高了配股条件：净资产收益率连续三年不低于 10%（2001 年调整为 6%）；距上次配股时间超过一年；每次配股比例不超过总股本的 30%。这一约束使获得配股资格的上市公司数量大幅减少，以配股方式筹集的外部资金减少，导致 1998、1999 年债务融资比例上升。我国证券市场于 1998 年引入增发方式，起初仅限于重大重组企业、拥有核心技术的高成长企业等。2001 年 6 月出台的《上市公司新股发行管理办法》放宽了增发条件，只要是盈利的上市公司都可增发。2000 ~ 2002 年，通过增发募集的资金数量较前期迅速增长。面对火热的增发场面，证监会于 2002 年 7 月出台《关于上市公司增发新股有关条件的通知》，提高了增发条件，要求近三年的平均净资产收益率及最近一年的净资产收益率不低于 10%（对重组的上市公司为 6%），且资产负债率不高于行业平均水平。这大大抑制了上市公司的增发热情，2002 年下半年仅有 10 家上市公司实施增发，2003 年增发总额锐减，导致 2002、2003 年债务融资比例显著上升。2005 年，由于股权分置改革，配股几近停顿，当年的债务融资比例较 2004 年上升 8.47 个百分点，高达 84.2%。

上述分析表明，企业的融资决策与宏观经济面、政策面息息相关，平均资本结构和债务融资比例的演进趋势在很大程度上与宏观环境的变动相印证。宏观经济及政策因素的确会对企业的融资选择产生重要的影响。接下来用实证分析方法做进一步的验证。

---

① 以 2006 年为例，企业债券发行额只占到债券发行总量的 17.6%（据证监会网站），且其中相当大的部分是央企债券。

② 虽然到 2004 年 10 月，基本取消了金融机构人民币贷款利率上限，但利率浮动范围的下限始终维持在基准贷款利率的 90% 的水平上（唐国正和刘力，2005；易纲，2009）。

四、实证分析

本部分在一个资本结构的动态调整框架下检验宏观经济、政策因素作为外生冲击，如何影响资本结构的动态调整。首先研究目标杠杆的决定因素，随后考察资本结构的动态调整，最后引入宏观外生冲击。

（一）目标资本结构的决定

权衡理论认为，企业存在最优的目标资本结构：

$$BL_{i,t+1}^{T} = X_{it}\beta \tag{1}$$

其中：$BLT_{i,t+1}$表示企业 i 在 $t+1$ 时的目标杠杆，它由企业根据上一期的企业特质性因素 X_{it}所制订。（1）式暗含，不同的企业有着不同的目标杠杆；最优资本结构是时变的，对同一企业而言，不同时期的目标杠杆一般亦不相同。

结合以往研究和中国的实际，选取以下指标作为企业目标杠杆的决定因素：盈利能力、企业规模、有形资产比例、非债务税盾、成长性以及非流通股比例，即 $X=$（$Prof$, $Size$, $Tang$, $NDTS$, $Grow$, $NTrad$）。前 5 个变量在资本结构实证研究中作为目标杠杆的解释变量被广为使用①。非流通股是我国股票市场的一大特征。股改前，非流通股在上市公司总股本中所占的比例高达2/3，如此之高的非流通股比例造成了剧烈的委托代理问题，流通股股东利益遭受严重侵害，不利于此类公司进行股权再融资。另外，非流通股的最终控制人大多为政府②，非流通股比例越高的企业，政府是其最终控制人的可能性越大，硬化预算约束越困难，预算软约束问题越严重。这时，破产清算的威胁变得不可置信，企业可以藉高位负债以实施新的投资，而无须顾虑破产风险③。出于以上考虑，我们将非流通股比例作为目标杠杆的解释变量，预期目标杠杆与非流通股比例正相关。表 1 对企业特质性因素的度量方法及其在理论上对资本结构的影响作了描述。

---

① 关于这些变量如何影响目标杠杆的详细论述，可参看 Fama 和 French（2002）、Flannery 和 Rangan（2006）、Kayhan 和 Titman（2007），本文不再展开。

② 非流通股中相当大的比例是国家股和国有法人股。其中，国家股由政府机构（如政府的资产管理机构或代表政府持股的国有投资公司）持有，国有法人股由国有企业或被国有企业控股的公司持有。

③ 就更不用说，企业的政府背景本身，为企业获得银行贷款所提供的天然便利。

表1　　决定目标资本结构的企业特质性因素

企业特质性因素	度量方法	理论预测符号	实证研究主要结果
盈利能力 Prof	息税前盈余除以总资产	+a/−b	−
企业规模 Size	主营业务收入的自然对数	+a/−b	+
有形资产比例 Tang	固定资产与总资产之比	+	+
非债税盾 NDTS	折旧与总资产之比	−	−
成长性 Grow	主营业务收入增长率	−ac/+d	−
非流通股比例 NTrad	非流通股在总股本中的占比	+	n. a.

注：(1) a. 权衡理论；b. 优序理论；c. 动态优序理论；d. 静态优序理论。(2) "+"表示目标杠杆随该因素的增加而增大，"−"表示目标杠杆随该因素的增加而减小。

控制时间趋势、企业个体效应后，(1) 式可改写为如下的计量形式：

$$BL_{i,t+1}^{T} = X_{it}\beta + Year\_dum + u_i + \varepsilon_{it} \tag{2}$$

其中，*Year_dum* 表示时间虚拟变量；ε_{it}是特异性误差（Idiosyncratic Error）。u_i 表示企业个体效应（Individual Effect），用以控制难以观测和量化的非时变的资本结构的影响因素。当 u 与解释变量 X 相关时，运用固定效应模型估计；当 u 与 X 不相关时，应用随机效应模型可增加估计效率。表2显示，用以比较混合最小二乘法与固定效应法的F统计量在1%水平上显著，提示存在固定效应，并且豪斯曼（Hausman）检验表明随机效应的前提假设不能成立，因此采用固定效应法估计（2）式①。参照凯万和提特曼（Kayhan and Titman，2007），估计时以实际杠杆作为目标杠杆的代理变量。

回归结果表明（见表2，作为比较，亦给出了混合最小二乘法和随机效应法的估计结果），与现有实证研究（如 Hovakimian et al.，2001；Fama and French，2002）的主要结果相一致，目标杠杆与企业规模、有形资产比例及成长性正相关，与盈利能力及非债务税盾负相关。目标杠杆与非流通股比例正相关，符合我们的预期。由于静态模型不能捕捉资本结构的动态调整特征，下面引入动态调整模型。

---

① 估计方法的选择步骤如下：(a) 以F统计量比较混合最小二乘法与固定效应模型，原假设为不存在固定效应；(b) 以 Breusch 和 Pagan 的拉格朗日乘子检验（LM 统计量）比较混合最小二乘法与随机效应模型，原假设为不存在随机效应；(c) 以 Hausman 检验（H 统计量）比较固定效应模型与随机效应模型，原假设为随机效应的前提假设得到满足。若 (a)(b) 中的检验都不显著，则选用混合最小二乘法；若 (a)(b) 中的检验至少有1个显著，则进入检验 (c)，若不显著则选用随机效应模型，否则选用固定效应模型。

表 2 目标杠杆的决定因素

	混合最小二乘法	固定效应法	随机效应法
Prof	-1.1732***	-0.5993***	-0.6764***
Size	4.1861***	3.9388***	3.9819***
Tang	0.0853***	0.1085***	0.1074***
NDTS	-0.2541***	-0.2329***	-0.2270***
Grow	0.0643***	0.0185***	0.0238***
NTrad	0.0076	0.0311**	0.0246**
样本数	6 527	6 527	6 527
R 平方	0.1987	0.3171	0.3156
	统计量	*p* 值	
F 统计量	13.08	0.0000	
LM 统计量	7 238.65	0.0000	
H 统计量	234.78	0.0000	

注：***、** 分别表示在 1%、5% 水平上显著。

（二）资本结构的动态调整

由于存在调整成本，企业并不能立即将实际杠杆调整到目标值，而只是进行部分的调整（Jalivand and Harris，1984；Fischer et al.，1989）。遵循弗兰纳里（Flannery and Rangan，2006）、凯万和提特曼（2007）等，将包含财务赤字的资本结构动态调整模型设定为①：

$$\begin{aligned} BL_{i,t+1} - BL_{it} &= \lambda(BL^T_{i,t+1} - BL_{it}) + \gamma_0 fd_{i,t+1} \\ &= \lambda LevDef_{it} + \gamma_0 fd_{i,t+1} \end{aligned} \tag{3}$$

其中：$BL_{i,t+1} - BL_{it}$ 表示实际杠杆的调整幅度；$BL^T_{i,t+1} - BL_{it}$ 表示目标杠杆和实际杠杆之间的差额（即杠杆赤字，*LevDef*）；调整速度 λ（$0<\lambda<1$）反映了调整的程度与快慢，它与调整成本成反比；fd = 财务赤字 FD/总资产 A，体现财务赤字的相对大小；若 γ_0 显著大于零，就表明企业在进行外部融资时将优先考虑债务融资。

借用凯万和提特曼（2007）的方法，在动态模型中，以（2）式中固定效应

① 此处及后文的面板回归均控制了时间趋势和企业个体效应，而未在回归方程中显性写出。

回归所得到的拟合值作为目标杠杆的代理变量。由于因变量的滞后项与个体效应相关，用固定效应法估计动态模型将造成估计量有偏，但这一偏误将随着时间维度的增加而减少（Nickell，1981）。格林（Green，2003）建议以市场杠杆（Market Leverage）作为账面杠杆的工具变量，但在中国，市场杠杆包含过多噪声，并非账面杠杆的有效工具变量。阿雷利亚诺和邦德（Arellano and Bond，1991）建议以广义矩估计法（GMM）估计动态模型，但本研究数据不能通过 GMM 模型的设定检验 Hansen 过度识别检验（Hansen，1982）。因此仍采用固定效应法加以估计。由于样本时间跨度较长，可缓解估计量有偏的问题。

实证结果表明（见表3），我国企业确实存在权衡理论所预期的目标资本结构，并不断向其调整。这提示我们，资源配置体系改革和企业微观基础的重构的确有利于资本结构优化调整的激励机制的形成。由于调整成本，企业的实际资本结构并不能立即调整到位，调整速度 λ 约为 0.355，即，经过 2 年①左右可以完成目标杠杆与实际杠杆差额 1/2 的调整。γ_0 显著大于零，这表明企业在进行外部融资时会首先考虑债务融资，验证了优序理论。

表 3　　资本结构的动态调整

	被解释变量 = $BL - BL$（-1）
LevDef	0.3550***
fd	0.2716***
样本数	6 527
R 平方	0.3980

注：*** 表示在 1% 水平上显著。

（三）宏观冲击下的资本结构动态调整

我国金融市场发展尚不成熟，企业在选择融资方式时，一方面需要权衡债务融资与股权融资的相对成本，另一方面受到融资资源可获得性的限制。为此，我们选取信贷规模、股权融资规模、贷款利率及股票收益率作为宏观面外生冲击的衡量指标，分别从“容量的受限”和“成本的权衡”两个方面考量企业在现实信贷环境和股权融资环境中的行为选择。

① $-\ln(0.5)/0.355$.

1. 股票收益率

有效的资本市场中，任何形式的资本的成本都不会单独变化而不引起其他类型资本的成本的变化，因而不存在任何套利机会。但现实中的资本市场并非有效，企业经营者就有动机选择有利的市场时机（Stein，1996；Baker and Wurgler，2002），在公司价值被高估（股价高企）时发行新股，在价值被低估（股市低迷）时回购。发行新股使杠杆率降低，回购使杠杆率上升。预期资本结构的调整量①与股票收益率负相关②。政府在股市上的驱动意识和宏观调控意识使得"政策市"特征明显，政策频繁干预股市，股票市场的走势受政策因素影响极大。股价波动在相当程度上体现的是宏观经济面、政策面的变动。考虑到宏观环境对不同行业、不同公司股价的影响存在差异，选取样本公司股票年收益率 R 的面板数据。

2. 信贷规模

由于企业债券市场不发达，银行信贷仍是我国上市公司债务融资的主要来源。虽然自 1998 年起，央行逐步以指导性计划替代指令性计划对商业银行贷款增加量实行管理，实行"计划指导，自求平衡，比例管理，间接调控"的信贷资金管理体制，但宏观调控下贷款规模管理的计划色彩依然浓重。若国家的货币政策较为宽松，企业获得银行贷款就相对容易；而当银根紧缩时，企业获得银行贷款的难度就增大。预期资本结构的调整量与信贷规模正相关。在我国的货币层次中，准货币（$M2-M1$）可以较好的体现货币当局银根的松紧程度。为体现相对量的大小，以准货币与狭义货币 $M1$ 的比值表示信贷规模，$Cred=(M2-M1)/M1$。

3. 股权融资规模

已上市的企业的主要外部股权融资渠道无外乎配股与增发两条途径，而证监会历年出台的关于股权再融资的监管法规从再融资时间间隔、公司盈利状况、募集资金用途、发行规模上限以及公司治理结构等多个方面限定了再融资市场的准入资格。以股票市场筹资额与 GDP 的比值来衡量股权融资规模 *Equi*。这一指标

① 此处资本结构的调整量指的是资本结构的调整方向与调整幅度的大小，下同。

② Hovakimian 等（2001）、Kayhan 和 Titman（2007）关于美国上市公司的实证研究表明，杠杆率确与股票收益率负相关。市场时机选择理论还得到了来自调查证据的支持，Graham 和 Harvey（2001）对 300 多家美国公司管理层的问卷调查表明，67% 被调查的 CFO 报告曾在增发新股时将股票市场的表现作为重要的考虑因素。

较好体现了上市公司股权融资的难易程度。股权融资规模越大，企业进行股权融资的障碍越小。预期资本结构的调整量与股权融资规模负相关。

4. 贷款利率

企业权衡股权融资与债务融资的相对成本，选择成本较低的融资方式。贷款利率是企业通过银行信贷进行债务融资的单位成本，成本越高，企业就越有动机以股权融资代替债务融资。预期资本结构的调整量与贷款利率负相关。虽然利率市场化改革正逐步推进，但整体市场化水平仍不高，特别是基准利率仍由央行根据宏观经济运行状况直接调控。为此，以年化①的央行金融机构一年期法定贷款利率 i 作为衡量指标，该指标体现了宏观经济面、政策面因素的冲击。

图 2 描述了宏观冲击的时间趋势，结合债务融资比例的变化（见图 1），可以得出一些有趣的直觉含义。在 1996 年、1997 年、2000 年、2006 年等股票收

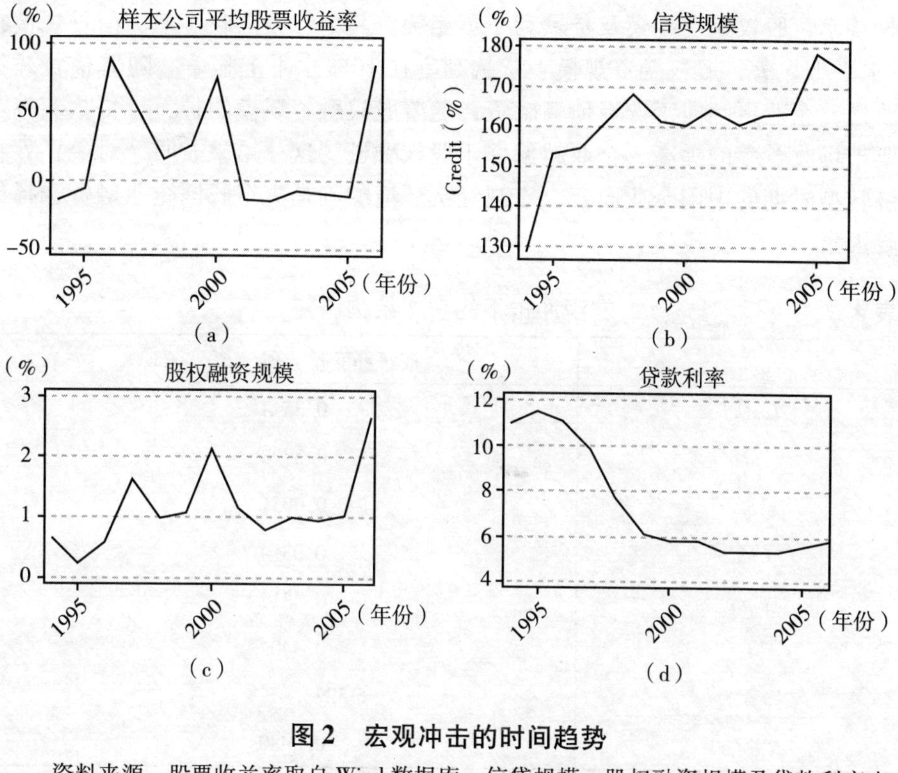

图 2　宏观冲击的时间趋势

资料来源：股票收益率取自 Wind 数据库，信贷规模、股权融资规模及贷款利率由历年《中国统计年鉴》的相关数据计算得到。

---

① 按每档利率的执行时间加权平均。

益率较高的年份（图2（a）），股权融资比例上升而债务融资比例下降；债务融资比例的变化趋势与信贷规模的变化趋势（图2（b））大体一致（这在一个侧面反映出企业的债务融资仍以银行贷款为主）；股权融资规模在1997、2000及2006年的3个相对高点（图2（c））与债务融资比例在对应年份的相对低点相呼应；债务融资比例在整体上呈上升态势，这与贷款利率大幅下降（图2（d））的趋势相印证。以上数据描述表明，企业的融资选择确与宏观环境的变动紧密相关，下面做进一步的实证检验。

将股票收益率、信贷规模、股权融资规模及贷款利率作为短期冲击引入动态调整模型：

$$BL_{i,t+1} - BL_{it} = \lambda LevDef_{it} + \gamma_0 fd_{i,t+1} + \gamma_1 R_{i,t+1} + \gamma_2 Cred_{t+1} + \gamma_3 Equi_{t+1} + \gamma_4 i_{t+1} \quad (4)$$

回归结果（见表4）显示，如同预期的那样，宏观冲击对企业的融资选择及资本结构调整有着重要的影响，资本结构的调整量与信贷规模正相关，与股票收益率、股权融资规模及贷款利率负相关。其中，股票收益率、信贷规模在5%水平上显著，股权融资规模、贷款利率在10%水平上显著。随着信贷政策的放松，企业更倾向于选择债务融资；随着股权融资规模的扩大、贷款利率和股票市场收益率的提高，企业越偏好于股权融资。这一结果表明，对于正处在经济转型时期的中国企业而言，宏观经济环境的确是决定我国企业融资选择的重要因素。

表4　　　　宏观冲击下的资本结构调整

	被解释变量 = $BL - BL(-1)$
LevDef	0.3544***
fd	0.2723***
R	-0.0051**
Cred	0.0374**
Equi	-0.4312*
i	-0.3402*
样本数	6 527
R 平方	0.3980

注：***、**、*分别表示在1%、5%、10%水平上显著。

五、结　论

本文研究资源配置体制改革和企业微观基础重构背景下的中国上市公司资本结构问题。特别是，转型经济中的宏观外生冲击怎样影响企业的融资选择以及资本结构的动态调整？在一个更为一般化的资本结构动态调整模型的框架下，本文对 1994～2006 年我国 1 174 家上市公司的非平衡面板数据所做的实证研究表明：

第一，资源配置体系改革和企业微观基础的重构确实有利于企业理性的形成和资本结构优化调整的激励机制的形成，企业会动态调整其财务杠杆，使之趋向于最优目标值。

第二，宏观经济环境是决定我国企业融资选择的重要因素，宏观经济面、政策面的变动对企业资本结构的动态调整有着重要的影响。在金融市场尚不完善的现实情况下，企业在选择融资方式时，一方面需要权衡债务融资与股权融资的相对成本；另一方面却又受到融资资源可获得性的限制。信贷市场及股权再融资市场上配额性指标和成本性指标的变动，作为外生的宏观冲击，在统计和经济意义上均对企业资本结构的调整具有重要影响。具体而言，资本结构的调整量与信贷规模正相关，与股票收益率、股权融资规模及贷款利率负相关。

与以往的研究相比，本文为宏观政策和金融市场供给条件如何影响企业资本结构的动态调整提供了更为丰富的经验证据。经济危机下，宏观环境正经历前所未有的剧烈变动，本研究不仅对我国企业在宏观波动中如何选择最优的融资方式和资本结构具有借鉴意义，也对政府制定相应经济和货币政策具有参考价值。

参考文献：

[1] 黄贵海、宋敏：《资本结构的决定因素——来自中国的证据》，载于《经济学（季刊）》2004 年第 3 卷第 2 期。

[2] 黄少安、张岗：《中国上市公司股权融资偏好分析》，载于《经济研究》2001 年第 11 期。

[3] 李健等：《中国金融发展中的结构问题》，中国人民大学出版社 2004 年版。

[4] 李礼、齐寅峰、郭莉：《经济制度变迁对我国国有企业融资动机的影响》，载于《南开管理评论》2007 年第 1 期。

[5] 林毅夫、李志赟：《中国的国有企业与金融体制改革》，载于《经济学（季刊）》2005 年第 4 卷第 4 期。

[6] 陆正飞、高强：《中国上市公司融资行为研究——基于问卷调查的分析》，载于《会计研究》2003 年第 10 期。

[7] 潘敏、邵科：《企业是否存在目标资本结构——基于中国上市公司融资选择的实证

研究》，载于《金融研究（实务版）》2007 年第 6 期。

［8］唐国正、刘力：《利率管制对我国上市公司资本结构的影响》，载于《管理世界》2005 年第 1 期。

［9］王正位、赵冬青、朱武祥：《资本市场摩擦与资本结构调整——来自中国上市公司的证据》，载于《金融研究》2007 年第 6 期。

［10］肖作平：《资本结构影响因素和双向效应动态模型——来自中国上市公司面板数据的证据》，载于《会计研究》2004 年第 2 期。

［11］易纲：《中国改革开放三十年的利率市场化进程》，载于《金融研究》2009 年第 1 期。

［12］赵冬青、朱武祥、王正位：《宏观调控与房地产上市公司资本结构调整》，载于《金融研究》2008 年第 10 期。

［13］Baker and Wurgler，Market Timing and Capital Structure［J］. *Journal of Finance*，2002，Vol. 57（1）：pp. 1 – 32.

［14］Booth，L.，Varouj Aivazian，Asli Demirguc – Kunt，and Vojislav Maksimovic，Capital Structures in Developing Countries［J］. *Journal of Finance*，2001，Vol. 56：pp. 87 – 130.

［15］Chen，Jean J.，Determinants of Capital Structure of Chinese-listed Companies［J］. *Journal of Business Research*，2003，Vol. 57：pp. 1341 – 1351.

［16］Fama，E.，French，K. R.，Testing Tradeoff and Pecking Order Predictions about Dividends and Debt［J］. *Review of Financial Studies*，2002，Vol. 15：pp. 1 – 33.

［17］Faulkender，M.，and M. A. Petersen，Does the Source of Capital Affect Capital Structure?［J］. *Review of Financial Studies*，2006，Vol. 19：pp. 45 – 79.

［18］Fischer，O. E.，Heinkel，R.，Zechner，J.，Dynamic Capital Structure Choice：Theory and Tests［J］. *Journal of Finance*，1989，Vol. 44：pp. 19 – 40.

［19］Flannery，M. J. and Kasturi P. Rangan，Partial Adjustment Toward Target Capital Structures［J］. *Journal of Financial Economics*，2006，Vol. 79：pp. 469 – 506.

图书在版编目（CIP）数据

转变发展方式与经济稳定增长：2009年全国博士生宏观经济论坛论文选 / 李文溥主编．—北京：经济科学出版社，2012.9

（厦门大学宏观经济研究丛书）

ISBN 978-7-5141-2433-0

Ⅰ.①转…　Ⅱ.①李…　Ⅲ.①中国经济－宏观经济管理－文集　Ⅳ.①F123.16-53

中国版本图书馆CIP数据核字（2012）第218978号

责任编辑：沙超英　齐伟娜
责任校对：郑淑艳
技术编辑：李　鹏

转变发展方式与经济稳定增长
——2009年全国博士生宏观经济论坛论文选
主　编　李文溥
副主编　龚敏　林致远　陈贵富
经济科学出版社出版、发行　新华书店经销
社址：北京市海淀区阜成路甲28号　邮编：100142
总编部电话：88191217　发行部电话：88191540
网址：www.esp.com.cn
电子邮件：esp@esp.com.cn
北京中科印刷有限公司印装
787×1092　16开　30.75印张　600000字
2012年11月第1版　2012年11月第1次印刷
ISBN 978-7-5141-2433-0　定价：68.00元
（图书出现印装问题，本社负责调换）